魏連科等　注譯

新譯後漢書(四)傳(三)

三民書局　印行

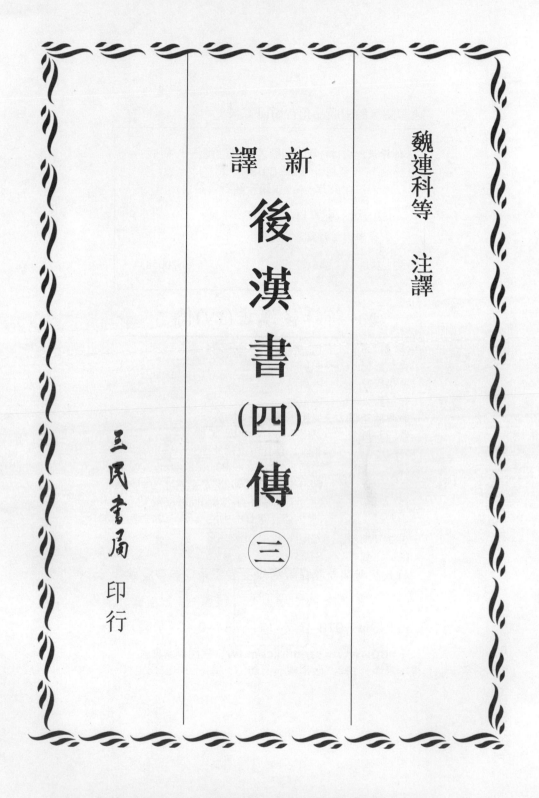

國家圖書館出版品預行編目資料

新譯後漢書(四)傳㊂ / 魏連科等注譯.－－初版一刷.－－臺北市: 三民, 2013
面；　公分.－－(古籍今注新譯叢書)

ISBN 978-957-14-5784-0　(平裝)

1. 後漢書 2. 注釋

622.201　　102005834

© 新譯後漢書(四)傳㊂

注譯者　魏連科等
責任編輯　張加旺
美術設計　陳宛琳

發行人　劉振強
著作財產權人　三民書局股份有限公司
發行所　三民書局股份有限公司
地址　臺北市復興北路386號
電話　(02)25006600
郵撥帳號　0009998-5
門市部　(復北店) 臺北市復興北路386號
(重南店) 臺北市重慶南路一段61號

出版日期　初版一刷　2013年6月
編號　S 033760
行政院新聞局登記證局版臺業字第〇二〇〇號

ISBN 978-957-14-5784-0　(平裝)

http://www.sanmin.com.tw　三民網路書店

新譯後漢書 目次

第四冊

卷三十四

梁統列傳第二十四　子松　竦　曾孫商　玄孫冀

【題解】本卷寫了梁統一門七代一百三十年（自光武帝建武五年，西元二九年，梁統遣人入朝奉貢，歸順光武，至桓帝延熹二年，西元一五九年，誅滅梁冀）的興亡史，是一篇外戚的傳記。傳主梁統在世時，還不是外戚。至梁統次子梁竦時，章帝納其二女，皆為貴人，始為外戚。小貴人生和帝，為另一外戚竇氏所忌，乃譖殺二貴人，梁竦冤死獄中。後和帝為其平反，封梁竦子三人為侯，位皆特進。至梁竦孫梁商，順帝選其女及妹入掖庭，女為皇后，妹為貴人，梁商位至大將軍，始成為一家有權勢的外戚。但梁商每存謙柔，虛己進賢，稱為良輔。至梁商子梁冀繼為大將軍時，乃一反其父之所為，驕橫殘暴，窮奢極侈。大起第舍，廣開園囿。侵吞良民財產，搶掠百姓為奴隸。獨斷專橫，亂殺無辜，為所欲為。終於和皇權發生了矛盾，桓帝於延熹二年八月，與中常侍單超等五人定謀誅梁冀。梁冀與其妻孫壽皆自殺。凡梁氏、孫氏中外宗親無少長皆棄市。朝廷沒收梁冀財產，賣錢三十餘萬萬。梁冀一門前後七封侯，三皇后，六貴人，二大將軍，夫人、女食邑稱君者七人，尚公主者三人，其餘卿、將、尹、校五十七人。在位二十餘年，窮極滿盛，威行中外，百僚側目，莫敢違命，天子恭己而不得有所親豫。

1 梁統，字仲寧，安定烏氏❶人，晉大夫梁益耳❷，即其先也。統高祖父子都，自河東❸遷居北地❹，子都子橋，以貲千萬徙茂陵❺，至哀、平❻之末，歸安定。

2 統性剛毅而好法律。初仕州郡。更始二年❼，召補中郎將❽，使安集涼州，拜酒泉❾太守。會更始敗，赤眉入長安，統與竇融❿及諸郡守起兵保境，謀共立帥。初以位次，咸共推統，統固辭曰：「昔陳嬰不受王者，以有老母也⓫。今統內有尊親，又德薄能寡，誠不足以當之。」遂共推融為河西大將軍，更以統為武威⓬太守。為政嚴猛，威行鄰郡。

3 建武五年⓭，統等各遣使隨竇融長史⓮劉鈞詣闕奉貢，願得詣行在所⓯，詔加統宣德將軍。八年夏，光武自征隗囂⓰，統與竇融等將兵會車駕。及囂敗，封統為成義侯，同產兄巡、從弟騰並為關內侯⓱，拜騰酒泉典農都尉⓲，悉遣還河西。十二年，統與融等俱詣京師，以列侯奉朝請⓳，更封高山侯，拜太中大夫⓴，除四子為郎㉑。

4 統在朝廷，數陳便宜㉒。以為法令既輕，下姦不勝，宜重刑罰，以遵舊典，乃上疏曰：

5 「臣竊見元哀二帝㉓輕殊死之刑以一百二十三事，手殺人者減死一等㉔，自是以後，著為常準，故人輕犯法，吏易殺人。

6 「臣聞立君之道，仁義為主。仁者愛人，義者政理。愛人以除殘為務，政理以去亂為心。刑罰在衷㉕，無取於輕，是以五帝㉖有流、殛、放、殺㉗之誅，三王㉘有大辟、刻肌㉙之法。故孔子稱『仁者必有勇㉚』，又曰『理財正辭，禁民為非曰義㉛』。高帝受命誅暴，平蕩天下，約令定律，誠得其宜。文帝㉜寬惠柔克，遭世康平，唯除省肉刑、相坐之法㉝，它皆率由，無革舊章。武帝㉞值中國隆盛，財力有餘，征伐遠方，軍役數興，豪桀㉟犯禁，姦吏弄法，故重首匿之科，著知從之律㊱，以破朋黨，以懲隱匿。宣帝聰明正直，總御海內，臣下奉憲，無所失墜，因循先典，天下稱理。至哀、平繼體，而即位日淺，聽斷尚寡，丞相王嘉㊲輕為穿鑿，虧除先帝舊約成律，數年之間，百有餘事，或不便於理，或不厭民心。謹表其尤害於體者傳奏於左。

7 「伏惟㊳陛下包元履德㊴，權時撥亂㊵，功踰文武㊶，德侔高皇㊷，誠不宜因循季末衰微之軌。回神明察，考量得失，宣詔有司，詳擇其善，定不易之典，施無窮之法，天下幸甚。」

8 事下三公、廷尉㊸，議者以為隆刑峻法，非明王急務，施行日久，豈一朝所釐。統今所定，不宜開可。

9 統復上言曰：「有司以臣今所言，不可施行。尋臣之所奏，非曰嚴刑。竊謂高帝以後，至乎孝宣㊹，其所施行，多合經傳，宜比方今事，驗之往古，聿遵前典，事無難改，不勝至願。願得召見，若對尚書㊺近臣，口陳其要。」帝令尚書問狀，統對曰：

10 「聞聖帝明王，制立刑罰，故雖堯舜之盛，猶誅四凶㊻。經曰：『天討有罪，五刑五庸哉。』㊼又曰：『爰制百姓于刑之衷㊽。』孔子曰：『刑罰不衷，則人無所厝手足㊾。』衷之為言，不輕不重之謂也。春秋之誅，不避親戚㊿，所以防患救亂，全安眾庶，豈無仁愛之恩？貴絕殘賊之路也。

11 「自高祖之興，至于孝宣，君明臣忠，謨謀深博，猶因循舊章，不輕改革，海內稱理，斷獄益少。至初元、建平(51)，所減刑罰百有餘條，而盜賊浸多，歲以萬數。間者三輔從橫，群輩並起，至燔燒茂陵，火見未央(52)。其後隴西、北地、西河(53)之賊，越州度郡，萬里交結，攻取庫兵，劫略吏人，詔書討捕，連年不獲。是時以天下無難，百姓安平，而狂狡之埶，猶至於此，皆刑罰不衷，愚人易犯之所致也。

12 「由此觀之，則刑輕之作，反生大患；惠加姦軌54，而害及良善也。故臣統願陛下采擇賢臣孔光、師丹55等議。」

13 議上，遂寑56不報。

14 後出為九江57太守，定封陵鄉侯。統在郡亦有治迹，吏人畏愛之。卒於官。子松嗣。

【章旨】以上為〈梁統傳〉。旨在寫梁統識時務，心存朝廷，善治民。

【注釋】❶安定烏氏　安定，郡名。治今寧夏固原。烏氏，縣名。治今甘肅平涼西北。❷梁益耳　春秋時晉國大夫。唐李賢注引《東觀漢記》：「其先與秦同祖，出於伯益，別封於梁。」❸河東　郡名。治今山西夏縣西北。❹北地　郡名。治今甘肅慶陽西南。❺以貲千萬徙茂陵　《漢書・武帝紀》：漢武帝元朔二年，「徙郡國豪傑及訾三百萬以上于茂陵。」訾，同「資」。錢財。茂陵，西漢武帝陵墓，為漢五陵之一。武帝建元二年在槐里縣（今陝西興平東南）茂鄉建陵置縣。❻哀平　哀，哀帝，西漢第十一帝，名欣，定陶共王劉康之子。西元前七—前一年在位。平，平帝，西漢第十二帝，名衎，中山孝王劉興之子。西元一—五年在位。❼更始二年　西元二四年。更始，王莽末年綠林、平林農民軍所立皇帝劉玄的年號，西元二三—二五年。劉玄（?—西元二五年），字聖公，南陽蔡陽（今湖北棗陽）人。西漢遠支皇族。初參加平林兵，被推為更始將軍。後合於綠林兵，西元二三年稱帝，年號更始。傳見本書卷十一。❽中郎將　官名。秦置中郎，至西漢分五官、左、右三署。各置中郎將，以統率皇帝的侍衛，隸屬光祿勳。❾酒泉　郡名。治今甘肅酒泉市。❿竇融　（西元前一六—西元六二年），字周公，扶風平陵（今陝西咸陽）人。累世為河西官吏。新莽末，為波水將軍，繼降劉玄，任張掖屬國都尉。劉玄敗，他聯合酒泉、武威、張掖、敦煌、金城五郡，割據河西，稱行河西五郡大將軍事。後歸劉秀，協助攻破隗囂，封安豐侯，任大司空。傳見本書卷二十三。⓫昔陳嬰不受王者二句　《史記・項羽本紀》：「陳嬰者，故東陽令史，居縣中，素信謹，稱為長者。東陽少年殺其令，相聚數千人，欲置長，遂強立嬰為長，縣中從者得二萬人。少年欲立嬰便為王，陳嬰母謂嬰曰：『自我為汝家婦，未嘗聞汝先古之有貴者。今暴得大名，不祥。不如有所屬，事成猶得封侯，事敗易以亡，非世所指名也。』嬰乃不敢為王。謂其軍吏曰：『項氏世世將家，有名於楚。今欲舉大事，將非其人，不可。我倚名族，亡秦必矣。』於是眾從其言，以兵屬項梁。」⑫武威　郡名。西漢武帝元狩二年於匈奴休屠王地置。治今甘肅勤民東北。⑬建武五年　西元二九年。⑭長史　官名。秦置。東漢太尉、司徒、司空三公府亦設長史。署理諸曹事，職任頗重，號為三公輔佐。⑮行在所　古代帝王所居住的地方。後指皇帝行幸所至的地方。⑯隗囂（？—西元三三年），字季孟，東漢初天水成紀（今甘肅秦安）人。新莽末，被當地豪強擁立，據有天水、武都、金城等郡。一度依附劉玄。不久，自稱西部上將軍。傳見本書卷十三。⑰關內侯　爵位名。秦漢時置。二十級爵位的第十九級，位在徹（通）侯之次。秦都咸陽，以關內為王畿，故稱。⑱典農都尉　都尉，官名。戰國時置，比將軍略低的武官。西漢景帝時改郡尉為都尉，輔佐郡守並掌管一郡的軍事。都尉亦為臨時執行某種職務的官職。如武帝時的搜粟都尉、協律都尉等。典農都尉，掌管屯田區的生產、民政和田租，即作為該區的行政長官。⑲奉朝請　本為貴族、官僚定期朝見皇帝的稱謂。古以春季朝見皇帝為朝，秋季朝見皇帝為請。漢代退職的大臣、將軍和皇室、外戚多以奉朝請的名義參加朝會。⑳太中大夫　官名。秦置。掌議論，無定員，秩千石，屬光祿勳。㉑郎　帝王侍從官的通稱。郎官的職責為護衛陪從，隨時建議，備顧問及差遣。其出身或由任子、貲選，或由文學、技藝，為出仕的重要途徑。㉒便宜　指方便、相機行事。㉓元哀二帝　元，西漢元帝，名奭。西元前四九—前三三年在位。哀，西漢哀帝，解見前。㉔減死一等　減免死刑。一等，即「一個等級」。該叛死刑的叛無期徒刑。㉕衷　適中。㉖五帝　我國古代傳說中的五位帝王。有三種說法：其一，黃帝、顓頊、帝嚳、唐堯、虞舜（《世本》、《大戴禮記》、《史記・五帝本紀》）。其二，太皞（伏犧）、神農（炎帝）、黃帝、少皞、顓頊（《禮記・月令》）。其三，少昊（皞）、顓頊、高辛（帝嚳）、唐堯、虞舜（《尚書・序》、皇甫謐《帝王世紀》）。㉗流殛放殺　流，古代的一種刑罰，把罪人放逐到遠方。殛，誅；殺。放，驅逐；流放。殺，殺死；致死。流與放，義相同。殛與殺，義相同。㉘三王　指夏禹、商湯、周文王。一說指夏禹、商湯和周代的文王、武王。㉙大辟刻肌　大辟，罪之大者，指死刑。刻肌，謂墨（面上刺字）、劓（割掉鼻子）、臏（剔除膝蓋骨）、刖（砍掉腳）。㉚仁者必有勇　仁人一定勇敢。語出《論語・憲問》：子曰：「仁者必有勇，……」。㉛理財正辭二句　語出《周易・繫辭下》。孔穎達正義：「聖人治理其財，用之有節，正定號令之辭，出之以理。禁約其民為非僻之事，勿使行惡，是謂之義。義者，宜也。言以此行之而得其宜也。」㉜文帝　即西漢文帝（西元前二〇二—前一五七年），名恆，西元前一八〇—前一五七年在位。㉝除省肉刑相坐之法　據《漢書・文帝紀》，西漢文帝前元十三年（西元前一六七年）五月「除肉刑法」。肉刑，中國古代一般是指切斷肢體或割裂肌膚的墨、劓、刖、宮等刑罰。相坐，即「連坐」，一人有罪，坐其家室族屬。㉞武帝（西元前一五六－前八七年），西漢第六帝，名徹，景帝子。西元前一四一－前八七年在位。㉟桀　同「傑」。㊱重首匿之科二句　意謂加重懲治主謀匿藏罪犯之法，明著懲治見知故縱的條律。從，同「縱」。㊲王嘉（？－西元前二年），字公仲，平陵（今陝西咸陽）人。初以明經射策甲科為郎，後免，為光祿勳掾，遷太中大夫，出為九江、河南太守，治甚有聲，徵入為大鴻臚，徙京兆尹，遷御史大夫。建平三年為丞相，封新甫侯。王嘉為人剛直嚴毅，有威重。時哀帝愛幸臣董賢，王嘉數諫爭。以董賢為亂國制度，哀帝怒。後王嘉竟坐言事下獄死。事見《漢書・王嘉傳》、卷九十三〈佞幸傳・董賢〉。㊳伏惟　惟，亦作「維」。下對上的敬辭，多用於奏疏或書信。意謂「念及」、「想到」。㊴包元履德　包元，謂包含五常之道。履德，謂躬行九種德行。五常，謂五種倫理道德，即：仁、義、禮、智、信（董仲舒〈賢良策〉。見《漢書・董仲舒傳》）。九德，古謂賢人所應具備的九種優良品德。九德內容說法不一，見《尚書・皋陶謨》、《逸周書・常訓》。㊵權時撥亂　權時，權衡時機。撥亂，治理亂世。《公羊傳・哀公十四年》：「撥亂世，反諸正，莫近于《春秋》。」㊶文武　周文王、周武王。㊷高皇　漢高祖劉邦（西元前二五六－前一九五年），字季，沛縣（今屬江蘇）人。西漢王朝的建立者。西元前二〇六－前一九五年在位。曾為泗水亭長。秦二世元年，陳勝起義，他起兵響應，稱沛公。初屬項梁，後與項羽領導的起義軍同為破秦主力。西元前二〇六年十月，他率軍攻占咸陽，秦王子嬰投降，秦亡。滅秦後，他被項羽封為漢王，占有巴蜀、漢中之地。後經過四年的楚漢戰爭，西元前二〇二年，戰敗項羽，即皇帝位，建立了漢朝。㊸三公廷尉　三公，謂太尉、司徒、司空。廷尉，官名。秦始置。為九卿之一，掌刑獄。㊹孝宣　即西漢宣帝，名詢，武帝曾孫。西元前七四－前四九年在位。漢朝統治者以孝相標榜，每位皇帝諡號前均冠以「孝」字。㊺尚書　官名。始置於戰國時，或稱掌書。東漢正式成為協助皇帝處理政務的官員。㊻四凶　謂驩兜、共工、三苗、鯀。據《史記・五帝本紀》：驩兜（《史記正義》：「民謂之渾沌。」）為堯時大臣，「掩義隱賊，好行凶慝」。共工（《史記正義》：「共工，謂之窮奇。」），堯時的工師，「貌似恭敬而罪惡漫天」。三苗，古代部族，常在江淮荊一帶作亂（《史記正義》：「三苗，貪飲食，冒貨賄，故謂之饕餮。」）。鯀，堯時大臣，黃帝之孫，顓頊之子，禹之父，封為崇（即「嵩」，在今河南嵩山一帶。《史記正義》：「鯀，凶頑不可教訓，不從詔令，故謂之檮杌。」）堯命鯀治水，「鯀好違抗命令，毀敗善類」，治水九年無功。舜攝政時，將四凶的情況向堯作了彙報，建議懲治四凶，堯同意。舜乃「流共工於幽陵」，「放驩兜於崇山」，「遷三苗於三危」，「殛鯀於羽山」。舜懲治四凶，天下稱快。㊼經曰三句　經，指《尚書》。出《尚書・皋陶謨》。偽《孔傳》：「天以五刑討五罪，用五刑宜必當。」五刑，中國古代五種刑罰，商、周時指墨刑、劓刑、剕（刖）刑、宮刑、大辟。庸，

《十三經注疏》本〈皋陶謨〉作「用」。㊽爰制百姓于刑之衷　制百姓在於刑律適中。《十三經注疏》本〈呂刑〉作「士制百姓于刑之中」。此作「爰」，用作發語詞。彼作「士」，士，指皋陶。《十三經注疏》本《尚書．舜典》：帝曰：「皋陶，蠻夷猾夏，賊寇姦宄，汝作士。」士，為主刑獄之官。《史記正義》：「若大理卿也。」㊾刑罰不衷二句　語出《論語．子路》。子曰：「刑罰不中，則民無所錯手足。」厝，同「錯」、「措」。安置。㊿春秋之誅二句　《春秋》認為：誅殺不避親戚，即所謂「大義滅親」。不避親戚，魯莊公有三弟，長曰慶父，次曰叔牙，三曰季友。魯莊公病，欲立其子斑。問其弟叔牙，叔牙曰，有慶父在，可為嗣。魯莊公患叔牙立慶父，又問其弟季友，季友欲以死立斑，鴆殺叔牙，立叔牙之後為叔孫氏。《公羊傳．莊公三十二年》以為：季友殺叔牙為「誅不得辟（避）兄，君臣之義也。」(51)初元建平　初元，西漢元帝年號，西元前四八—前四四年。建平，西漢哀帝年號，西元前六—前三年。(52)未央　西漢宮名。遺址在今陝西西安北郊漢長安故城內西南隅。漢高祖七年丞相蕭何主持所建，立東闕、北闕、前殿、武庫、太倉，周圍二十八里。(見《三輔黃圖》)。常為朝見之處。新莽末毀。(53)隴西北地西河　皆郡名。隴西，戰國秦置。治今甘肅臨洮南。北地，見前注。西河，西漢武帝元朔四年置。治今內蒙古東勝境。(54)姦軌　指犯法作亂的人。亦作「奸宄」。(55)孔光師丹　孔光（西元前六五—西元五年），字子夏，魯國（今山東曲阜）人。孔子第十四世孫。西漢大臣。經學尤明，年未二十，舉為議郎，為諫大夫。後免歸。成帝初，舉為博士。以高第為尚書，觀故事品式，數歲明習漢制及法令，轉尚書令。孔光久典尚書，練法令，號稱詳平。後為御史大夫、丞相等職。居公輔位前後十七年。哀帝時與大司空何武擬定限田、限奴婢方案，其逾限者歸官，以緩和激化的社會矛盾，後遭貴族、官僚的反對，未能實行。傳見《漢書．孔光傳》。師丹（？—西元三年），字仲公，琅邪東武（今山東諸城）人。西漢大臣。治《詩》，事匡衡。舉孝廉，為郎。廉正守道，主張限制貴族、官僚、富豪占有土地和奴婢數目。後因貴族反對，未能實行。傳見《漢書．師丹傳》。(56)寑　同「寢」。擱置；扣壓。(57)九江　郡名。秦置。治今安徽壽縣。

【語　譯】梁統，字仲寧，安定郡烏氏縣人，春秋時，晉大夫梁益耳即是他的祖先。梁統的高祖父梁子都，從河東遷居至北地，其子梁橋因擁有資產千萬而徙至茂陵，到哀帝、平帝末期，又回歸安定。

2 梁統性格剛毅，喜好法律。最初在州郡任職。更始二年，被召補為中郎將，受命安集涼州，拜為酒泉太守。正值更始失敗，赤眉軍進入長安，梁統與竇融及諸郡太守起兵保境，商議共立主帥。開始以位次相推，都一致推選梁統，梁統堅決推辭，說：「當初陳嬰之所以不接受王號，是因為有老母在。今梁統我內有尊親，又薄德少能，實在不足以擔當此任。」於是眾人共推竇融為河西大將軍，改任梁統為威武太守。梁統為政嚴猛，威行鄰近之郡。

3 建武五年，梁統等人各自遣使隨竇融長史劉均到京城奉貢，希望能夠到京城來，光武帝下詔加封梁統為宣德將軍。建武八年夏，光武帝親征隗囂，梁統與竇融等率兵與之會合。打敗隗囂之後，光武帝封梁統為成義侯，封其同胞兄梁巡、從弟梁騰都為關內侯，拜梁騰為酒泉典農都尉。都讓他們回歸河西。建武十二年，梁統與竇融等一起到京師，以列侯的身分參加朝會，改封梁統為高山侯，拜為太中大夫，並拜其四個兒子為郎官。

4 梁統在朝廷，多次陳述應實行之事。他認為如今的法令輕緩，下邊的奸情甚多，應該遵從舊典，加重刑罰，於是上疏說：

5 「臣私下見元、哀二帝減輕斬首的死刑一百二十三條，親手殺人者，減死罪一等，從此以後，便以為常規準則，所以人輕易犯法，吏隨意殺人。

6 「臣聽說立君之道，以仁義為主。仁者愛人，義者政理。愛人就是要以消除殘暴為要務，政理就是要以去掉混亂為核心。刑罰應當適中，不能過於輕緩，因此五帝有流、殛、放、殺之刑，三王有大辟、刻肌之法。所以孔子說『仁者必有勇』，又說『理財正辭，禁民為非曰義』。高祖受天命誅暴亂，平定天下，約法令，定律條，的確做到了適中。文帝性寬惠柔和而能成事，又遇康平之世，只是除去肉刑和連坐之法，其他則全部繼承下來，未改革舊章法。武帝時，正值國家隆盛之際，財力有餘，征伐遠方，數興軍役。而豪強多犯禁，奸吏濫用法律，所以加重懲治主謀和藏匿罪犯之法，明著懲治見知故縱的律條，用以破除朋黨，懲治隱匿。宣帝聰明正直，總御海內，臣下奉法，無所失誤，遵循先典，天下稱為治理。至哀帝、平帝即位，由於親政日短，所聽斷之事尚少，丞相王嘉因此輕為穿鑿附會，損除先帝舊約成律，數年之間，損除一百餘條，既不便於理政，又不能使民心悅服。現謹將其對政體危害特大者，附奏於左。

7 「伏惟陛下，包攬天下，親行聖德，權衡時機，治理亂世，功超文王、武王，德同高祖皇帝，實在不應因循末世衰微之軌。應回神明察，考量得失，宣詔官府，詳擇其善，定百代不變之典，實施萬世相承之法，天下幸甚。」

8 光武帝將梁統的上疏，讓三公、廷尉進行討論，議者以為嚴刑峻法不是明王的當務之急，舊法施行日久，豈能一朝更改。梁統今日所論，不應同意。

9 梁統又上言說：「三公、廷尉以為臣之所言不可施行。臣考慮所奏之言，不是說要使刑律嚴峻。臣私下以為高帝以後，至於宣帝，所施行之法，多與經傳相合。若比照今事，檢驗前古，遵照舊典，事不難改。此臣之最大願望。希望能被召見，或對著尚書近臣，口述其要。」光武帝令尚書問其所述內容，梁統回答說：

10 「臣聽說聖帝明王，也要制立刑罰。所以即使堯舜那樣的盛世，仍然誅殺四凶。經書上說：『上天討伐有罪，五刑分別用於五種罪犯是正確的。』又說：『治百姓在於刑罰適中。』孔子說：『刑罰不適中，則人民無所措手足。』中即是不輕不重。《春秋》認為，誅殺不避親戚，就是為了防患救亂，使百姓身全業安，難道沒有仁愛之恩？所貴在於斷絕殘賊之路啊！

11 「自高祖之興，至於宣帝之時，君明臣忠，謀算深博，仍然遵循舊章，不輕易改革，因此，天下大治，刑獄之事，越來越少。至初元、建平年間，所刪減刑罰有一百多條，而盜賊反而漸漸增多，每年數以萬計。近來，三輔地區，盜賊群起，以致茂陵被燒，未央宮起火。其後，隴西、北地、西河之賊，跨越州郡，萬里交結，攻取庫中兵器，劫掠吏民。朝廷下詔討捕，連年沒有結果。那時天下無災難，百姓平安，而狂狡之勢，猶至於此，皆因刑罰不適中，愚人輕易犯法所導致的。

12 「由此看來，使用輕刑反而會生大患；恩惠加之於奸軌之徒，而令善良之人遭害。所以臣梁統希望陛下採納先朝賢臣孔光、師丹等人之議。」

13 梁統此議奏上後，被扣壓，不批覆。

14 梁統後出為九江太守，定封為陵鄉侯。梁統在郡亦有治績，吏人對其敬畏而又愛戴。在官任上去世。其子梁松嗣爵。

1 松字伯孫，少為郎，尚光武女舞陰長公主❶，再遷虎賁中郎將。松博通經書，明習故事，與諸儒脩明堂、辟廱、郊祀、封禪❷禮儀，常與論議，寵幸莫比。光武崩，受遺詔輔政。永平元年，遷太僕❸。

2 松數為私書請託郡縣，二年，發覺免官，遂懷怨望。四年冬，乃縣飛書❹誹謗，下獄死，國除。

3 子扈，後以恭懷皇后❺從兄，永元中，擢為黃門侍郎❻，歷位卿❼、校尉❽。溫恭謙讓，亦敦詩書。永初中，為長樂少府❾。松弟竦。

【章　旨】以上為梁統之子〈梁松傳〉。旨在寫梁松空讀經書，不能律己，器量狹小，辜負先帝寵幸及受遺詔輔政之託。

【注　釋】❶長公主　皇帝的姐妹或皇女之尊崇者的封號，儀服同藩王。❷明堂辟廱郊祀封禪　明堂，古時天子宣明政教的地方，凡朝會、祭祀、慶賞、選士、養老等大典均於其中舉行。辟廱，亦作「辟雍」、「壁雝」、「璧雍」。辟，同「璧」。本為西周天子所設大學，校址圓形，圍以水池，前門有便橋。東漢以後，歷代皆有辟廱，除北宋末年為太學之預備學校（亦稱「外學」）外，均為行鄉飲、大射、或祭祀之禮的地方。郊祀，古代天子於郊外祭祀天地。南郊祭天，北郊祭地。郊為大祀，祀為群祀。封禪，戰國時齊魯間有些儒生認為五岳中泰山最高，帝王應到泰山祭祀，登泰山築壇祭天曰「封」；在山南梁父山闢基祭地曰「禪」。秦始皇、漢武帝都曾舉行過這種封禪大典。❸太僕　官名。始置於春秋時。秦漢沿置，掌皇帝的車馬和馬政，漢為九卿之一，秩中二千石。❹縣飛書　縣，同「懸」。懸掛；張貼。飛書，匿名信。❺恭懷皇后　東漢和帝生母，梁竦之女，為章帝小貴人，生和帝，竇皇后養為己子。後竇皇后譖殺小貴人。竇太后死，由於梁禪奏記三府及梁嫕上書，和帝乃追尊其生母小貴人為恭懷皇后。❻黃門侍郎　官名。秦及西漢郎官給事於黃闥（宮門）之內者，稱黃門郎或黃門侍郎。東漢始設為專官，或稱給事黃門侍郎，其職為侍從皇帝、傳達詔命。❼卿　即九卿。❽校尉　漢時軍職之稱，略次於將軍。隨其職務冠以名號，如掌北軍軍壘者有中壘校尉，掌西域屯兵者有戊己校尉等。中壘、屯騎、步兵、越騎、長水、胡騎、射聲、虎賁總稱八校尉，為西漢時專掌特種軍隊的將領，東漢略同。❾長樂少府　官名。皇太后居長樂宮，設少府一人，掌皇太后宮，秩二千石。

【語譯】梁松，字伯孫，少年為郎官，娶光武帝女舞陰長公主，再遷為虎賁中郎將。梁松博通經書，明習舊事，與諸儒修訂明堂、辟廱、郊祀、封禪等禮儀。光武帝常與其議論政事，寵幸無人可比。光武帝去世，梁松受遺詔輔政。永平元年，遷太僕。

2 梁松多次寫私信請託郡縣官吏為自己辦事，永平二年被發覺，免官，遂懷怨恨之心。永平四年冬，張貼匿名信誹謗朝廷，下獄死，封國被撤銷。

3 梁松子梁扈，後因為是恭懷皇后的堂兄，在永元年間，提拔為黃門侍郎，歷任卿、校尉。其性格溫恭謙讓，又熟讀《詩》、《尚書》。永初年間，任長樂少府。梁松弟梁竦。

1 竦字叔敬，少習孟氏易❶，弱冠❷能教授。後坐兄松事，與弟恭俱徙九真❸。既徂南土，歷江、湖，濟沅、湘❹，感悼子胥、屈原❺以非辜沈身，乃作悼騷賦，繫玄石❻而沈之。

2 顯宗❼後詔聽還本郡。竦閉門自養，以經籍為娛，著書數篇，名曰七序。班固見而稱曰：「孔子著春秋而亂臣賊子懼❽，梁竦作七序而竊位素餐❾者慚。」性好施，不事產業。長嫂舞陰公主贍給諸梁，親疏有序，特重敬竦，雖衣食器物，必有加異。竦悉分與親族，自無所服。

3 竦生長京師，不樂本土，自負其才，鬱鬱不得意。嘗登高遠望，歎息言曰：「大丈夫居世，生當封侯，死當廟食⑩。如其不然，閑居可以養志，詩書足以自娛，州郡之職，徒勞人耳。」後辟命交至，並無所就。有三男三女，肅宗⑪納其二女，皆為貴人⑫。小貴人生和帝⑬，竇皇后⑭養以為子，而竦家私相慶。後諸竇聞之，恐梁氏得志，終為己害，建初⑮八年，遂譖殺二貴人，而陷竦等以惡逆。詔使漢陽⑯太守鄭據傳考竦罪，死獄中，家屬復徙九真。辭語連及舞陰公主，坐徙新城⑰，使者護守。宮省事密，莫有知和帝梁氏生者。

4 永元⑱九年，竇太后崩，松子扈遣從兄襢奏記三府⑲，以為漢家舊典，崇貴母氏，而梁貴人親育聖躬，不蒙尊號，求得申議。太尉張酺⑳引襢訊問事理，會後召見，因白襢奏記之狀。帝感慟良久，曰：「於君意若何？」酺對曰：「春秋之義，母以子貴㉑。漢興以來，母氏莫不隆顯。臣愚以為宜上尊號，追慰聖靈，存錄諸舅，以明親親㉒。」帝悲泣曰：「非君孰為朕思之！」會貴人姊南陽樊調妻嫕上書自訟曰：「妾同產女弟貴人，前充後宮，蒙先帝厚恩，得見寵幸。皇天授命，誕生聖明。而為竇憲㉓兄弟所見譖訴，使妾父竦冤死牢獄，骸骨不掩。老母孤弟，遠徙萬里。獨妾遺脫，逸伏草野，常恐沒命，無由自達。今遭值陛下神聖之運，親統萬機㉔，群物得所。憲兄弟姦惡，既伏辜誅，海內曠然，各獲其宜。妾得蘇息，拭目更視，乃敢昧死自陳所天㉕。妾聞太宗㉖即位，薄氏蒙榮㉗；宣帝繼統，史族復興㉘。妾門雖有薄、史之親，獨無外戚餘恩，誠自悼傷。妾父既冤，不可復生，母氏年殊七十，及弟棠等，遠在絕域，不知死生。願乞收竦朽骨，使母弟得歸本郡，則施過天地，存歿幸賴。」帝覽章感悟，乃下中常侍㉙、掖庭㉚令驗問之，嫕辭證明審，遂得引見，具陳其狀。乃留嫕止宮中，連月乃出，賞賜衣被錢帛第宅奴婢，旬月之間，累資千萬。嫕素有行操，帝益愛之，加號梁夫人；擢樊調為羽林左監㉛。調，光祿大夫宏㉜兄曾孫也。

於是追尊恭懷皇后。其冬，制詔三公、大鴻臚㉝曰：「夫孝莫大於尊尊親親，其義一也。詩云：『父兮生我，母兮鞠我，撫我畜我，長我育我，顧我復我，出入腹我。欲報之德，昊天罔極。』㉞朕不敢興事，覽于前世，太宗、中宗㉟，寔有舊典，追命外祖，以篤親親。其追封謚皇太后父竦為褒親愍侯，比靈文、順成、恩成侯㊱。魂而有靈，嘉斯寵榮，好爵顯服㊲，以慰母心。」遣中謁者㊳與嫕及扈，備禮西迎竦喪，詣京師改殯，賜東園㊴畫棺、玉匣㊵、衣衾，建塋於恭懷皇后陵傍。帝親臨送葬，百官畢會。

6 徵還竦妻子，封子棠為樂平侯，棠弟雍乘氏侯，雍弟翟單父侯，邑各五千戶，位皆特進㊶，賞賜第宅奴婢車馬兵弩什物以巨萬計，寵遇光於當世。諸梁內外以親疏並補郎、謁者㊷。

7 棠官至大鴻臚，雍少府㊸。棠卒，子安國嗣，延光㊹中為侍中㊺，有罪免官，諸梁為郎吏者皆坐免。

【章　旨】以上為梁統之子、梁松之弟〈梁竦傳〉。旨在寫梁竦的志行及其無辜受害和其女梁嫕的見識與操行。

【注　釋】❶孟氏易　西漢孟喜所傳之《易》。孟喜，字長卿，東海蘭陵（今山東蒼山縣）人。與施讎、梁丘賀同學《易》於田何的再傳弟子田王孫。「喜好自稱譽，得《易》家候陰陽災變書，詐言師田生且死時枕喜膝，獨傳喜，諸儒以此耀之。」他以六十四卦配氣候，以卦氣言《易》。傳見《漢書．儒林傳》。❷弱冠　古時以男子二十歲為成人，加冠。因體猶未壯，故稱「弱冠」。後因稱男子二十歲或二十幾歲的年齡為「弱冠」。❸九真　郡名。西元前三世紀末南越王趙佗所置。漢武帝元鼎六年（西元前一一一年）入漢。轄境相當今越南清化、河靜兩省及義安省東部地區。❹歷江湖二句　江，長江。湖，洞庭湖。沅，沅江，在湖南西部。上游稱清水江，源出貴州雲霧山，自湖南黔陽黔城鎮以下稱沅江。東北流經辰溪、沅陵、常德等縣市，到漢壽入洞庭湖。長九九三公里。湘，湘江。湖南最大的河流。源出廣西靈川東海洋山西麓，東北流經湖南東部，經衡陽、湘潭、長沙等市到湘陰蘆林潭入洞庭湖。長八一七公里。❺子胥屈原　子胥，即伍子胥（？—西元前四八四年），名員，字子胥。春秋時吳國大夫，以功封於申，又稱申胥。本楚國人，楚大夫伍奢次子。伍奢為楚平王太子建太傅，平王殺伍奢及其長子伍尚，伍子胥逃至吳國，助吳公子光刺殺吳王僚，取得王位，是為吳王闔廬。伍子胥為行人，謀國事。闔廬九年（西元前五〇六年），吳國與唐國、蔡國聯軍伐楚，入楚郢都。楚昭王出奔。伍子胥求楚昭王不得，乃掘楚平王之墓，鞭屍三百，以報殺父之仇。闔廬去世，伍子胥輔佐其子夫差。吳王夫差二年（西元前四九四年），吳敗越，越王句踐求和，子胥諫，夫差不聽，終於與越講和。後夫差聽信太宰嚭的讒言，令伍子胥自殺。伍子胥死後十一年，越滅吳。事見《國語・吳語》及《史記・伍子胥列傳》。屈原（約西元前三四〇—約前二七八年），名平，字原；又自稱名正則，字靈均。戰國時楚國人。是我國最早的愛國主義大詩人。初輔佐楚懷王，為左徒、三閭大夫。學識淵博，主張彰明法度，舉賢授能，東聯齊國，西抗強秦。楚頃襄王時被放逐，長期流浪在沅湘流域一帶，後因楚國的政治更加腐敗，他既無能力挽救楚國的危亡，又深感政治理想無法實現，遂投汨羅江而死。所作〈離騷〉、〈九章〉等篇，表現了他對楚國國事的深切憂念和為理想而獻身的精神。傳見《史記・屈原賈生列傳》。❻玄石　黑色的石頭。❼顯宗　東漢明帝劉莊廟號。❽孔子著春秋句　語出《孟子・滕文公下》：「孔子成《春秋》而亂臣賊子懼。」因《春秋》中「采善貶惡」，對亂臣賊子之行，毫不隱瞞地加以記載，使其惡名流傳後世，故亂臣賊子有所懼怕。❾竊位素餐　竊居高位，無功食祿。素，空也。❿廟食　謂死後立廟，受人祭祀，享受祭饗。⓫肅宗　東漢章帝廟號。⓬貴人　皇帝嬪妃的稱號，位僅次於皇后。⓭和帝　東漢第四帝，名肇，章帝第四子。西元八九—一〇五年在位。⓮竇皇后　（？—西元九七年），章帝皇后，史失其名，扶風平陵（今陝西咸陽）人。年六歲能書。建初二年，與妹俱選入宮。肅宗聞其有才色，因入掖庭。章帝崩，和帝即位，尊為皇太后，臨朝。兄竇憲，弟篤、景並顯貴。擅威權，後遂密謀不軌，永元四年（西元九二年），被誅。九年，竇太后死。事見本書卷十。⓯建初　東漢章帝劉炟年號，西元七六—八四年。⓰漢陽　郡名。東漢明帝永平十七年置。治今甘肅甘谷東南。⓱新城　一作「新成」。古縣名。西漢惠帝四年置。治今河南伊川縣西南。⓲永元　東漢和帝劉肇年號，西元八九—一〇五年。⓳奏記三府　漢時朝官對三公，州郡百姓或僚佐對長官陳述書面的意見叫「奏記」。三府，即太尉、司徒、司空府。⓴太尉張酺　太尉，官名。秦官，兩漢沿置，為全國軍事首腦。與丞相、御史大夫並稱三公。西漢武帝改稱大司馬。張酺（？—西元一〇三年），字孟侯，汝南郡細陽縣人。西漢趙王張敖之後。少從祖父受《尚書》，能傳其業。又事太常桓融，勤力不怠。東漢明帝永平九年（西元六六年）除為郎，賜車馬衣裳。遂令入授皇太子。張酺為人質直守經義，每侍講間隙，數有匡正之詞，以嚴見憚。章帝即位，擢張酺為侍中、虎賁中郎將，出為東郡太守。張酺雖為儒者，而性剛斷，到任擢用義勇，搏擊豪強。和帝初，遷魏郡太守。徵入為河南尹。永元五年，遷太僕，數月代尹睦（《漢官儀》：「睦字伯師，河南鞏人也。」）為太尉。後免，歸里舍，謝遣諸生，閉門不通賓客。永元十五年，復拜為光祿勳，數月，代魯恭為司徒。月餘，去世。傳見本書卷四十五。㉑春秋之義二句　意謂兒子因母親尊貴而尊貴，母親因兒子尊貴而尊貴。《春秋公羊傳・隱公元年》：「子以母貴，母以子貴。」㉒親親　親愛自己的親屬。㉓竇憲　（？—西元九二年），字伯度，扶風平陵（今陝西咸陽）人。妹為章帝皇后。章帝死，和帝即位，太后臨朝，他為侍中，操縱朝政。不久，任車騎將軍。永元元年（西元八九年），率軍擊敗北匈奴，追至燕然山。後為大將軍，刺史、守、令等地方官多出其門，弟兄橫暴京師。永元四年，和帝與宦官鄭眾定議誅滅竇氏，他自殺。傳見本書卷二十三。㉔萬機　一作「萬幾」。指帝王日常處理的紛繁眾多的政務。㉕所天　舊稱所依靠的人。此指皇帝。李賢注：「臣以君為天，故云『所天』。」㉖太宗　西漢文帝劉恆的廟號。漢文帝，高祖子，薄太后生。初為代王，陳平、周勃等誅滅諸呂，迎代王為帝，是為漢文帝。㉗薄氏蒙榮　漢文帝即位，尊薄太后為皇太后，封薄太后弟薄昭為軹侯。太后母前死櫟陽（今陝西臨潼），乃追尊薄太后父（「吳人，死山陰，因葬焉。」）為靈文侯，會稽郡置園邑三百家，櫟陽亦置靈文夫人園，令如靈文侯園儀。㉘史族復興　宣帝為漢武帝曾孫，戾太子劉據之孫，戾太子夫人史良娣，為宣帝祖母。宣帝初生，母王夫人死，無所歸，史良娣母貞君養視焉。宣帝即位，封史恭（史良娣兄）子史高為樂陵侯，史曾為將陵侯，史玄為平臺侯，又封史高子史丹為武陽侯，凡四侯。史高官大司馬車騎將軍，史丹為左將軍。㉙中常侍　官名。秦始置，西漢沿置。出入宮廷，侍從皇帝，常為列侯至郎中的加官。東漢時期專用宦官為中常侍，以傳達詔令和掌理文書，權力極大。㉚掖庭　皇宮中的旁舍，宮嬪所居的地方。㉛羽林左監　羽林，即羽林郎，為皇帝的侍衛，選漢陽、隴西、安定、上郡、北地、西河六郡良家子為之。主管將領為羽林中郎將，下分左、右監。屬光祿勳。㉜光祿大夫宏　光祿大夫，官名。戰國時置中大夫，漢武帝時始改稱光祿大夫。掌顧問應對，秩比二千石，屬光祿勳。宏，樊宏，光武帝之舅父。傳見本書卷三十二。㉝大鴻臚　官名。九卿之一，秩中二千石。漢武帝改典客為大鴻臚，原掌接待少數民族等事務，後漸變為贊襄禮儀之官。王莽改為典樂。㉞詩云以下九句　父親生我，母親育我，愛護我，喜歡我，撫養我，培育我，照顧我，庇護我，出入抱我。欲報父母之恩德，上天啊，此心不已！語出《詩・蓼莪》。鞠，養育。撫，《十三經注疏》本《毛詩正義》作「拊」。撫育；愛護。畜，喜歡；喜愛。長，撫養。育，養育。顧，照顧。復，借為「覆」，庇護。腹，抱。昊天，蒼天；上天。罔，無。極，已。「欲報之德，昊天罔極」，孔穎達疏：「我今欲報父母是勞苦之德，昊天乎，心無已也！常所憶念，無有已時。故言已痛切之情，以告於天。」高亨《詩經今注》：「極，借為則，準則也。」二句指上天沒有準則，不保祐我，使我不得養父母。」㉟太宗中宗　太宗，西漢文帝的廟號。中宗，西漢宣帝的廟號。㊱靈文順成恩成侯　靈文侯，西漢文帝母薄太后之父，文帝即位，追封為靈文侯。順成侯，西漢昭帝生母趙倢伃之父，昭帝即位封為順成侯。恩成侯，西漢宣帝生母王夫人之父，宣帝即位追封為恩成侯。㊲好爵顯服　好爵，高官厚祿。顯服，官服。此指官爵。

㊳中謁者　即中書謁者，後改為中謁者令，屬少府。掌凡選署及奏，下尚書曹文書眾事。㊴東園　官署名。秦漢置，屬少府。掌陵墓內器物、葬具的製造和供應。㊵玉匣　本書〈禮儀志下〉，南朝梁劉昭注引《漢舊儀》：用玉為札（片），長尺，廣二寸半，用黃金線（諸侯王、貴人、長公主、公主等，用銀線或銅線）裝置在死者的腰到足一段，稱為玉匣。匣，一作「柙」。㊶特進　官名。西漢末始置。凡列侯功德優盛，為朝廷所敬異者，賜位特進。得自辟屬僚，位在三公之下。㊷謁者　官名。始置於春秋、戰國時，為國君掌管傳達。秦漢沿置。本書〈百官志〉：「謁者僕射一人，比千石，為謁者臺率主。常侍謁者五人，比六百石，主殿上時節威儀；給事謁者四百石；灌謁者郎中比三百石，掌賓贊受事及上章報問，將、大夫以下之喪事使弔。本員七十人，中興但三十人。初為灌謁者，滿歲為給事謁者。」屬光祿勳。㊸少府　官名。始於戰國。秦漢沿置，為九卿之一。掌山海池澤收入和皇室手工業製造，為皇帝的私府。東漢時仍為九卿之一，掌宮中御衣、寶貨、珍膳等。㊹延光　東漢安帝劉祜年號，西元一二二—一二五年。㊺侍中　官名。秦始置，兩漢沿置，為自列侯以下至郎中的加官，無定員。侍從皇帝左右，出入宮廷。初僅伺應雜事，由於接近皇帝，地位漸形貴重。

【語　譯】梁竦，字叔敬，少習《孟氏易》，年輕時便能教授生徒。後因兄梁松之事受牽連，與弟梁恭都遷徙到九真。梁竦既往南方，經歷長江、洞庭湖，渡沅江、湘江，感悼伍子胥、屈原以無罪沉身，便作〈悼騷賦〉，將其繫在黑色的石頭之上沉入江底。

2 明帝後下詔允許梁竦等人回本郡。梁竦乃閉門自養，以讀經籍自娛，並著書數篇，名曰《七序》。班固見到後稱讚說：「孔子著《春秋》而亂臣賊子懼，梁竦作《七序》而竊位素餐者慚。」梁竦性好施予，不置產業。長嫂舞陰公主以親疏為序，接濟梁家的人，特別敬重梁竦，即使衣食器物，必多於別人。梁竦將其全部分給親族，自己無所服用。

3 梁竦生長在京師，不樂在本土，又自負其才，鬱鬱不得志。他曾登高遠望，喟然歎息，曰：「大丈夫活於世上，生當封侯，死當廟食。如其不然，閒居可以養志，《詩》、《書》足以自娛，至於州郡之職，只是使人勞苦而已。」後來徵辟他的文書交相而至，他都不應。梁竦有三男三女，章帝納其二女，皆為貴人。小貴人生和帝，竇皇后養為己子，梁竦家裡私相慶祝。後竇家聞知，恐梁氏得志，終為己害。於建武八年，便誣陷殺害二貴人，並陷梁竦等人以惡逆之罪。章帝下詔讓漢陽太守鄭據審理梁竦之罪。梁竦死於獄中，家屬又被徙往九真。梁竦的供詞亦連及舞陰公主，因此被徙往新城，並派人監守。宮中祕事，沒有人知道和帝為梁貴人所生。

4 永元九年，竇太后死。梁松子梁扈遣從兄梁襢上奏記於三府，認為漢家舊典，崇貴母氏，而梁貴人親育聖體，卻沒有尊號，請求能申議此事。太尉張酺召梁襢訊問具體情狀，會和帝召見，張酺便奏明梁襢奏記之事。和帝感慟良久，說：「你的意見如何？」張酺對曰：「《春秋》之義，母以子貴。漢興以來，母氏沒有不受尊崇的。臣愚意以為應上尊號，以追慰聖靈，存恤錄用諸舅，以明親親之義。」和帝悲泣說：「若非你誰為朕想這件事呢！」這時，貴人的姐姐南陽樊調妻梁嫕上書為自己申訴，說：「妾同胞妹梁貴人，前充先帝後宮，蒙先帝厚恩，得見寵幸。皇天授命，誕生聖明。而為竇憲兄弟所譖害毀傷，使妾父梁竦冤死牢獄，骸骨不得掩埋。老母孤弟，遠徙萬里之外。獨妾得脫，逃逸伏野草之中，常恐死命，無由上達聖聽。今逢陛下神聖之運，親理政務，群物各得其所。竇憲兄弟奸惡，已伏罪被誅，海內曠然通達，各得其宜。妾身得以蘇息，拭目再看，乃敢冒死自陳於君前。妾聽說，太宗即位，其母家薄氏蒙榮，宣帝即位，其祖母家史族復興。妾門族雖有薄、史之親，卻無外戚之餘恩，誠自悼傷。妾父已經冤死，不可復生。老母年過七十，及弟棠等，遠在絕域，不知生死。乞求收葬妾父梁竦朽骨，使母親及弟得歸本郡，則陛下施恩過於天地，使活著的人和死去的人都有依賴。」和帝見章感悟，乃使中常侍、掖庭令驗問此事，梁嫕之上書，辭證確鑿，和帝乃召見梁嫕，細陳其狀。和帝於是留梁嫕在宮中住下，一連數月才出宮。賞賜衣被錢帛第宅奴婢，十天半個月間，累資千萬。梁嫕素有操行，和帝更加愛重她，加號為梁夫人；提升其夫樊調為羽林左監。樊調，是光祿大夫樊宏兄之曾孫。

5 於是和帝追尊梁貴人為恭懷皇后。這年冬天，和帝下詔三公、大鴻臚說：「孝莫大於尊崇尊者、親愛親者，其意義古今一樣。《詩》說：『父親生我，母親育我，愛護我，喜歡我，撫養我，培育我，照顧我，庇護我，出入抱我。欲報父母之恩德，上天啊，此心不已！』朕不敢獨創新例，鑑於前世，太宗、中宗，實有舊典，追命外祖，以重親親之禮。今追諡皇太后父竦為褒親愍侯，比照靈文、順成、恩成侯之例。魂而有靈，嘉此寵榮，好爵顯服，以慰母心。」遣中謁者與梁嫕及梁扈，備禮西迎梁竦之喪，到京師改葬，賜東園畫棺、玉匣、衣衾，建墳於恭懷皇后陵旁。和帝親臨送葬，百官畢會。

6 徵還梁竦妻兒，封梁竦子梁棠為樂平侯，梁棠弟梁雍為乘氏侯，梁雍弟梁翟為單父侯，食邑各五千戶，位皆特進，並賞賜第宅奴婢車馬兵弩什物以巨萬計，寵遇光於當世。凡梁氏內外之人，以親疏關係皆補為郎官、謁者。

7 梁棠官至大鴻臚。梁雍官至少府。梁棠死，其子梁安國嗣爵，延光年間為侍中，後有罪免官，凡梁氏為郎吏者都因此而被免官。

1 商字伯夏，雍之子也。少以外戚拜郎中❶，遷黃門侍郎。永建❷元年，襲父封乘氏侯。三年，順帝選商女及妹入掖庭，遷侍中、屯騎校尉❸。陽嘉❹元年，女立為皇后，妹為貴人，加商位特進，更增國土，賜安車駟馬❺，其歲拜執金吾❻。二年，封子冀為襄邑侯，商讓不受。三年，以商為大將軍❼，固稱疾不起。四年，使太常桓焉❽奉策就第即拜，商乃詣闕受命。明年，夫人陰氏薨，追號開封君，贈印綬。

2 商自以戚屬居大位，每存謙柔，虛己進賢，辟漢陽巨覽、上黨陳龜❾為掾屬，李固、周舉❿為從事中郎⓫，於是京師翕然，稱為良輔，帝委重焉。每有飢饉，輒載租穀⑫於城門，賑與貧餧，不宣己惠。檢御門族，未曾以權盛干法。而性慎弱無威斷，頗溺於內豎⑬。以小黃門曹節⑭等用事於中，遂遣子冀、不疑與為交友，然宦者忌商寵任，反欲陷之。永和四年，中常侍張逵、蘧政，內者⑮令石光，尚方⑯令傅福，冗從僕射⑰杜永連謀，共譖商及中常侍曹騰⑱、孟賁，云欲徵諸王子，圖議廢立，請收商等案罪。帝曰：「大將軍父子我所親，騰、賁我所愛，必無是，但汝曹共妒之耳。」逵等知言不用，懼迫，遂出矯詔收縛騰、賁於省中。帝聞震怒，勑宦者李歙急呼騰、賁釋之，收逵等，悉伏誅。辭所連染及在位大臣，商懼多侵枉，乃上疏曰：「春秋之義，功在元帥，罪止首惡，故賞不僭溢，刑不淫濫⑲，五帝、三王所以同致康乂⑳也。竊聞考中常侍張逵等，辭語多所牽及。大獄一起，無辜者眾，死囚久繫，纖微成大，非所以順迎和氣，平政成化也。宜早訖竟，以止逮捕之煩。」帝乃納之，罪止坐者。

3 六年㉑秋，商病篤，勑子冀等曰：「吾以不德，享受多福。生無以輔益朝廷，死必耗費帑藏，衣衾飯唅㉒玉匣珠貝之屬，何益朽骨。百僚勞擾，紛華道路，祇㉓增塵垢，雖云禮制，亦有權時。方今邊境不寧，盜賊未息，豈宜重為國損！氣絕之後，載至冢舍，即時殯斂㉔。斂以時服，皆以故衣，無更裁制。殯已開冢，冢開即葬。祭食如存，無用三牲。孝子善述父志，不宜違我言也。」及薨㉕，帝親臨喪，諸子欲從其誨，朝廷不聽，賜以東園朱壽器、銀鏤、黃腸㉖、玉匣、什物二十八種，錢二百萬，布三千匹。皇后錢五百萬，布萬匹。及葬，贈輕車介士，賜謚忠侯。中宮㉗親送，帝幸宣陽亭㉘，瞻望車騎。

4 子冀嗣。

【章旨】以上為梁統曾孫〈梁商傳〉。重在寫梁商謙讓、寬厚，虛己進賢，雖性慎弱，仍不失為良輔。

【注釋】❶郎中　官名。為郎官的一種，比三百石。始於戰國，漢代沿置，屬郎中令（後改光祿勳），管車騎、門戶，內充侍衛，外從作戰。❷永建　東漢順帝劉保年號，西元一二六—一三二年。❸屯騎校尉　官名。為西漢武帝置，為京城屯兵八校尉之一。東漢沿置。❹陽嘉　東漢順帝劉保年號，西元一三二—一三五年。❺安車駟馬　安車，古時一種可坐乘的小車。古車立乘，此為坐乘，故稱安車。供年老的高級官員或貴夫人乘用。高官告老還鄉或徵召有重望的人，往往賜乘安車。安車多用一馬，禮尊者則用四馬。駟馬，指駕一車的四匹馬。❻執金吾　官名。金吾為兩端塗金的銅棒，此官執之以示權威。一說「吾」為「禦」，謂執金以禦非常。另一說金吾為鳥名，主辟不祥。漢武帝時改中尉為執金吾，為督巡三輔治安的長官。東漢沿置。❼大將軍　官名。始於戰國，漢代沿置，為將軍之最高稱號。職掌統兵征戰，多由貴戚擔任。掌握政權，職位甚高。亦有在大將軍之上冠以稱號者，如驃騎大將軍之類。西漢武帝時以大司馬為大將軍所兼官號。其後霍光、王鳳均以大司馬大將軍預聞政事。❽桓焉　（？—西元一四三年），字叔元，沛郡龍亢（今安徽懷遠）人。桓榮之孫。少以父任為郎。明經篤行，有名稱。永初元年，入授安帝，三遷為侍中、步兵校尉。永寧中，順帝立為太子，以焉為太子太傅。順帝即位，拜太傅，與太尉朱寵並錄尚書事。焉復入授經禁中，視事三年，以坐辟召禁錮者為吏，免。復拜光祿大夫。陽嘉二年（西元一三三年）為大鴻臚。遷太常，永和五年為太尉。漢安元年，以日食免，明年，卒於家。傳見本書卷三十七。❾上黨陳龜　上黨，郡名。戰國韓置。其後入趙，又入秦。治今山西長治北。西漢移治今山西長子西。其後屢有遷移。陳龜，字叔珍，上黨泫氏（今山西東南）人。家世邊將，便習弓馬，雄於北州。龜少有志氣，永建中，舉孝廉。五遷為五原太守。永和五年（西元一四〇年），拜使匈奴中郎將，再遷京兆尹。時三輔豪強多侵枉小民，龜到，厲威嚴，悉平理其怨屈者，郡內大悅。會羌胡寇邊，殺長吏，驅掠百姓。桓帝以龜世諳邊俗，以龜為度遼將軍。龜既到職，州郡重足震慄，鮮卑不敢近塞。省息經用，歲以億計。大將軍梁冀與龜素有隙，譖其沮毀國威，挑取名譽，不為胡虜所畏。坐徵還。遂乞骸骨歸田里。復徵為尚書，梁冀暴虐日甚，龜上疏言其罪狀，請誅之，帝不省。龜自知必為梁冀所害，不食七日而死。西域胡夷，并、涼民庶，咸為舉哀弔祭。傳見本書卷五十一。❿李固周舉　李固（西元九四—一四七年），字子堅，漢中南鄭（今陝西西南）人，司徒李郃之子。少好學，舉孝廉，辟司空府，皆不就。後為議郎。出為廣漢郡雒縣縣令，至白水關，解印綬還漢中，杜門不交人事。歲中，大將軍梁商請為從事中郎。永和中，任荊州刺史、太山太守，旋入京任將作大匠、大司農。沖帝即位，為太尉，與大將軍梁冀參錄尚書事，為梁冀所忌，免職。後為梁冀所誣，被殺。傳見本書卷六十三。周舉（？—西元一四九年），字宣光，汝南汝陽（今河南商水縣）人。辟司徒李郃府。出為平丘（屬陳留郡）令，遷并州刺史，轉冀州刺史。陽嘉三年，徵拜尚書，遷司隸校尉，出為蜀郡太守，坐事免，大將軍梁商表周舉為從事中郎，拜諫議大夫、侍中，守光祿大夫。遷河內太守、大鴻臚、光祿勳。後拜光祿大夫，建和三年卒。傳見本書卷六十一。⓫從事中郎　官名。漢以後三公及州郡長官自辟僚屬，多以從事為稱。如從事史、從事中郎、別駕從事、治中從事之類。⓬租穀　舊時農民作為地租繳納的穀物。此為梁商封地之農民所繳納的穀物。⓭內豎　古代宮中傳達王命的小吏。後用作宦官的通稱。⓮小黃門曹節　小黃門，宦者，無定員，秩六百石。掌侍左右，受尚書事，上在內宮，關通中外及中宮以下眾事。諸公主及王太妃等有疾苦，則使問之。屬少府。曹節，字漢豐，南陽新野人。順帝初，以西園騎遷小黃門。桓帝時，遷中常侍、奉車都尉，以北迎靈帝封長安鄉侯。後又遷長樂衛尉，封育陽侯，位特進，秩中二千石。尋轉大長秋。又與王甫等誣奏桓帝弟渤海王悝反，增食邑至七千六百戶。父兄子弟皆為公卿、列校、牧守、令長，布滿天下，掠人妻女，淫暴無道。曹節為尚書令。光和四年（西元一八一年）死，贈車騎將軍，以養子傳國。傳見本書卷七十八。⓯內者　官署名。屬少府。⓰尚方　官署名。秦置。漢末分為左、中、右三尚方，屬少府。主造皇室所用刀劍等兵器及玩好器物。主管有令及丞。東漢沿置。⓱宂從僕射　即中黃門宂從僕射。以宦者為之，秩六百石。主中黃門。居則宿衛，直守門戶；出則騎從，夾乘輿車，為散職侍從官，屬少府。宂從，一作「冗從」。⓲曹騰　字季興，沛國譙縣（今安徽亳縣）人。宦官。安帝時除黃門從官，順帝在東宮，鄧太后以曹騰年少謹厚，使侍皇太子書，特見親愛。及帝即位，曹騰為小黃門，遷中常侍。桓帝立，曹騰以定策功，封費亭侯。遷大長秋，加特進。曹騰用事省闥三十餘年，奉事四帝，未嘗以過。其所進達，皆海內名人，如陳留虞放、邊韶，南陽延固、張溫等。騰卒，養子曹嵩嗣爵。曹嵩官至太尉。其子曹操起兵伐董卓，嵩不肯相隨，乃與少子避亂琅邪，為徐州刺史陶謙所殺。傳見本書卷七十八。⑲賞不僭溢二句　語出《左傳・襄公二十六年》：「善為國者，賞不僭而刑不濫。」楊伯峻注：「僭、濫，皆過差而不當之義，此謂不當賞而賞，不當罰而罰。」「僭溢」、「淫濫」皆過分不當之義。⑳康乂　《尚書・康誥》：「若保赤子，惟民其康乂。」孔穎達疏：「〈釋詁〉云：康，安也；乂，治也。」㉑六年　指東漢順帝永和六年，西元一四一年。㉒飯唅　古代殯殮時的一種儀式，在死者口中放進珠寶等物。所放之物，因等級而有所不同。天子用珠，諸侯用玉，大夫用璧，士用貝，庶人用飯。唅，亦作「含」。口實也。㉓秖　同「祇」、「只」。相當於「適」、「但」。㉔殯斂　死者入殮後，停柩待葬。斂，一作「殮」。㉕薨　諸侯死曰薨。梁商襲父為乘氏侯，位特進、大將軍，故其死曰「薨」。㉖朱壽器銀鏤黃腸　朱壽器，棺材，以朱紅飾之。銀鏤，亦指棺材，雕鏤以銀為飾。黃腸，即「黃腸題湊」。一種葬式，始於上古，多見於漢代，漢以後很少再用。《漢書・霍光傳》顏師古注引蘇林：「以柏木黃心致累棺外，故曰黃腸。木頭皆向內，故曰題湊。」就是說，以柏木心為枋（柏木心是黃色的，故曰黃腸），在棺槨四面壘起一圈木圍牆（木枋的頭一律向內排列，故曰「題湊」），上面蓋上頂板，像一座房子一樣。西元一九七四年北京市大堡臺（位於北京市豐臺區黃土崗鄉郭公莊南）一號漢墓，為西漢中、晚期的一座諸侯王陵寢。「黃腸題湊」作為實物，在該墓中首次發現。即在墓室外迴廊內側壘起的一座高大壯觀的木牆。是用一根根長九〇公分，寬厚一〇公分見方的黃心柏木，端頭向內，層層鋪砌成高三公尺，厚〇．九公尺（黃心柏木枋的長度）的圍牆，四周共鋪三十層，共用柏木枋一五八八〇根。「黃腸題湊」，實為設在棺槨以外的以黃心柏木枋堆壘成的框形結構。「黃腸題湊」是天子的葬制，天子以下諸侯王、重臣、大夫、士亦可用題湊，但一般不能用柏木，只能用松木及雜木。㉗中宮　皇后居住之宮，因借指皇后。㉘宣陽亭　洛陽每城門皆有亭，宣陽亭，即宣陽門之亭。宣陽門為洛陽城南面四門，從東第三門。

【語　譯】 梁商，字伯夏，是梁雍之子。少年時，因外戚關係拜為郎中，遷黃門侍郎。永建元年，襲父爵封乘氏侯。永建三年，順帝選梁商女及妹入掖庭，梁商遷為侍中、屯騎校尉。陽嘉元年，梁商女立為皇后，妹為貴人，梁商加官至特進，還增加了封國面積，又賜給他安車駟馬，同年任命他為執金吾。陽嘉二年，封他的兒子梁冀為襄邑侯，梁商辭讓沒有接受。陽嘉三年，任命梁商為大將軍，梁商稱病，堅決不接受。陽嘉四年，順帝使太常桓焉帶著策命官爵的文書到梁商府上，在梁商家中授官，梁商才至朝廷接受任命。第二年，梁商夫人陰氏去世，朝廷追封她為開封君，還贈送了印綬。

2 梁商認為自己以外戚的身分居重要職位，所以總是保持謙遜柔和的態度，虛心聽取各方面的意見，推薦賢才，徵辟漢陽巨覽、上黨陳龜為掾屬，推舉李固、周舉為從事中郎，於是京城安定，稱讚梁商是一位優良的輔佐，皇帝倚重於他。每有饑荒，他就載租穀於城門，賑濟貧餓之人，不宣揚自己的恩惠。他對宗族成員，控制很嚴，沒有出現過以自己權勢盛而犯法的現象。但梁商為人性格謹慎懦弱，無威嚴與果斷，又頗溺情於宦官。由於小黃門曹節等人用事於宮中，於是就遣兒子梁冀、梁不疑和他們交朋友。然而宦官忌妒梁商受皇帝的寵信和重用，反而想陷害他。永和四年，中常侍張逵、蘧政，內者令石光，尚方令傅福，冗從僕射杜永合謀，共同誣告梁商及中常侍曹騰、孟賁等人，說他們想徵調諸王子回朝，謀圖廢立之事，請求逮捕梁商等人，對他們的罪行加以處置。順帝說：「大將軍父子是我的親戚，曹騰、孟賁是我所愛之人，肯定不會有這等事，只不過是你們忌妒他們而已。」張逵等人見誣告不成功，特別害怕，就出示他們假造的詔令，在宮中將曹騰、孟賁等人逮捕。順帝聞聽大怒，命令宦官李歙急忙叫出曹騰、孟賁，將他們釋放，同時逮捕張逵等人，將他們全部處死。其訟辭連及許多在位大臣，梁商擔心過多的侵害冤枉好人，於是上疏說：「《春秋》之義，功在元帥，罪止首惡，所以行賞不能僭濫不當，懲罰也不能過度枉濫，這就是五帝、三王之所以都能達到康寧治理的原因。臣私下聽說在拷問中常侍張逵等人的時候，他們的交代牽連到許多人。如果大獄一起，就會牽涉到一些無辜的人，把囚犯們長期關押下去，就會使很小的過錯變成大的罪行，這不是順應平和之氣，達到政治安定、教化成功的做法。應該盡早結束，以防止牽連逮捕過多的人。」順帝採納了梁商的意見，只懲罰了那幾個犯罪的人。

3 永和六年秋天，梁商病重，囑咐兒子梁冀等人說：「我因為沒有德行，享受很多福祉。我活著的時候，沒有做出什麼有益於輔佐朝廷的事，死後必然會耗費國庫的許多東西。那些用於隨葬的衣服、被子、飯唅、玉匣、珠貝之類的東西，何益於朽骨。讓百官勞累，紛華於道路，只會蒙受塵垢，雖說這屬於禮制之事，但畢竟是可以變通的。最近邊境地區不安寧，盜賊也沒有平息下去，豈能再加重國家的損失！我氣絕之後，你們用車將我載往停棺柩之所，即時裝殮和停柩。用應時之服裝殮，全部要用舊衣服，不必再做新的。靈柩安放好，就開始挖掘墓穴，墓穴挖掘好，就馬上下葬。用於祭祀的食品，只用我活著時的食物，也不要使用牛、羊、豬三牲。孝子應該善於遵循父親的意志，你們不要違背我的話。」到梁商去世，順帝親臨哭喪。他的幾個兒子想要按照梁商的遺囑辦事，朝廷不允許，乃賞賜東園紅色鏤銀的棺材、黃腸題湊、玉匣和其他什物二十八種，錢二百萬，布三千匹。皇后賜錢五百萬，布一萬匹。等到下葬的時候，又贈戰車甲士等殉葬物品，賜諡號為忠侯。皇后親自送葬，皇帝也臨幸宣陽亭瞻望送葬的車馬。

4 兒子梁冀繼承了爵位。

1 冀字伯卓。為人鳶肩豺目❶，洞精矘眄❷，口吟舌言❸，裁能書計❹。少為貴戚，逸游自恣。性嗜酒，能挽滿❺、彈棊❻、格五❼、六博❽、蹴鞠❾、意錢❿之戲，又好臂鷹走狗，騁馬鬭雞。初為黃門侍郎，轉侍中、虎賁中郎將，越騎⓫、步兵校尉，執金吾。

2 永和元年，拜河南尹⓬。冀居職暴恣，多非法，父商所親客洛陽令呂放，頗與商言及冀之短，商以讓冀，冀即遣人於道刺殺放。而恐商知之，乃推疑於放之怨仇，請以放弟禹為洛陽令，使捕之，盡滅其宗親、賓客百餘人。

3 商薨未及葬，順帝乃拜冀為大將軍，弟侍中不疑為河南尹。

4 及帝崩，沖帝⓭始在襁褓⓮，太后⓯臨朝，詔冀與太傅⓰趙峻、太尉李固參錄尚書事⑰。冀雖辭不肯當，而侈暴滋甚。

5 沖帝又崩，冀立質帝⑱。帝少而聰慧，知冀驕橫，嘗朝群臣，目冀曰：「此跋扈將軍也。」冀聞，深惡之，遂令左右進鴆⑲加煮餅⑳，帝即日崩。

6 復立桓帝㉑，而枉害李固及前太尉杜喬㉒，海內嗟懼，語在李固傳。建和元年，益封冀萬三千戶，增大將軍府舉高第茂才，官屬倍於三公。又封不疑為潁陽侯，不疑弟蒙西平侯，冀子胤襄邑侯，各萬戶。和平㉓元年，重增封冀萬戶，并前所襲合三萬戶。

7 弘農㉔人宰宣素性佞邪，欲取媚於冀，乃上言大將軍有周公㉕之功，今既封諸子，則其妻宜為邑君。詔遂封冀妻孫壽為襄城君，兼食陽翟租，歲入五千萬，加賜赤紱，比長公主。壽色美而善為妖態，作愁眉，嗁粧，墮馬髻，折要步，齲齒笑㉖，以為媚惑。冀亦改易輿服之制，作平上軿車，埤幘，狹冠，折上巾，擁身扇，狐尾單衣㉗。壽性鉗忌㉘，能制御冀，冀甚寵憚之。

8 初，父商獻美人友通期於順帝，通期有微過，帝以歸商，商不敢留而出嫁之，冀即遣客盜還通期。會商薨，冀行服，於城西私與之居。壽伺冀出，多從倉頭㉙，篡取通期歸，截髮刮面，笞掠之，欲上書告其事。冀大恐，頓首請於壽母，壽亦不得已而止。冀猶復與私通，生子伯玉，匿不敢出。壽尋知之，使子胤誅滅友氏。冀慮壽害伯玉，常置複壁中。冀愛監奴㉚秦宮，官至太倉令㉛，得出入壽所。壽見宮，輒屏御者㉜，託以言事，因與私焉。宮內外兼寵，威權大震，刺史㉝、二千石㉞皆謁辭之。

9 冀用壽言，多斥奪諸梁在位者，外以謙讓，而實崇孫氏宗親。冒名而為侍中、卿、校尉、郡守、長吏者十餘人，皆貪叨㉟凶淫，各遣私客籍㊱屬縣富人，被㊲以它罪，閉獄掠拷，使出錢自贖，貲物少者至於死徙。扶風㊳人士孫奮㊴居富而性吝，冀因以馬乘遺之，從貸錢五千萬，奮以三千萬與之，冀大怒，乃告郡縣，認奮母為其守臧㊵婢，云盜白珠十斛㊶、紫金㊷千斤以叛，遂收考奮兄弟，死於獄中，悉沒貲財億七千餘萬。

10 其四方調發，歲時貢獻，皆先輸上第㊸於冀，乘輿㊹乃其次焉。吏人齎貨求官請罪者，道路相望。冀又遣客出塞，交通外國，廣求異物。因行道路，發取伎女㊺御者，而使人復乘埶橫暴，妻略婦女，毆擊吏卒，所在怨毒㊻。

11 冀乃大起第舍，而壽亦對街為宅，殫極土木，互相誇競。堂寢皆有陰陽奧室，連房洞戶。柱壁雕鏤，加以銅漆；窗牖皆有綺疏青瑣㊼，圖以雲氣仙靈。臺閣周通，更相臨望；飛梁石蹬，陵跨水道。金玉珠璣(48)，異方珍怪，充積臧室。遠致汗血名馬(49)。又廣開園囿，採土築山，十里九坂(50)，以像二崤(51)。深林絕澗，有若自然，奇禽馴獸，飛走其閒。冀壽共乘輦車，張羽蓋，飾以金銀，游觀第內。多從倡伎，鳴鍾吹管，酣謳竟路。或連繼日夜，以騁娛恣。客到門不得通，皆請謝門者，門者累千金。又多拓林苑，禁同王家，西至弘農(52)，東界滎陽(53)，南極魯陽(54)，北達河、淇(55)，包含山藪，遠帶丘荒，周旋封域，殆將千里。又起菟苑於河南(56)城西，經亙數十里，發屬縣卒徒，繕修樓觀，數年乃成。移檄所在，調發生菟(57)，刻其毛以為識，人有犯者，罪至刑死。嘗有西域賈胡(58)，不知禁忌，誤殺一兔，轉相告言，坐死者十餘人。冀二弟嘗私遣人出獵上黨，冀聞而捕其賓客，一時殺三十餘人，無生還者。冀又起別第於城西，以納姦亡(59)。或取良人，悉為奴婢，至數千人，名曰「自賣人」。

12 元嘉(60)元年，帝以冀有援立之功，欲崇殊典，乃大會公卿，共議其禮。於是有司奏冀入朝不趨，劍履上殿，謁讚不名，禮儀比蕭何(61)；悉以定陶、成陽(62)餘戶增封為四縣，比鄧禹(63)；賞賜金錢、奴婢、綵帛、車馬、衣服、甲第，比霍光(64)：以殊元勳。每朝會，與三公絕席(65)。十日一入，平尚書事。宣布天下，為萬世法。

冀猶以所奏禮薄，意不悅。專擅威柄，凶恣日積，機事大小，莫不諮決之。宮衛近侍，並所親樹，禁省起居，纖微必知。百官遷召[66]，皆先到冀門牋檄[67]謝恩，然後敢詣尚書[68]。下邳[69]人吳樹為宛[70]令，之官辭冀，冀賓客布在縣界，以情託樹。樹對曰：「小人姦蠹，比屋[71]可誅。明將軍以椒房[72]之重，處上將之位，宜崇賢善，以補朝闕。宛為大都，士之淵藪，自侍坐以來，未聞稱一長者，而多託非人，誠非敢聞！」冀嘿[73]然不悅。樹到縣，遂誅殺冀客為人害者數十人，由是深怨之。樹後為荊州[74]刺史，臨去辭冀，冀為設酒，因鴆之，樹出，死車上。又遼東[75]太守侯猛，初拜不謁，冀託以它事，乃要斬之。

13 時郎中汝南[76]袁著，年十九，見冀凶縱，不勝其憤，乃詣闕上書曰：「臣聞仲尼歎鳳鳥不至，河不出圖[77]，自傷卑賤，不能致也。今陛下居得致之位，又有能致之資，而和氣未應，賢愚失序者，埶分權臣，上下壅隔之故也。夫四時之運，功成則退[78]，高爵厚寵，鮮不致災。今大將軍位極功成，可為至戒，宜遵懸車[79]之禮，高枕頤神。傳曰：『木實繁者，披枝害心。』[80]若不抑損權盛，將無以全其身矣。左右聞臣言，將側目切齒，臣特以童蒙見拔，故敢忘忌諱。昔舜、禹相戒無若丹朱[81]，周公戒成王無如殷王紂[82]，願除誹謗之罪，以開天下之口。」書得奏御，冀聞而密遣掩捕著。著乃變易姓名，後託病偽死，結蒲為人，市棺殯送。冀廉問知其詐，陰求得，笞殺之，隱蔽其事。學生[83]桂陽[84]劉常，當世名儒，素善於著，冀召補令史以辱之。時太原[85]郝絜、胡武，皆危言高論[86]，與著友善。先是絜等連名奏記三府，薦海內高士，而不詣冀，冀追怒之，又疑為著黨，勑中都官移檄[87]捕前奏記者並殺之，遂誅武家，死者六十餘人。絜初逃亡，知不得免，因輿櫬奏書冀門。書入，仰藥而死，家乃得全。及冀誅，有詔以禮祀著等。冀諸忍忌，皆此類也。

14 不疑好經書，善待士，冀陰疾之，因中常侍白帝，轉為光祿勳。又諷眾人共薦其子胤為河南尹。胤一名胡狗，時年十六，容貌甚陋，不勝冠帶，道路見者，莫不蚩笑焉。不疑自恥兄弟有隙，遂讓位歸第，與弟蒙閉門自守。冀不欲令與賓客交通，陰使人變服至門，記往來者。南郡[88]太守馬融[89]、江夏[90]太守田明，初除，過謁不疑，冀諷州郡以它事陷之，皆髡笞徙朔方[91]。融自刺不殊[92]，明遂死於路。

15 永興[93]二年，封不疑子馬為潁陰侯，胤子桃為城父侯。冀一門前後七封侯，三皇后，六貴人，二大將軍，夫人、女食邑稱君者七人，尚公主者三人，其餘卿、將、尹、校[94]五十七人。在位二十餘年，窮極滿盛，威行內外，百僚側目，莫敢違命，天子恭己而不得有所親豫95。

16 帝既不平之。延熹96元年，太史令97陳授因小黃門徐璜98，陳災異日食之變，咎在大將軍。冀聞之，諷洛陽令收考授，死於獄。帝由此發怒。

17 初，掖庭人鄧香妻宣生女猛，香卒，宣更適梁紀。梁紀者，冀妻壽之舅也。壽引進猛入掖庭，見幸，為貴人，冀因欲認猛為其女以自固，乃易猛姓為梁。時猛姊壻邴尊為議郎99，冀恐尊沮敗宣意，乃結刺客於偃城100，刺殺尊，而又欲殺宣。宣家在延熹里，與中常侍袁赦相比。冀使刺客登赦屋，欲入宣家。赦覺之，鳴鼓會眾以告宣。宣馳入以白帝，帝大怒，遂與中常侍單超、具瑗、唐衡、左悺101、徐璜等五人成謀誅冀。語在宦者傳。

18 冀心疑超等，乃使中黃門張惲入省宿，以防其變。具瑗勅吏收惲，以輒從外入，欲圖不軌。帝因是御前殿，召諸尚書入，發其事，使尚書令尹勳102持節勒丞郎以下皆操兵守省閤，斂諸符節送省中。使黃門令103具瑗將左右廄騶104、虎賁、羽林、都候劒戟士105，合千餘人，與司隸校尉106張彪共圍冀第。使光祿勳袁盱107持節收冀大將軍印綬，徙封比景108都鄉侯。冀及妻壽即日皆自殺。悉收子河南尹胤、叔父屯騎校尉讓，及親從109衛尉淑、越騎校尉忠、長水校尉110戟等，諸梁及孫氏中外宗親送詔獄，無長少皆棄市。不疑、蒙先卒。其它所連及公卿列校刺史二千石死者數十人，故吏賓客免黜者三百餘人，朝廷為空，唯尹勳、袁盱及廷尉邯鄲義在焉。是時事卒從中發，使者交馳，公卿失其度，官府市里鼎沸，數日乃定，百姓莫不稱慶。

19 收冀財貨，縣官⑪斥賣，合三十餘萬萬，以充王府，用減天下稅租之半。散其苑囿，以業窮民。錄誅冀功者，封尚書令尹勳以下數十人。

【章旨】以上為梁統玄孫〈梁冀傳〉。旨在寫梁冀驕橫跋扈，窮奢極侈，侵吞民財，掠民為奴，亂殺無辜等種種非法行為。

【注釋】❶鳶肩豺目　鳶肩，謂肩上聳。豺目，李賢注：「目豎也。」此形容惡人之相。❷洞精矘眄　洞精，即「通視」，俗稱「斜白眼」。眼睛的一種生理缺陷。矘眄，眼睛直視貌。❸口吟舌言　說話含糊不清。清王先謙《後漢書集解》引周壽昌：「口吟，口中喁喁私囈，聽之不絕聲，審之不成句。舌言，言出口即斂，不明白宣示，所謂含胡也。」❹裁能書計　裁，僅。書計，謂寫字算帳。❺挽滿　能拉滿強弓。❻彈棊　亦作「彈棋」、「彈碁」。古代博戲之一。用白黑棋子各六枚，兩方數目相等，輪流對彈，以決勝負。❼格五　古代博戲名。棋類，謂擲簺（略如骰子）行棋的賭博。有「塞」、「白」、「乘」、「五」四采。擲得「五」即格（阻）不得行，故稱「格五」。❽六博　古代一種擲彩下棋的比賽遊戲。博，一作「簙」。也是黑白六棋兩人對局的賭博，擲瓊（略如骰子）行棋。❾蹴鞠　踢球。❿意錢　一種博戲，即後世的「攤錢」。唐李匡乂《資暇集》中〈錢戲〉：「錢戲有每以四文為一列者，即史傳所云意錢是也，俗謂之攤錢，亦曰攤鋪。」意錢又叫「詭億」、「射意」。清郝懿行《宋瑣語》認為是猜拳賭博。⓫越騎　為西漢武帝置京師屯兵八校尉之一，秩比二千石。⓬河南尹　政區名、官名。治今河南洛陽東北。尹，治理，亦為官名。商、西周時為輔弼之官。春秋時楚國長官多稱尹。漢代始以京城的行政長官稱尹，有京兆尹、河南尹。⓭沖帝　（西元一四三—一四五年），東漢第八帝，名炳，順帝子。建康元年立為皇太子，其年八月庚午即皇帝位，年二歲。尊皇后曰皇太后，太后臨朝。永嘉元年正月戊戌崩，年三歲。⓮繈褓　亦作「襁褓」、「襁保」、「強葆」。繈，同「襁」。背負嬰兒的背帶或布兜。褓，小兒的被，用以裹覆。泛指背負小兒所用的東西。此指幼兒。⓯太后　即梁太后，大將軍梁商之女，梁冀之妹，順帝皇后。⓰太傅　官名。春秋時晉國始置。戰國後廢。漢設置。⓱參錄尚書事　參，齊；等同。錄尚書事，初稱領尚書事，西漢後期始置，為輔弼國君的官。昭帝即位，大將軍霍光秉政，領尚書事。東漢自和帝起，每帝即位，則置太傅錄尚書事。錄，總領的意思，錄尚書事，即總攬大權，無所不總。⓲質帝　（西元一三八—一四六年），東漢第九帝，名纘。章帝玄孫，渤海孝王劉鴻之子。沖帝不豫，大將軍梁冀徵劉纘到洛陽都亭，永嘉元年正月沖帝崩，皇太后與梁冀定策禁中，立劉纘為帝，是為質帝，時年八歲，建元本初。是年閏六月，梁冀鴆弒帝，年九歲。⓳鴆　傳說中的毒鳥。雄曰運日，雌曰陰諧。羽有劇毒，以其羽浸泡酒，飲之立死。此指毒酒。鴆，一作「酖」。⓴煮餅　猶「湯麵」。㉑桓帝　（西元一三二—一六七年），東漢第十帝，名志，章帝曾孫，西元一四六—一六七年在位。㉒杜喬　（?—西元一四七年），字叔榮，河內林慮人。少為諸生，舉孝廉，辟司徒楊震府。建和元年為太尉。桓帝納梁冀妹，欲以厚禮迎之，杜喬據執舊典不聽。梁冀所舉薦之人，杜喬不用。在位數月，以地震免。為梁冀及宦官唐衡等所誣陷，下獄死。妻子歸故郡。與李固俱暴屍城北。傳見本書卷六十三。㉓和平　東漢桓帝年號，西元一五〇年。㉔弘農　郡名。治今河南靈寶北。㉕周公　西周政治家。姬姓，名旦，因食采於周（今陝西岐山縣北），故稱周公。周武王弟。輔佐周武王滅商，卓有功績，被封於曲阜，為魯公。武王去世，成王年幼，周公乃攝政當國。其弟管叔、蔡叔勾結商紂子武庚發動叛亂。周公率師東征，討平叛亂，殺武庚、管叔，流放蔡叔。周室復安。成王長大，周公還政於成王，乃致力於制禮作樂，建立典章制度。事見《史記・周本紀》、〈魯周公世家〉。㉖作愁眉五句　李賢注引《風俗通》：「愁眉者，細而曲折。啼粧（妝）者，薄拭目下若啼處（以粉薄飾目下，有似啼痕）。憜（墮）馬髻者，側在一邊。折䙅（腰）步者，足不任體（即走路時擺動腰肢扭捏作態）。齲齒笑者，若齒痛不忻忻（即故意做作的狀若齒痛的笑容）。始自冀家，京師翕然放效之。」嗁，同「啼」。㉗平上軿車六句　平上軿車，平頂而用布幔圍起的車子。鄭玄注《周禮》：「軿猶屏，所用自蔽也。」埤幘，小髮巾。狹冠，狹小的帽子。折上巾，把頭巾的上角折起來。擁身扇，大扇。狐尾單衣，衣服的後襟曳地好像狐狸尾巴。㉘鉗忌　忌刻。像鉗子夾物一樣忌害別人。㉙倉頭　一作「蒼頭」。古代私家的奴隸。㉚監奴　為權貴豪門監管家務的奴僕頭子。㉛太倉令　官名。太倉，古代設在京城中的大穀倉，其長官為太倉令。㉜御者　侍從。㉝刺史　西漢武帝元封五年，分全國為十三部（州），除京師附近七郡外，分為：豫州、兗州、青州、徐州、冀州、幽州、并州、涼州、益州、荊州、揚州、交阯、朔方十三區，部（州）置刺史，秩六百石。以六條察問郡縣，本為監察官性質，其官階低於太守。東漢末，乃升刺史為州牧，位居郡守之上，成為一州的軍政長官，稱「州牧」。㉞二千石　漢代內自九卿郎將，外至郡守的俸祿等級都是二千石。二千石分三等：中二千石、二千石、比二千石。中二千石，月得一百八十斛；中者，滿也。二千石，月得一百二十斛。比二千石，月得一百斛。東漢二千石稱真二千石。後因稱郎將、郡守和知府為二千石。㉟貪叨　貪得。叨，貪。㊱籍　登記。㊲被　加上。㊳扶風　即右扶風。官名，政區名。西漢武帝太初元年改主爵都尉置。分右內史西半部為其轄區，職掌相當於太守。因地屬畿輔，故不稱郡，為三輔之一。治今陝西西安西北。三國魏去「右」字，改轄區為扶風郡，官為扶風太守。作者劉宋時人，故不稱「右扶風」。㊴士孫奮　李賢注引摯虞《三輔決錄》：「士孫奮字景卿，少為郡五官掾，起家，得錢貲至一億七千萬，富聞京師」也。㊵守臧　保管財物。臧，同「藏」。㊶斛　量器。古代十斗為一斛。㊷紫金　一種珍貴的礦物。㊸上第　最好的東西。㊹乘輿　指國君、諸侯所乘坐的車子。此代指皇帝。㊺伎女　指歌舞女藝人。㊻怨毒　怨恨；仇恨。㊼綺疎青瑣　綺疎，亦作「綺疏」。窗戶上的鏤空花紋。亦指鏤花的窗格。青瑣，亦作「青鎖」、「青璅」。裝飾皇宮門窗的青色連環花紋。㊽珠璣　珠寶；珠玉。璣，珍珠之不圓者，一說為小珠。㊾汗血名馬　即「汗血馬」。古時西域駿馬名，流汗如血，故稱。㊿坂　同「阪」。斜坡。(51)二崤　崤，山名。在今河南靈寶東南，分東西二崤，東為土崤，西為石崤。二崤間南谷地形險阻，自古是豫陝間交通要道。(52)弘農　古縣名。治今河南靈寶北。(53)滎陽　古縣名。治今河南滎陽東北。(54)魯陽　古邑名、縣名。春秋、戰國楚邑，漢置縣。治今河南魯山縣。(55)河淇　黃河與淇水。淇水在今河南北部，黃河的支流。(56)河南　古縣名。周雒邑王城。治今河南洛陽西澗水東岸。(57)菟　同「兔」。(58)西域賈胡　西域，西漢以後對玉門關（在今甘肅敦煌西北）以西地區的總稱。始見於《漢書．西域傳》。有二義：狹義的西域，專指葱嶺以東，玉門關以西地區而言。廣義的西域，則指凡通過狹義西域所能達到的地方，包括亞洲中、西部、印度半島、歐洲東部和非洲北部地區。漢武帝派張騫初通西域，宣帝始置西域都護。以後各代西域與中原地區在政治、經濟、文化上有密切的關係。賈胡，西域商人。胡，中國古代對北方、西方各民族的泛稱。(59)姦亡　姦，謂姦邪之人。亡，謂亡命之徒。(60)元嘉　東漢桓帝劉志年號，西元一五一—一五三年。(61)入朝不趨四句　入朝不趨，謂梁冀入朝廷時可以不急步前行。趨，碎步疾行，古代的一種禮節，表示對皇帝敬畏。劍履上殿，經帝王特許，重臣上朝時可以不解下佩劍，不脫履，以示殊榮。謁讚不名，謁見讚拜皇帝時，不必通報自己的名字。讚，讚拜；朝拜。禮儀比蕭何，《漢書．蕭何傳》：「漢五年，已殺項羽，即皇帝位，論功行封，……蕭何第一，賜帶劍履上殿，入朝不趨。」（蕭何無「謁讚不名」事。）蕭何（？—西元前一九三年），沛縣（今屬江蘇）人。西漢初大臣，曾為縣吏。秦末佐劉邦起義。起義軍入咸陽，他收取秦政府的律令圖書，掌握了全國的山川險要、郡縣戶口和當時的社會情況。劉邦為漢王，以他為丞相。他推薦韓信為大將。漢王定三秦，蕭何以丞相留守巴蜀。劉邦即皇帝位，論功以蕭何第一。任丞相，封酇侯。定律令、制度，協助劉邦消滅韓王信、英布等異姓諸侯王。漢十一年（西元前一九六年）改丞相為相國。傳見《史記・蕭相國世家》、《漢書・蕭何傳》。(62)定陶成陽　定陶，縣名。在山東西南部，萬福河上游。古陶邑，秦置定陶縣。成陽，縣名。與定陶均屬濟陰郡。(63)鄧禹　（西元二一—五八年），字仲華，南陽新野（今河南新野）人。年十三能誦《詩》，受業長安。時光武亦遊學長安。禹雖年幼，見光武，知非常人，遂相親附。從光武擊破銅馬農民軍，為前將軍。率軍入河東，大破更始大將軍樊參，又鎮壓綠林軍王匡、成丹部，遂定河東。光武即位，拜鄧禹為大司徒，封酇侯。鄧禹內文明篤，行淳備事，事母至孝。明帝即位，拜太傅。雲臺二十八將，禹其首也。傳見本書卷十六。(64)霍光　（？—西元前六八年），字子孟，河東平陽（今山西臨汾）人。西漢大臣。驃騎將軍霍去病異母弟。去病帶霍光至長安，去病死後，霍光為奉車都尉、光祿大夫。小心謹慎，未嘗有過，甚見親信。漢武帝後元二年崩，昭帝即位，他與金日磾、上官桀、桑弘羊等受武帝遺詔輔政。元平元年，昭帝崩，迎立昌邑王劉賀為帝，不久即廢，又立宣帝。霍光秉政前後二十餘年，傳見《漢書・霍光傳》。(65)絕席　與他人不同席，獨坐一席，以示尊顯。(66)遷召　官吏升遷時之召對。(67)牋檄　猶「箋記」，給上級官員的書札。牋，同「箋」。(68)尚書　官名。始置於戰國時，或稱掌書，此指尚書臺。(69)下邳　國名。東漢明帝永平十五年改臨淮郡置國。治今江蘇睢寧西北。(70)宛　古縣名。戰國楚邑，秦昭襄王置縣。治今河南南陽。(71)比屋　家家戶戶；任何人。(72)椒房　漢代后妃所住的宮殿，用椒和泥塗壁，取其溫暖有香氣，兼有多子之意。此指外戚。(73)嘿　同「默」。(74)荊州　西漢武帝所置「十三刺史部」之一。東漢治今湖南常德東。(75)遼東　郡名。戰國燕置。治今遼寧遼陽。(76)汝南　郡名。治今河南上蔡西南。(77)鳳鳥不至二句　語出《論語・子罕》：「子曰：『鳳鳥不至，河不出圖，吾已矣夫！』」意謂：鳳凰不飛來了，黃河也沒有出現圖畫，我這一生就如此結束了！鳳鳥，即鳳凰，古代傳說是一種神鳥，是祥瑞的象徵，鳳凰出現就是表示天下太平。《周易・繫辭上》：「河出《圖》，洛出《書》，聖人則之。」河圖，傳說伏羲氏時，有龍馬從黃河出現，背負《河圖》。伏羲就根據《河圖》畫成八卦，就是後來《周易》來源。孔子說這兩句話，是比喻當時社會無清明之望。(78)四時之運二句　說明四時運行的規律是如此，按照四時運行的規律，為人處事功成後，就應當退下來。《周易・繫辭下》：「寒往則暑來，暑往則寒來，寒暑相推，而歲成焉。」(79)懸車　亦作「縣車」。謂辭官居家。(80)傳曰三句　樹木果實繁多，就會折斷樹枝，傷害樹心。傳，書傳；記載。特指記載一人事跡的文字。「木實繁者，披枝害心。」出自《史記・范雎蔡澤列傳》，為范雎所引之古書。(81)昔舜禹相戒無若丹朱　《尚書・益稷》：禹曰：「無若丹朱傲，惟慢遊是好。」孔穎達疏：「禹……既戒帝（舜）擇人，又勸帝自勤，無若丹朱之傲，惟慢褻之遊是其所好。」丹朱，帝堯之子。性頑兇，好爭訟。堯年老，選擇繼承人時，大臣放齊認為丹朱「開明」，可繼大業，乃推薦丹朱。堯深知丹朱不肖，否決了這項建議。堯以為：以天下「授丹朱，則天下病而丹朱得其利。」堯終不以天下之病而利丹朱，乃以天下授舜。舜後封丹朱於唐（《括地志》說：為今河北唐縣），為諸侯。事見《史記・五帝本紀》。(82)周公戒成王無如殷王紂　周公，注見前。成王，西周第二王，名誦，周武王子。周武王去世，成王年幼，周公攝政當國。成王長大，周公乃還政成王。《十三經注疏》本《尚書・無逸》：周公曰：「嗚呼！繼自今嗣王，……無若殷王受之迷亂，酗于酒德哉！」孔傳：「以酒為凶謂之酗。言紂心迷政亂，以酗酒為德，戒嗣王無如之。」(83)學生　學者。(84)桂陽　郡名。治今湖南郴州。(85)太原　郡國名。治今山西太原西南。(86)危言高論　正直而不同凡響的言論。(87)勑中都官移檄　勑，同「敕」。自上命下之辭。中都官，在京城的官員。移檄，發布文告曉示。(88)南郡　郡名。治今湖北荊州北，漢移治江陵。(89)馬融（西元七九－一六六年），字季長，右扶風茂陵（今陝西興平）人。東漢經學家、文學家。將作大匠馬嚴（馬援兄子）之子。曾任校書郎、議郎、南郡太守等職。遍注《周易》、《尚書》、《毛詩》、《周禮》、《儀禮》、《禮記》、《論語》、《孝經》，使古文經學達到成熟的境地。生徒常有千餘人，鄭玄、盧植皆出其門下。他除注群經外，兼注《老子》、《淮南子》。傳見本書卷六十。(90)江夏　郡名。治今湖北新洲西。(91)朔方　郡名。治今內蒙古杭錦旗北。(92)不殊　謂身首未分離，指自殺未死。殊，絕。(93)永興　東漢桓帝劉志年號，西元一五三－一五四年。(94)卿將尹校　卿，謂九卿。將，謂中郎將。尹，謂河南尹、京兆尹。校，謂眾校尉。(95)親豫　親自參與。(96)延熹　東漢桓帝年號，西元一五八－一六七年。(97)太史令　官名。西周、春秋時稱太史，掌管起草文書，策命諸侯卿大夫，記載史事，編寫史書，兼管國家典籍、天文、曆法、祭祀等，為朝廷大臣。(98)徐璜（？－西元一六四年），下邳（今江蘇睢寧）良城人。東漢宦官。初為小黃門，桓帝初，為中常侍。延熹二年，桓帝與中常侍單超、具瑗、唐衡、左悺、徐璜等五人，密謀誅梁冀，梁冀誅，五人同日封侯，故世謂之「五侯」。徐璜封為武原侯，食邑一萬五千戶，賜錢一千五百萬。傳見本書卷七十八。(99)議郎　官名。西漢置，掌顧問應對，無定員，秩六百石，屬光祿勳，為郎官之一種，但不入直宿衛。東漢時地位更高，得參與朝政。(100)偃城　地名。在今湖北襄樊北。(101)單超具瑗唐衡左悺　單超（？－西元一六〇年），河南（今河南洛陽）人。東漢宦官。桓帝時，為中常侍。與左悺、具瑗、徐璜、唐衡等合謀誅滅外戚梁冀，封新豐侯，食邑二萬戶，賜錢一千五百萬。後任車騎將軍。延熹三年死。傳見本書卷七十八。具瑗，魏郡元城（今河北大名）人。東漢宦官。與單超等五人合謀誅滅外戚梁冀，封東武陽侯，食邑一萬五千戶，賜錢一千五百萬。

單超死後，四侯專橫，天下為之語曰：「左回天，具獨坐，徐臥虎，唐兩墮。」皆競起第宅，樓觀壯麗，窮極技巧。多取良人美女以為姬妾，皆珍飾華侈，擬則宮人。又養其疏屬或乞嗣異姓或買蒼頭為子，以傳國襲封。兄弟姻戚，皆宰州臨郡，與盜賊無異。五侯宗親、賓客虐遍天下，民不堪命。延熹八年，司隸校尉韓演奏具瑗兄沛相具恭贓罪，徵詣廷尉。具瑗詣獄謝，上還東武侯印綬。詔貶為都鄉侯。卒於家。傳見本書卷七十八。唐衡（？—西元一六四年），穎川郾（今河南郾城）人。東漢宦官。桓帝初為小黃門，參與單超等五人謀誅梁冀，遷中常侍，封汝陽侯，食邑一萬三千戶，賜錢一千三百萬。延熹七年死，贈車騎將軍。傳見本書卷七十八。左悺（？—西元一六五年），河南平陰（今河南孟津）人。東漢宦官。桓帝時，為小黃門。因參與謀誅梁冀功，遷中常侍，封上蔡侯，食邑一萬三千戶，賜錢一千三百萬。延熹八年，司隸校尉韓演奏左悺罪惡及其兄太僕南鄉侯左稱請託州郡，聚斂為姦等事，左悺、左稱皆自殺。傳見本書卷七十八。❿❷尚書令尹勳　尚書令，官名。始於秦，西漢沿置。本為少府屬官，掌章奏文書。東漢政務皆歸尚書，尚書令成為直接對皇帝負責總攬一切政令的首腦。尹勳，字伯元，河南鞏（今河南鞏義）人。家世衣冠，伯父尹睦為司徒，兄尹頌為太尉，宗族多居貴位。勳獨持清操。舉孝廉，三遷為邯鄲令。政有異績，舉高第，五遷為尚書令。桓帝誅大將軍梁冀，尹勳參與大謀，封都鄉侯，遷汝南太守。徵入拜將作大匠，轉大司農。後坐竇武誅宦官事，下獄自殺。傳見本書卷六十七。❿❸黃門令　官名。以宦者為之。本書〈百官志〉：「秩六百石，主省中諸宦者，屬少府。」❿❹廄騶　騎士。❿❺都候劒戟士　都候，官名。本書〈百官志〉：「左右都候各一人，六百石。主劍戟士。徼循宮及天子有所收考。」注引《漢儀》：「宮中諸有劾奏罪，左都候執戟縛送付詔獄。」屬衛尉。❿❻司隸校尉　官名。西漢武帝初置。秩比二千石。本書〈百官志〉：「持節掌察舉百官以下及京師近郡犯法者。元帝去節，成帝省（罷），建武中復置，並領一州。」下設有都官從事、功曹從事、別駕從事、簿曹從事、兵曹從事及其他屬官若干人。❿❼光祿勳袁盱　光祿勳，官名。秦置郎中令，西漢武帝時改為光祿勳。東漢末復改為郎中令。掌領宿衛侍從之官，為九卿之一。袁盱，汝南汝陽（今河南商水縣）人。汝南袁氏為東漢著名的世家大族。袁盱為袁安之孫。傳見本書卷四十五。❿❽比景　東漢縣名。屬交州日南郡。亦作「北景」，謂向北看日也。在今越南境內。❿❾親從　猶「親族」。❶❶⓿長水校尉　官名。為西漢武帝所置京師屯兵八校尉之一。《漢書・百官公卿表》：「掌長水、宣曲胡騎。」胡騎之屯於長水者，為長水胡騎。屯於宣曲者，為宣曲胡騎。東漢猶沿用此名。❶❶❶縣官　指朝廷。也專指皇帝。《史記・絳侯周勃世家》：「庸知其盜買縣官器，……」《索隱》：「縣官謂天子也。所以謂國家為縣官者，〈夏官〉王畿內縣即國都也。王者官天下，故曰縣官也。」

【語　譯】梁冀，字伯卓。長得像鳶一樣的聳肩、豺一樣的眼睛，目光有神而斜視，語言含糊不清；論文才，僅能寫字算帳。年少時身為貴戚，安閒遊蕩，隨心所欲。性嗜酒，能挽滿、彈棋、格五、六博、蹴鞠、意錢之類的遊戲，還喜歡架鷹賽狗，跑馬鬥雞。初為黃門侍郎，轉侍中，虎賁中郎將，越騎、步兵校尉，執金吾。

2 永和元年，梁冀拜河南尹。在職殘暴兇狠，多做非法之事，其父梁商所親信的賓客洛陽令呂放，多次對梁商言及梁冀的短處，梁商因此責備梁冀，梁冀於是派人在路上刺殺呂放。梁冀怕其父知道此事，就將呂放過去的仇人推為懷疑對象，他請求讓呂放之弟呂禹擔任洛陽令，使其逮捕呂放的仇人，並將他的宗族親戚和賓客一百餘人全部殺死。

3 梁商死後未葬，順帝乃拜梁冀為大將軍，其弟侍中梁不疑為河南尹。

4 順帝死，沖帝在襁褓之中，太后臨朝稱制，下詔令梁冀與太傅趙峻、太尉李固同錄尚書事。梁冀雖推辭不肯接受，卻自高自大殘暴日甚。

5 沖帝不久又死去，梁冀主持立質帝。質帝年少而聰慧，他知道梁冀驕橫，曾在群臣朝會的時候，盯著梁冀說：「這是一位專橫跋扈的將軍。」梁冀聞聽，非常憎恨質帝，於是令手下的人將毒藥放入湯麵裡，送給質帝，質帝當天即中毒死去。

6 梁冀又主持立桓帝，並冤枉地殺害李固及前太尉杜喬，國內之人歎息恐懼，此事在〈李固傳〉裡有記述。建和元年，加封梁冀的封邑一萬三千戶，大將軍府增加了推舉高第和秀才的權力，官屬比三公府要多出一倍。又封梁不疑為潁陽侯，梁不疑弟梁蒙為西平侯，梁冀的兒子梁胤為襄邑侯，他們的封邑各為一萬戶。和平元年，又給梁冀增加封邑一萬戶，加上以前所承襲的共三萬戶。

7 弘農人宰宣為人一向諂佞邪惡，欲取媚於梁冀，乃上書言大將軍有周公之功，今既封其諸子，則其妻亦應該封為邑君。朝廷於是下詔封梁冀之妻孫壽為襄城君，兼收取陽翟縣的租稅，孫壽一年可收入五千萬錢，又加賜孫壽赤色的綬帶，地位和長公主一樣。孫壽色美而善為妖冶之態，作愁眉，啼妝，墮馬髻，折腰步，齲齒笑，以此來媚惑人。梁冀也將他的車子和服飾加以改變，製作了帶帷幕的平頂車子，繫小髮巾，戴狹窄的帽子，還將頭巾的上角折起來，手執一把大扇，身上穿的單衣後襟曳地，好像一條狐狸尾巴。孫壽生性狠毒，像鉗子夾東西一樣忌害別人，她能控制梁冀，梁冀非常寵她，又很怕她。

8 當初，梁冀的父親梁商曾獻美人友通期於順帝，友通期犯有小過，順帝就把她還給梁商，梁商不敢收留她，就把她嫁了出去。梁冀即派人偷偷地將友通期弄了回來。這時正趕上梁商去世，梁冀服喪期間，在城西私下和她姘居。孫壽探察到梁冀外出，帶了許多奴僕，將友通期搶回家中。割斷她的頭髮，刮破她的面皮，還用鞭子抽打她，打算上書皇帝，告發其事。梁冀大為恐懼，叩頭請求孫壽之母出面講情，孫壽不得已，只好罷休。梁冀仍然與友通期私通，生下一個兒子，取名伯玉，一直藏著不敢讓他出來。孫壽不久就知道了這件事，乃使其子梁胤誅滅友氏，梁冀擔心孫壽殺害伯玉，常將伯玉藏在夾壁之中。梁冀很喜歡管家奴秦宮，秦宮官至太倉令，可以出入孫壽居住的地方。孫壽見到秦宮，假託要談事情，就讓侍候她的人走開，便和秦宮私通。秦宮內外都受到寵信，威權大震，刺史、二千石官吏上任，都要前來拜謁秦宮，向他告辭。

9 梁冀聽從孫壽之言，排斥剝奪了梁氏家族在職的人的權力，在表面上看來，這是一種謙讓，而實際上卻是抬高孫氏家族親戚的地位。孫氏宗親，由此冒名而官至侍中、卿、校尉、郡守、長吏者十餘人，都是些貪婪兇惡的傢伙，他們分別派自己的賓客到所屬縣的富人家登記註冊，然後給他們加上其他罪名，把他們關進監獄進行拷打，讓他們出錢贖出人身。那些出錢財少的人，有的處死，有的流放。扶風人士孫奮富有卻很吝嗇，梁冀於是送給他四匹馬，向他借錢五千萬，士孫奮給了梁冀三千萬，梁冀大怒，於是告諭郡縣長官，指認士孫奮的母親原是他家保管財物的奴婢，說她偷了十斛白珠、千斤紫金，叛主逃跑。於是逮捕了士孫奮兄弟，進行拷問，士孫奮兄弟皆死獄中，於是梁冀侵吞了士孫奮一億七千餘萬的資財。

10 從四方徵調來的東西，以及一年四季各地向朝廷進貢的物品，都要先把最好的送給梁冀，皇帝只能得到差一點的。前來送禮給梁冀，以求做官和免罪的人們，絡繹不絕。梁冀又派人到塞外去，和外國人交往，廣泛搜求奇異物品。他還利用外出的機會，注意尋找能歌善舞的女藝人及侍從，而那些派出去的人又仗勢橫行暴虐，掠奪良家婦女為妻，毆打下層吏卒，所到之處，人們都對他們恨之入骨。

11 梁冀又大規模建造房舍，孫壽也臨街蓋起住宅，他們用盡了當時最高超的建築技術，互相炫耀競賽。廳堂和寢室，皆有明暗深室，房與房相連，門與門相通。屋柱和牆壁都要雕刻，加以銅漆；大窗小窗都鏤刻成空心的花紋和青色的連環形花紋，還畫上了雲氣仙靈圖案。臺閣連通，互相臨望；石蹬上高架起的橋梁，凌空橫跨在水面上。金玉珠璣和外地的珍怪之物，充積於庫藏之中。還從遠方弄來了汗血馬。梁冀又廣開園囿，採土築山，在十里之內造起了九道山坡，以模仿二崤山的樣子。大片的樹林和陡峭的山澗，如同自然生成，奇禽馴獸，飛走其間。梁冀與孫壽同乘輦車，豎立著裝飾金銀的羽毛車蓋，遊觀於第宅之內。許多歌舞倡伎跟隨著他們，敲鍾吹管，酣歌滿路。有時日以繼夜，恣意放任歡娛。客人們到達梁冀的家門，無法見到他，就請看門的人幫忙，看門人也因此積累了千金。梁冀又大闢林苑，林苑之內，禁同王室。西至弘農，東到滎陽，南盡魯陽，北達河、淇，包括山林湖澤，遠連荒丘，封禁的區域，周圍將近千里。梁冀又起菟苑於河南城西，橫貫數十里。徵發屬縣士卒徒眾，興建樓觀，數年乃成。命令各地，調集活兔，刻兔毛以為標記，若有人傷害其中之兔，罪至處死。曾有西域胡商，不知禁忌，誤殺一兔，輾轉相告，受牽連而死者十餘人。梁冀的二弟，曾私遣人到上黨打獵，梁冀聞聽後，逮捕了他的賓客，同時殺了三十餘人，沒有一個活著回來的。梁冀又起別第於城西，專門收納奸人和亡命之徒。梁冀又把一般良民搶來，使他們都成為自己的奴隸，多至數千人，稱他們是「自賣人」。

12 元嘉元年，桓帝因梁冀對自己有扶立之功，想以特殊的制度來抬高梁冀的地位。桓帝於是大會公卿，共同討論這一禮制。於是，有關方面的官員上奏：梁冀入朝時可以不急步前行，可以佩劍穿鞋上殿，謁見讚拜皇帝時不必通報自己的姓名，這方面的禮儀可比蕭何；將定陶、成陽的剩餘編戶全都封給梁冀，使他的食邑增加四縣，可比鄧禹；賞賜金錢、奴婢、綵帛、車馬、衣服、甲第，可比霍光：以突出梁冀的首功。還規定每次朝會，梁冀不與三公同席。梁冀十天一入朝，平議尚書事務。這些都要向全國宣告，作為世世代代的法式。梁冀還以為有關官員所奏禮薄，心裡不高興。梁冀擅自行事，玩弄權柄，一天比一天兇殘放縱。國家的樞機事務，不論大小，沒有不先詢問他讓他決定的。宮廷中擔任保衛和侍候的人員，全部都是梁冀親自安置的。宮禁中皇帝的起居生活，哪怕是一些細微的事情，梁冀都能知曉。百官的任命和召對，都先要拿著書札到梁冀的府上向他謝恩，然後才敢到尚書臺去。下邳人吳樹被任命為宛縣縣令，在上任之前到梁冀府上辭行，梁冀的賓客分布在宛縣內，他就以私情囑託吳樹。吳樹回答說：「對那些邪惡害人的人，任何人都可以誅殺他。英明的將軍，您作為後宮的尊貴親戚，處於上將軍的地位，應該鼓勵賢能與善良的人和事，以補朝政的闕失。宛縣是一個大都會，是人士聚集的地方，自我任職以來，沒聽說您稱揚過一名長者，而您託付給我那麼多不該託付的人，您的話我確實不敢聽從！」梁冀沉默不高興。吳樹到縣，立即誅殺了梁冀賓客中為害百姓的數十人，梁冀因此深恨吳樹。吳樹後來做了荊州刺史，臨上任時向梁冀辭行，梁冀為他設宴餞行，乘機在酒中下了毒藥。吳樹從梁冀家出來後，死於車上。還有一位遼東太守侯猛，初次拜官，沒有拜謁梁冀，梁冀假借其他事情，腰斬了侯猛。

13 當時郎中汝南人袁著，年僅十九，見梁冀兇殘放縱，實在壓抑不住心中的憤怒之火，乃到朝廷上書說：「臣聞仲尼歎息鳳鳥不至，河不出《圖》，因而自傷地位卑賤，不能使鳳鳥至，河出《圖》，天下太平。現在陛下居於可致天下太平之地位，又有可致天下太平之條件，而和氣的局面未曾出現，賢愚顛倒，這種情況實由於皇帝的權勢為權臣所分割，上下不能溝通的緣故。按四時的運轉規律，功成以後就應該退下來，如果爵位很高，受寵優厚，很少有不招致災禍的。今大將軍位極功成，可為最大的鑑戒，應遵循懸車引退的禮節，高枕而臥，頤養神志。書傳記載說：『樹木果實太多，樹枝就會被壓斷，傷害樹木的元氣。』大將軍若不壓制並削減自己盛大的權勢，將沒有辦法保全自己本身。他左右的人聽到臣的這些話，肯定會怒目而視，咬牙切齒。臣只不過因為年輕，受到提拔任用，所以膽敢不避忌諱而這麼做。從前舜、禹相戒，不要像丹朱那樣傲慢，周公戒周成王，不要像殷紂王那樣迷亂，臣希望能夠除去誹謗之罪，而使天下之人都能開口說話。」他的奏書送達皇帝，梁冀聽說後，乃祕密遣人想乘袁著不備時逮捕他。袁著於是改名換姓，後又託病偽死，結蒲草以為人形，買來棺材埋葬了。梁冀經察訪後，弄清了其中的偽詐，暗地裡搜捉到了袁著，用竹板將他打死，並隱蔽了這件事。學者桂陽劉常，為當時名儒，素善袁著，梁冀下令讓劉常補地位低下的令史，以此來侮辱劉常。當時太原郝絜、胡武，皆能高談闊論，與袁著友善。在此之前，郝絜等人連名奏記三府，推舉國內的志行高潔之士，沒有到梁冀那裡去拜訪，梁冀回想起此事，而憤怒郝絜等人，又懷疑他們是袁著的黨羽，就下令京城中的官員發布文告逮捕並殺死先前寫奏記的人，於是殺死胡武及其家屬六十餘人。郝絜最初逃亡，後來覺得終究難免一死，於是車上拉著棺材，上奏書至梁冀的家門。奏書交進去之後，郝絜即飲毒藥而死，他的家人才得以保全性命。等到梁冀被誅滅後，朝廷下詔按禮儀對袁著等人加以祭祀。梁冀所做的那些殘忍猜忌之事，都是這一類的事。

14 梁不疑喜好經書，善於對待士人，梁冀暗暗忌妒他，利用中常侍向皇帝進言，轉梁不疑為光祿勳。梁冀又暗示眾官員，讓他們推舉自己的兒子梁胤為河南尹。梁胤又名胡狗，當時年十六歲，長得容貌甚為醜陋，戴上帽子，繫上大帶，更是不成樣子。道路上的人看見，沒有不嗤笑他的。梁不疑對兄弟之間在感情上有裂痕，覺得羞恥，於是辭去官職，回到家中和弟弟梁蒙閉門自守。梁冀不願意他和賓客們來往，於是暗中派人喬裝至其家門，進行監視，記下和他來往的人。南郡太守馬融、江夏太守田明，剛授職時，曾往拜訪梁不疑，梁冀於是暗示州郡，以其他事情對馬融、田明進行陷害，他們都被剃光頭髮，遭受毒打，發配朔方。馬融自殺未死，田明死於路途之中。

15 永興二年，封梁不疑的兒子梁馬為潁陰侯，封梁胤的兒子梁桃為城父侯。梁冀一門前後七人封侯，三人為皇后，六人為貴人，二人為大將軍，還有夫人、婦女受封食邑稱君者七人，三人尚公主，其餘官至卿、將、尹、校者五十七人。在位二十餘年，窮極滿盛，威行京城內外，百官不敢正眼觀看，沒有敢於違抗他的命令的人，皇帝只能恭敬地坐在皇位上，一切政事都不能親自參與。

16 桓帝對此已經憤憤不平了。延熹元年，太史令陳授通過小黃門徐璜，向桓帝陳述出現日蝕這樣的災異，過錯在大將軍身上。梁冀聞聽後，暗示洛陽令逮捕拷打陳授，陳授死獄中。桓帝因此而發怒。

17 當初，掖庭有一名服侍人員鄧香，他的妻子名宣，生了一個女兒，取名叫鄧猛，鄧香死後，宣改嫁梁紀。梁紀是梁冀妻孫壽的舅父。孫壽將鄧猛帶進掖庭，鄧猛被皇帝幸愛，做了貴人。梁冀因此想認鄧猛為自己的女兒，以鞏固自己的地位，於是將鄧猛改姓為梁。當時鄧猛的姐夫邴尊為議郎，梁冀擔心邴尊會動搖宣的心意，於是在偃城聯繫刺客，刺殺了邴尊，然後又想殺宣。宣家住在延熹里，與中常侍袁赦為鄰居。梁冀使刺客登上袁赦家的房頂，想由此進入宣家。刺客被袁赦發現，袁赦於是鳴鼓聚眾以告訴宣。宣急忙跑入宮中，將此事告訴了桓帝，桓帝大怒，乃與中常侍單超、具瑗、唐衡、左悺、徐璜等五人當即定下計謀，準備誅殺梁冀。詳細情況寫在〈宦者列傳〉中。

18 梁冀懷疑單超等人，於是派中黃門張惲入宮中值宿，以防止變亂。具瑗命令吏士逮捕張惲，以為他擅自從外入宮，想謀圖不軌。桓帝於是親臨前殿，召諸尚書入，公布了梁冀的罪行，使尚書令尹勳持節指揮丞郎以下官員，皆執兵器守衛宮門，將各種符節一律送進宮中。使黃門令具瑗率領左右兩廂騎士及虎賁、羽林、都候劍戟士等禁軍共一千餘人，與司隸校尉張彪共同包圍梁冀的住宅。使光祿勳袁盱帶著符節收回梁冀的大將軍印綬，徙封為比景都鄉侯。梁冀與孫壽當天皆自殺身亡。又將梁冀的兒子河南尹梁胤，梁冀的叔父屯騎校尉梁讓，及其親族衛尉梁淑、越騎校尉梁忠、長水校尉梁戟等人全部逮捕，凡梁氏及孫氏之中外宗親皆逮捕關進了詔獄，無論老少全部殺死，陳屍街市。梁不疑、梁蒙在此之前已去世。其他受到牽連的公卿列校刺史二千石官員，死者數十人，梁冀的故吏賓客罷黜者三百餘人，朝廷為之一空，唯有尹勳、袁盱及廷尉邯鄲義在朝。當時因為事件突然發動於宮中，所派使者，交馳於路，公卿驚慌，不知所措，官府市里鼎沸，數日才安定，百姓莫不拍手稱快。

19 沒收了梁冀的財產，國家當即拍賣，共合錢三十餘萬萬，用來充實王家府庫，國家因此減免了天下百姓一半的租稅。分散梁冀的園囿，供貧民耕種。登錄誅殺梁冀有功的人，封賞了尚書令尹勳以下數十人。

論曰：順帝之世，梁商稱為賢輔，豈以其地居亢滿❶，而能以愿謹❷自終者乎？夫宰相運動樞極，感會天人，中於道則易以興政，乖於務則難乎御物。商協❸

回天之埶，屬彫弱❹之期，而匡朝卹患，未聞上術，憔悴之音，載謠人口。雖輿粟盈門，何救阻飢之戹❺？永言終制❻，未解尸官❼之尤。況乃傾側孽臣❽，傳寵凶嗣❾，以至破家傷國，而豈徒然哉！

贊曰：河西佐漢，統亦定筭❿。褒親⓫幽憤，升高累歎。商恨善柔，冀遂貪亂。

【章　旨】以上是作者的評論文字。作者認為梁商稱為良輔，是他「能以愿謹自終」之故；歎梁商雖有回天之權勢，但對「匡朝卹患」未有上策，不能解脫「尸官之尤」；又歎梁商「傾側孽臣，傳寵凶嗣」，以致「破家傷國」。又以「贊曰」的形式概括梁統一家五代人的行事。

【注　釋】❶亢滿　極高。此謂官位極高。❷愿謹　質樸恭謹。❸協　同「挾」。懷藏；擁有。❹彫弱　衰頹；衰落。❺阻飢之戹　阻飢，飢餓。戹，同「厄」。災難。❻永言終制　永言，長言。終制，死者生前對喪葬禮制的囑咐。❼尸官　猶「尸位」。居官而無所作為。❽傾側孽臣　此指梁商遣梁冀、梁不疑與宦官曹節等交友。傾側，隨順；依附。孽臣，奸邪嬖幸之臣。❾傳寵凶嗣　指傳顯貴的職位於兇殘的繼承人（即梁冀）。❿河西佐漢二句　謂梁統與竇融定計歸光武。筭，同「算」。計劃；謀略。⓫褒親　指梁竦。梁竦諡為褒親愍侯。

【語　譯】史家評論說：順帝之世，梁商稱得上是賢明的輔佐，難道是他位處人臣之極，而能以質樸恭謹保持終生的原因嗎？宰相之職，掌握著國家的樞機，感應會通天人關係，合乎道義，就易於振興政事，違背時務，則難於治理國家。梁商雖擁有回天之權勢，適逢國家衰落之時，而對於匡正朝綱，撫卹憂患，未聞有何上策，受苦受難的聲音，充滿百姓之口。即使租穀堆滿城門，又怎能解救廣大飢民的飢餓之災難？盡管臨終遺囑薄葬，也未能解脫空受俸祿不治事的過失。況且又攀結宦官，傳顯貴的職位予兇殘的繼承人，以至於破家傷國，難道是偶然的嗎！

史官評議說：河西佐助光武，梁統亦為之籌算。梁竦懷才不遇，屢屢登高興歎。梁商的不足是善柔，梁冀兇狠貪亂。

【研　析】本卷集中敘述了東漢外戚梁氏的興衰過程，亦有反映外戚家族之間勾心鬥角、外戚與宦官勢力消長的史實。

東漢長期影響政治的外戚家族，有鄧氏、竇氏、馬氏，梁氏，其興起均與東漢開國皇帝光武帝劉秀的政治布局有關。光武帝平定全國過程中，從龍功臣逐漸以侯爵歸家安養，不預政治，建立起權力集中於皇帝個人，又以「文治」為外衣的政治體制。東漢是在王莽引發的巨大社會動盪之後建立的，而王莽又是以外戚身分逐步篡取了西漢政權，這使得光武帝有意識地消弱外戚干政的可能性。但皇帝須有皇后，皇子皇孫得娶妻室，劉氏公主、王女得嫁夫婿，必然就會產生外戚。上述幾個與皇室通婚的家族，除鄧氏因鄧禹為光武早年同學，受到信任，同時也利於籠絡元勳功臣集團外，其他三個家族的起始人物竇融、馬援、以及本傳第一個人物梁統，均是在東漢政權大局已定的情況下，才歸附於劉秀，並舉族遷居洛陽，竇融勉強被視為創業功臣，馬援、梁統根本上未入功臣之列。對於東漢政權來說，他們都可以說是外來戶，沒有盤根錯節的政治關係，劉秀與這三人通婚，既可以抑制元勳功臣在政治上發揮影響，又不至於擔心這些後來進入統治集團的人有非分之想，可以說是一箭雙雕。

梁氏起於梁統，其先世顯然是一個豪富家族，但並沒有特殊的政治地位。當王莽後期河西走廊上的郡縣商議守境自保，而推梁統為首領時，梁統讓給與漢政權關係更深、政治地位顯赫的竇融。梁統本人「剛毅而好法律」，在東漢初反覆提出「隆刑峻法」，強化對犯罪者的處置，顯然也沒有什麼儒學根基，在「文治」的大背景下，他的意見並沒有被重視。其子梁松「博通經書」、梁竦「少習《孟氏易》，弱冠能教授」，梁統的子孫，迅速趨向儒學。在東漢前期遏止外戚干預政治的氛圍中，梁松因個人行為不正，終被處死，梁竦則一度被流放到今越南境中部的九真郡，那時這裡被視為漢帝國邊疆上的蠻荒之地。

梁竦被漢章帝解除流放後，被迫舉家遷回原籍安定，早已熟悉洛陽浮華的梁竦「鬱鬱不得志」。梁竦兩個女兒都入洛陽後宮，成為章帝的貴人，小女兒生下皇子劉肇，梁家以為時來運轉，暗地裡慶祝。但這引來章帝皇后（實為養母）竇氏家族的忌恨，竭力要消除潛在的威脅，結果兩位貴人被殺，梁竦身死，梁氏又被舉家流放到九真，光武帝女、全力照顧梁家的舞陰長公主也被易地軟禁，竇皇后養育皇子劉肇，而皇子生母是誰，竟也成了全力保守的政治祕密。

劉肇在章帝死後繼位，即東漢和帝，竇皇后也就成了竇太后，其兄弟竇憲等掌控朝政，竇氏如日中天，甚至密謀殺害和帝。永元四年（西元九二年）和帝在宦官鄭眾等的協助下，一舉解決竇氏兄弟，但直到永元九年竇太后死後，梁家人開始告狀，和帝才得知自己的真實身世，於是追遵生母梁貴人為恭懷皇后、外公梁竦為褒親愍侯，梁竦三子梁棠、梁雍、梁翟均封侯爵，「諸梁內外以親疏並補郎、謁者」。只因和帝剛處置了外戚竇氏，親掌大政，信任宦官，梁氏復興，重歸洛陽，尚未當政掌權。和帝死後，安帝朝，和帝皇后鄧氏臨朝聽政，其兄鄧騭等以外戚掌權，梁氏作為外戚專權，還需等待機會。

太后當政，最高政治運作從朝廷進入後宮，孕育出龐大而政治影響力與日俱增的宦官集團。安帝死後，宦官們誅除鄧氏，加上內部分成不同派系，在一系列宮廷政變之後，安帝皇太子、已被貶黜為濟陰王的劉保，被宦官中的一股勢力迎立為皇帝，即漢順帝。其時馬家、竇家、鄧家已先後退出政治舞臺，順帝以梁雍之女為貴人，又立梁雍之子梁商的女兒為皇后，任梁商為大將軍，執政，顯然是在利用宦官內部派系相互鬥爭以抑制宦官的同時，採取的抑制宦官的進一步手段，因而反對梁商執政的宦官張逵等，受到誅殺。梁商雖為執政，卻「頗溺於內豎」，甚至讓其子梁冀等主動與宦官拉關係、交朋友，他臨死自稱「生無以輔益朝廷」，他在政治上無所作為，不僅因其「慎弱無威斷」的性格，亦因宦官業已形成氣候，皇帝也只是尋求平衡，並無意全部誅除宦官。梁商死而未葬，其子梁冀便被任命為大將軍執政，危險的平衡仍將繼續。

顯然公子哥梁冀人品極差，好權、貪財而懼內，漢順帝死時，其子沖帝劉炳還是個襁褓之中的嬰兒，他尚能維持的平衡在他死後被打破。劉炳沒被養活，梁氏迎立的八歲的質帝劉纘又因過早地表現出聰明，竟然稱梁冀為「跋扈將軍」，梁冀將其毒死，立妹夫蠡吾侯劉志為皇帝，是為桓帝，並殺害與自己政見不合的李固、杜喬。隨後二十餘年中，梁冀顯然將漢家天下當成了梁家天下，甚至是他個人的天下。

需要說明的是，梁冀專權，是東漢外戚專權的頂峰，又是外戚干政的終結。桓帝劉志最終還是利用宦官翦除了梁氏，而宦官從此在皇權的縱容下掌控了朝廷，東漢政治進入最為黑暗的時期。(王明信注譯)

卷三十五

張曹鄭列傳第二十五

【題解】本卷是張純、張奮、曹褒、鄭玄四人的合傳。四人可分為三類：張純為一類，其事跡是正定禮儀。張奮、曹褒為一類，其事跡是關切東漢制作新的禮樂制度。鄭玄是一類，他是一位學問精深的經學大師。張純父子、曹褒在東漢前期，鄭玄在東漢後期。張純，其高祖父張安世西漢昭帝時封富平侯。張純少襲爵土，王莽時官至列卿。光武中興，先詣闕朝見。東漢初期，舊章多闕，張純「明習故事」，正定漢禮，甚為光武帝所倚重。故不廢其封，更封武始侯，食富平之半。張純官至大司空。張奮，張純之子。繼承爵位，節儉行義。官位由左中郎將至司空。為政雖無異績，卻十分關懷東漢禮樂制度的改作，其殷切之心，溢於言表。曹褒，父子俱好禮事，曹褒尤甚。拜侍中，章帝命其撰次《漢禮》一百五十篇。由於章帝晏駕，竟未施行。曹褒官至將作大匠、河內太守。為官「以禮理人，以德化俗」。鄭玄，不應官府徵召，保持士人的節操，「雖無紱冕之緒，頗有讓爵之高」。教授生徒，遍注群經，使東漢經學「異端紛紜，互相詭激」的局面逐漸趨向統一，「自是學者略知所歸」。鄭玄的著作凡百餘萬言。從本卷中可看出：其一，東漢初年典章制度之缺略。其二，皇帝的詔書，大臣的上疏多引讖緯圖書之言，可見當時讖緯之學充斥朝廷。其三，東漢經學至鄭玄，基本結束了「異端紛紜」的局面，進入了一個「小統一時代」。

張純，字伯仁，京兆杜陵❶人也。高祖父安世❷，宣帝❸時為大司馬衛將軍❹，封富平侯❺。父放，為成帝❻侍中❼。純少襲爵土，哀平間❽為侍中，王莽❾時至列卿❿。遭值篡偽，多亡⓫爵土，純以敦謹守約，保全前封。建武⓬初，先來詣闕⓭，故得復國。五年⓮，拜太中大夫⓯，使將潁川⓰突騎⓱安集荊、徐、揚部⓲，督委輸⓳，監諸將營。後又將兵屯田⓴南陽㉑，遷五官中郎將㉒。有司㉓奏，列侯非宗室不宜復國。光武曰：「張純宿衛十有餘年，其㉔勿廢，更封武始侯，食㉕富平之半。」

【章旨】以上為〈張純傳〉的第一部分。先寫其籍貫、家世，少襲爵，王莽時為列卿；建武初「先來詣闕」，為初建的東漢政權效力。故其封國不廢，更封武始侯，旨在說明張純心向漢朝。

【注釋】❶京兆杜陵　京兆，即京兆尹。官名，政區名。漢武帝太初元年（西元前一〇四年）改左右內史置。分原右內史東半部為其轄區，職務相當於太守。因地處畿輔，不稱郡。為三輔之一。治所在今西安西北。其轄區約相當今陝西秦嶺以北，西安市以東，渭河以南地區。三國魏改稱京兆郡，官稱太守。杜陵，古縣名，西漢宣帝元康元年（西元前六五年）置。因宣帝建陵於東原上，故名。治今西安東南。❷安世　即張安世（？—西元前六二年），西漢大臣。字子孺，張湯之子。少以父任為郎，武帝時為尚書令，遷光祿大夫。昭帝時任右將軍、光祿勳，元鳳六年（西元前七五年）封富平侯。昭帝死，與大將軍霍光定策立宣帝。宣帝立，封為大司馬衛將軍。元康四年（西元前六二年）秋去世，謚敬侯。傳見《漢書》卷五十九。❸宣帝　（西元前九一—前四九年），西漢第八帝，西元前七三—前四九年在位。漢武帝曾孫，戾太子劉據孫，名詢。戾太子遭巫蠱之禍自殺，宣帝之父母亦皆遇害，幼時養於民間。霍光等既廢昌邑王，乃迎立他為帝。即位後，勵精圖治，任用賢能，減輕賦稅徭役，強調「霸道」、「王道」雜治。神爵二年（西元前六〇年），設西域都護府，轄西域三十六國（後增至五十國）。

甘露二年（西元前五二年）南匈奴降漢，次年匈奴呼韓邪單于來朝。漢之國勢有所上升。《漢書・宣帝紀・贊》曰：「功光祖宗，業垂後嗣，可為中興，侔德殷宗（高宗，商王武丁）、周宣（周宣王）。」光武帝建武十九年春正月庚子，追尊孝宣皇帝曰中宗。❹大司馬衛將軍　大司馬，官名。漢武帝罷太尉置大司馬。西漢一朝，常以授掌權的外戚，多與大將軍、驃騎將軍、車騎將軍、衛將軍連稱。東漢大司馬為三公之一。光武即位，以太尉為大司馬，後又改為太尉。東漢末年又別置司馬。衛將軍，武官名。漢代將軍比公者四：第一，大將軍，次驃騎將軍，次車騎將軍，次衛將軍（見本書志二十四）。❺封富平侯　唐李賢注曰：「張安世昭帝元鳳六年以右將軍宿衛忠謹，封富平侯，今此言宣帝封，誤也。宣帝即位，但益封萬戶耳。」❻成帝　（西元前五一—前七年），西漢第十帝，元帝子，名驁。西元前三三—前七年在位。❼侍中　官名。秦始置，兩漢沿置。為列侯以下至郎中的加官，無定員。侍從皇帝左右，出入宮廷。初僅伺應雜事，由於接近皇帝，地位也漸形貴重。❽哀平間　即哀帝、平帝年間。西元前六—西元五年的十一年間。哀，即哀帝，西漢第十一帝，名欣。元帝庶孫，定陶恭王劉康之子。成帝無子，立其為皇太子。綏和二年（西元前七年），成帝崩，太子即位，是為哀帝。西元前七—前一年在位。平，即平帝，西漢第十二帝，名衎。元帝庶孫，中山孝王劉興之子。三歲嗣中山王位。元壽二年（西元前一年），哀帝崩，迎中山王為帝，是為平帝。西元前一年—西元五年在位。❾王莽　（西元前四五—西元二三年），字巨君，西漢元城（今河北大名）人。元帝皇后之姪。父曼早死，叔伯皆封列侯，莽獨孤貧，折節讀書，敬事諸父，結交名士，聲譽甚盛。平帝立，以莽為大司馬，元后以太皇太后臨朝稱制，委政於莽，號安漢公。平帝死，立孺子嬰為帝，莽自稱攝皇帝，三年即真，改國號曰新。紛事改革，土地皆稱王田，禁民買賣，鹽酒鐵錢等皆由官營，法令苛細，犯輕罪者往往至死；又連年征戰，勞役頻繁，民不聊生，各地農民紛紛暴動。王莽地皇四年（西元二三年）十月，新市、平林等農民軍攻入長安，王莽被殺。傳見《漢書》卷九十九。❿列卿　即九卿。自太常卿至少府，皆中二千石。見本書志二十五。⓫亡　失去。⓬建武　東漢光武帝劉秀年號，西元二五—五七年。⓭詣闕　到京城拜見皇帝。詣，到；赴。⓮五年　指建武五年。西元二九年。⓯太中大夫　官名。屬光祿勳，秩千石，無定員。本書〈百官志二〉：「凡大夫、議郎皆掌顧問、應對，無常事，唯詔命所使。」⓰潁川　郡名。秦王政十七年（西元前二三〇年）置。治所在陽翟（今河南禹州）。轄境相當今河南登封、寶豐以東，尉氏、郾城以西，新密以南，葉縣、舞陽以北地。⓱突騎　能衝鋒陷陣的精銳騎兵。⓲安集荊徐揚部　安撫平定了荊州、徐州、揚州地區。荊，即荊州，漢武帝所置「十三刺史部」之一。轄郡七：南陽郡、南郡、江夏郡、零陵郡、桂陽郡、武陵郡、長沙郡。東漢治所在今湖南常德東北。徐，即徐州，漢武帝所置「十三刺史部」之一。轄郡、國五：東海郡、琅邪國、彭城國、廣陵郡、下邳國。東漢治所在今山東郯城。揚，揚州，漢武帝所置「十三刺史部」之一。轄郡六：九江郡、丹陽郡、廬江郡、會稽郡、吳郡、豫章郡。東漢治所在今安徽和縣，末年移治今壽縣、合肥西北。⑲督委輸　督，督促。委輸，轉運。⑳屯田　漢以後歷代政府為取得軍隊給養或稅糧，利用士兵和農民墾種荒廢田地。有軍屯、民屯和商屯。漢武帝時在西域屯田，宣帝時趙充國在邊郡屯田，都使用駐軍，為軍屯。建安元年，曹操始在許下屯田，得穀百萬斛，後推廣到各州郡，所在積穀，由典農官募民耕種，為民屯，農民稱「屯田客」。明代行「開中法」，鹽商在邊郡募民開墾耕種，以所得糧草換取鹽引，為商屯。屯田組織性強，耕地面積大，能用先進耕作法，產量往往較高，但農民和兵士所受的壓迫和剝削也極重。㉑南陽　郡名。戰國秦置。治所在宛縣（今河南南陽）。漢轄境相當今河南熊耳山以南葉縣、內鄉間和湖北大洪山以北應山、鄖縣間地。㉒五官中郎將　官名。屬光祿勳。統領皇帝的侍衛五官郎（有五官中郎、五官侍郎、五官郎中），秩比二千石。《通志・職官略・三署郎官敘》注曰：「三署郎年五十以上，屬五官。」秦置中郎，至西漢分五官、左、右三署，各置中郎將以統領之。東漢沿置。㉓有司　指有關官吏。古代設官分職，各有專司。㉔其　無實義，有加重語氣的作用。㉕食　享受賦稅物產。

【語譯】張純，字伯仁，京兆杜陵縣人。其高祖父張安世於宣帝時官至大司馬衛將軍，封富平侯。父張放，為成帝的侍中。張純年少時繼承爵位，哀帝、平帝年間為侍中，王莽時官至九卿。正遇上王莽篡漢，建立偽新朝，多數受封的人都失去了爵位和封地，張純因為厚道謹慎，遵守約束，保全了以前的封地。

建武初年，張純最先來到京城朝見皇帝，因此得以恢復他的封地。建武五年，任太中大夫，命他率領潁川能衝鋒陷陣的精銳騎兵，平定荊州、徐州、揚州地區，督促運輸，監督諸將的軍營。後又率兵於南陽屯田，升遷五官中郎將。有關官員上奏，列侯不是宗室不應該復國。光武帝說：「張純有宿衛宮禁十餘年之功，不要廢除，改封武始侯，享食富平的一半。」

1 純在朝歷世，明習故事❶。建武初，舊章多闕，每有疑議，輒以訪純，自郊廟婚冠喪紀❷禮儀，多所正定。帝甚重之，以純兼虎賁中郎將❸，數被引見，一日或至數四。純以宗廟未定，昭穆失序❹，十九年❺，乃與太僕❻朱浮❼共奏言：「陛下❽興於匹庶，蕩滌天下，誅鉏❾暴亂，興繼祖宗。竊以經義所紀❿，人事眾心，雖實同創革，而名為中興，宜奉先帝⓫，恭承祭祀者也。元帝以來，宗廟奉祠高皇帝為受命祖⓬，孝文皇帝為太宗⓭，孝武皇帝為世宗，皆如舊制。又立親廟四世，推南頓君以上盡於舂陵節侯⓮。禮，為人後者則為之子，既事大宗⓯，則降其私親⓰。今禘祫高廟⓱，陳序昭穆，而舂陵四世，君臣並列，以卑廁⓲尊，不合禮意。設不遭王莽，而國嗣無寄，推求宗室，以陛下繼統者，安得復顧私親，違禮制乎？昔高帝以自受命，不由太上⓳，宣帝以孫後祖⓴，不敢私親，故為父立廟，獨群臣侍祠。臣愚謂宜除今親廟，以則二帝舊典㉑，願下有司博採其議。」詔下公卿，大司徒戴涉㉒、大司空竇融㉓議：「宜以宣、元、成、哀、平五帝四世㉔代今親廟，宣、元皇帝尊為祖、父㉕，可親奉祠，成帝以下，有司行事，別為南頓君立皇考㉖廟。其祭上至舂陵節侯，群臣奉祠，以明尊尊之敬，親親之恩。」帝從之。是時宗廟未備，自元帝以上，祭於洛陽高廟，成帝以下，祠於長安高廟，其南頓四世，隨所在而祭㉗焉。

2 明年，純代朱浮為太僕。二十三年，代杜林㉘為大司空。在位慕曹參㉙之迹，務於無為[30]，選辟[31]掾史[32]，皆知名大儒。明年，上穿陽渠[33]，引洛水為漕[34]，百姓得其利。

3 二十六年，詔純曰：「禘、祫之祭，不行已久矣。『三年不為禮，禮必壞；三年不為樂，樂必崩[35]』。宜據經典，詳為其制。」純奏曰：「禮，三年一祫，五年一禘[36]。春秋傳曰：『大祫者何？合祭也。』毀廟及未毀廟之主皆登，合食乎太祖[37]，五年而再殷[38]。漢舊制三年一祫，毀廟主合食高廟，存廟主未嘗合祭。元始五年[39]，諸王公列侯廟會，始為禘祭[40]。又前十八年[41]親幸長安，亦行此禮。禮說三年一閏，天氣[42]小備；五年再閏，天氣大備。故三年一祫，五年一禘。禘之為言諦[43]，諦定昭穆尊卑之義也。禘祭以夏四月，夏者陽氣在上[44]，陰氣在下，故正尊卑之義也。祫祭以冬十月，冬者五穀成孰，物備禮成，故合聚飲食也。斯典之廢，於茲八年[45]。謂可如禮施行，以時定議。」帝從之，自是禘、祫遂定。

4 時南單于[46]及烏桓[47]來降，邊境無事，百姓新去兵革，歲仍有年[48]，家給[49]人足。純以聖王之建辟雍[50]，所以崇尊禮義，既富而教者也[51]。乃案[52]七經讖[53]、明堂圖[54]、河間古辟雍記[55]、孝武太山明堂制度[56]、及平帝時議[57]，欲具奏之。未及上，會博士桓榮[58]上言宜立辟雍、明堂，章下三公、太常[59]，而純議同榮，帝乃許之。

5 三十年，純奏上宜封禪[60]，曰：「自古受命而帝，治世之隆，必有封禪，以告成功焉。樂動聲儀曰：『以雅治人，風成於頌。』[61]有[62]周之盛，成康[63]之間，郊配封禪，皆可見也。書曰『歲二月，東巡狩，至于岱宗，柴』[64]，則封禪之義也。臣伏[65]見陛下受中興之命，平海內之亂，修復祖宗，撫存[66]萬姓，天下曠然[67]，咸蒙更生，恩德雲行，惠澤雨施，黎元[68]安寧，夷狄慕義。詩云：『受天之祜，四方來賀[69]。』今攝提之歲，倉龍甲寅，德在東宮[70]。宜及嘉時，遵唐帝之典[71]，繼孝武之業，以二月東巡狩，封于岱宗，明中興，勒功勳[72]，復祖統，報天神，禪梁父，祀地祇[73]，傳祚[74]子孫，萬世之基也。」中元元年[75]，帝乃東巡岱宗，以純視[76]御史大夫從，并上元封[77]舊儀及刻石文。三月，薨，謚曰節侯。

6 子奮嗣。

【章旨】以上為〈張純傳〉的第二部分。寫張純正定郊廟婚冠喪紀諸禮儀，與太僕朱浮奏言光武帝立「親廟四世」是「昭穆失序」；張純又定禘祫祭禮，建議光武帝舉行封禪；光武帝「東巡岱宗」，張純以視御史大夫從，旨在說明張純「明習故事」。

【注釋】❶故事 成例；舊日的典章制度。❷郊廟婚冠喪紀 郊，祭名。古代帝王祭天、地稱郊。冬至，在南郊祭天；夏至，在北郊祭地。廟，祭祀祖先。婚，婚禮。冠，冠禮。古代男子年二十歲行冠禮，表示成人。喪紀，喪事。❸虎賁中郎將　官名。光祿勳屬官，秩比二千石。主管虎賁郎。《通志・職官略・三署郎官敘》注曰：「周有虎賁氏，掌領虎士八百人。漢武帝建元三年（西元前一三八年）初置期門，比郎中，蓋以微行出遊，選材力之士執兵從送，期之殿門，故曰期門，無定員，常多至千人。平帝元始元年（西元一年）更名虎賁郎，置中郎將領之，主虎賁宿衛。凡虎賁中郎、虎賁侍郎、虎賁郎中、節從虎賁皆父死子繼，若死王事者亦如之。」❹宗廟未定二句　實指光武帝於建武三年正月，為其父南頓令劉欽上至舂陵節侯劉買（其高祖父）建四世親廟於洛陽。光武中興，為皇帝，在禘祫高廟時，排列昭穆位置，舂陵節侯以下四世（他們都不是皇帝）與漢朝的皇帝一同排列，所謂「君臣並列，以卑廁尊」，故曰「宗廟未定，昭穆失序」。宗廟，設置先祖牌位，以供祭祀的建築。昭穆，古代宗法制度，宗廟中神主的排列次序。始祖居中，以下父子遞為昭穆。左為昭，右為穆。❺十九年　即建武十九年（西元四三年）。❻太僕　官名。九卿之一，秩中二千石。《漢書・百官公卿表》：「太僕，秦官。掌輿馬。」天子出，若用大駕（儀仗隊規模大），則公卿奉引，大將軍參乘，太僕駕車。❼朱浮　字叔元，沛國蕭（今安徽蕭縣）人。初從光武帝為大司馬主簿、偏將軍，遷大將軍幽州牧，平定北地，封舞陽侯。代賈復為執金吾，徙封父城侯，轉太僕，代竇融為大司空。後以「賣弄國恩」免。朱浮常欺陵同事，明帝永平年間，有人憑空告發朱浮，明帝怒，賜死。傳見本書卷三十三。❽陛下　對帝王的敬稱。蔡邕《獨斷・上》曰：「天子必有近臣執兵陳於陛（帝王宮殿的臺階）側，以戒不虞。謂之陛下者，群臣與天子言，不敢指斥（指名直呼）天子，故呼在陛下者而告之，因卑達尊之意也。」❾鉏　誅滅；除去。❿紀　記載。⓫先帝　前代已故的帝王。此指西漢的皇帝。⓬高皇帝為受命祖　高皇帝，即漢高祖劉邦。《漢書・高帝紀》：「群臣曰：『帝起細微，撥亂世反之正，平定天下，為漢太祖，功最高。』上尊號曰高皇帝。」受命祖，接受天命的始祖，開國的君主。《史記集解》引應劭曰：「始取天下者為祖，高帝稱高祖是也。」⓭孝文皇帝為太宗　孝文皇帝即漢文帝劉恆。漢家「以孝治天下」相標榜，故每位皇帝的諡號前均冠以「孝」字。太宗，漢文帝的廟號。⓮又立親廟四世二句　親廟，古稱皇帝的高、曾、祖、禰（已死父在宗廟之稱。《公羊傳・隱公元年》：「惠公者何？隱之考也。」何休注曰：「生稱父，死稱考，入廟稱禰。」）四廟為親廟。⓯既事大宗　李賢注曰：「大宗謂元帝也。據代相承，高祖至元帝八代，光武即高帝九代孫，以代數相推，故繼體元帝，故曰『既事大宗』。」⓰降其私親　劉秀為遠支皇族，既繼漢大統，但自己的父親至高祖父不是皇帝，應另立廟祭祀，不在宗廟序列昭穆，是為「降其私親」。李賢注曰：「舂陵節侯已下不別序昭穆。」⓱禘祫高廟　禘祫皆大祭名。禘，五年舉行一次的大祭，與「祫」並稱「殷祭」。殷祭，盛大之祭。合高祖之父以上的神主祭於太祖廟，高祖以下分祭於本廟。三年喪畢之次年一禘。以後三年祫，五年禘。「禘所以異於祫者，功臣皆祭也。」（見《公羊傳．文公二年》，何休注）高廟，漢高祖劉邦之廟。詳見本書〈光武帝紀上〉。⑱廁　間雜；插置。⑲太上　太上皇，漢高祖劉邦的父親。⑳宣帝以孫後祖　宣帝，名詢。戾太子劉據之孫，漢武帝之曾孫。昭帝（名弗陵，武帝子），於宣帝為祖輩。宣帝以孫子的輩分為祖輩的後繼人，故曰：「以孫後祖」。後祖，即為祖輩的後繼人。㉑則二帝舊典　則，遵照。二帝，漢高祖、漢宣帝。舊典，舊制。㉒大司徒戴涉　大司徒，官名。與大司馬、大司空合稱三公。司徒，西周始置。金文多作「司土」。春秋時沿置，掌管國家的土地和人民。西漢哀帝時改丞相為大司徒。光武帝建武二十七年（西元五一年）去「大」，稱司徒。見本書志二十四〈百官一〉。戴涉，字叔平，冀州清河（西漢為郡，東漢改為國，治今山東臨清東）人。詳見本書〈光武帝紀下〉。㉓大司空竇融　大司空，官名。與大司馬、大司徒合稱三公。司空，西周始置。金文多作「司工」。春秋時沿置，掌管工程。西漢成帝時改御史大夫為大司空。光武帝建武二十七年去「大」，稱司空。見本書志二十四。竇融（西元前一六—西元六二年），字周公，扶風平陵（今陝西咸陽）人。世代為河西官吏。王莽末年，為波水將軍。王莽敗，降更始大司馬趙萌，萌以竇融為校尉，薦為鉅鹿太守。後歸河西，為張掖屬國都尉。更始敗，他聯合金城、武威、張掖、酒泉、敦煌五郡，稱行河西五郡大將軍事。後歸劉秀。建武八年，協助攻滅隗囂，封安平侯，拜冀州牧。建武十三年四月拜大司空。二十年免，明年加特進。二十三年，代陰興行衛尉事。永平五年卒，謚戴侯。竇氏一公，兩侯，三公主，四二千石。自祖及孫，於親戚、功臣中莫與為比。傳見本書卷二十三。㉔宣元成哀平五帝四世　元帝，宣帝子，名奭；成帝，元帝子，名驁；哀帝，成帝姪，名欣；平帝，成帝姪，名衎（哀、平帝皆元帝庶孫），故曰「五帝四世」。㉕宣元皇帝尊為祖父　即光武帝尊宣帝為祖父，尊元帝為父親。㉖皇考　父、祖的通稱。《詩．雝》：「假哉皇考」。孔穎達疏曰：「考者，成德之名，可以通其父、祖。」《禮記．曲禮下》：「祭王父（祖父）曰皇祖考，王母（祖母）曰皇祖妣。」㉗隨所在而祭　隨著廟的所在地而祭祀。即廟在什麼地方就在什麼地方舉行祭祀。本書〈祭祀志下〉：「其南陽春陵歲時各且因故園廟祭祀。園廟去太守治所遠者，在所令長行太守事侍祠。南頓君以上至節侯，皆就園廟。南頓君稱皇考廟，鉅鹿都尉稱皇祖考廟，鬱林太守稱皇曾祖考廟，節侯稱高皇考廟，在所郡縣侍祠。」㉘杜林　（?—西元四七年），字伯山，扶風茂陵（今陝西興平）人。少好學，博洽多聞，時稱通儒。初為郡吏，王莽敗，避亂河西。隗囂深相敬待，終不為用。建武六年，徵拜侍御史，後為光祿勳、少府、大司空。杜林長於文字之學，曾撰《蒼頡訓纂》、《蒼頡故》各一篇，已佚。清馬國翰《玉函山房輯佚書》輯有《蒼頡訓詁》一卷。又通古文經學，曾得漆書《古文尚書》一卷，傳於衛宏。㉙曹參　（?—西元前一九〇年），西漢大臣，沛縣（今屬江蘇）人，曾為沛縣獄吏。秦末從劉邦起兵反秦，屢立戰功。漢朝建立，封平陽侯。曾為齊相九年，採用蓋公的黃老之術，齊國大治。後繼蕭何為漢相，「舉事無所變更，一遵蕭何約束」。有「蕭規曹隨」之稱。傳見《史記・曹相國世家》、《漢書・蕭何曹參傳》。㉚無為　道家的哲學思想。即一切順應自然的變化，不要做人為地干預。源出老子。老子認為：宇宙萬物的根源是「道」，道是無為而自然的，人效法道，所以也應無為。漢初採用的無為治術，即「與民休息」的政策，對穩定社會秩序和發展生產起了一定的作用。㉛選辟　選，選用。辟，徵召。㉜掾史　職權高的長官，都有掾屬，分曹辦事，通稱掾史。多由長官自行選辟。㉝陽渠　古渠道名。環繞古雒陽城（今洛陽白馬寺以東）四周，相傳為周公開鑿。東漢初王梁、張純徵集民工，又自今洛陽市附近引穀水、洛水東流，過古雒陽城，東至今偃師東南入洛河，以便漕運。其自古雒陽城以東的一段，亦名陽渠。㉞漕　水道運糧。也指水運他物。㉟三年不為禮四句　《論語・陽貨》：「君子三年不為禮，禮必壞；三年不為樂，樂必崩。」為禮，習禮儀。壞，廢棄。《廣韻・怪韻》：「壞，自破也。」為樂，演奏樂器。崩，敗壞；失傳。㊱禮三句　李賢注：《周禮》三年一祫，五年一禘。㊲春秋傳以下五句　《春秋傳》說：「大祫是什麼呢？是合祭。」毀廟及未毀廟的神主都升入太祖廟，共同祭饗於太祖廟中。毀廟，古代宗廟制度之一。撤除不再奉祀的前代宗廟。《公羊傳・文公二年》何休注曰：「毀廟，謂親過高祖，毀其廟，藏其主於太祖廟中。」毀，廢除。未毀廟之主皆登，即未毀之廟的神主，皆從其本廟移於太祖廟中。合食乎太祖，謂共同祭饗於太祖廟中。《春秋傳》，指《春秋公羊傳》。㊳五年而再殷　《公羊傳・文公二年》作「五年而再殷祭」。㊴元始五年　西元五年。元始，西漢平帝年號。㊵諸王公列侯廟會二句　李賢注曰：臣賢案：「平帝元始五年春，祫祭明堂，諸侯王列侯宗室助祭，賜爵金帛。今純及《司馬彪書》並云『禘祭』，蓋禘、祫俱是大祭，名可通也。」㊶十八年　即建武十八年，西元四二年。本書〈光武帝紀〉：「十八年春二月，甲寅，西巡狩，幸長安。三月，壬午，祠高廟。」李賢注引《續漢書》曰：「十八年上幸長安，詔太常行禘禮於高廟，序昭穆。」㊷天氣　天時氣節。㊸禘之為言諦　禘說的就是「諦」。諦，細查。㊹夏者陽氣在上　陽氣，生長之氣。《管子・形勢解》：「春者，陽氣始上，故萬物生；夏者，陽氣畢上，故萬物長。」㊺於茲八年　自建武十八至二十六年。㊻南單于　即南匈奴單于。匈奴，中國古族名，亦稱胡。戰國時，活動於燕、趙、秦以北地區。漢初不斷南下攻擾。漢武帝時，對匈奴採取攻勢，多次進軍漠北，匈奴受到很大的打擊，勢力漸衰。宣帝甘露二年（西元前五二年）匈奴呼韓邪單于附漢，次年來朝。東漢光武帝建武二十四年（西元四八年）匈奴分裂為南北二部，南下附漢的稱南匈奴，留居漠北的稱北匈奴。南匈奴屯居於朔方、五原、雲中（今內蒙古境內）等郡。建武二十五年，春正月，南匈奴遣使詣闕貢獻，奉蕃稱臣。三月，遣太子入侍。單于，匈奴最高首領的稱號。全稱應為撐犁孤塗單于。匈奴語「撐犁」是「天」，「孤塗」是「子」，「單于」是「廣大」之意。通常簡稱為「單于」。㊼烏桓　也稱「烏丸」。古族名，東胡族的一支。秦末東胡遭匈奴擊破後，部分遷烏桓山（古山名。在今內蒙古阿魯科爾沁旗以北，即大興安嶺山脈南端）。漢武帝時，霍去病擊敗匈奴役烏桓的匈奴人，遷烏桓於上谷、漁陽、右北平、遼東等郡塞外，西漢政府置護烏桓校尉，管理烏桓事務，東漢沿置。㊽歲仍有年　歲仍，連年。仍，連續。有年，豐收。㊾給　富裕充足。㊿辟雍　亦作「璧雝」、「璧雍」。辟，同「璧」。雍，亦作「廱」。本為西周天子所設的大學，校址圓形，圍以水池，前門有便橋。東漢以後，歷代皆有辟雍，除北宋末年為太學之預備學校（亦稱「外學」）外，均為行鄉飲、大射或行祭祀之禮的地方。班固《白虎通義．辟雍》：「天子辟雍何？所以行禮樂宣德化也。辟者，璧也。象璧圓，又以法天，於雍水側，象教化流行也。」(51)既富而教者也　語出《論語．子路》。即人民生活富裕了，就要對他們進行教育。(52)案　考察。(53)七經讖　七經，李賢注曰：「七經謂《詩》、《書》、《禮》、《樂》、《易》、《春秋》、《論語》。」讖，巫師或方士製造的一種隱語或預言，作為吉凶的符驗或徵兆。(54)明堂圖　古代帝王宣明政教的地方，為一大型建築。凡朝會、祭祀、慶賞、選士、養老等大典均於其中舉行。其後宮室之制完備，則另在近郊東南建明堂，以存古制。明堂之制度，說法不一。《藝文類聚．禮部．明堂》引《大戴禮》曰：「明堂者，凡九室，一室而四戶八牖，以茅蓋屋，上圓下方，所以明諸侯尊卑也，外水名曰辟雍。總三十六戶，七十二牖。」又引《孝經》緯書《援神契》曰：「明堂者，天子布政之宮，上圓下方，八窗四達，在國之陽。」又引桓譚《新論》曰：「王者造明堂，上圓下方，以象天地，為四方堂，各從其色，以郊四方，天稱明，故命曰明堂。」見下「孝武太山明堂制度」注。(55)河閒古辟雍記　指河閒獻王劉德所獻的《古辟雍記》。《漢書．景十三王傳．河閒獻王劉德》：「武帝時，獻王來朝，獻雅樂，對三雍宮及詔策所問三十餘事。其對推道術而言，得事之中，文約指明。」三雍宮，應劭曰：「辟雍、明堂、靈臺也。」《古辟雍記》，內容不詳。河閒，郡、國名。漢高祖置郡，文帝改國，其後或為郡，或為國。治所在樂城（今河北獻縣東南）。此指河閒獻王劉德。(56)孝武太山明堂制度　李賢注曰：「武帝封太山，濟南人公玉（《史記．封禪書》玉作「王」）帶上黃帝時明堂圖，明堂中有一殿，四面無壁，以茅蓋，水環宮垣，為複道，上有樓也。」(57)平帝時議　平帝時有關起明堂、辟雍等事的討論。(58)博士桓榮　博士，中國古代學官名。源於戰國。《漢書．百官公卿表》：「博士，秦官，掌通古今。」秦及漢初博士所掌為古今史事、待問及書籍典守。至漢武帝時，採公孫弘建議，為《五經》博士置弟子員。自後博士專掌經學傳授，與文、景時期的博士制度有異。桓榮，字春卿，沛郡龍亢（今安徽懷遠）人。少學長安，習歐陽《尚書》。教授徒眾數百人。光武帝時拜議郎，授太子經。累遷太子少傅，後遷太常。明帝即位，以帝師之尊拜為五更，封關內侯，食邑五千戶。其門徒多貴至公卿。傳見本書卷三十七。(59)太常　即太常卿，官名。九卿之一，秩中二千石。掌禮儀祭祀。秦為奉常，漢景帝中元六年（西元前一四四年）改太常。見本書志二十五。⑥封禪　古代帝王祭天地的大典。在泰山上築土為壇祭天，報天之功，稱封；在泰山下小山梁父山闢場祭地，報地之功，稱禪。所謂封泰山禪梁父。秦始皇、漢武帝都曾舉行過這種封禪大典。《史記》有〈封禪書〉。61樂動聲儀三句　《樂》緯書〈動聲儀〉說，用〈雅〉的精神來治理人民，也要〈風〉與〈頌〉並施。〈動聲儀〉，《樂》緯書篇名。〈雅〉、〈風〉、〈頌〉皆《詩》的組成部分，見下注。成，並列。62有　作語助，無義。63成康　西周的成王與康王。成王，西周第二王，名誦，武王子。武王崩，成王年幼，由其叔周公攝政。成王年長，周公歸政於成王。據《夏商周斷代工程成果報告》，成王在位二十二年，西元前一〇四二—前一〇二一年。康王，成王子，名釗。西周第三王。在位二十五年，西元前一〇二〇—前九九六年。64書曰四句　出自《尚書・堯典》。書，即《尚書》，亦稱《書經》。儒家經典之一。「尚」即「上」，以其上古之書，故曰《尚書》。為中國古代第一部歷史文獻彙編，相傳由孔子編選而成，當時共選一百篇。事實上，有些篇章如〈堯典〉、〈禹貢〉等篇是後來儒家補充進去的。《尚書》記事，上起傳說中的堯舜，下訖春秋中葉的秦穆公。時間約相當於西元前的二千二百至前六百多年。按虞、夏、商、周四代順序編撰。除〈禹貢〉似地理著作而外，則概括為「訓下」和「告上」之辭。其內容也不外「敬天法祖」和「討伐逆命」二類。漢時僅存二十八篇（合〈顧命〉、〈康王之誥〉為一篇），由伏生口授。後以漢時通行的文字抄寫下來，即《今文尚書》。關於《古文尚書》、《偽古文尚書》，詳見本書志二十五〈百官二・太常〉注。歲二月，歲，即舜接受堯「命舜攝天子之政」之歲。《史記・五帝本紀》：「正月上日（初一）舜受終（《孔傳》謂：『終，謂堯終帝位之事』）於文祖（堯之祖廟）……。班瑞（即舜將公、侯、伯、子、男所執之五種圭、璧等玉製禮器頒發給他們）。歲二月，東巡狩，至於岱宗。」《集解》引馬融曰：「舜受終後五年之二月」。恐非。五歲一巡狩，乃舜「二月，東巡狩，五月，南巡狩，八月，西巡狩，十一月，北巡狩」，歸來之後所定。巡狩，亦作「巡守」。古時天子五年一巡狩。視察諸侯所守的地方。岱宗，即泰山。岱，泰山的別名。宗，為諸山所宗，故曰「岱宗」。柴，亦作「柴」。焚柴祭天。《十三經注疏》本《尚書・舜典》作「柴」。65伏　敬辭。以卑承尊之辭。66撫存　安撫；撫慰。67曠然　豁達；舒暢。68黎元　民眾。黎，黎民。元，老百姓。69受天之祜二句　出自《詩・下武》。意謂：享受天賜的福祿，四方諸侯都來朝賀。祜，福。70今攝提之歲三句　現在是甲寅之歲，盛德在蒼龍，應趁此嘉時，封泰山，禪梁父。攝提，即攝提格。《爾雅・釋天》：「太歲在寅曰攝提格。」太歲，古代天文學中假設的星名。與歲星相應。又稱歲陰或太陰。歲星即木星。古代認為歲星十二年一週天，以每年太歲所在的方位來紀年。實際上，太歲是舊曆紀年所用值歲干支的別名。如逢甲子年，甲子即為太歲；乙丑年，乙丑即為太歲。建武三十年，歲在甲寅，甲寅即是太歲。故張純說

「今攝提之歲，倉龍甲寅。」倉龍，亦作「蒼龍」。李賢注引《漢書音義》曰：「蒼龍，太歲也。」倉龍甲寅，即歲在甲寅。德，盛德；旺氣。東宮，我國古代劃分的星空區域之一。指東方區域，以蒼龍為其星象。《史記・天官書》：「東宮蒼龍。」(71)唐帝之典　即《尚書・堯典》。〈堯典〉有：「歲二月，東巡守，至於岱宗，柴。」唐帝，即唐堯。古帝名。帝嚳之子，名放勳。初封於陶，又封於唐，號陶唐氏。(72)勒功勳　即刻石頌中興之功德。勒，刊刻。(73)地祇　地神。(74)祚　皇位；國統。
(75)中元元年　西元五六年。(76)視　比。(77)元封　西漢武帝年號，西元前一一〇—前一〇五年。

【語譯】張純在朝廷經歷數代，熟悉舊事。建武初年，舊的典章制度多有缺略，朝廷每有疑議，即詢問張純，如郊廟、冠婚、喪葬的禮儀，張純多有匡正和確定。皇帝非常器重他，任命張純兼任虎賁中郎將，多次被召見，一天有時召見四次。張純因為宗廟制度沒有確定，昭穆次序失當，建武十九年，乃與太僕朱浮共同上奏說：「陛下興起於平民百姓，平定天下，誅滅暴亂，繼祖宗而興起。臣以經義所記載及人事民心來看，雖然實際上如同開創變革，而名義上是中興，中興應該尊奉先帝，奉行繼承祭祀之事。元帝以來，宗廟祭祀以高皇帝為受命之祖，孝文皇帝為太宗，孝武皇帝為世宗，都如同舊制。又立父、祖、曾、高親廟四代，自南頓君以上至於春陵節侯。按禮，作為他人的繼承人的人，則應行他人之子的禮儀，既然已經奉祀大宗，則應降低自己私親的地位。現在禘祫高廟，排列昭穆的次序，而春陵節侯以下四世，君臣並列，以位卑者放在位尊者之間，不符合禮儀的原則。假設漢朝不遭遇王莽篡位之事，而沒有帝位繼承人，在宗室中尋求，選定陛下做繼承人，如何能再照顧私親，違背禮制呢？從前高祖以自己是受命天子，不是從太上皇那裡繼承而來，宣帝以孫子的輩分為祖輩的後繼人，不敢偏私自己的父親，因此為父親立廟，只有群臣供奉祭祀。臣愚認為應廢除現在的親廟，以遵照高祖、宣帝的舊制，希望將奏章下達有關官員，以博採眾議。」光武帝詔下公卿討論，大司徒戴涉、大司空竇融奏議說：「應該以宣、元、成、哀、平五帝四世替代現在的親廟，尊宣帝為祖，元帝為父，皇帝親自供奉祭祀，成帝以下，有眾官員進行祭祀，另為南頓君立皇考廟。祭祀上至春陵節侯，由群臣供奉祭祀，以表明尊敬尊者之誠，親愛親者之恩。」光武帝聽從了他們的意見。這時，宗廟禮制不完備，從元帝以上，祭祀於洛陽高廟，成帝以下，祭祀於長安高廟。南頓君四代，隨祠廟所在之地而祭祀。

2 明年，張純代朱浮為太僕。建武二十三年，代杜林為大司空。在職期間，慕仰曹參的事跡，致力於無為而治，選擇徵召的掾史，都是知名的大儒。明年，上奏開鑿陽渠，引洛水以為漕運，百姓得其利。

3 建武二十六年，光武帝詔命張純說：「禘、祫之祭，不舉行已經很久了。『三年不行禮，禮必廢棄；三年不作樂，樂必毀壞。』應該根據經典，詳細制定禘、祫祭祀制度。」張純上奏說：「按《禮》，三年一祫祭，五年一禘祭。《春秋傳》說：『大祫是什麼呢？是合祭。』毀廟及未毀廟的神主都升入太祖廟，共同祭饗於太祖廟，五年再舉行一次盛大的祭祀。漢舊制三年一次祫祭，毀廟之神主合祭於高祖廟，未毀廟的神主沒有合祭。元始五年，各王公列侯會集於太廟，開始舉行禘祭。又前在建武十八年，皇帝親幸長安，也舉行過此祭禮。禮說三年設一個閏月，天時氣節小有具備；五年設兩個閏月，天氣時節就完全具備。因此三年舉行一次祫祭，五年舉行一次禘祭。禘，就是諦，諦是細察，即明確昭穆尊卑次序之義。舉行禘祭在夏季四月，夏季，陽氣在上，陰氣在下，所以含有正尊卑之義。祫祭在冬季十月，冬季，五穀成熟，物品完備，物備而禮儀成，因此，合聚在一起飲食。此禮典的廢棄，至今八年了。臣以為可以按照禮制施行，在適當的時候商議確定。」光武帝聽從了張純的意見，從此禘祭、祫祭便確定下來。

4 當時南單于及烏桓來降，邊境安定，老百姓脫離戰爭不久，連年豐收，家家充裕，人人富有。張純以為聖王建立學校，為的是尊崇禮義，百姓已經富足，就要對他們進行教育。於是根據七經讖、明堂圖、河間《古辟雍記》、孝武帝太山明堂圖的樣式，及平帝時有關建立明堂、辟雍的論議，想一起上奏給皇帝。還未來得及上奏，正好博士桓榮上奏應建立辟雍、明堂，奏章下至三公、太常卿，而張純的建議與桓榮相同，光武帝於是同意了他們的奏議。

5 建武三十年，張純上奏應該舉行封禪大典，說：「自古受命而為皇帝，國家安定興盛，一定要舉行封禪大典，向上天彙報事業成功。《樂》緯書之〈動聲儀〉說：『用〈雅〉的精神來治理人民，也要〈風〉、〈頌〉並施。』周朝的興盛，在成王、康王時期，郊祀配合封禪，於典籍中都可以看得到。《尚書》說：『舜接受堯攝行天子之政的那年二月，往東方巡視，到了太山，焚柴祭天』，這就是封禪的大義。臣看到陛下接受中興漢朝的天命，平息天下的動亂，恢復祖宗的事業，撫慰百姓，人人心情舒暢，百姓都獲得了新生，恩德如雲行，惠澤像普降喜雨，百姓安寧，夷狄慕仰朝廷的恩義。《詩》說：『接受上天之賜福，四方同來朝賀。』現在是寅年，太歲在甲寅，旺氣在東宮。應該趁此美好的時日，遵循唐堯的典制，繼承孝武皇帝的功業，於二月到東方巡視，封祭太山，彰明中興之業，刻石以記功勳，復興祖先的遺業，報答上天的恩德，禪梁父，祭地神，傳福祉於子孫，此千秋萬代的根本。」中元元年，光武帝於是東巡太山，讓張純以御史大夫的身分隨行。張純並奏上武帝元封元年封禪的舊儀式及刻石之文。三月，張純去世，諡為節侯。

6 其子張奮繼承爵位。

1 奮字穉通。父純，臨終敕家丞❶曰：「司空無功於時，猥蒙❷爵土，身死之後，勿議傳國。」奮兄根，少被病❸，光武詔奮嗣爵，奮稱純遺敕，固不肯受。帝以奮違詔，敕收❹下獄，奮惶怖，乃襲封。永平四年❺，隨例歸國。

2 奮少好學，節儉行義，常分損租奉，贍卹宗親，雖至傾匱❻，而施與不怠。十七年，儋耳降附❼。奮來朝上壽，引見宣平殿，應對合旨。顯宗❽異其才，以為侍祠侯❾。建初元年❿，拜左中郎將⓫，轉五官中郎將，遷長水校尉⓬。七年，為將作大匠⓭。章和元年⓮，免。永元元年⓯，復拜城門校尉⓰。四年，遷長樂衛尉⓱。明年，代桓郁⓲為太常。六年，代劉方⓳為司空。

3 時歲災旱，祈雨不應，乃上表曰：「比年不登⓴，人用飢匱㉑，今復久旱，秋稼未立㉒，陽氣垂盡，歲月迫促。夫國以民為本，民以穀為命，政之急務，憂之重者也。臣蒙恩尤深，受職過任，夙夜憂懼，章奏不能敘心㉓，願對中常侍㉔疏奏㉕。」即時引見，復口陳時政之宜。明日，和帝召太尉㉖、司徒幸㉗洛陽獄，錄囚徒㉘，收洛陽令陳歆，即大雨三日。

4 奮在位清白，無它異績。九年，以病罷。在家上疏曰：「聖人所美，政道至要，本在禮樂。五經㉙同歸，而禮樂之用尤急。孔子曰：『安上治民，莫善於禮；移風易俗，莫善於樂㉚。』又曰：『揖讓而化天下者，禮樂之謂也㉛。』先王之道，禮樂可謂盛矣。孔子謂子夏曰：『禮以修外，樂以制內，丘已矣夫㉜！』又曰：『禮樂不興，則刑罰不中；刑罰不中，則民無所厝其手足㉝。』臣以為漢當制作禮樂，是以先帝聖德，數下詔書，愍傷崩缺㉞，而眾儒不達，議多駮異㉟。臣累世台輔㊱，而大典未定，私竊惟憂，不忘寢食。臣犬馬齒盡，誠冀先死㊲見禮樂之定。」十三年，更召拜太常。復上疏曰：「漢當改作禮樂，圖書著明。王者化定制禮，功成作樂㊳。謹條禮樂異議三事，願下有司，以時考定。昔者孝武皇帝、光武皇帝封禪告成，而禮樂不定，事不相副。先帝已詔曹褒㊴。今陛下但奉而成之，猶周公㊵斟酌文武之道，非自為制，誠無所疑。久執謙謙㊶，令大漢之業不以時成，非所以章顯祖宗功德，建太平之基，為後世法。」帝雖善之，猶未施行。其冬，復以病罷。明年，卒於家。

子甫嗣，官至津城門侯㊷。甫卒，子吉嗣。永初三年㊸，吉卒，無子，國除㊹。自昭帝㊺封安世，至吉，傳國八世㊻，經歷篡亂，二百年間㊼未嘗譴黜，封者莫與為比。

【章旨】以上為〈張奮傳〉。先寫張奮繼父爵、好學、節儉、贍恤宗親；為官由左中郎將至司空。又寫張奮二次上疏強調制禮作樂之重要，旨在表明張奮對東漢建立自己的禮樂制度的關切。後對張奮一門自昭帝封張安世至張吉無後國除，二百年間，傳國八世的讚揚。

【注釋】❶敕家丞　敕，告誡。家丞，官名。本書志第二十八〈百官五〉：「列侯，中興以來食邑千戶以上，置家丞、庶子各一人。」主管家事。❷猥蒙　謙辭。猶辱蒙；承蒙。❸被病　猶言疾病纏身。❹敕收　敕，同「勅」。皇帝的詔命。收，逮捕。❺永平四年　西元六一年。永平，東漢明帝劉莊年號。❻傾匱　猶傾囊。謂盡出所有。匱，同「櫃」。收藏衣物用的器具。❼儋耳降附　儋耳，郡名。漢武帝元封元年（西元前一一〇年）置。治所在今海南儋州西北。轄境相當今海南西部地區。降附，指永平十七年儋耳郡及其他蠻夷地區進獻珍奇之物。見本書〈明帝紀〉。❽顯宗　明帝劉莊廟號。❾侍祠侯　可陪祭的列侯。侍祠，陪祭。見本書〈百官五・列侯〉。❿建初元年　西元七六年。建初，章帝劉炟年號，西元七六—八四年。⓫左中郎將　官名。光祿勳屬官，秩比二千石，主管左署郎官。其下屬有中郎、侍郎、郎中，皆無定員。⓬長水校尉　官名。為漢武帝所置京師屯兵八校尉之一。詳參《漢書・百官公卿表》。校尉，略低於將軍的武官。⓭將作大匠　秦官，初名將作少府。景帝中元六年（西元前一四四年）改。東漢秩二千石。掌修作宗廟、路寢（天子、諸侯的正廳）、宮室及園陵木土之功。並植梓桐之類列於道側。⓮章和元年　西元八七年。章和，東漢章帝劉炟年號，西元八七—八八年。⓯永元元年　西元八九年。

永元，東漢和帝劉肇年號，西元八九—一〇五年。⑯城門校尉　官名。秩比二千石。西漢置，掌京師城門的屯兵。東漢沿置，掌洛陽城門十二所。下設司馬一人，主管士兵。十二城門，每門設候一人，按時開閉城門。⑰長樂衛尉　官名。長樂，宮名，太后所居之宮。長樂宮設衛尉，秩二千石，掌宮門衛士及宮中巡邏。不常置，太后崩，則撤銷。⑱桓郁　（？—西元九三年），桓榮子，字仲恩。少以父任為郎。傳父之業，以《尚書》教授，門人常數百人。桓榮卒，襲爵。遷侍中，入授皇太子經。遷越騎校尉、屯騎校尉、長樂少府。復入侍講。轉奉車都尉。永元四年為太常，明年，病卒。傳見本書卷三十七。⑲劉方　字伯況，平原（今山東平原縣）人。曾為襄城令。以純樸誠懇，不務浮誇，為章帝所賞識。遷宗正。和帝永元四年十月為司空，六年二月為司徒，九年九月策免，自殺。⑳比年不登　比年，近年；連年。不登，即歉收。㉑匱　匱乏；缺乏；貧困。㉒立成熟。㉓敘心　抒懷；表達心意。㉔中常侍　官名。秦始置。出入宮廷侍從皇帝，常為列侯至郎中的加官。東漢時，專用宦官任中常侍。傳達詔令和處理文書，權力極大。㉕疏奏　分條上奏。㉖太尉　官名。《漢書‧百官公卿表》曰：「秦官，掌武事。」西漢以丞相、太尉、御史大夫為三公。東漢時，掌四方兵事的考核，年終上奏而進行賞罰。凡國之大事，太尉、司徒、司空共同討論。光武中興，稱大司馬，建武二十七年，改稱太尉。見本書志二十四。㉗幸　皇帝親臨。《史記孝文本紀集解》引蔡邕曰：「天子車駕所至，民臣以為僥倖，故曰幸。」㉘錄囚徒　查閱記錄囚徒罪狀的簿籍，以便糾正冤獄。㉙五經　儒家的五部經典，始稱於漢武帝時。即《詩》、《書》、《禮》、《易》、《春秋》。《五經》中保存有我國古代豐富的歷史資料，為我國古代社會的教科書，為宣揚封建宗法思想的理論根據。㉚安上治民四句　出於《孝經‧廣要道》。與張奮所引順序稍異。「移風易俗」二句在前，「安上治民」二句在後。㉛揖讓而化天下者二句　出於《禮記‧樂記‧樂論》，《禮記》「化」作「治」。揖讓，賓主相見的禮儀。拱手相讓，謙讓。此以比喻文德。㉜孔子謂子夏曰四句　出於《禮》緯書〈稽命徵〉。已矣夫，不取李賢注引宋均「恨不制作禮樂也」之說。按：已，止。矣夫，均為語氣詞。四句意謂：孔子對子夏說：「禮規範人的行動，樂陶冶人的情操，禮樂推行，孔丘我便沒有什麼可追求的了！」因為孔子的理想就是施仁政，行禮樂，所以他說「已矣夫」。㉝禮樂不興四句　出於《論語‧子路》。中，得當；適當。厝，安置。《十三經注疏》本《論語》作「錯」。㉞愍傷崩缺　愍傷，哀憐憂傷。崩缺，即禮崩樂缺。㉟駮異　駮雜歧異。駮，同「駁」。㊱累世台輔　累世，連續幾代。台輔，亦稱「台衡」。指宰相。台、輔都是星名，皆位於紫微宮帝座之前，故用來比喻宰相。所謂累世台輔：李賢注曰：「奮七代祖湯，武帝時為御史大夫，六代祖子孺，宣帝時為衛將軍，領尚書。父純，光武時為司空。」㊲先死　未死之前。㊳化定制禮二句　化定，教化穩定。功成，帝業成功。㊴先帝已詔曹褒　先帝，指章帝。章帝章和元年（西元八七年）正月，命曹褒於南宮、東觀依叔孫通《漢儀》十二篇「次序禮事」，撰次天子至於庶人冠婚吉凶終始制度一百五十篇。見下〈曹褒傳〉。㊵周公　西周宗室大臣，政治家。姬姓，名旦，因食采於周（今陝西岐山縣北），故稱周公。周文王子，周武王弟。輔佐周武王滅商，卓有功績，滅商後，封他於曲阜，為魯公。周公留佐武王，以其子伯禽就封。武王去世，成王年幼，周公乃攝政當國。其弟管叔、蔡叔疑周公有二心，散布流言蜚語，勾結商紂子武庚（武王滅商後，封武庚以續商祀，以管叔、蔡叔相武庚）發動叛亂。周公率師東征，討平叛亂，殺武庚、管叔，流放蔡叔。周室復安。成王長大，周公還政於成王，乃致力於制禮作樂，建立各種典章制度。並注意禮賢下士，常告誡子孫勿以國驕人。周公在政治上有許多建樹，如分封諸侯，以屏藩周，營建洛邑為東都，主張「明德慎罰」等。其言論見於《尚書》之〈大誥〉、〈康誥〉、〈多士〉、〈無逸〉、〈立政〉諸篇。其事見《史記》之〈周本紀〉、〈魯周公世家〉。㊶謙謙　謙遜貌。㊷津城門侯　津城門，為洛陽南面的西門。本書志二十七〈百官四〉：「城門，每門候一人，秩六百石。」㊸永初三年　西元一〇九年。永初，東漢安帝年號，西元一〇七—一一三年。㊹國除　封國被撤銷。㊺昭帝（西元前九四—前七四年），西漢武帝子，名弗陵。西元前八七—前七四年在位。㊻傳國八世　張安世，昭帝元鳳六年（西元前七五年）封富平侯，卒，子延壽嗣。延壽卒，子勃嗣。勃卒，子臨嗣。臨卒，子放嗣。放卒，子純嗣。純卒，子奮嗣。奮卒，子甫嗣。甫卒，子吉嗣。吉無子，國除。㊼二百年間　西漢昭帝元鳳六年（西元前七五年）封張安世為富平侯，至東漢安帝永初三年（西元一〇九年）張吉無子國除，首尾一百八十三年。李賢注曰：「此言八世者，除安世始封也。」

【語　譯】張奮，字稺通。父親張純，臨終時告誡家丞說：「我無功於國，愧受爵位和封地，我死之後，不要談及繼承封國的事。」張奮的哥哥張根，自幼疾病纏身，光武帝下詔命張奮繼承爵位，張奮說父親曾有遺命，堅持不肯受爵。光武帝因為張奮違背詔命，下令逮捕入獄，張奮恐懼，於是繼承了爵位。永平四年，按照慣例回到了自己的封國。

2 張奮少時好學，生活節儉，行仁義之事，常常分出作為俸祿的租穀，以賑濟自己的同族親屬，即使到了盡出所有的地步，仍然捨施不倦。永平十七年，儋耳降附。張奮來朝祝賀，明帝於宣平殿召見張奮，張奮的應對合乎旨意。明帝對張奮的才智感到驚異，任命他為侍祠侯。建初元年，授官左中郎將，轉五官中郎將，遷長水校尉。建初七年，為將作大匠。章和元年，免官。永元元年，又任命為城門校尉。永元四年，遷長樂衛尉。第二年，代桓郁為太常卿。永元六年，代劉方為司空。

3 這年發生旱災，祈雨也不靈驗，張奮於是上表說：「連年歉收，人民因此飢餓匱乏，現在又久旱不雨，秋稼未熟，陽氣將盡，時間緊迫。國以民為本，民以食為天，此為政事的當務之急，是重大的憂慮。臣蒙受皇恩尤深，所擔任的職務超過了自己的能力，朝夕擔心恐懼，奏章不能表達我的心意，願意面對中常侍逐條陳述。」皇帝立即召見張奮，張奮又口頭陳述了當前時政應採取的措施。第二天，和帝召集太尉、司徒到洛陽監獄審查記錄囚徒罪狀的簿籍，逮捕了洛陽令陳歆，於是大雨連降三天。

4 張奮為官清白，沒有其他優異的政績。永元九年，因病罷官。在家上疏說：「聖人所讚美的，是為政之道最重要的事，根本在於禮樂。《五經》的主旨相同，而禮樂之實施尤為急迫。孔子說：『使在上者安定，治理百姓，沒有比禮更好的了；移風易俗，沒有比樂更好的了。』又說：『謙讓而治天下，說的就是禮樂。』先王治理天下的辦法，禮樂可以說是最興盛的了。孔子對子夏說：『用禮來規範人的行動，用樂來陶冶人的情操，禮樂推行，孔丘我便沒有什麼可追求的了。』孔子又說：『禮樂不能推行，刑罰即不能適當；刑罰不能適當，那麼老百姓就手足無措。』臣以為漢朝應該制禮作樂，因此，先帝聖明德洽，屢下詔書，哀憐憂傷禮崩樂缺，而眾儒生不明此理，議論駁雜歧異。臣家連續幾代為朝廷宰輔，而國家的禮樂大典未能制定，臣私下憂慮，寢食不忘。臣年已老邁，確實希望在未死之前見到禮樂的制定。」永元十三年，再召張奮，任命為太常卿。又上疏說：「漢朝應當改作禮樂，注冊地圖與書籍。帝王教化穩定制禮，帝業成功作樂。臣謹分條列出關於禮樂異議的三件事，希望交有關官員，在適當的時候考察審定。從前孝武皇帝、光武皇帝舉行封禪大典，宣告帝業成功，而禮樂沒有制定，這與事實不相符合。先帝已經詔命曹褒次序禮事。現在陛下只管奉行而使之完成，如同周公斟酌文王、武王治理之道，雖不是陛下自制，確實沒有什麼可懷疑的。長久保持謙遜，使大漢的偉業不能按時完成，則不能彰明祖宗的功德，成為建立太平盛世的基址，為後世所效法。」皇帝雖然認為他的意見很好，仍然沒有施行。這年冬天，張奮又因病免官。第二年，在家裡去世。

5 張奮之子張甫繼承爵位，官至津城門候，張甫去世，兒子張吉繼承爵位。永初三年，張吉去世，沒有兒子，封國撤銷。自從西漢昭帝封張安世，至張吉，傳國八世，經歷了王莽篡亂，二百年間，沒有謫降和貶黜，所有受封的人，沒有誰能與之相比。

曹褒，字叔通，魯國薛❶人也。父充，持慶氏禮❷，建武中為博士，從巡狩岱宗，定封禪禮。還，受詔議立七郊、三雍、大射、養老❸禮儀。顯宗即位，充上言：「漢再受命，仍有封禪之事，而禮樂崩闕，不可為後嗣法。五帝❹不相沿樂，三王❺不相襲禮。大漢當自制禮，以示百世。」帝問：「制禮樂云何？」充對曰：「河圖括地象❻曰：『有漢世禮樂文雅出。』尚書琁機鈐曰：『有帝漢出，德洽作樂，名予。』」帝善之，下詔曰：「今且改太樂官曰太予樂❼，歌詩曲操❽，以俟君子。」拜充侍中。作章句❾辯難❿，於是遂有慶氏學。

【章旨】以上為〈曹褒傳〉的第一部分。先寫其籍貫及其父曹充治學、為官的事跡，突出其上言建議顯宗制禮作樂之事。

【注釋】❶魯國薛　魯國，西漢初改薛郡置魯國。治所在曲阜。轄境相當今曲阜、滕州、泗水等縣地。薛，秦置縣。屬薛郡。漢屬魯國。治今山東滕州南。❷持慶氏禮　持，治；研究。慶氏禮，東海人孟卿學《禮》於淮陽太守蕭奮，以授后倉（或作「蒼」），倉說《禮》數萬言，號曰《后氏曲臺記》。授沛人聞人通漢，梁人戴德、戴聖，沛人慶普。慶普為東平太傅。由是《禮》有慶氏之學。❸七郊三雍大射養老　七郊，即祭天地及五帝。郊，祭名。古代祭天地的大典，即郊祭天地。五帝，即五天帝。《周禮．天官．冢宰》：「祀五帝。」賈公彥疏曰：「東方青帝靈威仰，南方赤帝赤熛怒，中央黃帝含樞紐，西方白帝白招拒，北方黑帝汁光紀。」三雍，辟雍、明堂、靈臺。均為帝王舉行祭祀、典禮的場所。一說，靈臺用以觀察天象。漢代天象臺名「靈臺」。見《三輔黃圖》卷五。大射，古代為祭祀擇士而舉行的射禮。《周禮・天官・司裘》：「王大射。」鄭玄注曰：「大射者，為祭祀射。王將有郊廟之事，以射擇諸侯及群臣與邦國所貢之士可以與祭者，而中多者，得與於祭。」養老，指養老禮。古代對年高德劭的老者，按時饗以酒食的禮節。省稱「養老」。❹五帝　傳說中的古代五位帝王，其說不一。一、伏犧（太皞）、神農（炎帝）、黃帝、堯、舜（見《易・繫辭下》）。二、黃帝、顓頊、帝嚳、堯、舜（見《世本・五帝譜》、《大戴禮・五帝德》、《史記・五帝本紀》）。三、少昊、顓頊（高陽）、高辛、堯、舜（見《帝王世紀》）。❺三王　夏、商、周三代的開國之君。夏禹、商湯、周文王、周武王。❻河圖括地象　又稱《河圖括地象圖》。是漢代讖緯之書《河圖》中的一種，內容專講地理，其中有很多神話傳說，原書已佚。日本學者安居香山、中村璋八輯《重修緯書集成》中的輯本較為完備（該書河北人民出版社一九九四年十二月出版，書名為《緯書集成》）。❼今且改太樂官曰太予樂　且，句中助詞。明帝改太樂官為太予樂，在永平三年（西元六〇年）秋八月戊辰。見本書〈明帝紀〉。❽曲操　樂曲。❾章句　剖章析句。漢代經學家解說經義的一種著作體。如《漢書・藝文志》所載《書》有《歐陽章句》、大、小《夏侯章句》等。亦泛指書籍注釋。❿辯難　辯駁問難或辨析疑難問題。

【語　譯】曹褒字叔通，魯國薛縣人。其父曹充，研究《慶氏禮》，建武年間為博士，隨從皇帝巡狩泰山，制定封禪大典的禮儀，回京後，受詔議定七郊、三雍、大射、養老的禮儀。顯宗即位，曹充上書說：「漢朝再次受命為天子，仍然有封禪之事，然而禮樂敗壞損缺，不可為後代效法。五帝的樂制不相沿襲，三王的禮儀不相因循，大漢應當制定自己的禮制，以示範於後世。」皇帝問道：「制禮作樂有什麼根據呢？」曹充回答說：「《河圖括地象》說：『漢代要出現文雅的禮樂。』《尚書琁機鈐》說：『有德之帝在漢代出現，道德廣博，制作的音樂，名叫做予。』」皇帝以為曹充的建議很好，於是下詔書說：「現在改太樂官為太予樂，歌詩曲譜，以待有才能的人來譜寫。」任命曹充為侍中。曹充剖章析句解說經義，辨析疑難問題，於是產生了慶氏之學。

1 褒少篤志❶，有大度，結髮❷傳充業，博雅疏通❸，尤好禮事。常感朝廷制度未備，慕叔孫通❹為漢禮儀，晝夜研精，沈吟專思，寢則懷抱筆札，行則誦習文書，當其念至，忘所之適。

2 初舉孝廉❺，再遷圉❻令，以禮理人，以德化俗。時它郡盜徒五人來入圉界，吏捕得之。陳留❼太守馬嚴❽聞而疾惡，風❾縣殺之。褒敕吏曰：「夫絕人命者，天亦絕之。皐陶❿不為盜制死刑，管仲遇盜而升諸公⓫。今承旨而殺之，是逆天心，順府意也，其罰重矣。如得全此人命而身坐之，吾所願也⓬。」遂不為殺。嚴奏褒耎弱⓭，免官歸郡，為功曹⓮。

3 徵拜博士。會肅宗⓯欲制定禮樂，元和二年下詔曰：「河圖稱：『赤九會昌，十世以光，十一以興⓰。』尚書琁機鈐曰：『述堯理世，平制禮樂，放唐之文⓱。』予末小子⓲，託于數終⓳，曷以纘興⓴，崇弘祖宗，仁濟元元㉑？帝命驗曰：『順堯考德，題期立象。』㉒且三五步驟，優劣殊軌㉓，況予頑陋，無以克堪㉔，雖欲從之，末由㉕也已。每見圖書，中心恧㉖焉。」褒知帝旨欲有興作，乃上疏曰：「昔者聖人受命而王，莫不制禮作樂，以著功德。功成作樂，化定制禮，所以救世俗，致禎祥㉗，為萬姓獲福於皇天者也。今皇天降祉，嘉瑞並臻，制作之符㉘，甚於言語。宜定文制，著成漢禮，丕顯㉙祖宗盛德之美。」章下太常，太常巢堪㉚以為一世大典，非褒所定，不可許。帝知群僚拘攣㉛，難與圖始，朝廷禮憲，宜時刊立，明年復下詔曰：「朕以不德，膺㉜祖宗弘烈。乃者㉝鸞鳳仍集，麟龍並臻，甘露宵降，嘉穀㉞滋生，赤草㉟之類，紀于史官。朕夙夜祗畏㊱，上無以彰于先功，下無以克稱靈物㊲。漢遭秦餘，禮壞樂崩，且因循故事，未可觀省，有知其說者，各盡所能。」褒省詔，乃歎息謂諸生曰：「昔奚斯頌魯㊳，考甫詠殷㊴。夫人臣依義顯君，竭忠彰主，行之美也。當仁不讓，吾何辭哉！」遂復上疏，具陳禮樂之本，制改之意。拜褒侍中，從駕南巡。既還，以事下三公，未及奏，詔召玄武司馬班固㊵，問改定禮制之宜。固曰：「京師諸儒，多能說禮，宜廣招集，共議得失。」帝曰：「諺言『作舍道邊，三年不成』。會禮之家，名為聚訟㊶，互生疑異，筆不得下。昔堯作大章，一夔足矣㊷。」章和元年正月，乃召褒詣嘉德門，令小黃門持班固所上叔孫通漢儀十二篇，敕褒曰：「此制散略，多不合經，今宜依禮條正，使可施行。於南宮、東觀㊸盡心集作。」褒既受命，乃次序禮事，依準舊典，雜以五經讖記㊹之文，撰次天子至於庶人冠婚吉凶終始制度㊺，以為百五十篇，寫以二尺四寸簡。其年十二月奏上。帝以眾論難一，故但納之，不復令有司平奏。會帝崩，和帝即位，褒乃為作章句[46]，帝遂以新禮[47]二篇冠。擢褒監羽林左騎[48]。永元四年，遷射聲校尉[49]。後太尉張酺[50]、尚書張敏[51]等奏褒擅制漢禮，破亂聖術，宜加刑誅。帝雖寢其奏，而漢禮遂不行。

4 褒在射聲，營舍有停棺不葬者百餘所，褒親自履行[52]，問其意故。吏對曰：「此等多是建武以來絕無後者，不得埋掩。」褒乃愴然，為買空地，悉葬其無主者，設祭以祀之。遷城門校尉、將作大匠。時有疾疫，褒巡行病徒，為致醫藥，經理饘粥[53]，多蒙濟活。七年，出為河內[54]太守。時春夏大旱，糧穀踊貴。褒到，乃省吏并職，退去姦殘，澍雨[55]數降。其秋大孰[56]，百姓給足，流宂[57]皆還。後坐上災害不實免。有頃徵，再遷，復為侍中。

5 褒博物識古，為儒者宗。十四年[58]，卒官。作通義十二篇，演經雜論百二十篇，又傳禮記四十九篇[59]，教授諸生千餘人，慶氏學遂行於世。

【章　旨】以上為〈曹褒傳〉的第二部分。先寫其傳父業、好禮事、舉孝廉、為博士、遷圉令。又寫其二次上疏言漢朝制禮作樂之勢在必行；為侍中，受詔撰次《漢禮》一百五十篇。又寫曹褒為官的政績，旨在突出其「以禮理人，以德化俗」。後寫曹褒的學識、著作及其去世諸事。

【注　釋】❶篤志　專心；立志不變。❷結髮　古代男子成童開始束髮，因以指初成年。❸博雅疏通　博雅，學識淵博，純正。疎通，通達。疎，同「疏」。❹叔孫通　薛縣（今山東滕州）人。曾為秦博士。逃歸。先為項羽部屬，後歸劉邦，任博士，號稷嗣君。漢朝建立，無朝儀。叔孫通採擇古禮，結合秦制，為漢制定朝儀。拜太常，徙太子太傅。惠帝即位，又為太常。漢之宗廟及諸儀法，皆叔孫通所論著。傳見《史記》卷九十九、《漢書》卷四十三。❺孝廉　即孝子和廉潔之士。漢代選拔官吏的科目之一。漢武帝元光元年（西元前一三四年），令郡國舉孝、廉各一人。後來合稱為孝廉。孝廉的選拔，由各郡國在所屬吏民中薦舉。二十萬人舉孝廉一人。名義上以封建倫理為標準，實際多為世家大族所操縱，他們互相吹捧，弄虛作假。真正的孝廉之士卻不一定選上。孝廉往往被任命為郎。在東漢尤為仕進者的必由之路。❻圉　古縣名。屬陳留郡。在今河南杞縣西南。❼陳留　郡名。西漢元狩元年（西元前一二二年）置。治所在陳留（今河南開封東南）。轄境相當今河南東至民權、寧陵，西至開封、尉氏，北至延津、長垣，南至杞縣、睢縣地。❽馬嚴　（西元一七－九八年），字威卿，扶風茂陵（今陝西興平）人。馬援兄馬余之子。少孤，好擊劍，習騎射，交結英賢，「通《春秋左氏》，覽百家群言」。仕郡為督郵，後拜將軍長史、御史中丞、五官中郎將、陳留太守、太中大夫、將作大匠等職。傳見本書卷二十四。❾風　告諭。❿皐陶　也作「皋陶」、「咎繇」。偃姓。舜之臣，掌刑獄。皐陶事見《尚書・堯典》、《史記・五帝本紀》。⓫管仲遇盜而升諸公　管仲（？－西元前六四五年），名夷吾，字仲，潁上（潁水之濱）人。春秋時齊國政治家，輔佐齊桓公。使齊桓公成為春秋時期第一個霸主。管仲事見《史記》之〈齊太公世家〉及〈管晏列傳〉。升諸公，謂薦之於齊桓公。《禮記・雜記下》孔子曰：「管仲遇盜，取二人焉，上以為公臣。曰：『其所與遊，辟也。可人也。』」孔穎達疏曰：「謂管仲逢遇群盜，於此盜中簡取二人焉。『上以為公臣』者，謂管仲薦上此二人以為桓公之臣。『其所與遊辟也，可人也』者，此管仲薦此盜人之辭。言此盜人所與交遊是邪僻之人，故犯法為盜。『可人也』者，謂其人性行是堪可之人也，可任用之。」⓬如得全此人二句　如能保全此五人性命，即使自身受牽連而犯罪，也心甘情願。⓭耎弱　軟弱。⓮功曹　官名。郡守屬吏，功曹史的省稱。相當於郡守的總務長，除掌人事外，得與聞一郡的政務。縣功曹同。⓯肅宗　東漢章帝劉炟的廟號。⓰河圖稱赤九會昌三句　《河圖》，讖緯書名。《隋書・經籍志一》著錄《河圖》二十四卷，《河圖龍文》一卷。謂其書出於西漢。赤九，漢以火德，故言赤。光武於高祖為九代孫，故言九。李賢注曰：「九謂光武，十謂明帝，十一謂章帝。」會昌，正值興隆昌盛。光，發揚光大。興，興盛。⓱尚書琁機鈐曰四句　述，效法。平，同「評」。放，同「仿」。仿照。唐，唐堯。⓲予末小子　古代帝王對先王或長輩的自稱。出於《尚書・顧命》：「眇眇予末小子。」平常人對先輩長者亦可自稱「予末小子」。⓳託于數終　託，託付。猶言「繼承」。數終，謂數目的最後一個。詔書開始曰：「《河圖》稱『赤九會昌，十世以光，十一以興』。」「九」為第一個數字，「十」為第二個數字，「十二」為最後一個數字，故言「數終」。言自己是第十一代，繼承振興漢室的重任。⑳曷以纘興　曷，同「何」。纘興，繼承復興。㉑元元　庶民；眾民。㉒帝命驗曰三句　〈帝命驗〉說：遵循堯的盛德，書寫五德所應驗的事物，樹立將興起的景象。帝命驗，《書》緯書之一。順，順成；遵循。考德，盛德。題期立象，李賢注引宋均曰：「題五德之期，立將起之象。」題，書寫。五德，即「五德終始」。期，運數；氣數；應驗。㉓且三五步驟二句　而且三皇、五帝的治國之道，方法不同，優劣有差。三五，三皇、五帝。三皇，太皞庖犧氏、女媧氏、炎帝神農氏。見《史記》司馬貞補〈三皇本紀〉。五帝，見前注。步驟，步為緩行，驟為疾走。此謂三皇、五帝治國方略的優劣。殊軌，不同的方法。㉔克堪　勝任。㉕末由　無由。㉖恧慚愧。㉗禎祥　吉祥；幸福。㉘符　徵兆。㉙丕顯　大顯。㉚巢堪　人名。東漢大臣。字次朗。太山南城（今山東平邑）人。章帝時為太常。曹褒請著《漢禮》，堪止之未遂。和帝永元十年為司空，任職四年罷。見本書〈和帝紀〉及《東觀漢記》卷十九。㉛拘攣　拘束。有守舊之意。㉜膺　承受。㉝乃者　往日。㉞嘉穀　即嘉禾。謂生長奇異的禾。古人以為是祥瑞的徵兆。《史記・周本紀》：「晉唐叔得嘉穀，獻之成王。」《集解》引鄭玄曰：「二苗同為一穗。」司馬相如〈封禪文〉：「嘉穀六穗。」本書卷三十一〈張堪傳〉：「麥穗兩岐」等，皆為「嘉穀」。㉟赤草　即朱草。一種紅色的草，古人以為祥瑞之物。李賢注引《大戴禮》曰：「朱草日生一葉，至十五日，十六日落一葉，周而復始也。」㊱祗畏　敬畏。㊲靈物　即上述鸞鳳、麟龍、甘露、嘉穀、赤草等物。㊳奚斯頌魯　奚斯，魯大夫公子奚斯，亦即公子子魚。《詩・閟宮》：「新廟奕奕，奚斯所作。」謂《詩・閟宮》之詩乃奚斯所作。〈閟宮〉一詩的內容，《詩・序》說：「頌魯僖公能復周公之宇（疆土）也。」㊴考甫詠殷　考甫，即正考甫。甫，亦作「父」，孔子之先祖，作〈商頌〉十二篇。正考甫至孔子時又逸七篇。現〈商頌〉只有五篇。㊵玄武司馬班固　玄武司馬，官名，屬衛尉。宮掖門，每門設司馬一人，秩千石。玄武司馬負責南宮玄武門的保衛。有員吏二人，衛士三十八人。見本書志二十五。班固（西元三二—九二年），字孟堅，扶風安陵（今陝西咸陽）人。青年時，讀書於太學。父彪撰《後傳》數十篇，卒，班固歸里，繼父業，改編《後傳》。有人告發班固私改國史，被捕入獄。其弟班超上書辯白，獲釋。明帝賞識他的才學，任命他為蘭臺令史，參與編寫《東觀漢紀》。後遷升為郎，奉詔撰寫《漢書》。章帝建初四年（西元七九年），曾參加討論《五經》異同的白虎觀會議，並把紀錄整理成《白虎通德論》一書。和帝永元元年（西元八九年）任中護軍，跟隨大將軍竇憲出征匈奴。破匈奴後，作〈燕然山銘〉以紀功。永元四年，竇憲以謀反罪被迫自殺，班固受牽連被捕，死獄中。傳見《漢書》卷一百〈敘傳〉及本書卷四十。㊶聚訟　言相爭不定。㊷堯作大章二句　大章，堯樂名。言堯德章明也。夔，人名。為舜時的樂官。《呂氏春秋・察傳》：「魯哀公問於孔子曰：『樂正夔一足，信乎？』孔子曰：『昔者，舜欲以樂傳教於天下，夔於是正六律，和五聲，以通八風，而天下大服。舜曰：夫樂天地之精也，夔能和之，以平天下，若夔者一而足矣（像夔這樣的人一個就足夠用了）。』」此言夔為舜樂官，亦見於《尚書・堯典》及《史記・五帝本紀》。此文與注皆言夔為堯之樂官。《韓非子・外儲說・左下》：「孔子曰：『夔，人也。獨通於聲。堯曰：夔一而足矣，使為樂正。』」此文為注所據。但下文〈論曰〉注又說「夔，舜樂官。」㊸南宮東觀　南宮，秦、漢宮名。《史記・高祖本紀》：「高祖置酒洛陽南宮。」《正義》引《括地志》曰：「南宮在雒州雒陽縣東北二十六里洛陽故城中。」東觀，漢代宮中藏書的地方，在南宮。㊹讖記　讖緯預言之類的文字。㊺撰次天子至於庶人句　按次序編輯自皇帝之平民百姓冠、婚、吉、凶、死、生禮儀制度。吉，古代以祭祀的事為吉禮，凶，以喪葬的事為凶禮。終，人死為終。始，生。制度，法令禮俗的總稱。此指規定、作法。㊻作章句　為叔孫通《漢儀》十二篇作章句。㊼新禮　即曹褒撰次之自天子至於庶人冠婚吉凶終始制度一百五十篇。㊽羽林左騎　即羽林左監，領羽林左騎，秩六百石，屬光祿勳。見本書志二十五。㊾射聲校尉　漢武帝置，京師屯兵八校尉之一。秩比二千石。《漢書・百官公卿表》曰：「掌待詔射聲士。」顏師古注引服虔曰：「工射也。冥冥中聞聲，射則中之。」又引應劭曰：「須詔所命而射，故曰待詔射也。」見本書志二十七。㊿張酺　（？—西元一〇三年），字孟侯，汝南郡細陽縣（今安徽太和）人。西漢趙王張敖之後。少從祖父受《尚書》，能傳其業。又事太常桓榮，勤力不怠。明帝永平九年（西元六六年）除為郎，賜車馬衣裳。入授皇太子經。張酺為人質直，以嚴見憚。章帝即位，擢為侍中、虎賁中郎將，出為東郡太守。性剛斷，擢用義勇，搏擊豪強。和帝初，遷魏郡太守。徵入為河南尹。永元五年，遷太僕，數月代尹睦（《漢官儀》曰：「睦字伯師，河南鞏人也。」）為太尉，後免。永元十五年，復拜為光祿勳，數月，代魯恭為司徒。月餘，去世。傳見本書卷四十五。(51)張敏　（？—西元一一二年），字伯達，河間鄚（今河北任丘）人。建初二年，舉孝廉。四遷為尚書。和帝永元九年（西元九七年）拜司隸校尉，遷汝南太守，再遷潁川太守。延平元年（西元一〇六年）徵拜司空，在位奉法而已。安帝永初六年，以病篤罷，卒於家。傳見本書卷四十四。(52)履行　猶巡視；察檢。(53)饘粥　稠粥。(54)河內　郡名。楚漢之際置。治懷縣（今河南武陟西南）。轄境相當今河南黃河以北，京廣鐵路以西地區。(55)澍雨　降雨；及時雨。(56)孰　同「熟」。豐收。(57)流宂　流散；流離失所。(58)十四年　永元十四年，西元一〇二年。(59)傳禮記四十九篇　傳，注釋或闡述經義的文字。王先謙《後漢書集解》卷三十五校補，「又傳《禮記》四十九篇」：「案褒之禮學傳其父業，出於慶氏。慶氏與大、小戴氏同受《禮》於后蒼，即『曲臺所記』是也。本書〈橋公祖傳〉：『七世祖仁從同郡戴德學，著《禮記章句》四十九篇。』觀褒所傳亦為四十九篇。可知四十九篇者，本自后氏相傳如此。」

【語譯】曹褒自幼心志專一，有寬大的氣度，年輕時，傳習父親的學業，博學文雅，通達事理，特別喜好禮儀之事。常常感到朝廷制度不完備，慕仰叔孫通為漢朝制定禮儀，於是晝夜專心研究，深思專志，睡眠則懷抱筆札，走路則誦讀文章，當他思考問題最專一的時候，竟忘記自己要去什麼地方。

2 曹褒初舉孝廉，再升遷為圉縣縣令，他以禮義治理百姓，以德行改變俗習。當時他郡有盜賊五人進入圉縣境內，為縣吏所捕獲。陳留郡太守馬嚴聞聽之後，疾恨這些盜賊，告諭縣裡將他們殺掉。曹褒告誡縣吏說：「殺人的人，天也會殺他。皐陶不給盜賊制定死刑，管仲遇到強盜而推薦為桓公之臣。現在秉承太守的意旨將他們殺死，這是違背天意，順承太守之心，對他們的懲罰太重了。如能保全這些人的生命，我自己受牽連而獲罪，也心甘情願。」於是沒有殺死那五個盜賊。馬嚴上奏曹褒軟弱，曹褒被免職歸本郡，當了郡功曹。

3 曹褒徵拜為博士。正值肅宗想制定禮樂，元和二年下詔說：「《河圖》說：『赤九正值昌盛，十世發揚光大，十一世興隆。』《尚書琁機鈐》說：『效法堯治理國家，評議制定禮樂，仿效唐堯的文治。』我這晚輩，繼承振興漢朝的重任，如何能繼續復興漢朝，尊崇弘揚祖宗的業績，施仁愛救濟百姓呢？〈帝命驗〉說：『遵循堯的盛德，書寫五德所應驗的事物，樹立將興起的景象。』而且三皇五帝的治國之道，方法不同，優劣有差，況且我愚頑淺陋，不能勝任，雖然想尊崇先王之道，不知從何處做起。每當看到河圖洛書時，內心感到慚愧。」曹褒知道章帝想有所作為，於是上疏說：「從前聖人接受天命為王，沒有不制禮作樂以顯揚功德的。事業成功，制作音樂，教化穩定，制定禮儀，為的是挽救世俗，招致吉祥，為百姓從皇天那裡獲得幸福。現在上天降福，祥瑞並至，制禮作樂的徵兆，比語言說的還清楚。應該制定文治的法度，制成漢禮，大大顯揚祖宗盛德的美好。」曹褒的奏章下達太常，太常卿巢堪認為一代大典，非曹褒一個人所能確定，沒有表示同意。章帝知道群臣拘束守舊，難以與他們商議事情的開始，朝廷的禮法應該及時建立，明年又下詔書說：「朕以無才德之身，繼承祖宗的偉業。往日鸞鳥鳳凰常集，麒麟神龍並至，甘露夜降，嘉穀滋長，赤草之類的祥瑞出現，史官都記載下來。朕早晚肅敬惶恐，對上不能彰明先祖的功德，對下不能配稱靈物的出現。漢初接受秦朝殘破的局面，禮崩樂壞，只得沿襲舊事，不值得觀覽察看，有通曉禮樂之事的人，提出建議，各盡所能。」曹褒看到詔書，於是歎息對眾儒生說：「從前奚斯歌頌魯，正考甫詠讚殷。做臣子的依據禮義顯揚君主，竭盡忠心彰明君主，是最美好的行為。當仁不讓，我還有什麼可推辭的呢！」於是又上疏，詳盡陳述制禮作樂的根本，禮樂修改的意義。章帝任命曹褒為侍中，隨從聖駕到南方視察。回京之後，以此事下達三公，三公尚未來得及上奏，章帝乃召玄武司馬班固，詢問改定禮制應做些什麼。班固說：「在京諸儒生多能講述禮儀，應該廣泛招集，共議得失。」章帝說：「諺語說『在路邊蓋房屋，三年不成』。會集懂禮的人，名義上是互相爭論不定，實際上是並生疑文異議，難以下筆記載。從前堯作〈大章〉，夔一個人就夠了。」章和元年正月，章帝於是召曹褒到嘉德門，命小黃門拿著班固所上叔孫通的《漢儀》十二篇，命令曹褒說：「此制度疏散簡略，多不合經義，現在應該依照禮制逐條修正，使之可以施行。你可在南宮、東觀盡心彙集制作。」曹褒受命之後，於是按次序修正禮制的內容，依據舊的典章制度，加進《五經》讖記之文，撰寫了自天子至於庶人冠、婚、吉、凶、終、始制度，共一百五十篇，寫在二尺四寸的竹簡上。這年十二月奏上。章帝因為眾論難以統一，所以只接受了曹褒撰寫的禮制，沒有再讓有關官員討論。正值章帝駕崩，和帝即位，曹褒乃為《漢儀》十二篇作章句加以解釋，和帝便以曹褒撰之《新禮》二篇放在書前。提升曹褒監領羽林左騎。永元四年，升遷為射聲校尉。後太尉張酺、尚書張敏等人奏曹褒擅自制作《漢禮》，破壞攪亂聖人的治術，應該施加刑戮。和帝雖然扣住他們的奏章不發，而《漢禮》也沒有實行。

4 曹褒在射聲校尉任上，軍營的房舍裡停放著未埋葬的棺材一百餘口，曹褒親自察檢，並問沒有埋葬的原因。軍吏回答說：「這多是建武以來斷絕後代的人，所以沒有人掩埋。」曹褒為之傷心，為他們購買空地，將無主的停棺全部埋葬，並擺設祭案祭祀他們。升遷為城門校尉、將作大匠。當時疾病瘟疫流行，曹褒巡視有病的人，為他們尋醫買藥，料理病人，供給稠粥，多數人獲救，得以活命。永元七年，出為河內太守。當時春夏大旱，糧價飛漲。曹褒到任後，精簡官吏，合併官職，辭退奸邪兇殘之人，多次降下及時雨。這年秋季獲得大豐收，百姓人給家足，流離失所之人皆返回家鄉。後曹褒因為上報災情不實免官。不久，又被徵召，再升遷，又任侍中。

曹褒博學多識，通曉古事，為儒者所尊崇。永元十四年，在官任上去世。曹褒作《通義》十二篇，推演經義雜論一百二十篇，又為《禮記》作傳四十九篇，教授生徒一千餘人，慶氏之學於是流行於世。

論曰：漢初天下創定，朝制無文，叔孫通頗採經禮，參酌秦法，雖適物觀時❶，有救崩敝，然先王之容典❷蓋多闕矣，是以賈誼、仲舒、王吉、劉向之徒，懷憤歎息所不能已也❸。資❹文、宣之遠圖明懿，而終莫或❺用，故知自燕而觀，有不盡矣❻。孝章永言❼前王，明發興作❽，專命禮臣，撰定國憲，洋洋❾乎盛德之事焉。而業絕天筭，議黜異端❿，斯道竟墜矣。夫三王不相襲禮，五帝不相沿⓫樂，所以咸、莖異調，中都殊絕⓬。況物運遷回⓭，情數⓮萬化，制則⓯不能隨其流變，品度⓰未足定其滋章⓱，斯固世主所當損益⓲者也。且樂非夔、襄⓳，而新音代起，律謝皐、蘇⓴，而制令亟易㉑，修補舊文，獨何猜㉒焉？禮云禮云，曷其然哉㉓！

【章旨】以上為作者的議論文字。首先指出漢初叔孫通制禮儀有補救崩敝之效。其次，讚章帝專命禮臣「撰定國憲」之盛德。其三，歎章帝駕崩，漢禮中輟。其四，言世事變遷，禮樂制度亦應改作。對漢禮墜地，表現了無限感慨。

【注釋】❶適物觀時　適，適應。物，事物。觀時，觀察形勢，適應形勢的發展。❷容典　容，禮容。即行禮時的威儀、動作、姿態。典，法則。❸是以賈誼二句　李賢注曰：「賈誼等以叔孫通禮制疎略，並上書對策，請更改作，皆不從，所以歎息也。班固曰：『今大漢久曠大義，此賈誼、仲舒、王吉、劉向之徒所為發憤而增歎也。』」見《漢書·禮樂志》。賈誼（西元前二〇〇—前一六八年），雒陽（今河南洛陽）人。西漢政論家、文學家。傳見《史記·屈原賈生列傳》、《漢書·賈誼傳》。仲舒，即董仲舒（西元前一七九—前一〇四年），廣川（今河北棗強）人。西漢哲學家、今文經學家，專治《春秋公羊傳》。著有《春秋繁露》及《董子文集》。傳見《史記·儒林列傳》、《漢書·董仲舒傳》。王吉（？—前四八年），字子陽，琅邪皋虞（今屬山東）人。傳見《漢書》卷七十二。劉向（西元前七七—前六年），本名更生，字子政。漢高祖弟楚元王劉交四世孫。西漢經學家、目錄學家。撰《別錄》一書，為我國目錄學之祖。所作《九歎》等辭賦三十三篇，原有集，已佚。明人輯有《劉中壘集》。另有《洪範五行傳》、《新序》、《說苑》、《列女傳》今存。又有《五經通義》已佚。清馬國翰《玉函山房輯佚書》輯存一卷。劉向官終中壘校尉。傳見《漢書·楚元王傳》。懷憤，心懷憂憤。憤，愁緒不得排遣，鬱結於心。《論語·述而》：「不憤不啟。」朱熹注曰：「憤者，心求通而不得之意。」❹資　以；憑。❺或　助詞。加強否定語氣。❻故知自燕而觀二句　因此，從燕人觀孔子葬禮一事來看，可知漢禮是有不完備之處的。《禮記·檀弓上》：「孔子之喪，有自燕來觀者，舍於子夏氏。子夏曰：『聖人之葬人，與人之葬聖人也，子何觀焉？』」有不盡矣，有不完備之處。❼永言　長言；吟詠。猶言「總是說」。❽明發興作　明發，從早到晚。興作，興造製作。❾洋洋　美好。❿業絕天筭二句　天筭，亦作「天算」。猶「天數」。謂章帝駕崩，制禮不能實現，是「天數」。議，奏議。指張酺、張敏等上奏曹褒擅制漢禮。黜，貶斥。異端，邪說；非正統的言論。謂張酺、張敏等把曹褒制禮作樂的意見，視為異端邪說，故上奏對曹褒「宜加刑誅」。⓫沿　同「沿」。⓬咸莖異調二句　咸，《咸池》，黃帝之樂。莖，《六莖》，顓頊之樂。異調，謂旋律不同。中都，魯國邑名（今山東汶上西）。《家語》曰：「孔子為中都宰，制為養生送死之節。」殊絕，猶斷絕也。二句意謂：古樂不同，舊禮斷絕。⓭物運遷回　物運，世運；世事。遷回，變遷；反覆。⓮情數　情況。⓯制則　制度；法則。與下句的「品度」互文。⓰品度　制度；法度。⓱滋章　滋，繁多。引申為完備。章，明。⓲損益　增減；去取。⓳褭　即師褭。春秋時魯國的樂師，孔子曾跟他學彈琴。⓴律謝皋蘇　律，法律；法令。謝，凋謝；敗壞。可引申為「濫」。謂執法不當，法律如同凋謝。皋，皋陶，見前注。蘇，蘇忿生，周武王之司寇，掌刑獄。㉑亟易　多次變更。㉒猜　疑惑。㉓禮云禮云二句　禮啊禮啊，為何如此難產啊！云，語助。然，如此。「曷其然」為「歇後」式，隱去末句之詞，暗示其義。

【語 譯】史家評論說：漢初創定天下，朝廷制度無明確條文，叔孫通多採經傳中有關禮的內容，參考秦朝法令，雖然適應事物的發展和形勢的需要，有救於禮崩樂壞的現狀，然而先王之禮容法則缺少很多。因此，賈誼、董仲舒、王吉、劉向等人，對此懷憤而歎息不已。以文帝、宣帝的明美遠謀，而最終沒有採取賈誼等人的建議，所以從燕人觀孔子之葬禮一事來看，知漢禮是有不完備之處的。孝章皇帝反覆提到前王的禮儀，日夜想著制禮作樂，專門任命通曉禮儀之臣，撰定國家的禮法，美好啊，這真是一件盛德之事。事業斷絕，真是天數，奏議貶斥為異端邪說，使制禮儀之事又終於落空。三王之禮不相因襲，五帝之樂不相繼承，所以《咸池》、《六莖》異調，中都舊禮斷絕。何況世事變遷，情況複雜，法度不能隨潮流變化而變化，制度也不能制定的那麼完備明確，這本來是君主所應當斟酌決定的事啊。況且作樂不是夔、師襄所專擅，而新的音樂代之而起，法律在皋陶、蘇忿生之後衰敗，而律令制度多變，舊的律令條文應該修補，為什麼偏偏對修正禮制表示猜疑呢？禮啊禮啊，為何如此難產啊！

鄭玄，字康成，北海高密❶人也。八世祖崇❷，哀帝時尚書僕射❸。玄少為鄉嗇夫❹，得休歸，常詣學官❺，不樂為吏，父數怒之，不能禁。遂造❻太學❼受業，師事京兆第五元先，始通京氏易❽、公羊春秋❾、三統歷❿、九章筭術⓫。又從東郡張恭祖⓬受周官⓭、禮記⓮、左氏春秋⓯、韓詩⓰、古文尚書⓱。以山東無足問者，乃西入關⓲，因涿郡盧植⓳，事扶風馬融⓴。

融門徒四百餘人，升堂進者㉑五十餘生。融素驕貴，玄在門下，三年不得見，乃使高業弟子傳授於玄。玄日夜尋誦㉒，未嘗怠倦。會融集諸生考論圖緯，聞玄善筭，乃召見於樓上，玄因從質諸疑義，問畢辭歸。融喟然㉓謂門人曰：「鄭生今去，吾道東矣。」

【章旨】以上為〈鄭玄傳〉的第一部分。先寫鄭玄籍貫，入太學受業，今古文並學，「以山東無足問者」，乃西入關拜馬融為師。旨在說明鄭玄學術思想的淵源和深厚的經學基礎。

【注釋】❶北海高密　北海，郡、國名。漢景帝中元二年（西元前一四八年）分齊郡置，治所在營陵（今山東昌樂東南）。東漢改為國，移治劇縣（今山東壽光南）。轄境相當今濰坊市及安丘、昌樂、昌邑、壽光等縣市地。高密，縣名。秦置。在今山東東部。❷崇　即鄭崇。本高密大族。鄭崇少為郡文學史，至丞相大車屬。由大司馬傅喜推薦，哀帝時，擢為尚書僕射。由於諫「董賢貴寵過度」，得罪，尚書令趙昌乘機進讒，哀帝怒，下崇獄，窮治，死獄中。傳見《漢書》卷七十七。❸尚書僕射　尚書，官名。始置於戰國，或稱掌書。秦為少府屬官。漢武帝提高皇權，因尚書在皇帝周圍辦事，掌管文書奏章，地位逐漸重要。成帝時設尚書五人，開始分曹辦事。其首長為尚書令，尚書僕射為尚書令之佐。❹鄉嗇夫　古代鄉官，掌訴訟和賦稅。❺學官　學舍；學校。❻造　到；往。❼太學　中國古代的大學。西周已有太學之名，漢武帝元朔五年（西元前一二四年）設《五經》博士，弟子五十人，為西漢太學建立之始。❽京兆第五元先二句　京兆，見前注。第五，複姓。田齊後裔。諸田遷關中者，多以次第為氏。第五元先，曾為兗州刺史。京氏易，西漢京房所傳之《易》。京房（西元前七七—前三七年），字君明，本姓李，東郡頓丘（今河南清豐）人。西漢今文《易》學《京氏易》的開創者。曾學《易》於孟喜的門人焦延壽。「其學長於災變，分六十四卦更直日用事，以風雨寒溫為候，各有占驗，房用之尤精。元帝初元四年（西元前四五年）以孝廉為郎。」屢次上疏，以災異推論時政得失。因劾奏石顯專權，出為魏郡太守。為石顯所譖，不久徵回，下獄，被殺。京房授東海殷嘉、河東姚平、河南乘弘，皆為郎、博士。由是《易》有京氏之學。《漢書‧藝文志》著錄其著作有《孟氏京房》十一篇、《災異孟氏京房》六十六篇。今存《京氏易傳》三卷。清馬國翰《玉函山房輯佚書》輯有《周易京氏章句》一卷，黃奭《漢學堂叢書》、孫堂《漢魏二十一家易注》也有輯錄。傳見《漢書‧眭兩夏侯京翼李傳》及〈儒林傳〉。❾公羊春秋　即《春秋公羊傳》。亦稱《公羊傳》。儒家經典之一，十一卷。是專門解釋《春秋經》的。起於魯隱公元年（西元前七二二年），止於魯哀公十四年（西元前四八一年），與《春秋經》配合密切。作者舊題戰國時齊人公羊高（相傳為子夏弟子）。本書至漢初只是口耳相授，景帝時，由公羊高的玄孫公羊壽與其弟子胡母子都以漢時通行的文字寫定成書，故屬今文經學。其書重點在闡述《春秋經》的「微言大義」，史事記述較為簡略，對統治者進行統治極為有利，因而受到重視。歷代今文經學家都以它為議論政治的工具，是研究戰國、秦、漢儒家思想的重要文獻。現《十三經注疏》中的《春秋公羊傳》為東漢何休解詁，唐徐彥疏。清人陳立有《公羊義疏》、劉逢祿有《公羊何氏解詁箋》等書。❿三統歷　西漢劉歆根據《太初曆》修訂而成。是我國史書上第一部記載完整的曆法。規定孟春正月為每年的第一個月，一年有二十四個節氣，以沒有中氣的月份為閏月。所謂《三統歷》，即劉歆在《太初曆》的基礎上，引入董仲舒天道循環的「三統說」，即歷史循環論。認為天道周而復始，黑、白、赤三統循環往復。夏朝為黑統，以寅月（即夏曆正月）為正月，商朝為白統，以丑月（即夏曆十二月）為正月，周朝為赤統，以子月（即夏曆十一月）為正月。其繼周者，又當為黑統，用夏曆，如此循環不已。《三統歷》以西漢成帝綏和二年（西元前七年）使用，至東漢章帝元和二年（西元八五年）為《四分曆》所代替。⓫九章筭術　筭，同「算」。我國古代數學的重要典籍。作者不詳，成書約在西元前三世紀到一世紀之間。漢張蒼、耿壽昌等曾據舊文遺殘刪補。流傳至今的是晉朝劉徽、唐李淳風的注本。全書分九章：一、方田（分數四則演算法和平面形求面積法），二、粟米（糧食交易的計算方法），三、衰分（分配比例的演算法），四、少廣（開平方和開立方法），五、商功（立體形求體積法），六、均輸（管理糧食運輸均勻負擔的計演算法），七、盈不足（盈虧類問題解法），八、方程（一次方程組解法和正負術），九、勾股（勾股定理的應用和簡單的測量問題的解法）。其中負數、分數計算，聯立一次方程解法等都是具有世界意義的成就。⓬東郡張恭祖　東郡，郡名。秦王政五年（西元前二四二年）置。治所在濮陽（今河南濮陽西南）。西漢轄境相當今山東西部、河南東北部濮陽一帶地區，東漢以後轄境漸小。張恭祖，東漢末年經學家，生平事跡不詳。⓭周官　亦稱《周官經》或《周禮》，儒家經典之一。古文經學家以為是周公所作，今文經學家以為出自戰國，也有人指為西漢末劉歆偽造。近人曾從周秦銅器所載官制參證該書中的政治、經濟制度和學術思想，定為戰國時代的作品。全書共有〈天官冢宰〉、〈地官司徒〉、〈春官宗伯〉、〈夏官司馬〉、〈秋官司寇〉、〈冬官司空〉等六篇。〈冬官司空〉早佚，漢時補以〈考工記〉。現《十三經注疏》中的《周禮》為鄭玄注，唐賈公彥疏。又有清孫詒讓《周禮正義》等。⓮禮記　亦稱《小戴記》或《小戴禮記》，儒家經典之一。為秦、漢前各種禮儀論著的選集，西漢戴聖編纂。戴聖，字次君，梁（今河南商丘）人。與叔父戴德同學《禮》於后蒼。宣帝時為博士，官九江太守。西漢今文禮學「小戴學」的開創者（其叔父戴德稱「大戴」）。今本《十三經注疏》中的《禮記》，有〈曲禮〉、〈檀弓〉、〈大學〉等四十九篇。大率為孔子弟子及再傳弟子所記，也有講禮的古書。是研究中國古代社會情況、儒家思想和文物制度的參考書。《十三經注疏》中的《禮記》為東漢鄭玄注，唐孔穎達正義。另清朱彬有《禮記訓纂》、孫希旦有《禮記集解》等。⑮左氏春秋　亦稱《春秋左氏傳》，簡稱《左傳》，儒家經典之一。為古文經。《左傳》是春秋時期的一部編年史，舊傳為春秋時左丘明所作，多用事實解釋《春秋》。但《左傳》與《春秋經》配合並不密切，有的有經無傳，還有無經之傳，還有續經和續傳。記事起於魯隱公元年（西元前七二二年），敘事至魯悼公十四年（西元前四五三年），趙、魏、韓滅智伯，比《春秋經》多出二十八年。書中保存了大量古代史料，文字優美，記事詳明，實為我國古代一部史學和文學名著。本書與《春秋經》合刊，經文在前，傳文在後。今本《十三經注疏》中的《左傳》，為西晉杜預集解，唐孔穎達正義。另有清洪亮吉《春秋左傳詁》，今人楊伯峻《春秋左傳注》等。⑯韓詩　《詩》今文學派之一，漢初燕（今北京市）人韓嬰所傳。文帝時，立為博士。此後傳《韓詩》的有淮南賁生，河內趙子、蔡義。蔡義授同郡食子公與王吉，王吉授淄川長孫順。由是《韓詩》有王、食、長孫之學。《漢書．藝文志》著錄《內傳》四卷，《外傳》六卷。另有《韓故》三十六卷，《韓說》四十一卷。至西晉時《韓詩》雖存，無傳者。南宋以後僅存《外傳》，清趙懷玉曾輯《內傳》佚文，附於《外傳》之後。陳喬樅輯有《韓詩遺說考》。⑰古文尚書　儒家經典《尚書》的一種，亦稱《逸書》。據《漢書．藝文志》：「《古文尚書》者，出孔子壁中。武帝末，魯共王（劉餘），壞孔子舊宅，欲以廣其宮，而得《古文尚書》及《禮記》、《論語》、《孝經》凡數十篇，皆古字也。孔安國者，孔子後也，悉得其書，以考二十九篇，得多十六篇。安國獻之，遭巫蠱事（應為第一次巫蠱事，漢武帝元光五年，西元前一三〇年，見《漢書．武帝紀》），未列於學官。」孔安國以之授都尉（姓）朝（名），都尉朝後又傳授若干代，至西漢末，仍是私學。王莽篡漢，倡古學，雖一度興盛，光武中興，又恢復西漢局面，至東漢末，終未立於學官。中祕府所藏《逸書》，永嘉之亂亡佚，現《古文尚書》只存篇名和少量的佚文。⑱入關　進入關中。關，指函谷關。⑲盧植　（？—西元一九二年），字子幹，涿郡涿縣（今屬河北）人。少拜馬融為師，通古今學。學終辭歸，教授生徒。性剛毅，有大節，常懷濟世之志。靈帝時，為博士，出為九江太守。黃巾起，任北部中郎將，擊黃巾。為小黃門左豐所譖，檻車徵歸，減死一等。後起為尚書，因反對董卓免官。著有《尚書章句》、《三禮解詁》，今佚。傳見本書卷六十四。⑳扶風馬融　扶風，即右扶風。官名，政區名。漢武帝太初元年改主爵都尉置。分右內史西半部為其轄區，職掌相當於太守。因地屬畿輔，故不稱郡，為三輔之一。治今陝西西安西北。三國去「右」字，改為扶風郡，官為扶風太守。馬融（西元七九—一六六年），字季長，右扶風茂陵（今陝西興平）人。將作大匠馬嚴（馬援兄子）之子。東漢經學家、文學家。曾任校書郎、議郎、南郡太守等職。遍注《周易》、《尚書》、《毛詩》、《三禮》、《論語》、《孝經》，使古文經學達到成熟的境地。生徒常有千餘人，鄭玄、盧植皆出其門下。他除注群經外，兼注《老子》、《淮南子》。其著作已佚，清馬國翰《玉函山房輯佚書》、黃奭《漢學堂叢書》都有輯錄。另有賦、頌等二十一篇，有集已佚。明人輯有《馬季長集》。傳見本書卷六十。㉑升堂進者　升堂入室聽馬融講課的高材生。㉒尋誦　尋，尋繹；鑽研。誦，誦讀。㉓喟然　感歎；歎息貌。

【語　譯】鄭玄，字康成，北海國高密縣人。他的八世祖鄭崇，西漢哀帝時為尚書僕射。鄭玄年輕時當鄉嗇夫，遇到休息日回家，常到學校聽講，不願為吏，父親多次對他發怒，卻不能禁止他。於是他到京城太學讀書，拜京兆人第五元先為師，開始通曉《京氏易》、《公羊春秋》、《三統歷》、《九章筭術》。又跟東郡張恭祖學習《周官》、《禮記》、《左氏春秋》、《韓詩》、《古文尚書》。因為山東地區沒有值得請教的人了，於是西入關中，通過涿郡盧植的關係，拜扶風馬融為師。

馬融的門徒有四百多人，能夠升堂入室聽馬融講課的只有高材生五十餘人。馬融平時傲慢尊貴，鄭玄在他門下，三年沒有見到他，馬融使高材弟子給鄭玄講課。鄭玄夜以繼日地鑽研、誦讀，從未懈怠厭倦。正值馬融召集學生討論圖讖緯書，聽說鄭玄精於算學，於是在樓上召見鄭玄，鄭玄於是藉機向馬融請教在學習中遇到的一些疑難問題，問畢，便告辭歸故鄉。馬融歎息著對弟子們說：「鄭生今日離去，我的學術傳到東方去了。」

玄自游學，十餘年乃歸鄉里。家貧，客耕東萊❶，學徒相隨已數百千人。及黨事起❷，乃與同郡孫嵩❸等四十餘人俱被禁錮，遂隱修經業，杜門不出。時任城何休好公羊學❹，遂著公羊墨守❺、左氏膏肓❻、穀梁癈疾❼；玄乃發❽墨守，鍼❾膏肓，起❿癈疾。休見而歎曰：「康成入吾室，操吾矛，以伐我乎！」初，中興之後，范升[11]、陳元[12]、李育[13]、賈逵[14]之徒爭論古今學[15]。後馬融荅北地[16]太守劉瓌[17]及玄荅何休，義據通深，由是古學遂明。

靈帝[18]末，黨禁解，大將軍何進[19]聞而辟之。州郡以進權戚，不敢違意，遂迫脅玄，不得已而詣之。進為設几杖[20]，禮待甚優。玄不受朝服，而以幅巾[21]見。一宿逃去。時年六十，弟子河內趙商[22]等自遠方至者數千。後將軍袁隗[23]表為侍中，以父喪不行。國相孔融[24]深敬於玄，屣履造門[25]。告高密縣為玄特立一鄉，曰：「昔齊置『士鄉』[26]，越有『君子軍』[27]，皆異賢之意也。鄭君好學，實懷明德。昔太史公[28]、廷尉吳公[29]、謁者僕射鄧公[30]，皆漢之名臣。又南山四皓[31]有園公、夏黃公，潛光隱耀，世嘉其高，皆悉稱公。然則公者仁德之正號，不必三事大夫[32]也。今鄭君鄉宜曰『鄭公鄉』。昔東海于公僅有一節[33]，猶或戒鄉人侈[34]其門閭[35]，矧[36]乃[37]鄭公之德，而無駟牡[38]之路！可廣開門衢[39]，令容高車，號為『通德門』。」

【章旨】以上為〈鄭玄傳〉的第二部分。寫鄭玄遊學十餘年始歸，客耕東萊，學徒相隨近千人，遭禁錮，著發《墨守》，鍼《膏肓》，起《癈疾》，以駁何休；黨禁解，官府徵召，皆不就，以及北海相孔融對他的敬重。

【注　釋】❶客耕東萊　客耕，租種別人的土地。東萊，郡名。漢高祖置。治掖縣（今山東萊州）。轄境相當今膠萊河以東，岠嵎山以北和乳山河以東地。❷黨事起　即黨錮之禍起。東漢桓帝時，宦官專權，侵犯士族地主的利益，世家大族官僚李膺等人與太學生聯合抨擊宦官集團。延熹九年（西元一六六年），有人勾結宦官誣告他們「誹訕朝政」，李膺等二百餘人被稱為「黨人」，逮捕入獄。後雖釋放，但禁錮終身，不許為官。稱為第一次「黨錮之禍」。靈帝即位，外戚竇武掌權，起用「黨人」，並與太傅陳蕃謀誅宦官，事洩，被殺。建寧二年（西元一六九年），靈帝在宦官侯覽、曹節挾持下，收捕李膺、杜密等百餘人下獄，並陸續殺害、流徙、囚禁六七百人。熹平五年（西元一七六年），靈帝在宦官挾持下，又命令凡「黨人」的門生故吏、父子兄弟，都免官禁錮，連及五族，稱為第二次「黨錮之禍」。中平元年（西元一八四年）黃巾起，中常侍呂強言於帝曰：「黨錮久積，人心多怨，若久不赦宥，輕與張角合謀，為變滋大，悔之無救。」帝懼其言，乃大赦「黨人」，誅徙之家，皆歸故郡。❸孫嵩　字賓石，安丘人。曾為青州刺史。❹任城何休好公羊學　任城，諸侯國名。治任城縣（今山東濟寧東南）。轄境相當今山東濟寧市及微山縣北部地方。何休（西元一二九－一八二年），字邵公，任城國樊（今山東兗州）人。董仲舒四傳弟子，精研《六經》，世儒無及者。父何豹為少府，何休以列卿子，詔拜為郎中，以病辭去。後太傅陳蕃辟之，與參政事。陳蕃敗，何休遭禁錮，作《春秋公羊解詁》。又以《春秋》駁漢事六百餘條，妙得《公羊》本意。黨禁解，又辟司徒府，拜議郎，再遷諫議大夫。光和五年卒。傳見本書卷七十九。❺公羊墨守　李賢注曰：「言《公羊》義理深遠，不可駁難。如墨翟之守城也。」❻左氏膏肓　言《左傳》病入膏肓，不可為也。❼穀梁癈疾　穀梁，即《春秋穀梁傳》，又稱《穀梁春秋》、《穀梁傳》，儒家經典之一。專門闡釋《春秋》。起於魯隱公元年（西元前七二二年），終於魯哀公十四年（西元前四八一年）。十一卷。作者舊題穀梁赤（戰國時魯國人，相傳為子夏弟子。赤，亦作喜、嘉、俶、寘），初僅口耳流傳，西漢初才寫定成書，是誰寫定，則不可考。體裁與《公羊傳》相近，屬今文經學，是研究先秦和漢初儒家思想的重要文獻。現《十三經注疏》中的《春秋穀梁傳》為晉范甯集解，唐楊士勛疏。另，清鍾文烝有《穀梁補注》。癈疾，同「廢疾」。殘疾。意謂《穀梁傳》也有殘疾，不能和《公羊傳》相比。❽發　揭發；暴露。❾鍼　同「針」。鍼砭；針灸治病。❿起　治癒。⓫范升　字辯卿，代郡人。傳見本書卷三十六。⓬陳元　字長孫，蒼梧郡廣信縣人。傳見本書卷三十六。⓭李育　字元春，扶風漆（今陝西彬縣）人。少習《公羊春秋》。讀《左傳》，雖樂其文采，謂不得聖人深意。建初元年（西元七六年），衛尉馬廖舉育方正，為議郎，後拜博士。四年，詔與諸儒論《五經》於白虎觀。以《公羊》經義難賈逵，往返皆有理證。再遷尚書令。馬氏廢，坐免官。後復徵為侍中，卒於官。傳見本書卷七十九。⓮賈逵（西元三〇－一〇一年），字景伯，扶風平陵人。東漢古文經學家、天文學家。傳見本書卷三十六。⑮爭論古今學　王先謙《集解》引錢大昕曰：「古學謂《左氏春秋》，今學則《公》、《穀》二家也。范升、李育主《公羊》說，陳元、賈逵主《左氏》說。」⑯北地　郡名。秦置。東漢治富平（今寧夏吳忠西南）。轄境相當今寧夏賀蘭山、青銅峽、山水河以東及甘肅環江、馬蓮河流域地。⑰劉瓌　曾為北地太守，其他事跡不詳。⑱靈帝　（西元一五六—一八九年），東漢第十一帝。名宏，章帝玄孫，曾祖河閒孝王劉開，祖劉淑，父劉萇，世封解瀆亭侯。劉淑死，劉宏襲爵位。桓帝崩，無子。皇太后與其父城門校尉竇武定策禁中，迎立為帝，西元一六八—一八九年在位。他在位期間，宦官專權，黨錮復起，公開標價賣官，增加賦稅，大修宮室，社會矛盾激化，終於於中平元年（西元一八四年）爆發了黃巾之亂。雖然平息了黃巾之亂，東漢王朝已處於江河日下之勢。⑲大將軍何進　大將軍，官名。始設於戰國，漢代沿置，為將軍的最高稱號。多由貴戚擔任，掌握政權，職位甚高。亦有在大將軍之上冠以稱號者，如驃騎大將軍之類。何進（？—西元一八九年），字遂高，南陽宛（今河南南陽）人。妹為靈帝皇后。中平元年，黃巾起，以何進為大將軍，率左右羽林五營士屯都亭，修理器械，以鎮京師。張角別黨馬元義謀起洛陽，何進發其奸，以功封慎侯。靈帝崩，他立少帝，專斷朝政。後與袁紹等謀誅宦官，事洩，為宦官所殺。傳見本書卷六十九。⑳几杖　几案和手杖。老人居則憑几，行則攜杖。古時以「設几杖」為尊敬老人之禮。㉑幅巾　古代男子用絹一幅束髮，是一種表示儒雅的裝束。㉒河內趙商　河內，郡名。見前注。趙商，鄭玄弟子。王先謙《集解》引惠棟曰：「元（鄭玄）自序云：『趙商，字子聲，河內溫人，博學有秀才，能講難，而吃（口吃）不能劇談。』」㉓後將軍袁隗　後將軍，本書志二十四〈百官一．將軍〉：「又有前、後、左、右將軍。」皆周末官，秦因之，位上卿。漢不常置，或有前、後，或有左、右，皆掌兵及四夷事，事訖皆罷。袁隗，字次陽，汝南汝陽（今河南商水縣）人。汝南袁氏為東漢著名的世家大族，袁隗為司徒袁安曾孫，少歷顯官，獻帝初為太傅。事見本書卷四十五。㉔國相孔融　國相，諸侯王國之相，職掌相當於太守。時孔融為北海國相。孔融（西元一五三—二〇八年），字文舉，魯國（今山東曲阜）人。孔子第二十世孫。曾任北海相，時稱孔北海。獻帝都許，徵為將作大匠，遷少府、太中大夫。對曹操多所非議，為曹操所殺。融好士，善文章，為「建安七子」之一。所著詩、頌、碑文、議論等凡二十五篇。明人輯有《孔北海集》。傳見本書卷七十。㉕屣履造門　用以比喻求見賢人之心切。屣履，穿鞋子來不及拔上後跟，形容行走急遽。造門，登門拜訪。㉖齊置士鄉　管仲相齊桓公，分齊國為二十一鄉，工商鄉六，士鄉十五，以居工商士。見《國語．齊語》。㉗越有君子軍　李賢注曰：「吳越相攻，越王句踐乃分其師為左右軍，以其私卒君子六千人為中軍。注曰：『君子，王所親近有志行者。』」見《國語》。㉘太史公　漢武帝時太史令司馬談。㉙廷尉吳公　廷尉，九卿之一。見本書志二十五。吳公，文帝時為河南守。㉚謁者僕射鄧公　謁者僕射，官名。屬光祿勳。為謁者之首長。見本書志二十五。鄧公，景帝時為謁者僕射。㉛南山四皓　南山，即商山，又名商阪。在今陝西商縣東南。地形險阻，景色幽勝。秦末漢初有東園公、角里先生、綺里季、夏黃公隱於此山，年皆八十餘，時稱「商山四皓」。漢初，高祖徵聘不至。高祖欲廢太子劉盈，立趙王如意。呂后用張良計，令太子卑辭厚禮安車，招此四人與遊。高祖以為太子羽翼已成，消除了廢太子的念頭。事見《史記・留侯世家》、《漢書・張良傳》。㉜三事大夫　即三公，司徒、司馬、司空。㉝東海于公僅有一節　東海，郡名。秦置。治今山東郯城北。于公，宣帝時丞相于定國之父。昭帝時，于公為縣獄吏、郡決曹，決獄平，郡中為立生祠，號曰「于公祠」。于公閭門壞，父老方共修之。于公曰：「少高大閭門，令容駟馬高蓋車，我治獄多陰德，未嘗有所冤，子孫必有興者。」後于定國為丞相，定國子于永為御史大夫，封侯傳世云。事見《漢書・于定國傳》。一節，謂斷獄公平。㉞侈　大；廣。㉟門閭　里巷大門。㊱矧　況且。㊲乃　如。㊳駟牡　駕一車的四匹公馬。牡，雄性的獸類。㊴衢　道路。

【語　譯】鄭玄由於遊學，十餘年才歸故里。家貧，於是在東萊租種別人的土地，跟隨他求學的生徒已有數百近千人。到黨錮之禍起，鄭玄與同郡孫嵩等四十餘人都被禁錮，於是隱居研究經書學業，閉門不出。這時，任城何休愛好《公羊》學說，於是撰寫了《公羊墨守》、《左氏膏肓》、《穀梁癈疾》；鄭玄於是揭發《墨守》，鍼砭《膏肓》，治癒《癈疾》。何休見到後感歎地說：「鄭康成進入我的室中，拿起我的矛，來攻伐我啊！」當初，中興之後，范升、陳元、李育、賈逵等人爭論古文、今文之學。後馬融答覆北地太守劉瓌及鄭玄答覆何休，其義理論據通達深透，從此古文之學才昌明興盛。

靈帝末年，黨禁解除，大將軍何進聞鄭玄之名而徵辟他。州郡的官員因為何進是有權勢的外戚，不敢違抗他的意旨，於是迫脅鄭玄，鄭玄不得已，便到京城見何進。何進為鄭玄設置憑几和手杖，禮遇十分優厚。鄭玄不接受朝服，只是以儒者的裝束，頭裹幅巾去見何進。只留住一夜，第二天便逃走了。這時鄭玄年六十歲，弟子河內趙商等數千人自遠方來到鄭玄門下。後將軍袁隗上表舉薦鄭玄為侍中，因為父親去世，沒有到任。北海國相孔融對鄭玄甚為敬重，未來得及穿好鞋子，就匆匆忙忙登門拜訪。並告訴高密縣令為鄭玄特設一鄉，說道：「從前齊國設置『士鄉』，越國有『君子軍』，都是特意尊崇賢者的意思。鄭君好學，確實懷有明美的德行。從前太史公、廷尉吳公、謁者僕射鄧公，都是漢代的名臣。另，南山四皓有東園公、夏黃公，隱蔽光耀，世人讚美他們的品德高尚，皆稱他們為公。那麼，公的意思是仁德之人的正當名號，不一定非司徒、司馬、司空才得稱公。現在鄭君的鄉應該叫做『鄭公鄉』。從前東海于公僅有斷獄公平一項美德，還告誡鄉人擴大他里巷的大門，況且如鄭公這樣的美德，而門前沒有通過高車駟馬的大路！可以廣其大門和門前的大道，使之能容納高大的車馬，號為『通德門』。」

董卓❶遷都長安，公卿舉玄為趙相❷，道斷不至。會黃巾❸寇青部❹，乃避地❺徐州，徐州牧❻陶謙❼接以師友之禮。建安元年❽，自徐州還高密，道遇黃巾賊數萬人，見玄皆拜，相約不敢入縣境。玄後嘗疾篤❾，自慮，以書❿戒子益恩曰：「吾家舊貧，不為父母群弟所容，去廝役之吏⓫，游學周、秦之都⓬，往來幽、并、兗、豫⓭之域，獲覲乎在位通人，處逸大儒⓮，得意者⓯咸從⓰捧手⓱，有所受焉。遂博稽六藝⓲，粗覽傳記，時覩祕書⓳緯術之奧。年過四十，乃歸供養，假田⓴播殖，以娛朝夕。遇閹尹擅埶㉑，坐黨禁錮，十有四年，而蒙赦令，舉賢良方正有道㉒，辟大將軍三司府㉓。公車㉔再召，比牒併名，早為宰相㉕。惟彼數公，懿德大雅㉖，克堪王臣㉗，故宜式序㉘。吾自忖度，無任㉙於此，但念述先聖之元㉚意，思整百家之不齊㉛，亦庶幾㉜以竭吾才，故聞命罔從。而黃巾為害，萍浮南北，復歸邦鄉。入此歲來，已七十矣。宿素㉝衰落，仍有失誤，案之禮典，便合傳家㉞。今我告爾以老，歸爾以事，將閑居以安性，覃思㉟以終業。自非㊱拜國君之命，問族親之憂，展敬㊲墳墓，觀省野物㊳，胡嘗㊴扶杖出門乎！家事大小，汝一承之。咨爾㊵煢煢㊶一夫，曾無同生相依。其勗㊷求君子之道，研鑽勿替，敬慎威儀，以近有德㊸。顯譽成於僚友，德行立於己志。若致聲稱，亦有榮於所生，可不深念邪！可不深念邪！吾雖無紱冕之緒㊹，頗有讓爵㊺之高。自樂以論贊㊻之功，庶不遺後人之羞。末所憤憤㊼者，徒以亡親墳壟未成，所好群書率皆腐敝，不得於禮堂寫定，傳與其人。日西方暮，其可圖乎！家今差多㊽於昔，勤力務時，無恤㊾飢寒。菲飲食，薄衣服，節夫二者，尚令吾寡恨。若忽忘不識㊿，亦已(51)焉哉！」

【章　旨】以上為〈鄭玄傳〉的第三部分。記述突出鄭玄的戒子益恩書。書中鄭玄簡述了自己七十歲以前的經歷及不受官府徵召的原因；將家事交兒子掌管，自己將「述先聖之元意」，「覃思以終業」，並提出對兒子的希望。

【注　釋】❶董卓（？—西元一九二年），字仲穎，隴西臨洮（今甘肅岷縣）人。本為涼州豪強。靈帝時，任并州牧，昭寧元年（西元一八九年），率兵入洛陽，廢少帝劉辯，立獻帝劉協，專斷朝政。曹操與袁紹等起兵反對，他挾持獻帝西遷長安，自為太師。殘暴專橫，縱火焚洛陽周圍數百里，使生產受到嚴重破壞。後為王允、呂布所殺。傳見本書卷七十二、《三國志·

魏書》卷六。❷趙相　趙王乾之相。❸黃巾　東漢末年的農民軍。當時宦官專權，橫徵暴斂；豪族瘋狂地兼併土地，農民大量破產逃亡，成為流民。太平道首領張角祕密進行組織活動。十餘年間，徒眾達數十萬，遍布於青、徐、幽、冀、荊、揚、兗、豫八州。於漢靈帝中平元年（西元一八四年），各地同時暴動。他們以黃巾裹頭，因被稱為「黃巾賊」。他們焚燒官府，捕殺官吏，攻打地主塢壁，旬日之間，天下響應。由於他們缺乏作戰經驗，張角病死後，在東漢政府和豪強武裝的聯合鎮壓下，以失敗告終。暴動共經歷了九個月，沉重地打擊了地主豪強，動搖了東漢王朝的統治。失敗後，各地分散的農民軍，仍繼續戰鬥，堅持了二十餘年。❹青部　即青州刺史部。西漢武帝置「十三刺史部」之一。東漢復置刺史。青州刺史部治臨淄（今山東淄博臨淄北）。轄郡、國五：濟南國、平原郡、樂安國、北海國、東萊郡、齊國。❺避地　因避災禍而遷居他處。❻牧　古代治民之官。《尚書・立政》：「宅乃牧。」孔穎達疏引鄭玄注曰：「殷之州牧稱伯，虞、夏及周曰牧。」西漢成帝時改刺史為州牧。光武中興，置州牧。建武十八年（西元四二年）罷州牧，復置刺史。但性質逐漸變成郡以上的行政區劃，並設有固定的治所。靈帝時，又改刺史為州牧，居郡守之上，掌握一州的軍政大權。❼陶謙　（西元一三二—一九四年），字恭祖，丹陽（今安徽當塗）人。少好學，為諸生，仕州郡，舉茂才，除盧令，四遷為車騎將軍張溫司馬。黃巾起，以陶謙為徐州刺史。「擊黃巾，大破走之」。遷徐州牧，加安東將軍，封溧陽侯。後為曹操所敗，不久病死。傳見本書卷七十三、《三國志・魏書》卷八。❽建安元年　建安，東漢獻帝劉協年號，西元一九六—二二〇年。❾疾篤　病重。❿書　書寫；撰文。用文字形式表達，以區別於口頭。⓫廝役之吏　指「少為鄉嗇夫」。廝，賤。⓬周秦之都　指長安。本周、秦建都的地方。⓭幽并兗豫　皆州名，為西漢武帝所置之刺史部。幽州，東漢治所在薊縣（今北京市區西南）。所轄郡、國十一：涿郡、廣陽郡、代郡、上谷郡、漁陽郡、右北平郡、遼西郡、遼東郡、玄菟郡、樂浪郡、遼東屬國。并州，東漢治所在晉陽（今山西太原西南）。所轄郡、國九：上黨郡、太原郡、上郡、河西郡、五原郡、雲中郡、定襄郡、雁門郡、朔方郡。兗州，東漢治所在昌邑（今山東金鄉西北）。所轄郡、國八：陳留郡、東郡、東平國、任城國、泰山郡、濟北國、山陽郡、濟陰郡。豫州，東漢治所在譙（今安徽亳州）。轄郡、國六：潁川郡、汝南郡、梁國、沛國、陳國、魯國。⓮處逸大儒　隱居的著名儒者。⓯得意者　領會先聖意旨的學者。⓰從　向。⓱捧手　拱手，表示敬意。即拱手求教。⓲博稽六蓺　博，廣博；廣泛。稽，研究；探討。六蓺，同「六藝」。即《六經》：《易》、《書》、《詩》、《禮》、《樂》、《春秋》，皆儒家經典。⓳祕書　指讖緯圖籙等書。⓴假田　租賃田地耕種。㉑閹尹擅埶　即宦官專權。閹尹，管領太監的官。閹，宦官。尹，正；首領。埶，同「勢」。權勢。㉒賢良方正有道　皆漢時選舉科目。賢良方正，始於漢文帝。被舉者對政治得失應直言極諫，如表現特別優秀，則授予官職。武帝時復詔舉賢良或賢良文學，名稱不同，性質無異。有道，謂有才藝或有道德的人。㉓三司府　即太尉、司徒、司空府。㉔公車　官署名。屬衛尉，有公車司馬令一人。掌皇宮南闕門，凡吏民上章，四方貢獻及徵召至公車府者，皆總領之。見本書志第二十五。㉕比牒併名二句　和我同列在徵召名單上，一起被徵召的人，有的早已做了宰相。比，同。牒，古代的書板，即徵召的公文。併名，名字併列在一起，即同時被徵召者。宰相，人們都知道宰相是我國封建社會對君主負責總攬政務的大官。宰，主持。相，輔佐。但它卻不是一個正式的官名。秦和西漢以相國或丞相為宰相，東漢則司徒等於宰相。魏晉以後，以中書監、中書令、侍中、尚書令、僕射以及重要之將軍等官執政者為宰相，無定員，亦無定名。隋唐以三省長官為宰相。宋元之後又多有變化。㉖懿德大雅　懿，美。大雅，大才；高才。㉗王臣　皇帝的大臣。㉘式序　亦作「式敘」。謂按次第順序加以任用。㉙無任　不能勝任。㉚元　同「原」。㉛思整百家之不齊　想統一百家學說的歧異。思，考慮；想著。整，整理。百家，百家學說。不齊，歧異。㉜庶幾　差不多。㉝宿素　平素；一向。㉞傳家　把家事傳給兒子掌管。《禮記・曲禮》：「七十老而傳。」㉟覃思　深思。㊱自非　除非；倘若不是。㊲展敬　祭拜。㊳野物　田野之物。㊴胡嘗　何嘗。用反問的語氣表示「未曾」或「並不」。㊵咨爾　可歎你。《論語・堯曰》：「咨，爾舜，天之曆數在爾躬。」邢昺疏曰：「咨，咨嗟；爾，汝也。……故先咨嗟，歎而命之。」後常以「咨爾」表示讚歎或祈使。㊶煢煢　亦作「惸惸」。孤零貌。㊷勗　勉勵。㊸敬慎威儀二句　出自《詩・民勞》。敬慎，恭敬謹慎，接近有德之人。威儀，莊重的儀容舉止。㊹紱冕之緒　紱冕，古時繫官印的絲帶及大夫以上的禮冠。此比喻高官。緒，事跡。《廣雅・釋詁四》：「緒，業也。」㊺讓爵　指屢次徵召不就。㊻論贊　此指評論、注解儒家經典之事。㊼憤憤　心求通而未得。引申為遺憾。㊽差多　差，比較。多，勝過；好於。㊾恤　憂慮。㊿忽忘不識　忽忘，忘記。不識，不當回事；不放在心上。(51)已　止；罷了。

【語　譯】董卓遷都長安，公卿們推舉鄭玄為趙國相，由於道路阻塞，沒有到任。正值黃巾寇掠青州地區，鄭玄於是到徐州避亂，徐州牧陶謙以師友之禮接待鄭玄。建安元年，鄭玄從徐州回高密，路遇黃巾賊數萬人，他們見了鄭玄都躬身下拜，相互約定不敢侵入高密縣境。後鄭玄曾身染重病，自恐一病不起，因此，撰文告誡兒子益恩說：「我家以前貧窮，自己不能為父母諸弟所容納，辭去賤役之小吏，遊學於周、秦之舊都，往來於幽、并、兗、豫諸州之間，得以見到在位的博通古今之人和隱居的大儒，凡能領會先聖意旨的學者，我都向他們拱手求教，有所獲益。於是廣泛地研究《六藝》，瀏覽人物傳記，時常閱讀深奧的讖緯圖籙之書。年過四十，才歸家供養雙親，租田耕種，以歡度朝夕。遇上宦官專權，受黨禍牽連而遭禁錮，達十四年之久，後蒙受赦令，舉為賢良方正、有道，徵辟大將軍、三公府。公車再次徵召，和我同時列於徵召名單的人，早就做了宰相。他們幾位，都有美德高才，能勝任做皇帝的大臣，故應該按次第加以重用。我自己考慮，沒有能力擔當此任，只是想闡述先聖的本原意旨，理順百家思想的歧異，此亦差不多可以竭盡我的才能，所以不聽從官府徵召的命令。由於黃巾為害，我如同浮萍，漂泊南北，又重返故鄉。進入這年以來，我年已七十歲了。平時所學已衰敗零落，常有失誤之處，根據禮制典章，便應當將家事交給兒子掌管。現在告訴你，我已年老，把家事交給你掌管，我將閒居以安適心性，深思以完成我的事業。倘若不是接受國君的詔命，慰問同族親屬的憂患，祭拜祖先的墳墓，觀看田野之物，我是不拄著手杖出門的啊！家事大小，你一一承擔。可歎你孤單一人，又無兄弟相助。一定要勤奮努力追求君子之道，鑽研學問，不能有所懈怠，恭敬謹慎，保持莊重的儀容舉止，接近有德之人。顯耀的聲譽由同事和朋友來成就，美好的道德操行要靠自己的意志去建立。若獲得好的名聲，也是父母的光榮，能不深深地考慮嗎！能不深深地考慮嗎！我雖然沒有為官的業績，卻頗有讓爵的高名。以論贊經書之成就自樂，這大概不會留下為後人所譏笑的羞愧吧。最後所遺憾的只是故去雙親的墳墓未能建成，所喜好的書籍都腐敗破敝，不能夠在習禮講學之堂寫定，傳給好學之人。我已日薄西山，難道還能做這些事嗎！現在我家的境況比以前好了一些，只要你勤奮努力，不失時機，便無飢寒之憂。薄飲食，節衣服，儉省二者，可以使我少有遺憾。倘若你忘記我的話，不把它放在心上，也只好罷了！」

1 時大將軍袁紹❶總兵冀州❷，遣使要❸玄，大會賓客，玄最後至，乃延升上坐。身長八尺，飲酒一斛，秀眉明目，容儀溫偉。紹客多豪俊，並有才說，見玄儒者，未以通人❹許之，競設異端，百家互起。玄依方❺辯對，咸出問表，皆得所未聞，莫不嗟服。時汝南應劭❻亦歸於紹，因自贊❼曰：「故太山太守應中遠，北面稱弟子何如？」玄笑曰：「仲尼之門考以四科❽，回、賜❾之徒不稱官閥。」劭有慙色。紹乃舉玄茂才❿，表為左中郎將⓫，皆不就。公車徵為大司農⓬，給安車⓭一乘，所過長吏送迎。玄乃以病自乞還家。

2 五年⓮春，夢孔子告之曰：「起，起，今年歲在辰，來年歲在巳。」既寤，以讖合⓯之，知命當終，有頃寢疾。時袁紹與曹操⓰相拒於官度，令其子譚遣使逼玄隨軍。不得已，載病到元城縣⓱，疾篤不進，其年六月卒，年七十四。遺令薄葬。自郡守以下嘗受業者，縗絰⓲赴會千餘人。

3 門人相與撰玄荅諸弟子問五經，依論語⓳作鄭志八篇。凡玄所注周易、尚書、毛詩、儀禮、禮記、論語、孝經、尚書大傳⓴、中候㉑、乾象歷㉒，又著天文七政論、魯禮禘祫義、六藝論、毛詩譜、駮許慎五經異義、荅臨孝存周禮難，凡百餘萬言。

4 玄質於辭訓㉓，通人頗譏其繁。至於經傳洽孰㉔，稱為純儒，齊魯閒宗之。其門人山陽郗慮㉕至御史大夫，東萊王基⓴、清河崔琰㉗著名於世。又樂安國淵、任嘏㉘，時並童幼，玄稱淵為國器，嘏有道德，其餘亦多所鑒拔㉙，皆如其言。

玄唯有一子益恩。孔融在北海，舉為孝廉；及融為黃巾所圍，益恩赴難隕身。有遺腹子，玄以其手文似己，名之曰小同㉚。

【章旨】以上為〈鄭玄傳〉的第四部分。寫鄭玄在袁紹大會賓客的宴會上與諸客論辯，人人歎服，旨在寫鄭玄的博學多識；袁紹舉鄭玄為茂才，表為左中郎將，公車徵為大司農，皆不就，旨在突出鄭玄心在「述先聖之元意」，高官不能易其志。後寫鄭玄去世及其學術成就。

【注釋】❶大將軍袁紹　大將軍，見本書志二十四〈百官一〉注。袁紹（？—西元二〇二年），字本初，汝南郡汝陽縣人。司徒袁湯之孫。父袁成，為五官中郎將。袁紹初為郎，後辟大將軍何進掾，為侍御史、虎賁中郎將、佐軍校尉、司隸校尉。宦官殺何進，他盡殺宦官。董卓至京師，專朝政，他逃奔冀州，號召起兵討伐董卓。後在與各地方勢力的混戰中，擴大了勢力，據有冀、青、幽、并四州，成為當時地廣兵多的割據勢力。建安二年（西元一九七年），朝廷使將作大匠孔融持節拜袁紹為大將軍。五年，在官渡（亦作「官度」。今河南中牟東北）為曹操所敗，不久病死。傳見本書卷七十四、《三國志・魏書》卷六。❷冀州　西漢武帝置「十三刺史部」之一。東漢末，移治鄴（今河北臨漳西南）。轄郡、國九：魏郡、鉅鹿郡、常山國、中山國、安平國、河間國、清河國、趙國、勃海郡。❸要　同「邀」。邀請。❹通人　學識淵博，貫通古今的人。❺方　品類；問題的類別。或義理；道理。❻應劭　字仲遠，汝南郡南頓（今河南項城）人。少篤學，博覽多聞。靈帝時，舉孝廉，辟車騎將軍何苗掾，獻帝時任泰山太守。興平元年（西元一九四年）前太尉曹嵩（曹操父）與其子曹德從琅邪入泰山，未至郡，為徐州牧陶謙殺之於郡界。應劭懼曹操誅討，乃棄郡奔冀州，歸袁紹。著有《漢官儀》十卷，《風俗通義》三十卷。另有《漢書集解音義》，唐顏師古注《漢書》多所徵引。傳見本書卷四十八。❼贊　告。❽四科　德行、語言、政事、文學。❾回賜　孔子弟子。回，顏回，字子淵，魯國人。賜，端木賜，字子貢，衛國人。❿茂才　即秀才。有優異才能的人。漢以來成為薦舉人員科目之一。東漢為避光武帝諱，故改為「茂才」。⓫左中郎將　官名。屬光祿勳。主管左署郎官，秩比二千石。見本書志第二十五。⓬大司農　官名。九卿之一，秩中二千石。秦為治粟內史，漢景帝時改大農令，漢武帝太初元年（西元前一〇四年）更名大司農。掌管國家的租稅錢穀和財政收支。見本書志第二十六。⓭安車　古代一種小型馬車，坐乘。《禮記・

曲禮上》：「大夫七十而致事，適四方，乘安車。」孔穎達疏曰：「古者乘四馬之車，立乘。此臣既老，故乘一馬小車，坐乘也。」⑭五年　建安五年，西元二〇〇年。⑮合　對照；核對。⑯曹操　（西元一五五—二二〇年），字孟德，小名阿瞞，譙（今安徽亳州）人。東漢末政治家、軍事家、詩人。少機警，有權數。舉孝廉，為郎。除洛陽北部都尉，遷頓丘令，徵拜議郎。黃巾起，拜騎都尉，討潁川賊，遷濟南相。在鎮壓黃巾暴動中，逐步擴充了軍事力量。初平三年（西元一九二年）占據兗州，分化誘降青州黃巾軍，編為「青州兵」。建安元年（西元一九六年），迎獻帝都許昌（今河南許昌東）。利用獻帝的名義發號施令，先後削平呂布、袁紹等割據勢力，統一了北方。建安十三年，進位丞相，率軍南下，被孫權、劉備聯軍擊敗於赤壁。後封魏王。子曹丕篡漢，建立魏國，尊為魏武帝。遺著有《魏武帝集》，已佚。有明人輯本。又有今人整理排印的《曹操集》。傳見《三國志・魏書・武帝紀》。⑰元城縣　漢置。治今河北大名東。⑱縗絰　喪服。縗，古時喪服，用粗麻布製成，披於胸前。服三年之喪（臣為君，子為父，妻為夫）者用之。絰，古代喪期結在頭上或腰間的麻布帶。縗絰，在此用如動詞，即身穿喪服。⑲論語　儒家經典之一。西漢時有今文本的《魯論》、《齊論》和古文本的《古論》。今本《論語》係東漢鄭玄混合各本而成，共二十篇，是孔子弟子及其再傳弟子關於孔子言行的紀錄。有孔子的談話、答弟子問及弟子之間的相與談論，是研究孔子思想的重要文獻。現《十三經注疏》中的《論語注疏》為曹魏何晏集解，宋邢昺疏。另有宋朱熹《論語集注》及清劉寶楠《論語正義》等。⑳尚書大傳　書名。舊題漢伏勝（即漢初傳授《尚書》的伏生）撰，鄭玄注。實為伏生弟子張生、歐陽生輯錄伏生的遺說編成。其書不盡在解經，與經義在離合之間，與《韓詩外傳》、《春秋繁露》屬同一體例。此書久已殘缺，「而古訓舊典，往往而在」。四庫本四卷，補遺一卷，也不完備。清陳壽祺有《尚書大傳輯校》。見《清經解續編》卷三五四。㉑中候　即《尚書中候》。《尚書》緯書之一。㉒乾象歷　我國古代曆法的一種。東漢靈帝時會稽東部都尉劉洪作。《集解》引惠棟曰：「獻帝建安元年鄭玄受其法，以為窮幽極微，加注釋焉。」三國吳黃武二年（西元二二三年）採用，至吳亡。㉓玄質於辭訓　鄭玄對於經傳注重文辭的訓釋。質，內容。引申為注重。㉔洽孰　博通審悉。洽，廣博。孰，同「熟」。精通。㉕山陽郗慮　山陽，郡、國名。漢景帝中元六年（西元前一四四年）分梁國置山陽國，武帝建元年間改為郡。治昌邑（今山東金鄉西北）。郗慮，李賢注引《續漢書》曰：「慮，字鴻豫，山陽高平（今山東微山縣）人，少受學於鄭玄。」建安初，為侍中，守光祿勳。與孔融不睦。曹操欲除孔融，郗慮承望風旨，構成融罪，殺融。㉖王基　（西元一九〇—二六一年），字伯輿，東萊曲城（今山東萊州）人。少孤，十七歲為郡吏，辭去，入琅邪界遊學。魏黃初中，舉孝廉，除郎中，擢中書侍郎。王基通鄭玄之學，善用兵，深為司馬懿父子器重。魏齊王曹芳嘉平二年（西元二五〇年）任荊州刺史，加揚烈將軍，平定毌丘儉、文欽及諸葛誕的叛亂。元帝曹奐景元二年去世，贈司空，諡景侯。傳見《三國志・魏書》卷二十七。㉗崔琰　字季珪，清河東武城（今山東武城）人。袁紹辟之以為騎都尉，紹敗，曹操辟之以為別駕從事。曹操為丞相，崔琰為東曹掾，遷中尉。後忤曹操，賜死。傳見《三國志・魏書》卷十二。㉘樂安國淵任嘏　樂安，郡、國名。東漢和帝永元七年（西元九五年）改千乘國置。治臨濟（今山東高青高苑鎮西北）。國淵，字子尼，樂安蓋縣（今山東沂水縣）人。師事鄭玄。後與管寧、邴原等避亂遼東，歸，曹操辟為司空掾屬，遷魏郡太守。後遷太僕，卒於官。傳見《三國志・魏書》卷十一。任嘏，字昭光。魏黃門侍郎。㉙鑒拔　識別選拔。㉚小同　李賢注引《魏氏春秋》曰：「小同，高貴鄉公時為侍中。嘗詣司馬文王（按：司馬昭），文王有密疏，未之屏（收藏）也，如廁還，問之曰：『卿見吾疏乎？』答曰：『不。』文王曰：『寧我負卿，無卿負我。』遂酖之。」

【語　譯】這時，大將軍袁紹統兵於冀州，派遣使者邀請鄭玄，大會賓客，鄭玄後至，袁紹於是請他入上坐。鄭玄身長八尺，飲酒一斛，眉清目秀，容貌儀態溫和俊偉。袁紹的賓客多豪俊之士，並有才氣，善於言辭，見鄭玄是一位儒者，卻沒有認為他是一個學識淵博貫通古今的人，競相提出一些奇異的問題，百家之說，一時都起。鄭玄按問題的類別，一一辯論答對，回答的問題，都超出了所提問題的範圍，皆大家聞所未聞，眾人無不驚歎佩服。當時汝南應劭也歸順了袁紹，於是自我贊告說：「前太山太守應中遠拜您為師如何？」鄭玄笑著說：「仲尼之門，以四科考察學生，顏回、端木賜等人不稱自己的官階和門第。」於是應劭面有慚愧之色。袁紹保舉鄭玄為茂才，上書推薦為左中郎將，鄭玄都未到任。朝廷公車徵召鄭玄為大司農，給他安車一輛，規定他所經過的地方，當地官吏都要迎接護送。鄭玄於是稱病自請還家。

2 建安五年春，鄭玄夢見孔子告訴他說：「起，起，今年歲星在辰，明年歲星在巳。」鄭玄醒來之後，以讖緯書核對，知道自己生命將要終結。不久，即得病臥床。當時袁紹與曹操相拒於官度，袁紹乃令其子袁譚派使者逼迫鄭玄隨軍擔任職務。鄭玄不得已，帶病上路，到了元城縣，病勢加重，不能前進，這年六月，鄭玄去世，終年七十四歲。鄭玄遺令薄葬。自郡守以下曾經跟他受業的，身穿喪服前來參加葬禮的有一千多人。

3 鄭玄的學生一起撰寫鄭玄回答諸弟子關於《五經》的提問，依照《論語》的形式，作《鄭志》八篇。鄭玄共注釋《周易》、《尚書》、《毛詩》、《儀禮》、《禮記》、《論語》、《孝經》、《尚書大傳》、《中候》、《乾象歷》，又著有《天文七政論》、《魯禮禘祫義》、《六藝論》、《毛詩譜》、《駁許慎五經異義》、《答臨孝存周禮難》，共一百多萬字。

4 鄭玄對於經傳注重文辭的訓釋，博通之人多識其繁瑣。至於對經傳的博洽精通，世人稱為純儒，齊魯之間以其為宗師。他的門人山陽人郗慮官至御史大夫，東萊人王基、清河人崔琰為當世之名人。又有樂安人國淵、任嘏，當時都是幼童，鄭玄稱國淵是治國之材，任嘏有高尚的道德，對其他人亦多有所鑒別，結果都如鄭玄所說的那樣。鄭玄只有一個兒子，名益恩，孔融為北海相時，舉為孝廉；至孔融為黃巾所包圍時，鄭益恩赴救身亡。益恩有一遺腹子，鄭玄因為他的手紋與自己相同，給他起名叫小同。

論曰：自秦焚六經，聖文埃滅❶。漢興，諸儒頗修蓺文；及東京❷，學者亦各名家❸。而守文之徒，滯固所稟❹，異端紛紜，互相詭激，遂令經有數家，家有數說，章句多者或乃百餘萬言，學徒勞而少功，後生疑而莫正。鄭玄括囊大典，網羅眾家❺，刪裁繁誣，刊改漏失，自是學者略知所歸。王父豫章君❻每考先儒經訓，而長於玄，常以為仲尼之門不能過也。及傳授生徒，並專以鄭氏家法云。

【章旨】以上是作者對鄭玄的評論。作者說秦焚《六經》之後，漢儒頗修藝文；至東漢，異端紛紜，鄭玄「括囊大典，網羅眾家，刪裁繁誣，刊改漏失」，學者始有所歸向。又說，其祖父豫章君崇尚鄭玄之學。

【注釋】❶埃滅　像塵埃一樣被毀滅。❷東京　東漢。東漢都洛陽，故以為東京。❸名家　自成一家。❹稟　受。❺鄭玄括囊大典二句　鄭玄括囊儒家經典，容納眾家學說。括囊，囊括；包羅。大典，儒家重要的典籍。網羅，包涵；容納。眾家，即各家學說。❻王父豫章君　王父，祖父。豫章君，范曄的祖父范甯。范甯，晉孝武帝時為豫章太守，故稱「豫章君」。

【語譯】史家評論說：自從秦朝焚燒《六經》，聖人之文章如同塵埃一樣毀滅了。漢朝興起，諸儒生多研究「六藝」經傳；到東漢時，學者們亦各自成家。墨守舊說的人，固執己見，歧異之說，紛紜雜出，相互之間，詭辯偏激，於是經學有數家，每家又有數說，訓釋解說多者有的竟至一百多萬字，學習之人勞而少功，後生弟子疑惑而不知以哪家為準。鄭玄括囊儒家大典，容納眾家之說，刪去繁瑣謬誤，訂正遺漏缺失，從此之後，學習之人略知其所歸向。我的祖父豫章君常常研究先儒對經義的訓釋，而以鄭玄為優，常以為仲尼之門人也不能超過他。到他傳授生徒時，乃專以鄭玄之學為家法。

贊曰：富平之緒，承家載世❶。伯仁先歸，釐我國祭❷。玄定義乖❸，褒修禮缺。孔書遂明，漢章中輟❹。

【章旨】以上是作者對本卷人物的讚揚與評價，並感歎漢禮未能施行。

【注釋】❶富平之緒二句　富平，謂富平侯張安世。緒，功業。承家，繼承家業。指被封侯傳代。載世，為世人所看重。載，重。❷釐我國祭　釐，整理；制定。我，稱父、母、國曰我，親之之詞。❸乖　謬誤。❹漢章中輟　章，典章；法度。此指各種禮儀。中輟，中止不行。輟，止；停。

【語譯】史官評議說：富平侯的功業，開國傳家，為世人所看重。伯仁先歸朝廷，制定國家祭禮。鄭玄改定經義的謬誤，曹褒修正禮制的殘缺。孔書義理始明，漢家禮儀中止。

【研析】本卷所寫的四個人物，簡析如下：

一、張純　上溯至其高祖父富平侯張安世及其父侍中張放。張純在王莽時為列卿，光武中興，先來詣闕。光武帝任命他為太中大夫，使率領突騎安集荊、徐、揚諸州，又督委輸、監諸將營、屯田、宿衛等等。但張純對初建的東漢政權的貢獻不在於他將突騎安集荊、徐、揚諸州及屯田、宿衛諸事，而在於他「明習故事」正定漢禮。東漢初年，舊章多闕，張純所正定的漢禮，一是「郊廟婚冠喪紀禮儀」，二是指出「昭穆失序」的問題，三是明禘祫祭禮的意義及定禘祫之禮制，四是建議光武帝舉行封禪大典，以「明中興，勒功勳，復祖統，報天神」。其對鞏固東漢王朝的正統地位，加強東漢王朝的統治，作用甚大。

二、張奮　張純之子，襲爵位，官至司空。為官清白，政事無他異績。但對東漢的制禮作樂甚為關切，即使病中、年老，其殷切之心情，也無所減。曾二次上疏引聖人之言，舉歷史事實，言漢朝制禮作樂之重要，乃「謹條禮樂異議三事」：認為孝武帝、光武帝舉行了封禪，而禮樂不定，是「事不相副」；對章帝命曹褒所撰次之《漢禮》，建議和帝「但奉而成之，誠無所疑」；若「久執謙謙，令大漢之業不以時成，非所以章顯祖宗功德，建太平之基，為後世法」。張奮可謂主張東漢制禮作樂較為激進的人物。

三、曹褒　父子俱好禮。父曹充，建武中為博士，定封禪禮，從巡泰山，還，受詔議立七郊、三雍、大射、養老禮儀。曹褒，舉孝廉，遷圉令，拜博士。知章帝欲有所興作，乃二次上疏言漢制禮作樂之勢在必行，為章帝所信任，拜侍中，命其在南宮、東觀盡心集作。曹褒乃「撰次天子至於庶人冠婚吉凶終始制度」一百五十篇。章帝駕崩，和帝對曹褒所撰之《漢禮》也很欣賞。但由於大臣們「議黜異端」，《漢禮》未得施行。實際上，是大臣們以曹褒位卑言輕，對曹褒所撰次之《漢禮》不屑一議。當曹褒第一次上疏言「制禮作樂之必要時，太常卿巢堪就不許可，以為「一世大典，非曹褒所定」。章帝命曹褒所撰次之《漢禮》，大臣們仍不以為然，雖然曹褒得到章帝的信任，章帝對曹褒越是信任，大臣們越有抵觸情緒。故在章帝晏駕之後，太尉張酺、尚書張敏等人竟然上奏「曹褒擅制《漢禮》，破亂聖術，宜加刑誅」，再加上最高統治者和帝的改作決心不是那麼迫切，對曹褒所撰次之《漢禮》只是欣賞，扣壓了太尉張酺、尚書張敏等人的上書，擢升曹褒，但對推行《漢禮》卻沒有決心，所以《漢禮》終於墜地落空。作者感慨，認為是「天數」，實際上是人為。至於曹褒的為人、為官、學術成就，作者還是肯定的。

四、鄭玄　自幼即有志於學，「去廝役之吏」，「造太學受業」。熟讀今古文經傳，旁及讖緯眾家之書，又西入關，拜馬融為師。鄭玄辭歸，致使馬融有「鄭生今去，吾道東矣」之歎。鄭玄家貧，客耕東萊，生徒隨者近千人。遭禁錮，隱修經業。發《墨守》，鍼《膏肓》，起《癈疾》，以駁何休，使何休見而興歎：「康成入吾室，操吾矛，以伐我乎！」黨禁解，不受大將軍何進及後將軍袁隗的徵召與表薦。只有北海相孔融能理解鄭玄，為其特立「鄭公鄉」，以彰鄭玄之德。鄭玄之〈戒子益恩書〉，可謂鄭玄七十歲時的自傳，也是鄭玄對七十歲以前事歷的總結。說了自己的家境、經歷、志向及不受大將軍、三司府、公車徵召的原因。據本傳的記載，鄭玄為官府、公車徵召及大臣表薦共六次（《抱朴子・外篇》卷二〈逸民〉說：「鄭康成，州辟舉賢良方正、茂才，公府十四辟，皆不就；公車徵左中郎、博士、趙相、侍中、大司農，皆不起。」）。以自己年事已高，將家事交與兒子益恩掌管。自己將「閑居以安性，覃思以終業」，「述先聖之元意，思整百家之不齊」。在袁紹大會賓客的宴會上，辯對諸客，談笑風生，人人歎服，此乃鄭玄最得意之時；表為左中郎將，公車徵為大司農，皆不就，此亦鄭玄行芳志潔，表現最為突出之時。九卿之位，棄之如敝屣。真可謂高官不能易其志，厚祿不能動其心。在東漢末年的混濁之世，保持清高志節，唯鄭玄一人而已！此一段，乃鄭玄一生之高潮。高潮過去，就是低潮，於是出現了夢孔子的「起，起，之告」、「龍蛇之讖」、「有頃寢疾」，緊接著又是「逼迫隨軍」、「疾篤不進」、「元城病逝」等等。鄭玄的學問在當時可謂首屈一指，無出其右者。其在經學上的貢獻：其一，使東漢經學在「異端紛紜，互相詭激」，「學徒勞而少功，後生疑而莫正」的局面為之一變，他「括囊大典，網羅眾家，刪裁繁誣，刊改漏失」，從此學者略知所歸。清皮錫瑞說：「蓋以漢時，經有數家，家有數說，學者莫知所從；鄭君兼通今古文，溝合為一；於是經生皆從鄭氏，不必更求各家。鄭學之盛在此，漢學之衰亦在此。」「就經學論，可謂小統一時代。」（《經學歷史》五〈經學中衰時代〉）其二，他遍注群經，不墨守一家，以古文為主，今古文並用，擇善而從；著述豐贍，給後人留下了一份寶貴的文化遺產，不愧為一代宗師。最後，值得一提的是：鄭玄父子頗具有俠義之風。鄭玄年老，只有一個獨生子鄭益恩，當孔融被

黃巾圍困時，情況危急，鄭益恩毅然赴救，明知是「以肉投餒虎」，也一定要去，以死報知遇之恩。（王明信注譯）

卷三十六

鄭范陳賈張列傳第二十六

【題解】本卷是一篇以類相從的合傳，寫了九個人物：鄭興、鄭眾（鄭興子）、范升、陳元、賈逵、張霸、張楷（張霸子）、張陵、張玄（張楷二子）。這九人，除張陵、張玄所學不明顯外，其餘七人都是通經的儒者。有的追述其父、祖乃至九世祖，為的是明其學術之淵源。傳中九個人活動的時間，基本上在東漢一代；從他們的籍貫來看，從中原到關中，從代郡到蒼梧、蜀郡，亦可看出東漢之習儒術者遍及全國。傳中的人物，有的通今文經學，有的通古文經學，有的今古文兼通。他們的學說，代表了東漢一代的學術水平。他們之中，有的官至九卿，有的隱居不仕，有的堅守經義，有的善於附會，有的不相信讖緯，有的知足而退，有的深沉多智，有的敢於冒犯權貴，有的具有崇高的民族氣節，有的善薦賢士等等。基本上反映了東漢一代學術界的思想狀況。從傳中人物的活動，可以看出：其一，皇帝深信讖緯，不信讖緯的官吏，便得不到信用；其二，今古文之爭激烈，古文經學逐漸占了上風；其三，雖然貴戚、宦官專權，政治黑暗，士人中的剛正之氣依然存在。

鄭興，字少贛，河南開封❶人也。少學公羊春秋❷。晚善左氏傳❸，遂積精深思，通達其旨，同學者皆師之。天鳳❹中，將門人從劉歆講正大義❺，歆美興才，使撰條例、章句、傳詁❻，及校三統曆❼。

更始❽立，以司直李松行丞相事❾，先入長安，松以興為長史❿，令還奉迎遷都。更始諸將皆山東⓫人，咸勸留洛陽。興說更始曰：「陛下起自荊楚⓬，權政未施，一朝建號，而山西雄桀⓭爭誅王莽，開關郊迎者，何也？此天下同苦王氏虐政，而思高祖之舊德也。今久不撫之，臣恐百姓離心，盜賊復起矣。春秋書『齊小白入齊』，不稱侯，未朝廟故也⓮。今議者欲先定赤眉⓯而後入關，是不識其本而爭其末。恐國家之守轉在函谷⓰，雖臥洛陽，庸⓱得安枕乎？」更始曰：「朕西決矣。」拜興為諫議大夫⓲，使安集關西⓳及朔方、涼、益三州⓴。還拜涼州刺史㉑。會天水㉒有反者，攻殺郡守，興坐免。

【章　旨】以上為〈鄭興傳〉的第一部分。先說鄭興的籍貫、才學，次說鄭興在更始政權為官等情況：為丞相長史、太中大夫，勸說更始遷都長安，為更始安集州郡及為涼州刺史、免官諸事。

【注　釋】❶河南開封　河南，即河南尹，郡級政區。本秦三川郡，漢高祖二年（西元前二〇五年）改為河南郡。光武都雒陽，建武十五年（西元三九年）改曰「河南尹」。治雒陽，今河南洛陽東北。轄境相當今河南省黃河以南，洛水、伊水下游，雙洎河、賈魯河上游地區。開封，縣名。治今河南開封西南。❷公羊春秋　即《春秋公羊傳》。❸左氏傳　即《春秋左氏傳》，亦稱《左氏春秋》。❹天鳳　王莽年號。西元一四－一九年。❺將門人從劉歆講正大義　將，帶領。講正大義，講解匡正《左氏傳》之大義。劉歆（？—西元二三年），字子駿，後改名秀，字穎叔。劉向子，西漢末年古文經學的開創者、目錄學家、天文學家。繼父業，總校群書，撰成《七略》，其主要內容保存在《漢書．藝文志》中，對中國目錄學的建立做出了貢獻。王莽篡漢，立古文經博士，劉歆任「國師」。後參與謀殺王莽，事洩，自殺。著有《三統曆譜》。他用的圓周率是三．一五四七，世稱「劉歆率」。原有集，已佚。明人輯有《劉子駿集》。事見《漢書．楚元王傳》、〈王莽傳〉。❻條例章句傳詁　條例，闡明經籍中義理的事例。章句，見本書卷三十五〈曹褒傳〉注。傳詁，解釋經籍中的文字，亦即訓釋古言。❼三統歷　見本書卷三十五〈鄭玄傳〉注。❽更始　王莽末年綠林軍所立皇帝劉玄的年號，西元二三—二五年。劉玄（？—西元二五年），字聖公，南陽郡蔡陽（今湖北棗陽）人。西漢遠支皇族。初參加平林兵，被推為更始將軍。後合於綠林兵，西元二三年稱帝，年號更始。王莽政權消滅後，遷都長安，內部爭逐激烈。更始三年，赤眉軍入長安，他投降，不久被絞死。傳見本書卷十一。❾司直李松行丞相事　司直，官名。漢武帝元狩五年初置司直，掌佐丞相舉不法，秩比二千石。東漢光武帝沿置司直，居丞相府，助督錄諸州。建武十八年省。李松，南陽宛人，光武帝大司空固始侯李通從弟，曾為更始丞相，更始敗，李松戰死。事見本書〈劉玄傳〉、〈李通傳〉。行，兼代官職。❿長史　官名，秦官。東漢的太尉、司徒、司空府均設長史，職任頗重，號為三公輔佐。兩漢將軍之屬官亦有長史，以總理幕府。⓫山東　古地區名。戰國、秦、漢時代，通稱崤山或華山以東地區為山東。與當時所謂關東含義相同。⓬荊楚　唐李賢注曰：「更始起南陽，南陽屬荊州，故曰荊楚。」⓭雄桀　英雄豪傑。桀，同「傑」。⓮春秋書三句　春秋，儒家經典之一，為編年體史書。相傳孔子依據魯國史官所編《春秋》加以整理修訂而成。記事起於魯隱公元年（西元前七二二年），止於魯哀公十四年（西元前四八一年），計二百四十二年，為後世編年體史書的濫觴。《春秋》文字簡短，如同大事記，必須有傳加以解釋，才能讀懂。現在解釋《春秋》的傳有《左傳》、《公羊傳》和《穀梁傳》，稱為「《春秋》三傳」。古代《春秋》經文與傳文分列，今載於各篇傳文之前，《春秋》已無單行本。齊小白，即齊桓公，名小白。齊釐公子，襄公弟，襄公誅殺不當，群弟恐禍及身，皆出奔。公子糾奔魯，小白奔莒。釐公姪公孫無知殺齊襄公，為齊君，雍林（一作「雍廩」），人名。杜預曰：「齊大夫。」此處從《史記．齊太公世家》，作地名為宜。）人又殺無知。齊大夫高氏、國氏與小白善，召小白，小白回國為君，是為齊桓公。小白入齊，在《春秋經》莊公九年（西元前六八五年）。不稱其為侯，是因為他沒有去朝拜宗廟的緣故。⓯赤眉　王莽末年的農民軍。王莽篡漢後，進行所謂「改制」，使廣大農民遭到深重的苦難。天鳳五年（西元一八年），青（今山東東部）、徐（今江蘇北部）一帶發生災荒，琅邪（今山東諸城）人樊崇在莒縣（今屬山東）暴動，逢安、謝祿等起兵響應，聚眾數萬人，約定「殺人者死，傷人者償創」。因用赤色染眉作標識，故稱「赤眉軍」。

⑯函谷　即函谷關。古函谷關在今河南靈寶東北，戰國秦置。因關在谷中，深險如函得名。東自崤山，西至潼津，通名函谷。漢武帝元鼎三年（西元前一一四年），徙關於今河南新安東，去故關三百里。⑰庸　豈。⑱諫議大夫　官名。《漢書·百官公卿表》：「武帝元狩五年初置諫大夫。秩八百石。」光武中興，改為諫議大夫，秩六百石。無定員，掌顧問、應對，無常事，唯詔命所使。⑲關西　古地區名。泛指函谷關以西地區。⑳朔方涼益三州　朔方，漢武帝所置「十三刺史部」之一。轄境相當今銀川至壺口的黃河流域，北括陰山南北，南迄陝西宜川、寧縣一線。建武十一年（西元三五年）併於并州。涼，即涼州刺史部。轄郡、屬國十二：隴西郡、漢陽郡、武都郡、金城郡、安定郡、北地郡、武威郡、張掖郡、酒泉郡、敦煌郡、張掖屬國、張掖居延屬國。東漢治所在隴縣（今甘肅張家川回族自治縣）。益，即益州刺史部。轄郡、屬國十二：漢中郡、巴郡、廣漢郡、蜀郡、犍為郡、牂牁郡、越嶲郡、益州郡、永昌郡、廣漢屬國、蜀郡屬國、犍為屬國。東漢治所在雒（今四川廣漢北），後移治綿竹（今四川德陽東北）、成都（今四川成都）。㉑刺史　官名。漢武帝元封五年（西元前一〇六年）初置「刺史十三部（州）」，除京師附近七郡外，分為豫州、兗州、青州、徐州、冀州、幽州、并州、涼州、益州、荊州、揚州、交阯、朔方十三區，置刺史，秩六百石。以六條（見本書志第二十八〈百官五〉注）察問郡縣，本為監察官性質，其官階低於郡守。成帝時改刺史為州牧，秩二千石。光武帝建武元年（西元二五年）置州牧，十八年，罷州牧，復置刺史。朔方併於并州，交阯改為交州，加上司隸校尉仍稱十三州或十三部。但性質已逐漸變成郡以上的行政區劃，並設有固定的治所。靈帝時，再改刺史為州牧，居郡守之上，掌握一州的軍政大權。㉒天水　郡名。漢武帝元鼎三年（西元前一一四年）置。治所在平襄（今甘肅通渭西北）。轄境相當今甘肅通渭、靜寧、秦安、定西、清水、莊浪、甘谷、張家川回族自治縣及今天水市西北部、隴西東部地。明帝永平十七年改為漢陽郡，移治冀縣（今甘肅甘谷東南）。

【語譯】鄭興，字少贛，河南郡開封縣人。年少時，學《公羊春秋》。後來又喜好《左氏傳》，於是集中精力，深入鑽研思考，融會貫通其要旨，一同學習的人，都尊他為老師。天鳳年間，鄭興帶領他的學生跟從劉歆講習《左氏傳》的大義，劉歆讚美鄭興的才學，乃使鄭興撰寫《左氏傳》中闡明義理的事例，作章句，訓詁文字及校訂《三統歷》。

更始政權建立，命司直李松代行丞相職務，先到了長安，李松任用鄭興為長史，命他回洛陽奉迎更始遷都長安。更始的眾多將領都是崤山以東的人，都勸更始留在洛陽。鄭興向更始進言說：「陛下自荊楚起兵至今，權力政令尚未行施，一旦建立國號，而山西的英雄豪傑爭相起兵討伐王莽，開關到郊外迎接陛下，這是什麼原因呢？這是天下百姓苦於王莽的虐政，思念漢高祖的舊恩德。現在久久不去撫慰他們，臣恐怕百姓從此離心，盜賊將會再起。《春秋》書寫『齊小白入齊』，不稱他為侯，是因為他沒有朝拜祖廟的緣故。現在議論形勢的人，都想著先平定赤眉，然後入關，這是不懂事物的根本而追求它的末節。這樣，恐怕國家的守衛力量要轉到函谷關，雖然睡臥在洛陽，難道能安枕嗎？」更始說：「朕西遷的決心已定了。」於是任鄭興為諫議大夫，命他安撫關西和朔方、涼、益三州。鄭興返回，任命他為涼州刺史。正趕上天水郡有人造反，攻殺郡守，鄭興受連累而被免職。

時赤眉入關，東道不通，興乃西歸隗囂❶，囂虛心禮請，而興恥為之屈，稱疾不起。囂矜己自飾❷，常以為西伯❸復作，乃與諸將議自立為王。興聞而說囂曰：「春秋傳云：『口不道忠信之言為嚚，耳不聽五聲之和為聾。』❹間者❺諸將集會，無乃❻不道忠信之言？大將軍之聽，無乃阿❼而不察乎？昔文王承積德之緒，加之以睿聖❽，三分天下，尚服事殷❾。及武王即位，八百諸侯不謀同會❿，皆曰『紂可伐矣』。武王以未知天命，還兵待時。高祖⓫征伐累年，猶以沛公⓬行師。今令德雖明，世無宗周⓭之祚⓮；威略雖振，未有高祖之功。而欲舉未可之事，昭速⓯禍患，無乃不可乎？惟將軍察之。」囂竟不稱王。後遂廣置職位，以自尊高。興復止囂曰：「夫中郎將、太中大夫⓰、使持節⓱官皆王者之器⓲，非人臣所當制⑲也。孔子曰：『唯器與名，不可以假人⑳。』不可以假人者，亦不可以假於人也。無益於實，有損於名，非尊上之意也。」囂病㉑之而止。

及囂遣子恂入侍㉒，將行，興因恂求歸葬父母，囂不聽而徙興舍，益其秩禮。興入見囂曰：「前遭赤眉之亂，以將軍僚舊㉓，故敢歸身明德㉔。幸蒙覆載㉕之恩，復得全其性命。興聞事親之道，生事之以禮，死葬之以禮，祭之以禮，奉以周旋，弗敢失墜㉖。今為父母未葬，請乞骸骨㉗，若以增秩徙舍，中更停留，是以親為餌，無禮甚矣。將軍焉用之？」囂曰：「囂將不足留故邪？」興曰：「將軍據七郡之地㉘，擁羌胡㉙之眾，以戴㉚本朝，德莫厚焉，威莫重焉。居則為專命之使㉛，入必為鼎足之臣㉜。興，從俗㉝者也，不敢深居屏處㉞。因將軍求進，不患不達；因將軍求入，何患不親？此興之計不逆將軍者也。興業㉟為父母請，不可以已，願留妻子獨歸葬，將軍又何猜焉？」囂曰：「幸㊱甚。」促為辦裝㊲，遂令與妻子俱東。時建武六年㊳也。

【章旨】以上為〈鄭興傳〉的第二部分。寫鄭興在隗囂處的情況：一寫鄭興勸阻隗囂自立為王及為抬高自己亂設官職；二寫鄭興以感恩、讚揚隗囂，貶低自己的言詞說通隗囂，使隗囂放其與妻子東歸安葬父母。

【注釋】❶隗囂　（？—西元三三年），字季孟，天水成紀（今甘肅秦安）人。新莽末年，被當地豪強擁立，據有天水、武都、金城等郡。一度依附劉玄。不久，自稱西部上將軍。建武九年，以屢為漢軍所敗，憂憤而死。傳見本書卷十三。❷矜己自飾　誇耀自己。矜，同「矜」。自誇；自恃。自飾，文飾或掩蓋自己。❸西伯　即周文王。商末周族的領袖。姬姓，名昌。商紂時為西伯（西方諸侯之長），曾被商紂囚禁於羑里（今河南湯陰北）。他統治期間，周國勢強盛，伐犬戎（古戎人的一支，即畎戎，亦稱畎夷、昆夷、緄夷等。居陝西彬縣、岐山縣一帶，是西周西邊的勁敵）、伐密須（姞姓國，又稱「密」。今甘肅靈臺西），滅耆（即黎國，今山西長治西南）、邘（今河南沁陽西北）、崇（今陝西戶縣東，西安市西南），在崇地灃河西岸建豐邑，自岐山下徙都於豐。在位五十年，謚文王。事見《史記·周本紀》。❹春秋傳云三句　春秋傳，指《左傳》。語出《左傳·僖公二十四年》，周大夫富辰諫周襄王之言。嚚，愚頑；奸詐。五聲，也作「五音」。即宮、商、角、徵、羽。❺間者　近來。❻無乃　莫非；豈不是。❼阿　附和；迎合。❽睿聖　明聖；明智。❾三分天下二句　語出《論語·泰伯》。孔子曰：「三分天下有其二，以服事殷。周之德，其可謂至德也已矣。」意謂殷商末年周文王行仁政，諸侯皆歸向周，三分天下，周有其二，仍然服事商紂，稱臣。❿及武王即位二句　武王，姬姓，名發，文王子。繼位後，準備滅商，觀兵（檢閱軍隊，以顯示軍威）。孟津（一作「盟津」，今河南孟津東北），「不期而會盟津者八百諸侯」。見《史記·周本紀》。⓫高祖　漢高祖劉邦。⓬沛公　即漢高祖劉邦。秦二世元年（西元前二〇九年），劉邦起兵於沛縣，眾立以為沛公。《史記高祖本紀集解》裴駰案：《漢書音義》曰：「舊楚僭稱王，其縣宰為公。陳涉為楚王，沛公起應涉，故從楚制稱曰公。」王念孫《經義述聞·縣公》曰：「齊之縣大夫亦稱公，則公為縣大夫之通稱，非僭擬於公侯也。」見《清經解》卷一一九七〈春秋左傳中〉。⓭宗周　周朝為諸侯所宗仰，故王都所在稱宗周。此指周朝。⓮祚　福；帝位。⓯昭速　明顯地招致。昭，明，明顯；顯著。速，招致。⓰太中大夫　官名。掌議論，無定員。漢武帝置，秩比千石。東漢沿置，秩千石。⓱使持節　節，信符。皇帝不能事事自己處理，必須派人代行，給予符節以為憑證。節，代表皇帝，凡持有節的大臣，行事如同皇帝親臨。如持節分封諸侯，收捕罪犯，討伐叛逆，出使外國等。節，種類繁多，製作原料、形狀亦不同。所謂「持節」、「使持節」之「節」，皆旄節也。〈光武帝紀〉李賢注曰：「節所以為信也。以竹為之柄，長八尺，以旄牛尾為其眊，三重。」鄭興與隗囂所說的「使持節」，蓋指使臣或大將持節出征，不同於魏晉南北朝時皇帝給予掌地方軍政大權之官所加的「使持節」稱號。西漢時，還沒有這樣的例證。⓲器　器用；人才。⓳制　制度；設置。⓴唯器與名二句　語出《左傳·成公二年》。李賢注引杜預曰：「器，車服；名，爵號也。」器，古代標誌名位、爵號的器物。楊伯峻注曰：「『器』、『名』皆人主掌握以指揮、統治臣民之具，不能假借於人。」

㉑病　難；不好辦。㉒囂遣子恂入侍　入侍，入朝侍奉皇帝。隗囂遣子隗恂入侍在建武五年十二月。㉓僚舊　同僚舊友。鄭興、隗囂都曾做過更始皇帝的官，故稱「僚舊」。㉔明德　美好的德行。㉕覆載　原指天地包容養育萬物。此指保護收留。㉖奉以周旋二句　語出《左傳・文公十八年》。周旋，古代行禮時進退揖讓的動作。此指辦事、應酬等活動。失墜，失誤；差錯。㉗乞骸骨　猶乞身。封建社會官員因年老自請求退職還鄉。㉘七郡之地　李賢注曰：「七郡：天水、隴西、武威、張掖、酒泉、敦煌、金城。」㉙羌胡　指羌人。我國古代西方的少數民族。羌，又稱西戎。古代羌人活動於甘、青、川一帶，秦漢時部落眾多。胡，中國古代對北方、西方少數民族的泛稱。此處的「羌胡」應指羌人。㉚戴　擁護；尊奉。㉛專命之使　有特殊使命的大臣。㉜鼎足之臣　三公之位。㉝從俗　順從時俗。㉞深居屏處　即深處隱居，不和外界接觸。屏，遮擋；屏蔽。㉟業　既；已經。㊱幸　敬辭。表示對方這樣做使自己感到榮幸。㊲辦裝　置辦行裝。辦，通「辦」。㊳建武六年　西元三〇年。

【語　譯】這時，赤眉已入關中，東歸之路不通，鄭興乃向西投奔隗囂，隗囂虛心以禮相請，而鄭興卻感到屈居隗囂處是一種恥辱，於是稱病不起。隗囂矜誇粉飾自己，常以為自己是西伯再生，於是與諸將商議想自立為王。鄭興聞聽後，勸阻隗囂說：「《春秋左氏傳》說：『口不道忠信之言叫做愚頑，耳不聽五聲和諧之音叫做聾。』近來諸將領集會所言，豈不是口不道忠信之言？大將軍您所聽採的，豈不是迎合而不明察嗎？從前周文王繼承祖上積德所建立的事業，加之自己聰明睿智，三分天下有其二，仍然服事殷商。到武王即位，八百諸侯不期而會，都說『可以討伐商紂了』。周武王以為他們未知天命，而還兵等待時機。漢高祖征伐多年，仍然以沛公的名義率領軍隊。現在您的德行雖然賢明，卻沒有宗周世世代代的國祚；威力謀略雖然強盛高明，卻沒有漢高祖那樣的功績。而想做不可能成功的事，是明顯地招致禍患，豈不是不可以嗎？希望將軍仔細考慮。」隗囂終於沒有稱王。後來隗囂便多設官職，以抬高自己。鄭興又勸阻隗囂說：「中郎將、太中大夫、使持節等官職，乃是帝王的器用，不是做臣子的所應當設置的。孔子說：『只有器物與名號，不可以假借於他人。』不可以假借於他人的東西，亦不可為他人所假借。對實際無益，反有損於名聲，不是尊崇皇上的意思。」隗囂覺得事情不好辦，便停止了廣置官職之事。

到隗囂派遣兒子隗恂入朝侍奉光武帝，即將起程之時，鄭興通過隗恂向隗囂請求回鄉安葬父母，隗囂不同意，卻為鄭興更換了住宅，增加了俸祿和改善了待遇。鄭興入見隗囂說：「以前遭遇赤眉之亂，因為與將軍有同僚之舊誼，所以才敢來投奔將軍。幸蒙將軍收留之恩，又得以保全性命。我聽說侍奉父母應該做的是：父母活著的時候，依照禮義侍奉他們，父母去世，依照禮儀安葬他們，依照禮儀祭祀他們，以辛勤周到侍奉父母，不敢有所失誤。現在因為父母沒有安葬，我請求退職還鄉以安葬父母，若因為增加祿秩更換住所，中途改變主意，停留下來，這是以父母為誘餌，是非常無禮的。將軍您怎能用這種人呢？」隗囂說：「我可能有不值得使您留下的原因吧？」鄭興說：「將軍您占據七郡之地，擁有羌胡眾多的人馬，以擁戴當今朝廷，德行沒有比這更厚的了，威望沒有比這更重的了。駐守原地，則為特命之使，入於朝廷，必為三公之位。鄭興我，是個追隨凡俗的人，不能深處隱居。通過將軍您來謀求進取，不愁不通達；通過將軍您來求入朝為官，何患得不到親近？這是鄭興為自身考慮，不違背將軍的原因。鄭興已經為安葬父母請求回去，此心情不可以暫止，願意留下妻子兒女，獨自歸葬，將軍您有何可猜疑的呢？」隗囂說：「十分榮幸。」於是催促手下之人為鄭興辦理行裝，令鄭興與其妻子兒女一起東歸。時間是建武六年。

1 侍御史杜林❶先與興同寓隴右❷，乃薦之曰：「竊見河南鄭興，執義堅固，敦悅詩書❸，好古博物，見疑不惑，有公孫僑❹、觀射父❺之德，宜侍帷幄，典職機密。昔張仲在周，燕翼宣王，而詩人悅喜❻。惟陛下留聽少察，以助萬分。」乃徵為太中大夫。

2 明年三月晦❼，日食❽。興因上疏曰：

3 「春秋以天反時為災，地反物為妖，人反德為亂，亂則妖災生⑨。往年以來，謫咎⑩連見，意者執事頗有闕焉。案春秋⑪『昭公十七年夏六月⑫甲戌朔⑬，日有食之』。傳曰：『日過分而未至，三辰有災，於是百官降物，君不舉，避移時，樂奏鼓，祝用幣，史用辭⑭。』今孟夏⑮，純乾用事⑯，陰氣未作，其災尤重。夫國無善政，則謫見日月，變咎之來，不可不慎，其要在因人之心，擇人處位⑰也。堯知鯀不可用而用之者⑱，是屈己之明，因人之心也。齊桓反政而相管仲⑲，晉文歸國而任郤縠⑳者，是不私其私，擇人處位也。今公卿大夫多舉漁陽太守郭伋㉑可大司空者，而不以時定。道路流言，咸曰『朝廷欲用功臣』，功臣用則人位謬矣。願陛下上師唐、虞，下覽齊、晉，以成屈己從眾之德，以濟群臣讓善之功。

4 「夫日月交會，數㉒應在朔，而頃年㉓日食，每多在晦。先時而合，皆月行疾也。日君象而月臣象，君亢急㉔則臣下促迫，故行疾也。今年正月繁霜㉕，自爾以來，率多寒日，此亦急咎之罰。天於賢聖之君，猶慈父之於孝子也，丁寧㉖申戒，欲其反政，故災變仍見，此乃國之福也。今陛下高明而群臣惶促，宜留思柔剋㉗之政，垂意洪範之法㉘，博採廣謀，納群下之策。」

5 書奏，多有所納。

6 帝嘗問興郊祀事，曰：「吾欲以讖斷之，何如？」興對曰：「臣不為讖。」帝怒曰：「卿之不為讖，非之邪？」興惶恐曰：「臣於書有所未學，而無所非也。」帝意乃解。興數言政事，依經守義，文章溫雅，然以不善讖故不能任。

7 九年，使監征南、積弩營於津鄉㉙，會征南將軍岑彭為刺客所殺，興領其營，遂與大司馬吳漢㉚俱擊公孫述㉛。述死，詔興留屯成都㉜。頃之，侍御史舉奏興奉使私買奴婢，坐左轉蓮勺㉝令。是時喪亂㉞之餘，郡縣殘荒。興方欲築城郭，修禮教以化之，會以事免。

8 興好古學，尤明左氏、周官㉟，長於歷數㊱，自杜林、桓譚㊲、衛宏㊳之屬，莫不斟酌㊴焉。世言左氏者多祖於興，而賈逵自傳其父業，故有鄭、賈之學。興去蓮勺，後遂不復仕，客授閿鄉㊵，三公連辟不肯應，卒于家。子眾。

【章旨】以上為〈鄭興傳〉的第三部分。寫杜林向光武帝推薦鄭興，徵拜太中大夫。又寫鄭興上疏言事，多有採納，但由於鄭興不善讖緯，不能任要職。又寫公孫述滅後，鄭興留屯成都及免官、教授生徒諸事。

【注釋】❶侍御史杜林　侍御史，官名。秩六百石，十五人。在御史中丞下，掌察舉非法，受公卿群吏奏事，有違失舉劾之。凡郊廟之祠及大朝會、大封拜，則二人監威儀，有違失則劾奏。見本書志二十六。杜林，見本書卷三十五〈張純傳〉注。❷隴右　古地區名。泛指隴山以西地區。古代以西為右，故名。約當今甘肅六盤山以西，黃河以東一帶。❸敦悅詩書　敦，厚。指對《詩》、《尚書》有研究，功底深厚。悅，愛好。❹公孫僑　（？—西元前五二二年），春秋時鄭國政治家。鄭國貴族子國之子，名僑，字子產，一字子美。鄭簡公二十三年（西元前五四三年）執政，實行改革，給鄭國帶來新氣象。子產又是一個有才能的外交家，時晉、楚爭霸，鄭國弱小，處於兩強之間，子產周旋其間，卑亢得宜，鄭國安全無事。子產事參閱《左傳》及《史記・鄭世家》。❺觀射父　楚大夫。對楚昭王「重、黎氏世敘天地」及有關祭祀諸問題。見《國語・楚語下》〈觀射父論絕天地通〉、〈觀射父論祀牲〉。❻張仲在周三句　張仲，周宣王時的賢臣。翼，輔佐。宣王，周宣王（？—西元前七八二年），西周第十一王，西元前八二七—前七八二年在位。名靜（或作「靖」），厲王子，他即位後，任用仲山甫、尹吉甫、方叔、召虎等賢臣。又不斷對淮夷、徐戎、玁狁用兵。舊史稱為「宣王中興」。見《史記・周本紀》。詩人悅喜，指尹吉甫伐玁狁，班師回朝，請眾友飲宴，詩人寫詩讚頌。詩中有「侯誰在矣，張仲孝友」之句。見《詩・六月》。❼晦　陰曆月終。❽日食　即日蝕。❾春秋以天反時四句　語出《左傳・宣公十五年》。《春秋》指《左傳》。反時，氣候反常。楊伯峻注曰：「應寒而暑，應暑而寒，則為灾害。」反物，動植物失其常性，古人謂之妖怪。反德，楊注曰：「事之準則為德，若違反之，便禍亂。」謂天災地妖生於人亂。灾，同「災」。❿譴咎　亦作「謫咎」。譴，譴責。指上天出現天變，以示譴責。咎，災禍。⓫春秋　此指《春秋經》。⓬昭公十七年夏六月　昭公，魯昭公，春秋時魯國國君。名裯（或「稠」、「袑」），襄公子。西元前五四一—前五一〇年在位。十七年，為西元前五二五年。夏六月，即周曆建子之月夏季六月，為夏曆建寅之月的四月。⓭甲戌朔　甲戌，甲戌日。朔，陰曆每月初一。⓮傳曰九句　傳，指《左傳》。日過分而未至，杜注曰：「過春分而未夏至。」三辰，日、月、星。降物，即脫下盛裝，換上素服。君不舉，杜注曰：「不舉盛饌。」即不食豐盛的菜餚及舉行宴會。避移時，杜注曰：「避正寢，過日食時。」即發生日蝕時離開正室，躲開日蝕的時辰。樂奏鼓，杜注曰：「伐鼓。」即樂工擊鼓。祝用幣，杜注曰：「用幣於社。」祝，祠廟中主管祭禮的人。即祭祀地神用幣帛。史用辭，杜注曰：「用辭以自責。」史，史官。主管記事。辭，自責的言詞。古人以為日蝕為上天示警，故史官代天子書寫自責過失的言詞。⓯孟夏　夏曆四月，夏季的第一個月。⓰純乾用事　乾，《周易》卦名。乾為天，主陽。此指陽氣。用事，起主導作用。⓱擇人處位　選擇賢人，安排在適當的位置上。⓲堯知鯀不可用而用之者　鯀，崇伯，禹之父。堯之時，發生水災，選治水之人，四岳（四方諸侯之長）推薦鯀。堯以為：鯀違負教命，毀敗善類，不可用。四岳以為：鯀有才能，可試一試，果真不行，即停止。堯聽從了四岳的意見，命鯀治水，九年沒有成效，被舜殺死於羽山。見《史記・五帝本紀》。⓳齊桓反政而相管仲　齊桓，即齊桓公。見前齊小白注。管仲（？—西元前六四五年），名夷吾，字仲，潁上（潁水之濱）人。春秋初期齊國政治家。由鮑叔牙推薦，齊桓公任其為卿。他在齊國進行了一系列的改革，使齊國國力強盛。管仲事見《史記》之〈齊太公世家〉及〈管晏列傳〉。⑳晉文歸國而任郤縠　晉文，即晉文公重耳，晉獻公子。晉獻公聽寵姬驪姬之言，殺太子申生，又欲害重耳，於是重耳出奔，在外流亡十九年。後在秦穆公幫助下歸國為君。郤縠，晉國的中軍元帥。李賢注曰：「晉文公自秦歸國，懷公故臣郤芮謀燒公宮，殺文公，宦官勃鞮告之，後文公以郤縠為中軍帥。縠即郤芮之族，文公不以為讎而任焉，言唯賢是用，不私其私也。」見《左傳‧僖公二十四年》、〈二十七年〉。㉑漁陽太守郭伋　漁陽，郡名。戰國燕置。秦漢時治所在漁陽（今北京市密雲西南）。轄境相當今河北圍場以南，薊運河以西，天津市以北，北京市懷柔、通縣以東地。郭伋（西元前三九—西元四七年），字細侯，扶風茂陵人。王莽時為并州牧，更始時為左馮翊，光武即位，為雍州牧、尚書令、中山太守、漁陽太守、并州牧、太中大夫等職。傳見本書卷三十一。㉒數　理。㉓頃年　近年。㉔亢急　嚴峻急迫。㉕正月繁霜　正月，非夏曆建寅之月。此指周曆六月，夏曆四月，所謂「正陽之月」。《詩‧正月》：「正月繁霜，我心憂傷。」㉖丁寧　即叮嚀。㉗柔剋　亦作「柔克」。謂和柔而能成事。㉘洪範之法　洪範，《尚書》篇名。猶大法，即治國安民的大法。周武王滅商，箕子歸，武王問箕子，箕子回答武王所提的問題，其中有：「三德：一曰正直，二曰剛克，三曰柔克。……高明柔克。」《孔傳》曰：「高明謂天，言天為剛德亦有柔克，不干四時。喻臣當執剛以正君，君亦當執柔以納臣。」㉙使監征南積弩營於津鄉　監，即監軍。監督、協調各將領之間關係與行動。征南，即征南大將軍岑彭。岑彭（？—西元三五年），字君然，南陽郡棘陽縣（今河南新野）人。王莽時，為本縣縣長。後屬劉縯（劉秀兄），再歸劉秀，任刺奸大將軍。劉秀即位後，任廷尉，行大將軍事，封舞陽侯，遷征南大將軍。後率軍征公孫述，被公孫述派人刺死，謚壯侯。為雲臺二十八將之一。傳見本書卷十七。積弩，即積弩將軍傅俊。傅俊（？—西元三一年），字子衛，潁川郡襄城縣（今河南襄城）人。光武帝徇襄城，傅俊以縣亭長迎軍，拜校尉，隨軍征戰。光武即位，任侍中。建武二年，封昆陽侯；三年，拜積弩將軍。與岑彭擊破秦豐，將兵徇江東，悉定。建武七年卒，謚威侯。為雲臺二十八將之一。傳見本書卷二十二。津鄉，在今湖北荊州東。李賢注曰：「征南將軍岑彭，積弩將軍傅俊屯津鄉，以拒公孫述。」按：本書卷二十二〈傅俊傳〉，傅俊於建武七年去世。建武九年，不可能有傅俊與岑彭屯津鄉事。本書〈岑彭傳〉載，岑彭在建武八年擊隗囂，食盡，「還津鄉」。九年，無岑彭與積弩將軍傅俊屯津鄉事。岑彭被刺在建武十一年十月，公孫述滅在建武十二年十一月。注誤或記載誤。㉚吳漢　（？—西元四四年），字子顏，南陽宛人。王莽末年，亡命漁陽，以販馬為業。後歸劉秀，為偏將軍。徵發漁陽等郡的騎兵，助劉秀滅王郎，並鎮壓銅馬、重連等農民軍。劉秀即位，任大司馬，封廣平侯。轉戰各地，率軍攻滅割據益州的公孫述。為雲臺二十八將之一。傳見本書卷十八。㉛公孫述　（？—西元三六年），字子陽，扶風茂陵人。新莽時為導江卒正（蜀郡太守）。後起兵，據益州稱帝，號成家（取起於成都之意）。建武十二年（西元三六年），為漢軍所破，死。傳見本書卷十三。㉜成都　今四川成都。㉝蓮勺　縣名。治今陝西渭南市東北。㉞喪亂　戰亂喪亡。後多用以形容時勢或政局動亂。㉟周官　即《周禮》。見〈鄭玄傳〉注。㊱歷數　推算歲時節候的次序。《尚書・洪範》：「五曰歷數」。孔穎達疏曰：「算日月行道所歷，計氣朔早晚之數，所以為一歲之歷。」㊲桓譚　（？—西元五六年），字君山，沛國相（今安徽濉溪縣）人。東漢哲學家、經學家。其父西漢成帝時為太樂令。譚以父任為郎。好音律，善鼓琴，博學多通，遍習《五經》，皆訓詁大義，不為章句。因反對讖緯神學，被光武帝目為「非聖無法」，幾遭處斬。桓譚在王莽時為掌樂大夫，更始立，召拜太中大夫。光武即位，大司空宋弘薦譚，拜給事中，以反對讖緯，觸怒光武，出為六安郡丞，道病卒。著有《新論》二十九篇，早佚，現傳《新論・神形》一篇，收入《弘明集》內。傳見本書卷二十八上。㊳衛宏　字敬仲，東海人。先隨九江謝曼卿學《毛詩》，後隨大司空杜林學《古文尚書》。光武時，任議郎。集西漢雜事，作《漢舊儀》四篇，今有輯本。又著賦、頌、誄七首，皆傳世。傳見本書卷七十九。㊴斟酌　參考；採取。㊵閿鄉　縣名。今河南靈寶西北。一九五四年併入靈寶縣。

【語譯】侍御史杜林先前曾與鄭興同寄居隴右，乃向光武帝推薦鄭興說：「臣私下認為河南鄭興，堅守道義，甚喜《詩》、《書》，愛好古史，學識淵博，遇到疑難問題不迷亂，有公孫僑、觀射父的品德，適宜侍奉於陛下左右，掌管機密事務。從前張仲在周朝輔佐宣王，詩人高興地寫詩稱讚。希望陛下留心聽取，稍加觀察，以便使其效微薄之力。」於是徵召鄭興為太中大夫。

2 第二年三月最後一天，發生日蝕，鄭興於是上疏說：

3 「《春秋》以為自然氣候反常叫做災，地上動植物失其本性叫做妖，人違反道德準則叫做亂，人亂則天災地妖並生。近幾年來，上天譴責及災害連續出現，想必是執掌政事的官員頗有缺失的原因。考察《春秋》『昭公十七年夏六月甲戌初一，發生日蝕』。《左傳》說：『時間過了春分未到夏至，日、月、星有了災殃，於是百官穿素服，國君不食豐盛的菜餚，離開正室，躲過日蝕的時辰，樂工擊鼓，主祭之官用幣帛祭祀地神，史官用言詞以自責。』現在正是夏季第一個月，陽氣起主導作用，陰氣尚未發生，因而造成的災禍尤為嚴重。

國家沒有好的政令，那麼，上天的譴責便從日、月中顯示出來，變異災禍的出現，不可不慎重對待，其關鍵在於順乎人心，選擇賢能的人，安排在適當的位置上。堯知道鯀不可用而任用了他，是委屈了自己的高明，順從人的心意。齊桓公返齊為君而以管仲為相，晉文公歸國即位而任用郤縠，這是不偏私其親近的人，選擇賢人安排在適當的位置上。現在公卿大夫多推薦漁陽太守郭伋可為大司空，然而卻不及時確定下來。四處流言都說『朝廷想用功臣』，用功臣則賢人就不得其位了。希望陛下上以師法唐堯、虞舜，下以觀覽齊桓公、晉文公，以成就陛下屈己從眾的美德，以成全群臣推賢讓善的功績。

4 「日月交織會合，理應在初一，可是近年來發生日蝕，常在月末。時間未到而提前會合，都是因為月行太快的緣故。日為君的象徵，月為臣的象徵，君剛強而急切，則臣下急促緊迫，故月行快速。今年夏曆四月多霜，自那時以來，大抵多寒冷之日，這也是對急促過失的懲罰。上天對於賢聖的君主，如同慈父之對於孝子，叮嚀告誡，想使他返回正道，所以災變不斷出現，這是國家的福氣啊。現在陛下高明而群臣惶恐急促，應該考慮施行柔順取勝的政策，注意〈洪範〉的方法，博採眾議，聽取群臣的意見。」

5 奏章上報，多有所採納。

6 光武帝曾經向鄭興詢問郊天祭祀之事，說：「我想用讖語來推斷其事，您看如何？」鄭興回答說：「臣不研究讖語。」光武帝發怒說：「您不研究讖語，認為它不對嗎？」鄭興惶恐地說：「有些書臣未曾學習過，並不是認為它不正確。」光武帝的怒氣才緩解下來。鄭興多次談論政事，依據經典，堅守道義，文章溫和雅正，然而因為不喜歡讖緯，所以不能任要職。

7 建武九年，朝廷使鄭興到津鄉監督征南將軍、積弩將軍軍營，正遇上征南將軍岑彭被刺客所殺，鄭興於是統領征南將軍的軍隊，與大司馬吳漢一同攻打公孫述，公孫述死後，皇帝下詔書命鄭興留守屯兵成都。不久，侍御史舉奏鄭興奉命出使私買奴婢，因而降職為蓮勺縣令。當時正值戰亂喪亡之後，郡縣殘破不堪。鄭興正想修築城郭，整治禮教以改變這種情況，正好因事免官。

8 鄭興喜好古文之學，尤精通《左傳》、《周禮》，擅長曆法術數，即使杜林、桓譚、衛宏之類的人，都參考、採納鄭興的觀點。社會上講說《左傳》的人多師法鄭興，賈逵自是繼承其父的學業，所以有鄭、賈之學。鄭興離開蓮勺縣之後，不再為官，客居閿鄉以教授生徒，三公府連續徵召皆不肯應徵，後在家中去世。他的兒子名鄭眾。

眾字仲師。年十二，從父受左氏春秋，精力於學，明三統歷，作春秋難記條例，兼通易、詩，知名於世。建武中，皇太子及山陽王荊❶，因虎賁中郎將梁松❷以縑帛❸聘請眾，欲為通義❹，引籍❺出入殿中。眾謂松曰：「太子儲君❻，無外交之義❼。漢有舊防❽，蕃王❾不宜私通賓客。」遂辭不受。松復風眾以「長者意，不可逆」。眾曰：「犯禁觸罪，不如守正而死。」太子及荊聞而奇之，亦不強也。及梁氏事敗❿，賓客多坐之，唯眾不染於辭⓫。

永平⓬初，辟司空府，以明經給事中⓭，再遷越騎司馬⓮，復留給事中。是時北匈奴⓯遣使求和親⓰。八年，顯宗⓱遣眾持節⓲使匈奴。眾至北庭⓳，虜欲令拜，眾不為屈。單于大怒，圍守閉之，不與水火，欲脅服眾。眾拔刀自誓，單于恐而止，乃更發使隨眾還京師。朝議復欲遣使報之，眾上疏諫曰：「臣伏聞北單于所以要致⓴漢使者，欲以離南單于之眾，堅三十六國之心也。又當揚漢和親，誇示鄰敵，令西域欲歸化者局促㉑狐疑，懷土之人絕望中國耳。漢使既到，便偃蹇自信㉒。若復遣之，虜必自謂得謀，其群臣駮議者不敢復言。如是，南庭動搖，烏桓有離心矣。南單于久居漢地，具知形埶，萬分㉓離析，旋㉔為邊害。今幸有度遼㉕之眾揚威北垂㉖，雖勿報荅㉗，不敢為患。」帝不從，復遣眾。眾因上言：「臣前奉使不為匈奴拜，單于恚恨㉘，故遣兵圍臣。今復銜命㉙，必見陵折㉚。臣誠不忍持大漢節對氈裘㉛獨拜。如令匈奴遂能服臣，將有損大漢之強。」帝不聽。眾不得已，既行，在路連上書固爭之。詔切責眾，追還繫廷尉，會赦歸家。

【章　旨】以上為〈鄭眾傳〉的第一部分。先寫鄭眾的才學及守正不阿，次寫鄭眾出使匈奴，突出鄭眾崇高的民族氣節。三寫其為爭辯回訪北匈奴事觸怒明帝，交廷尉治罪，會赦歸家。

【注　釋】❶皇太子及山陽王荊　皇太子，即劉莊，光武帝子，即位後為明帝。山陽王荊，光武帝子劉荊，建武十五年封山陽公，十七年進爵為王。光武帝去世後，西羌反叛，劉荊希望天下因羌亂而驚動有變，乃私與通曉星象的人一起謀劃為逆之事。明帝聞之，徙其為廣陵王，遣之國。劉荊仍不改，又使巫祭祀祝詛。有司舉奏，請誅之，荊自殺。傳見本書卷四十二。❷梁松　（？—西元六一年），字伯孫，梁統之子。少為郎，尚光武帝女舞陰公主。梁松博通經書，明習故事，寵幸莫比。永平元年（西元五八年）遷太僕。以數請託郡縣謀私事，免官。心懷怨望，永平四年，張貼匿名書誹謗朝廷，下獄死。傳見本書卷三十四。❸縑帛　雙絲織成的細絹。古時多用作賞贈酬謝之物。❹通義　疏通大義。常用為書名，指概括性的著作。此應為《春秋》之類的「通義」。❺引籍　引人及門籍。漢制，宮門有禁，無引人及門籍者不得妄入。引人，即門使。籍，用三尺竹牒記載入者的年齡、姓名、相貌，懸於宮門，以備核對，核對無誤，始得入內。❻儲君　已確定為繼承皇位的人，即嗣主。❼外交之義　即與外人交往的規定。義，內容；規定。❽防　制度。❾蕃王　藩國之王，即諸侯王。❿梁氏事敗　即梁松張貼匿名書誹謗朝廷下獄死事。⓫不染於辭　不為訟辭所牽連。染，沾染。⓬永平　東漢明帝劉莊的年號，西元五八—七五年。⑬給事中　官名。秦始置，漢因之。為列侯至議郎的加官。《漢書・百官公卿表》：「給事中亦加官，所加或大夫、博士、議郎，掌顧問應對，位次中常侍。」無定員。給事，義為「供職」。中，宮廷禁中。⑭越騎司馬　官名。越騎校尉，有司馬一人，秩千石。⑮北匈奴　見本書卷三十五〈張純傳〉「南匈奴」注。⑯和親　指漢族封建王朝與少數民族首領的一種以政治為目的的聯姻。中國始於漢高祖劉邦以宗室女嫁匈奴單于。⑰顯宗　明帝劉莊廟號。⑱持節　見〈鄭興傳〉注。⑲北庭　北匈奴王庭所在地。⑳要致　邀請招致。㉑局促　拘謹；不安。㉒偃蹇自信　偃蹇，驕傲；傲慢。信，同「伸」。伸張；得意。㉓萬分　萬一。㉔旋　立即。㉕度遼　將軍名號，即度遼將軍。本書志第二十四〈百官一〉：「明帝初置度遼將軍，以衛南匈奴眾新降有二心者，後數有不安，遂為常守。」《資治通鑑・漢紀十五》昭帝元鳳三年：「於是拜（范）明友為度遼將軍。」胡三省注曰：「度遼將軍，蓋使之度遼水以伐烏桓。至後漢，遂以為將軍之號，以護匈奴。」度遼將軍屯五原曼柏縣（治內蒙古準格爾旗西北）。㉖垂　同「陲」。邊境。㉗報荅　回訪。㉘恚恨　憤怒；怨恨。㉙銜命　奉命。《禮記・檀弓上》：「銜君命而使。」㉚陵折　欺壓；陵辱。㉛氈裘　亦作「旃裘」。古代北方少數民族用獸毛等製作的衣服。此借指匈奴君長。

【語　譯】鄭眾，字仲師。十二歲時，跟父親學《左氏春秋》，專心致志於學問，通曉《三統歷》，作《春秋難記條例》，兼通《周易》、《詩》，有名於當時。建武年間，皇太子及山陽王劉荊，通過虎賁中郎將梁松以細絹聘請鄭眾，想寫一部通義之類的書，並將鄭眾的名籍交宮門守衛，使他出入宮門方便。鄭眾對梁松說：「太子是嗣君，沒有與外人交往的規定。漢有舊制度，藩王不應私自與賓客接交。」於是推辭不接受聘請。梁松又暗示鄭眾「長者之意，不可違背」。鄭眾說：「違反禁令，觸法犯罪，不如恪守正道而死。」太子和劉荊聽到之後，認為鄭眾是個奇特的人，也就不再勉強。到梁松張貼匿名書獲罪下獄死，其賓客多受牽連，唯有鄭眾不為訟辭所沾染。

永平初年，鄭眾被司空府徵辟，因為通曉經書做了給事中，再遷為越騎司馬，又留為給事中。此時北匈奴遣使請求和親。永平八年，顯宗命鄭眾持節出使匈奴。鄭眾來到北匈奴的王庭，胡虜想要鄭眾下拜，鄭眾沒有屈服。北匈奴單于大怒，派兵包圍鄭眾的住所，不許他們出入，又不給他們水火飲食，想威脅鄭眾，使鄭眾屈服。鄭眾拔刀發誓，決不屈服，單于恐懼而止，於是派遣使者隨鄭眾返回京城。朝廷議論又想派使者回訪北匈奴，鄭眾上疏進諫說：「臣聽說北單于所以邀請招致漢朝使者，想以此分裂南單于的力量，堅定西域三十六國之心，又可以宣揚與漢和親，向鄰近敵國誇耀，令西域想歸順漢朝的人拘謹狐疑，使懷念中原故土的人對漢朝絕望。漢使者到後，他們便傲慢得意。若再遣使回訪，胡虜必自以為得計，那些勸單于歸順漢朝的大臣必然再不敢向單于進言。如果這樣，南匈奴歸漢之心便會動搖，烏桓也會產生脫離漢朝的想法。南匈奴長期居住漢地，完全知道漢朝的情況，一旦脫離漢朝，立即會成為邊害。今幸有度遼將軍的軍隊威震北部邊陲，即使不遣使回訪，北匈奴也不敢為患作亂。」皇帝不聽從鄭眾的意見，再次派遣鄭眾出使。鄭眾於是上言說：「臣上次奉命出使，不向匈奴單于下拜，單于憤怒，所以派兵包圍臣的住所。今又受命出使匈奴，必然要被他們凌辱。臣確實不忍心手持漢節對氈裘之君特行敬禮。如果這麼做匈奴終能屈服臣，將有損於大漢強大的國威。」皇帝不允許。鄭眾不得已而出使，出發後，又在路上接連上書堅持諫諍。皇帝下詔書深責鄭眾，把他追回來，交廷尉治罪，正遇上大赦，鄭眾歸家。

1 其後帝見匈奴來者，問眾與單于爭禮之狀，皆言匈奴中傳眾意氣壯勇，雖蘇武❶不過。乃復召眾為軍司馬❷，使與虎賁中郎將馬廖❸擊車師❹。至敦煌❺，拜為中郎將，使護西域❻。會匈奴脅車師，圍戊己校尉❼，眾發兵救之。遷武威❽太守，謹修邊備，虜不敢犯。遷左馮翊❾，政有名迹。

2 建初六年❿，代鄧彪⓫為大司農。是時肅宗⓬議復鹽鐵官⓭，眾諫以為不可。詔數切責，至被奏劾，眾執之不移。帝不從。在位以清正稱。其後受詔作春秋刪十九篇。八年，卒官。

3 子安世，亦傳家業，為長樂、未央廄令⑭。延光⑮中，安帝廢太子為濟陰王⑯，安世與太常桓焉⑰、太僕來歷⑱等共正議諫爭。及順帝⑲立，安世已卒，追賜錢帛，除子亮為郎。眾曾孫公業，自有傳。

【章　旨】以上為〈鄭眾傳〉的第二部分。寫鄭眾二次被起用：為軍司馬，拜中郎將，遷武威太守，為左馮翊，為大司農，旨在說明鄭眾為官的清正和政績，以及敢於堅持自己正確的意見。後述其子鄭安世的情況。

【注　釋】❶蘇武　（？—西元前六〇年），字子卿，京兆杜陵人。平陵侯（後為代郡太守）蘇建次子，少以父任為郎。漢武帝天漢元年（西元前一〇〇年）以中郎將使持節奉命出使匈奴，被扣。匈奴多方威脅誘降，不屈。匈奴乃遷他於北海（今貝加爾湖）邊牧羊。堅持十九年，終不屈。昭帝始元六年（西元前八一年），匈奴與漢和好，才得歸國。官典屬國。傳見《漢書》卷五十四。❷軍司馬　大將軍屬官。本書志第二十四〈百官一〉：「大將軍營五部，部校尉一人，比二千石，軍司馬一人，比千石。」❸馬廖　伏波將軍馬援子，少以父任為郎。歷官羽林左監、虎賁中郎將、衛尉等職。章帝建初四年（西元七九年）封順陽侯，以特進就第。傳見本書卷二十四。❹車師　西域古國名。原名姑師，約在西漢元帝初元元年（西元前四八年），漢分其地為車師前後兩部，皆屬西域都護。車師前部治交河城（今新疆吐魯番西交河古城遺址），後部治務塗谷（今新疆吉木薩爾南山中）。❺敦煌　郡名。漢武帝元鼎六年（西元前一一一年）分酒泉郡置。治所在今敦煌西南。轄境相當今甘肅疏勒河以西及以南地區。❻西域　見本書卷三十四〈梁冀傳〉注及卷八十八。❼戊己校尉　官名。西漢元帝初元元年（西元前四八年）屯田車師，置戊己校尉，掌管屯田事務，為屯田區最高長官。有丞、司馬各一人，候五人，秩比六百石。見《漢書・百官公卿表》。東漢則時置時廢。❽武威　郡名。漢武帝元狩二年（西元前一二一年）置。治所在今甘肅民勤東北。轄境相當今甘肅黃河以西，武威以東及大東河、大西河流域地區。東漢移治姑臧（今甘肅武威）。❾左馮翊　官名，也是政區名。漢武帝太初元年（西元前一〇四年）改左內史置。職掌相當於太守，因地處畿輔，故不稱郡，為三輔之一。治所在長安（今西安西北）。轄境約相當今陝西渭河以北，涇河以東，洛河中、下游地區。東漢移治高陵（今陝西高陵西南）。❿建初六年西元八一年。⓫鄧彪　（?—西元九三年），字智伯，南陽新野人。太傅鄧禹之宗人。彪少厲志，修孝行。曾官桂陽太守、太僕、光祿大夫、奉車都尉、大司農、太尉。彪在位清白，為百僚式。和帝即位，以彪為太傅錄尚書事，賜爵關內侯。傳見本書卷四十四。⓬肅宗　章帝劉炟廟號。⓭議復鹽鐵官　李賢注曰：「武帝時以國用不足，乃賣鹽鐵，置官以主之。昭帝罷之，今議欲復之。」武帝時，鹽鐵官營事，見《史記・平準書》及《漢書・食貨志》。⓮長樂未央廄令　本書志第二十五〈百官二〉：「未央廄令一人，六百石。」本注曰：「主乘輿及廄中諸馬。長樂廄丞一人。」南朝梁劉昭注曰：「《漢官》曰：『員吏十五人，卒騶二十人。』」王先謙《後漢書集解校補》：「案〈來歙傳〉亦作『長樂、未央廄令鄭安世。』注引《續漢志》作『未央廄令一人，長樂廄令一人。』今詳《續漢志》，則未央為廄令，長樂為廄丞。蓋是時安世實兼兩官，故通稱令，而章懷兩注皆言之未審也。」⓯延光　東漢安帝劉祜年號，西元一二二—一二五年。⓰安帝廢太子為濟陰王　太子，即順帝劉保。永寧元年立為皇太子。延光三年，安帝乳母王聖、大長秋江京、中常侍樊豐誣陷太子乳母王男（姓王，名男）及廚監邴吉，二人皆被殺。太子思念他們，多次為之歎息。王聖等怕太子即位後，追究此事，即與江京等設計陷害太子，因此安帝廢太子為濟陰王。後中黃門孫程等殺江京等人，奉濟陰王即皇帝位，是為順帝。⓱太常桓焉　太常，九卿之一，秩中二千石。掌禮儀祭祀。每祭祀，先奏其禮儀；及行事，常贊天子。每選博士，奏其能否。大射、養老、大喪，皆奏其禮儀。每月前晦，察行陵廟。有丞一人。屬官有太史令、博士祭酒、太祝令、太宰令、大予樂令、高廟令、世祖廟令等。見本書志第二十五〈百官二〉。桓焉（?—西元一四三年），字叔元，太常卿關內侯桓榮孫。少以父任為郎。明經篤行，有名稱。永初元年，入宮授安帝經，三遷為侍中步兵校尉。順帝即位，拜太傅。與太尉朱寵錄尚書事。復入授經禁中，遷太常，永和五年為太尉，漢安元年，以日蝕免。明年卒於家。傳見本書卷三十七。⓲太僕來歷　太僕，九卿之一，秩中二千石。掌車馬。天子每出，奏駕上鹵簿用；大駕，則太僕御車。有丞一人。屬官有考工、車府、未央廄令等。見本書志第二十五〈百官二〉。來歷（?—西元一三三年），字伯珍，征羌侯來歙曾孫。父稜，尚顯宗女武安公主。來歷少襲爵，以公主子為侍中，監羽林左騎。延光二年遷太僕。延光三年為諫安帝廢太子事，觸怒安帝，免官。安帝崩，閻太后起用來歷，以為將作大匠。順帝即位，遷衛尉，永建元年，拜車騎將軍，又為大鴻臚，陽嘉二年，卒於官。⓳順帝　（西元一一五—一四四年），東漢第七帝，安帝子，名保，即位時年十一。西元一二五—一四四年在位。

【語譯】此後，皇帝接見匈奴來漢的人，詢問鄭眾與單于爭執禮節的狀況，都說匈奴中流傳鄭眾意志氣概雄壯勇武，即使蘇武也不能超過他。皇帝於是又召鄭眾為軍司馬，使其與虎賁中郎將馬廖共同攻打車師。到了敦煌，又任命他為中郎將，使他監護西域。恰在此時，匈奴威脅車師，包圍了戊己校尉的駐地，鄭眾發兵救援。遷武威太守，他謹慎地修飭邊防軍備，匈奴不敢犯邊。又遷左馮翊，為政有名聲和成績。

2 建初六年，鄭眾代替鄧彪為大司農。當時肅宗正與大臣商議恢復鹽鐵官之事，鄭眾進諫以為不可。皇帝多次下詔深責鄭眾，直至鄭眾為人所彈劾，但鄭眾仍然堅持己見不改變。皇帝沒有聽從。鄭眾為官有清廉正直的名聲。以後受詔作《春秋刪》十九篇。建初八年，在官任上去世。

3 鄭眾的兒子鄭安世，也繼承了家傳的學業，任長樂、未央廄令。延光年間，安帝廢太子為濟陰王，安世與太常卿桓焉、太僕卿來歷等人共同秉正發表議論諫諍。到順帝即位，安世已去世，順帝追賜他家錢財和絲綢，任其子鄭亮為郎官。鄭眾的曾孫鄭公業，另有傳。

范升，字辯卿，代郡❶人也。少孤，依外家居。九歲通論語、孝經❷。及長，習梁丘易❸、老子❹，教授後生。

王莽大司空王邑❺辟升為議曹史❻。時莽頻發兵役，徵賦繁興，升乃奏記❼邑曰：「升聞子以人不間於其父母為孝，臣以下不非其君上為忠❽。今眾人咸稱朝聖，皆曰公明。蓋明者無不見，聖者無不聞。今天下之事，昭昭於日月，震震於雷霆，而朝云不見，公云不聞，則元元焉所呼天？公以為是而不言，則過小矣；知而從令，則過大矣。二者於公無可以免，宜乎天下歸怨於公矣。朝以遠者不服為至念，升以近者不悅為重憂。今動與時戾❾，事與道反，馳騖覆車之轍，探湯❿敗事之後，後出益可怪，晚發愈可懼耳。方春歲首，而動發遠役，藜藿⓫不充，田荒不耕，穀價騰躍，斛⓬至數千，吏人陷於湯火之中，非國家之人也。如此，則胡貊守闕⓭，青、徐之寇在於帷帳⓮矣。升有一言，可以解天下倒縣⓯，免元元之急，不可書傳，願蒙引見⓰，極陳所懷。」邑雖然其言，而竟不用。升稱病乞身，邑不聽，令乘傳⓱使上黨⓲。升遂與漢兵會，因留不還。

【章　旨】以上為〈范升傳〉的第一部分。先寫范升的籍貫及少年、成人後的情況。次寫范升為王莽大司空王邑議曹史，向王邑進奏記說王莽政權存在的嚴重危機及解決的辦法，王邑不用，范升歸漢。旨在突出范升的政治遠見。

【注　釋】❶代郡　郡名。戰國趙武靈王置。治今河北蔚縣西南。東漢移治高柳（今山西陽高西南）。轄境相當今河北懷安、蔚縣以西，山西陽高、渾源以東內、外長城間地和長城外的東洋河流域。❷孝經　儒家經典之一。十八章。作者說法不一，以孔門後學所作一說較為合理。論述孝道，宣揚宗法思想。今《十三經注疏》中的《孝經》為唐玄宗注，宋邢昺疏。清皮錫瑞有《孝經鄭注疏》二卷。❸梁丘易　即西漢梁丘賀所開創的《易》學，為今文《易》學。梁丘賀，字長翁，琅邪諸（今山東諸城）人。從京房受《易》，又更事田何的再傳弟子田王孫。梁丘賀官至太中大夫、給事中、少府。見《漢書．儒林傳》。《漢書．藝文志》著錄《易經》十二篇，施、孟、梁丘三家。《章句》施、孟、梁丘各二篇。著作已佚，清馬國翰《玉函山房輯佚書》輯有《周易梁丘氏章句》一卷。❹老子　書名，又稱《道德經》。相傳春秋時老子著。五千餘言。老子，姓李，名耳，字聃，楚苦縣（今河南鹿邑東）厲鄉曲仁里人。做過周朝的「守藏室之史」（管理藏書的史官），孔子曾向他問禮。後隱退，著《老子》。主張自然無為。今本《老子》分上下篇，世傳本有漢河上公與魏王弼注本。關於老子，見《史記．老子韓非列傳》。

❺王邑（？—西元二三年），王莽叔父王商中子。封成都侯。王莽始建國元年（西元九年）為大司空隆新公。後為大司馬。地皇四年，赤眉軍入長安，戰死漸臺。事見《漢書・王莽傳》。❻議曹史　官名。漢代職權較重的官職都有掾屬，分曹治事，通稱掾史，多由長官自行辟舉。新莽大司空屬官有議曹，主謀議事。❼奏記　漢時朝官對三公，州郡百姓或僚佐對長官陳述意見的文書。❽升聞子以人不間二句　子以人不間於其父母為孝。語出《論語・先進》，子曰：「孝哉閔子騫！人不間於其父母昆弟之言。」間，非議。李賢注曰：「言閔子騫之孝，化其父母兄弟，言人無非之者（即別人沒有非議其父母兄弟的言論）。忠臣事君，有過即諫，在下沒有非君者，是忠臣也。」❾戾　違背。❿探湯　伸手於沸水中。語出《論語・季氏》：「孔子曰：『見善如不及，見不善如探湯。』」喻遠離邪惡。⓫藜藿　藜，野菜。藿，豆類植物的葉子。⓬斛　容器名。一斛十斗。西漢、新莽時，一斛相當於現在二萬毫升。⓭胡貊守關　胡貊，族名。泛指中國古代北方匈奴、濊貊等少數民族。守關，王先謙《集解》引劉攽曰：「胡貊守關，案關當作『闕』。喻迫近不當。」⓮帷帳　室內懸掛的帳幕。此指腹地、身邊或帝王的住處。⓯倒縣　即倒懸。喻處境困苦、危急。縣，同「懸」。⓰引見　引導入見。舊時指皇帝接見臣下或賓客時，由有關大臣引導入見。⓱傳　即傳車。驛站的車馬。⓲上黨　郡名。戰國韓置。治所在壺關（今山西長治北）。西漢移治長子（今山西長子西）。轄境相當今山西和順、榆社以南，沁水流域以東地。東漢末又移治壺關。

【語　譯】范升，字辯卿，代郡人。幼年喪父，依居外祖父家。九歲便精通《論語》、《孝經》。長大後，學習《梁丘易》、《老子》，教授生徒。

王莽的大司空王邑徵辟范升為議曹史。當時王莽頻繁徵發兵役，賦稅繁重，范升於是上書王邑說：「范升聽說做兒子的以別人不非議自己的父母為孝順，做臣子的以群下不非議自己的君主為忠臣。現在眾人都知道朝廷聖明，都說您明察。明察即無事不見，聖明即無事不聞。現在天下的事，明亮如同日月，響震如同雷霆，而朝廷說看不見，您說沒聽說，那麼百姓怎能不呼喊蒼天呢？您以為朝廷的政策是對的而不說，那麼過錯尚小；明知政策失當卻聽從，那麼過錯就大了。這兩種情況對於您來說都不可避免，怪不得天下人都歸怨於您。朝廷以為遠方的人不歸服為最大的問題，范升我卻以為近處的老百姓不滿意為最大的憂患。現在行動與現實相違，辦事與常理相反，在翻車的道路上驅馬奔馳，在事情失敗之後仍然冒險去幹，後出之事更加可怪，晚做之事越發可怕。如今正是春季歲首，而發動百姓去遠方服役，野菜不足以充飢，田地荒蕪無人耕種，糧價飛漲，一斛價至數千，吏民陷於水火之中，已不是國家的人了。這樣下去，則胡貂人把守關口，青州、徐州的賊寇已在我們身邊了。范升我有一言，可解天下人之痛苦，免老百姓之危急，不便寫成書面的東西，希望得到引見，徹底陳述我的意見。」王邑雖以范升之言為正確，但終究沒有採納。范升於是稱病辭職，王邑不允許，命他乘傳車出使上黨。范升於是與漢兵會合，便留下不再回去。

1 建武二年，光武徵詣懷宮❶，拜議郎，遷博士，上疏讓曰：「臣與博士梁恭、山陽太守呂羌❷俱修梁丘易。二臣年並耆艾❸，經學深明。而臣不以時退，與恭並立；深知羌學，又不能達。慚負二老，無顏於世。誦而不行，知而不言，不可開口以為人師。願推❹博士以避❺恭、羌。」帝不許，然由是重之，數詔引見，每有大議，輒見訪問。

2 時尚書令韓歆❻上疏，欲為費氏易❼、左氏春秋立博士，詔下其議。四年正月，朝公卿、大夫、博士，見於雲臺❽。帝曰：「范博士可前平說❾。」升起對曰：「左氏不祖❿孔子，而出於丘明⓫，師徒相傳，又無其人，且非先帝所存⓬，無因得立。」遂與韓歆及太中大夫許淑⓭等互相辯難，日中乃罷。升退而奏曰：「臣聞主不稽古⓮，無以承天⓯；臣不述舊，無以奉君。陛下愍學微缺，勞心經藝，情存博聞，故異端競進。近有司請置京氏易博士，群下執事，莫能據正⑯。京氏既立，費氏怨望，左氏春秋復以比類，亦希置立。京、費已行，次復高氏⑰，春秋之家，又有騶、夾⑱。如今左氏、費氏得置博士，高氏、騶、夾，五經奇異，並復求立，各有所執，乖戾分爭。從之則失道，不從則失人，將恐陛下必有猒⑲倦之聽。孔子曰：『博學約之，弗叛矣夫⑳。』夫學而不約，必叛道也。顏淵曰：『博我以文，約我以禮。』孔子可謂知教，顏淵可謂善學矣。老子曰：『學道日損㉑。』損猶約也。又曰：『絕學無憂。』絕末學也㉒。今費、左二學，無有本師，而多反異，先帝前世，有疑於此，故京氏雖立，輒復見廢。疑道不可由，疑事不可行。詩書之作，其來已久。孔子尚周流遊觀，至于知命㉓，自衛反魯，乃正雅、頌㉔。今陛下草創天下，紀綱未定，雖設學官，無有弟子，詩書不講，禮樂不修㉕，奏立左、費，非政急務。孔子曰：『攻乎異端，斯害也已㉖。』傳曰：『聞疑傳疑，聞信傳信，而堯舜之道存。』㉗願陛下疑先帝之所疑，信先帝之所信，以示反本㉘，明不專己。天下之事所以異者，以不一本也。易曰：『天下之動，貞夫一也。』㉙又曰：『正其本，萬事理㉚。』」五經之本自孔子始，謹奏左氏之失凡十四事。」時難者以太史公多引左氏，升又上太史公違戾五經、謬孔子言及左氏春秋不可錄㉛三十一事。詔以下博士。

後升為出妻所告，坐繫，得出，還鄉里。永平中，為聊城㉜令，坐事免，卒

3 於家。

【章旨】以上為〈范升傳〉的第二部分。寫范升在漢為議郎、博士，為光武帝所器重。次寫范升言立《費氏易》、《左氏春秋》博士之不當及上書言「天下草創」，立《費》、《左氏》博士非為政的當務之急，並奏上《左氏》失誤之事例；突出范升《左氏》「不祖孔子」的論點。

【注釋】❶懷宮　懷縣的行宮。懷縣，今河南武陟縣西。❷呂羌　山陽郡太守，其他事跡不詳。❸耆艾　古以人年六十歲為耆，五十歲為艾。亦泛指老年。❹推　辭讓。❺避　避開；讓。❻尚書令韓歆　尚書令，見〈鄭玄傳〉注。韓歆（？—西元三九年），字翁君，南陽人。以從征伐有功，封扶陽侯。好直言，無隱諱。建武十三年以沛郡太守為大司徒。十五年，以直言觸怒光武帝，免官。光武帝仍怒氣不息，遣使責之，韓歆及其子皆自殺。見本書〈侯霸傳〉。❼費氏易　西漢費直所傳之《易》。長於卦筮，無章句。費直，字長翁，東萊人。以治《易》為郎，官至單父令。見《漢書．儒林傳》。❽雲臺　臺名。在洛陽南宮。❾平說　即「評說」。陳說評論，發表意見。❿祖　效法。⓫丘明　即左丘明。春秋時史學家。魯國人。關於左丘明，有不同的說法：一說複姓左丘，名明；一說單姓左，名丘明。曾任魯太史，與孔子同時，為《春秋》作傳，成《春秋左氏傳》，省稱《左傳》。或謂史官有左右之分，左丘明世為左史，故以左為姓。以其世為史職，故能搜羅列國之史以傳《春秋》。據說左丘明雙目失明，又著《國語》一書，故司馬遷說：「左丘失明，厥有《國語》。」亦有說左丘與左丘明不是一人，左丘明生活在春秋末期，左丘在戰國時期等等。參閱清凌藻揚《蠡酌編》三五〈左傳之左別解〉、劉寶楠《論語正義》五〈公冶長〉及王樹民《曙庵文史雜著．左丘與左丘明非一人辨》。⓬存　過問、關注。⓭許淑　王先謙《集解》引惠棟曰：「許淑字惠卿，魏郡人，官至太中大夫。」⓮稽古　考察古代事跡。⓯承天　承受天命。⓰據正　根據情理，加以糾正。⓱高氏　即《高氏易》。沛人高相所傳之《易》。高相與費直同時，其學亦無章句，專說陰陽災異。見《漢書．儒林傳》。⓲騶夾　為解釋《春秋》的《騶氏傳》與《夾氏傳》。騶，同「鄒」。《漢書．藝文志》著錄《鄒氏傳》十一卷、《夾氏傳》十一卷（注曰「有錄無書」）。

又曰：「及末世口說流行，故有《公羊》、《穀梁》、《鄒》、《夾》之傳。四家之中，《公羊》、《穀梁》立於學官，鄒氏無師，夾氏未有書。」《鄒》、《夾》二傳，後皆亡佚。⑲猒　同「厭」。⑳博學約之二句　君子廣泛地學習文獻，再用禮來加以約束，也就可以不離經叛道了。語出《論語・雍也》，子曰：「君子博學於文，約之以禮，亦可以弗畔矣夫。」此范升約孔子之言。㉑學道日損　從道，則私欲一天比一天減少。語出《老子》：「為學日益，為道日損。」此學道日損即「為道日損」。道，指無為自然之道。范升引此句，是取其「損約」之義，要皇帝對不合正統儒術的東西加以約束，不立博士。㉒絕學無憂二句　絕學無憂，語出《老子》。老子的本意是棄絕仁義聖智之學，並斷絕追求欲利的念頭。憂，《爾雅・釋詁上》：「憂，思也。」思，就是「想法」、「念頭」。絕末學也，意謂：斷絕不合正統儒學之學（不使其有「立博士」的想法）。絕，斷絕。末學，不合正統儒學之學。㉓知命　謂年齡五十歲。《論語・為政》：「子曰：『吾十有五而有志於學，三十而立，四十而不惑，五十而知天命，……。』」㉔自衛反魯二句　孔子自衛國返回魯國，《史記孔子世家集解》引鄭玄曰：「反魯，魯哀公十一年冬。是時道衰樂廢孔子來還，乃正之，故〈雅〉、〈頌〉各得其所。」按：孔子自衛國返回魯國在西元前四八四年，是年孔子六十八歲。所謂正〈雅〉、〈頌〉，是指孔子返回魯國後，開始整理音樂，把那些雜亂無章的古樂做了正確的分類，使〈雅〉、〈頌〉都各歸各的門類。雅、頌，見本書卷三十五〈張純傳〉注。楊伯峻說：「孔子的正〈雅〉〈頌〉，究竟是正其篇章呢？還是正其樂曲呢？或者兩者都正呢？《史記・孔子世家》和《漢書・禮樂志》則以為主要是正其篇章，……調整《詩》篇章的次序。」（《論語譯注・子罕》「〈雅〉〈頌〉各得其所」注）調整《詩》的篇章，只能叫做「正詩」，不能叫做「正樂」。關於孔子的正〈雅〉、〈頌〉，實是指對《詩》的篇章與樂曲都進行整理，不能理解為只整理〈雅〉與〈頌〉。〈雅〉、〈頌〉在這裡指代《詩》各篇的樂曲。《史記・孔子世家》說：「上采契后稷，中述殷周之盛，至幽厲之缺，始於衽席，故曰『〈關雎〉之亂以為〈風〉始，〈鹿鳴〉為〈小雅〉始，〈文王〉為〈大雅〉始，〈清廟〉為〈頌〉始』。」這是說孔子對《詩》篇章的整理。「三百五篇孔子皆弦歌之，以求合《韶》、《武》、《雅》、《頌》之音。禮樂自此可得而述，以備王道，成六藝。」所謂「弦歌之」，「以求合《韶》、《武》、《雅》、《頌》之音」，「禮樂自此可得而述」，「成六藝」，這是說孔子對《詩》樂曲的整理。正確地理解這幾句話，是孔子對《詩》的篇章和樂曲都曾「正」過。《漢書・禮樂志》說：「周道始缺，怨刺之詩起，王澤既竭，而詩不能作。王官失業，〈雅〉、〈頌〉相錯，孔子論而定之，故曰『吾自衛反魯，然後樂正，〈雅〉、〈頌〉各得其所。』」它不說「《詩》正」，而說「樂正」，因為《詩》三百五篇，都能歌唱，故突出說「樂正」。《史記・孔子世家》和《漢書・禮樂志》都可證明孔子所「正」既有《詩》之篇章，又有《詩》之樂曲。㉕修　治；習。㉖攻乎異端二句　語出《論語・為政》。攻，攻擊；批判。斯，此。

害，禍害。已，止。不取李賢「攻猶習，異端謂奇技」之說。㉗傳曰四句　傳，指《春秋穀梁傳》。《穀梁傳．桓公五年》：「信以傳信，疑以傳疑。」注曰：「明實陳也。」意思是：聽到可疑之事就傳可疑之事，聽到可信之事就傳可信之事，按照實事陳述。而堯舜之道存，《穀梁傳．桓公五年》無此句。㉘反本　回歸正道。本，本原。㉙易曰三句　語出《周易．繫辭》。動，運動。貞，正。夫，語助。一，純一；專一。㉚正其本萬事理　今《周易》無此文。理，通達；治理。㉛錄　採納。㉜聊城　縣名。東漢屬東郡。治今山東聊城西北。

【語譯】建武二年，光武帝徵召范升到懷縣行宮，任命他為議郎，遷博士，范升上疏辭讓說：「臣與博士梁恭、山陽太守呂羌都研治《梁丘易》。梁恭、呂羌都年事已高，深明經學。而臣不在適當的時候退下，與梁恭並為博士；又深知呂羌的學問深厚，臣之學識不能融會貫通。內心慚愧，有負於二老，無臉面在世間。臣誦讀經書卻不能實踐，雖知書卻不能立言，不能開口作為人師。臣請求辭去博士，以讓梁恭、呂羌。」光武帝不許，然而因此看重范升，多次下詔接見他，朝廷每有重大事情需要議論，常召見他徵求意見。

2 這時尚書令韓歆上疏，想為《費氏易》、《左氏春秋》立博士，光武帝下詔讓群臣討論此事。建武四年正月，在雲臺接見公卿、大夫、博士。光武帝說：「范博士可上前發表意見。」范升站起來回答說：「《左氏》不遵從孔子的學說，而是出於丘明之手，若說師徒相傳，也無這方面的人，況且又不是先帝所關注的，沒有理由立為博士。」於是便與韓歆及太中大夫許淑互相辯論，到中午才停止。范升退回後又上書說：「臣聽說君主不考察古代事跡，不能承受天命；臣下不遵循舊的典制，不能侍奉君主。陛下憐憫學術衰微損缺，勞心於經學，意在博聞廣識，因此不合正統儒學之學競相進入。近來有關部門請求置《京氏易》博士，執事群臣，沒有誰能根據情理加以撥正。《京氏易》既立為博士，習《費氏易》的人便心懷不滿，《左氏春秋》又與之相比，也希望立為博士。《京氏易》、《費氏易》既立為博士，其次又有《高氏易》、《春秋》學派中又有《騶氏》、《夾氏》。假如令《左氏》、《費氏》立為博士，《高氏》、《騶》、《夾》、《五經》中各種不同的學派，都又要求設置博士，各有其所持的理由，抵觸爭吵。聽從他們則不合正道，不聽從則失人心，將恐怕陛下聽到後必然感到厭倦。孔子說：『君子廣泛地學習文獻，再用禮來加以約束，也就可以不離經叛道了。』只是學習而不加約束，必然會離經叛道的。顏淵說：『老師用文獻使我博學，又用禮以約束我的行動。』孔子可以說深知教人之道，顏淵可以說善於學習。《老子》說：『遵從道，則私欲會一天天減少。』減少就是約束。又說：『絕聖棄智，不使有追求欲利的念頭。』要棄絕不合正統儒學之學。現在《費氏》、《左氏》二家之學，沒有先師，反而有許多怪異之論，前朝先帝，對此就有所懷疑，所以《京氏易》雖立為博士，不久即被廢除。有疑問的道理不可遵從，有疑問的事情不可去做。《詩》、《書》的撰寫，由來已久。孔子尚且四處周遊觀察，到了五十歲才明白其中的道理，從衛國返回魯國，才整理〈雅〉、〈頌〉。現在陛下初建天下，法律制度尚未制定，即使設立學官，沒有弟子，不講《詩》、《書》，不習禮樂，奏請設立《左氏》、《費氏》博士，非為政的當務之急。孔子說：『批判不正確的東西，這禍害就沒有了。』《傳》說：『聽到可疑的事就傳可疑的事，聽到可信的事就傳可信的事。堯舜之道就得以保存。』希望陛下懷疑先帝所懷疑的事，相信先帝所相信的事，以示返回本原，表明自己不獨斷專行。天下的事不同的原因，因為不是同一本源。《周易》說：『天下萬物的運動，其正確性在於專一。』又說：『匡正其根本，萬事都得到治理。』《五經》的本原，從孔子開始，臣恭敬地呈上《左氏》之失誤共十四件事。」當時駁難的人認為太史公之書多引用《左氏》之文，范升又上奏太史公違背《五經》、錯誤理解孔子之言以及《左氏春秋》不可採納三十一件事。光武帝下詔書讓博士們討論。

3 後范升被休離的妻子所告發，因而入獄，出獄後，還歸鄉里。永平年間，任聊城縣令，因事免官，在家中去世。

1 陳元，字長孫，蒼梧廣信❶人也。父欽，習左氏春秋，事黎陽賈護❷，與劉歆同時而別自名家❸。王莽從欽受左氏學，以欽為猒難將軍。元少傳父業，為之訓詁，銳精覃思，至不與鄉里通。以父任為郎。

2 建武初，元與桓譚、杜林、鄭興俱為學者所宗。時議欲立左氏傳博士，范升奏以為左氏淺末，不宜立。元聞之，乃詣闕❹上疏曰：

3 「陛下撥亂反正，文武並用，深愍經蓺謬雜，真偽錯亂，每臨朝日，輒延群臣講論聖道。知丘明至賢，親受孔子❺，而公羊、穀梁傳聞於後世❻，故詔立左氏，博詢可否，示不專己，盡之群下也。今論者沉溺❼所習，翫❽守舊聞，固執虛言傳受之辭❾，以非親見實事之道❿。左氏孤學少與⓫，遂為異家之所覆冒⓬。夫至音不合眾聽，故伯牙絕弦⓭；至寶不同眾好，故卞和泣血⓮。仲尼聖德，而不容於世，況於竹帛⓯餘文，其為雷同⓰者所排，固其宜也。非陛下至明，孰能察之？

4 「臣元竊見博士范升等所議奏左氏春秋不可立，及太史公違戾凡四十五事。案升等所言，前後相違，皆斷截⓱小文，媟黷⓲微辭。以年數小差，掇⓳為巨謬；遺脫⓴纖微，指為大尤㉑。抉瑕擿釁㉒，掩其弘美，所謂『小辯破言，小言破道㉓』者也。升等又曰：『先帝不以左氏為經，故不置博士，後主所宜因襲。』臣愚以為若先帝所行而後主必行者，則盤庚㉔不當遷于殷，周公不當營洛邑㉕，陛下不當都山東㉖也。往者，孝武皇帝好公羊，衛太子㉗好穀梁。有詔詔太子受公羊，不得受穀梁。孝宣皇帝[28]在人間[29]時，聞衛太子好穀梁，於是獨學之。及即位，為石渠[30]論而穀梁氏興，至今與公羊並存。此先帝後帝各有所立，不必其相因也。孔子曰，純，儉，吾從眾；至於拜下，則違之[31]。夫明者獨見，不惑於朱紫；聽者獨聞，不謬於清濁。故離朱[32]不為巧眩移目，師曠[33]不為新聲易耳。方今干戈少弭[34]，戎事略戢[35]，留思聖蓺，眷顧儒雅，採孔子拜下之義，卒淵聖[36]獨見之旨，分明白黑，建立左氏，解釋先聖之積結，洮汰[37]學者之累惑，使基業垂於萬世，後進無復狐疑，則天下幸甚。

5 「臣元愚鄙，嘗傳師言。如得以褐衣[38]召見，俯伏庭下，誦孔氏之正道，理丘明之宿冤；若辭不合經，事不稽古，退就重誅，雖死之日，生之年也。」

6 書奏，下其議，范升復與元相辯難，凡十餘上。帝卒立左氏學，太常選博士四人，元為第一。帝以元新忿爭[39]，乃用其次司隸從事[40]李封，於是諸儒以左氏之立，論議讙譁，自公卿以下，數廷爭之。會封病卒，左氏復廢。

【章　旨】以上為〈陳元傳〉的第一部分。先述陳元的籍貫及傳其父陳欽《左氏》之學，以父任為郎諸事。又寫陳元上書駁范升對《左氏》的「抉瑕擿釁，掩其弘美」，終於使光武帝立《左傳》博士及《左氏》復廢等情況。

【注釋】❶蒼梧廣信　蒼梧，郡名。漢武帝元鼎六年（西元前一一一年）置。治所在廣信（今廣西梧州）。轄境相當今廣西都龐嶺、大瑤山以東，廣東肇慶、羅定以西，湖南江永、江華以南，廣西藤縣、廣東信宜以北地。廣信，縣名。蒼梧郡治所。❷黎陽賈護　黎陽，縣名。西漢置。治所在今河南浚縣東。賈護，字季君。西漢後期《左傳》學的一家。據《漢書・儒林傳》：漢初張蒼、賈誼等人皆修《左氏春秋》，賈誼為《左傳》訓故，授趙人貫公，貫公授清河張禹，張禹授尹更始，尹更始傳子尹咸及翟方進、胡常，胡常授賈護，賈護哀帝時待詔為郎，授蒼梧陳欽，劉歆從尹咸及翟方進受，由是言《左氏》者本之賈護、劉歆。❸別自名家　李賢注曰：「元父欽，字子佚。以《左氏春秋》授王莽，自名《陳氏春秋》故曰別也。」❹詣闕　詣，到；往。闕，此指宮廷或朝堂。❺親受孔子　親身受業於孔子。《四庫全書總目・春秋類》：「自劉向、劉歆、桓譚、班固皆以《春秋傳》（左傳）出左丘明，左丘明受經於孔子。魏晉以來，儒者更無異議。」《史記・十二諸侯年表序》：「孔子西觀周室，論史記舊聞，興於魯而次《春秋》……七十子之徒口受其傳指，為有所刺譏褒諱挹損之文辭不可以書見也。魯君子左丘明懼弟子人人異端，各安其意，失其真，故因孔子史記（春秋）具論其語，成《左氏春秋》。」司馬遷把左丘明叫做「魯君子」，說明他不是孔子的學生。不是孔子的學生，或左丘明年齡大於孔子，亦可以為《春秋》作傳。❻而公羊穀梁傳聞於後世　意謂《公羊傳》、《穀梁傳》乃是來源於後世的傳聞。後世，謂孔子以後至西漢初年的三百餘年間。《公羊傳》的作者戰國時齊國人公羊高，《穀梁傳》的作者戰國時魯國人穀梁赤。相傳他們都是孔子弟子子夏（卜商）的學生，子夏把《春秋》口授於他們，他們又輾轉口授了三百餘年，到西漢初年才著於竹帛，不同於左丘明「因史記具論其語」那樣直接，《公羊傳》、《穀梁傳》無法與《左傳》相比。故曰「傳聞於後世」。陳元以丘明「親受孔子」與「《公羊》、《穀梁》傳聞於後世」相對比，以明《左傳》真實可靠，價值高於《公羊傳》、《穀梁傳》。❼沉溺　謂沉溺不悟。❽翫　同「玩」。玩習。此有保守、守舊之意。❾虛言傳受之辭　指《公羊傳》、《穀梁傳》為輾轉口授三百餘年之文辭。❿非親見實事之道　否定左丘明親見孔子及事實的正確。非，否定。親見，謂左丘明親見孔子。道，直；正確。⓫與　黨與；同類人。⓬覆冒　籠罩；覆蓋。⓭伯牙絕弦　春秋時，楚國人伯牙善鼓琴，鍾子期是最能欣賞、理解他的琴音的人。伯牙彈琴，意在高山，鍾子期說：「巍巍乎若太山。」一會兒，伯牙又想著流水，鍾子期說：「湯湯乎若流水。」後來鍾子期去世，伯牙認為世上再無知音了，於是碎琴絕弦，終身不復鼓琴。事見《列子・湯問》和《呂氏春秋・本味》。⓮卞和泣血　《韓非子・和氏》：「楚人和氏，得玉璞（未經雕琢加工的玉）楚山中，奉而獻之厲王，厲王使玉人相之，玉人曰：『石也。』王以和為誑，而刖其左足。及厲王薨，武王即位，和又奉其璞而獻之武王。武王使玉人相之，又曰：『石也。』王又以和為誑，而刖其右足。武王薨，文王即位，和乃抱其璞，而哭於荊山之下，三日三夜，泣盡而繼之以血。王聞之，使人問其故曰：『天下之刖者多矣，子奚哭之悲也？』和曰：『吾非悲刖也，悲夫寶玉而題之以石，貞士而名之以誑，此吾所以悲也！』王乃使玉人理其璞，而得寶焉。遂命之曰和氏之璧。」《淮南子・覽冥》注：以厲王為武王，以武王為文王，文王為成王。⑮竹帛　竹簡和白絹，古代供書寫用。竹帛亦指史冊。⑯雷同　隨聲附和；人云亦云。⑰㦸　同「截」。⑱媟黷　輕慢；不莊重。⑲掇　摘取。⑳遺脫　遺漏。㉑尤　過錯。㉒抉瑕擿舋　刻意挑剔缺點毛病。擿，揭發。瑕，玉上面的斑點；疵。舋，破綻。㉓小辯破言二句　小的爭辯，毀傷言詞，小的言詞，破壞道義。語出《大戴禮記・小辨》。孔子曰：「小辨破言，小言破義，小義破道。」小辯，在小事上爭辯是非。小言，不合大道的言詞。辨，通「辯」。破；傷。㉔盤庚　商朝第十九王，商湯第九代孫，商王陽甲弟。盤，一作「般」。商王朝多次發生內亂，政治腐敗，國勢衰落，盤庚即位後，為擺脫困境，避免自然災害，乃從奄（今山東曲阜）遷都到殷（今河南安陽西北小屯村）。據《夏商周斷代工程一九九六─二〇〇〇年階段成果報告》，盤庚遷殷在西元前一三〇〇年。盤庚事見《尚書・盤庚》上、中、下。㉕洛邑　即雒邑。古都城名。周成王時，為鞏固對東方殷故土的統治，在周公主持下所建。故址在今河南洛陽洛水北岸，瀍水東西。有二城，在瀍水西岸的名「王城」，即戰國時的河南城，西周時為周人所居，東周平王至敬王時及赧王時，均都於此。瀍水東岸的名「成周」，即戰國時的雒陽城。西周時為被迫遷來的殷民所居。王城故址在今洛陽市王城公園一帶，成周故址當在今洛陽市白馬寺東的漢魏雒陽故城附近。㉖山東　指雒陽。因在崤山以東故稱。㉗衛太子　（西元前一二八─前九一年），即戾太子劉據。漢武帝太子，皇后衛子夫所生，故稱衛太子。元狩元年（西元前一二二年）立。漢武帝末年，巫蠱（巫師使用邪術加禍於人為巫蠱。漢武帝時，方士多聚京師，女巫出入宮中，教宮人埋木偶祭祀消災。適武帝病，懷疑有人對他進行詛咒。權臣江充謂帝「祟在巫蠱」。於是在宮中掘地搜查，坐死者甚眾。）之禍起，江充與太子劉據有嫌隙，藉機誣陷太子，遂稱於太子宮中掘得桐木人，太子不能自明，因於征和二年七月壬午日舉兵誅江充。長安傳言太子反，時武帝病，避暑於甘泉宮，令丞相劉屈氂捕反者，太子與劉屈氂戰於長安，太子敗，逃至湖（今河南靈寶西）藏匿於賣屨人之家，被發覺，吏圍捕太子，太子自殺。諡為戾。事見《漢書・武五子傳》。㉘孝宣皇帝　即西漢宣帝。㉙人間　即民間。㉚石渠　即石渠閣。漢宮中藏書閣名。漢高祖時建，在未央宮內。宣帝甘露三年（西元前五一年）在石渠閣詔諸儒討論《五經》異同。結果，增立《梁丘易》、《大小夏侯尚書》、《穀梁春秋》博士。㉛孔子曰六句　語出《論語・子罕》，子曰：「麻冕，禮也；今也純，儉，吾從眾。拜下，禮也；今拜乎上，泰也。雖違眾，吾從下。」孔子原意是：用麻料做禮帽，合於禮；現在用黑色的絲製作，節儉，我同意大家的作法。臣見君，先在堂下跪拜，然後升堂又磕頭，這是傳統的禮節，現在只升堂以後跪拜，這是倨傲的表現。雖然違背大家，我仍主張要先在堂下跪拜。此陳元約孔子之語，意思是皇帝可違背大家的意見，立《左氏春秋》博士。㉜離朱　又作「離婁」。相傳黃帝時明目之人。《愼子》曰：「離朱之明，察秋毫之末於百步之外。」㉝師曠　春秋時晉國的樂師，字子野。目盲，善彈琴，辨音能力甚強。㉞弭　停止。㉟戢　止息。㊱淵聖　對皇帝的尊稱。㊲洮汰　即「淘汰」。去掉。㊳褐衣　粗布衣服，古代貧者所穿。㊴忿爭　忿怒相爭。㊵司隸從事　司隸校尉屬官。本書志第二十七〈百官四．司隸校尉〉：「從事史十二人。」有都官從事、功曹從事、別駕從事、簿曹從事等。

【語　譯】陳元，字長孫，蒼梧郡廣信縣人。他的父親陳欽研習《左氏春秋》，師事黎陽賈護，與劉歆同時而另外自成一家。王莽跟陳欽學習《左氏春秋》，任命陳欽為猒難將軍。陳元少時繼承父親的學業，並為《左氏春秋》訓詁釋義，專一深思，以至於不和鄉里人來往。因父親的保舉得為郎官。

2　建武初年，陳元與桓譚、杜林、鄭興都為學者所推崇。當時朝廷議論想立《左氏春秋》博士，范升上奏以為《左氏》淺薄，不應立為博士。陳元聞聽此事，於是前往朝廷上書說：

3　「陛下平治亂世，使之返於正道，文武並用，深憐經學謬雜不純，眞偽錯亂，每當上朝之時，便召見群臣講論聖賢之道。知道丘明甚為賢達，親受業於孔子，而《公羊傳》、《穀梁傳》乃是後世輾轉口授傳聞之辭，所以下詔書立《左氏》博士，廣泛地徵求意見，以表示自己不獨斷專行，盡量採納群臣的意見。現在議論的人，沉溺於舊的習慣，保守過去的傳聞，頑固地堅持空虛之言論所傳授的文辭，而否定親見事實的正確。《左氏》之學獨特，研究者少，於是被不同的學派所覆蔽。最優美的音樂，不為眾人所欣賞，所以伯牙碎琴絕弦；最貴重的寶物，不為眾人所喜愛，所以卞和淚盡泣血。孔子的德行至高無上，而不為當世所接受，何況在竹簡白絹上餘留的文字，為隨聲附和者所排斥，本來是當然的事。若非陛下至明，有誰能察覺到呢？

4　「臣陳元私下見博士范升等所議論奏請《左氏春秋》不可立博士，及太史公違背《五經》共四十五件事。考察范升等所言，前後矛盾，都是斷章取義的小段，是輕慢貶低之言辭。以年數小的誤差，摘出以為大錯；小的遺漏，指為大誤。刻意挑剔缺點，掩蓋它的弘大美好，此所謂『小的爭辯毀傷言辭，小的言辭破壞大道』啊。范升等人又說：『先帝不把《左氏》當做經，所以不設置博士，後繼之君也應該沿襲。』臣愚以為假若是先帝所做的事後繼之君主必定要做，那麼盤庚不該遷都於殷，周公不該營建洛邑，陛下不應當在崤山以東建都。從前，孝武皇帝喜愛《公羊傳》，衛太子喜愛《穀梁傳》。孝武皇帝下詔命太子學習《公羊傳》，不能學《穀梁傳》。孝宣皇帝在民間時，聽說衛太子喜愛《穀梁傳》，便獨自學習《穀梁傳》。到即位之後，召群臣在石渠閣論《五經》異同，而《穀梁氏》興起，到現在與《公羊傳》並存。這是先帝後帝各有所立，不一定要因襲舊例。孔子說，用黑色的絲做禮帽，節儉，我贊成大家的作法；至於見君不在堂下跪拜，我便不同意大家的作法。目力好的人有獨特的視覺，不被紅色紫色所迷惑；聽力好的人有獨特的聽覺，能清楚地分辨清音和濁音，不至於錯亂。所以離朱不被奇巧迷人的色彩轉移視線，師曠不被新奇的曲調攪亂聽覺。如今戰爭稍有停止，軍事略有止息，留意聖人經籍，關心儒學雅士，採納孔子在堂下叩拜君主之義，實行皇上聖明獨見之旨，分清黑白，設立《左氏春秋》博士，消除先聖的鬱結，去掉學者積累的疑惑，使基業流傳萬世，使後來之人不再狐疑，這就是天下最大的幸運。

5 「臣陳元愚昧淺薄，曾得先師的傳授。如果能夠以平民的身分召見，臣俯身於朝廷之下，誦讀孔子的正道，理平丘明舊有的冤屈；如果言辭不合經義，論述事實沒有古史為據，願退而接受重罰，雖死之日，猶生之年。」

6 奏章呈上後，皇帝交群臣討論，范升又與陳元互相辯駁，共上書十餘次。光武帝終於立《左氏春秋》於學官，太常挑選博士四人，陳元為第一。光武帝以為陳元剛剛憤憤不平地爭辯，便任用名列第二的司隸從事李封，於是諸儒生因為《左氏春秋》博士的設立，議論喧譁，自公卿以下的官員，多次於朝堂爭論此事。正趕上李封因病去世，《左氏》博士又廢除。

元以才高著名，辟司空李通❶府。時大司農江馮❷上言，宜令司隸校尉❸督察三公。事下三府❹。元上疏曰：「臣聞師臣者帝❺，賓臣者霸❻。故武王以太公❼

為師，齊桓以夷吾❽為仲父。孔子曰：『百官總己，聽於冢宰❾。』近則高帝優相國之禮❿，太宗假宰輔之權⓫。及亡新王莽，遭漢中衰，專操國柄，以偷天下，況己自喻⓬，不信群臣。奪公輔之任，損宰相之威，以刺舉⓭為明，徼訐⓮為直。至乃陪僕⓯告其君長，子弟變⓰其父兄，罔⓱密法峻，大臣無所措手足。然不能禁董忠⓲之謀，身為世戮。故人君患在自驕，不患驕臣；失在自任，不在任人。是以文王有日昃之勞⓳，周公執吐握之恭⓴，不聞其崇刺舉，務督察也。方今四方尚擾，天下未一，百姓觀聽，咸張耳目。陛下宜修文武之聖典，襲祖宗之遺德，勞心下士，屈節待賢，誠不宜使有司察公輔之名。」帝從之，宣下其議。

李通罷，元後復辟司徒歐陽歙㉑府，數陳當世便事、郊廟之禮，帝不能用。以病去，年老，卒於家。子堅卿，有文章。

【章旨】以上為〈陳元傳〉的第二部分。寫陳元以才高著名，辟司空府；上書建議光武帝不宜督察三公，皇帝應「勞心下士，屈節待賢」，相信三公。後寫其辟司徒府及年老病逝等情況。

【注釋】❶李通（?—西元四二年），字次元，南陽宛人。世以貨殖著姓。王莽時，為五威將軍從事，出為巫縣丞，有能名。不樂為吏，自免歸。更始立，拜為大將軍，封西平王。娶光武帝妹伯姬。光武即位，以李通為衛尉。建武二年，封固始侯，拜大司農。光武征討四方，常令李通居守京師。建武六年夏，拜大司空。李通助光武成就大業，特見親重，然性謙恭，常欲避權勢。建武十八年卒，諡恭侯。傳見本書卷十五。❷江馮　生平事跡不詳。❸司隸校尉　官名。漢武帝初置。秩比二千石。本書〈百官志〉曰：「持節掌察舉百官以下及京師近郡犯法者。元帝去節，成帝省（罷），建武中復置，並領一州。」下設有都官從事、功曹從事、別駕從事、兵曹從事及其他屬官若干人。❹三府　即三公太尉、司徒、司空府。❺帝　指成就帝業。❻霸　指成就霸業。霸業，做諸侯聯盟首領，發號施令；稱霸。《論語・憲問》：「管仲相齊桓公，霸諸侯，一匡天下，民到於今受其賜。」❼太公　西周齊國的始祖，東海上人，姜姓，名尚。又曰呂尚，名牙。其祖先嘗為四岳，佐禹平水土甚有功，虞夏之際封於呂（今河南南陽西），從封為氏。至呂尚時，已淪為庶人。呂尚窮困潦倒，且年老，乃以釣魚的機會求見西伯姬昌。西伯獵於渭濱，遇呂尚，與語，大悅，曰：「吾太公望子久矣！」故又號之曰「太公望」。載與俱歸，立為師（統率軍隊的長官。武王稱其為「師尚父」）。「三分天下其二歸周者，太公望之謀居多」。文王崩，積極贊助武王滅商，周朝建立，「師尚父謀居多」。周武王封師尚父於齊營丘（今山東淄博東北）。太公至國，「修政，因其俗，簡其禮，通工商之業，便魚鹽之利，人民多歸齊」。太公大概一百多歲才去世。事見《史記・齊太公世家》。❽夷吾　即管仲。見前〈鄭興傳〉注。❾百官總己二句　百官各自處理自己的職事而聽命於冢宰。語出《論語・憲問》。總己，處理自己的職事。冢宰，官名。輔佐天子之官，亦稱「大宰」。見《周禮・天官冢宰》。鄭玄注曰：「變冢言大，進退異名也。百官總焉則謂之冢，列職於王則稱大。」後世因以冢宰為宰相之稱。❿高帝優相國之禮　高帝，漢高祖劉邦。優相國之禮，蕭何為相國，高帝「賜劍履上殿（漢承秦法，群臣上殿不許穿鞋子，不許帶兵器。特許蕭何可帶劍穿鞋上殿，以示對他的特殊優寵），入朝不趨（趨，小步快走。此為古人見君主時行走的一種姿勢，以示敬畏）」。見《史記・蕭相國世家》、《漢書・蕭何傳》。⓫太宗假宰輔之權　漢文帝授予丞相權力。太宗，西漢文帝劉恆的廟號。假，給予；授予。宰輔，輔政大臣。此指丞相申屠嘉。漢文帝寵臣鄧通為太中大夫，丞相申屠嘉入朝，鄧通居文帝旁，怠慢無禮，申屠嘉奏事畢，回府，召鄧通欲誅之。文帝使持節召鄧通，而謝丞相申屠嘉。「假宰輔之權」即指此事。見《史記・張丞相列傳》、《漢書・申屠嘉傳》。⓬況己自喻　美化、抬高自己，自以為是。況，通「皇」。美；大。《荀子・非十二子》：「成名況乎諸侯」。孫詒讓《札迻》卷六：「況與『皇』通。《大戴禮記・小辯篇》云『治政之樂，皇於四海』，此云『成名況乎諸侯』，與〈小辯〉『皇於四海』義正同。」《大戴禮記》王聘珍注：「皇，大也，美也。」況己，即抬高自己，美化自己。喻，知曉；明白。《玉篇・口部》：「喻，曉也。」⓭刺舉　刺探揭發。⓮微訐　揭人陰私。⓯陪僕　泛指奴僕。⓰變　上變；告密。⓱罔　同「網」。⓲董忠　王莽大司馬。與劉歆等謀誅王莽，事發被殺。⓳文王有日昗之勞　文王，見前〈鄭興傳〉注。日昗之勞，日昗，太陽偏西。昗，同「昃」。《尚書・無逸》：文王「自朝至于日中昗，不遑暇食。」即文王忙於政務，太陽偏西，顧不上吃飯。⓴周公執吐握之恭　執，保持。吐握，即吐哺握髮。吐哺，吃飯時，聽說有士人來，口中咀嚼的食物來不及嚼好下嚥，急忙吐出以見士。握髮，洗沐時，聽說有士人來，顧不上束髮，以手握住頭髮，接見士人。握髮，亦作「捉髮」。吐哺握髮，比喻招攬人才之迫切。周公「一飯三吐哺，一沐三握髮，猶恐失天下之賢人」，誡其子伯禽之語。見《史記・魯周公世家》。㉑歐陽歙　字正思，樂安國千乘縣（今山東高青）人。自歐陽生傳伏生《尚書》至歙八世皆博士。歙既傳業，而恭謙好禮讓。王莽時為長社宰，更始立，為原武令。光武即位，遷河南尹、揚州牧、汝南太守。建武九年，更封夜侯。在郡政有異績，建武十五年，徵為大司徒。坐在汝南贓罪千餘萬，發覺，下獄。諸生守闕為歙求哀者千餘人，甚至有欲代歙死者。後死獄中。傳見本書卷七十九。

【語　譯】陳元因才學高而出名，徵辟於司空李通府。這時大司農江馮上言，認為應該命司隸校尉督察三公。此事已通知三公府。陳元上疏說：「臣聽說以大臣為師的人成就帝業，以大臣為賓客的人成就霸業。所以周武王以太公為師，齊桓公以管仲為仲父。孔子說：『百官各自處理自己的職事，而聽命於冢宰。』近代則有高祖優待相國之禮，太宗授予宰輔權力之實例。到已滅亡的新朝王莽，正遇上漢朝中道衰落，專權操縱國政，以竊取天下，美化、抬高自己，自以為是，不相信群臣。剝奪三公輔臣的職權，損壞丞相的威望，以刺探檢舉別人為英明，以揭發別人的陰私為正直。竟至奴僕告其君長，子弟密告其父兄，法網嚴峻苛刻，大臣們不知如何是好。然而卻不能禁止董忠的謀劃，自身為世人所殺。所以君主的禍患在於自己驕傲，不在於臣下驕傲；過失在於自信，不在於所用的人。因此周文王有從早忙到太陽偏西的辛勞，周公有吐哺握髮以待賢士的恭謹，沒聽說他們有推崇刺探揭發，從事監督審察之事。現在四方還不安定，國家尚未統一，百姓都在睜大眼睛觀看形勢，豎起耳朵聽取消息。陛下應該遵循文王、武王明聖的法規，繼承祖宗遺留的美好德行，操勞心力，禮賢下士，委屈自己，善待賢者，確實不應該有使派官員督察公輔的名聲。」光武帝聽從了他的意見，將他的奏議宣布讓群臣討論。

　李通免官後，陳元又被司徒歐陽歙府徵辟，多次陳述有利於當世之事及祭祀天地、宗廟的禮儀，皇帝沒有採納。因病辭官，年老，在家中去世。兒子陳堅卿，有才學。

賈逵，字景伯，扶風平陵❶人也。九世祖誼，文帝時為梁王太傅❷。曾祖父光，為常山❸太守，宣帝時以吏二千石自洛陽徙焉。父徽，從劉歆受左氏春秋，兼習國語❹、周官，又受古文尚書於塗惲❺，學毛詩於謝曼卿❻，作左氏條例二十一篇。

【章旨】以上為〈賈逵傳〉的第一部分。先述賈逵的籍貫及其九世祖賈誼、曾祖賈光為官、遷徙諸事，又述其父賈徽習古文經傳及著作。旨在突出賈逵學術之淵源。

【注釋】❶扶風平陵　扶風，即右扶風。官名，政區名。治槐里（今陝西興平東南）。轄區相當今陝西秦嶺以北，戶縣、咸陽、旬邑以西地。平陵，縣名。在今陝西咸陽西北。❷梁王太傅　梁王，漢文帝少子劉揖。漢文帝二年立，立十年墮馬死，無子國除。見《漢書・文三王傳》。太傅，本書志第二十八〈百官五〉：「皇子封王，其郡為國，置太傅一人，相一人，皆二千石。本注曰：傅主導王以善，禮如師，不臣也。」傅，初稱太傅，至成帝時稱「傅」。❸常山　郡、國名。漢高祖三年（西元前二〇四年）置郡。治元氏（今河北元氏西北）。轄境相當今河北唐河以南，京廣鐵路以西，內丘以北地區。東漢改為國，轄境略大。❹國語　書名，二十一卷。為西周末、春秋時期的一部國別史，以記言為主。分周、魯、齊、晉、鄭、楚、吳、越八國語。自司馬遷說「左丘失明，厥有《國語》」後，一般認為《國語》為左丘明所著。可與《左傳》相參證，故又有《春秋外傳》之稱。其記事〈晉語〉最詳，周、魯次之，齊、鄭、吳、越又次之。有三國時韋昭注本。近人徐元誥有《國語集解》。❺塗惲　李賢注曰《風俗通》曰：「惲字子真，受《尚書》於胡常。」王先謙《集解》引洪亮吉曰：「案前書〈儒林傳〉，胡常授徐敖始授惲。此注蓋誤。」按：《漢書・儒林傳》：塗惲字子真，平陵人。王莽時，諸學皆立，劉歆為國師，惲貴顯。❻謝曼卿　九江人。本書〈儒林傳・衛宏〉：「九江人謝曼卿善《毛詩》，乃為其訓，宏從曼卿受學。」

【語譯】賈逵，字景伯，右扶風平陵人。九世祖賈誼，西漢文帝時為梁王太傅。曾祖父賈光，官常山太守，宣帝時因官二千石，自洛陽遷徙平陵。父賈徽，跟劉歆學《左氏春秋》，兼學《國語》、《周官》，又從塗惲學

《古文尚書》，從謝曼卿學《毛詩》，作《左氏條例》二十一篇。

1 逵悉傳父業，弱冠❶能誦左氏傳及五經本文，以大夏侯尚書❷教授，雖為古學，兼通五家穀梁❸之說。自為兒童，常在太學，不通人間事。身長八尺二寸，諸儒為之語曰：「問事不休賈長頭。」性愷悌❹，多智思，俶儻❺有大節。尤明左氏傳、國語，為之解詁五十一篇❻，永平中，上疏獻之。顯宗重其書，寫藏祕館。

2 時有神雀集宮殿官府，冠羽有五采色。帝異之，以問臨邑侯劉復❼。復不能對，薦逵博物多識。帝乃召見逵，問之。對曰：「昔武王終父之業，鸑鷟在岐❽；宣帝威懷戎狄，神雀仍集。此胡降之徵也❾。」帝敕蘭臺❿給筆札⓫，使作神雀頌，拜為郎，與班固並校祕書，應對左右。

3 肅宗立，降意儒術，特好古文尚書、左氏傳。建初元年，詔逵入講北宮白虎觀⓬、南宮雲臺。帝善逵說，使發出左氏傳大義長於二傳⓭者。逵於是具條奏之曰：

4 「臣謹擿⓮出左氏三十事尤著明者，斯皆君臣之正義，父子之紀綱。其餘同公羊者什有七八，或文簡小異，無害大體。至如祭仲、紀季、伍子胥、叔術⑮之屬，左氏義深⑯於君父，公羊多任⑰於權變，其相殊絕，固以甚遠，而寃抑⑱積久，莫肯分明。

5 「臣以永平中上言左氏與圖讖合者，先帝不遺芻蕘⑲，省納臣言，寫其傳詁，藏之祕書。建平⑳中，侍中劉歆欲立左氏，不先暴㉑論大義，而輕移太常，恃其義長，詆挫諸儒。諸儒內懷不服，相與排之㉒。孝哀皇帝重逆㉓眾心，故出歆為河內太守。從是攻擊左氏，遂為重讎。至光武皇帝，奮獨見之明，興立左氏、穀梁。會二家先師不曉圖讖，故今中道而廢。凡所以存先王之道者，要在安上理民也。今左氏崇君父，卑臣子，彊幹弱枝㉔，勸善戒惡，至明至切，至直至順。且三代㉕異物，損益隨時，故先帝博觀異家，各有所採。易有施、孟，復立梁丘㉖；尚書歐陽，復有大、小夏侯㉗。今三傳之異亦猶是也。又五經家皆無以證圖讖明劉氏為堯後者，而左氏獨有明文㉘。五經家皆言顓頊㉙代黃帝，而堯不得為火德㉚。左氏以為少昊㉛代黃帝，即圖讖所謂帝宣㉜也。如令堯不得為火，則漢不得為赤。其所發明，補益實多。

6 「陛下通天然之明，建大聖之本，改元正歷㉝，垂萬世則。是以麟鳳百數，嘉瑞雜遝㉞。猶朝夕恪勤㉟，游情六蓺，研機綜微㊱，靡不審覈㊲。若復留意廢學㊳，以廣聖見，庶幾㊴無所遺失矣。」

7 書奏，帝嘉之，賜布五百匹，衣一襲㊵，令逵自選公羊嚴、顏㊶諸生高才者二十人，教以左氏，與簡紙經傳各一通。

8 逵母常有疾，帝欲加賜，以校書例多，特以錢二十萬，使潁陽侯馬防㊷與之。謂防曰：「賈逵母病，此子無人事於外㊸，屢空則從孤竹之子於首陽山矣㊹。」

9 逵數為帝言古文尚書與經傳爾雅㊺詁訓相應，詔令撰歐陽、大、小夏侯尚書、古文同異。逵集為三卷，帝善之。復令撰齊、魯、韓詩與毛氏㊻異同。并作周官解故㊼。遷逵為衛士令㊽。八年，乃詔諸儒各選高才生，受左氏、穀梁春秋、古文尚書、毛詩，由是四經遂行於世。皆拜逵所選弟子及門生為千乘王國郎㊾，朝夕受業黃門署㊿，學者皆欣欣羨慕焉。

10 和帝即位，永元三年(51)，以逵為左中郎將(52)。八年，復為侍中，領騎都尉(53)。內備帷幄，兼領祕書近署(54)，甚見信用。

【章　旨】以上為〈賈逵傳〉的第二部分。寫賈逵本身事。先述其悉傳父業、性格、氣質、多智、善附會及為郎諸事。又寫其入講白虎觀、雲臺，為章帝所賞識。又寫其上書言《左傳》長於《公》、《穀》二傳及與《公羊傳》的明顯區別。又寫其教諸生《左傳》、《穀梁傳》、《古文尚書》、《毛詩》事。又寫其內備帷幄及甚見信用等情況。

【注釋】❶弱冠　《禮記・曲禮上》：「二十曰弱冠。」弱，年少，古代男子二十歲行冠禮。故用以指男子二十歲上下的年齡。❷大夏侯尚書　西漢《今文尚書》學者夏侯勝所傳之《尚書》。夏侯勝，字長公，東平（今山東汶上）人。《尚書》大夏侯學的開創者。詳見本書志第二十五〈百官二・太常〉「大小夏侯氏」注。❸五家穀梁　李賢注：「五家謂尹更始、劉向、周慶、丁姓、王彥等，皆為《穀梁》，見《前書》也。」這裡的尹更始、劉向、周慶、丁姓，均見於《漢書・儒林傳》。唯王彥於史無徵。〈儒林傳〉載宣帝甘露元年（西元前五三年）召《五經》名儒及太子太傅蕭望之等在大殿辨《公羊》、《穀梁》異同。《公羊》家有博士嚴彭祖、侍郎申輓、伊推、宋顯，又請來侍郎許廣。《穀梁》家有議郎尹更始、待詔劉向、周慶、丁姓，又請來中郎王亥。各五人。議論三十餘事。王彥殆即王亥之訛。❹愷悌　平易近人。❺俶儻　卓異；豪爽；灑脫不拘。俶，一作「倜」。❻解詁五十一篇　李賢注曰：「《左氏》三十篇，《國語》二十一篇。」❼劉復　齊武王劉縯（劉秀兄，字伯升，諡齊武王）孫，北海王劉興之子。見本書卷十四。❽鸑鷟在岐　鸑鷟，鳳凰的別名。岐，岐山。在今陝西岐山縣城東北。相傳周初有鳳鳴於此，故名鳳凰堆。周大夫內史過對周惠王曰：「周之興也，鸑鷟鳴於岐山。」見《國語・周語上》。❾宣帝威懷戎狄三句　威懷，威服和懷柔。指威德並用。戎狄，指少數民族。神雀仍集，宣帝神爵元年（西元前六一年）春，三月，行幸河東，祠后土，詔曰：「朕承宗廟，戰戰栗栗，……元康四年，嘉穀玄稷降於郡國，神爵（同「雀」）仍集，……幸萬歲宮，神爵翔集。其五年（元康五年）為神爵元年。」仍，頻；屢次。李賢注曰：「宣帝時神雀再見，改為年號，後匈奴降服，呼韓入朝也。」❿蘭臺　漢代宮內藏圖書處。以御史中丞掌之，後世稱御史臺為蘭臺。東漢班固為蘭臺令史，受詔撰史，故後世亦稱史官為蘭臺。⓫札　古時書寫用的小木片。《說文・木部》：「札，牒也。」段玉裁注曰：「長大者曰槧，薄小者曰札。」⓬白虎觀　漢代宮觀名。章帝建初四年（西元七九年）會集學者於此，講論《五經》異同，成《白虎通德論》一書。⓭二傳　即《公羊傳》與《穀梁傳》。⓮擿　同「摘」。摘取；摘錄要點。⓯祭仲紀季伍子胥叔術　祭仲，春秋時鄭國大夫，名足，又稱祭仲足。鄭莊公卒，祭仲立公子忽為君，是為昭公。昭公弟突，為宋女所生，宋人助突爭君位，誘祭仲而執之，以死威脅祭仲，要他立公子突為君。祭仲被迫與宋訂盟，立公子突為君，是為厲公。關於祭仲立突為君事，見桓公十一年（西元前七〇一年）《春秋經》、《左傳》、《公羊傳》、《穀梁傳》。李賢注引《左傳》杜預注曰：「祭仲之如宋，非會非聘，見誘被拘，廢長立少，故書名罪之。」《公羊傳》認為：祭仲立突為君，是通權達變。不然即君死國亡。以祭仲為賢。紀季，西周時紀侯之弟。李賢注曰：「《左傳·莊公三年》（西元前六九一年），紀季以酅入齊，紀侯大去其國。（齊滅紀國，紀侯亡，一去不復返，故曰「大去」。《十三經注疏》本《左傳》無「紀侯大去其國」句，在《公羊傳》。）李賢注曰：「賈逵以為紀季不能兄弟同心以存國，乃背兄歸讎，書以譏之。」《公羊傳》則曰：「紀季，賢也。何賢乎？服罪也。其服罪奈何？請後五廟以存姑姊妹。」五廟，諸侯五廟：父、祖、曾祖、高祖、始祖。後五廟，即「五廟」之後代，亦即為祖宗之後代。以存姑姊妹，徐彥疏曰：「不言兄弟子姪者，謙不敢言之，欲言兄弟子姪，亦隨國亡，但外出之女有所歸趣而已。」紀與齊為讎，齊大紀小，紀季知紀必亡，故先獻酅（紀國邑名。今山東淄博臨淄區東）降齊，作為齊的附庸，保存紀國的宗廟。故《公羊傳》以為紀季賢。楊伯峻《春秋左傳注》以為：「紀季入齊，猶奉紀祀。」紀，姜姓國，西周金文作「己」，其國都在今山東壽光南紀臺村。西元前六九〇年為齊所滅。伍子胥，見本書卷三十一〈蘇不韋傳〉注。李賢注曰：「《公羊傳》不許子胥復讎，是不深父也。」引《公羊傳·定公四年》：「父受誅，子復讎，推刃之道也。」推刃之道，何休注曰：「一往一來曰推刃。」謂父罪當誅而子復仇，仇家之子亦必報復，則形成一往一來的循環報復。叔術，西周時邾婁國君邾顏公之弟。邾顏公被殺後，周宣王命叔術為邾國君，周宣王崩，叔術即讓國於邾顏公之子夏父。周宣王在位時，叔術不違天子之旨，為邾君，周宣王崩，叔術乃讓國，也體現了叔術通權達變。因此，《公羊傳》以叔術讓國為賢。叔術讓國與夏父之後，夏父欲將邾國與叔父叔術各掌一半，叔術不肯，與叔術三分之一，叔術亦不肯，與四分之一，叔術仍不肯，最後以五分之一與叔術，叔術接受。五分之一之地，就是邾國的濫邑（在今山東滕州東南）。魯昭公三十一年（西元前五一一年），叔術的後代黑肱（肱，亦作「弓」）帶著濫邑，投奔魯國。⑯深　重：重視。⑰任　用：偏重。⑱冤抑　冤屈。此指諸儒對《左傳》、《公羊傳》枉曲地解釋。⑲芻蕘　割草打柴的人。多指草野鄙陋之人。⑳建平　西漢哀帝年號，西元前六—前五年。㉑暴　顯揚；顯露。㉒輕移太常五句　輕，輕易地。移，古代文體的一種。多用於不相統屬的官署間。《文心雕龍·檄移》：「劉歆之〈移太常〉，辭剛而義辯，文移之首也。」劉歆建議哀帝立《左氏春秋》、《毛詩》、《逸禮》、《古文尚書》於學官，哀帝令劉歆與《五經》博士講論其義，諸博士或不肯置對，劉歆因此移書太常博士，責讓他們，其言甚切，諸博士皆怨恨，大司空師丹亦大怒，奏劉歆改亂舊章，非毀先帝所立。劉歆懼誅，求出補吏，為河內太守，後徙五原、涿郡太守，數年，以病免官。事見《漢書·楚元王傳》。㉓重逆　不輕易地違反。重，不輕易。逆，違反。㉔彊幹弱枝　指崇君父，卑臣子。彊，同「強」。幹，指君父。枝，指臣子。㉕三代　夏、商、周。㉖易有施孟二句　易，即《周易》。施，即施讎。西漢今文《易》學「施氏學」的開創者。孟，即孟喜。西漢今文《易》學「孟氏學」的開創者。梁丘，即梁丘賀。西漢今文《易》學「梁丘學」的開創者。並見本書志第二十五〈百官二・太常〉注。㉗尚書歐陽二句　歐陽，即歐陽生。西漢《今文尚書》「歐陽學」的開創者，伏生弟子。詳見本書志第二十五〈百官二・太常〉注。大小夏侯，西漢《今文尚書》學者夏侯勝、夏侯建的合稱。詳見本書志第二十五〈百官二・太常〉注。㉘劉氏為堯後者二句　《左傳・昭公二十九年》，晉大夫蔡墨曰：「陶唐氏既衰，其後有劉累，學擾龍於豢龍氏，以事孔甲。」此賈逵以為劉氏為堯後之「明文」。㉙顓頊　五帝之一。黃帝孫。見《史記・五帝本紀》。㉚火德　秦漢方士以水、火、木、金、土五行相生相剋的理論來附會王朝的興替，稱為「五德終始」。漢儒董仲舒、劉向等人都以為漢為堯後，堯為火德，漢亦應為「火德」。所謂「顓頊代黃帝，而堯不得為火德」，即黃帝以土德王，土生金，顓頊應當為金德，金生水，高辛（帝嚳）當為水德，水生木，堯當為木德。漢承堯後，漢自然不應為火德。㉛少昊　亦作「少皞」。古帝名。名摯（一作「質」），字青陽，黃帝子，己姓。以金德王，故也稱金天氏。邑窮桑，都曲阜，號窮桑帝。春秋時的郯國，自稱是少昊的後代。《左傳・昭公十七年》：「郯子曰：『昔黃帝氏以雲紀，故為雲師而雲名；……我高祖少皞摯之立也，鳳鳥適至，故紀於鳥，為鳥師而鳥名。』」賈逵即以為是少昊代黃帝。㉜帝宣　李賢注引《河圖》曰：「大星如虹，下流華渚（宋均云：渚名），女節意感，生白帝朱宣。」宋均注曰：「少昊氏也。」㉝改元正曆　改元，改建初九年為元和元年。正曆，謂元和二年始用《四分曆》。㉞雜遝　眾多。李賢注曰：「章帝時，鳳皇見百三十九，麒麟五十二，白虎二十九，黃龍三十四，神雀、白燕等史官不可勝紀。」㉟恪勤　恪，恭敬；謹慎。勤，勤懇。㊱研機綜微　研究綜合事理的深奧精微。㊲覈　同「核」。㊳廢學　廢棄之學。此指《左傳》。㊴庶幾　差不多。㊵襲　在此為量詞。多用於衣服、被褥。相當於「副」、「套」。㊶公羊嚴顏　嚴，即嚴彭祖。西漢今文《公羊春秋》嚴氏學的開創者。顏，即顏安樂。西漢今文《公羊春秋》顏氏學的開創者。均見本書志第二十五〈百官二・太常〉注。㊷馬防　（？—西元一〇一年），字江平，扶風茂陵人。伏波將軍馬援次子。初為黃門侍郎，遷中郎將、城門校尉。以平西羌功，拜車騎將軍，封潁陽侯，貴寵最盛。見本書卷二十四。㊸無人事於外　不與外人交通往來。㊹屢空則從孤竹之子句　屢空，謂經常貧乏。孤竹之子，孤竹君之二子伯夷、叔齊。互相讓國逃出，反對周武王伐紂，周朝建立，恥食周粟，餓死於首陽山。孤竹，商之諸侯國。在今河北盧龍一帶。首陽山，其說甚多，有說即今山西永濟附近之雷首山，有說即今河南偃師西北之首陽山。今甘肅渭源東南三十四公里處也有首陽山，山上有伯夷、叔齊墓。㊺爾雅　我國最早解釋詞義的專著。由漢初學者綴輯周、漢諸儒舊文遞相增益而成。今本《爾雅》十九篇，為考證詞義和古代名物的重要資料。後世經學家常用以解說儒家經義。今本《十三經注疏》中的《爾雅》為晉郭璞注，宋邢昺疏。清邵晉涵著有《爾雅正義》、郝懿行著有《爾雅義疏》較為詳密。㊻齊魯韓詩與毛氏　齊，即《齊詩》，漢初齊人轅固傳，為《詩》今文學派之一。魯，即《魯詩》，漢初魯人申培傳，《詩》今文學派之一。《韓》即《韓詩》，漢初燕人韓嬰傳，《詩》今文學派之一。《齊詩》、《魯詩》、《韓詩》西漢皆立為博士。《毛氏》即《毛詩》，為《詩》古文學派，漢初毛亨傳，晚出，未得立博士。關於《詩》及其學派，詳見本書志第二十五〈百官二‧太常〉注。㊼周官解故　解釋《周禮》的著作。解故即「解詁」。以當代的語言解釋古代語言。㊽衛士令　官名。屬衛尉。本書〈百官志二〉：南宮衛士令一人，北宮衛士令一人，秩六百石。統領衛士，掌南北宮的宿衛。有丞一人。㊾皆拜逵所選弟子句　弟子、門生，王先謙《集解》引周壽昌曰：「《集古錄》張宙碑陰跋云：『親受業者為弟子，轉相傳授者為門生。』宙碑殘缺，其稱弟子者十人，門生四十三人，足證弟子、門生之別。」千乘，東漢諸侯王國名。當時的千乘王為章帝子劉伉。㊿黃門署　官署名。掌供皇帝書法、繪畫、技工和百物。其長官為黃門署長。(51)永元三年　西元九一年。(52)左中郎將　官名。秩比二千石，屬光祿勳。統領左署郎官。(53)領騎都尉　領，地位較高的官員兼理較低的職務謂之「領」。騎都尉，官名。次於將軍的武官。漢武帝元鼎二年置，以李陵為之。宣帝時，以騎都尉監羽林騎。後掌駐屯騎兵，也領兵征伐。秩比二千石，無定員。(54)祕書近署　宮內藏書的官署。以其接近皇帝，故稱近署。

【語　譯】賈逵完全繼承父親的學業，二十歲便能背誦《左傳》及《五經》原文，以《大夏侯尚書》教授生徒，他雖然研究古文經學，兼通五家《穀梁傳》的解說。賈逵從兒童時起，就常常在太學院中，不過問社會上的事情。身長八尺二寸，儒生們給他作了一句順口溜說：「問事不休賈長頭。」賈逵性格平易近人，多智慧，豪爽灑脫，氣度不凡。尤其精通《左傳》、《國語》，給《左傳》、《國語》作《解詁》五十一篇，永平年間，上書獻給朝廷。顯宗看重他的著作，抄寫收藏於祕書館中。

2 當時有神雀集聚在宮殿、官府，頭上的羽毛有五彩色。皇帝感到奇異，因此詢問臨邑侯劉復。劉復不能回答，便推薦賈逵，說他見聞廣博，學識豐富。皇帝於是召見賈逵，詢問此事。賈逵回答說：「從前周武王完成父親的事業，鳳凰鳴於岐山；宣帝的威德鎮撫戎狄，神雀多次集聚。這是胡人歸降的徵兆。」皇帝命蘭臺給賈逵筆札，讓他作〈神雀頌〉，拜賈逵為郎官，與班固一起校訂祕書，在皇帝左右以備顧問。

3 肅宗即位，注重儒學，特別喜好《古文尚書》、《左傳》。建初元年，詔命賈逵到北宮白虎觀、南宮雲臺講論儒家學術。皇帝以賈逵的論說為善，讓他寫出《左傳》大義長於《公羊》、《穀梁》二傳之處。賈逵於是分條上奏說：

4 「臣認真地摘出《左傳》三十件特別明顯的事，這都是有關君臣的大義，父子的法規。其餘與《公羊》相同的十分之七八，有的文字簡略，小有差異，不妨礙大體。至於祭仲、紀季、伍子胥、叔術之類的人，《左傳》的大義重於君父，《公羊傳》則偏重於通權達變，它們之間的不同處，本來就相差很遠，由於枉曲地解釋流傳時間過久，沒有誰肯把它們弄清楚。

5 「臣在永平年間上書談到《左傳》與圖讖相合之處，先帝不遺棄臣的野草之見，省察採納臣的說法，抄寫臣所作之傳詁，收藏於祕府。建平年間，侍中劉歆想設立《左傳》博士，不先充分地宣揚《左傳》的大義，而輕率地寫信給太常，依仗《左傳》在大義方面的長處，詆毀挫傷諸儒生。諸儒生心中不服，一致排斥劉歆，孝哀皇帝不輕易地違背眾人的心意，所以讓劉歆出任河內太守。從此攻擊《左傳》，彼此結下深仇。到光武皇帝，發揮獨特高明的見解，設立《左傳》、《穀梁》博士。可巧這二家先師不通曉圖讖，因此使二家學官半途而廢。凡是能夠體現先王之道的事，關鍵在於安定君主治理百姓。現在看來，《左傳》尊崇君父，卑下臣子，強幹弱枝，鼓勵行善，懲戒作惡，非常明白，非常懇切，非常正直，非常順理。況且三代事各不同，或增或減，根據形勢需要來確定，所以先帝廣泛地觀察不同學派，各有所取。《易》有施氏、孟氏，又立梁丘氏；《尚書》有歐陽氏，又立大、小夏侯氏。現在看來，三傳的不同，也是如此。再說，《五經》各家都不能夠證明圖讖所說的劉氏為堯之後，唯獨《左傳》有明文記載。《五經》各家都說顓頊代替黃帝，而堯不應該是火德。《左傳》以為少昊代替黃帝，就是圖讖所說的帝宣。如果堯不能為火德，那麼漢也不應尚赤。《左傳》所發揮和闡明的事，補益實在太多。

6 「陛下有通曉天然之道的神明，是建大聖朝的根本，改用新年號，採用新曆法，為流傳萬世的準則。因此，麒麟、鳳凰的出現數以百計，祥瑞吉兆多次出現。仍然朝夕謹慎勤懇，用心於《六藝》，研究綜合事理的深奧精微，無不審察考核。若再關注被遺棄的《左傳》，以擴大聖明的見解，這差不多沒有什麼遺漏的了。」

7 書疏奏上，皇帝認為很好，賜給賈逵布五百匹，衣服一套，命賈逵從學習嚴氏、顏氏《公羊春秋》的諸生中挑選二十名高材生，教他們學習《左傳》，給他們竹簡和紙，讓他們把《春秋經》和《左傳》各抄寫一份。

8 賈逵的母親經常有病，皇帝想加以賞賜，因為賈逵校訂圖書事情多，特地拿出錢二十萬，派潁陽侯馬防送去。皇帝對馬防說：「賈逵母病，賈逵與外人沒有什麼交往，經常貧乏，就會使他像孤竹君之二子一樣餓死於首陽山了。」

9 賈逵多次對皇帝說《古文尚書》與解釋經傳的《爾雅》相符合，皇帝下詔命賈逵撰寫《歐陽尚書》、《大夏侯尚書》、《小夏侯尚書》與《古文尚書》的同異。賈逵彙集成三卷，皇帝以為很好。又命賈逵撰寫《齊詩》、《魯詩》、《韓詩》與《毛詩》的異同。賈逵並撰寫了《周官解故》。升遷賈逵為衛士令。八年，皇帝下詔命諸儒各選高材生，學習《左傳》、《穀梁春秋》、《古文尚書》、《毛詩》，從此，這四經便在社會上流行。皇帝都任命賈逵所選弟子及門生為千乘王國的郎官，從早到晚在黃門官署讀書，學習的人都高高興興，令人羨慕。

10 和帝即位，永元三年，任命賈逵為左中郎將。八年，又為侍中，兼任騎都尉。在宮內備顧問應對，兼管祕書近署，非常被信任和重用。

逵薦東萊司馬均、陳國汝郁，帝即徵之，並蒙優禮。均字少賓，安貧好學，隱居教授，不應辟命。信誠行乎州里。鄉人有所計爭，輒令祝少賓❶，不直者終無敢言。位至侍中，以老病乞身。帝賜以大夫祿，歸鄉里。郁字叔異，性仁孝。及親歿，遂隱處山澤。後累遷為魯相，以德教化。百姓稱之，流人歸者八九千戶。

逵所著經傳義詁及論難百餘萬言，又作詩、頌❷、誄❸、書❹、連珠❺、酒令❻

凡九篇，學者宗之，後世稱為通儒❼。然不修小節，當世以此頗譏焉，故不至大官。永元十三年❽卒，時年七十二。朝廷愍惜，除兩子為太子舍人❾。

【章　旨】以上為〈賈逵傳〉的第三部分。寫賈逵推薦賢士及其撰著，旨在寫賈逵為儒者所宗，世稱「通儒」。後寫其不能做大官的原因及其去世諸事。

【注　釋】❶輒令祝少賓　王先謙《集解》引顧炎武曰：「(李賢)注非也。言敢於少賓之前發誓乎?」又引何焯曰：「祝與咒同，指少賓以誓也。」❷頌　文體之一。指以頌揚為目的的詩文。❸誄　述死者功德以示哀悼的文章。❹書　文體名。古代一種以議論為主的特殊文體。❺連珠　文體名。明徐師曾《文體明辨》：「借物陳義以通諷諭之詞。」大多駢偶有韻，起於漢代。晉傅玄謂其「辭麗而言約」，「歷歷如貫珠」，故名。❻酒令　舊時飲酒助興取樂遊戲的文字。推一人為令官，餘人聽令輪流說詩詞，或作其他遊戲，違令者罰飲酒。❼通儒　通曉古今，學識淵博的儒者。❽永元十三年　西元一〇一年。❾太子舍人　太子屬官，秩二百石。無定員，更直宿衛，如三署郎中。見本書志第二十七〈百官四·太子少傅〉注。

【語　譯】賈逵推薦的東萊人司馬均、陳國人汝郁，皇帝即徵召他們，並受到優厚的禮遇。司馬均字少賓，安貧好學，隱居教授生徒，不接受官府的徵召。他信實真誠，名聲傳播於州里。鄉里人有所爭執，即令以少賓的名義發誓，理屈的人始終不敢開口。司馬均官至侍中，因老病辭官。皇帝賜給他大夫的俸祿，回歸鄉里。汝郁字叔異，生性仁愛孝順。雙親去世後，便隱居山澤。後累遷為魯相，用仁德進行教化。百姓都稱讚他，流亡在外的人返回家園的有八九千戶。

賈逵所撰寫的對經傳義理的解釋及辯論駁難的文章一百多萬字，又作詩、頌、誄、書、連珠、酒令共九篇，學者以他為宗師，後世學者稱他為通儒。但賈逵不注重小節，當世之人因此對他頗有譏諷，所以不能做大官。永元十三年去世，時年七十二歲。朝廷憐惜他，任命他的兩個兒子為太子舍人。

論曰：鄭❶、賈之學，行乎數百年中，遂為諸儒宗，亦徒有以焉爾❷。桓譚以不善讖流亡，鄭興以遜辭僅免，賈逵能附會文致❸，最差❹貴顯。世主以此論學❺，悲矣哉！

【章旨】以上為作者的評論文字。感歎當時的皇帝只重讖緯，不重經術，以此評論學術是可悲的。

【注釋】❶鄭　指鄭興。❷亦徒有以焉爾　李賢注曰：「言賈、鄭雖為儒宗，而不為皇帝所重，故曰『亦徒有以焉爾』。」徒，空。有以，具有這種名氣。焉爾，而已。❸附會文致　把本來不相聯繫的事物強拉硬扯在一起；把沒有某種意義的問題說成有某種意義。附會，亦作「傅會」。文致，粉飾。❹最差　出人意料。差，奇異。❺世主以此論學　世主，當時的皇帝。李賢注曰：「言時主不重經而重讖也。」

【語譯】史家評論說：鄭興、賈逵的學說，流傳於幾百年中，為諸儒所推崇，也不過空有這種名聲而已。桓譚因為不善於讖緯而流亡，鄭興因為言詞謙遜而僅免於罪，賈逵善於附會和粉飾，出人意料地高貴顯赫。當時的君主以這種見解來評論學術，可悲啊！

1 張霸，字伯饒，蜀郡❶成都人也。年數歲而知孝讓，雖出入飲食，自然合禮，鄉人號為「張曾子❷」。七歲通春秋，復欲進餘經，父母曰「汝小未能也」，霸曰「我饒❸為之」，故字曰「饒」焉。

2 後就長水校尉樊儵❹受嚴氏公羊春秋，遂博覽五經。諸生孫林、劉固、段著等慕之，各市宅其傍⑤，以就學焉。

3 舉孝廉光祿主事⑥，稍遷，永元中為會稽⑦太守，表用郡人處士顧奉⑧、公孫松等。奉後為潁川太守，松為司隸校尉，並有名稱。其餘有業行⑨者，皆見擢用。郡中爭厲⑩志節，習經者以千數，道路但聞誦聲。

4 初，霸以樊儵刪嚴氏春秋猶多繁辭，乃減定為二十萬言，更名張氏學。

5 霸始到越⑪，賊未解，郡界不寧，乃移書開購⑫，明用信賞，賊遂束手歸附，不煩士卒之力。童謠曰：「棄我戟，捐我矛，盜賊盡，吏皆休。」視事三年，謂掾史曰：「太守起自孤生⑬，致位郡守。蓋日中則移，月滿則虧。老氏有言：『知足不辱⑭。』」遂上病⑮。

6 後徵，四遷為侍中。時皇后兄虎賁中郎將鄧騭⑯，當朝貴盛，聞霸名行，欲與為交。霸逡巡⑰不荅，眾人笑其不識時務。後當為五更⑱，會疾卒，年七十。遺勑諸子曰：「昔延州⑲使齊，子死嬴、博⑳，因坎㉑路側，遂以葬焉。今蜀道阻遠，不宜歸塋，可止此葬，足藏髮齒而已。務遵速朽㉒，副㉓我本心。人生一世，但當畏敬㉔於人，若不善加己，直為受之。」諸子承命，葬於河南梁縣㉕，因遂家焉。將作大匠翟酺㉖等與諸儒門人追錄本行㉗，謚曰憲文。中子楷。

【章　旨】以上為〈張霸傳〉。先寫張霸的籍貫及年少時的孝讓、聰穎好學，又寫其所學及為官：擢拔賢士，治郡有方，知止而退；又寫其不與貴戚交往及其去世諸事。旨在突出張霸的明哲。

【注　釋】❶蜀郡　郡名。戰國秦置。治成都（今四川成都）。西漢轄境相當今四川松潘以南，邛崍山以東，邛崍縣以北，成都以西地。❷曾子　（西元前五〇五—前四三六年），名參，字子輿，春秋末魯國南武城（今山東費縣）人。孔子弟子。以孝著稱。《大戴禮記》中有他的言行。相傳〈大學〉是他所著。後世稱為「宗聖」。❸饒　李賢注曰：「饒猶『益』也。」王先謙《集解》引何若瑤曰：「上云『復欲進餘經』，既曰『復』，又何曰『益』？饒，餘也。言為之有餘力。」從《集解》。❹長水校尉樊儵　長水校尉，漢武帝所置京師屯兵八校尉之一。掌長水、宣曲胡騎。樊儵（？—西元六七年），字長魚。光武帝舅樊宏之子。嗣父爵為壽張侯（後徙燕侯），從侍中丁恭學《公羊嚴氏春秋》。永平元年，拜長水校尉。曾與公卿定郊祀禮儀，以讖記正《五經》異說。刪定《公羊嚴氏春秋》章句，世稱「樊侯學」。永平十年卒，諡哀侯。傳見本書卷三十二。❺市宅其傍　市，購買。傍，臨近。❻光祿主事　官名。即光祿勳主事。為光祿勳屬官。鄭樵《通志・職官略》：「主事，二漢有之。」注曰：「漢光祿勳有南北庭主事、三署主事，於諸郎之中察茂才者為之。」為掾史的首領。❼會稽　郡名。秦王政二十五年（西元前二二二年）於原吳越地置。治所在吳縣（今江蘇蘇州），東漢順帝時移治山陰（今浙江紹興）。❽處士顧奉　處士，古時稱有才德隱居不仕的人。顧奉，王先謙《集解》引惠棟曰：「張勃《吳錄》云：『奉字季鴻。』〈儒林傳〉云：『奉受《嚴氏春秋》於豫章程曾。』」❾業行　學業品德。❿厲　同「礪」。磨礪。⓫越　越地。即會稽郡。⓬開購　公開懸賞招降。⓭孤生　孤陋的人。常用為自謙之辭。⓮知足不辱　指能自知滿足，安於所遇，便不會遭到恥辱。語出《老子》：「知足不辱，知止不殆，可以長久。」⓯上病　上書稱病辭官。⓰鄧騭　（？—西元一二一年），字昭伯，南陽郡新野縣人。鄧禹孫，妹為和帝皇后。鄧騭初為郎，三遷至虎賁中郎將。和帝死，安帝即位，太后臨朝，鄧騭為大將軍，專斷朝政。太后死，安帝與宦官李閏合謀誅滅鄧氏，他自殺。傳見本書卷十六。⓱逡巡　遲疑；猶豫。⓲五更　年老致仕而經驗豐富的人。相傳古代設三老五更之位，以養老人。《禮記・文王世子》：「遂設三老五更。」注曰：「三老五更各一人也，皆年老更事致仕者也，天子以父兄養之，示天下之孝悌也。」這種制度到漢代還保存。《後漢書・明帝紀》：「尊事三老，兄事五更。」⓳延州　指季札。季札，春秋時吳王壽夢第四子，吳王諸樊弟，又稱公子札。多次推讓君位，封於延陵（今江蘇常州），稱延陵季子。後封於州來（今安徽鳳臺），故曰「延州來」。此曰「延州」，乃「延州來」之省稱。吳王僚十二年（西元前五一五年），使季札出使上國（吳國對中原諸國之稱）。見《左傳・昭公二十七年》。⑳嬴博　春秋時齊二邑名。在今山東中部萊蕪市一帶。吳季札葬子於其間。《禮記・檀弓下》：「延陵季子適齊，於其反也，其長子死，葬於嬴、博之間。」後用為死葬異鄉之典。㉑坎　坑；穴。㉒務遵速朽　必須遵照我的囑託使屍體快速腐爛。務，必須。遵，遵照。㉓副　符合。㉔畏敬　尊敬；敬重。㉕梁縣　秦置縣。屬三川郡。東漢屬河南尹。治今河南汝州西。㉖翟酺　字子超，廣漢郡雒縣（今四川廣漢）人。好《老子》，又善圖緯天文曆算。初仕郡，徵拜議郎，遷侍中。延光三年（西元一二四年）出為酒泉太守，以破羌功遷京兆尹。順帝即位，拜光祿大夫，遷將作大匠。為權貴所誣，釋，卒於家。著〈援神〉、〈鉤命〉解詁十二篇。傳見本書卷四十八。㉗行　行狀。追述死者生平事跡的文章。

【語　譯】張霸，字伯饒，蜀郡成都人。年齡數歲時，便知道孝順和禮讓，即使出入飲食之類的事，也自然合乎禮節，鄉裡的人把他叫做「張曾子」。他七歲便通《春秋》，又想進修其他經書，父母說「你年紀小，不行啊」，張霸說「我有餘力來學習」，所以給他取字叫做「饒」。

2　後來張霸跟隨長水校尉樊儵學習《嚴氏公羊春秋》，於是博覽《五經》。儒生孫林、劉固、段著等人都敬慕他，各自在其住處附近購買房屋，以便向他學習。

3　張霸被推舉為孝廉，做了光祿勳主事，不斷升遷，永平年間做了會稽太守，上表舉用了郡中的隱居之士顧奉、公孫松等人。顧奉後來做了潁川太守，公孫松做了司隸校尉，都有好的名聲。其他有學業和品行的人，都被提拔任用。郡中之人，爭相磨礪志節，讀書的人數以千計，道路上只聽到讀書的聲音。

4　當初，張霸以為樊儵刪定的《嚴氏春秋》尚有多處重繁的文辭，於是減刪定為二十萬字，改名叫做《張氏學》。

5　張霸初到越地，盜賊未散，郡界不安寧，張霸於是張貼文告，公開懸賞招降，說明有功必賞，盜賊便放下武器歸附，沒有煩勞士兵之力。兒童歌謠說：「放下我的戟，扔掉我的矛，盜賊除盡，吏士皆休。」張霸在郡中任職三年，對掾史說：「本太守以孤陋之人起家，官位達到郡守。太陽過了中午就要偏移，月亮圓滿之後就要虧缺。老子說：『能自知滿足的人，不會遭到恥辱。』」於是上書託病辭官。

6 後來又被徵召，經四次升遷官至侍中。當時皇后的兄長虎賁中郎將鄧騭，是當朝的顯貴人物，聽說張霸的名聲和操行，想與他結交。張霸遲疑不做回答，眾人笑他不識時務。後來張霸應當為五更，適逢患病去世，終年七十歲。他遺言命兒子們說：「從前延陵季子出使齊國，他的兒子死於嬴、博之間，於是挖坑路旁，便把兒子埋葬在那裡。如今蜀道險阻遙遠，不宜回家鄉安葬，可就在此地葬埋我，只要能掩蓋我的身體就可以了。一定要遵照我的囑託使屍體快些腐爛，以符合我的本心。人生一世，應當為人所敬重，倘若不好的事加在自己頭上，用自己的正直行為來承受它。」兒子們按照他的吩咐，安葬他於河南梁縣，於是便在那裡安家落戶。將作大匠翟酺等人與諸儒生及門徒追記他一生的行事，定其諡號為憲文。他的中子名張楷。

1 楷字公超，通嚴氏春秋、古文尚書，門徒常百人。賓客慕之，自父黨夙儒❶，偕造門焉。車馬填街，徒從無所止，黃門❷及貴戚之家，皆起舍巷次，以候過客往來之利。楷疾其如此，輒徙避之。家貧無以為業，常乘驢車至縣賣藥，足給食者，輒還鄉里。司隸舉茂才，除長陵❸令，不至官。隱居弘農❹山中，學者隨之，所居成市，後華陰❺山南遂有公超市。五府❻連辟，舉賢良方正，不就。

2 漢安❼元年，順帝特下詔告河南尹曰：「故長陵令張楷行慕原憲❽，操擬夷、齊，輕貴樂賤，竄跡幽藪❾，高志確然❿，獨拔群俗。前比徵命，盤桓⓫未至，將⓬主者翫習於常，優賢不足，使其難進歟？郡時以禮發遣。」楷復告疾不到。

3 性好道術，能作五里霧。時關西人裴優亦能為三里霧，自以不如楷，從學之，楷避不肯見。桓帝即位，優遂行霧作賊，事覺被考⑬，引楷言從學術，楷坐繫廷尉詔獄⑭，積二年，恆諷誦⑮經籍，作尚書注。後以事無驗，見原⑯還家。建和⑰三年，下詔安車備禮聘之，辭以篤疾不行。年七十，終於家。子陵。

【章旨】以上為〈張楷傳〉。先寫張楷所學、教授生徒、為人所敬慕及隱居之地成市等情況。又寫司隸舉其為茂才，除長陵令、五府連續徵召、順帝詔命「郡時以禮發遣」、桓帝下詔「安車備禮聘之」皆不就等情況。旨在突出張楷的安貧樂道。

【注釋】❶父黨夙儒　父黨，父輩。父親的朋友、僚屬等。夙儒，老儒生。❷黃門　指宦官。❸長陵　古縣名。西漢五陵之一。漢高祖十二年（西元前一九五年）築陵置縣。治所在今陝西咸陽東北。❹弘農　古縣名。漢武帝元鼎三年（西元前一一四年）於舊函谷關地置。治所在今河南靈寶北。❺華陰　縣名。在今陝西東部渭河下游。秦置寧秦縣，漢改華陰縣。❻五府　太傅、太尉、司徒、司空、大將軍府。❼漢安　東漢順帝劉保年號，西元一四二－一四四年。❽原憲　孔子弟子。字子思。魯國人，一說宋國人。清約守節，安貧樂道。孔子卒後，原憲遂亡草澤中。見《史記·仲尼弟子列傳》。❾幽藪　僻靜的草澤地帶。❿確然　剛強；堅定。⓫盤桓　徘徊；逗留。⓬將　或。⓭考　拷問；刑訊。⓮詔獄　奉皇帝詔令拘禁犯人的監獄。⓯諷誦　朗讀；誦讀。⓰原　赦罪。⓱建和　東漢桓帝劉志年號，西元一四七－一四九年。

【語譯】張楷字公超，精通《嚴氏春秋》、《古文尚書》，學生經常有百人之多。賓客們都敬慕他，自父親的朋友到老儒生，一起登門拜訪他。車馬填滿街巷，致使門徒僕從沒有地方居留。宦官貴戚之家，都在其街巷旁邊蓋房子，以候往來過客，賺他們的錢財。張楷痛恨他們的作法，即遷居避開他們。張楷家貧，沒有養家的產業，經常乘驢車到縣城賣藥，直到得來的錢財足夠養家時，便回到鄉里。司隸校尉推舉他為茂才，朝廷任命他為長陵縣令，他不赴任。隱居在弘農山中，向他學習的人跟隨而來，他所住的地方，便成為街市，以後華陰山南便形成了公超市。五府接連徵辟，推舉為賢良方正，他沒有前往。

2　漢安元年，順帝特地下詔告訴河南尹說：「前長陵縣令張楷，品行敬慕原憲，德操可比伯夷、叔齊，輕視富貴，樂於貧賤，隱匿蹤跡於僻靜的草澤，志向高潔堅定，在時俗中出類拔萃。以前多次徵召任命，逗留未至，或許是因主事之人習慣於平常的作法，優待賢士不夠周到，使他難於應命吧？郡府應及時以禮節送他上路。」張楷又稱病不肯到任。

3　張楷性喜好道術，能使五里之內霧氣瀰漫。當時函谷關以西的人裴優也能作三里霧，自以為不如張楷，便從張楷學作五里霧，張楷躲避不與他相見。桓帝即位，裴優便製霧氣作賊，事情發覺後，被拷問審訊，他說向張楷學習的法術，張楷因此受牽連被拘禁在廷尉詔獄，經過二年之久，張楷總是朗讀經書，並撰寫了《尚書注》。後因事無確證，被赦免回家。建和三年，桓帝下詔書以安車備禮物徵聘他，張楷辭以病重不能起行。年七十歲，在家中去世。他的兒子名張陵。

陵字處沖，官至尚書❶。元嘉❷中，歲首朝賀，大將軍梁冀❸帶劍入省❹，陵呵叱令出，勑羽林、虎賁奪冀劍。冀跪謝，陵不應，即劾奏冀，請廷尉論罪。有詔以一歲俸贖，而百僚肅然。

初，冀弟不疑為河南尹❺，舉陵孝廉。不疑疾陵之奏冀，因謂曰：「昔舉君，適所以自罰也。」陵對曰：「明府❻不以陵不肖，誤見擢序❼，今申公憲❽，以報私恩。」不疑有愧色。陵弟玄。

【章旨】以上為〈張陵傳〉。寫張陵其官至尚書，為維護國法敢於呵叱、彈劾顯赫的外戚，旨在突出張陵的剛正氣概。

【注釋】❶尚書　官名。見本書志二十六〈百官四・尚書〉注。❷元嘉　東漢桓帝年號，西元一五一—一五三年。❸梁冀（？—西元一五九年），安定烏氏（今甘肅平涼）人，兩妹為順帝、桓帝皇后。其父梁商死後，他繼為大將軍。順帝死，他與妹梁太后先後立沖、質、桓三帝，專斷朝政二十年。執政期間，驕奢橫暴，亂殺無辜，多建園囿，強迫民數千人為奴隸，稱「自賣人」。梁太后、皇后死後，桓帝與宦官單超等五人定議，誅滅梁氏，他自殺。東漢政府沒其財產，賣錢三十餘萬萬。傳見本書卷三十四。❹省　禁中。漢稱禁中為省。帝王所住的宮內。❺河南尹　官名，政區名。本書〈郡國志・河南尹〉南朝梁劉昭注曰：「秦三川郡，高祖更名。世祖都雒陽，建武十五年改曰河南尹。」尹，治理。亦為官名。商、西周時為輔弼之官，漢代始以京城的行政長官稱尹，有京兆尹、河南尹。河南尹治所在雒陽（今河南洛陽東北）。❻明府　對郡太守的尊稱。河南尹相當於郡太守。❼擢序　亦作「擢敘」。提拔敘用。❽公憲　猶「國法」。

【語譯】張陵，字處沖，官至尚書。元嘉年間，年初朝賀天子，大將軍梁冀帶劍入宮，張陵大聲呵叱，令梁冀退出，命羽林郎、虎賁郎奪下他的佩劍。梁冀下跪謝罪，張陵不理睬，立即彈劾梁冀，請求廷尉定罪。皇帝下詔命梁冀以一年的俸祿贖罪，因而百官對張陵肅然生敬。

當初，梁冀弟梁不疑為河南尹，舉張陵為孝廉，梁不疑痛恨張陵彈劾梁冀，因而對張陵說：「原先我舉君為孝廉，恰好是自己處罰自己。」張陵回答說：「賢明的府君不因為我張陵不賢，使我被錯誤地提拔敘用，現在我是在申張國法，以報答您的私恩。」梁不疑於是有慚愧之色。張陵的弟弟名張玄。

玄字處虛，沈深❶有才略，以時亂不仕。司空張溫❷數以禮辟，不能致。中平❸二年，溫以車騎將軍出征涼州賊邊章❹等，將行，玄自田廬被褐帶索❺，要❻說溫曰：「天下寇賊雲起，豈不以黃門常侍❼無道故乎？聞中貴人❽公卿❾已下當出祖道⑩於平樂觀⑪。明公總天下威重⑫，握六師之要⑬，若於中坐酒酣，鳴金鼓，整行陣，召軍正⑭執有罪者誅之，引兵還屯都亭⑮，以次翦除中官⑯，解天下之倒縣，報海內之怨毒⑰，然後顯用隱逸忠正之士，則邊章之徒宛轉⑱股掌之上矣。」溫聞大震，不能對，良久謂玄曰：「處虛，非不悅子之言，顧吾不能行，如何！」玄乃歎曰：「事行則為福，不行則為賊。今與公長辭矣。」即仰藥⑲欲飲之。溫前執其手曰：「子忠於我，我不能用，是吾罪也，子何為當然！且出口入耳之言⑳，誰今知之㉑！」玄遂去，隱居魯陽山㉒中。及董卓秉政，聞之，辟以為掾，舉侍御史，不就。卓臨之以兵，不得已彊起，至輪氏㉓，道病終。

【章　旨】以上為〈張玄傳〉，旨在突出張玄的沉深與才略。沉深表現在「以時亂不仕」，才略表現在說張溫可藉兵權在握、眾官餞行之際，發動軍事政變，翦除宦官及有罪之人。又寫其隱居及去世諸事。

【注　釋】❶沈深　深沉；穩重。❷張溫　（？—西元一九一年），字伯慎，南陽郡穰縣（今河南鄧州）人。靈帝時為司空、車騎將軍，後為太尉。董卓專政，張溫為衛尉。後為董卓所殺。❸中平　東漢靈帝劉宏年號，西元一八四—一八九年。❹邊章　涼州地方軍閥。靈帝中平元年，北地先零羌與河關群盜反，立義從胡北宮伯玉為將軍，伯玉劫致金城人邊章、韓遂，使專任軍政。殺金城太守，攻燒州郡，入寇三輔。詔以董卓為中郎將，助左車騎將軍皇甫嵩前往征討，嵩等無功而歸，邊章、韓遂於是大盛。朝廷乃以司空張溫為車騎將軍，假節，前往征討，邊章、韓遂敗走榆中。中平三年春，詔拜張溫為太尉。冬，徵還京師。後邊章、北宮伯玉為韓遂所殺。見本書〈董卓傳〉。❺被褐帶索　被，同「披」。身穿。帶索，以繩索為腰帶。❻要　同「邀」。攔截。❼黃門常侍　即「中常侍」。❽中貴人　朝中貴人。指朝中的高官。❾公卿　三公九卿的簡稱。亦泛指高官。

⑩祖道　古代為出行者祭路神，並飲宴餞行。⑪平樂觀　亦作「平樂館」、「平樂苑」。漢宮觀名。漢高祖建於長安上林苑，武帝時增修。東漢都雒陽，亦有平樂觀，在雒陽西門外。明帝取長安飛廉（神獸）、銅馬置平樂觀中。東漢平樂觀在今河南洛陽故城西。⑫總天下威重　總，總攬。威重，威權；重任。⑬握六師之要　握，掌握。六師，天子六軍。周制，一萬二千五百人為師。後指天子的軍隊。要，權柄。⑭軍正　軍中執法官。⑮都亭　都邑中的傳舍。秦法，十里一亭。郡縣治所則置都亭。此指國都雒陽。⑯中官　即宦官。⑰怨毒　怨恨；仇恨。⑱宛轉　隨意處置。⑲仰藥　服毒藥自殺。⑳出口入耳之言　語出《左傳・昭公二十年》：「言出於余口，入於爾耳。」指兩人之間私下相談。㉑誰今知之　王先謙《集解》曰：「『今』當為『令』之誤文。言出於子口，入於我耳，我不言，誰令他人知之。語意自順。」從《集解》。㉒魯陽山　山名。在今河南汝州。㉓輪氏　縣名。治所在今河南臨汝西北。

【語譯】張玄，字處虛，深沉穩重有才智謀略，因為時勢動亂而不做官。司空張溫多次以禮聘請他，不能使他到來。中平二年，張溫以車騎將軍的職務出征討伐涼州賊邊章等人，將要出發時，張玄從田間房舍中出來，身穿粗布衣服，以繩索為腰帶，攔住張溫說：「天下的賊寇如雲一般湧起，難道不是黃門常侍不行正道的緣故嗎？我聽說中貴人公卿以下的官員當在平樂觀為您餞行。明公您總攬天下重任，掌握六軍權柄，如果能在坐中酣飲的時候，鳴金擊鼓，整理軍陣，命令軍中執法官捉拿有罪的人，把他們殺掉，帶兵回去駐紮在都亭，按次序翦除宦官，解除天下百姓的倒懸之苦，報海內民眾的怨仇，然後堂堂正正地起用隱居的忠正之士，那麼邊章這夥人如同在股掌之上，可隨意處置。」張溫聞言大驚，不能對答，過了很長的時間才對張玄說：「處虛，不是我不喜歡您的話，但我做不到，怎麼辦！」張玄於是歎息說：「事情做了便是福，不做便是賊。現在我與公永別了。」隨即欲服毒藥自殺。張溫上前捉住他的手說道：「您忠於我，您的話我不能採用，這是我的罪過，您為什麼這樣做呢！況且話出於您口，入於我耳，能讓誰知道呢！」於是張玄離去，隱居於魯陽山中。到董卓掌權時，聞聽此事，便徵張玄以為掾史，推薦為侍御史，張玄沒有接受。董卓動用兵力，逼迫張玄赴任，張玄不得已，勉強起行，到輪氏縣，在路上得病去世。

贊曰：中世❶儒門❷，賈、鄭名學。眾馳一介❸，爭禮氈幄❹。升、元守經，義偏情較❺，霸貴知止，辭交戚里❻。公超善術，所舍成市。

【章　旨】以上為作者的評議文字。總括評述本傳中人物的事跡。

【注　釋】❶中世　中古時代。此指漢朝。❷儒門　猶「儒家」。❸一介　一個人。❹氈幄　匈奴人以氈製的帳篷為居室，因用以借指匈奴王庭。❺較　明顯。❻辭交戚里　辭，謝絕；拒絕。交，交往；結交。戚里，帝王外戚居住的地方。此借指外戚皇后兄虎賁中郎將鄧騭。

【語　譯】史官評議說：漢世儒家，賈逵、鄭興是為名儒。鄭眾以一介之使，馳奔匈奴，與單于爭禮。范升、陳元，堅守經義，各持一端，明顯地都存在著偏見，張霸可貴，在於知止，適時而退，辭交外戚。張楷善道術，所居成街市。

【研　析】本卷是幾個學者的傳記，集中記述東漢時期學術文化中的一個重要問題：現實政治對於《左傳》地位的認定，很好地反映了漢代經學與政治之間的密切關係。茲結合本卷內容，簡要介紹一些背景知識，以期讀者能更好的了解本卷內容。

如所周知，漢武帝「獨尊儒術」是在秦滅詩書之後進行的，在秦的高壓政策下，儒生們或口相傳誦，或私自藏匿典籍，西漢前期，儒家著作又逐漸流布，並用當時流行的隸書即所謂「今文」記錄文本。早在先秦時期，孔子後學便因應形勢，加上個人理想與人生際遇，已分化為多個均自稱為儒的流派，《韓非子》中稱有八家之多。各派雖然都師法孔子，但所傳誦的經典文本，不必字字均同，而觀點更是各有發揮。漢武帝置《五經》博士之後，因各經有不同的師承與解說，各家弟子因儒學獨尊而進入政界，爭相發揮影響。到東漢初，《五經》博士實有十四人，代表十四個流派，其中《易經》有施、孟、梁丘、京氏四家，《尚書》有歐陽、大小夏侯三家，《詩經》有齊、魯、韓三家，《禮記》分為大、小戴二家，《春秋》有嚴、顏二家。各家謹守門戶，有時甚至相互攻擊。如果有新的流派出現，並試圖獲得朝廷認可，擠進《五經》博士的行列，自然會使業已占據主流地位的學派受到挑戰，並進而影響其既得的「利祿之途」。學術之爭因而常常演變成政治鬥爭，最終裁決權不在學者，而在皇帝。

在漢代儒學內部紛爭中，《左傳》最具典型。漢武帝獨尊儒術，固然出於當時政治需要，也與董仲舒的倡導有很大關係。董仲舒治學主要研討的是《春秋公羊傳》，《春秋》原本是孔子整理魯國舊史用於教育學生而成的一部史書，以萬餘字述二百多年歷史，文字簡短而隱晦，所記的許多史事，當時人明白，後來人就摸不著頭腦，這原本是先秦文字的特點，而儒者卻堅信隱晦的文字背後，有著聖人孔子想表達而未明言的深意，於是孔門後學就有了相應的解釋與發揮。大致在西漢景帝時，公羊壽及其弟子將其曾祖公羊高傳下來的對《春秋》逐字逐句的解釋記錄下來，便成了《春秋公羊傳》。董仲舒推動儒學獨尊，他主學的《春秋》一書便成以後數十年間最為重要的儒家經典，治儒學者對公羊氏的闡述更是趨之若鶩，名流輩出，官高位顯者甚眾。解釋春秋的還有穀梁氏，亦成書而列於太學教學，即《春秋穀梁傳》，《穀梁傳》所持《春秋》文本與《公羊傳》略異，其解釋也簡明扼要，不像《公羊傳》那樣繁瑣，但學者無幾，影響甚微。至於見於記載同樣也是解釋《春秋》的《鄒氏傳》和《夾氏傳》，更是了無蹤跡。

西漢末，大學者劉向、劉歆父子在整理國家圖書館藏書時，發現一部編年體史書，乃孔子同時代甚至比孔子年長的左丘明所作，當時認為亦是解釋《春秋》的作品，被稱為《左氏傳》。該書用先秦字體即所謂「古文」寫成，文字精彩，史事翔實，雖有些敘述不見於《春秋》，有些見於《春秋》的史事該書又未著一言，且記事比春秋多了二年。仍讓劉歆感到震撼，他堅信與孔子同時人所作《左氏傳》才是符合孔子本意的解釋《春秋》的著作，而《公羊傳》、《穀梁傳》乃後人所作，不見得是聖人本意。因而請求將《春秋左氏傳》及同時發現用「古文」寫成的《尚書》等列為太學講授內容，結果太學博士們拒絕與其討論。劉歆憤而寫了一封致太學博士的長信，即著名的〈讓太常博士書〉，指責他們「信口說而背傳記，是末師而非往古」，而反對者更是上綱上線，說劉向「改亂舊章，非毀先帝所立」。由此引發漢代儒學「今古文之爭」。反映在《春秋》上，也就是《公羊傳》與《左氏傳》誰是誰非之爭。

劉歆將《左氏傳》列於學官的建議，「忤執政大臣，為眾儒所訕」，以失敗告終。如本卷所述，鄭興「少學《公羊春秋》，晚善《左氏傳》」，「好古學，尤明《左氏》」，《左傳》的魅力難以擋住求真知的學者。其子鄭眾傳其學，皇太子亦曾想請他私下裡予以講解，《左傳》的影響力顯然上升。但當尚書令韓歆請求為《左傳》設立學官時，博士范升堅決反對，理由主要為「左氏不祖孔子，而出於丘明」；「且非先帝所存」；《左傳》傳承無序，且多與《史記》相合，而司馬遷「違戾五經，謬孔子言」。研讀《左傳》的陳元又加反駁，批評反對者「沉溺所習，翫守舊聞，固執虛言傳受之辭，以非親見實事之道」，用語與劉歆幾乎相同。光武帝最終拍板將《左傳》列於學官，「於是諸儒以《左氏》之立，論議讙譁，自公卿以下，數廷爭之」。學術之爭延及政治，朝廷不安，於是不久又加以廢止。

真正給《左傳》帶來轉機的是賈逵。這不僅因為東漢章帝「特好《古文尚書》、《左氏傳》」，還在於與鄭興對光武帝直言「臣不為讖」不同，賈逵有意迎合現實政治需要，聲稱《左傳》一些記述正好證明了劉氏皇位的合法性：「《五經》家皆無以證圖讖明劉氏為堯後者，而《左氏》獨有明文。」其內容又是「崇君父，卑臣子，彊幹弱枝，勸善戒惡」。章帝於是令賈逵挑選一批原本學習《公羊傳》的太學生轉學《左氏傳》，又「詔諸儒各選高才生，受《左氏》、《穀梁春秋》、《古文尚書》、《毛詩》，由是四經遂行於世。」漢代儒學原本已是政治學術，學術之爭也因政治權力的強勢介入最終分出伯仲。借用范曄的話說：「世主以此論學，悲矣哉！」

（王明信注譯）

卷三十七

桓榮丁鴻列傳第二十七

【題解】本卷是一篇二人的合傳，寫了桓榮、丁鴻的事跡。他二人雖是師徒關係，但在他們各自的學術、仕宦活動中，卻沒有任何聯繫。〈桓榮傳〉除了寫桓榮的事跡外，還寫了其子桓郁、孫桓焉、曾孫桓鸞、玄孫桓典、桓曄、桓彬，共七人。附述的還有孫桓普、曾孫桓麟。桓榮早年貧苦，精力不倦，致力於學。六十餘歲始徵辟於大司徒府，拜議郎，為明帝師，歷官議郎、博士、太子少傅、太常卿。後又拜五更，賜爵關內侯。明帝對他的尊敬可謂無以復加。本書作者范曄說：「伏氏自東西京相襲為名儒，以取爵位。中興而桓氏尤盛，自榮至典，世宗其道，父子兄弟代作帝師，受其業者皆至卿相，顯乎當世。」桓榮一門，其修習、教授的經書是《歐陽尚書》，其活動的時代，自光武帝至獻帝，為整個東漢一代。丁鴻的活動時代為東漢前半期，其事跡主要有三：其一，欲將繼承父爵之權讓於其弟，朝廷不批准，自己終於繼承了爵位。其二，章帝建初四年（西元七九年）白虎觀會議上大顯身手，「論難最明」，為章帝、諸儒所讚美。其三，藉出現日蝕上封事，大發議論：以為是上天示警，是臣下侵奪君權的表徵。明指出外戚大將軍竇憲的權勢盛大和種種非法，要皇帝剛強起來，終於扳倒了竇憲。從桓榮一門五代及丁鴻的活動中可以看出：其一，東漢中期以後政治腐敗，外戚、宦官擅權，專橫跋扈。其二，社會動亂。其三，天人感應的迷霧依然十分濃厚。

1 桓榮，字春卿，沛郡龍亢❶人也。少學長安，習歐陽尚書，事博士九江朱普❷。貧窶❸無資，常客傭以自給，精力不倦，十五年不闚❹家園。至王莽篡位乃歸。會朱普卒，榮奔喪九江，負土成墳，因留教授，徒眾數百人。莽敗，天下亂。榮抱其經書與弟子逃匿山谷，雖常飢困而講論不輟，後復客授江淮間。

2 建武十九年，年六十餘，始辟大司徒府。時顯宗始立為皇太子，選求明經，乃擢榮弟子豫章何湯❺為虎賁中郎將，以尚書授太子。世祖從容問湯本師為誰，湯對曰：「事沛國❻桓榮。」帝即召榮，令說尚書，甚善之。拜為議郎，賜錢十萬，入使授太子。每朝會，輒令榮於公卿前敷奏❼經書。帝稱善，曰：「得生幾晚❽！」會歐陽博士缺，帝欲用榮。榮叩頭讓曰：「臣經術淺薄，不如同門生❾郎中彭閎❿、揚州從事皐弘⓫。」帝曰：「俞，往，女諧⓬。」因拜榮為博士，引⓭閎、弘為議郎。

3 車駕⓮幸大學⓯，會諸博士論難於前，榮被服⓰儒衣，溫恭有蘊籍⓱，辯明經義，每以禮讓相猒⓲，不以辭長勝人，儒者莫之及。特加賞賜。又詔諸生雅吹擊磬⓳，盡日乃罷。後榮入會庭中⓴，詔賜奇果。受者皆懷之，榮獨舉手捧之以拜。帝笑指之曰：「此真儒生也。」以是愈見敬厚，常令止宿太子宮。積五年，榮薦門下生九江胡憲㉑侍講㉒，乃聽㉓得出，旦㉔一入而已。榮嘗寢病㉕，太子朝夕遣中傅㉖問病，賜以珍羞㉗、帷帳、奴婢，謂曰：「如有不諱㉘，無憂家室也。」後病愈，復入侍講。

4 二十八年，大會百官，詔問誰可傅㉙太子者，群臣承望上意，皆言太子舅執金吾原鹿侯陰識㉚可。博士張佚㉛正色曰：「今陛下立太子，為陰氏乎？為天下乎？即為陰氏，則陰侯可；為天下，則固宜用天下之賢才。」帝稱善，曰：「欲置傅者，以輔太子也。今博士不難正朕㉜，況太子乎？」即拜佚為太子太傅㉝，而以榮為少傅㉞，賜以輜車、乘馬㉟。榮大會諸生，陳其車馬、印綬，曰：「今日所蒙㊱，稽古㊲之力也，可不勉哉！」榮以太子經學成畢，上疏謝㊳曰：「臣幸得侍帷幄，執經連年，而智學淺短，無以補益萬分。今皇太子以聰叡之姿，通明經義。觀覽古今，儲君副主㊴莫能專精博學若此者也。斯誠國家福祐，天下幸甚。臣師道已盡，皆在太子，謹使掾臣汜㊵再拜歸道㊶。」太子報書曰：「莊以童蒙㊷，學道九載，而典訓㊸不明，無所曉識。夫五經廣大，聖言幽遠，非天下之至精，豈能與㊹於此！況以不才，敢㊺承誨命。昔之先師謝弟子者有矣，上則通達經旨，分明章句，下則去家慕鄉，求謝師門。今蒙下列，不敢有辭，願君慎疾加餐㊻，重愛玉體。」

5 三十年，拜為太常。榮初遭倉卒㊼，與族人桓元卿同飢厄㊽，而榮講誦不息。元卿嗤榮曰：「但自苦氣力，何時復施用乎？」榮笑不應。及為太常，元卿歎曰：「我農家子，豈意學之為利乃若是哉！」

6 顯宗即位，尊以師禮，甚見親重，拜二子為郎。榮年踰八十，自以衰老，數上書乞身，輒加賞賜。乘輿嘗幸太常府，令榮坐東面，設几杖，會百官驃騎將軍東平王蒼㊾以下及榮門生數百人，天子親自執業㊿，每言輒曰「大師在是」。既罷，悉以太官供具(51)賜太常家。其恩禮若此。

7 永平二年，三雍(52)初成，拜榮為五更(53)。每大射養老(54)禮畢，帝輒引榮及弟子升堂，執經自為下說(55)。乃封榮為關內侯(56)，食邑(57)五千戶。

8 榮每疾病，帝輒遣使者存問(58)，太官、太醫(59)相望於道。及篤，上疏謝恩，讓還爵土。帝幸其家問起居，入街下車，擁經而前，撫榮垂涕，賜以牀茵(60)、帷帳、刀劍、衣被，良久乃去。自是諸侯將軍大夫問疾者，不敢復乘車到門，皆拜牀下。榮卒，帝親自變服，臨喪送葬，賜冢塋于首山之陽(61)。除兄子二人補四百石，都講生(62)八人補二百石，其餘門徒多至公卿。子郁嗣。

【章　旨】以上為〈桓榮傳〉，寫桓榮的勤奮好學和仕宦情況。旨在突出桓榮的經學造詣及顯宗的尊師和對桓榮的恩禮。

【注　釋】❶龍亢　縣名。治所在今安徽懷遠西北。唐李賢注：「《續漢書》曰：『榮本齊人，遷於龍亢，至榮六葉。』《東觀紀》曰：『榮本齊桓公後也，桓公作伯，支庶用其諡立族命氏焉。』」❷九江朱普　九江，郡名。秦置。治壽春（今安徽壽縣）。西漢九江郡轄境相當今安徽淮河以南、瓦埠湖流域以東、巢湖以北地區。朱普，字公文。受業於平陵人平當（平當官至丞相。傳見《漢書》卷七十一及〈儒林傳〉）。❸窶　貧寒。❹闚　探望；看。❺豫章何湯　豫章，郡名。楚漢之際置。治所在今江西南昌。轄境相當今江西省地。何湯，李賢注引謝承《書》曰：「何湯字仲弓，豫章南昌人也。榮門徒常四百餘人，湯為高第，以才知名。」❻沛國　諸侯王國名。漢高祖改泗水郡為沛郡。治所在相縣（今安徽濉溪縣西北）。轄境相當今安徽淮河以北、西肥河以東，河南夏縣、永城及江蘇沛、豐等縣地。東漢改為國。❼敷奏　陳述；解說。❽得生幾晚　得見先生太晚。生，先生。幾晚，猶太晚。幾，近。❾同門生　同師受業者，猶今之「同學」。❿彭閎　李賢注引《續漢書》曰：「閎字作明。」⓫揚州從事皐弘　揚州，揚州刺史部。從事，刺史屬官。皐弘，李賢引謝承《書》曰：「皐弘，字奉卿，吳郡人也。家代為冠族。少有英才，與桓榮相善。」⓬帝曰俞往女諧　皇帝說：「是的。派人前往請他來，你能勝任博士職務。」俞，然；是的。女，同「汝」。諧，和諧。謂「勝任」。⓭引　引見。⓮車駕　指皇帝。⓯大學　即「太學」。⓰被服　身穿。被，同「披」。⓱蘊籍　也作「溫籍」、「醞藉」。氣度寬和有涵養。❿猒　服。⓳雅吹擊磬　李賢注曰：「吹管《雅》《頌》也。」磬，古代一種打擊樂器。用石、玉或金屬製成，懸掛在架上。有單個的特磬，也有成組的編磬。⓴入會庭中　入宮廷參加宴會。㉑胡憲　九江人，桓榮門下生，桓榮薦為侍講。㉒侍講　為皇帝或太子講學。㉓聽　允許。㉔旦　天亮；早晨。㉕寢病　臥病。㉖中傅　《漢書．武帝紀》：建元三年，秋，七月，「濟川王明坐殺太傅、中傅，廢遷防陵。」注引應劭曰：「中傅，宦者也。」㉗珍羞　貴重珍奇的食品。羞，亦作「饈」。㉘不諱　死的婉辭。㉙傅　輔佐；教導。㉚陰識　（？—西元五九年），字次伯，南陽郡新野縣人。光武帝皇后陰麗華之兄。初從更始，有戰功，封陰德侯，行大將軍事。建武元年，更封陰鄉侯，為關都尉，鎮守函谷關，遷侍中定封原鹿侯。後為執金吾，輔導太子，位特進。永平元年卒，諡貞侯。傳見本書卷三十二。㉛張佚　東漢初為博士，後為太子太傅。㉜今博士不難正朕　博士，指張佚。不難正朕，不以正朕之缺失為難。㉝太子太傅　本書志第二十七〈百官四〉曰：「太子太傅一人，中二千石。職掌輔導太子。禮如師，不領官屬。」㉞少傅本書志第二十七〈百官四〉曰：「太子少傅，二千石。亦以輔導為職，悉主太子官屬。」㉟輜車乘馬　輜車，古代有帷蓋的車子。既可載物，又可坐臥。乘馬，四匹馬拉的車，亦指四匹馬。《詩・崧高》：「王遣申伯，路車乘馬。」《毛傳》：「乘馬，四馬也。」此指馬匹。㊱蒙　蒙受；受到。為謙辭。㊲稽古　考察古事；研析古代文化。㊳謝　辭謝。㊴儲君副主　指太子。㊵汜　人名。為桓榮之掾史。㊶歸道　辭職歸家。㊷莊以童蒙　莊，劉莊。太子自稱。劉莊即位後為明帝，廟號顯宗。童蒙，幼稚愚昧。㊸典訓　對典籍的訓釋，或指典籍。㊹與　參與；介入。引申為通達、通曉。謂能馳騁於《五經》之中，解釋、講說《五經》。㊺敢　自謙之辭。猶「冒昧」。㊻慎疾加餐　認真對待疾病，多加保養。㊼倉卒　同「倉猝」。指急迫匆忙。此指生活艱難。㊽戹　同「厄」。貧困。㊾驃騎將軍東平王蒼　即驃騎將軍東平王劉蒼（？—西元八三年），光武帝子。劉蒼好經書，雅有智思。明帝甚重愛之，封驃騎將軍，位在三公之上。章帝即位，尊重恩禮，踰於前世，諸王莫與比。傳見本書卷四十二。㊿執業　猶「執經」。即手捧經書求教。(51)太官供具　太官，掌御飲食之官。太官令為首長，下有左丞（掌飲食）、甘丞（掌膳具）、湯官丞（掌酒）、果丞（掌果品）及屬吏六十九人。屬少府。見本書志第二十六。供具，指酒食。亦指陳設酒食器具。(52)三雍　即明堂、靈臺、辟雍。見本書卷三十五〈曹褒傳〉注。(53)五更　見本書卷三十六〈張霸傳〉注。(54)大射養老　大射禮、養老禮。見本書卷三十五〈曹褒傳〉注。(55)下說　講解。(56)關內侯　爵位名。秦時置。二十級爵位的第十九級。秦都咸陽，以關內為王畿，故稱。一般封有食邑若干戶，有按規定戶數徵稅之權。有侯號，居京畿，無國邑。見本書志第二十八。(57)食邑　帝王封卿大夫作為世祿的封地。收其賦稅而食，故名食邑。(58)存問　猶慰問。(59)太醫　醫官名。為宮廷及大臣治病。其長官為太醫令。秦置。有藥丞（主藥）、方丞（主藥方）各一人。西漢太常及少府皆有之，屬太常者，為百官治病，屬少府者，為宮廷治病。(60)牀茵　床褥。茵，墊子、褥子、毯子的通稱。(61)首山之陽　首山，河南偃師西北之首陽山。陽，山的南面為陽。(62)都講生　協助主講的儒生。

【語　譯】桓榮，字春卿，沛郡龍亢縣人。少年時遊學長安，學習《歐陽尚書》，師事博士九江人朱普。桓榮家貧沒有資產，常客居他鄉，被人僱傭以養活自己，他精力充沛，不知疲倦，十五年不回鄉探望家園。到王莽篡位時才回家鄉。正趕上朱普去世，桓榮奔喪赴九江，背土堆成墳墓，乃留下來教授生徒，學生有數百人。王莽失敗，天下大亂。桓榮抱著他的經書和學生們逃匿深山之中，雖然經常飢餓困乏，卻講論不停，後來又客居長江、淮河一帶教授生徒。

2 建武十九年，桓榮年六十餘歲才被徵辟至大司徒府。此時顯宗剛立為太子，選求通曉經書的人，於是選拔桓榮的學生豫章人何湯為虎賁中郎將，以《尚書》教授太子。光武帝不特意地問何湯的老師是誰，何湯回答說：「我的老師是沛國桓榮。」光武帝即徵召桓榮，命他講說《尚書》，光武帝認為他講得很好。任命桓榮為議郎，賞賜錢十萬，讓他入宮教授太子。每當朝會，光武帝即命桓榮在公卿之前講說經書。光武帝稱善，說道：「得見先生太晚！」正值《歐陽尚書》博士缺，光武帝想用桓榮為博士。桓榮磕頭辭讓說：「臣經術淺薄，不如我的同學郎中彭閎和揚州從事皐弘。」光武帝說：「是的，派人前往請他們，你能勝任這一職務。」於是任命桓榮為博士，引見彭閎、皐弘，拜為議郎。

3 光武帝親臨太學，會集諸博士在他前面討論疑難問題，桓榮身著儒服，溫和謙恭，富有涵養，辯明經義，他總是以禮讓使人們信服，不以言辭精當勝過別人，諸儒者沒有誰能比得上他。光武帝對他特加賞賜。又命諸生吹管擊磬，演奏《雅》、《頌》樂章，到天晚才停止。後桓榮入宮廷參加宴會，皇帝賞賜與會者珍奇的果品，諸受賜的人，都將果品揣在懷裡，只有桓榮手捧著果品下拜。光武帝笑指桓榮說：「這才是真正的儒生啊。」因此對桓榮愈加敬重厚待，常常命他止宿太子宮中。過了五年，桓榮舉薦其門下弟子九江人胡憲任侍講，於是允許桓榮出宮，只是每日早上進宮一次而已。桓榮曾患病臥床，太子早晚遣宦者詢問病情，賞賜桓榮貴重珍奇的食品、帷帳、奴婢，對他說：「如有不測，您不必為家室擔憂。」後桓榮病癒，又入宮侍講。

4 建武二十八年，大會百官，光武帝下詔問誰可為輔導太子的人，群臣承望上意，都說太子的舅父執金吾原鹿侯陰識可勝任此職。博士張佚嚴肅地說：「現在陛下立太子，是為陰氏呢？還是為天下呢？如果是為了陰氏，那麼陰侯可以任此職；如果是為了天下，那麼本來就應該任用天下有賢才的人。」光武帝認為他說得很好，說道：「想設置太子太傅，為的是輔導太子。現在博士您不以正朕之缺失為難，何況對太子呢？」當即立張佚為太子太傅，任命桓榮為少傅，賜給他們車輛、馬匹。桓榮召集他門下所有的學生，陳列出皇帝所賜的車馬、印綬，說道：「現在所蒙受的榮耀，都是研究古代經典的功效啊，你們能不努力嗎！」桓榮認為太子對經學的學習已經完成，上疏辭謝說：「臣榮幸地得以侍奉在太子左右，連續多年，執經教授，而臣見識學問短淺，不能夠補益於萬一。現在皇太子以聰慧明智之資質，通曉明白經書的大義，觀覽古今的歷史，作為儲君太子，沒有哪一個能如此精專博學的。這實在是國家的福氣，天下人的大幸。臣做老師的責任已經完成，一切全看太子自己了，臣謹派掾史臣汜再拜請求回歸故里。」太子回信說：「我因為幼稚愚昧，學習經書九年，而對典籍的訓釋未明，談不上通曉了解。《五經》的博大精深，聖人之言的幽渺深遠，不是天下最精明的人，哪裡能夠通達《五經》之旨呢！何況我以無才之質，冒昧承蒙教誨。從前先師辭別弟子的情況也有，好的學生能通達經義要旨，分章析句，解說經文，下一等的學生則是因為離家過久，思念故鄉，便請求辭別老師回歸家鄉。現在我有幸在您下面學習，不敢辭謝先生，希望先生認真對待疾病，多加保養，珍愛玉體。」

5 建武三十年，桓榮拜為太常卿。桓榮當初曾受生活艱難之苦，與族人桓元卿同受飢餓厄困，而桓榮仍然講誦經書不止。元卿譏笑桓榮說：「只是自討苦吃，白費氣力，什麼時候才能用得上這些東西呢？」桓榮笑而不答。到桓榮為太常卿，桓元卿歎息說：「我是個農家子弟，哪裡想到讀書之獲利竟如此呢！」

6 顯宗即位，以師禮尊奉桓榮，對桓榮非常親近和敬重，任命其二子為郎官。桓榮年過八十，自己因為衰老，多次上書請求辭官，顯宗總是加以賞賜。顯宗曾乘車至太常府，命桓榮坐在東面，擺設几案手杖，召集驃騎將軍東平王劉蒼以下官員及桓榮的弟子數百人，顯宗親自手捧經書求教，每次開口總是說：「大師在此」。講經完畢，將太官設置的膳食酒果全都賜給太常家。顯宗對桓榮的恩禮就是如此。

7 永平二年，三雍剛落成，即尊拜桓榮為五更。每次大射、養老禮完畢，顯宗總是帶領桓榮及其弟子升堂，手捧經書親自講解。封桓榮為關內侯，食邑五千戶。

8 桓榮每次患病，顯宗總是派遣使者慰問，太官、太醫絡繹不絕。到桓榮病重，上書謝恩請求歸還爵位和封地。顯宗親自到他家問候桓榮的生活狀況，進入桓榮所住的街口，便下車步行，捧著經書到桓榮前面，流著眼淚，撫摸桓榮，賜給他床褥、帷帳、刀劍、衣服，很長時間才離去。從此以後，諸侯王、將軍、大夫前來問候桓榮病情的人，不敢再乘車到桓榮門前，都在床前下拜。桓榮去世，顯宗親自改換服裝弔唁送葬，賜桓榮墓地於首山之陽。任命桓榮兒子二人補四百石俸祿的官職，都講生八人補二百石俸祿的官職，桓榮的其他門生多官至公卿。兒子桓郁繼承了爵位。

論曰：張佚訐切❶陰侯，以取高位，危言❷犯眾，義動明后❸，知其直有餘也。若夫❹一言納賞，志士為之懷恥❺；受爵不讓，風人所以興歌❻。而佚廷議戚援❼，自居全德❽，意者以廉不足乎？昔樂羊食子，有功見疑❾；西巴放麑，以罪作傅❿。蓋推仁審偽，本乎其情。君人者能以此察，則真邪幾於辨矣。

【章　旨】以上為作者的評論文字。作者對張佚的「訐切陰侯」、「一言納賞」、「受爵不讓」、「自居全德」，有點不以為然。引「樂羊食子」及「西巴放麑」之典，以明君人者「推仁審偽」要「本乎其情」。

【注　釋】❶訐切　攻訐；切責。訐，揭發攻擊他人的陰私、過錯或短處。切，懇切；直率。張佚的發言，雖未直言陰識的過錯、短處，群臣以為陰識可為太子太傅，張佚主張「宜用天下之賢才」，陰識非賢才，意在言外，含有斥責之意。❷危言　直言。❸明后　英明的君主。❹若夫　至於。❺懷恥　感到羞恥。❻風人所以興歌　正是詩人譏諷勸告的原因。風人，詩人。興歌，作詩。《詩・角弓》：「受爵不讓，至於己斯亡。」鄭玄箋云：「爵祿不以相讓，故怨禍及之，求安而身愈危。斯，此也。」（《十三經注疏・毛詩正義》）❼戚援　親黨的援助。此指有後盾的外戚。❽自居全德　以全德者（即其所謂「天下賢才」）自居。❾樂羊食子二句　樂羊，亦作「樂陽」。戰國時魏將。因翟璜推薦，魏文侯任為將軍。攻中山，三年攻克。封於靈壽（今河北平山縣東北）。樂羊食子，見《戰國策・魏策一》及《韓非子・說林上》。〈說林上〉曰：「樂羊為魏將而攻中山，其子在中山，中山之君烹其子而遺之羹，樂羊坐於幕下而啜之，盡一杯。文侯謂堵師贊曰：『樂羊以我故而食其子之肉。』答曰：『其子而食之，且誰不食！』樂羊罷中山，文侯賞其功而疑其心。」❿西巴放麑二句　《韓非子・說林上》：「孟孫（春秋時魯大夫）獵得麑（幼鹿），使秦西巴持之歸。其母隨之而啼，秦西巴弗忍而與之。孟孫適至而求麑，答曰：『余弗忍而與其母。』孟孫大怒，逐之。居三月，復召以為其子傅。其御曰：『曩將罪之，今召之以為子傅，何也？』孟孫曰：『夫不忍麑，又且忍吾子乎？』故曰：巧詐不如拙誠。樂羊以有功見疑，秦西巴以有罪益信。」

【語譯】史家評論說：張佚攻訐陰侯，因此取得了高位，直言觸犯了眾人，大義感動了英明的君主，知道他剛直勝過眾人。至於由一句話而受賞賜，有志之士感到羞恥；受爵位而不辭讓，這正是詩人作詩的原因。張佚在朝廷上議論有後盾的外戚，以全德者自居，想來是因為他廉潔不足吧？從前樂羊飲了其子之肉做的羹湯，雖有功受賞，君主卻懷疑其心殘忍；西巴放走了幼鹿，因為有罪過卻被聘為師傅。推論仁義，審察虛偽，要根據事物的情理。統治者能以此來觀察事物，那麼，正直與邪惡差不多可以分辨清楚了。

1 郁字仲恩，少以父任為郎。敦厚篤學，傳父業，以尚書教授，門徒常數百人。榮卒，郁當襲爵，上書讓於兄子汎。顯宗不許，不得已受封，悉以租入與之。帝以郁先師子，有禮讓，甚見親厚，常居中❶論經書，問以政事。稍遷侍中。帝自制五家要說章句❷，令郁校定❸於宣明殿。以侍中監❹虎賁中郎將。

2 永平十五年❺，入授皇太子經，遷越騎校尉❻。詔敕太子、諸王各奉賀致禮。郁數進忠言，多見納錄。肅宗即位，郁以母憂乞身。詔聽以侍中行服❼。建初二年❽，遷屯騎校尉❾。

3 和帝即位，富於春秋❿，侍中竇憲⓫自以外戚之重，欲令少主頗涉經學，上疏皇太后曰：「禮記⓬云：『天下之命，懸⓭於天子；天子之善，成乎所習。習與智長，則切而不勤⑭；化與心成，則中道若性⑮。昔成王⑯幼小，越在襁保⑰，周公⑱在前，史佚⑲在後，太公⑳在左，召公㉑在右。中立聽朝，四聖維㉒之。是以慮無遺計，舉無過事。』孝昭皇帝㉓八歲即位，大臣輔政，亦選名儒韋賢㉔、蔡義㉕、夏侯勝㉖等入授於前，平成㉗聖德。近建初元年㉘，張酺㉙、魏應㉚、召訓㉛亦講禁中。臣伏惟皇帝陛下，躬天然之姿，宜漸教學，而獨對左右小臣，未聞典義。昔五更桓榮，親為帝師，子郁，結髮敦尚㉜，繼傳父業，故再以校尉入授先帝。父子給事禁省，更歷四世㉝。今白首好禮，經行篤備。又宗正劉方㉞，宗室之表，善為詩經，先帝所褒。宜今郁、方並入教授，以崇本朝，光示大化。」由是遷長樂少府㉟，復入侍講。頃之，轉為侍中奉車都尉㊱。永元㊲四年，代丁鴻為太常。明年，病卒。

4 郁經授二帝，恩寵甚篤，賞賜前後數百千萬，顯於當世。門人楊震㊳、朱寵㊴，皆至三公。

5 初，榮受朱普學章句四十萬言，浮辭繁長，多過其實。及榮入授顯宗，減為二十三萬言。郁復刪省定成十二萬言。由是有桓君大小太常章句。

6 子普嗣，傳爵至曾孫。郁中子㊵焉，能世傳其家學。孫鸞、曾孫彬，並知名。

【章旨】以上為桓榮之子〈桓郁傳〉，旨在突出桓郁授二帝經書，恩寵甚篤，顯於當世。

【注釋】❶居中　居於宮中。❷五家要說章句　李賢注引華嶠《書》曰：「帝自制五行章句」，此言「五家」，即五行之家也。❸校定　校對；核對。❹監　王先謙《集解》引劉攽曰：「案漢家無監虎賁官，蓋是『兼』字。與下丁鴻同也。」❺永平十五年　西元七二年。❻越騎校尉　本漢武帝置京師屯兵八校尉之一，掌越騎。顏師古注引如淳曰：「越人內附，以為騎也。」又引晉灼曰：「取其材力超越也。」師古曰：「如說是。」東漢為北軍五校之一，秩比二千石，掌宿衛。見本書志第二十七。❼以侍中行服　以侍中的身分服喪守孝。❽建初二年　西元七七年。❾屯騎校尉　本漢武帝置京師屯兵八校尉之一，掌騎士。東漢為北軍五校之一，秩比二千石，掌宿衛兵。見本書志第二十七。❿和帝即位二句　和帝，名肇（西元七九－一○五年），章帝第四子，建初七年立為皇太子，章和二年即位，年僅十歲，故言「富於春秋」。春秋，年齡。⓫竇憲　（？－西元九二年），字伯度，扶風平陵（今陝西咸陽）人。見本書卷二十四〈梁統傳〉注。⓬禮記　指《大戴禮記》。所引之文，散見於今本《大戴禮記‧保傅》，文字稍異，順序亦有所顛倒。⓭懸　繫連；關聯。⓮習與智長二句　學習使智慧增長，則常嚴格要求自己，用不著經常告誡。習，學習。與，使。智，智慧。長，增長。切，切厲；嚴厲。不勤，今本《大戴禮記》作「不攘」。孔廣森補注曰：「古以攘為揖讓字，不攘，言受教不辭也。」（見《清經解》卷七百《大戴禮記補注》）竇憲上書為「不勤」，李賢注曰：「『切而不勤』謂『習與智長』則常自切厲，而不須勤敕。」勤，多；經常。⓯化與心成二句　教化推行，使思想成熟，行動自然合乎道義。化，教化。用如動詞，謂推行教化。心，思想。成，成熟。謂事物發展到完美的程度。中道，合乎道義。孔廣森《補注》曰：「中，音、訓並如『從容中道』之『中』。」性，天性；自然。⓰成王　周成王。見本書卷三十五〈張純傳〉注。⓱越在襁保　越，助詞。常用於句首，無實義。襁保，背負嬰兒的寬帶和包裹嬰兒的被子。李賢注曰：「保，當作褓，古字通也。」⓲周公　西周宗室大臣。見本書卷三十五〈張奮傳〉注。⓳史佚　西周初年史官。佚，一作「逸」。史，官名。亦稱「作冊逸」、「尹佚」。李賢注曰：「賢者也。」⓴太公　西周齊國始祖姜尚。見本書卷三十六〈陳元傳〉注。㉑召公　亦作「邵公」。名奭。周之同姓（一說為文王子）。武王滅商，封召公於北燕（今北京市）。《史記索隱》曰：「召者，畿內菜地，奭始食於召，故曰召公。或說者以為文王受命，取岐周故墟周、召地分爵二公，皆在岐山之陽，後武王封之北燕。亦以元子就封，次子留周室代為召公。至宣王時，召穆公虎其後也。」㉒維　維繫護持，使不致失墜。㉓孝昭皇帝　西漢昭帝。見本書卷三十五〈張奮傳〉注。㉔韋賢　字長孺，魯國鄒（今山東鄒城）人。為人質樸少欲，篤志於學。

兼通《禮》、《尚書》，以《詩》教授，號稱鄒魯大儒。徵為博士，給事中，進授昭帝《詩》。稍遷光祿大夫詹事，至大鴻臚。宣帝即位，以韋賢與謀議，賜爵關內侯。本始三年（西元前七一年）代蔡義為丞相，封扶陽侯。卒諡節侯。傳見《漢書》卷七十三。㉕蔡義　河內溫（今河南溫縣）人。治《韓詩》。官至光祿大夫給事中。進授昭帝。拜少府，遷御史大夫、丞相，封陽平侯。卒諡節侯。傳見《漢書》卷六十六。㉖夏侯勝　西漢《今文尚書》「大夏侯學」的開創者。見本書志第二十五〈百官二・太常〉注。㉗平成　《十三經注疏・尚書正義・大禹謨》：「地平天成，六府之事允治，萬世永賴，時乃功。」後世以「平成」為萬事安排妥貼。此可理解為「形成」。㉘建初元年　西元七六年。㉙張酺　見本書卷三十五〈曹褒傳〉注。㉚魏應　字君伯，任城（今山東微山縣）人。少好學，建武初詣博士受業，習《魯詩》。永平初為博士，遷侍中、大鴻臚、光祿大夫、五官中郎將。詔入授千乘王劉伉。後為上黨太守，徵拜騎都尉，卒於官。傳見本書卷七十九下。㉛召訓　字伯春，九江壽春（今安徽壽縣）人。少習《韓詩》，博通書傳。累事州郡，辟司徒府。建初元年遷騎都尉，侍講肅宗，拜左中郎將，入授諸王。出為陳留太守。元和二年（西元八五年），入為河南尹。章和二年（西元八八年）為光祿勳。卒於官。傳見本書卷七十九下。㉜敦尚　推崇；崇尚。㉝更歷四世　更歷，經歷。四世，謂光武帝、明帝、章帝、和帝。㉞劉方　見本書卷三十五〈張奮傳〉注。㉟長樂少府　長樂，宮名，太后所居之宮。長樂少府，為太后屬官，宣達太后旨意，管理宮中事宜。見本書志第二十七。㊱奉車都尉　漢武帝初置。秩比二千石。無定員。掌御乘御車。見本書志第二十五〈百官二・光祿勳〉注。㊲永元　和帝劉肇年號，西元八九－一〇五年。㊳楊震　（？－西元一二四年），字伯起，弘農華陰（今陝西華陰）人。少好學，受《歐陽尚書》於太常桓榮。明經博覽，無不窮究，人稱「關西孔子」。舉茂才，歷任荊州刺史、涿郡太守、司徒、太尉等職。安帝乳母王聖及中常侍樊豐等貪侈驕橫，他多次上疏切諫，為樊豐等所誣罷官，憤而自殺。順帝即位，樊豐等誅死，震門生虞放、陳翼詣闕追訟震事，朝咸稱其忠，乃除其二子為郎，以禮改葬於華陰潼亭。楊震子孫代任大官僚，弘農楊氏成為東漢有名的世家大族。傳見本書卷五十四。㊴朱寵　字仲威，京兆人。篤行好學，從桓榮受《尚書》。初辟大將軍鄧騭府，稍遷潁川太守，治理有聲。遷大司農。以鄧騭無罪遭禍，肉袒輿櫬，上疏追訟。詔免官歸田里。順帝即位，愍鄧騭無辜，擢朱寵為太尉，錄尚書事。封安鄉侯，甚加優禮。事見本書〈鄧騭傳〉。㊵中子　居中的兒子，不一定是第二個兒子。李賢注引華嶠《書》曰：「郁六子，普、延、焉、俊、酆、良。」

【語　譯】桓郁，字仲恩，少年時由父親的保舉為郎官。為人誠實寬厚，勤奮好學，繼承他父親的學業，以《尚書》教授生徒，門徒常有數百人。桓榮去世，桓郁應當繼承爵位，他上書請求將爵位讓給他兄長的兒子桓汎。顯宗不允許，桓郁不得已才接受了爵位，完全將租稅收入給了桓汎。顯宗因為桓郁是自己老師的兒子，又謙恭禮讓，因此對桓郁十分親近和厚愛，常常留在宮中談論經書，並向他詢問政事。逐漸升為侍中。顯宗親自撰寫的《五家要說章句》，命桓郁在宣明殿校定。桓郁以侍中的身分兼任虎賁中郎將。

2 永平十五年，桓郁入宮授太子經書，遷升越騎校尉。顯宗詔命太子、諸王都向桓郁祝賀致禮。桓郁多次進獻忠言，多被採納。肅宗即位，桓郁因母親去世，請求退職守孝。肅宗下詔允許他以侍中的身分服喪守孝。建初二年，遷升為屯騎校尉。

3 和帝即位，年紀尚還幼小，侍中竇憲以外戚的重要地位，想讓年幼的皇帝多讀些經書，上疏皇太后說：「《禮記》說：『天下百姓的命運，都繫於天子之身；天子的善美，靠學習來養成。學習使智慧增長，則嚴格要求自己，用不著經常告誡；教化推行，使思想成熟，行動自然合乎道義。從前周成王幼小，在襁褓之中，有周公在前，史佚在後，太公在左，召公在右。成王居中而聽朝政，四位聖人保護扶持著他。因此思慮沒有失策之處，辦事也沒有失誤。』孝昭皇帝八歲即位，大臣輔政，亦選名儒韋賢、蔡義、夏侯勝等人授經於天子之前，形成昭帝之聖德。近在建初元年，張酺、魏應、召訓亦到宮中講授。臣私下考慮，皇帝陛下本身具有天賦的聰慧資質，應該逐漸教其學習，而現在只接觸左右的小臣，沒有聞聽經典的大義。從前五更桓榮，親自做天子的老師，其子桓郁自幼崇尚經書，繼承父親的學業，所以再次以校尉的職務入宮為先帝講授經書。父子在宮中供職，經歷了四代。今雖年高，仍好禮儀，經學品行更加完備。另有宗正劉方，為宗室的表率，擅長《詩》，為先帝所表揚。應該命桓郁、劉方入宮講授，以弘大本朝，昭明深遠的教化。」因此提升桓郁為長樂少府，再次入宮為皇帝講授經書。不久，轉為侍中奉車都尉。永元四年，代丁鴻為太常，第二年，因病去世。

4 桓郁為兩位皇帝講授經書，所受的恩寵極厚，前後賞賜近千萬，顯耀於當世。他的門人楊震、朱寵，皆官至三公。

5 當初，桓榮向朱普學習章句四十萬字，文辭浮華，煩瑣冗長，多有言過其實之處。到桓榮入宮教授顯宗，減縮為二十三萬字。桓郁又刪減定為十二萬字。從此有《桓君大小太常章句》。

6 桓郁之子桓普繼承了爵位，傳爵位至曾孫。桓郁有居中的兒子桓焉，能夠繼承傳其家學。桓郁的孫子桓鸞、曾孫桓彬，都知名於世。

1 焉字叔元，少以父任為郎。明經篤行，有名稱。永初❶元年，入授安帝，三遷為侍中步兵校尉❷。永寧中，順帝立為皇太子，以焉為太子少傅，月餘，遷太傅。以母憂❸自乞，聽以大夫行喪❹。踰年，詔使者賜牛酒，奪服❺，即拜光祿大夫，遷太常。時廢皇太子為濟陰王❻，焉與太僕來歷、廷尉張晧❼諫，不能得。事已具來歷傳。

2 順帝即位，拜太傅，與太尉朱寵並錄尚書事❽。焉復入授經禁中。因讌見❾，建言宜引三公、尚書入省事❿，帝從之。以焉前廷議守正，封陽平侯，固讓不受。視事三年，坐辟召禁錮者為吏免。復拜光祿大夫。陽嘉⓫二年，代來歷為大鴻臚⓬。數日，遷為太常。永和⓭五年，代王龔⓮為太尉。漢安⓯元年，以日食免。明年，卒於家。

3 弟子傳業者數百人，黃瓊⓰、楊賜⓱最為顯貴。焉孫典。

【章　旨】以上為桓榮之孫〈桓焉傳〉，旨在突出桓焉的傳家學、為帝師、廷議守正、讓爵位等等。

【注　釋】❶永初　東漢安帝劉祜年號，西元一〇七—一一三年。❷步兵校尉　漢武帝置京師屯兵八校尉之一，掌上林苑屯兵。東漢為北軍五校之一，掌宿衛兵。秩比二千石。見本書志第二十七。❸憂　父母的喪事；居喪。❹行喪　行服。❺奪服　謂喪期未滿，官員應詔除去喪服，出任官職。後世稱「奪情」。❻廢皇太子為濟陰王　事見本書卷三十六〈鄭眾傳〉注。❼張晧　(西元五〇—一三二年)，字叔明，犍為郡武陽縣(今四川彭山縣)人。留侯張良之後。晧少遊學京師，辟大將軍鄧騭府。歷官尚書僕射、彭城相、廷尉。順帝即位，拜司空，後免。陽嘉元年，復為廷尉，卒於官。傳見本書卷五十六。❽錄尚書事　初為領尚書事，西漢後期始置。昭帝即位，大將軍霍光秉政，領尚書事。東漢每帝即位，則置太傅錄尚書事。錄，總領之意，即總攬大權，無所不總。見本書志第二十四。❾讌見　皇帝於內廷召見臣下。❿入省事　入，入宮中。省事，處理政務。省，視。⓫陽嘉　東漢順帝劉保年號，西元一三二—一三五年。⓬大鴻臚　官名。九卿之一。《漢書・百官公卿表》曰：「典客，秦官，掌諸歸義蠻夷。景帝中六年更名大行令，武帝太初元年更名大鴻臚。」見本書志第二十五。⓭永和　順帝第三個年號，西元一三六—一四一年。⓮王龔　字伯宗，山陽高平(今山東微山縣)人。世為豪族，初舉孝廉，遷青州刺史。徵拜尚書，遷司隸校尉、汝南太守。政崇溫和，好才愛士。永建元年，徵拜太僕，轉太常。四年，遷司空。永和元年為太尉。深疾宦官專權，在位五年，以老病免。卒於家。傳見本書卷五十六。⓯漢安　順帝第四個年號，西元一四二—一四四年。⓰黃瓊　(西元八六—一六四年)，字世英，江夏安陸(今湖北雲夢)人。黃香子。徵拜議郎，遷尚書僕射、尚書令，出為魏郡太守，遷太常，侍講禁中。元嘉元年，遷司空，延熹元年以日蝕免。復為大司農。梁冀既誅，以不阿梁氏，拜太尉，封邟鄉侯。延熹七年卒。贈車騎將軍，諡忠侯。傳見本書卷六十一。⓱楊賜　(?—西元一八五年)，字伯獻，楊震孫。少傳家學，篤志博文，常退居隱約，教授生徒，不荅州郡禮命。後辟大將軍梁冀府，非其所好。遷侍中、越騎校尉。侍講《尚書桓君章句》於華光殿，遷少府、光祿勳、司空、司徒，後坐辟黨人免，復拜光祿大夫。忤中常侍曹節，以帝師免咎。後封臨晉侯，以特進就第，中平二年去世。諡文烈侯。傳見本書卷五十四。

【語　譯】桓焉，字叔元，少年時由父親的保舉為郎官。明晰經義，品行厚道，很有名聲。永初元年，入宮教授安帝，三遷為侍中步兵校尉。永寧年間，順帝被立為皇太子，任命桓焉為太子少傅，一個多月後，遷升太子太傅。因為母親去世，請求辭職守孝，安帝允許他以大夫的身分服喪守孝。過了一年，安帝命使者賜其牛酒，強行他解除孝服，當即拜為光祿大夫，遷升為太常。當時安帝廢太子為濟陰王，桓焉與太僕來歷、廷尉張皓進諫，未能獲准。此事具載於〈來歷傳〉。

2 順帝即位，任命桓焉為太傅，與太尉朱寵並錄尚書事。桓焉又入宮中教授經書。藉順帝在內廷召見的機會，建議應該讓三公、尚書入宮中辦公，順帝採納了他的意見。順帝因為桓焉以前在朝廷上議事堅守正道，封他為陽平侯，他堅決辭讓不肯接受。桓焉任太傅三年，因為徵召被禁錮的人為吏而被免職。又拜為光祿大夫。陽嘉二年，代來歷為大鴻臚。沒幾天，遷為太常。永和五年，代王龔為太尉。漢安元年，因發生日蝕被免職。第二年，在家中去世。

3 桓焉的弟子能傳授經業的有數百人，黃瓊、楊賜最為顯貴。桓焉的孫子名桓典。

1 典字公雅，復傳其家業，以尚書教授潁川❶，門徒數百人。舉孝廉為郎。居無幾，會國相❷王吉以罪被誅，故人親戚莫敢至者。典獨棄官收斂歸葬，服喪三年，負土成墳，為立祠堂，盡禮而去。

2 辟司徒袁隗❸府，舉高第❹，拜侍御史❺。是時宦官秉權，典執政❻無所回避。常乘驄馬❼，京師畏憚，為之語曰：「行行且止，避驄馬御史。」及黃巾賊起滎陽❽，典奉使督軍。賊破，還，以牾❾宦官賞不行。在御史七年❿不調，後出為郎。

3 靈帝崩，大將軍何進⓫秉政，典與同謀議，三遷羽林中郎將⓬。獻帝⓭即位，三公奏典前與何進謀誅閹官，功雖不遂，忠義炳著。詔拜家一人為郎，賜錢二十萬。

4 從西入關⑭，拜御史中丞⑮，賜爵關內侯。車駕都許⑯，遷光祿勳。建安⑰六年，卒官。

【章　旨】以上為桓榮玄孫〈桓典傳〉，旨在突出桓典復傳家學，為人正直，不避權貴，主持公道，忠於漢室。

【注　釋】❶潁川　郡名。❷國相　沛國相。國相的職務相當於郡太守。❸袁隗　字次陽，汝南郡汝陽縣人。❹舉高第　考試成績或官吏考績列為優等。舉，選拔。❺侍御史　官名。見本書卷三十六〈鄭興傳〉注。❻執政　王先謙《集解》引劉攽曰：「案典為御史，非執政者，政，當作『正』。」執正，主持公道。❼驄馬　青白色相雜的馬。指御史所乘的馬。或借指御史。❽滎陽　縣名。秦置。故址在今河南滎陽東北。❾啎　同「忤」。違逆；抵觸。❿七年　華嶠《漢後書》作「十年」。⓫何進　見本書卷三十五〈鄭玄傳〉注。⓬羽林中郎將　秩比二千石。主管羽林郎（皇帝的侍衛軍，掌宿衛侍從。漢武帝太初元年置，名建章宮騎，後改名羽林騎。取「為國羽翼，如林之盛」之意，故以羽林騎泛指禁衛軍。羽林郎秩同郎中，比三百石。取漢陽、隴西等六郡良家子為之）。⓭獻帝　（西元一八一—二三四年），東漢第十二帝。名協，靈帝子。西元一八九—二二〇年在位。即位時，東漢名存實亡。先為董卓的傀儡，後為曹操的傀儡。建安二十五年（西元二二〇年），曹操子曹丕篡漢，他被廢為山陽公。見本書卷九。⓮從西入關　即獻帝初平元年，董卓遷獻帝都長安，桓典跟從。⓯御史中丞　官名。秩千石，御史大夫之丞也。原先分別與監御史在殿中密舉非法，及御史大夫轉為司空，特留御史中丞居宮中，為御史臺首長。⓰車駕都許　車駕，指皇帝。都許，指建安元年（西元一九六年）曹操迎獻帝都許（今河南許昌東）。⓱建安　東漢獻帝年號，西元一九六—二二〇年。

【語　譯】桓典，字公雅，復傳其家業，以《尚書》教授生徒於潁川，門徒數百人。舉孝廉，為郎官。沒多久，適逢國相王吉以罪被誅殺，其故人、親戚沒有敢去探望的。唯獨桓典棄官前往收斂歸葬，服喪三年，為之負土成墳、立祠堂，完成禮儀而後去。

2 桓典被徵辟於司徒袁隗府，考核成績優等，任命為侍御史。此時宦官專權，桓典主持公道，無所迴避。常乘坐青驄馬，京城裡的人懼怕他，為他編了順口溜說：「行行又止，躲避驄馬御史。」等到黃巾賊在滎陽起兵，桓典奉命監督軍隊。賊兵被擊敗，桓典回京城，因為觸犯宦官，沒有獲得獎賞。為御史七年，沒有得到遷升，後來出為郎官。

3 靈帝駕崩，大將軍何進執掌朝政，桓典與何進共同謀劃商議，三次遷升為羽林中郎將。獻帝即位，三公上奏說桓典前曾與何進謀劃誅殺宦官，雖然沒有成功，但忠義之心明著。獻帝下詔書拜桓典家一人為郎官，賜錢二十萬。

4 桓典跟從獻帝西入關，拜御史中丞，賜爵關內侯。獻帝遷都許，遷升桓典為光祿勳。建安六年，在官任上去世。

鸞字始春，焉弟子也。少立操行，縕袍糟食❶，不求盈餘。以世濁，州郡多非其人，恥不肯仕。

年四十餘，時太守❷向苗有名迹，乃舉鸞孝廉，遷為膠東❸令。始到官而苗卒，鸞即去職奔喪，終三年然後歸，淮汝之間❹高其義。後為已吾、汲❺二縣令，甚有名迹。諸公並薦，復徵拜議郎。上陳五事：舉賢才，審授用❻，黜佞倖❼，省苑囿❽，息役賦。書奏御，牾內豎❾，故不省❿。以病免。中平⓫元年，年七十七，卒于家。子曄。

【章　旨】以上為桓榮曾孫〈桓鸞傳〉，旨在突出桓鸞的高尚志節和上書之切中時弊。

【注　釋】❶緼袍糟食　緼袍，以亂麻為絮的袍子。貧者無力具絲絮，僅能以亂麻著於袍內，故稱。糟食，粗劣的食物。❷太守　王先謙《集解》校補引錢大昭曰：「鸞，沛國人，苗當為國相。桓典之為孝廉，國相王吉舉之，是其證。此云太守，誤。」❸膠東　縣名。屬北海國。西漢置郁秩，屬膠東國，東漢名膠東縣。建武十三年封賈復為膠東侯，置膠東侯國，後為縣，屬北海國。治所在今山東平度。❹淮汝之間　即淮河、汝水一帶，亦即今安徽西北部，河南東南部一帶地區。❺巳吾汲　巳吾，《辭源》作「己吾」。縣名。屬陳留郡。東漢和帝永元十一年（西元九九年）置。故城在今河南寧陵西南。汲，縣名。漢置。治所在河南汲縣西南。一九八八年十月，撤銷汲縣，建衛輝市。❻審授用　慎重授官用人。❼佞倖　在皇帝左右花言巧語獻媚取寵的人。❽苑囿　古代畜養禽獸、種植花草樹木，供帝王活動玩樂的園林。❾內豎　宦官。❿不省　不理會；不採納。⓫中平　東漢靈帝年號，西元一八四－一八九年。

【語　譯】桓鸞，字始春，是桓焉弟弟的兒子。年少時即建立操行，穿亂麻絮的袍子，吃粗劣的飯食，不求豐足富餘。因為社會混濁，州郡長官多不是正直之人，因而恥於做官。

桓鸞年四十餘歲，當時太守向苗有好的名聲及行跡，於是舉桓鸞為孝廉，遷升為膠東縣令。桓鸞剛到任而向苗去世，桓鸞即離職奔喪，終三年之服然後回去，淮河、汝水一帶的人認為他有高尚的義氣。後桓鸞又為巳吾、汲二縣的縣令，很有名聲和政績。諸公共同推薦，又徵拜議郎。上書陳述五件事：推舉賢才，慎重授官用人，罷黜奸佞之人，減少苑囿，停徵徭役賦稅。奏章送上皇帝，觸怒了宦官，所以不被採納。桓鸞因患病免官。中平元年，年七十七歲，在家中去世。他的兒子名桓曄。

曄字文林，一名嚴，尤修志介❶。姑為司空楊賜夫人。初，鸞卒，姑歸寧赴哀❷。將至，止於傳舍❸，整飾從者而後入，曄心非之。及姑勞問，終無所言，號哭而已。賜遣吏奉祠❹，因縣發取祠具，曄拒不受。後每至京師，未嘗舍宿楊氏。其貞忮❺若此。賓客從者，皆祗❻其志行，一餐不受於人。仕為郡功曹。後舉孝廉、有道、方正、茂才，三公並辟，皆不應。

初平❼中，天下亂，避地會稽，遂浮海客交阯❽，越人化其節，至閭里不爭訟。為凶人所誣，遂死于合浦❾獄。

【章旨】以上為桓榮玄孫〈桓曄傳〉，旨在突出桓曄的志節。

【注釋】❶尤修志介　特別注重修養自己的志氣與節操。志介，志氣與節操。❷歸寧赴哀　歸寧，已出嫁的女子回娘家省親。赴哀，奔喪。❸傳舍　古時供行人休息、住宿的處所。❹奉祠　祭祀。❺貞忮　堅定。❻祗　敬。❼初平　東漢獻帝年號，西元一九〇－一九三年。❽交阯　古地區名。阯，亦作「趾」。泛指五嶺以南地區。❾合浦　縣名。西漢置。為合浦郡治所。在今廣西合浦東北。

【語譯】桓曄，字文林，一名嚴，特別注重修養自己的志氣與節操。他的姑母是司空楊賜的夫人。當初，桓鸞去世，姑母回娘家奔喪。將要到家時，其姑母乃停留於驛舍，整理裝飾她的隨從人員而後進入家門，桓曄內心認為其姑母的作法為非。到其姑母來慰問他時，他始終未說一句話，只是號哭而已。楊賜派遣官吏前來祭祀，通過縣裡發送祭祀用品，桓曄拒不接受。以後每至京城，從未住在楊賜家。他就是這樣的堅定。賓客及隨從的人，都敬重他的志氣操行，不接受別人的一飯之贈。仕郡為功曹。後舉孝廉、有道、方正、茂才，三公府同時徵辟，他都沒有接受。

初平年間，天下動亂，桓曄到會稽避亂，便渡海客居交阯，越地之人被他的氣節所感化，以致鄉里沒有爭鬥和訴訟之事。後被兇惡之人所誣陷，最後死於合浦監獄之中。

1 彬字彥林，焉之兄孫也。

2 父麟，字元鳳，早有才惠。桓帝初，為議郎，入侍講禁中，以直道牾左右，出為許令，病免。會母終，麟不勝喪❶，未祥❷而卒，年四十一。所著碑、誄、讚❸、說❹、書凡二十一篇。

3 彬少與蔡邕❺齊名。初舉孝廉，拜尚書郎❻。時中常侍曹節❼女壻馮方亦為郎。彬厲志操，與左丞❽劉歆、右丞❾杜希同好交善，未嘗與方共酒食之會。方深怨之，遂章言彬等為酒黨。事下尚書令❿劉猛。猛雅⓫善彬等，不舉正⓬其事。節大怒，劾奏猛，以為阿黨⓭，請收下詔獄。在朝者為之寒心，猛意氣自若，旬日得出，免官禁錮。彬遂以廢。光和⓮元年，卒於家，年四十六。諸儒莫不傷之。

4 所著七說及書凡三篇，蔡邕等共論序⓯其志，僉⓰以為彬有過人者四：夙智早成，岐嶷也⓱；學優文麗，至通也；仕不苟祿⓲，絕高也；辭隆從窊，絜操也⓳。乃共樹碑而頌焉。

5 劉猛，琅邪⓴人。桓帝時為宗正㉑，直道不容㉒，自免歸家。靈帝即位，太傅陳蕃㉓、大將軍竇武㉔輔政，復徵用之。

【章　旨】以上為桓榮玄孫〈桓彬傳〉，旨在突出桓彬的夙智早成、學優文麗、仕不苟祿、辭隆從窊的高潔志操。

【注　釋】❶不勝喪　不勝，承受不了；禁不住。喪，悲傷。❷祥　古喪祭名。有小祥、大祥之分。週年祭為小祥，兩週年為大祥。❸讚　以頌揚人物為主的一種文體。❹說　古文體之一。明楊慎《丹鉛雜錄・珊瑚鈎詩話》卷六：「正是非而著之者，說也。」❺蔡邕　（西元一三二—一九二年），字伯喈，陳留郡圉縣（今河南杞縣）人。東漢文學家、書法家。靈帝時為議郎，因上書論朝政闕失獲罪，流放朔方。後赦回，畏宦官陷害，亡命江湖十餘年。董卓專權，任命為侍御史，官左中郎將。從獻帝遷都長安，封高陽鄉侯。董卓重蔡邕才學，厚相待遇。每集宴，輒令蔡邕鼓琴贊事。董卓被誅，蔡邕為王允所捕，死獄中，時年六十一。蔡邕精音律，通經史、天文，又善辭賦；工篆隸，尤以隸書著稱。熹平四年（西元一七五年），靈帝許蔡邕與堂谿典等寫定《六經》文字，「邕乃自書冊於碑，使工鐫刻，立於太學門外。」世稱「熹平石經」。蔡邕又創「飛白」書。有《蔡中郎集》已佚。後人輯本以清咸豐間楊以增輯《海源閣叢書》本《蔡中郎集》十卷，外紀一卷，外集四卷，卷末一卷，搜集較為完備。傳見本書卷六十。❻尚書郎　官名。尚書臺分曹辦事，辦理曹務的官員稱尚書郎。東漢之制，取孝廉中有才能者入尚書臺，初入臺，稱尚書郎中，滿一年，稱尚書郎，三年稱尚書侍郎。❼曹節　（？—西元一八一年），字漢豐，南陽新野人。順帝初，以西園騎遷小黃門。桓帝時，遷中常侍、奉車都尉，以北迎靈帝封長安鄉侯。後又遷長樂衛尉，封育陽侯，位特進，秩中二千石。尋轉大長秋。又與王甫等誣奏桓帝弟勃海王謀反，增食邑至七千六百戶。父兄子弟皆為公卿、列校、牧守、令長。掠人妻女，淫暴無道。曹節為尚書令。光和四年（西元一八一年）死，贈車騎將軍，以養子傳國。傳見本書卷七十八。❽左丞　即尚書左丞。官名。秩四百石。掌吏民章報及騶伯史。總典臺中綱紀，無所不統。❾右丞　即尚書右丞。官名。秩四百石。掌假署印綬及紙筆墨諸財用庫藏。與僕射掌假錢穀，與左丞無所不統。見本書志第二十六。❿尚書令　官名。秩千石。漢承秦所置，本為少府屬官，掌奏章文書。漢武帝以後，職權漸重。東漢政務皆歸尚書，尚書令成為直接對皇帝負責總攬一切政令的首腦。⓫雅　素常；向來。⓬舉正　列舉其罪，正之以法。⓭阿黨　逢迎上意，結黨營私。⓮光和　東漢靈帝年號，西元一七八—一八四年。⓯論序　評論；論說。序，亦作「敘」。⓰僉　都；皆。⓱夙智早成二句　夙智，早慧。早成，指人的心理早熟。謂少年時功成名就。岐嶷，《詩・生民》：「誕實匍匐，克岐克嶷。」朱熹《集傳》：「岐嶷，峻茂之狀。」後多以「岐嶷」形容幼年聰慧。⓲苟祿　指官吏無功而受俸祿。⓳辭隆從窊二句　不巴結職位尊貴的高官，接近職微位卑的小官，操行高潔。辭隆從窊，辭，推辭；辭謝；不巴結。隆，高；大。指官高有權勢之人。從，追隨；接近。窊，低凹；低下。指官卑職小之人。絜，同「潔」。操，操行。謂志節、品德。⑳琅邪　郡、國名。秦置。治所在琅邪（今山東膠南琅邪臺西北），西漢移治東武（今山東諸城），東漢改為國，移治開陽（今山東臨沂北）。轄今山東半島南部。㉑宗正　官名，九卿之一。秩中二千石。《漢書．百官公卿表》曰：「宗正，秦官。掌宗屬。」宗正多由皇族中人充任，為皇族事務機關的長官。見本書志第二十六。㉒直道不容　堅守正道，為權貴所不容。㉓陳蕃　（?—西元一六八年），字仲舉，汝南平輿（今河南平輿）人。初仕郡，舉孝廉，除郎中。太尉李固表拜議郎，遷樂安太守。桓帝時，任太尉。與李膺等反對宦官專權，為太學生所敬重，被稱為「不畏強禦陳仲舉」。靈帝立，為太傅。與外戚竇武謀誅宦官，事洩，曹節等矯旨誅竇武等。陳蕃時年七十餘，聞知，率官屬及太學生八十餘人衝入宮門，事敗被殺。傳見本書卷六十六。㉔竇武　（?—西元一六八年），字游平，扶風平陵（今陝西咸陽）人。少以經行著稱，常教授於大澤中，不交時事，名顯關西。延熹八年，女選為貴人，拜竇武為郎中，其年冬，女立為皇后，竇武為越騎校尉，封槐里侯，又拜城門校尉。在位多辟名士，清身疾惡。桓帝死，他迎立靈帝，任大將軍，更封聞喜侯，掌握朝政。他與太學生聯結，並起用反對宦官的李膺等人。後與陳蕃謀誅宦官，事洩，兵敗自殺。傳見本書卷六十九。

【語譯】 桓彬，字彥林，是桓焉兄長的孫子。

2 桓彬的父親桓麟，字元鳳，年輕時即聰慧有才華。桓帝初年，為議郎，入宮為侍講，因為堅守正道，觸犯了天子左右的人，出為許縣縣令，因患病免官。正值其母親去世，桓麟承受不了悲痛，守喪未滿一週年就去世了，時年四十一歲。所著碑文、誄辭、讚、說、書共二十一篇。

3 桓彬年少時與蔡邕齊名。初舉孝廉，任尚書郎。當時中常侍曹節的女婿馮方也為尚書郎。桓彬磨礪自己的意志和操行，與尚書左丞劉歆、右丞杜希意氣相投友好交善，從未與馮方共同飲酒聚會。馮方非常怨恨他們，於是上書說桓彬等是酒黨。此事交尚書令劉猛處理。劉猛一向與桓彬等人交好，不核正處理此事。曹節大怒，上書彈劾劉猛，認為他們結黨營私，請求逮捕下詔獄。在朝的官員為此事寒心，劉猛神色鎮靜自如，十天便出獄，免除官職，不再起用。桓彬也因此廢棄不用。光和元年，在家中去世，時年四十六歲。諸儒生對他的去世，都感到悲傷。

4 桓彬所著《七說》及書共三篇，蔡邕等人共同評論他的志向，都認為桓彬超過常人的有四個方面：睿智早成，年幼聰慧；學優文麗，至為通達；為官清廉，極為高尚；辭高就低，操行高潔。於是共同立碑讚頌他。

5 劉猛，琅邪人。桓帝時任宗正，堅守正道，為權貴所不容，自己請求免職歸家。靈帝即位，太傅陳蕃、大將軍竇武輔政，又徵召起用他。

論曰：伏氏❶自東西京❷相襲為名儒，以取爵位。中興而桓氏尤盛，自榮至典，世宗其道，父子兄弟代作帝師，受其業者皆至卿相，顯乎當世。孔子曰：「古之學者為己，今之學者為人❸。」為人者，憑譽以顯物❹；為己者，因心以會道❺。桓榮之累世❻見宗❼，豈其為己乎❽？

【章旨】以上為作者的評論文字。首先說伏氏在西漢、東漢相繼為名儒，以取爵位。中興後桓氏一門最盛。其次，作者用孔子的話比量桓榮，以反詰的語氣以為桓榮的累世被尊崇，其學是「為人」，不是「為己」。

【注釋】❶伏氏　指西漢初傳授《尚書》的濟南伏勝（伏生）至其九世孫伏湛。伏湛，字惠公，琅邪東武人（其高祖伏孺，武帝時客授東武，遂家焉）。光武帝時官至大司徒，封陽都侯。傳見本書卷二十六。❷東西京　指東、西漢。❸古之學者為己二句　語出《論語・憲問》。為己，求學的目的為提高自己的道德修養。為人，求學的目的為的是裝飾自己，讓別人看。❹憑譽以顯物　憑藉名譽以顯揚自己。顯物，即顯揚於物。物，人、社會、外界。❺因心以會道　使自己的思想符合道義。因，依靠；憑藉。可譯為「使」。❻累世　歷代；接連幾代。❼宗　尊崇。❽豈其為己乎　難道是為自己嗎？也就是說不是「為己」，是「為人」。豈其，難道。

【語譯】史家評論說：伏氏自西漢至東漢相繼為名儒，以取得爵位。光武中興，桓氏尤為興盛，從桓榮至桓典，世代推崇他們的學業，父子兄弟相繼為皇帝的老師，跟他們受業的人都官至卿相，顯赫於當世。孔子說：「古代求學的人，學習的目的是為了提高自己的道德修養，現在求學的人，學習的目的是為了裝飾自己讓別人看。」為裝飾自己給別人看的人，憑藉名譽向社會顯揚自己；為提高自己道德修養的人，使自己的思想符合道義。桓榮家族累世被尊崇，難道是為自己嗎？

1 丁鴻，字孝公，潁川定陵❶人也。

2 父綝，字幼春，王莽末守❷潁陽尉。世祖略地潁陽❸，潁陽城守不下，綝說其宰❹，遂與俱降。世祖大喜，厚加賞勞，以綝為偏將軍❺，因從征伐。綝將兵先度河，移檄❻郡國，攻營略地，下河南、陳留、潁川二十一縣。

3 建武元年，拜河南太守。及封功臣，帝令各言所樂，諸將皆占豐邑美縣，唯綝願封本鄉。或謂綝曰：「人皆欲縣，子獨求鄉，何也？」綝曰：「昔孫叔敖❼敕其子，受封必求墝埆之地❽。今綝能薄功微，得鄉亭厚矣。」帝從之，封定陵新安鄉侯，食邑五千戶。後徙封陵陽侯。

【章旨】以上為〈丁鴻傳〉的第一部分，寫其籍貫及其父丁綝的事跡，旨在突出丁綝的忠勇、謙讓。

【注釋】❶定陵　古縣名。西漢置。治所在今河南舞陽東北北舞渡。❷守　猶「攝」。暫時代理職務。❸潁陽　古縣名。治所在今河南許昌西南。❹宰　縣令。❺偏將軍　見本書卷三十三〈朱浮傳〉注。❻移檄　發布文告曉示。❼孫叔敖　春秋時楚國期思（今河南淮濱）人，蔿氏，名敖，字孫叔。人稱孫叔敖。官令尹（春秋戰國時楚置，為最高長官，掌軍政大權），輔助楚莊王成就霸業。曾在期思、雩婁（今河南商城東）興修水利工程，相傳又開鑿芍陂（安徽壽縣安豐塘），灌田萬頃。據說三為令尹而不喜，三次去職而不悔。事見《左傳．宣公十一年》、〈十二年〉，《呂氏春秋》之〈情欲〉、〈異寶〉、〈知分〉、〈贊能〉，《史記．循吏列傳》，《說苑》之〈敬慎〉、〈至公〉等篇。❽受封必求墝埆之地　《呂氏春秋．異寶》：「孫叔敖疾將死，戒其子曰：『王數封我矣，吾不受也。為我死，王則封汝，必無受利地。楚越之間，有寢之丘者，此地不利，而名甚惡。可長有者，其唯此也。』孫叔敖死，王果以美地封其子，而子辭。請寢之丘。故至今不失。」墝埆，亦作「磽确」。土地瘠薄。

【語譯】丁鴻字孝公，潁川郡定陵縣人。

2 丁鴻的父親丁綝，字幼春，王莽末年代理潁陽縣尉職務，世祖攻占地盤至潁陽，潁陽堅守，未能攻下，丁綝勸說潁陽縣令，於是一同歸降。世祖大喜，厚加獎賞慰勞，任命丁綝為偏將軍，於是隨從世祖征伐。丁綝領兵先渡過黃河，發布文告各郡國，攻打軍營，占領地盤，攻下河南、陳留、潁川二十一個縣。

3 建武元年，任命丁綝為河南太守。到封功臣時，帝命功臣們各說自己喜愛的地方，諸將領都挑選豐邑美縣，唯有丁綝願受封於本鄉。有人對丁綝說：「別人都想要縣，唯獨您請求鄉，這是什麼原因呢？」丁綝說：「從前孫叔敖告誡他的兒子，受封必求貧瘠之地。像我丁綝才能低下，功勞微薄，得到鄉、亭的封賞，已經是很優厚的了。」光武帝順從了丁綝的意願，封他為定陵縣新安鄉侯，陽食邑五千戶。後又改封為陵陽侯。

1 鴻年十三，從桓榮受歐陽尚書，三年而明章句。善論難，為都講。遂篤志精銳，布衣荷擔，不遠千里。

2 初，綝從世祖征伐，鴻獨與弟盛居，憐盛幼小而共寒苦。及綝卒，鴻當襲封，上書讓國於盛，不報。既葬，乃挂縗絰❶於家廬而逃去，留書與盛曰：「鴻貪經書，不顧恩義，弱而隨師，生不供養，死不飯唅❷，皇天先祖，並不祐助，身被大病，不任茅土❸。前上疾狀，願辭爵仲公❹，章寢不報，迫且當❺襲封。謹自放棄，逐求良醫。如遂不瘳❻，永歸溝壑❼。」鴻初與九江人鮑駿❽同事桓榮，甚相友善，及鴻亡封，與駿遇於東海❾，陽狂❿不識駿。駿乃止而讓⓫之曰：「昔伯夷、吳札亂世權行，故得申其志耳。春秋之義，不以家事廢王事⓬。今子以兄弟私恩而絕父不滅之基⓭，可謂智乎？」鴻感悟，垂涕歎息，乃還就國，開門教授。鮑駿亦上書言鴻經學至行，顯宗甚賢之。

3 永平十年詔徵。鴻至即召見，說文侯之命篇⓮，賜御⓯衣及綬⓰，稟食公車⓱，與博士同禮。頃之，拜侍中。十三年，兼射聲校尉。建初四年，徙封魯陽鄉侯。

4 肅宗詔鴻與廣平王羨⓲及諸儒樓望⓳、成封⓴、桓郁、賈逵等，論定五經同異於北宮白虎觀，使五官中郎將魏應主承制問難，侍中淳于恭㉑奏上，帝親稱制臨決㉒。鴻以才高，論難最明，諸儒稱之，帝數嗟美焉。時人嘆曰：「殿中無雙丁孝公。」數受賞賜，擢徙校書㉓，遂代成封為少府。門下由是益盛，遠方至者數千人。彭城劉愷㉔、北海巴茂㉕、九江朱倀㉖皆至公卿。元和三年，徙封馬亭鄉侯。

5 和帝即位，遷太常。永元四年[27]，代袁安[28]為司徒。是時竇太后[29]臨政，憲[30]
兄弟各擅威權。鴻因日食，上封事[31]曰：
「臣聞日者陽精[32]，守實不虧，君之象也；月者陰精，盈毀有常，臣之表也。
6 故日食者，臣乘[33]君，陰陵[34]陽；月滿不虧，下驕盈[35]也。昔周室衰季[36]，皇甫之
屬[37]專權於外，黨類強盛，侵奪主埶[38]，則日月薄食[39]。故詩曰：『十月之交，朔
月辛卯。日有食之，亦孔之醜[40]。』春秋日食三十六，弒君三十二[41]。變不空生，
各以類應[42]。夫威柄[43]不以放下，利器[44]不可假人。覽觀往古，近察漢興，傾危之
禍，靡不由之。是以三桓[45]專魯，田氏擅齊[46]，六卿分晉[47]；諸呂握權[48]，統嗣幾
移；哀、平[49]之末，廟不血食[50]。故雖有周公之親，而無其德，不得行其埶也。
7 「今大將軍[51]雖欲勑身自約[52]，不敢僭差[53]，然而天下遠近皆惶怖[54]承旨，刺
史二千石初除謁辭[55]，求通待報[56]，雖奉符璽，受臺勑[57]，不敢便去，久者至數十
日。背王室，向私門，此乃上威損，下權盛也。人道悖[58]於下，效驗見於天；雖
有隱謀，神照[59]其情，垂象見戒[60]，以告人君。間者月滿先節，過望不虧[61]。此臣
驕溢背君，專功獨行也。陛下未深覺悟，故天重見戒，誠宜畏懼，以防其禍。詩
云：『敬天之怒，不敢戲豫。』[62]若勑政責躬[63]，杜漸防萌，則凶妖銷滅，害除

福湊矣。

8 「夫壞崖破巖之水，源自涓涓；干雲[64]蔽日之木，起於蔥青[65]。禁微則易，救末者難，人莫不忽於微細，以致其大。恩不忍誨，義不忍割，去事之後，未然之明鏡也。臣愚以為左官外附[66]之臣，依託權門，傾覆諂諛[67]，以求容媚[68]者，宜行一切之誅。間者大將軍再出，威振州郡，莫不賦斂吏人，遣使貢獻。大將軍雖云不受，而物不還主。部署之吏無所畏憚，縱行非法，不伏罪辜。故海內貪猾，競為姦吏，小民吁嗟[69]，怨氣滿腹。臣聞天不可以不剛[70]，不剛則三光[71]不明；王不可以不彊[72]，不彊則宰牧從横[73]。宜因大變，改政匡[74]失，以塞[75]天意。」

9 書奏十餘日，帝以鴻行太尉兼衛尉，屯南、北宮。於是收竇憲大將軍印綬，憲及諸弟皆自殺。

10 時大郡口五六十萬舉孝廉二人，小郡口二十萬并有蠻夷者亦舉二人，帝以為不均，下公卿會議。鴻與司空劉方上言：「凡口率之科[76]，宜有階品[77]，蠻夷錯雜，不得為數。自今郡國率二十萬口歲舉孝廉一人，四十萬二人，六十萬三人，八十萬四人，百萬五人，百二十萬六人。不滿二十萬二歲一人，不滿十萬三歲一人。」帝從之。

11　六年，鴻薨，賜贈有加常禮[78]。子湛嗣。湛卒，子浮嗣。浮卒，子夏嗣。

【章　旨】以上為〈丁鴻傳〉的第二部分。先寫其學業及繼父爵、教授生徒諸事。次寫其於白虎觀會議「論難最明」，受賞賜、擢徒及門下生徒眾多的盛況。又寫其為司徒，藉出現日蝕大談臣下驕橫侵奪君權，指明竇憲兄弟的專橫跋扈，終於扳倒了竇憲兄弟。旨在突出丁鴻的上書適時及切中要害和其學識的過人之處。

【注　釋】❶縗絰　見本書卷三十五〈鄭玄傳〉注。❷飯哈　古葬禮，在死者口中放進珠玉等物。所放之物，因等級而不同，天子用珠，諸侯用玉，大夫用璧，士用貝，庶人用米。❸不任茅土　不任，不堪；無法承受。茅土，指王侯的封國。古時天子分封王、侯時，從代表方位的五色土壇中，按封地所在方向，取一色土，包以白茅而授之，作為受封者得以有國建社的表徵。❹仲公　丁鴻弟丁盛字。❺且當　應當；必定。❻瘳　病癒。❼溝壑　溪谷。指野死之處。❽鮑駿　九江人，與丁鴻同師事桓榮。曾上書言丁鴻「經學至行」。❾東海　郡名。見本書卷三十六〈賈逵傳〉注。❿陽狂　假裝癲狂。陽，同「佯」。⓫讓　責備。⓬春秋之義二句　春秋，指《春秋公羊傳》。《公羊傳．哀公二年》：有「不以父命辭於王命」，「不以家事辭於王事」，故鮑駿引之以說丁鴻。⓭基　基業。指封國。⓮文侯之命篇　《尚書》篇名。〈序〉曰：「平王錫晉文侯秬鬯、圭瓚，作〈文侯之命〉。」李賢注曰：「平王東遷洛邑，晉文侯仇有輔佐之功，平王賜以車馬、弓矢而策命之，因為篇名。」⓯御　古時對皇帝所作所為及所用之物的敬稱。⓰綬　絲帶。⓱稟食公車　即由公車府提供飲食。即居公車府待命。稟食，謂官家給食。公車，漢代官署名，衛尉的下屬機構。設公車令，掌管宮中司馬門的警衛工作；臣民上書和徵召之士都由公車府接待。⓲廣平王羨　即廣平王劉羨，明帝子。永平三年封廣平王。羨博涉經書，有威嚴，與諸儒講論於白虎觀。建初七年，徙封為西平王。章帝崩，遺詔徙封為陳王。立三十七年薨。傳見本書卷五十。⓳樓望　（西元二二—一〇一年），字次子，陳留郡雍丘縣（今河南杞縣）人。少習《嚴氏春秋》，節操清白，有稱鄉里。建武年間，仕郡為功曹。永平初為侍中、越騎校尉，入講省內，十六年遷大司農，十八年為太常。坐事轉為太中大夫，後為左中郎將。教授不倦，世稱儒宗。永元十三年卒於官。門生會葬者數千人。傳見本書卷七十九下。⓴成封　官少府。㉑淳于恭　字孟孫，北海淳于人。見本書卷三十九本傳。㉒稱制

臨決　此之稱制臨決，乃親臨會議，做出決定。稱制，秦始皇統一中國後，以命為「制」，令為「詔」。後因即位執政為「稱制」，代行皇帝職權亦曰「稱制」。如《漢書・高后紀》：「太后臨朝稱制。」㉓校書　校勘書籍。王先謙《集解》引劉攽曰：「案漢校書者郎官而已，鴻已為二千石，不當以校書為擢徙也。明衍『校書』二字。」惠棟曰：「案如劉說則『擢徙』二字無所附麗，或為尚書。」王先謙《集解校補》曰：「案劉意『擢徙』二字承上『數受賞賜』為句，不必有所附麗。尚書六百石，亦非二千石，擢徙之官，惠說仍誤矣。前書〈劉向傳〉，向嘗以光祿大夫領校書事。此傳文亦但云『校書』，未言校書郎。則賞賜、擢徙與校書自各為一事，原不必校書定為官名。」㉔彭城劉愷　彭城，郡、國名。西漢宣帝地節元年（西元前六九年）改楚國為彭城郡。東漢章帝章和二年（西元八八年）改為彭城國。治所在彭城（今江蘇徐州）。轄境相當今山東微山縣、江蘇徐州、銅山縣、沛縣東南部、邳縣西北部及安徽濉溪縣東部地。劉愷，字伯豫，彭城人。事見本書卷三十九。㉕北海巴茂　北海，郡、國名。見本書卷三十五〈鄭玄傳〉注。巴茂，官至太常卿。㉖朱倀　字孫卿。歷官太中大夫、長樂少府，順帝永建元年（西元一二六年）為司徒。㉗永元四年　西元九二年。㉘袁安　（？—西元九二年），字邵公，汝南郡汝陽縣（今河南商水縣）人。袁安為人嚴重有威，見敬於州里。初為縣功曹，舉孝廉，為陰平縣長、任城縣令、楚郡太守、河南尹，以嚴明著稱。後歷任太僕、司空、司徒。和帝即位，外戚竇憲兄弟專權，他不避權貴，多次彈劾竇氏的專橫。永元四年（西元九二年）春去世。朝廷痛惜。其子孫世代為大官僚，汝南袁氏為東漢有名的世家大族。傳見本書卷四十五。㉙竇太后　章帝皇后，和帝尊為皇太后。㉚憲　竇憲。竇太后兄。㉛封事　古時臣下上書奏事，防有洩漏，用袋封緘，稱「封事」。㉜日者陽精　太陽是陽氣的精華。㉝乘　欺淩。㉞陵　同「淩」。侵犯；欺淩。㉟下驕盈　臣下驕傲自滿。下，臣下。㊱哀季　衰微末世。李賢注曰：「周室衰，謂幽王時也。」㊲皇甫之屬　李賢注曰：「皇甫，即幽王后之黨也。《詩・小雅》曰：『皇甫卿士，番維司徒，家伯維宰，仲允膳夫。』其類非一，故言之屬也。」所引之詩，為《詩・十月之交》。鄭箋云：「皇父、家伯、仲允皆字，番……皆氏。」疏曰：「皇父為卿士之官，番氏維為司徒之卿，家伯維為冢宰之卿，仲允為膳夫，……此七人於豔妻有寵熾盛方甚之時，並處於位。由褒姒有寵，私請於王，使此七人朋黨於朝，言王事所亂也。」《十三經注疏・毛詩正義・十月之交》，皇甫作「皇父」。㊳埶　同「勢」。權力。㊴日月薄食　日月相掩蝕。即遮蓋使其發生虧蝕現象。㊵十月之交四句　十月之交，傳曰：「之交，日月之交會。」鄭箋云：「周十月，夏之八月也。八月朔日日月交會而日食。」朔月辛卯，有的版本將「朔月」改為「朔日」，阮元以為誤（見《毛詩正義》校勘記）。實不必改「月」為「日」。此句應做這樣的解釋：朔，初一；月，這個月（即周曆十月，夏曆八月）；辛卯，即辛卯日。連成一句話，即「初一在這個月是辛卯日」。據古曆學家推算，周幽王六年十月初一日蝕，為西元前七七六年九月六日。有，呈現；發生。不採「有」同「又」之說。孔，很；甚。醜，凶；惡。㊶弒君三十二　董仲舒《春秋繁露・王道》說「弒君三十二」。但在《春秋繁露》之〈滅國上〉、〈會盟要〉中卻說「弒君三十六」。司馬遷《史記・太史公自序》亦說「弒君三十六」。說「弒君三十六」的還有《淮南子・主術》、劉向《說苑・建本》、《漢書・楚元王傳》劉向所上〈封事〉及《漢書・天文志》等。㊷變不空生二句　天象變化不會憑空發生，都與社會上發生的事件相應。㊸威柄　李賢注曰：「威柄，謂《周禮》之八柄，即爵、祿、生、置、予、奪、廢、誅也。」㊹利器　李賢注曰：「利器謂國之權勢。」㊺三桓　謂春秋時魯國的三家貴族，即季孫氏、叔孫氏、仲孫（亦稱孟孫）氏，三家皆出自魯桓公，故稱「三桓」。三桓並專權魯國，以季孫氏勢力最大，至魯昭公為季孫氏所逐。見《史記・魯周公世家》。㊻田氏擅齊　田氏，齊陳完之後。陳完本陳厲公子，陳厲公為蔡國人誘而殺之，陳國內亂，陳完奔齊國。齊桓公以陳完為工正。卒諡敬仲，以陳字為田氏，陳完即齊田氏的始祖。其後代逐漸強大，施恩惠收買人心，田成子（即田恒，漢避文帝諱，改恒為「常」。「成子」為其諡號）殺齊簡公，立簡公之弟平公，田成子為相，掌握了齊國大權，姜齊從此逐漸衰微。後田成子曾孫田和遷齊康公於海濱，西元前三八六年周天子正式承認田和為諸侯。田氏終於代替姜齊。見《史記・田敬仲完世家》。㊼六卿分晉　六卿，即晉國的智氏、中行氏、范氏、韓氏、趙氏、魏氏，並專晉政。六卿之間互相攻殺兼併，智、中行、范氏滅亡，韓、趙、魏三家強盛。西元前四〇三年，周威烈王正式任命韓、趙、魏三家為諸侯，終於瓜分了晉國。㊽諸呂握權　諸呂，即漢高祖皇后呂雉的親屬。漢高祖死後，子劉盈即位，是為惠帝。惠帝懦弱，即位七年死（年僅二十三歲），呂后稱制，乃增強呂氏的勢力，封呂產（呂后姪）為呂王，官太傅、相國，掌南軍。封呂祿（呂后姪）為趙王、上將軍，掌北軍。其他呂氏為王、侯者甚多。控制了西漢京城長安和衛戍部隊。呂氏勢大，謀危劉氏。所以說「統嗣幾移」。呂后死後，大臣周勃等誅滅呂氏集團，立文帝，劉氏復安。見《史記・呂太后本紀》。㊾哀平　即西漢哀帝、平帝。㊿血食　指受祭祀。因祭祀用牲、牢，故稱血食。(51)大將軍　指竇憲。(52)勑身自約　勑身，謂整飭己身，使行為謹嚴合禮。勑，同「敕」、「飭」。自約，自己約束自己。(53)僭差　僭越本分。(54)惶怖　恐惶害怕。(55)謁辭　拜見告辭。(56)待報　等候批覆。此謂等候接見。(57)奉符璽二句　《通鑑》胡注：「符璽所以為信，初除者詣尚書臺受敕。」符璽，憑證。臺勑，初除官者從尚書臺領取的委任狀。(58)悖　違逆；違背。(59)照　昭示；反映。(60)垂象見戒　出現徵兆，表示警戒。《周易・繫辭上》：「天垂象，見吉凶。」(61)月滿先節二句　不到十五日月就圓了，過了十五日，月仍不虧缺。節，時。謂月滿之時。(62)詩云二句　出於《詩・板》。敬，敬畏。戲豫，亦作「戲渝」。戲嬉安逸。(63)勑政責躬　整飭政令，嚴格要求自身。(64)干雲　高入雲霄。干，犯；衝破。(65)葱青　草木青翠茂盛貌。❻❻左官外附　左官，諸侯之官。《漢書・諸侯王表》：「武有衡山、淮南之謀，作左官之律。」顏師古注：「服虔曰：『仕於諸侯為左官。』應劭曰：『人道上右，今舍天子而仕諸侯，故謂之左官也。』」左官，猶言左道也，皆僻左不正，應說是也。」外附，指投靠私家之臣。❻❼傾覆諂諛　傾覆，邪僻不正，反覆無常。諂諛，諂媚阿諛。❻❽容媚　奉承諂媚。❻❾吁嗟　哀歎；歎息。❼⓿剛　剛健。❼❶三光　日、月、星。❼❷彊　同「強」。堅強。❼❸宰牧從横　宰牧，泛指朝臣與地方官。從横，即「縱横」。肆意横行，無所顧忌。❼❹匡　匡正；糾正。❼❺塞　滿足；符合。❼❻口率之科　按人口比率推舉孝廉的法規。科，條文；法規。❼❼階品　等級品位。❼❽常禮　常規禮節。

【語　譯】丁鴻年十三，跟桓榮學習《歐陽尚書》，三年便明曉章句。善於辯論疑難問題，成為都講生。於是專心致志，精心銳思，身穿布衣，挑著擔子，不遠千里，求學問道。

2　當初丁鴻的父親丁綝跟隨世祖征伐時，丁鴻獨與其弟丁盛生活在一起，他憐惜丁盛年幼與自己共同過著苦寒的日子。丁綝去世後，丁鴻應當繼承封爵，便上書請求將封國讓給丁盛，沒有得到朝廷同意。安葬了父親之後，丁鴻於是掛喪服於墓旁的房舍上逃走了，給丁盛留下一封書信說：「我貪讀經書，不顧恩情禮義，從小跟隨老師，父親在世時，我沒有侍奉供養，去世後，也未曾盡禮安葬，皇天先祖，都不保祐我，身患大病，不能繼承封爵。前上書陳述我的病狀，願將爵位讓給仲公，奏章沒有批覆，催促我快些襲受封爵。我鄭重地自願放棄爵位，尋求良醫。如果疾病終不能治癒，將永遠葬身溝壑。」丁鴻當初與九江人鮑駿共同師事桓榮，甚為友好親善，丁鴻逃亡封爵時，與鮑駿在東海相遇，丁鴻假裝癲狂，不認識鮑駿。鮑駿於是攔住丁鴻責備他說：「從前伯夷、季札是因為生於亂世，權衡形勢以行事，所以能伸展他們的意志。《春秋》的大義，不因為家事而廢棄王事。現在您因為兄弟之間的私情而棄絕父親永存的基業，能說是明智嗎？」丁鴻感悟，流涙歎息，於是歸就封國，開門教授生徒。鮑駿也上書說丁鴻經學功底的深厚和品行的優秀，顯宗認為丁鴻十分賢德。

3　永平十年，詔書徵召丁鴻。丁鴻至京城即被召見，講說《尚書・文侯之命》，顯宗賜丁鴻衣服及綬帶，讓他住在公車府待詔，與博士享受同樣的禮遇。不久，任命丁鴻為侍中。永平十三年，兼任射聲校尉。建初四年，改封魯陽鄉侯。

4 肅宗下詔使丁鴻與廣平王劉羨及諸儒樓望、成封、桓郁、賈逵等於北宮白虎觀論定《五經》同異，使五官中郎將魏應主持承皇帝的意旨提疑難問題，侍中淳于恭上奏皇帝，皇帝親臨會場裁決。丁鴻憑著深高的才學，辯論駁難最為清楚，諸儒士都稱讚他，皇帝也多次歎嗟讚美。當時的人感歎說：「殿中無雙丁孝公。」丁鴻多次受到皇帝的賞賜，擢升為校書，於是代成封為少府。從此丁鴻門下的生徒更加興盛，從遠方來了數千人。彭城劉愷、北海巴茂、九江朱倀皆官至公卿。元和三年，改封為馬亭鄉侯。

5 和帝即位，丁鴻遷太常卿。永元四年，代袁安為司徒。此時竇太后臨朝稱制，竇憲兄弟各自專擅權威。丁鴻藉日蝕向皇帝上奏封事說：

6 「臣聽說太陽是陽氣的精華，保持充實而不虧缺，是君主的象徵；月亮是陰氣的精華，盈虧有一定的規律，是臣下的標識。所以說日蝕的出現，是臣下侵犯君主，陰氣駕凌陽氣的表現；月滿而不虧缺，是臣下驕傲自滿的表現。從前周朝衰微之世，皇甫之類的大臣專斷朝政於外，黨徒眾多，勢力強盛，侵奪君主的權力，即出現了日月相掩食蝕的天象。所以《詩》說：『十月之交，朔日在這個月是辛卯。出現日蝕，這種天象是很大的凶兆。』《春秋》記載發生日蝕三十六次，被弒的國君三十二人。天象的變化，不會憑空產生，都各有人事與之相應。君之威柄不可以放棄，國家之權勢不可以假借於他人。觀覽往古的歷史，近察漢代的興起，傾覆危亡的禍害無不由此而生。因此三桓專魯國之政，田氏擅齊國之權，六卿瓜分晉國；諸呂握權，漢朝的統嗣幾乎轉移；哀帝、平帝末期，宗廟得不到祭祀。所以即使有如同周公那樣的親屬，而沒有那樣的品德，不可以使其握權掌政。

7 「如今大將軍雖然想整飭己身，自己約束自己，不敢超越本分，然而天下之人不分遠近，都惶恐不安地秉承他的意旨，刺史、郡守初任命，便前往謁見告辭，請求通報姓名，等待接見，雖然手捧皇帝所賜的符璽印信，領取了尚書臺交給的委任狀，也不敢便去上任，等待時間長的竟然有數十日。背棄王室，心向私門，這便是君主威嚴受損，臣下權勢強盛的表現。違背人道的常規於下，效驗便顯示在上天；即使有隱祕的謀劃，神明也會昭示其情狀，上天出現徵兆表示警戒，以告訴君主。近來，未到十五，月已先滿，過了十五也不虧缺。這就是臣下過分驕橫違背君主，獨斷專橫的表徵。陛下未能深察覺悟，因此上天再次警告，的確應該畏懼，以防災禍的發生。《詩》說：『敬畏上天發怒，不敢戲嬉安逸。』如果整飭政令，嚴格要求自己，在壞事萌發之前就加以堵塞和防止，那麼凶妖就可以消滅，災害消除，福氣聚集。

8 「那破壞山崖巖石的水，源自涓涓細流；衝破雲霄遮天蔽日的樹木，起於青翠的幼苗。禁止微小的事端很容易，挽救壞事的結局就很困難，人們往往都是忽略細微之事，以致使其發展成為大禍害。有恩愛而不忍教誨，有情義而不忍割捨，過去的事情，是未發生事情的明鏡。臣愚昧以為邪僻不正投靠私家之臣，依附權勢之家，反覆無常，諂媚阿諛，以求取容寵愛的人，應該一律對他們施行懲罰。近來大將軍再次出行，威風震動州郡，沒有不向小吏百姓徵收賦稅，派遣使者進貢。大將軍雖說不接受，可是財物卻沒有歸還原主。下屬官吏無所畏懼，肆意為非作歹，不受懲罰。所以州郡官員貪婪狡猾，競相為奸惡之官吏，百姓歎息，怨氣滿腹。臣聽說上天不可以不剛健，上天若不剛健，日月星辰則不明亮；君主不可以不堅強，君主若不堅強，朝臣與地方官員則肆意橫行。陛下應該趁著天之大變，改善政治，糾正失誤，以符合上天之意。」

9 書奏上十餘日，和帝任命丁鴻代理太尉兼衛尉之職，屯兵南、北二宮。於是收繳了竇憲的大將軍印綬，竇憲及其幾個弟弟都自殺了。

10 當時大郡人口五六十萬推舉孝廉二人。小郡人口二十萬並且有蠻夷雜居的也舉孝廉二人。和帝以為不均等，命令公卿共同討論。丁鴻與司空劉方上書說：「凡是按人口比例推舉孝廉的法規，應該有等級品位，蠻夷錯綜雜居不應計算在內。從現在起，郡國大抵二十萬人每年舉孝廉一人，四十萬二人，六十萬三人，八十萬四人，一百萬五人，一百二十萬六人。不滿二十萬人的郡國二年推舉一人，不滿十萬的三年推舉一人。」和帝聽從了他們的意見。

11 永元六年，丁鴻去世，和帝賜贈的物品超過了平常禮儀的規定。他的兒子丁湛繼承爵位。丁湛去世，兒子丁浮繼承爵位。丁浮去世，兒子丁夏繼承爵位。

論曰：孔子曰「太伯三以天下讓，民無得而稱焉❶」。孟子曰「聞伯夷之風者，貪夫廉，懦夫有立志❷」。若乃❸太伯以天下而違❹周，伯夷率❺絜情以去國，並未始❻有其讓也。故太伯稱至德，伯夷稱賢人。後世聞其讓而慕其風，徇其名而昧其致❼，所以激詭❽行生而取與妄矣。至夫鄧彪❾、劉愷，讓其弟以取義，使弟受非服❿而己厚其名，於義不亦薄乎？君子立言，非苟顯其理，將以啟天下之方悟者；立行，非獨善其身，將以訓天下之方動者。言行之所開塞⓫，可無慎哉？原⓬丁鴻之心，主⓭於忠愛乎？何其終悟而從義也？異夫數子類乎徇名⓮者焉。

贊曰：五更待問⓯，應若鳴鐘。庭列輜駕⓰，堂修禮容⓱。穆穆帝則⓲，擁經以從⓳。丁鴻翼翼⓴，讓而不飾。高論白虎，深言日食。

【章　旨】以上是作者的評論文字。作者對君子立言、立行的意義，議論精當，是〈論曰〉的關鍵所在：指出丁鴻的作為是不同於激詭之人的。〈贊曰〉則指出桓榮學問雖高，似乎不是「為己」；讚明帝的敬師，論丁鴻的事跡。

【注　釋】❶太伯三以天下讓二句　語出《論語・泰伯》。太伯，亦作「泰伯」。周朝祖先古公亶父的長子。古公有三子：長太伯，次仲雍（《史記・周本紀》作「虞仲」），三季歷。季歷生子姬昌（即以後的周文王），「有聖瑞。古公曰：『我世當有興者，其在昌乎？』太伯、虞仲知古公欲立季歷以傳昌，乃二人亡如荊蠻，文身斷髮，以讓季歷。」（《史記・周本紀》）「季歷果立，是為王季，而昌為文王。太伯之犇荊蠻，自號句吳。荊蠻義之，從而歸之千餘家，立為太伯。」（《史記・吳太伯世家》）

三以天下讓，李賢引鄭玄注曰：「太王疾，太伯因適吳、越採藥，太伯歿而不返，季歷為喪主，一讓也。季歷赴（訃）之，不來奔喪，二讓也。免喪之後，遂斷髮文身，三讓也。三讓之美，皆隱蔽不著，故人無得而稱焉。」民無得而稱焉，有說，太伯品德極為崇高，「老百姓簡直找不出恰當的詞語來稱讚他。」（楊伯峻《論語譯注》）❷聞伯夷之風者三句　聽到伯夷風節的人，貪得無厭的人都廉潔起來，懦弱的人也會立志。語出《孟子・萬章下》。《十三經注疏・孟子正義》，貪夫，作「頑夫」。伯夷，見本書卷三十六〈賈逵傳〉注。❸若乃　至於。用於句子的開頭，表示另起一事。❹違　離開。❺率　遵行；遵循。❻未始　未嘗。❼徇其名而昧其致　營求辭讓的名聲，卻不明白其辭讓的深遠意義。徇，營求。昧，不明白。致，事理；意義。❽激詭　矯情立異。❾鄧彪　字智伯，南陽新野縣人。父鄧邯，中興初，以功封鄳侯。父親去世，讓國於異母弟鄧荊、鄧鳳。❿非服　非分取得官爵、職位。李賢注曰：「彪讓國異母弟荊及鳳，愷以國讓弟憲，帝皆許焉。弟不當襲爵，故言非服，而彪、愷獨受美名，陷弟於不義也。」⓫開塞　取捨。⓬原　推究。⓭主　根本；主旨。⓮徇名　同「殉名」。犧牲生命以求取美好的聲譽。⓯五更待問　五更，指桓榮。待問，等待詢問。⓰輜駕　車駕；車子。輜，泛指車輛。⓱堂修禮容　修，習。禮容，禮制；儀容。即行禮時的動作、姿態。⓲穆穆帝則　穆穆，莊重恭敬。則，準則；榜樣。⓳從　就。就師求教。⓴翼翼　眾多貌。指門生眾多。

【語譯】史家議論說：孔子說「太伯三次推讓天下，老百姓簡直找不到恰當的詞語來稱讚他」。孟子說「聽說伯夷風節的人，貪得無厭的人也變得廉潔起來，懦弱的人也會立志」。至於太伯為了辭讓天下而離開周國，伯夷遵循廉潔的情操而離開自己的國家，並不是為了營求辭讓的名聲。所以太伯被稱為品德最高的人，伯夷被稱為賢人。後世之人聽到他們辭讓的事跡而慕其風節，追求辭讓的名聲卻不明白其辭讓的深遠意義，所以矯情立異的行為產生而辭讓變得虛偽了。至於鄧彪、劉愷，把封國讓給他們的弟弟以取義，使他們的弟弟受到非分取得爵位的名聲而自己卻獲得辭讓的高名，這對於「義」不是太虛假刻薄了嗎？君子立言，並不是只求顯示其道理，要用它來啟發天下正在覺悟的人；君子立行，並不是獨善其身，而是要用它來教誨天下正在行動的人。言語行動的取捨，能不謹慎嗎？推究丁鴻的用心，主旨出於忠愛嗎？為什麼他終於覺悟而順從大義呢？這就是他不同於那幾位類似求取美好聲譽的人的地方。

史官評論說：五更等待詢問，回答譬如鳴鐘。庭院陳列車馬，堂上修習禮容。皇帝做出榜樣，手捧經書以從。丁鴻門生眾多，謙讓而不矯情。白虎觀發表高論，藉日蝕闡述深言。

【研　析】現將桓榮一門及丁鴻的事跡做一簡要分析：

一、桓榮　桓榮於建武十九年徵辟於大司徒府時，已經是六十餘歲的老年人。他二十餘年的仕宦生涯，卻像絢麗的夕陽，發出了奪目的光彩。其所以如此，首先是他經學功底深厚，當時朝廷需要這樣的人才。桓榮「少學長安，習《歐陽尚書》……精力不倦，十五年不闚家園」，雖遭飢厄，講誦不息，為其學業打下了堅實的基礎。光武帝召桓榮，令說《尚書》，甚善之，拜議郎，「入使授太子」。每朝會，輒令桓榮於公卿前敷奏經書，光武帝稱善，於是有「得生幾晚」之歎。其次，桓榮為人謙虛，「溫恭有蘊藉」。光武帝欲用桓榮為《歐陽尚書》博士，桓榮磕頭辭讓，曰：「臣經術淺薄。」與諸博士論難，「辯明經義，每以禮讓相猒，不以辭長勝人，儒者莫之及」。其三，舉薦賢人。光武帝命其為博士時，他推薦了同門生郎中彭閎和揚州從事皐弘，光武帝召見，皆拜為議郎；又推薦門下生九江胡憲為侍講。其四，明帝對桓榮恩禮有加。明帝的尊師，在古代帝王中實為罕見。至太常府，為桓榮陳設几杖，親自執業，每言輒曰「大師在是」。又拜桓榮為五更，封關內侯。桓榮患病，明帝親臨探望，太官、太醫相望於道。桓榮去世，明帝變服送葬，賜冢塋於首山之陽。桓榮曾大會諸生，陳列其車馬、印綬，曰：「今日所蒙，稽古之力也，可不勉哉！」桓榮的目的或許是鼓勵諸生致力於學，以取功名，客觀上也有顯示自己的意味。故成為作者說桓榮「累世見宗，豈其為己乎」的口實。

桓榮子桓郁，敦厚篤學，傳父業。桓榮去世，桓郁當襲父爵，上書讓於兄子桓汎，明帝不許，桓郁不得已受封，乃悉以租稅收入給桓汎，可見桓郁的敦厚仁愛。桓郁為章、和二帝之師，恩寵甚篤，前後賞賜數千萬，顯於當世。桓郁官至太常卿。

桓郁中子桓焉，明經篤行，入授安帝經。安帝廢太子，桓焉與太僕來歷、廷尉張晧等苦諫，不許。順帝即位拜太傅，錄尚書事。復入授經禁中。順帝以桓焉前廷議守正，封其為陽平侯。桓焉固辭不受。桓焉官至太尉。

桓焉孫桓典，復傳其家業，舉孝廉為郎。辟司徒袁隗府，舉高第，拜侍御史。他一身正氣，主持公道，無所迴避。果然冒犯了宦官，有功不得受賞，為御史七年不遷。後隨獻帝西入關中，拜御史中丞，賜爵關內侯。又隨獻帝遷許，遷光祿勳。其他如桓焉弟子桓鸞、桓鸞子桓曄、桓焉兄子桓麟，桓麟子桓彬諸人，皆有操行，不詳述。

桓榮一門，祖孫五代，自桓榮至桓典，顯耀於東漢之世。四人為帝師，授經明、章、和、安、順、桓六位皇帝。官至三公者一人，九卿者三人，議郎二人，尚書郎一人，郡功曹一人。桓榮的爵位，子桓郁嗣，桓郁卒，子桓普嗣，傳爵至曾孫。

二、丁鴻　丁鴻年十三，從桓榮受《歐陽尚書》。善論難，為都講，篤志精銳，布衣荷擔，不遠千里，求學問道。其主要有三件事：其一，丁鴻父丁綝隨光武帝征伐時，丁鴻與其弟丁盛生活在一起，丁鴻憐其弟幼小與自己共度苦寒，欲讓父爵與其弟丁盛，朝廷不批准。安葬其父後，丁鴻逃走了。後經其學友鮑駿的指點、感悟，不能「以兄弟私恩而絕父不滅之基」，乃襲爵位，就國。其二，章帝建初四年白虎觀會議上「論難最明」，為章帝、諸儒所讚美，有「殿中無雙丁孝公」之譽，表現了丁鴻的學術造詣深厚，受賞賜，擢少府。其三，和帝永元四年遷司徒。這年，六月初一發生日蝕，丁鴻藉日蝕上封事，大發議論，鋒芒直指外戚大將軍竇憲。不管丁鴻是否真的相信天人感應，還是為了打鬼借助鍾馗，扳倒竇憲而借助日蝕，但這個封事卻有極大的煽動性。首先，認為日蝕是上天示警；其次，說日是君的象徵，日蝕出現，是臣下勢大，侵奪君權；其三，說大將軍竇憲勢大熾盛，天下遠近都秉承他的意旨辦事，一些「左官外附」之臣，都背離朝廷依附於大將軍，以及竇憲的種種非法；其四，說應該杜漸防微，以免釀成大禍，不要因為「恩」「義」而不忍割捨；其五，說君主應該剛強起來，趁著天變示警，「改政匡失，以塞天意」。引經據典，回顧歷史，說得深切動人。果然和帝被打動，決心除掉竇憲。於是任命丁鴻行太尉兼廷尉之職，集結軍隊，駐紮南、北二宮。空氣頓時緊張起來，劍拔弩張，殺氣騰騰。於是收繳竇憲大將軍印綬，竇憲兄弟皆自殺。（王明信注譯）

卷三十八

張法滕馮度楊列傳第二十八

【題解】本卷是一篇以類相從的合傳，寫的都是平定盜賊的將領。正傳寫了張宗、法雄、滕撫、馮緄、度尚、楊琁等六人，又附述抗徐、張磐二人的事跡，共八人，他們都是廣謀略，性剛直的名將。這些人活動於光武帝至靈帝時期，幾乎是東漢一代。東漢盜賊的叛亂，光武帝建武年間雖有發生，但為害不大，很快就平定下去。盜賊的猖獗，是在安帝、順帝以後至靈帝時期。其規模之大，為害之甚，來勢之猛，使東漢王朝為之震驚。盜賊所以群起，實由安帝、順帝以後國家「風威稍薄」，朝廷施政方略失誤，盜賊於是「緣隙而生」。盜賊一起，地方官吏大都望風逃走，朝廷派遣討伐的將帥，又往往不能取勝，只好一派再派，使將帥們疲於奔命。而將帥們歷盡艱辛，平定了盜賊，還免不了要受宦官及其黨徒們的誣奏，有的被判罪，有的被罷黜，有的有功不賞。奸邪得勢，有志者受害，這就使得國勢衰弱的東漢王朝更加衰弱。

1 張宗，字諸君，南陽魯陽❶人也。王莽時，為縣陽泉鄉佐❷。會莽敗，義兵起，宗乃率陽泉民三四百人起兵略地，西至長安，更始以宗為偏將軍。宗見更始政亂，因將家屬客安邑❸。

2 及大司徒鄧禹❹西征，定河東❺，宗詣禹自歸。禹聞宗素多權謀，乃表為偏將軍。禹軍到栒邑❻，赤眉大眾且至，禹以栒邑不足守，欲引師進就堅城，而眾人多畏賊追，憚為後拒❼。禹乃書諸將名於竹簡，署其前後，亂著笥❽中，令各探之。宗獨不肯探❾，曰：「死生有命，張宗豈辭難就逸乎！」禹歎息謂曰：「將軍有親弱在營，柰何不顧？」宗曰：「愚聞一卒畢力，百人不當；萬夫致死❿，可以橫行。宗今擁兵數千，以承大威⓫，何遽⓬其必敗乎？」遂留為後拒。諸營既引兵，宗方勒厲⓭軍士，堅壘壁，以死當之。禹到前縣，議曰：「以張將軍之眾，當百萬之師，猶以小雪投沸湯，雖欲戮力⓮，其埶不全也。」乃遣步騎二千人反還迎宗。宗引兵始發，而赤眉卒⓯至，宗與戰，卻之，乃得歸營，於是諸將服其勇。及還到長安，宗夜將銳士入城襲赤眉，中矛貫胛⓰，又轉攻諸營保⓱，為流矢所激⓲，皆幾至於死。

3 及鄧禹徵還，光武以宗為京輔都尉⓳，將突騎與征西大將軍馮異⓴共擊關中諸營保，破之，遷河南都尉。建武六年，都尉官省，拜太中大夫。八年，潁川桑中㉑盜賊群起，宗將兵擊定之。後青、冀盜賊屯聚山澤，宗以謁者㉒督諸郡兵討平之。十六年，琅邪、北海盜賊復起，宗督二郡兵討之，乃設方略，明購賞，皆悉破散，於是沛、楚㉓、東海、臨淮㉔群賊懼其威武，相捕斬者數千人，青、徐震慄。後遷琅邪相，其政好嚴猛，敢殺伐。永平二年㉕，卒於官。

【章旨】以上為〈張宗傳〉，旨在突出張宗的明智、勇敢和謀略。

【注釋】❶魯陽　古縣名。漢置。治所在今河南魯山縣。❷陽泉鄉佐　陽泉鄉，魯陽縣的一個鄉，在今河南魯山縣。鄉佐，唐李賢注曰《續漢書》曰：「鄉佐，主佐鄉收稅賦。」❸安邑　古縣名。在今山西夏縣西北，戰國初為魏國的國都。❹鄧禹（西元二－五八年），字仲華，河南新野人。❺河東　郡名。秦置。治所在安邑。轄今山西西南部地區。❻栒邑　古縣名。治所在今陝西旬邑東北。❼後拒　亦作「後距」。居後以抗擊敵人的部隊。❽筲　盛飯食或衣物的竹器。圓為簞，方為筲。❾探　摸取。❿致死　猶「拚死」。⓫大威　同「大畏」。最可畏懼的事情。⓬遽　遂；就。⓭勒厲　部署激勵。厲，同「勵」。⓮戮力　努力；盡力。⓯卒　同「猝」。突然。⓰貫胛　貫，穿；刺中。胛，肩胛。背脊上部跟兩胳膊連接的部分。⓱保　同「堡」。⓲激　撞擊；射中。⓳京輔都尉　秦每郡置郡尉一人，典兵禁。漢景帝中元六年（西元前一四四年）更名都尉。武帝元鼎四年（西元前一一三年）置三輔都尉各一人。見《漢書‧百官公卿表》。⓴馮異　（？－西元三四年），字公孫，穎川郡父城縣（今河南寶豐）人。王莽時為郡掾，後歸劉秀，在河北參與消滅王郎割據勢力與鐵脛等農民軍。諸將並坐論功，他常退避樹下，軍中號為「大樹將軍」。從劉秀平定河北。劉秀即位，封為陽夏侯，任征西大將軍，在崤底戰敗赤眉軍，後率兵攻打隗囂子隗純，死於軍中。謚節侯。為雲臺二十八將之一。傳見本書卷十七。㉑桑中　鄉邑名。應屬穎川郡，具體所在不詳。㉒謁者　官名。始置於春秋戰國。為國君掌管傳達事宜，秦漢沿置。見本書〈百官志〉。此處之謁者為「使者」的別稱。㉓楚　即楚國。西漢初高祖置之諸侯王國。東漢章帝改為彭城國。治彭城（今江蘇徐州）。㉔臨淮　郡名。漢武帝元狩六年（西元前一一七年）置。治所在徐縣（今江蘇泗洪南）。東漢明帝永平十五年（西元七二年）改為下邳國。治下邳（今江蘇睢寧西北）。轄境相當今江蘇邳縣、沭陽以西，淮安、泗陽及安徽嘉山縣以北，五河以東，江蘇漣水縣以西地。㉕永平二年　西元五九年。

【語譯】張宗，字諸君，南陽郡魯陽縣人。新莽時，為本縣陽泉鄉佐。正值王莽失敗，義兵興起，張宗於是率領陽泉鄉的百姓三四百人起兵攻占地盤，向西直至長安，更始任命他為偏將軍。張宗見更始朝政混亂，便帶領家屬客居安邑。

2 到大司徒鄧禹西征，平定河東，張宗親自到鄧禹處歸順。鄧禹聽說張宗平素多有權變謀略，乃上表推薦他為偏將軍。鄧禹的軍隊到達栒邑，赤眉的大隊人馬將要到來，鄧禹以為栒邑不值得據守，想帶領軍隊進駐堅固的城邑，而眾人都懼怕賊兵追趕，擔心成為擔任殿後抗擊敵人任務的部隊。鄧禹便將諸將的姓名寫在竹簡上，排列出撤軍的前後順序，亂放在竹筒中，令諸將摸取。張宗獨不肯摸取，說道：「生死有命，張宗怎麼能躲避危難追求安逸呢！」鄧禹歎息對張宗說：「將軍您有父母妻小在軍營，為什麼不顧惜呢？」張宗說：「我聽說一個兵士盡力，一百人也難以抵擋；上萬人不顧生命，可以橫行天下。張宗現在有數千名士兵，用以承擔大的危難，怎麼就一定會失敗呢？」於是便留下來作為後衛。其他諸營撤走後，張宗這才部署激勵戰士，加固壁壘，決心以死拒敵。鄧禹來到前面的縣城，與諸將商議說：「憑著張將軍的人馬，抵擋百萬軍隊，如同小雪片投入沸水，即使想用盡全力拼殺，看形勢難以保全。」於是派遣步、騎兵二千人返回接迎張宗。張宗領兵剛剛出發，赤眉軍突然到來，張宗與他們交戰，打敗了他們，才得以回到軍營之中，於是諸將佩服其勇敢。回到長安時，張宗在夜裡率領精銳軍士入城中襲擊赤眉，背胛被矛刺中，又轉戰攻打赤眉的其他營壘，為流矢所傷，都幾乎喪命。

3 到鄧禹被召回後，光武帝任命張宗為京輔都尉，率領突擊騎兵與征西大將軍馮異一同襲擊關中各營堡，擊敗了他們，遷為河南都尉。建武六年，都尉官職撤銷，拜太中大夫。建武八年，潁川郡桑中盜賊成群而起，張宗率軍隊討平了他們。後來青州、冀州地區盜賊屯聚在深山澤藪，張宗以謁者的身分督率各郡之兵討伐，將盜賊平定。建武十六年，琅邪、北海郡盜賊又起，張宗統領二郡之兵討伐，乃制定計畫，宣布賞金數目，賊兵全部被擊敗瓦解，於是沛、楚、東海、臨淮諸郡群賊都懼怕張宗的威武，先後被捕殺者數千人，青、徐二州的盜賊震驚恐懼。張宗後遷琅邪相，他施政好嚴猛，敢於殺伐。永平二年，在官任上去世。

1 法雄，字文彊，扶風郿❶人也，齊襄王法章❷之後。秦滅齊，子孫不敢稱田姓，故以法為氏。宣帝時，徙三輔，世為二千石。雄初仕郡功曹，辟太傅張禹❸府，舉雄高第，除平氏❹長。善政事，好發擿姦伏❺，盜賊稀發，吏人畏愛之。南陽太守鮑得❻上其理狀，遷宛陵❼令。

2 永初❽三年，海賊張伯路等三千餘人，冠赤幘❾，服絳❿衣，自稱「將軍」，寇濱海九郡，殺二千石令長。初，遣侍御史龐雄⓫督州郡兵擊之，伯路等乞降，尋復屯聚。明年，伯路復與平原⓬劉文河等三百餘人稱「使者」，攻厭次⓭城，殺長吏，轉入高唐⓮，燒官寺，出繫囚，渠帥⓯皆稱「將軍」，共朝謁伯路。伯路冠五梁冠，佩印綬⓰，黨眾浸盛。乃遣御史中丞王宗⓱持節發幽、冀諸郡兵，合數萬人，乃徵雄為青州刺史，與王宗并力討之。連戰破賊，斬首溺死者數百人，餘皆奔走，收器械財物甚眾。會赦詔到，賊猶以軍中未解，不敢歸降。於是王宗召刺史太守共議，皆以為當遂擊之。雄曰：「不然。兵，凶器；戰，危事。勇不可恃，勝不可必。賊若乘船浮海，深入遠島，攻之未易也。及有赦令，可且罷兵，以慰誘其心，埶必解散，然後圖之，可不戰而定也。」宗善其言，即罷兵。賊聞大喜，乃還所略人。而東萊郡兵獨未解甲，賊復驚恐，遁走遼東，止海島上。五年春，乏食，復抄東萊間，雄率郡兵擊破之，賊逃還遼東。遼東人李久⑱等共斬平之，於是州界清靜。

3 雄每行部，錄囚徒，察顏色，多得情偽，長吏不奉法者皆解印綬去。在州四年，遷南郡⑲太守，斷獄省少，戶口益增。郡濱帶江沔⑳，又有雲夢

4 藪澤㉑。永初中，多虎狼之暴，前太守賞募張捕，反為所害者甚眾。雄乃移書屬縣曰：「凡虎狼之在山林，猶人民之居城市。古者至化之世，猛獸不擾，皆由恩信寬澤，仁及飛走。太守雖不德，敢㉒忘斯義？記㉓到，其㉔毀壞檻穽㉕，不得妄捕山林。」是後虎害稍息，人以獲安。在郡數歲，歲常豐稔㉖。元初中卒官。

5 子真，在逸人傳㉗。

【章　旨】以上為〈法雄傳〉，旨在寫其討賊有方和為官清正、仁愛。

【注　釋】❶郿　舊縣名。治今陝西眉縣東。❷齊襄王法章　齊湣王子，名法章。西元前二八三—前二六五年在位。子建立，在位四十四年，為秦所滅。❸張禹　(?—西元一一三年)，字伯達，趙國襄國（今河北邢臺）人。張禹為人性厚篤節儉，明帝永平八年舉孝廉，建初中為揚州刺史，歷行郡縣，深幽之處莫不畢至。親錄囚徒，多所明舉。後轉兗州刺史，有清平之名聲。遷下邳相。導民墾田千餘頃，引水灌溉，民用溫給。永元六年，為大司農，拜太尉。延平元年（西元一〇六年）遷太傅，錄尚書事。永初元年封安鄉侯，更拜太尉。永初七年，卒於家。傳見本書卷四十四。❹平氏　縣名。治所在今河南桐柏西北。❺發擿姦伏　揭發隱伏未暴露的壞人壞事。發擿，揭發；舉發。姦伏，隱伏未暴露的壞人壞事。❻鮑得　得，一作「德」。鮑永孫。修志節，有名稱，累官南陽太守。修學校，尊國老，吏人喜悅，號為「神父」。在職九年，徵為大司農，卒於官。傳見

本書卷二十九。❼宛陵　古縣名。漢初置。治所在今安徽宣城。❽永初　東漢安帝劉祜年號，西元一〇七—一一三年。❾幘　包頭髮的巾。❿絳　大紅色。⓫龐雄　巴郡人，有勇略，稱為名將。永初中，為中郎將，與梁慬、耿夔大敗單于，還為大鴻臚。⓬平原　郡、國名。西漢置郡。治今山東平原縣西南。轄境相當今山東平原、陵縣、禹城、齊河、臨邑、商河、惠民、陽信等縣。東漢或為郡，或為國。⓭厭次　古縣名。東漢治所在今山東惠民東桑落墅。⓮高唐　縣名。西漢置。屬平原郡。東漢沿襲不改。故治在今山東禹城西南。⓯渠帥　亦作「渠率」。首領。舊時稱反抗者或部落酋長。⓰印綬　印和繫印的絲組，指官吏的印章。⓱王宗　其人生平不詳。⓲李久　其人生平不詳。⓳南郡　郡名。戰國秦置。治所在郢（今湖北江陵東北），後遷江陵。漢轄境相當今湖北西南部，西至巫山。⓴郡濱帶江沔　南郡臨近如帶的長江、沔水。即長江和沔水如帶子一般環繞著南郡。郡，即南郡。濱，靠近；臨近。帶，如帶一般的環繞著。江，長江。沔，古代稱漢水為沔水。㉑雲夢藪澤　雲夢，古代藪澤名。或單稱「雲」、「夢」。後世說法不一，一說為二澤，因相近故合稱「雲夢」。一說楚人稱「澤」為「夢」，雲夢就是「雲澤」。一說江北為「雲」，江南為「夢」。一說江南北都可叫做「雲」或「夢」。藪澤，湖澤的通稱。㉒敢　反問語。豈敢；不敢。㉓記　公文。即上文的「移書」。㉔其　加重語氣，無實義。㉕檻穽　捕捉野獸的機具和陷坑。㉖稔　莊稼成熟。㉗逸人傳　即本書卷八十三〈逸民列傳〉。

【語　譯】法雄，字文彊，扶風郿縣人，是齊襄王田法章的後裔。秦滅齊，其子孫不敢再稱自己為田姓，因此以法為姓氏。西漢宣帝時，遷至三輔，世代為二千石的官吏。法雄初為郡功曹，徵辟至太傅張禹府，考核成績優等，任命為平氏縣長。法雄善於處理政務，好揭發未暴露的壞人壞事，因此縣內少有盜賊，吏民既怕他又愛他。南陽太守鮑得上書報告他的治政狀況，遷升為宛陵縣令。

2　永初三年，海賊張伯路等三千餘人，戴著紅色的頭巾，穿著大紅色的衣服，自稱為「將軍」，寇掠沿海九郡，殺害郡守、縣令。起初，朝廷派遣侍御史龐雄督率州郡之兵出擊，張伯路等乞求投降，不久又聚集起來。第二年，張伯路又與平原郡劉文河等三百餘人稱「使者」，攻打厭次縣城，殺縣長官吏，又轉入高唐縣，燒毀官府，釋放在押囚犯，首領們都自稱「將軍」，共同朝拜張伯路。張伯路頭戴五梁冠，身上佩著印綬，黨徒漸漸多起來。朝廷於是派遣御史中丞王宗持節徵調幽、冀二州諸郡之兵，共有數萬人，於是徵召法雄為青州刺史，與王宗合力討伐他們。接連戰勝賊兵，殺死和淹死的有數百人，其餘的賊兵都逃走了，繳獲的器械和財物很多。正趕上赦免的詔書來到，賊兵仍認為朝廷軍隊的軍械、鎧甲還沒有解卸下來，不敢歸降。於是王宗召集刺史、太守共同商議，都認為應該繼續進擊賊兵。法雄說：「不應如此。兵刃，是殺人的兇器；作戰，是危險的事情。勇猛不可依仗，勝利不一定是必然的。賊兵若乘船浮海，深入到很遠的島上，進攻他們就不是那麼容易了。趁著有赦令，可以暫且罷兵，用來安慰誘導他們的心，他們勢必自行解散，然後再處理他們，這樣可以不戰而安定。」王宗以法雄之言為善，立即罷兵，停止攻擊。賊兵聽說大喜，便歸還所搶掠的人口。只有東萊郡的士兵沒有解甲休兵，賊兵又驚恐，逃遁到遼東，居留在海島上。永初五年春天，賊兵乏食，又搶掠東萊地區。法雄率郡兵擊敗他們，賊兵又逃回遼東。遼東人李久等共同將他們斬殺平定，於是州境安定下來。

3 法雄每次視察所轄郡縣，查閱記錄囚徒罪狀的簿冊，觀察囚徒的臉色，多次弄清楚事情的真偽，那些不奉公守法的官吏，都被免除官職。

4 法雄在州四年，遷南郡太守，犯罪的案件減少，戶口增加。南郡地處長江、沔水之間，又有雲夢大澤。永初年間，多有虎狼為害，前任太守曾懸賞招募獵人捕捉，為虎所害者反而更多。法雄乃發送公文至各縣說：「虎狼生活在山林，如同人民居住在城市。古時教化最美好的時代，猛獸不為害傷人，都是由於恩澤信誠寬厚，仁愛遍及飛禽走獸。本太守雖沒有功德，豈敢忘記此義？文書所到之日，一定要拆毀捕捉野獸的機關和陷阱，不得隨意在山林捕殺。」自此之後，虎害漸漸停息，百姓得以平安。法雄在郡數年，莊稼常常豐收。元初年間，在官任上去世。

5 法雄的兒子法真，其事跡記載於〈逸民列傳〉。

1 滕撫，字叔輔，北海劇❶人也。初仕州郡，稍遷為涿❷令，有文武才用。太守以其能，委任郡職，兼領❸六縣。風政修明，流愛于人。在事七年，道不拾遺。

2 順帝末，揚、徐盜賊群起，磐牙❹連歲。建康❺元年，九江范容、周生等相聚反亂，屯據歷陽❻，為江淮巨患。遣御史中丞馮緄❼將兵督揚州刺史尹燿、九江太守鄧顯討之。燿、顯軍敗，為賊所殺。又陰陵❽人徐鳳、馬勉等復寇郡縣，殺略吏人。鳳衣絳衣，帶黑綬，稱「無上將軍」；勉皮冠黃衣，帶玉印，稱「黃帝」。築營於當塗❾山中。乃建年號，置百官，遣別帥黃虎攻沒合肥❿。明年，廣陵⓫賊張嬰等復聚眾數千人反，據廣陵。朝廷博求將帥，三公舉撫有文武才，拜為九江都尉，與中郎將趙序助馮緄合州郡兵數萬人共討之。又廣開賞募，錢、邑各有差。梁太后⓬慮群賊屯結，諸將不能制，又議遣太尉李固⓭。未及行，會撫等進擊，大破之，斬馬勉、范容、周生等千五百級，徐鳳遂將餘眾攻燒東城縣⓮。下邳⓯人謝安應募，率其宗親設伏擊鳳，斬之。封安為平鄉侯，邑三千戶。拜撫中郎將，督揚徐二州事。撫復進擊張嬰，斬獲千餘人。趙序坐畏懦不進，詐增首級，徵還棄市⓰。又歷陽賊華孟自稱「黑帝」，攻九江，殺郡守。撫乘勝進擊，破之，斬孟等三千八百級，虜獲七百餘人，牛馬財物不可勝筭。於是東南悉平，振旅⓱而還。以撫為左馮翊，除一子為郎。撫所得賞賜，盡分於麾下⓲。

3 性方直，不交權埶，宦官懷忿。及論功當封，太尉胡廣⑲時錄尚書事，承旨奏黜撫，天下怨之。卒於家。

【章　旨】以上為〈滕撫傳〉，旨在突出滕撫的文才武略、臨財廉、性方直。

【注　釋】❶劇　古縣名。治所在今山東壽光南。❷涿　縣名。治所在今河北涿州。❸領　管領；統屬。❹磐牙　交相連結。一說如犬牙相交。❺建康　東漢順帝劉保年號，西元一四四年。❻歷陽　古縣名。秦置。治所在今安徽和縣。❼馮緄　見下。❽陰陵　古縣名。治所在今安徽定遠西北。❾當塗　古縣名。西漢置。治所在今安徽懷遠東南。❿合肥　古縣名。西漢置。東漢光武時改為侯國，後仍為縣，屬九江郡。治所在今安徽合肥。⓫廣陵　郡、國名。漢武帝元狩三年（西元前一二〇年）改江都國為廣陵國。治所在廣陵（今江蘇揚州），東漢建武中改為郡。轄境相當今江蘇、安徽交界的洪澤湖和六合以東，泗陽、寶應、灌南以南，串場河以西，長江以北地區。⓬梁太后　（西元一〇六—一五〇年），大將軍梁商女，名妠，順帝皇后。少善女工，好史書。九歲能誦《論語》，治《韓詩》，大義略舉。永建三年（西元一二八年），年十三入掖庭，為貴人。陽嘉元年（西元一三二年）立為皇后。建康元年，順帝崩，沖帝劉炳立，尊為皇太后，臨朝稱制。沖帝崩，又立質帝，仍臨朝稱制。梁冀鴆殺質帝，又立桓帝。和平元年（西元一五〇年），歸政於帝。病篤，去世。見本書卷十下。⓭李固　見本書卷三十四〈梁商傳〉注。⓮東城縣　古縣名。秦置。在今安徽定遠東南。⓯下邳　郡、國名。⓰棄市　古時在鬧市執行死刑，並將屍體暴露街頭。⓱振旅　整軍。⓲麾下　在主帥的旌麾之下。即部下。⓳胡廣　（西元九一—一七二年），字伯始，南郡華容（治今湖北監利）人。少孤貧，舉孝廉，安帝以為其章奏為天下第一。五遷至尚書僕射。歷官濟陰、汝南太守，大司農。漢安元年（西元一四二年）遷司徒，代李固為太尉，錄尚書事。胡廣性素謹，達練事體，京師諺曰：「萬事不理問伯始，天下中庸有胡公。」歷仕安、順、沖、質、桓、靈六帝，禮任甚優。凡一履司空，再作司徒，三登太尉，又為太傅。其所辟命，皆天下名士。時朝廷衰微，外戚宦官擅政，胡廣將順自保而已。熹平元年去世，諡文恭侯。著有《百官箴》四十八篇，詩、賦、銘、頌、箴、弔及諸解詁二十二篇。傳見本書卷四十四。

【語　譯】滕撫，字叔輔，北海國劇縣人。初在州郡任職，漸升為涿縣縣令，具有文才武略。太守因為他有才能，委任他擔任郡職，兼領管六縣。他為政善美清明，施愛於民。在任七年，道不拾遺。

2 順帝末年，揚州、徐州二地的盜賊成群而起，互相勾結，連年為害。建康元年，九江范容、周生等相聚叛亂，屯兵占據歷陽，成為長江、淮河地區的大禍害。朝廷派遣御史中丞馮緄帶兵督率揚州刺史尹燿、九江太守鄧顯討伐他們。尹燿、鄧顯作戰失敗，被盜賊所殺。又有陰陵人徐鳳、馬勉等再次侵犯郡縣，殺害擄掠官吏百姓。徐鳳身穿大紅色的衣服，佩黑色的綬帶，自稱「無上將軍」；鄧勉頭戴皮冠，身穿黃衣，佩玉印，自稱「黃帝」。建築營壘於當塗山中。建立年號，設置百官，派遣別帥黃虎攻陷合肥。第二年，廣陵賊張嬰等人又集聚數千人反叛，占據廣陵。朝廷廣求將帥，三公推舉滕撫有文武兼備之才，於是拜滕撫為九江都尉，與中郎將趙序協助馮緄會合州郡之兵數萬人，共同進行討伐。朝廷又廣泛地懸賞招募，賞賜錢、封邑，以功之高下有所差別。梁太后擔心群賊屯兵集結，諸將不能制服他們，於是又商議派遣太尉李固。李固還未出發，正值滕撫等人進攻，大破賊兵，斬馬勉、范容、周生等一千五百人，徐鳳乃帶領剩餘的賊兵攻打燒毀東城縣。下邳人謝安應募，率領他的族人、親友設下埋伏襲擊徐鳳，將徐鳳殺死。朝廷封謝安為平鄉侯，食邑三千戶。拜滕撫為中郎將，總領揚、徐二州事。滕撫又進攻張嬰，斬殺俘虜一千餘人。趙序因為膽小懦弱不敢進軍，又虛報斬殺數目，徵回朝廷，斬殺示眾。又有歷陽盜賊華孟自稱「黑帝」，攻打九江，殺死郡守。滕撫乘勝進軍，打敗華孟，斬殺華孟等三千八百人，俘虜了七百餘人，繳獲的牛馬財物不可勝計。於是東南地區的盜賊全部平定，滕撫振旅而還。朝廷任命滕撫為左馮翊，又任其一子為郎。滕撫所得到的賞賜，全部分給了他的部下。

3 滕撫生性正直，不與有權勢的人結交，於是宦官心懷忿怒。到論功封賞時，太尉胡廣總領尚書事，秉承宦官的意旨上奏罷免了滕撫的官職，天下人都怨恨他。滕撫在家中去世。

1 馮緄，字鴻卿，巴郡宕渠❶人也。少學春秋、司馬兵法❷。父煥，安帝時為幽州刺史，疾忌姦惡，數致其罪。時玄菟❸太守姚光亦失人和。建光元年❹，怨者乃詐作璽書❺譴責煥、光，賜以歐刀❻。又下遼東❼都尉龐奮使速行刑，奮即斬光收煥。煥欲自殺，緄疑詔文有異，止煥曰：「大人在州，志欲去惡，實無它故，必是凶人妄詐，規肆姦毒❽。願以事自上，甘罪無晚❾。」煥從其言，上書自訟❿，果詐者所為，徵奮抵罪。會煥病死獄中，帝愍⓫之，賜煥、光錢各十萬，以子為郎中。緄由是知名。

2 家富好施，賑赴窮急，為州里所歸愛。初舉孝廉，七遷為廣漢屬國⓬都尉，徵拜御史中丞。順帝末，以緄持節督揚州諸郡軍事，與中郎將滕撫擊破群賊，遷隴西⓭太守。後鮮卑⓮寇邊，以緄為遼東太守，曉喻降集，虜皆弭⓯散。徵拜京兆尹⓰，轉司隸校尉，所在立威刑。遷廷尉、太常。

3 時長沙蠻⓱寇益陽⓲，屯聚積久，至延熹五年，眾轉盛，而零陵⓳蠻賊復反應之，合二萬餘人，攻燒城郭，殺傷長吏。又武陵⓴蠻夷悉反，寇掠江陵㉑間。荊州刺史劉度、南郡太守李肅並奔走荊南，皆沒㉒。於是拜緄為車騎將軍，將兵十餘萬討之。詔策緄曰：「蠻夷猾夏，久不討攝㉓，各焚都城，蹈籍㉔官人。州郡將吏，死職之臣，相逐奔竄，曾不反顧，可愧言也。將軍素有威猛，是以擢授㉕

六師[26]。前代陳湯、馮、傅[27]之徒，以寡擊眾，郅支[28]、夜郎[29]、樓蘭之戎[30]，頭懸都街；衛、霍[31]北征，功列金石。是皆將軍所究覽也。今非將軍，誰與修復前迹？進赴之宜，權時之策，將軍一[32]之。出郊之事，不復內御[33]。已命有司祖[34]于國門。詩不云乎：『進厥虎臣，闞如虓虎。敷敦淮濆，仍執醜虜。』[35]將軍其勉[36]之！」

4 時天下飢饉[37]，帑藏[38]虛盡，每出征伐，常減公卿奉祿，假[39]王侯租賦，前後所遣將帥，宦官輒陷以折耗軍資，往往抵罪。緄性烈直，不行賄賂，懼為所中[40]，乃上疏曰：「埶得容姦，伯夷可疑；苟曰無猜，盜跖[41]可信。故樂羊陳功，文侯示以謗書[42]。願請中常侍一人監軍財費。」尚書朱穆[43]奏緄以財自嫌，失大臣之節。有詔勿劾。

5 緄軍至長沙，賊聞，悉詣營道[44]乞降。進擊武陵蠻夷，斬首四千餘級，受降十餘萬人，荊州平定。詔書賜錢一億，固讓不受。振旅還京師，推功於從事中郎應奉[45]，薦以為司隸校尉，而上書乞骸骨，朝廷不許。監軍使者張敞[46]承宦官旨，奏緄將傳婢[47]二人戎服自隨，又輒於江陵刻石紀功，請下吏案理[48]。尚書令黃儁[49]奏議，以為罪無正法[50]，不合致糾[51]。會長沙賊復起，攻桂陽[52]、武陵，緄以軍還盜賊復發，策53免。

6 頃之，拜將作大匠，轉河南尹。上言：「舊典，中官54子弟不得為牧人職55。」帝不納。復為廷尉。時山陽56太守單遷以罪繫獄，緄考致其死。遷，故車騎將軍單超57之弟。中官相黨，遂共誹章誣緄。坐與司隸校尉李膺58、大司農劉祐59俱輸左校60。應奉上疏理61緄等，得免。後拜屯騎校尉，復為廷尉，卒於官。

7 緄弟允，清白有孝行，能理62尚書，善推步之術63。拜降虜校尉64。終於家。

【章旨】以上為〈馮緄傳〉，旨在突出馮緄的智慧、勇略、清廉等。

【注釋】❶巴郡宕渠　巴郡，郡名。見本書卷三十一〈王堂傳〉注。宕渠，古縣名。西漢置。治所在今四川渠縣東北。❷春秋司馬兵法　春秋，李賢引謝承《書》曰：「緄學《公羊春秋》、《司馬兵法》。」即《司馬穰苴兵法》。《史記》曰：司馬穰苴者，田完之苗裔也，當景公時，善用兵。至齊威王時，使大夫追論古者司馬兵法，而附穰苴其中，號曰《司馬穰苴》也。」❸玄菟　郡名。漢武帝元封三年（西元前一〇八年）置。治所在沃沮城（今朝鮮咸鏡南道咸興）。轄境相當今遼寧東部、吉林南部及朝鮮咸鏡道一帶。昭帝時移治高句麗（今遼寧新賓東北）。東漢中葉移治今瀋陽附近。❹建光元年　西元一二一年。建光，東漢安帝第四個年號。❺璽書　古代以印信封記的文書。秦以後專指皇帝的詔書。❻歐刀　古歐冶子所作之劍。後泛指刑人之刀或良劍。王先謙《集解》引《通鑑》胡注曰：「古歐冶子善作劍，故謂劍為歐刀。」❼遼東　郡名。戰國燕置。治所在襄平（今遼寧遼陽）。轄境相當今遼寧大凌河以東地。❽規肆姦毒　規，謀劃。肆，任意橫行。姦毒，奸險害人的行為。❾甘罪無晚　心甘情願受刑也不晚。❿自訟　為自己辯冤。⓫愍　哀憐。⓬廣漢屬國　東漢安帝永初三年（西元一〇九年）改廣漢北部都尉置廣漢屬國都尉。治所在陰平道（今甘肅文縣西北）。轄境相當今川、甘兩省交界的白水江流域及四川涪江上游地區。⓭隴西　郡名。戰國秦置。因在隴山之西得名。治所在狄道（今甘肅臨洮南）。西漢轄境相當今甘肅東鄉以東的洮河中游、武山以西的渭河上游、禮縣以北的西漢水上游及天水市東部地區。東漢以後屢有增縮。⑭鮮卑　古族名，東胡的一支。秦時游牧於西喇木倫河與洮兒河之間，附於匈奴。北匈奴西遷後，進入匈奴故地，併其餘眾，勢力漸強。桓帝時，其首領檀石槐建庭立制，組成軍事行政聯合體，分為中、東、西三部，各置大人統領。檀石槐死，聯合體瓦解。西晉南北朝時，有慕容、乞伏、宇文、拓跋等部，先後在華北、西北地區建立政權。內遷的鮮卑人多轉向農業生產，漸與漢族及其他民族融合。⑮弭止。⑯京兆尹　官名，政區名。見本書卷三十五〈張純傳〉注。⑰長沙蠻　蠻，我國古代對南方少數民族的泛稱。長沙，郡名。秦置。治所在臨湘（今長沙市）。轄境相當今湘南東部、南部和廣西全州，廣東連縣、陽山縣等地。西漢改為國，東漢復為郡。長沙蠻，即長沙郡的蠻人。⑱益陽　縣名。秦置。治所在今湖南益陽東。⑲零陵　郡名。漢武帝元鼎六年（西元前一一一年）分桂陽郡置。治所在零陵（今廣西全州西南）。轄境相當今湖南邵陽以南的資水上游，衡陽、道縣之間的湘江、瀟水流域和廣西桂林、永福以東陽朔以北地。東漢移治泉陵（今湖南零陵）。⑳武陵　郡名。漢高帝置。治所在義陵（今湖南漵浦南）。轄境相當今湖北長陽、五峰、鶴峰、來鳳等縣以及湖南沅江流域以西，貴州東部及廣西三江、龍勝等地。東漢移治臨沅（今湖南常德西）。㉑江陵　縣名。本是楚都。漢置江陵縣，為南郡治所。㉒荊州刺史劉度二句　沒，敗亡。據《資治通鑑》卷五十四，桓帝延熹五年：「艾縣賊攻長沙郡縣，殺益陽令，眾至萬餘人；謁者馬睦督荊州刺史劉度擊之，軍敗，睦、度奔走。零陵蠻亦反。冬十月，武陵蠻反，寇江陵，南郡太守李肅奔走，主簿胡爽扣馬首諫曰：『蠻夷見郡無儆備，故敢乘間而進。明府為國大臣，連城千里，舉旗鳴鼓，應聲十萬，奈何委符守之重，而為逋逃之人乎！』肅拔刃向爽曰：『掾促去！太守今急，何暇計此！』爽抱馬固諫，肅遂殺爽而走。帝聞之，徵肅，棄市；度、睦減死一等。」與此異。錄之以備參考。㉓蠻夷猾夏二句　猾，擾亂。夏，華夏。古代漢族自稱。討攝，討伐約束。㉔蹈籍　亦作「蹈藉」。踐踏；欺陵。㉕擢授　提升。㉖六師　即「六軍」。《周禮．夏官司馬》：「凡軍制萬有二千五百人為軍。王六軍，大國三軍，次國二軍，小國一軍。」後以六師泛稱朝廷的軍隊。㉗陳湯馮傳　陳湯，字子公，山陽瑕丘（今山東兗州）人。少好書，博達善屬文。家貧，不為鄉里所稱。西至長安求官，得太官獻茶丞，後為郎，遷西域副校尉。時匈奴郅支單于與康居（約今巴爾喀什湖和鹹海之間）結盟，攻略烏孫（今新疆伊犁河和伊塞克湖一帶）、大宛（今中亞費爾干納盆地）等國，威脅西域。陳湯矯制發西域諸國兵四萬餘人，至康居，攻殺郅支單于，傳首長安，懸於槀街（長安街名，蠻夷邸在此街），封關內侯，拜射聲校尉。以言康居王侍子非王子事，奪爵，為士伍。又為大將軍王鳳從事中郎。後又以「惑眾不道」免為庶人，徙邊。議郎耿育上書，奏陳湯之功，召回，卒於長安。王莽為安漢公秉政，追諡陳湯為破胡壯侯，封其子陳馮為破胡侯。傳見《漢書》卷七十。馮，即馮奉世。馮奉世

（?—西元前三九年），字子明，上黨潞縣（今山西潞城）人。武帝末以良家子選為郎。宣帝時，以衛候使持節送大宛諸國客。至伊脩城（今新疆鄯善境內）時，莎車（今新疆莎車一帶）與旁國共攻殺漢所立之莎車王萬年，並殺漢使，叛漢。馮奉世乃諭告諸國王，因發其兵，合一萬五千人，進攻莎車，攻拔其城，莎車王自殺，傳首長安，諸國悉平，威震西域。馮奉世乃西至大宛。漢封馮奉世為光祿大夫，水衡都尉。後為典屬國、光祿勳。又大敗羌人，賜爵關內侯。傳見《漢書》卷七十九。傅，即傅介子。傅介子（?—西元前六五年），北地（今甘肅慶陽）人。昭帝時為平樂監。因龜茲（今新疆庫車一帶）、樓蘭（今新疆羅布泊西，後改為鄯善）曾聯合匈奴殺漢官員，他奉命以賞賜為名，攜帶黃金錦繡赴樓蘭，在宴席上殺樓蘭王，持其王頭詣闕。封義陽侯。傳見《漢書》卷七十。㉘郅支　（?—西元前三六年），匈奴單于。本名呼屠吾斯。漢宣帝五鳳二年（西元前五六年）自立為單于。因怨漢庇護呼韓邪，殺漢使，率部西走。征服烏揭、堅昆、丁零，並與康居結盟，威脅漢朝在西域的統治。元帝建昭三年（西元前三六年），為漢西域副校尉陳湯攻殺於康居。見《漢書·匈奴傳》。㉙夜郎　李賢注曰：「夜郎，西南夷之國也。成帝時，夜郎王興數不從命，牂柯太守陳立行縣至夜郎，召興，興從邑君數十人見立，立數責，因斷興頭。案：夜郎王首不傳京師，殺之者陳立，又非陳湯、馮、傅，此蓋泛論誅戮戎夷耳。」㉚戎　即「戎首」。發動戰爭的禍首。㉛衛霍　即衛青、霍去病。衛青（?—西元前一〇六年），字仲卿，河東平陽（今山西臨汾）人。西漢名將。漢武帝衛皇后之弟，本為平陽公主家奴。衛皇后名子夫，本平陽公主家歌伎，得幸於漢武帝，生太子，立為皇后，故衛青得重用。衛青初為侍中、太中大夫，至車騎將軍。元朔二年（西元前一二七年），他率大軍出雲中（治今內蒙古托克托東北），大敗匈奴，收復河套地區，漢置朔方郡。衛青封長平侯。元朔五年，衛青率軍出高闕（今內蒙古杭錦後旗東北），得匈奴右賢裨王十餘人，眾男女一萬五千人，牲畜數千百萬。漢武帝即軍中拜衛青為大將軍，並封衛青三子為侯。元狩四年（西元前一一九年），又與驃騎將軍霍去病共出擊匈奴，擊敗匈奴主力。他前後七次出擊匈奴，解除了匈奴對漢王朝的威脅。傳見《史記·衛將軍驃騎列傳》、《漢書·衛青霍去病傳》。霍去病（西元前一四〇—前一一七年），西漢名將。河東平陽人，大將軍衛青姐子。年十八，得漢武帝寵幸，為侍中。善騎射，從衛青出擊匈奴，為驃姚校尉，與勇士八百人，去大將軍數百里，斬獲首虜甚多。漢武帝封其為冠軍侯。元狩二年（西元前一二一年），霍去病為驃騎將軍，將萬餘騎出隴西。其年兩次大敗匈奴，控制河西地區，打開了通往西域的道路。元狩四年，又和衛青共同擊敗匈奴主力。漢武帝要為他建造府第，他拒絕說：「匈奴未滅，無以家為也。」他前後六次出擊匈奴，解除了自西漢初年以來匈奴對漢王朝的威脅。卒諡景桓侯。傳見《史記·衛將軍驃騎列傳》、《漢書·衛青霍去病傳》。㉜一　專一；決斷。㉝內御　內，朝廷。御，制御；控制。㉞祖　道祭。古人出行時祭祀路神。㉟詩

不云乎五句　《詩》不是這樣說嗎：「進軍吧，勇猛如虎的大臣，聲如虎怒咆哮。布列軍陣，逼近淮水之濆，於是俘虜眾多的敵人。」語出《詩・常武》。周宣王時，徐國叛亂，周宣王派大將率師征伐，得勝而歸。《詩・序》說：「召穆公美宣王也。有常德以立武事，因以為戒然。」這首詩對宣王和王師大力加以讚揚。進，進軍。厥，句中助詞。虎臣，形容將帥勇猛如虎。闞，虎怒貌。闞如，猶闞然。虎怒的樣子。虓虎，猶言虎嘯。虓，虎怒叫聲。敷，布列。敦，迫也。淮濆，淮水之濆，徐夷所在之地。濆，水邊高地。仍，因；於是。醜，眾。㊱勉　努力。㊲飢饉　災荒。莊稼收成很差或顆粒不收。飢，同「饑」。㊳帑藏　國庫。㊴假　借。㊵中　中傷；陷害。㊶盜跖　春秋時的大盜。《莊子・盜跖》：「孔子與柳下季（即柳下惠）為友，柳下季之弟名曰盜跖。盜跖從卒九千人，橫行天下，侵暴諸侯，穴室樞戶，驅人牛馬，取人婦女，貪得忘親，不顧父母兄弟，不祭先祖。所過之邑，大國守城，小國入保，萬民苦之。」《史記正義》按：「蹠（同『跖』）者，黃帝時大盜之名。以柳下惠弟為天下大盜，故世放古，號之盜蹠。」㊷樂羊陳功二句　文侯，即魏文侯。魏文侯（？—西元前三九六年），戰國時魏國的建立者。名斯。西元前四四五—前三九六年在位。曾任李悝為相，吳起為將，西門豹為鄴（今河北磁縣南）令，獎勵耕戰，興修水利，進行改革，使魏成為當時的強國。曾西取秦的河西（今黃河與北洛水間）地，向北越過趙國，攻滅中山國。文侯示以謗書，李賢注引《史記》曰：「魏文侯令樂羊將而攻中山，三年而拔之，樂羊反而論功，文侯示之謗書一篋，樂羊再拜曰：『此非臣之功也，君之力也（按，李賢注無「君之力也」句，有此句於義為完善）。』」李賢引之於《戰國策・秦策二》。亦見之於《史記・樗里子甘茂列傳》。馮緄上書引此文，意欲堅定桓帝之心，像魏文侯那樣，勿聽謗書之讒言，使樂羊成其功業。㊸朱穆　（西元一〇〇—一六三年），字公叔，南陽宛人。尚書令朱暉之孫。少耽於學，專心致志。初舉孝廉，辟大將軍梁冀府，舉高第，為侍御史、尚書，疾宦官專權，憤懣發疽。延熹六年去世。傳見本書卷四十三。㊹營道　縣名。治所在今湖南寧遠東南。㊺從事中郎應奉　從事中郎，王先謙《集解》引《通鑑》胡注曰：「將軍出，從事中郎職參謀議。」應奉，字世叔，汝南郡南頓縣（今河南項城）人。少聰明，讀書五行並下。初為郡決曹史，大將軍梁冀舉為茂才。永興元年（西元一五三年）為武陵太守，以公事免官。馮緄為車騎將軍征討長沙、武陵蠻，請求與應奉俱征，拜從事中郎。賊平，馮緄推功於應奉，薦為司隸校尉。糾舉姦違，不避豪戚，以嚴厲為名。黨事起，應奉慨然自退，病卒。傳見本書卷四十八。㊻監軍使者張敞　監軍使者，官名。省稱「監軍」。漢武帝始置，東漢沿置，掌監軍中違法作姦者。張敞，王先謙《集解》引惠棟曰：「《諸宮舊事》作張叔。」他事不詳。㊼傅婢　侍婢。《漢書・王吉傳》顏師古注曰：「凡言傅婢者，謂傅相其衣服衽席之事。一說傅曰親幸也。」㊽下吏案理　下吏，交付司法官吏審訊。案理，審查處理。㊾黃儁　其人生平不詳。㊿正法　正當、正宗的法則，即法律依據。51致糾　加以彈劾。致，施加；施行。糾，糾劾；舉發。52桂陽　郡名。漢高帝置。治所在郴縣（今湖南郴州）。轄境約相當今湖南耒陽以南的耒水、舂陵水流域，北至洣水入湘處附近，南包廣東英德以北的北江流域。53策　詔策；詔書。54中官　宦官。55牧人職　即刺史、太守之類的官職。牧人，即「牧民」。管理、治理人民。56山陽　郡、國名。見本書卷三十五〈鄭玄傳〉注。57單超　（？—西元一六〇年），東漢宦官。河南（今河南洛陽）人。桓帝時，為中常侍。與宦官左悺、具瑗、徐璜、唐衡合謀誅滅大將軍梁冀，封新豐侯，車騎將軍。不久死。傳見本書〈宦者列傳〉。58李膺　（西元一一〇—一六九年），字元禮，潁川郡襄城（今河南襄城）人。初舉孝廉，為司徒胡廣所辟，舉高第，遷青州刺史。又為漁陽太守，轉護烏桓校尉。鮮卑數犯塞，李膺每破走之，虜甚憚慴。徵拜度遼將軍。李膺到邊疆，虜皆望風懼服，聲振遠域。延熹二年遷河南尹，復拜司隸校尉。是時，朝廷日亂，綱紀頹阤，李膺獨持風裁，士人為其容接者，稱為「登龍門」。與太學生結交，反對宦官專權，太學生稱「天下楷模李元禮」。延熹九年（西元一六六年），宦官認為他們結黨誹謗朝廷，被捕入獄。後釋放，禁錮終身。靈帝立，外戚竇武執政，他又被起用為長樂少府，與陳蕃等謀誅宦官，失敗，死獄中。傳見本書〈黨錮列傳〉。59劉祐　字伯祖，中山安國（今河北博野）人。初舉孝廉，補尚書侍郎，「閑練故事，文札強辯」，為僚類所歸。除任城令，遷揚州刺史、河東太守。延熹四年，拜尚書令，又出為河南尹、司隸校尉、宗正，三轉為大司農。將中常侍蘇康、管霸圈圍霸占百姓的良田美業，令一律歸還原主。桓帝怒，判劉祐去左校做苦工，後赦出。靈帝初，陳蕃輔政，以劉祐為河南尹，陳蕃敗，劉祐被黜，卒於家。見本書〈黨錮列傳〉。60左校　官署名。秦及漢初，置左、右、前、後、中五校令，後只設左、右校令，左校掌左徒（猶工匠）。凡大臣犯法，送左校勞作，即所謂「論輸左校」。61理　申辯。62理　條理。引申為「精通」。63推步之術　即推算天文曆法的學術。古稱推算曆法為「推步」。謂日月運行於天，如人行步，可以推算而知。64降虜校尉　《漢書．百官公卿表》、本書〈百官志〉均無此官。靈帝中平六年（西元一八九年）公孫瓚曾任此職。見本書卷七十三、《資治通鑑》卷五十九，靈帝中平六年。

【語　譯】馮緄，字鴻卿，巴郡宕渠縣人。少年時學習《春秋》、《司馬兵法》。他的父親馮煥，安帝時任幽州刺史，痛恨奸詐邪惡的人，多次查辦他們的罪行。當時玄菟太守姚光也不與不正派的人和睦相處。建光元年，怨恨他們的人乃偽造皇帝的璽書譴責馮煥和姚光，並把刑刀賜給他們。又下令遼東都尉龐奮，要龐奮迅速行刑，龐奮即斬殺了姚光，逮捕了馮煥。馮煥想自殺，馮緄懷疑詔書內容有假，勸阻其父說：「大人您在州任職，志在鏟除奸惡之人，實在沒有其他錯誤，一定是兇惡之人胡作非為偽造詔書，打算肆意行其奸毒。希望大人把自己的事情上報朝廷，然後心甘情願受刑也不晚。」馮煥聽從了他的話，上書為自己辯冤，詔書果然是奸詐之人偽造，朝廷徵召龐奮抵罪。正值馮煥患病死於獄中，皇帝憐憫他們，賞給馮煥、姚光錢各十萬，任命他們的兒子為郎中。馮緄由此知名於時。

2 馮緄家中富有，喜好施捨，賑濟貧困，赴人急難，為州里之人所敬愛。初舉孝廉，七遷為廣漢屬國都尉，徵拜御史中丞。順帝末年，任命馮緄持節督率揚州諸郡軍事，與中郎將滕撫擊破群賊，遷隴西太守。後鮮卑人侵犯邊境，任命馮緄為遼東太守，他曉諭鮮卑人，要他們歸降並收容他們，鮮卑人皆停止犯邊散去。朝廷徵拜他為京兆尹，轉司隸校尉，他所到之處，都建立起嚴厲的刑法。升遷為廷尉、太常。

3 當時長沙郡的蠻人侵犯益陽，屯兵聚集很久，到延熹五年，蠻人越來越多，而零陵的蠻賊又反叛，與他們相呼應，合在一起有兩萬多人，攻占焚燒城郭，殺害地方官吏。又有武陵郡的蠻夷全部反叛，作亂搶劫於江陵一帶。荊州刺史劉度、南郡太守李肅一起逃跑到荊州南部，都兵敗被殺。於是朝廷拜馮緄為車騎將軍，率大軍十餘萬討伐賊兵。詔命馮緄說：「蠻夷擾亂華夏，久不討伐約束，他們焚燒城邑，踐踏官吏百姓。州郡的將領官吏，應該誓死守職之臣，爭相逃奔，竟然不回頭看望，說起來使人慚愧。將軍您素有威猛的名聲，因此擢拔您統率六師。前代的陳湯、馮奉世、傅介子等人，以少勝多，郅支、夜郎、樓蘭等發動戰爭的罪魁禍首，頭顱都懸掛在國都的大街上；衛青、霍去病北伐匈奴，功勞刻於金石之上。這些都是將軍您所熟知的。如今除了將軍您，誰能復修前代的功績？進軍赴敵的時機，當時度勢權變的策略，全由將軍決斷。離開都城以後的事，不再由朝廷控制。已命有關官員在國門祭祀路神。《詩》不是這樣說嗎：『進軍吧，勇猛如虎的大臣，怒吼如同虎嘯。布列軍陣，逼近淮水之濱，於是俘虜了眾多的敵人。』將軍努力吧！」

4 當時天下饑荒，府庫空虛，每次出外征伐，常常減少公卿們的俸祿，借王侯的租賦。前後所派出的將帥，宦官們常以損耗軍費的罪名誣陷他們，將帥往往因此而被判罪。馮緄性格剛直，不賄賂宦官，擔心為宦官所中傷，於是上疏說：「若形勢得容納奸邪，伯夷就會成為可疑的人；如果說不要猜疑，盜跖也可成為可信的人。所以樂羊陳述功勞時，魏文侯向樂羊出示誹謗他的文書。希望請派一位中常侍監督軍中的費用。」尚書朱穆上奏說馮緄因軍費而自避嫌疑，有失大臣的氣度。皇帝下詔不要彈劾馮緄。

5 馮緄率軍來到長沙，盜賊聞知後，都到營道請求投降。馮緄進軍攻打武陵蠻夷，斬首四千餘人，接受十餘萬人投降，荊州平定了。皇帝下詔賜馮緄錢一億，馮緄固辭不受。整頓軍隊耀武揚威，回到京城，將戰功推讓於從事中郎應奉，推薦應奉為司隸校尉，自己請求退職，朝廷不允許。監軍使者張敞秉承宦官的意旨，上奏說馮緄帶著親近的侍婢二人，讓她們穿著軍裝跟隨自己，又擅自在江陵刻石記功，請求交給司法官吏審查處理。尚書令黃儁上奏辯論，以為加罪馮緄無法律依據，不應舉發彈劾。恰在此時，長沙盜賊又起，攻打桂陽、武陵，馮緄因為撤軍後盜賊又起，下詔免除官職。

6 不久，拜馮緄為將作大匠，轉河南尹。馮緄上書說：「按照舊的典章制度，宦官子弟不可擔任治民的長官。」皇帝沒有採納。馮緄又任廷尉。當時山陽太守單遷因為犯罪關押在獄中，被馮緄拷打致死。單遷是已故車騎將軍單超的弟弟。宦官們互相勾結，共同上奏誹謗誣陷馮緄。因此馮緄與司隸校尉李膺、大司農劉祐一起被送往左校，罰做苦工。應奉上書為馮緄等人申辯，得以免罪。馮緄後被任命為屯騎校尉，又為廷尉，在官任上去世。

7 馮緄的弟弟馮允，品行清白，有孝順之行，精通《尚書》，擅長推步之術。被任命為降虜校尉。在家中去世。

1 度尚，字博平，山陽湖陸❶人也。家貧，不修❷學行，不為鄉里所推舉。積❸困窮，乃為宦者同郡侯覽❹視田，得為郡上計吏❺，拜郎中，除上虞❻長。為政嚴峻，明於發擿姦非，吏人謂之神明。遷文安❼令。遇時疾疫，穀貴人飢，尚開倉稟給，營救疾者，百姓蒙其濟。時冀州刺史朱穆行部，見尚甚奇之。

2 延熹五年❽，長沙、零陵賊合七八千人，自稱「將軍」，入桂陽、蒼梧、南海❾、交阯。交阯刺史及蒼梧太守望風逃奔，二郡皆沒。遣御史中丞盛修募兵討之，不能剋❿。豫章艾縣⓫人六百餘人，應募而不得賞直⓬，怨恚⓭，遂反，焚燒長沙郡縣，寇益陽，殺縣令，眾漸盛。又遣謁者馬睦，督荊州刺史劉度擊之，軍敗，睦、度奔走。桓帝詔公卿舉任代劉度者，尚書朱穆舉尚，自右校令擢為荊州刺史⓮。尚躬率部曲⓯，與同勞逸，廣募雜種諸蠻夷，明設購賞，進擊，大破之，降者數萬人。桂陽宿賊⓰渠帥卜陽、潘鴻等畏尚威烈，徙入山谷。尚窮追數百里，遂入南海，破其三屯⓱，多獲珍寶。而陽、鴻等黨眾猶盛，尚欲擊之，而士卒驕富⓲，莫有鬬志。尚計緩之則不戰，逼之必逃亡，乃宣言卜陽、潘鴻作賊十年，習於攻守，今兵寡少，未易可進，當須諸郡所發悉至，爾乃⓳并力攻之。申令軍中，恣聽⓴射獵。兵士喜悅，大小皆相與從禽㉑。尚乃密使所親客潛焚其營，珍積皆盡。獵者來還，莫不泣涕。尚人人慰勞，深自咎責㉒，因曰：「卜陽等財寶足富數世，諸卿但不并力耳。所亡少少，何足介意！」眾聞咸憤踊，尚勑令秣馬蓐食㉓。明旦，徑赴賊屯。陽、鴻等自以深固，不復設備。吏士乘銳，遂大破平之。

3 尚出兵三年，群寇悉定。七年，封右鄉侯，遷桂陽太守。明年，徵還京師。時荊州兵朱蓋等，征戍役久，財賞不贍，忿恚，復作亂，與桂陽賊胡蘭等三千餘人復攻桂陽，焚燒郡縣。太守任胤棄城走，賊眾遂至數萬。轉攻零陵，太守陳球㉔固守拒之。於是以尚為中郎將，將幽、冀、黎陽㉕、烏桓步騎二萬六千人救球。又與長沙太守抗徐等發諸郡兵，并埶討擊，大破之，斬蘭等首三千五百級，餘賊走蒼梧㉖。詔賜尚錢百萬，餘人各有差。

4 時抗徐與尚俱為名將，數有功。徐字伯徐，丹陽人。鄉邦稱其膽智。初試守宣城長，悉移深林遠藪椎髻鳥語之人㉗置於縣下，由是境內無復盜賊。後為中郎將宗資㉘別部司馬㉙，擊太山賊公孫舉等，破平之，斬首三千餘級，封烏程㉚東鄉侯五百戶。遷太山都尉，寇盜望風奔亡。及在長沙㉛，宿賊皆平。卒於官。桓帝下詔追增封徐五百戶，并前千戶。

5 復以尚為荊州刺史。尚見胡蘭餘黨南走蒼梧，懼為己負㉜，乃偽上言蒼梧賊入荊州界。於是徵交阯刺史張磐下廷尉。辭狀未正㉝，會赦見原㉞。磐不肯出獄，方更牢持械節㉟。獄吏謂磐曰：「天恩曠然㊱而君不出，可乎？」磐因自列曰：

「前長沙賊胡蘭作難荊州，餘黨散入交阯。磐身嬰㊲甲冑，涉危履險，討擊凶患，斬殄渠帥，餘盡鳥竄冒遁㊳，還奔荊州。刺史度尚懼磐先言，怖畏罪戾，伏奏見誣。磐備位方伯㊴，為國爪牙㊵，而為尚所枉，受罪牢獄。夫事有虛實，法有是非。磐實不辜，赦無所除。如忍以苟免，永受侵辱之恥，生為惡吏，死為敝鬼㊶。乞傳㊷尚詣廷尉，面對曲直，足明真偽。尚不徵者，磐埋骨牢檻，終不虛出，望塵㊸受枉。」廷尉以其狀上。詔書徵尚到廷尉，辭窮受罪，以先有功得原。磐字子石，丹陽人。以清白稱。終於廬江太守。

6 尚後為遼東太守。數月，鮮卑率兵攻尚。與戰，破之，戎狄憚畏。年五十，延熹九年㊹，卒於官。

【章旨】以上為〈度尚傳〉，旨在寫度尚智勇雙全，破賊立功及其虛報敵情的過失。

【注釋】❶湖陸　古縣名。治所在今山東魚臺東南。❷修　研習；修養。❸積　積久；長期。❹侯覽　（？—西元一七二年），東漢宦官。山陽防東（今山東金鄉）人。桓帝初，為中常侍，以佞猾得進，封高鄉侯。受賄巨萬，前後奪人田地一百一十八頃，房屋三百八十一所，起立宅第十六區，皆有樓臺高閣池苑，模仿皇宮制度。又預作壽冢（生而自為冢，曰壽冢），石槨雙闕，高廡百尺。破人居室，發掘墳墓，擄掠良人妻女。放縱僕從、賓客侵凌百姓。後有司舉奏侯覽專權驕奢，策收其印綬，自殺。傳見本書〈宦者列傳〉。❺上計吏　見本書卷三十一〈張堪傳〉注。❻上虞　縣名。治所即今浙江上虞。❼文安　縣名。治所在今河北文安東北。❽延熹五年　西元一六二年。❾南海　郡名。秦始皇三十三年（西元前二一四年）置。治所在番禺（今廣州市）。秦漢之際地入南越。漢武帝元鼎六年（西元前一一一年），滅南越復置。轄境相當今廣東滃江、大羅山以南，珠江三角洲及綏江流域以東地。⑩剋　戰勝。《爾雅・釋詁上》：「剋，勝也。」⑪艾縣　古縣名。西漢置。治所在今江西修水縣西。⑫直　同「值」。報酬。⑬怨恚　怨恨。⑭自右校令擢為荊州刺史　右校令，見前「左校」注。擢為荊州刺史，王先謙《集解》引惠棟曰：「尚先以從父憂去官，更舉孝廉為左校令，至是擢拜荊州刺史。見〈度侯碑〉。」⑮部曲　本為軍隊編制之稱。本書〈百官志〉：「將軍……其領軍皆有部曲，大將軍營五部，部校尉一人，部下有曲，曲有軍候一人。」此指部隊。⑯宿賊　長期為盜賊。⑰屯　兵營。⑱驕富　驕縱富裕。⑲爾乃　這才；方可。⑳恣聽　聽任。㉑從禽　追逐禽獸。㉒咎責　責備。㉓秣馬蓐食　秣馬，餵飽戰馬。蓐食，早晨未起身，在床席上進餐。謂早餐時間很早。㉔陳球　（西元一一八—一七九年），字伯真，下邳淮浦（今江蘇漣水縣）人。陳球少涉儒學，善律令。陽嘉（西元一三二—一三五年）中，舉孝廉，稍遷繁陽令，辟公府，舉高第，拜侍御史。後為零陵太守、魏郡太守，徵拜將作大匠，遷南陽太守，復為廷尉。光和（西元一七八—一八四年）元年遷太尉，以日蝕免。復拜光祿大夫。明年為永樂少府，乃暗與司徒劉郃謀誅宦官，事洩，下獄死。傳見本書卷五十六。㉕黎陽　古縣名。西漢置。治所在今河南浚縣東。東漢置黎陽營於此，為當時的軍事重鎮。㉖蒼梧　郡名。見本書卷三十六〈陳元傳〉注。㉗椎髻鳥語之人　結如椎之髮髻，說話似鳥語的人。古指南方的少數民族。㉘宗資　字叔都，南陽郡安眾縣（今河南鄧州）人。家世代為漢將相名臣。宗資少在京師，學《孟氏易》、《歐陽尚書》。舉孝廉，拜議郎，補御史中丞，為討寇中郎將，汝南太守。為汝南太守時，署范滂為功曹，委任政事，推功於滂。善任之名，聞於海內。㉙別部司馬　官名。本書〈百官志・將軍〉：「長史、司馬皆一人。本注曰：司馬主兵，如太尉。大將軍營五部，……其別營（分支營）隸屬別部司馬，其兵多少，各隨時宜。」按，別部司馬為大將軍屬官。《漢書・百官公卿表》及本書〈百官志・光祿勳〉，中郎將下屬無別部司馬。抗徐為中郎將宗資別部司馬，或因軍事需要臨時設置。㉚烏程　舊縣名。秦置。治所在今浙江吳興南。㉛及在長沙　即抗徐為長沙太守時。㉜懼為己負　《通鑑》胡注曰：「負，罪負也。懼以不能盡滅群賊為罪。」㉝正　同「證」。對證。㉞原　原諒；赦罪。㉟方更牢持械節　方，卻；反而。持，握住；拿著。械節，枷械等刑具的接合處。械，枷杻、鐐銬之類的刑具。㊱曠然　寬宏貌。㊲嬰　繫；穿戴。㊳冒遁　潛逃。㊴方伯　殷周時代一方諸侯之長，後泛指地方長官。漢以來之刺史，唐之採訪使，明、清之布政使，均稱「方伯」。㊵爪牙　李賢注曰：「以猛獸為喻，言為國之扞衛也。」㊶敝鬼　惡鬼。敝，通「憋」。㊷傳　《通鑑》胡注曰：「以傳車召致廷尉也。」傳車，古代驛站專用的車輛。㊸望塵　喻捕風捉影，不明不白。㊹延熹九年　西元一六六年。

【語　譯】度尚，字博平，山陽郡湖陸縣人。家貧，顧不上鑽研學問和修養品行，不被鄉里所推薦。由於長期貧困，乃為宦官同郡侯覽管理田地，得以為郡上計吏，拜為郎中，任命為上虞縣長。度尚為政嚴峻，明於揭發奸邪壞事，官吏和百姓都認為他神明。遷文安縣令。正遇上疾疫流行，糧價昂貴，百姓飢餓，度尚開倉給百姓糧食，營救患病的人，百姓們得到了救濟。當時冀州刺史朱穆巡視所轄各縣，見到度尚，覺得他十分不尋常。

2　延熹五年，長沙、零陵賊共七八千人，自稱「將軍」，入桂陽、蒼梧、南海、交阯等郡。交阯刺史及蒼梧太守望風逃跑，二郡都被攻陷。朝廷派遣御史中丞盛修招募兵士討伐他們，不能取勝。豫章郡艾縣有六百多人應募，而得不到報酬，心懷怨恨，於是反叛，焚燒長沙郡縣，進犯益陽，殺死縣令，人眾日漸增加。朝廷又派謁者馬睦，督率荊州刺史劉度攻擊他們，兵敗，馬睦、劉度逃跑。桓帝下詔讓公卿推舉代替劉度的人，尚書朱穆便推舉度尚，度尚從右校令提升為荊州刺史。度尚親自率領軍隊，與士兵同甘共苦，又廣招諸蠻夷之兵，公開設立賞格，進攻，大破賊兵，有數萬人投降。桂陽慣賊首領卜陽、潘鴻等畏懼度尚的威勢，轉入山谷之中。度尚窮追數百里，進入南海郡，連破他們三座營盤，繳獲許多珍寶。然而卜陽、潘鴻等人仍然勢力很強，度尚想進軍討伐，而士卒積蓄了一些財物，有驕奢之心，缺乏鬥志。度尚考慮，對士兵態度緩和，他們則不去作戰；逼迫他們，必然會逃亡，乃趁勢揚言說，卜陽、潘鴻做賊已十年，熟悉進攻和防守，現在官兵人少勢單，未可輕易進攻，應當等到各郡所發之兵到齊之後，方可合力進擊他們。於是在軍中宣告，允許士兵隨意出去打獵。士兵喜悅，大小結合在一起，結伴出去追趕飛禽走獸。度尚於是密派他所親信的人偷偷地放火燒毀士兵們的軍營，士兵們所積蓄的珍寶和物品全部被燒光了。士兵們打獵回來，莫不痛哭流涕。度尚慰勞每個士兵，深深地責備自己，並趁機說：「卜陽等人的財物足可使你們富裕好幾代，諸位只是不合力罷了。你們所損失的很少很少，何必放在心上！」眾兵士聞聽之後，個個振奮踴躍，度尚命令士兵們餵飽戰馬，天未亮在睡覺的草墊子上吃過早餐。天色一亮，士兵們直衝賊兵屯聚的營盤。卜陽、潘鴻等自以為營壘深險堅固，不再防備。官兵乘著銳氣，於是大破賊兵，平定了他們。

3 度尚出兵三年，群寇都被平定。延熹七年，封度尚為右鄉侯，遷升桂陽太守。第二年徵召還京師。當時荊州兵朱蓋等人，因為征戍服役時間太久，財物賞賜不足，怨恨，又作亂，與桂陽賊胡蘭等三千餘人又攻打桂陽，焚燒郡縣。太守任胤棄城逃走，賊兵遂多至數萬人。轉而攻打零陵郡，太守陳球堅守抵禦賊兵。朝廷於是任命度尚為中郎將，率領幽、冀、黎陽、烏桓步、騎兵兩萬六千人救援陳球。又與長沙太守抗徐等調發各郡兵，合力出擊，大破賊兵，斬殺胡蘭等三千五百人，餘賊逃至蒼梧。皇帝下詔賜度尚錢一百萬，其他人的賞賜各有等級。

4 當時抗徐與度尚都是名將，多次立功。抗徐字伯徐，丹陽人。鄉里人都稱讚他的膽略和智慧。最初試用為宣城縣長，他將居住在深山密林和邊遠湖澤的椎髻鳥語之人全部遷移到縣中，從此境內不再有盜賊。後為中郎將宗資的別部司馬，攻擊太山賊公孫舉等，擊敗平定了賊兵，斬殺三千餘人，封為烏程東鄉侯，食邑五百戶。遷升為太山都尉，盜賊望風逃走。到為長沙太守時，慣賊都被平定。在官任上去世。桓帝下詔追增抗徐五百戶，合併以前的共一千戶。

5 朝廷又任命度尚為荊州刺史。度尚見胡蘭餘黨南逃蒼梧，擔心自己要背負滅賊未盡的罪責，於是上書偽稱蒼梧賊進入荊州界。朝廷於是徵召交阯刺史張磐送交廷尉治罪。口供尚未得到證實，正好遇上大赦，被赦罪。張磐不肯出獄，反而將刑具的接合處握得緊緊的。獄吏對張磐說：「皇恩浩蕩，而您不出獄，可以嗎？」張磐於是自我陳述說：「以前長沙賊胡蘭在荊州作亂，他的餘黨散入交阯。而我身披鎧甲，歷經危險，討伐兇惡的賊人，斬殺他們的首領，其餘盡如鳥獸般逃竄，還奔荊州。刺史度尚恐我先上奏此事，懼怕承擔罪責，先上奏章，我被他誣告。張磐身為一方之長官，為國家的衛士，而被度尚所枉誣，受罪於牢獄。事情有假真，法律明是非。張磐實無罪，沒有什麼可赦免的。如果忍受枉誣，苟且接受赦免，我將永遠蒙受被欺凌的恥辱，活著是一個壞官，死後是一個惡鬼。我乞求朝廷以傳車徵度尚至廷尉，當面對證曲直，足以辨明事實的真相。如果不徵召度尚，張磐將埋骨於牢獄，絕不糊糊塗塗地出獄，蒙受不明不白的冤枉。」廷尉將張磐的申訴上報皇帝。皇帝下詔徵度尚至廷尉，度尚理屈辭窮接受判罪，因為先前有功而得赦免。張磐字子石，丹陽人。

以清白著稱。在廬江太守任上去世。

6 度尚後為遼東太守。到任數月後，鮮卑人率軍攻打度尚。度尚與他們交戰，把他們打敗，戎狄懼怕度尚。年五十歲，延熹九年，在官任上去世。

1 楊琁，字機平，會稽烏傷❶人也。高祖父茂，本河東人，從光武征伐，為威寇將軍，封烏傷新陽鄉侯。建武中就國，傳封三世，有罪國除，因而家焉。父扶，交阯刺史，有理能名。兄喬，為尚書，容儀偉麗，數上言政事。桓帝愛其才皃❷，詔妻以公主，喬固辭不聽，遂閉口不食，七日而死。

2 琁初舉孝廉，稍遷，靈帝時為零陵太守。是時蒼梧、桂陽猾賊相聚，攻郡縣。賊眾多而琁力弱，吏人憂恐。琁乃特制馬車數十乘，以排囊❸盛石灰於車上，繫布索❹於馬尾。又為兵車，專彀弓弩❺，剋期❻會戰。乃令馬車居前，順風鼓灰，賊不得視，因以火燒布，布然❼馬驚，奔突賊陣，因使後車弓弩亂發，鉦鼓❽鳴震。群盜波駭❾破散，追逐傷斬無數，梟❿其渠帥，郡境以清。荊州刺史趙凱，誣奏琁實非身破賊，而妄有其功。琁與相章奏，凱有黨助，遂檻車⓫徵琁。防禁嚴密，無由自訟，乃噬⓬臂出血，書衣為章，具陳破賊形埶，及言凱所誣狀，潛令親屬詣闕通之。詔書原琁，拜議郎，凱反受誣人之罪。

3 琁三遷為勃海⑬太守，所在有異政。以事免。後尚書令張溫特表薦之，徵拜尚書僕射。以病乞骸骨，卒於家。

【章旨】以上為〈楊琁傳〉，旨在突出楊琁的善用兵，以奇取勝。

【注釋】❶烏傷　古縣名。秦置。治所在今浙江義烏。❷皃　同「貌」。❸排囊　大口袋。李賢注曰：「排囊即今囊袋也。」❹布索　布製的繩索。❺專彀弓弩　可理解為專門裝備弓弩。彀，拉滿弓。❻剋期　約定日期。❼然　同「燃」。❽鉦鼓　鉦和鼓。古代行軍或歌舞時用以指揮進退、動靜的兩種樂器。鉦，一種古代樂器，形似鐘而狹長，有柄，擊之發聲，用銅製成。行軍時擊之以節制步伐。❾波駭　比喻受到驚擾震動。《通鑑》胡注曰：「波駭者，蓋以物擊水，一波動，萬波隨而駭動。」❿梟　斬頭懸掛於木桿上示眾。⓫檻車　用柵欄封閉的車。用於囚禁犯人或裝載猛獸。⓬噬　咬。⓭勃海　郡名。勃，一作「渤」。漢高帝五年（西元前二〇二年）分鉅鹿、濟北郡置。以地濱海得名。治所在浮陽（今河北滄縣東南關）。轄境相當今天津市、河北安次以南，文安、交河、阜城，山東寧津以東、樂陵、無棣以北地區。

【語譯】楊琁字機平，會稽郡烏傷縣人。其高祖父楊茂，本河東人，跟隨光武帝南征北戰，任威寇將軍，封烏傷新陽鄉侯。建武年間歸就封國，傳國三世，犯罪，封國被撤銷，因而安家於烏傷。其父楊扶，官交阯刺史，處理政事有才能的名聲。其兄楊喬，任尚書，容貌儀態壯偉漂亮，多次上書議論政事。桓帝喜歡他的才幹和相貌，下詔書把公主嫁給他做妻子，楊喬堅決推辭不答應，於是閉口不食，七日而死。

2 楊琁初舉孝廉，漸漸遷升，靈帝時任零陵太守。當時蒼梧、桂陽狡猾的盜賊結合在一起，攻打郡縣。盜賊眾多而楊琁的兵力薄弱，官吏百姓都擔憂恐懼。楊琁乃特製馬車數十輛，用大口袋裝滿石灰放在車上，把用布做的繩索繫在馬尾上。又製作兵車，專門裝備弓弩，約定日期會戰。會戰時，楊琁命馬車在前，順風揚起石灰，賊兵睜不開眼睛，於是以火點燃布索，布索燃燒，馬驚，狂奔衝入賊陣，又乘勢使後車弓弩亂發，金鼓齊鳴，聲震天地。群盜驚慌敗散，官軍追逐，斬殺無數，斬其渠帥之頭，懸掛示眾，郡境因此安定下來。

荊州刺史趙凱，上書誣奏楊琁實非親身作戰打敗賊兵，其功虛妄不實。楊琁上書申辯，趙凱有同黨作為內助，朝廷於是用囚車押楊琁回京城。由於對楊琁看管非常嚴密，楊琁無機會上書為自己申辯，於是咬臂出血，用血在衣服上寫成奏章，詳細陳述破賊的情狀，以及趙凱所誣奏的情況，暗令親屬到朝廷奏上。詔書赦免楊琁，拜為議郎，趙凱反而受到誣陷好人之罪。

3　楊琁三遷為勃海太守，在任有特異的政績，因事免官。後來尚書令張溫特地上表推薦楊琁，徵拜為尚書僕射。因病乞求退職，在家中去世。

論曰：安順❶以後，風威❷稍薄，寇攘寖橫❸，緣隙❹而生，剽❺人盜邑者不闋❻時月，假署❼皇王者蓋以十數。或託驗神道❽，或矯妄冕服❾。然其雄渠魁長❿，未有聞焉，猶至壘⓫盈四郊，奔命首尾⓬。若夫數將者，並宣力⓭勤慮，以勞定功，而景風之賞未甄，膚受之言互及⓮。以此而推，政道難乎以免⓯。

贊曰：張宗禪⓰禹，敢殿後拒。江、淮、海、岱，虔劉寇阻⓱。其誰清之？雄、尚、緄、撫。琁能用譎⓲，亦云振旅。

【章旨】以上是作者的議論文字。作者指出安帝、順帝以後，盜賊擾攘之勢逐漸擴大的原因，朝廷平叛和將帥的疲於奔命，以及幾位將帥效力勤思建功之不易。而朝廷封賞不明，聽信讒言，必將引發政治危機。

【注釋】❶安順　安帝、順帝。❷風威　國家的威勢。❸寖橫　規模漸大。寖，同「浸」。橫，廣遠；擴大。❹隙　破綻；

空隙;危機。❺剽　搶劫。❻闋　止息;終了。❼假署　假借名號。❽託驗神道　假託徵兆於神靈。驗,徵兆。神道,神靈。❾矯妄冕服　矯妄,假冒妄為。冕服,帝王的冠冕服裝。❿雄渠魁長　雄,為首者。渠,渠帥。魁長,首領。⓫壘　營壘;軍營。⓬奔命首尾　猶早晚疲於奔命。⓭宣力　效力;盡力。⓮景風之賞未甄二句　祥和之風到來而賞封未明,浮泛不實的讒言卻交互而至。景風,祥和之風。甄,明。本書〈和帝紀〉李賢注引《春秋考異郵》曰:「夏至四十五日景風至,則封有功也。」漢代重讖緯,常在夏至後封賞有功之臣。膚受之言,即讒言。膚受,浮泛不實。互及,交互而至。⓯政道難乎以免　政道,施政的方略。難乎以免,由於封賞不明,聽信讒言,宦官專權,故施政之道難於免除危機。⓰裨　輔佐;副貳。⓱虔劉寇阻　虔劉,殺戮。寇,暴亂。阻,險要之處。⑱譎　詭詐。

【語　譯】史家評論說:安帝、順帝以後,國家的威勢漸漸薄弱,盜賊擾攘之勢逐漸擴大,都是由於政治危機而發生,盜賊搶奪百姓的財物和攻占城邑,沒有止息的時候,假冒帝王名號的數以十計。有的假託徵兆於神靈,有的非法穿戴帝王的衣冠。然而他們的渠魁首領卻都沒有名聲,仍然軍營遍布於四郊,將帥早晚疲於奔命。至於以上那幾位將領,都是效力勤思,靠辛勞建立戰功,然而賞功時節到來卻獎賞未明,浮泛不實的讒言反而交互而至。以此而推論,國家的政治就難於免除危機了。

史官評議說:張宗輔佐鄧禹,勇敢地殿後拒敵。江、淮、海、岱之間,盜賊憑藉險阻,殺戮寇掠。是誰平定動亂?法雄、度尚、馮緄、滕撫。楊琁能用計謀破賊,亦可謂揚威振旅。

【研　析】「江、淮、海、岱,虔劉寇阻。其誰清之?雄、尚、緄、撫」。卷終贊語點明了本卷人物的共同特徵:他們都是一些以清剿民眾暴亂而著稱的人物。

東漢民眾暴動,在東漢政權創立之初,局部地區即不時發生,如〈張宗傳〉所述「潁川桑中盜賊群起」、「青、冀盜賊屯聚」、「琅邪、北海盜賊復起」。東漢中期,民眾暴動呈現多地併發、跨區域、內地與少數民族聚居區同時發生的態勢。太平道、黃巾軍及「蒼天已死,黃天當立」等鼓動人心的口號,則反映出後期民眾暴動強烈的宗教色彩與政治訴求。總的來說,本卷所述人物,應對的還只是中期局部地區的動亂,局勢還基本上可控。就本卷所述史事,我們可以討論以下幾個方面的問題。

其一，民眾暴動的根本原因。東漢中期，水、旱、蝗等自然災害頻發，固然是社會不安定的誘因之一，但民眾暴動真正的原因，無疑是官府與民眾之間關係日趨緊張，究其因，是貪官汙吏不關懷民眾疾苦造成的，可以說，先有暴吏而後有暴民。民眾舉事，「殺略吏人」、攻燒郡縣城邑，「各焚都城，蹈籍官人」，便反映了東漢中期官民矛盾的尖銳。

其二，東漢時期軍事構建與民眾暴動的關係。東漢以「文治」為治國特色，內地各郡不再像西漢那樣設置主管一郡軍事都尉，適齡的編戶男丁，也不必每年於農閒時集中訓練，以便隨時應官府之召，盡自己當兵服役的義務。小規模民眾暴動發生時，州刺史、郡太守可以招募軍隊，予以鎮壓，中央不必出動羽林禁軍。這就產生了兩個問題，一是財政支出緊張，二是軍隊的戰鬥力不強。招募軍隊，必然需要大量的財政支出，〈馮緄傳〉稱：「時天下飢饉，帑藏虛盡，每出征伐，常減公卿奉祿，假（借）王侯租賦」，財政緊張可見一般。〈度尚傳〉稱豫章艾縣六百餘人「應募而不得賞直」，憤恨而反，「焚燒長沙郡縣」；荊州兵朱蓋等因「征戍役久，財賞不贍」，起而「作亂」，財政緊張使募集之兵成為新的動亂源。而應募者多為貧民，與叛亂者原本處於同一境遇，加上臨時應募，因財而來，戰鬥意志薄弱可想而知。東漢中期官府對各地小規模的民眾暴動，久難解決，從財政緊張與軍隊戰鬥力不強，可以得到一定的解釋。

其三，地方官吏相互推諉與地方治安弱化的關係。〈度尚傳〉記述了一個案件，度尚負責征剿荊州兵朱蓋與桂陽人胡蘭的聯合暴動，胡蘭餘部從荊州逃入行政上隸屬於交州（即交趾）的蒼梧郡，餘賊未平，又不能越界征討，擔心事發自己將承擔責任，遂謊報「蒼梧賊入荊州界」，結果交州刺史張磐因治下不靜，有賊不擊被捕入獄。這一案件最終得到澄清，但據此我們知道，東漢政府對地方長官實行「守土有責」的規定，治下發生嚴重動亂，有動亂而懲治不力，均會受到法律制裁。在這種情況下，有亂不報，報而不實，在所難免，暴動者也可以利用政區接壤之地，輾轉移動。小規模的民眾聚積，往往在地方官各掃門前雪、相互推諉的過程中，釀成連及數郡的大事件，亦因於此。

其四，地方治安惡化與豪族私家武裝興起的關係。東漢政權從本質上說，是各地豪族支持下建立的政權，在東漢中期政治逐漸失控、自然災害嚴重、個體農戶破產的背景下，豪族勢力進一步膨脹，他們通過救濟宗族鄉里，獲得名聲，形成一個個相對安定的小環境。社會動盪加劇、官府平定乏術，促使他們組建看家護院的私家武裝、用壕溝、圍牆乃至碉堡，將自己的宅院構築成城堡。這類豪族武裝往往積極配合官府，鎮壓暴動的民眾。〈滕撫傳〉中記述的下邳人謝安，「率其宗親」伏擊暴動首領徐鳳，受朝廷侯爵的封賞，就是這樣的豪族武裝。東漢末年，政府對局勢完全失控，給不斷成長的豪族武裝全面走向前臺提供了必要的條件，東漢的「文治」遂演變為長時期的「軍閥割據」。(王明信注譯)

卷三十九

劉趙淳于江劉周趙列傳第二十九

【題　解】本卷是一篇合傳，寫的都是孝、義之人，所以它又像一篇類傳。〈序言〉概括了作者撰寫本卷的大旨，突出的就是一個「孝」字。本卷共寫了十七人，正傳所寫八人：劉平、趙孝、淳于恭、江革、劉般、劉愷、周磐、趙咨；附傳又寫九人：毛義、薛包、王望、王扶、王琳、魏譚、兒萌、車成、蔡順等。這些人當中，有的家貧親老，降志為官；有的窮貧裸跣，以傭工、揀拾養母；有的負母逃難，棄己子而抱兄孤女；有的守母冢墓，舉孝廉而不就；有的事父母晨昏不廢，即使遭受毆打也不忍心離去；有的思母棄官，母歿，公府徵召不至，不「從物」以降志；有的兄或弟被餓賊所獲，將烹而食之，自己甘願以身代替；有的辭爵位讓與弱弟，自己逃遁避封；有的志高行修，官府徵召，固病不起；還有的居官清簡，以「存亡為晦明」，視「死生為朝夕」，主張孝敬事生，反對厚葬事死等等，組成了一道孝、義人物的畫廊。傳中所寫的人物，從身分上看，有宗室，有官僚，有平民百姓。從時間上看，自東漢初年至靈帝年間，基本上為東漢一代。

本傳所反映的社會問題：其一，「光武中興」，東漢初年社會仍然動盪不安，盜賊四起，人民處於水深火熱之中。其二，社會饑荒，百姓以野草野菜為食，盜賊吃人的現象較為普遍，本傳寫了七起。其三，孝與義仍然是社會生活的主流。

1 孔子曰：「夫孝莫大於嚴父，嚴父莫大於配天，則周公其人也。」❶子路曰：「傷哉貧也！生無以養，死無以葬。」❷子曰：「啜菽飲水，孝也。」❸夫鍾鼓非樂云之本，而器不可去❹；三牲非致孝之主，而養不可廢❺。存器而忘本❻，樂之遁❼也；調器以和聲，樂之成也。崇養❽以傷行❾，孝之累❿也；脩己⓫以致祿⓬，養之大也。故言能大養，則周公之祀，致⓭四海⓮之祭；言以義養，則仲由之菽，甘於東鄰之牲⓯。夫患水菽之薄，干祿以求養者，是以恥祿親也⓰。存誠以盡行，孝積而祿厚者，此能以義養也⓱。

2 中興，廬江毛義少節⓲，家貧，以孝行稱。南陽人張奉慕其名，往候⓳之。坐定而府檄⓴適至，以義守㉑令。義奉檄而入，喜動顏色。奉者，志尚㉒士也，心賤之，自恨來，固辭而去。及義母死，去官行服。數辟公府，為縣令，進退必以禮。後舉賢良，公車徵，遂不至。張奉歎曰：「賢者固不可測。往日之喜，乃為親屈也。斯蓋所謂『家貧親老，不擇官而仕㉓』者也。」建初中，章帝下詔褒寵㉔義，賜穀千斛㉕，常以八月長吏問起居，加賜羊酒。壽終于家。

3 安帝時，汝南薛包孟嘗，好學篤行，喪母，以至孝聞。及父娶後妻而憎包，分出之，包日夜號泣，不能去，至被歐㉖杖。不得已，廬㉗於舍外，旦入而洒掃。

父怒，又逐之。乃廬於里門，昏晨不廢。積歲餘，父母慙㉘而還之。後行六年服，喪過乎哀。既而弟子求分財異居，包不能止，乃中分其財。奴婢引㉙其老者，曰：「與我共事久，若㉚不能使也。」田廬取其荒頓㉛者，曰：「吾少時所理，意所戀也。」器物取朽敗者，曰：「我素所服食㉜，身口所安也。」弟子數破其產，輒復賑給。建光㉝中，公車特徵，至，拜侍中。包性恬虛㉞，稱疾不起，以死自乞。有詔賜告㉟歸，加禮如毛義。年八十餘，以壽終。

4 若二子者，推至誠以為行，行信於心而感於人，以成名受祿致禮㊱，斯可謂能以孝養也。若夫江革、劉般㊲數公者之義行，猶斯志也。撰其行事著于篇。

【章旨】以上為本卷之〈序言〉。作者所突出的撰寫本卷的大旨，就是一個「孝」字。孝，要以「義養」。能做到以「義養」，即使讓父母吃豆飯，喝清水，也是孝。不能以「義養」，即使豐饌美食，日用三牲，也不能算作孝。作者引聖人之言，對「孝」做了精當的分析，分析不足，又舉毛義、薛包之事跡以證明之。

【注釋】❶孔子曰四句　孔子說：「孝行之大，莫過於尊敬父親，對父親最大的尊敬，莫過於祭天時以父親配享，周公便是這樣的人。」出自《孝經・聖治》。嚴父，尊敬父親。配天，祭天時以父親配祭。❷子路曰四句　子路說：「貧窮是多麼悲傷啊！父母活著不能夠奉養，父母死後安葬不能成禮。」語出《禮記・檀弓下》。子路曰：「傷哉貧也！生無以為養，死無以為禮也。」子路（西元前五四二－前四八〇年），孔子弟子，魯國卞（今山東泗水縣）人。姓仲名由，字子路（也作「季路」）。性豪爽，勇敢，有義氣。孔子任魯國司寇時，他被任為季孫氏宰（家臣），後任衛國大夫孔悝的邑宰。在衛國貴族的內訌中被殺。見《史記・仲尼弟子列傳》。❸子曰三句　孔子說：「使父母吃豆飯喝清水，這就是孝啊。」語出《禮記・檀弓下》。孔子曰：「啜菽飲水，盡其歡，斯之謂孝。」《廣雅・釋詁二》：「啜，食也。」菽，豆。❹夫鍾鼓非樂云二句　鐘鼓不是音樂的根本，而鐘鼓之類的樂器卻不可去掉。也就是說，音樂移風易俗的作用和樂器不要混為一談。夫，發語詞。樂云，即「樂呀」。《論語・陽貨》：「樂云，樂云，鐘鼓云乎哉？」器，樂器。即鐘鼓之類的樂器。❺三牲非致孝二句　三牲，牛、羊、豬。《孝經・紀孝行》：「雖日用三牲，猶為不孝者也。」唐李賢注曰：「言孝子者以和顏悅色為難也，非謂三牲而已。」致孝，表達孝心。主，主要的或根本的。養，奉養父母。❻忘本　忘記音樂移風易俗的根本。❼遁　失。❽崇養　崇尚奉養雙親。❾傷行　傷害孝行。即沒有做到和顏悅色地侍奉雙親。❿累　禍害。⓫脩己　自我修養。脩，同「修」。⓬致祿　有二義：一為給予俸祿，即自我修養取得俸祿；一為歸還俸祿，即辭官。二義相反。從下文的「存誠以盡行，孝積而祿厚者，此能以義養也」與「脩己以致祿，養之大也」來看，「脩己以致祿」不同於「干祿以求養」，故前者於義為長。⓭致　招致。⓮四海　全國；全天下。⓯仲由之菽二句　典出《周易・既濟》：「東鄰殺牛，不如西鄰之禴祭，實受其福。」王弼注曰：「牛，祭之盛者也。禴，祭之薄者也。」孔穎達疏曰：「苟能脩德，雖薄可饗。假有東鄰不能脩德，雖復殺牛之盛，不為鬼神所歆饗（神靈享受供物），不如我西鄰禴祭雖薄，能脩其德，故神明降福。」作者引此，喻子路事親孝心敬誠，雖「啜菽飲水」，勝於「日用三牲」。⓰干祿以求養者二句　李賢注曰：「干，求也。謂不以道求祿，故可耻也。」⓱存誠以盡行三句　保存誠心，竭盡全力侍奉父母，孝行積久，俸祿豐厚，這才是善養父母的人。存誠，保存誠心。盡行，即竭盡全力以侍奉父母，亦即子夏所謂「事父母能竭其力」（《論語・學而》）。孝積，孝行積久。祿厚，俸祿豐厚。義養，善養父母。⓲毛義少節　姓毛名義字少節（下「薛包孟嘗」句子格式與此同）。⓳候　拜訪。⓴府檄　府裡下達的徵召文書。㉑守　猶「攝」。暫時署理職務。多指官階低而署理較高的官職。㉒志尚　志向；理想。㉓家貧親老二句　語出《韓詩外傳》卷第一。㉔褒寵　褒賞榮寵。㉕斛　量器名。多用於量糧食。東漢一斛等於現在二萬毫升。㉖歐　同「毆」。用棰杖擊打。㉗廬　簡陋的房屋。㉘慙　同「慚」。㉙引　牽挽。㉚若　你。㉛荒頓　荒廢。㉜服食　服，習慣；適應。食，用；使用。㉝建光　東漢安帝第四個年號，西元一二一－一二二年。㉞恬虛　恬淡虛靜。㉟賜告　李賢注曰：「告，請假也。漢制，吏病滿三月當免，天子優賜其告，使得帶印綬，將官屬，歸家養病，謂之賜告。」㊱受祿致禮　領受俸祿，獲得禮遇。㊲江革劉般　見下。

【語　譯】孔子說：「孝行，沒有比尊重父親更重要的了，尊重父親，沒有比祭天時以父親配享更重要的了，周公就是這樣的人。」子路說：「貧窮是多麼悲哀的事啊！父母在世時，不能夠奉養，父母去世，不能夠以禮安葬。」孔子說：「讓父母吃豆飯，喝清水，也是孝啊。」鐘鼓不是音樂的根本，而鐘鼓之類的樂器卻不可以去掉；三牲不是表達孝心的根本，而奉養父母卻不可廢棄。設置樂器而忘記了音樂移風易俗的根本，就失去了音樂的意義；調理樂器使之聲音協和，這是音樂的成功。崇尚奉養雙親而傷害了孝行，這是對孝行的踐踏；修養自己而取得俸祿，這是對父母最大的奉養。所以說能做到對父母最大的奉養，就是周公的祭祀，以致使天下人都行孝祭祀；說到以義奉養父母，那麼仲由的豆飯，其甘美勝過了東鄰的三牲。若憂慮豆飯、清水奉養微薄，不以正道求祿以供養父母，這就是以恥辱來供養父母。保存誠心竭盡全力侍奉父母，孝行積久，俸祿豐厚，這才是能善養父母的人。

2 光武中興，廬江人毛義字少節，家貧，因孝行受到人們的稱頌。南陽人張奉仰慕他的名聲，前往拜訪他。坐定之後，府裡徵召他的文書恰好到達，任命毛義代理廬江縣令。毛義手捧文書進入室內，喜悅之情表現於面色。張奉這個人，是一位志節高尚之士，內心鄙視毛義這種行為，後悔自己前來，於是堅決告辭而去。到毛義母親去世，毛義乃辭官守孝。多次被公府徵辟，任縣令，就職或不就職，總是按照禮節。後被推舉為賢良，公車徵召，終於沒有前往。張奉感歎說：「賢良的人本來不可推測。以前他接到府裡文書的高興，乃是為了奉養雙親而降志為官。這就是人們所說的『家貧親老，不選擇官職而出仕』的人啊。」建初年間，章帝下詔書褒揚獎賞毛義，賞賜穀物一千斛，常在每年八月官吏來毛義家詢問生活情況，又加賜羊酒。毛義年老，在家中去世。

3 安帝時，汝南人薛包字孟嘗，好讀書，品行忠厚，母親去世，他因至孝而聞名於鄉里。他父親娶了後妻便憎惡薛包，將薛包分出居住，薛包晝夜悲號哭泣，不忍離去，以至於被杖擊拷打。薛包不得已，就在房舍之外搭了一間小屋居住，每天清晨進父母之房，灑水清掃。父親發怒，又驅逐他。薛包便在里巷旁邊搭了一間小屋居住，朝夕侍奉父母，從不間斷。過了一年多的時間，父母感到慚愧，就讓薛包回家居住。父母去世後，薛包守孝六年，居喪期間，極度悲哀。以後弟弟要求分家財各自居住，薛包不能阻止，於是平分了家財。

分奴婢時，薛包拉著年老的說：「他們和我共事長久，你使喚不了他們。」分田地房屋時，薛包自取那些荒蕪的田地和破舊的房屋，說：「這是我小時所治理過的，我很留戀它。」分器物時，薛包自取那些腐朽破敗的，說：「這是我平素習慣使用的，使用這些東西，我的身體飲食安適。」弟弟多次家財破產，薛包即又給以賑濟。建光年間，公車特徵薛包，到京後，拜為侍中。薛包生性恬淡虛靜，稱病不理政事，以死請求辭官。皇帝下詔書允許薛包帶職回家養病，禮遇優厚，如同毛義。薛包活到八十餘歲，因年高去世。

4 像毛義、薛包這兩個人，以至誠作為行動，真誠的行為發自內心而感動他人，因以成名，得到俸祿，受到禮遇，這可以說是能以孝奉養雙親。至於江革、劉般等那幾位的義行、志向也是如此。故將他們的事跡撰寫於本篇。

1 劉平，字公子，楚郡彭城❶人也。本名曠，顯宗後改為平。王莽時為郡吏，守菑丘❷長，政教大行。其後每屬縣有劇賊，輒令平守之，所至皆理，由是一郡稱其能。

2 更始時，天下亂，平弟仲為賊所殺。其後賊復忽然而至，平扶侍其母，奔走逃難。仲遺腹女始一歲，平抱仲女而棄其子。母欲還取之，平不聽，曰：「力不能兩活，仲不可以絕類❸。」遂去不顧，與母俱匿野澤中。平朝出求食，逢餓賊，將亨❹之，平叩頭曰：「今日為老母求菜，老母待曠為命，願得先歸，食母畢，還就死。」因涕泣。賊見其至誠，哀而遣之。平還，既食母訖，因白曰：「屬❺

與賊期，義不可欺。」遂還詣賊。衆皆大驚，相謂曰：「常聞烈士，乃今見之。子去矣，吾不忍食子。」於是得全。

3 建武初，平狄將軍龐萌❻反於彭城，攻敗郡守孫萌❼。平時復為郡吏，冒白刃伏萌身上，被七創❽，困頓不知所為，號泣請曰：「願以身代府君❾。」賊乃斂兵止，曰：「此義士也，勿殺。」遂解去。萌傷甚氣絕，有頃蘇，渴求飲。平傾❿其創血以飲之。後數日萌竟死，平乃裹創，扶送萌喪，至其本縣。

4 後舉孝廉，拜濟陰郡丞⓫，太守劉育甚重之，任以郡職，上書薦平。會平遭父喪去官。服闋⓬，拜全椒⓭長。政有恩惠，百姓懷感，人或增貲就賦，或減年從役。刺史、太守行部，獄無繫囚，人自以得所，不知所問，唯班⓮詔書而去。後以病免。

5 顯宗初，尚書僕射鍾離意⓯上書薦平及琅邪王望、東萊王扶曰：「臣竊見琅邪⓰王望、楚國劉曠、東萊⓱王扶，皆年七十，執性⓲恬淡，所居之處，邑里化之，脩身行義，應在朝次。臣誠不足知人，竊慕推士進賢之義。」書奏，有詔徵平等，特賜辦裝⓳錢。至皆拜議郎，並數引見。平再遷侍中。永平三年，拜宗正，數薦達名士承宮、郇恁⓴等。在位八年，以老病上疏乞骸骨，卒於家。

6 王望字慈卿，客授會稽㉑。自議郎遷青州刺史，甚有威名。是時州郡災旱，百姓窮荒㉒。望行部，道見飢者，裸行草食㉓，五百餘人，愍然哀之，因以便宜㉔出所在布粟，給其稟糧㉕，為作褐衣㉖。事畢上言，帝以望不先表請，章示百官，詳議其罪。時公卿皆以為望之專命，法有常條。鍾離意獨曰：「昔華元、子反㉗，楚、宋之良臣。不稟㉘君命，擅平二國。春秋之義，以為美談。今望懷義忘罪，當仁不讓。若繩之以法，忽其本情，將乖㉙聖朝愛育之旨。」帝嘉意議，赦而不罪。

7 王扶字子元，掖㉚人也。少脩節行，客居琅邪不其㉛縣，所止聚落㉜化其德。國相張宗謁請，不應，欲強致之，遂杖策㉝歸鄉里。連請，固病不起。太傅鄧禹辟，不至。後拜議郎，會見，恂恂㉞似不能言。然性沈正㉟，不可干㊱以非義，當世高之。永平中，臨邑侯劉復㊲著漢德頌，盛稱扶為名臣云。

【章旨】以上為〈劉平傳〉，旨在突出劉平的孝、義、信。篇後兼述王望、王扶二人的事跡。

【注釋】❶楚郡彭城　楚郡，本書〈郡國志〉無楚郡。其所說的楚郡，實為彭城國。彭城國，治彭城縣（今江蘇徐州）。❷菑丘　縣名。治所在今安徽宿州東北。❸類　種類。指後人。❹亨　同「烹」。煮。❺屬　近時；方才。❻龐萌　山陽人。亡命於下江兵中。更始立，以為冀州牧，後歸劉秀，為侍中，甚見信愛，拜為平狄將軍。後反，光武帝親自將兵攻之，萌敗，被殺，傳首洛陽。傳見本書卷十二。❼孫萌　彭城郡守。他事不詳。❽創　傷。❾府君　漢時尊稱太守為府君。❿傾　傾斜。

⓫濟陰郡丞　濟陰，郡、國名。漢景帝中元六年（西元前一四四年）分梁國置國，後改為郡。治所在定陶（今山東定陶西北）。轄境相當今山東定陶北、巨野西、鄄城南及黃河以東地區。郡丞，官名。佐太守掌治其郡。本書〈百官五〉：每郡置丞一人，郡當邊戍者，丞為長史。南朝梁劉昭注引《古今注》曰：「建武六年三月令：郡太守、諸侯相病，丞、長史行事。十四年罷邊郡太守丞，長史領丞職。」⓬服闋　指父母之喪，三年期滿除服。⓭全椒　縣名。漢置。治所在今安徽全椒。⓮班　同「頒」。頒布。⓯鍾離意　字子阿，會稽山陰人。少為督郵，舉孝廉，辟大司徒侯霸府。出為瑕丘令、堂邑令。為政仁和寬緩。明帝即位，徵為尚書，轉尚書僕射。鍾離意敢於諍諫，常當車諫明帝般樂遊田事，以為「從禽廢政」。由於數諫，帝不能用，然知其至誠，亦以此故，不得久留京師，出為魯相。鍾離意在魯視事五年，以愛利為化，人多殷富。以病卒於官。傳見本書卷四十一。⓰琅邪　郡、國名。秦置。治所在琅邪（今山東膠南琅邪臺西北）。西漢治東武（今山東諸城）。轄境相當今山東半島東南部。東漢改為國，移治開陽（今山東臨沂北）。⓱東萊　郡名。見本書卷三十五〈鄭玄傳〉注。⓲執性　秉性。⓳辦裝　置辦行裝。⓴承宮郇恁　承宮（？—西元前七六年），字少子，琅邪姑幕（今山東諸城）人。少孤，年八歲，為人牧豬。鄉里徐子盛以《春秋》授諸生，承宮過，息廬下，樂其業，因就聽經，遂留門下。為諸生拾薪執苦數年，勤學不倦。經典既明，乃歸家教授。三府更辟皆不應，永平中，為博士，遷左中郎將，數進忠言陳政事，論議慤切。朝臣憚其節，名播匈奴。永平十七年拜侍中、祭酒。建初元年卒。傳見本書卷二十七。郇恁（本書卷五十三〈序言〉，郇作「荀」），字君大，太原人。少修名節，資財千萬，父卒，悉散於九族，隱居山澤。光武徵召不至。明帝永平初年，東平王劉蒼為驃騎將軍，開東閣延賢俊，徵辟郇恁，郇恁至。後罷歸，卒於家。事見本書卷五十三。㉑會稽　郡名。秦始皇二十五年（西元前二二二年）於原吳、越地置。治所在吳縣（今江蘇蘇州）。西漢時轄境擴大，相當今江蘇省長江以南，茅山以東，浙江大部及福建全省。東漢順帝時移治山陰（今浙江紹興）。其後轄境逐漸縮小。㉒窮荒　困苦饑荒。㉓草食　以草為食。㉔便宜　謂斟酌事宜，不拘陳規，自行決定處理。㉕稟糧　供給糧食。㉖褐衣　粗布衣服。古時貧賤者所穿。㉗華元子反　華元，春秋時宋國大夫。子反，春秋時楚國大夫，官司馬。西元前五九四年（魯宣公十五年）楚國圍宋國，九月不下。《公羊傳》曰：「莊王圍宋，軍有七日之糧爾，盡此不勝，將去而歸爾，於是使司馬子反乘堙（可乘上城的工具）而窺宋城，宋華元亦乘堙而出見之。司馬子反曰：『子之國何如？』華元曰：『憊矣。』曰：『何如？』曰：『易子而食，析骸而炊之。』……司馬子反曰：『諾。勉之矣！吾軍亦有七日之糧爾，盡此不勝，將去而歸爾。』揖而去之。反於莊王。……莊王怒。……司馬子反曰：『以區區之宋，猶有不欺人之臣，可以楚而無乎？是以告之。』莊王曰：『諾。舍而止。……』引師而去之。」㉘稟　奉行。㉙乖　違背。㉚掖

縣名。漢置。治所在今山東萊州。㉛不其　古縣名。漢置。因山為名。治所在今山東即墨西南十公里。㉜聚落　村落，人們居住的地方。㉝杖策　拄杖。㉞恂恂　溫順恭謹貌。㉟沈正　穩重正直。㊱干　冒犯。㊲臨邑侯劉復　光武帝兄劉縯之孫，北海王劉興之子。

【語譯】劉平，字公子，楚郡彭城人。他本名曠，顯宗即位後，改名為平。王莽時劉平為郡吏，代理菑丘縣長，政令教化都得到推行。以後每當下屬縣有兇惡的盜賊，郡守即令劉平去那裡擔任縣令，他所到之處，都得到治理，因此全郡稱讚他有才能。

2 更始時，天下大亂，劉平的弟弟劉仲被賊寇所殺。後賊寇又突然到來，劉平服侍他的母親，奔走逃難。劉仲的遺腹女剛剛一歲，劉平抱著劉仲的女兒而丟棄了自己的兒子。其母想回來抱取劉平的兒子，劉平不同意，說：「情勢不能使兩個孩子都活下來，劉仲不可以斷絕後人。」於是離去，也不回頭看一看，和母親一同隱藏在荒野草澤之中。劉平清早出去尋找食物，遇上了餓賊，將要把劉平烹煮吃掉，劉平給他們磕頭說：「今天早上為老娘尋找野菜，她還要靠我活命，希望能先讓我回去，侍奉母親吃完，我再回來讓你們吃掉。」於是痛哭流涕。賊見劉平很誠懇，哀憐他，便讓他回去。劉平回來，侍奉母親吃完，於是對母親說：「方才與賊約定，從道義上講，不可欺騙他們。」於是便回到餓賊那裡。眾賊見了，皆大為吃驚，互相說：「我們常聽說的烈士，今日見到了。您回去吧，我們不忍心吃您。」於是劉平得以活命。

3 建武初年，平狄將軍龐萌在彭城造反，打敗了郡守孫萌。劉平這時又為郡吏，冒著鋒利的刀槍伏在孫萌的身上，七處受傷，倦憊得不知怎麼辦才好，號哭著請求說：「我願以身代府君死。」賊人收起兵器，說：「這是一位義士，不要殺他。」於是離去。孫萌因傷重氣絕，過了一會，又甦醒過來，口渴要喝水。劉平傾斜著身體，將自己傷口的血讓孫萌喝。幾天以後，孫萌終於死亡，劉平乃紮裹好自己的傷口，護送孫萌的靈柩，到其本縣安葬。

4 後劉平舉孝廉，授官濟陰郡丞，太守劉育十分看重他，讓他擔任郡職，並上書推薦劉平。恰在此時，劉平因父親去世而辭去官職。守喪期滿，授官全椒縣長。施政有恩惠於百姓，百姓心懷感激之情，有的人增加了資財主動繳納租稅，有的人減小年齡而從事服役。刺史、太守視察郡縣，見全椒縣監獄中沒有關押的囚犯，百姓各得其所，刺史、太守不知要問些什麼，只是頒布了皇帝的詔書就離開了。後劉平因病免官。

5 顯宗初年，尚書僕射鍾離意上書推薦劉平及琅邪人王望、東萊人王扶說：「臣私下看到琅邪人王望、楚國人劉曠、東萊人王扶，都年齡七十歲了，秉性安靜淡泊，他們所居之處，邑里都受到感化，他們修養品行，做事合乎道義，應該位列朝臣。臣確實談不上知人，但私心慕仰推賢進士的大義。」書奏上之後，皇帝下詔書徵召劉平等人，特地賜給他們辦理行裝的費用。他們到京後，都拜為議郎，並多次受到召見。劉平再遷為侍中。永平三年，拜為宗正，多次推薦通達知名之士如承宮、郇恁等人。在官八年，因年老患病上疏乞求退休，後在家中去世。

6 王望字慈卿，客居會稽教授生徒。從議郎遷為青州刺史，很有威望名氣。此時州郡遭受旱災，百姓困苦饑荒。王望視察所轄郡縣，路上看到飢餓的人，赤身露體，以野草為食，有五百餘人，王望憐憫哀憐他們，於是根據實際情況拿出所在地區的布匹和糧食，給災民糧食，為他們做了短衣。事情完畢乃上表報告，皇帝因為王望不先上表請示，便將此事向百官宣布，認真討論給王望定罪。當時公卿都以為王望擅自行事，應按照規定的法律加以懲處。只有鍾離意說：「從前華元、子反，是楚國、宋國的良臣。他們沒有秉承國君的命令，擅自使兩國和解。《春秋》之大義，成為美談。現在王望心懷道義忘記了罪罰，當仁不讓。如果繩之以法，忽視了他本來的心意，這樣就違背了聖朝愛護撫育百姓的宗旨。」皇帝以鍾離意的議論為嘉，於是赦免王望而不予處罰。

7 王扶字子元，東萊郡掖縣人。年少時修養節操德行，客居於琅邪國不其縣，所居住的村落人們都受到他德行的感化。國相張宗以名帖邀請他，他不接受，張宗想強行召他來，他於是拄著拐杖回歸鄉里。張宗連續請他，他堅決託病不出。太傅鄧禹徵辟，他也沒有前往。後來王扶被任命為議郎，皇帝召見時，他態度溫順恭謹好像不能言語。然而他秉性穩重正直，不可用不合乎道義的手段去冒犯他，當世之人都敬仰他。永平年間，臨邑侯劉復著〈漢德頌〉，大力稱讚王扶為漢朝的名臣。

1 趙孝，字長平，沛國蘄❶人也。父普，王莽時為田禾將軍❷，任孝為郎。每告歸，常白衣步擔。嘗從長安還，欲止郵亭❸。亭長先時聞孝當過，以有長者客，掃洒待之。孝既至，不自名，長不肯內，因問曰：「聞田禾將軍子當從長安來，何時至乎？」孝曰：「尋到矣。」於是遂去。及天下亂，人相食。孝弟禮為餓賊所得，孝聞之，即自縛詣賊，曰：「禮久餓羸瘦，不如孝肥飽。」賊大驚，並放之，謂曰：「可且歸，更持米糒❹來。」孝求不能得，復往報賊，願就亨。眾異之，遂不害。鄉黨服其義。州郡辟召，進退必以禮。舉孝廉，不應。

2 永平中，辟太尉府。顯宗素聞其行，詔拜諫議大夫。遷侍中，又遷長樂衛尉❺。復徵弟禮為御史中丞。禮亦恭謙行己，類於孝。帝嘉其兄弟篤行，欲寵異之，詔禮十日一就衛尉府，太官❻送供具，令共相對盡歡。數年，禮卒，帝令孝從官屬送喪歸葬。後歲餘，復以衛尉賜告歸，卒于家。孝無子，拜禮兩子為郎。

3 時汝南❼有王琳巨尉者，年十餘歲喪父母。因遭大亂，百姓奔逃，唯琳兄弟獨守冢廬，號泣不絕。弟季，出遇赤眉，將為所哺。琳自縛，請先季死。賊矜❽而放遣，由是顯名鄉邑。後辟司徒府，薦士而退。

4 琅邪魏譚少閒者，時亦為飢寇所獲，等輩數十人皆束縛，以次當亨。賊見譚似謹厚，獨令主爨❾，暮輒執縛❿。賊有夷長公，特哀念譚，密解其縛，語曰：「汝曹皆應就食，急從此去。」對曰：「譚為諸君爨，恆得遺餘。餘人皆茹草萊，不如食我。」長公義之，相曉赦遣，並得俱免。譚永平中為主家令⓫。

又齊國兒萌子明⓬、梁郡⓭車成子威二人，兄弟並見執於赤眉。將食之，萌、成叩頭，乞以身代，賊亦哀而兩釋焉。

【章　旨】以上為〈趙孝傳〉，兼述王琳、魏譚、兒萌、車成等人的事跡，旨在突出他們的「臨寇讓生」。

【注　釋】❶沛國蘄　沛國，見本書卷三十七〈桓榮傳〉注。蘄，古縣名。秦置。漢屬沛郡。治所在今安徽宿州南。❷田禾將軍　李賢注曰：「王莽時置田禾將軍，屯田北邊。」❸郵亭　古時設的驛館，供送文書的人和旅客歇宿之處。❹糒　乾糧。❺長樂衛尉　官名。為太后屬官，秩二千石。掌宮門衛士，巡邏宮中等事宜。見本書志二十七。❻太官　見本書卷三十七〈桓榮傳〉注。❼汝南　郡名。漢高祖四年（西元前二〇三年）置。治所在上蔡（今河南上蔡西南）。轄境相當今河南潁河、淮河之間，安徽茨河、西淝河以西、淮河以北地區。東漢移治平輿（今河南平輿北），其後治所屢遷，轄境漸小。❽矜　「矜」的異體。憐憫。❾爨　同「爨」。燒火做飯。❿執縛　捆綁。⓫主家令　官名。即公主家令。掌管公主家事務，秩六百石。⓬兒萌子明　人名。姓兒名萌字子明。⓭梁郡　本書〈郡國志〉無梁郡。梁郡，當為「梁國」。梁國，漢高帝五年（西元前二〇二年）改碭郡為梁國。治所在睢陽（今河南商丘南）。轄境相當今河南商丘市和商丘、虞城、民權，安徽碭山等縣地。南朝劉宋改為梁郡。此當為梁國無疑。王先謙《集解》引惠棟曰：謝承《書》云：「梁國車成，字子威，兄恩都為赤眉所得，欲臠之。成叩頭曰：『兄瘦我肥，欲得代之。』賊感其義，俱放之。」此又為梁國之一證。

【語　譯】趙孝，字長平，沛國蘄縣人。其父趙普，王莽時為田禾將軍，保舉趙孝為郎官。趙孝每次告假回家，常常穿著白衣挑著擔子步行。他曾從長安回鄉，想在郵亭休息。亭長事先聽說趙孝要從這裡經過，因為有長者客人到來，便掃灑房舍以等待趙孝。趙孝到達後，沒有說出自己的姓名，亭長不肯接待他，於是問道：「聽說田禾將軍的兒子要從長安來，什麼時候能到呢？」趙孝說：「一會兒就到了。」於是趙孝就離開了郵亭。到天下大亂時，人互相為食。趙孝的弟弟趙禮被餓賊所得，趙孝聽說，就自己捆綁自己到餓賊那裡，說：「趙禮長久挨餓，身體羸瘦，不如我趙孝肥胖飽滿。」餓賊聞聽大驚，一起放了他們，對他們說：「你們可暫時回去，再拿些米和乾糧來。」趙孝找不到米和乾糧，又回去對餓賊說，願意接受烹煮。眾賊感到驚異，於是不害趙孝。鄉里人都敬佩趙孝的義氣。州郡官府徵辟他，往來必以禮相待。又推舉他為孝廉，他沒有接受。

2 永平年間，徵辟於太尉府。顯宗平素聽說趙孝的義行，下詔書任命他為諫議大夫。升遷為侍中，又遷為長樂衛尉。又徵辟趙孝的弟弟趙禮為御史中丞。趙禮為人也是恭敬謙虛，注重品行修養，與趙孝相類似。明帝讚賞趙孝兄弟篤厚的品行，想對他們表示特殊地寵愛，下詔書讓趙禮每十天到衛尉府一次，由太官送來酒食，讓他們兄弟相對飲酒盡歡。數年之後，趙禮去世，皇帝命趙孝帶領官屬護送趙禮的靈柩回鄉安葬。過了一年多，又命趙孝以衛尉的身分賜告歸家，趙孝在家中去世。趙孝沒有兒子，任命趙禮的兩個兒子為郎官。

3 當時汝南郡有一個名叫王琳字巨尉的人，年十餘歲便死了父母。因為天下大亂，百姓四處奔逃，只有王琳兄弟守在父母墓旁的房舍中，號哭不止。他的弟弟王季，外出遇到赤眉，赤眉將要把他殺死吃掉。王琳於是捆綁自己，請求死在王季之前。賊人憐憫他們，便放他們回去，從此，王琳名顯鄉邑。後王琳徵辟於司徒府，推薦賢士後，便退職回家。

4 琅邪國人魏譚字少間，當時也被餓賊抓獲，與魏譚同輩的數十人都被捆綁起來，將要按次序一個個地被烹煮。餓賊見魏譚好像謹慎厚道，獨讓他做燒火做飯的事，到傍晚便又將他捆綁起來。餓賊中有一個名叫夷長公的，特別哀憐魏譚，暗中解開捆綁他的繩索，對他說：「你們這些人都要被吃掉，趕快趁此時逃跑吧。」魏譚回答說：「我給諸位燒火做飯，常常吃到你們剩下的食物。其他人吃的都是野草，不如吃掉我。」夷長公認為魏譚很有義氣，便將魏譚的話告訴其他賊人，釋放了魏譚，被抓獲的其他人也都免於受害。魏譚在永平年間做了公主家令。

5 又有齊國人兒萌字子明、梁郡人車成字子威二人，他們兄弟一起被赤眉抓獲。將要把他們吃掉，兒萌、車成磕頭，乞求以自己代替弟弟，賊也因哀憐而都釋放了他們。

1 淳于恭，字孟孫，北海淳于❶人也。善說老子，清靜不慕榮名。家有山田果樹，人或侵盜，輒助為收採。又見偷刈禾者，恭念其愧，因伏草中，盜去乃起。里落化之。

2 王莽末，歲飢兵起，恭兄崇將為盜所亨，恭請代，得俱免。後崇卒，恭養孤幼，教誨學問，有不如法，輒反用杖自箠，以感悟之，兒慚而改過。初遭賊寇，百姓莫事農桑，恭常獨力田耕。鄉人止之曰：「時方淆亂，死生未分，何空自苦為？」恭曰：「縱我不得，它人何傷❷？」墾耨不輟。後州郡連召，不應，遂幽居養志，潛於山澤。舉動周旋❸，必由禮度。建武中，郡舉孝廉，司空辟，皆不應，客隱琅邪黔陬山❹，遂數十年。

3 建初元年，肅宗下詔美恭素行，告郡賜帛二十匹，遣詣公車，除為議郎。引見極日❺，訪以政事，遷侍中騎都尉，禮待甚優。其所薦名賢，無不徵用。進對陳政，皆本道德❻，帝與之言，未嘗不稱善。五年，病篤，使者數存問❼，卒於官。詔書褒歎，賜穀千斛，刻石表閭❽。除子孝為太子舍人。

【章　旨】以上為〈淳于恭傳〉，旨在突出淳于恭的友愛、喜清靜、助人為樂、化及鄉里等等。

【注　釋】❶淳于　古縣名。古為淳于國，漢置縣。故址在今山東安丘東北。❷何傷　何妨。❸周旋　應酬；活動。❹黔陬山　李賢注曰：「黔陬縣之山也。」古黔陬縣，治所在今山東諸城東北。❺極日　終日。❻道德　有二義。其一，是人類社會在共同生活中形成的對社會成員起約束和團結作用的準則。其二，是中國哲學的一對範疇。「道」原指人行的道路，借用為事物運動、變化所必須遵循的普遍規律。「德」與「得」意義相近，是從「道」中所得的。對於「道」的認識、修養有得於己，亦稱為「德」。《老子》：「道生之，德畜之，物形之，勢成之。是以萬物莫不尊道而貴德。道之尊，德之貴，夫莫之命而常自然。」《史記．老子韓非列傳》：「老子修道德，居周久之，見周之衰，乃遂去。至關，關令尹喜曰：『子將隱矣，強為我著書。』於是老子乃著書上下篇，言道德之意五千餘言而去。」故《老子》又稱《道德經》。淳于恭之學「善說《老子》」，其「對進陳政，皆本道德」之「道德」，應以道德之第二義為是。「本道德」即本老子的基本思想。❼存問　慰問。❽閭　里巷大門。

【語　譯】淳于恭，字孟孫，北海國淳于縣人。擅長解說《老子》，喜好清靜，不追求榮譽和名聲。其家有山田果樹，人們有時侵入偷盜，他即幫助那人收取採摘。又看到偷割他家莊稼的人，淳于恭考慮那人會慚愧，於是隱伏於草叢之中，等偷割莊稼的人走了他才起來。村裡的人被他的德行所感化。

2 王莽末年，年歲饑荒，亂兵四起，淳于恭的哥哥淳于崇將要被盜賊所烹殺，淳于恭請求以自身代替，因此兄弟都免於被害。以後淳于崇去世，淳于恭撫養年幼的孤兒，教導學問，如果出現不合乎規矩的行為，淳于恭反而用木杖箠打自己，來感悟孩子，孩子慚愧而改過。初遭賊寇侵擾，百姓沒有人從事農業蠶桑，淳于恭常常獨自在田間努力勞作。鄉裡人們勸止他說：「現在正是混亂的時候，死生不定，為什麼白白地自討苦吃呢？」淳于恭說：「縱然我得不到收穫，別人得了又何妨？」仍然墾田除草不止。後來州郡接連徵召，他都不接受，乃居於幽靜之處以頤養心志，隱藏於山澤之中。他舉止行動，必遵循禮法。建武年間，郡舉為孝廉，司空府徵辟，他都不應命，客居隱於琅邪國黔陬山中，一去就是數十年。

3 建初元年，肅宗下詔書稱讚淳于恭平素的德行，通知郡守賜淳于恭帛二十匹，送淳于恭到公車府，任命為議郎。章帝接見一整天，詢問政事，遷侍中騎都尉，相待以禮，十分優厚。淳于恭所推薦的名人賢士，全都徵召任用。進言對話，陳述政事，都根據道德，章帝和他談話，總是稱讚他。建初五年，淳于恭病重，章帝多次派使者慰問，淳于恭在官任上去世。詔書褒揚歎息，賜他家穀物一千斛，在里門刻石表彰他的功德。任命他的兒子淳于孝為太子舍人。

1 江革，字次翁，齊國臨淄❶人也。少失父，獨與母居。遭天下亂，盜賊並起，革負母逃難，備經阻險，常採拾以為養。數遇賊，或劫欲將去，革輒涕泣求哀，言有老母，辭氣愿款❷，有足感動人者。賊以是不忍犯之，或乃指避兵之方，遂得俱全於難。革轉客下邳❸，窮貧裸跣❹，行傭以供母，便身之物，莫不必給。

2 建武末年，與母歸鄉里。每至歲時❺，縣當案比❻，革以母老，不欲搖動，自在轅中輓車，不用牛馬，由是鄉里稱之曰「江巨孝」。太守嘗備禮召，革以母老不應。及母終，至性殆滅❼，嘗❽寢伏冢廬，服竟，不忍除。郡守遣丞掾釋服，因請以為吏。

3 永平初，舉孝廉為郎，補楚❾太僕。月餘，自劾去。楚王英❿馳遣官屬追之，遂不肯還。復使中傅贈送，辭不受。後數應三公命，輒去。

4 建初初，太尉牟融⑪舉賢良方正⑫，再遷司空長史。肅宗甚崇禮之，遷五官中郎將⑬。每朝會，帝常使虎賁⑭扶侍。及進拜，恆目禮⑮焉。時有疾不會，輒太官送醪膳⑯，恩寵有殊。於是京師貴戚衛尉馬廖⑰、侍中竇憲⑱慕其行，各奉書致禮，革無所報受。帝聞而益善之。後上書乞骸骨，轉拜諫議大夫⑲，賜告歸，因謝病稱篤。

5 元和⑳中，天子思革至行，制詔齊相曰：「諫議大夫江革，前以病歸，今起居何如？夫孝，百行之冠，眾善之始也。國家每惟㉑志士，未嘗不及革。縣以見㉒穀千斛賜『巨孝』，常以八月長吏存問，致羊酒，以終厥㉓身。如有不幸，祠以中牢㉔。」由是「巨孝」之稱，行於天下。及卒，詔復賜穀千斛。

【章　旨】以上為〈江革傳〉，旨在突出江革的孝行。

【注　釋】❶齊國臨淄　齊國，漢諸侯國名。漢高祖六年（西元前二〇一年）封庶長子劉肥為齊王，建齊國。轄七十餘城。文帝以後，時郡時國，轄地日削。東漢復為齊國，建武十一年（西元三五年）封兄子劉章為齊王，治臨淄（今山東淄博東北）。轄境相當今山東淄博以東、青州市南及臨朐縣等地。臨淄，縣名。秦置。為臨淄郡治所。東漢仍為齊國治所。淄，又作「菑」。❷愿款　謹慎誠摯。❸下邳　見本書卷三十八〈張宗傳〉注。❹裸跣　露體赤腳。❺歲時　每年一定的季節和時間。❻案比　即案戶比民。清理戶籍和人口。《漢書・禮儀志中》：「仲秋之月，縣、道皆案戶比民。」李賢注曰：「案驗以比之，猶今之貌閱也。」關於「貌閱」，目的在於責令官員親自當面檢查人之年貌形狀，以便查出那些已達成丁之歲，而用詐老、詐小的辦法逃避承擔服役的人。案比時，民戶每人均須親身到場接受主吏的驗視。❼至性殆滅　他天生的孝親之情，幾乎毀滅自身。至性，多指天賦的卓絕品性。此指江革的孝親之情。殆，幾乎。滅，毀滅自身。❽嘗　同「常」。❾楚　指光武帝子楚王劉英的封國。都彭城（今江蘇徐州）。轄境相當今山東微山縣，江蘇徐州、銅山縣、沛縣及安徽濉溪縣的一部分地。❿楚王英　即楚王劉英。光武帝子，建武十五年封楚公，十七年進爵為王，二十八年就國。劉英年少時好游俠，交賓客，晚節更喜黃老，學為浮屠齋戒祭祀。後以逆謀，徙丹陽涇縣，自殺，國除。傳見本書卷四十二。⓫牟融　（？—西元七九年），字子優，北海安丘人。少博學，以《大夏侯尚書》教授生徒，門人數百，名稱於州里。以司徒茂才為豐縣令。永平五年（西元六二年）為司隸校尉，八年，為大鴻臚，十一年，為大司農。牟融經明才高，善論議，朝廷皆服其能。十二年為司空，「舉動方重，甚得大臣節」。傳見本書卷二十六。⓬賢良方正　漢代選拔人才的科目之一。漢文帝為了詢訪政治上的得失，始詔「舉賢良方正能直言極諫者」。中選者則授予官職。武帝時復詔舉賢良或賢良文學。名稱時有不同，性質仍無異。⓭五官中郎將　官名。西、東漢皆置。秩比二千石。掌五官郎持戟值班，宿衛殿門，出充車騎，或奉命差遣。屬光祿勳。見本書志第二十五。⓮虎賁　即虎賁郎。見本書志第二十五。⓯目禮　行注目禮，表示敬意。⓰醪膳　酒食。⓱馬廖　（？—西元九二年），伏波將軍馬援之子，字敬平。少以父任為郎，拜羽林左監、虎賁中郎將、衛尉。馬廖生性質誠畏慎，不愛權勢名聲，盡心納忠，不屬毀譽。建初四年（西元七九年），封順陽侯，以特進就第。永元四年卒，諡安侯。傳見本書卷二十四。⓲竇憲　見本書卷三十七〈桓郁傳〉注。⓳諫議大夫　官名。漢武帝元狩五年（西元前一一八年）置諫大夫，秩比八百石。光武中興，稱諫議大夫，秩六百石。無定員，掌顧問應對，無常事，唯詔命所使。見本書志第二十五。⓴元和　東漢章帝劉炟年號，西元八四—八七年。㉑惟　思。㉒見　同「現」。㉓厥　其。㉔中牢　羊與豬二牲。

【語譯】江革，字次翁，齊國臨淄人。少年喪父，獨與母親居住。遭遇天下大亂，盜賊四起，江革背負母親逃難，備經艱難險阻，常常靠採摘拾取野果野菜以供養母親。多次遇到盜賊，有時被劫持，盜賊想把他帶走，江革即哭泣哀求，說家有老母，語氣謹慎誠摯，有足以感人之處。盜賊因此不忍心侵犯他，有的乃指點他躲避賊兵的方法，於是母子在艱難中都得到保全。江革轉客居於下邳，貧窮，露體赤足，靠傭工以供養母親，母親所需要的便身之物，江革總是為母親準備好。

2 建武末年，江革和母親回歸鄉里。每年到一定的時間，縣裡要清理戶籍和人口，江革因為母親年老，不欲使母親乘牛馬車受顛簸搖蕩之苦，便自己駕轅拉車，不用牛馬，因此鄉里稱他為「江巨孝」。郡太守曾備禮物招聘，江革因母親年老，沒有答應。到母親去世，江革的孝親之情，幾乎毀滅自身，常常寢睡於墓旁的小屋中，守孝期滿，不忍心脫去喪服。郡太守派遣郡丞和掾屬給他脫去孝服，於是聘請他為郡中的官吏。

3 永平初年，舉孝廉，任命為郎官，補楚國太僕。一個多月後，江革自我彈劾，辭官而去。楚王劉英派遣官屬馳馬追趕他，終於不肯返回。又派遣中傅贈送物品，江革推辭不接受。以後又多次應三公府的徵聘，但不久即辭去。

4 建初初年，太尉牟融舉江革為賢良方正，再遷為司空府長史。章帝非常崇敬禮遇江革，升遷為五官中郎將。每次朝會，章帝常命虎賁郎服侍他。到進拜的時候，章帝總是以目注視江革，表示敬意。有時江革因為有病，不能參加朝會，章帝即派太官送去酒食，對江革的恩寵與眾不同。於是京城裡的貴戚衛尉馬廖、侍中竇憲敬慕江革的德行，各派人捧著書信送去禮物，江革既不回信，也不接受禮物。章帝聞聽後，更加讚美江革。後江革上書乞求退職，轉拜為諫議大夫，允許他帶職歸家，江革稱病重而辭謝。

5 元和年間，天子思念江革的高尚德行，下詔書給齊國相說：「諫議大夫江革，以前因病歸家，現在他的生活情況怎樣？孝，是百行之首，是一切善事的基礎。國家每想到高尚節操的人，總是想到江革。縣裡當以現穀一千斛賜給『巨孝』，每年在八月派官吏前去慰問，送上羊、酒，至其終身。如江革不幸去世，以中牢祭祀他。」從此「巨孝」的名稱，便流行於天下。到江革去世，皇帝下詔書又賜他穀物一千斛。

1 劉般，字伯興，宣帝之玄孫也。宣帝封子囂於楚，是為孝王。孝王生思王衍，衍生王紆，紆生般。自囂至般，積累仁義，世有名節，而紆尤慈篤。早失母，同產弟原鄉侯平尚幼，紆親自鞠❶養，常與共臥起飲食。及成人，未嘗離左右。平病卒，紆哭泣歐❷血，數月亦歿。初，紆襲王封，因值王莽篡位，廢為庶人，因家於彭城。

2 般數歲而孤，獨與母居。王莽敗，天下亂，太夫人❸聞更始即位，乃將般俱奔長安。會更始敗，復與般轉側兵革❹中，西行上隴❺，遂流至武威❻。般雖尚少，而篤志脩行，講誦不怠。其母及諸舅，以為身寄絕域❼，死生未必，不宜苦精❽若此，數以曉般，般猶不改其業。

3 建武八年，隗囂敗，河西始通，般即將家屬東至洛陽，脩經學於師門。明年，光武下詔，封般為菑丘侯，奉孝王祀，使就國。後以國屬楚王，徙封杼秋侯。

4 十九年，行幸沛，詔問郡中諸侯行能❾。太守薦言般束脩至行❿，為諸侯師。帝聞而嘉之，乃賜般綬，錢百萬，繒二百匹。二十年，復與車駕會沛，因從還洛陽，賜穀什物，留為侍祠侯⓫。

5 永平元年，以國屬沛，徙封居巢侯，復隨諸侯就國。數年，揚州刺史觀恂薦般在國口無擇言⓬，行無怨惡⓭，宜蒙旌顯⓮。顯宗嘉之。十年，徵般行執金吾⓯事。從至南陽，還為朝侯⓰。明年，兼屯騎校尉⓱。時五校⓲官顯職閑，而府寺寬敞，與服光麗，伎巧畢給⑲，故多以宗室肺腑⑳居之。每行幸郡國，般常將長水胡騎㉑從。

6 帝曾欲置常平倉㉒，公卿議者多以為便。般對以「常平倉外有利民之名，而內實侵刻㉓百姓，豪右㉔因緣㉕為姦，小民不能得其平，置之不便」。帝乃止。是時下令禁民二業㉖，又以郡國牛疫，通使區種㉗增耕。而吏下檢結㉘，多失其實，百姓患之。般上言：「郡國以官禁二業，至有田者不得漁捕。今濱江湖郡率少蠶桑，民資漁採以助口實㉙，且以冬春閑月，不妨農事。夫漁獵之利，為田除害，有助穀食，無關二業也。又郡國以牛疫、水旱，墾田多減，故詔敕區種，增進頃畝，以為民也。而吏舉度田㉚，欲令多前，至於不種之處，亦通為租。可申敕刺史、二千石，務令實覈㉛，其有增加，皆使與奪田同罪。」帝悉從之。

7 肅宗即位，以為長樂少府。建初二年，遷宗正。般妻卒，厚加賵㉜贈，及賜冢塋地於顯節陵㉝下。般在位數言政事。其收恤㉞九族㉟，行義尤著，時人稱之。年六十，建初三年卒。子憲嗣。憲卒，子重嗣。憲兄愷。

【章　旨】以上為〈劉般傳〉，旨在突出劉般的篤志行修，收恤九族的義行。

【注　釋】❶鞠　養；撫養。❷歐　同「嘔」。❸太夫人　李賢注曰：「太夫人，般之母也。《前書音義》曰：『列侯之妻稱夫人，母稱太夫人。』」❹轉側兵革　轉側，輾轉移徙。兵革，兵器衣甲。指代戰爭。❺隴　地名。即今甘肅。❻武威　郡名。漢武帝元狩二年（西元前一二一年）以原匈奴休屠王地置。治所在武威（今甘肅民勤東北）。轄境相當今甘肅黃河以西，武威以東及大東河、大西河流域地區。東漢移治姑臧（今甘肅武威）。❼絕域　極遠的地方。❽苦精　刻苦精專。❾行能　品行和才能。❿束脩至行　約束修養，品行卓絕。⓫侍祠侯　可陪祭的列侯。侍祠，陪祭。見本書〈百官五·列侯〉。⓬口無擇言　謂出口之言皆合道理，無需選擇。語出《孝經·卿大夫》：「口無擇言，身無擇行。」⓭怨惡　怨恨憎惡。⓮旌顯　表彰顯揚。⓯行執金吾　行，兼攝官職。凡階高官卑則稱「行」。執金吾，官名。金吾，為兩端塗金的銅棒，此官執之以示權威。一說「吾」讀「禦」，謂執之以禦非常。另一說：「金吾」為鳥名，主避不祥。漢武帝時改中尉為執金吾，為督巡三輔治安的官。東漢沿置。秩中二千石。見本書志第二十七。⓰朝侯　漢時列侯有功於朝廷，賜有朝位，參加春秋祭祀的稱為朝侯。⓱屯騎校尉　見本書卷三十七〈桓郁傳〉注。⓲五校　即北軍中候所監之屯騎、越騎、步兵、長水、射聲五校尉。⓳伎巧畢給　伎巧，精巧的手工藝品。畢給，提供；眾多。⓴胏腑　李賢注曰：「天子之親屬也。」㉑長水胡騎　長水胡騎兵。《漢書·百官公卿表》顏師古注曰：「長水，胡名也。」㉒常平倉　西漢宣帝時大司農耿壽昌建議在邊郡築建糧倉，糧價賤時用高價糴入，以利農；糧價貴時，以低價糶出，叫做「常平倉」。㉓侵刻　侵害剝奪。㉔豪右　豪門大族。㉕因緣　勾結；鑽營；乘機。㉖二業　兩種職業。此指農業之外的職業。㉗區種　亦謂之「區田」。古代農民播種時所開的穴或溝謂之「區」。區，同「勾」。區田，指在田裡按一定的距離開溝挖穴，將種子播入其間的一種農作法。便於小範圍內深耕細作，集中施肥灌水。賈思勰《齊民要術·種穀第三》引《氾勝之書·區田法》曰：「湯有旱災，伊尹作為『區田』，教民糞種，負水澆稼。」「區田以糞氣為美，非必良田也。諸山陵，近邑高危傾坂，及丘城上，皆可為區田。區田不耕旁地，庶盡地力。凡區種，不先治地，便荒地為之。」㉘檢結　檢查上報的文書。㉙口實　指吃的東西。㉚度田　丈量田地。㉛覈　同「核」。㉜賵　贈送給喪家的送葬之物。㉝顯節陵　東漢明帝劉莊之陵。位於河南洛陽邙山以南。㉞收恤　收容賑濟。㉟九族　說法不一。一說以自己為本位，上推至四世之高祖，下推至四世之玄孫，為九族。一說父族四：自己一族，出嫁的姑母及其兒子，出嫁的姐妹及外甥，出嫁的女兒及外孫。母族三：外祖父一家，外祖母的娘家，姨母及其子。妻族二：岳父的一家，岳母的娘家。

【語　譯】劉般，字伯興，是宣帝的玄孫。宣帝封兒子劉囂於楚，是為楚孝王。孝王的兒子是思王劉衍，劉衍的兒子是劉紆，劉紆的兒子是劉般。從劉囂到劉般，積累仁義，世代都有名望節操，而劉紆尤為慈愛篤厚。劉紆早喪父母，同母弟原鄉侯劉平年齡尚幼，劉紆親自撫養，常常和他一起飲食臥起。一直到劉平長大成人，未嘗離其左右。劉平因病去世，劉紆哭泣嘔血，幾個月也去世了。當初，劉紆繼承王位，因正趕上王莽篡位，被廢為平民，於是便安家於彭城。

2 劉般數歲便死了父親，只和母親住在一起。王莽失敗，天下大亂，劉般的母親聽說更始即位，於是帶著劉般一起奔赴長安。正值更始失敗，又與劉般輾轉移徙於兵荒馬亂之中，往西到了隴地，便流落到武威。劉般雖還年少，卻注重修養品行，學習誦讀不知疲倦。其母親及他的諸位舅舅，認為寄身於極遠的地區，死生不定，不應該如此刻苦精專，多次以此勸說劉般，劉般仍不肯放棄其學業。

3 建武八年，隗囂失敗，河西的道路開始通暢，劉般即帶著家屬向東到洛陽，修習經學於師門。明年，光武帝下詔，封劉般為菑丘侯，奉祠孝王的祭祀，讓他歸其封國。以後劉般的封國歸屬於楚王，便改封劉般為杼秋侯。

4 建武十九年，光武帝巡行沛郡，詢問郡中諸侯的品行和才能，太守推薦說，劉般約束修潔，品行卓絕，可為諸侯的榜樣。光武帝聞聽後嘉獎劉般，於是賜劉般綬帶，錢一百萬，繒二百匹。建武二十年，劉般又與光武帝在沛郡會見，於是跟隨光武帝回到洛陽，賜給他穀物及各種物品，留在洛陽為侍祠侯。

5 永平元年，以其封國劃屬沛郡，改封劉般為居巢侯，又隨諸侯歸國。過了幾年，揚州刺史觀恂推薦劉般說，他在國中出言皆合乎禮義，沒有什麼可挑剔的，舉止行動沒有怨惡，應該受到表彰。顯宗讚賞劉般。永平十年，徵召劉般代理執金吾的職務。跟隨顯宗到南陽，返回洛陽後，顯宗以其為朝侯。明年，劉般兼任屯騎校尉。當時五校尉官位顯赫，職任清閒，而且官府寬敞，車馬服飾光彩華麗，所用器物皆精美而且充分供應，所以多讓宗室之人任此官職。顯宗每次視察郡國，劉般常常率領長水胡騎跟隨。

6 明帝曾經想設置常平倉，討論此事的公卿多以為便利。劉般認為「常平倉表面上有利民之名，而實際上是侵害剝奪百姓，豪門大族乘機為非作歹，百姓得不到利益，設置常平倉沒有好處」。明帝便停止不置。這時朝廷下令禁止百姓從事農業之外的職業，又因為郡國發生牛疫，便通行使用區種法增加糧食產量。但官吏檢查上報的文書，多不真實，百姓對此深以為苦。劉般上言說：「郡國因朝廷禁止百姓從事兩種職業，以至於使有田地的人不能打魚捕獵。現在靠近江湖的郡國大抵很少養蠶種桑，百姓需依靠打魚採集以幫助養家餬口，況且在冬春農閒之月，不妨礙農事。打魚捕獵的好處，可以為農田除害，有助於糧食產量的增加，與從事兩種職業沒有關係。另外，郡國因為牛疫、水旱，墾田面積大多減少。所以朝廷下詔書命令推行區種法，增加田畝數量，目的是為了百姓。而官吏大舉丈量土地，想使土地比以前增加，以至於不耕種的荒地，也同樣要繳納田租。可以命令刺史、二千石，務必讓他們核實田畝數量，如有增加擴大，皆使他們受到與奪田同樣的處罰。」明帝完全聽從了他的意見。

7 肅宗即位，任命劉般為長樂少府。建初二年，遷宗正。劉般妻子去世，賜給他豐厚的葬喪物品，又在顯節陵下賜予墓地。劉般任職時，多次議論政事。他收容賑濟遠近親族，義行尤其顯著，當時人們都稱讚他。建初三年去世，年六十歲。兒子劉憲繼承了爵位。劉憲去世，兒子劉重繼承了爵位。劉憲的哥哥是劉愷。

1 愷字伯豫，以當襲般爵，讓與弟憲，遁逃避封。久之，章和中，有司奏請絕愷國。肅宗美其義，特優假之，愷猶不出。積十餘歲，至永元十年，有司復奏之，侍中賈逵❶因上書曰：「孔子稱『能以禮讓為國，於從政乎何有❷？』竊見居巢侯劉般嗣子愷，素行孝友，謙遜絜清，讓封弟憲，潛身遠迹。有司不原❸樂善之心，而繩以循常❹之法，懼非長克讓❺之風，成含弘❻之化。前世扶陽侯韋玄成❼，近有陵陽侯丁鴻❽、鄳侯鄧彪❾，並以高行絜身辭爵，未聞貶削，而皆登三事❿。

今愷景仰前脩⑪，有伯夷⑫之節，宜蒙矜宥⑬，全其先功，以增聖朝尚德之美。」和帝納之，下詔曰：「故居巢侯劉般嗣子愷，當襲般爵，而稱父遺意，致國弟憲，遁亡七年⑭，所守彌篤⑮。蓋王法崇善，成人之美。其聽憲嗣爵。遭事之宜，後不得以為比⑯。」乃徵愷，拜為郎，稍遷侍中。

2 愷之入朝，在位者莫不仰其風行。遷步兵校尉。十三年，遷宗正，免。復拜侍中，遷長水校尉。永初元年，代周章⑰為太常。愷性篤古，貴處士⑱，每有徵舉，必先巖穴⑲。論議引正⑳，辭氣高雅。六年，代張敏㉑為司空。元初二年，代夏勤㉒為司徒。

3 舊制，公卿、二千石、刺史不得行三年喪㉓，由是內外眾職並廢喪禮。元初中，鄧太后㉔詔長吏以下不為親行服者，不得典城選舉㉕。時有上言牧守㉖宜同此制。詔下公卿，議者以為不便。愷獨議曰：「詔書所以為制服之科㉗者，蓋崇化厲俗㉘，以弘孝道也。今刺史一州之表，二千石千里之師，職在辯章百姓㉙，宣美風俗㉚，尤宜尊重典禮㉛，以身先之。而議者不尋其端，至於牧守則云不宜，是猶濁其源而望流清，曲其形而欲景㉜直，不可得也。」太后從之。

4 時征西校尉任尚㉝以姦利被徵抵罪。尚曾副大將軍鄧騭㉞，騭黨護㉟之。而太尉馬英(36)、司空李郃(37)承望風旨，不復先請，即獨解(38)尚臧錮(39)。愷不肯與議。後尚書案其事，二府(40)並受譴咎，朝廷以此稱之。

視事五歲，永寧元年，稱病上書致仕，有詔優許焉，加賜錢三十萬，以千石祿歸養，河南尹常以歲八月致羊酒。時安帝始親政事(41)，朝廷多稱愷之德，帝乃遣問起居，厚加賞賜。會馬英策罷，尚書陳忠(42)上疏薦愷曰：「臣聞三公上則台階(43)，下象(44)山岳。股肱元首(45)，鼎足居職(46)。協和陰陽(47)，調訓五品(48)。考功量才，以序(49)庶僚。遭烈風不迷，遇迅雨不惑。位莫重焉。而今上司缺職，未議其人。臣竊差次(50)諸卿，考合眾議，咸稱太常朱倀(51)、少府荀遷(52)。臣父寵(53)，前忝(54)司空，倀、遷並為掾屬，具知其能。倀能說經書而用心褊狹(55)，遷嚴毅剛直而薄於藝文。伏見前司徒劉愷，沈重淵懿(56)，道德博備，克讓爵土，致祚(57)弱弟。躬浮雲之志(58)，兼浩然之氣(59)。頻歷二司(60)，舉動得禮。以疾致仕，側身里巷，處約思純(61)，進退有度(62)，百僚景式(63)，海內歸懷(64)。往者孔光、師丹(65)，近世鄧彪、張酺(66)，皆去宰相，復序上司(67)。誠宜簡練(68)卓異，以厭(69)眾望。」書奏，詔引愷拜太尉。安帝初，清河(70)相叔孫光坐臧(71)抵罪，遂增錮二世(72)，釁(73)及其子。是時居延(74)都尉范邠復犯臧罪，詔下三公、廷尉議。司徒楊震(75)、司空陳褒(76)、廷尉張皓(77)

議依光比。愷獨以為「春秋之義，『善善及子孫，惡惡止其身[78]』，所以進人於善也。尚書曰：『上刑挾輕，下刑挾重[79]。』如今使臧吏禁錮子孫，以輕從重，懼及善人，非先王詳刑[80]之意也」。有詔：「太尉議是。」

6 視事三年，以疾乞骸骨，久乃許之，下河南尹禮秩[81]如前。歲餘，卒于家。詔使者護喪事[82]，賜東園祕器[83]，錢五十萬，布千匹。

7 少子茂，字叔盛，亦好禮讓，歷位出納[84]，桓帝時為司空。會司隸校尉李膺等抵罪，而南陽太守成瑨[85]、太原太守劉瓆[86]下獄當死，茂與太尉陳蕃[87]、司徒劉矩[88]共上書訟之。帝不悅，有司承旨劾奏三公，茂遂坐免。建寧[89]中，復為太中大夫，卒於官。

【章　旨】以上為劉般之子〈劉愷傳〉，旨在突出劉愷的謙恭辭讓、舉動合乎禮節、處理問題得當，為百官所敬仰。

【注　釋】❶賈逵　字景伯，扶風平陵人。傳見本書卷三十六。❷能以禮讓為國二句　能以禮讓來治理國家，這有什麼困難呢？語出《論語・里仁》：「子曰：『能以禮讓為國乎？何有？』」何有，是有何困難之意。❸原　推究。❹繩以循常　繩，糾正；衡量。循常，尋常；平常。❺克讓　克己謙讓。❻含弘　蘊含弘大廣博。❼韋玄成　（？—西元前三六年），字少翁，魯國鄒人。宣帝時丞相扶陽侯韋賢少子。少以父任為郎，好學，修父業，以明經擢為諫大夫，遷河南都尉。韋賢去世，佯狂不嗣爵位，後不得已受爵，宣帝高其節，以為河南太守。元帝時為少府，遷太子太傅，至御史大夫，永光（西元前四三—前三九年）為丞相。玄成為相七年，守正持重不及其父，而文采過之。元帝建昭三年去世，諡共侯。傳見《漢書》卷七十三。❽丁鴻　字孝公，潁川定陵人。傳見本書卷三十七。❾鄧彪　字智伯，南陽新野人。見本書卷三十六及卷三十七「論曰」注。❿三事　指三公。丞相、太尉、御史大夫。⓫前脩　前賢。⓬伯夷　見本書卷三十六〈賈逵傳〉注。⓭矜宥　憐憫寬宥。⓮遁亡七年　遁，遁亡；讓爵逃亡。七年，自章帝建初三年（西元七八年）至和帝永元十年（西元九八年），首尾二十一年，此云七年，誤。⓯所守彌篤　所守，其所堅持的操守。彌篤，確實純厚。守，操守。彌，更加；確實。篤，純一；深厚。⓰比例；成例。⓱周章　（？—西元一〇七年），字次叔，南陽郡隨縣人。初仕郡為功曹，舉孝廉，遷五官中郎將。殤帝延平元年（西元一〇六年）為光祿勳。安帝永初元年（西元一〇七年）為太常，其冬為司空。周章以為太后所立安帝劉祜「眾心不附」，遂密謀閉宮門，誅殺車騎將軍鄧騭兄弟，劫尚書，廢太后，立平原王劉勝為帝。事洩，策免，周章自殺。傳見本書卷三十三。⓲處士　本指有才德而隱居不仕的人，後泛指未做官的士人。⓳巖穴　指隱居之士。⓴引正　同「引證」。引經據典以證自己意見的正確。㉑張敏　字伯達，河間鄚人。見本書卷三十五〈曹褒傳〉注。㉒夏勤　字伯宗，壽春（今安徽壽縣）人。安帝時為司徒。㉓行三年喪　古時喪服中最重的一種。臣為君，子為父，妻為夫等，要服喪三年。㉔鄧太后　（西元八一—一二一年），名綏，鄧禹孫女，和帝皇后。十二歲通《詩》、《論語》，志在典籍，不問居家之事。身長七尺二寸，姿顏姝麗，永元七年選入宮。八年冬入掖庭，為貴人，時年十六。永元十四年，立為皇后。元興元年（西元一〇五年）和帝崩，殤帝始百日，后乃迎而立之，尊為皇太后，臨朝稱制。殤帝崩，太后定策，立安帝，猶臨朝政。安帝永寧二年二月寢病，三月崩，年四十一。傳見本書卷十。㉕典城選舉　典城，一作「典成」。有二義：一為主掌訟訴案件，一為主管一城之事。從上下文看，前者於義為長。選舉，古代指選拔舉用賢能。㉖牧守　刺史與太守。㉗制服之科　制服，指喪服。科，法；條文。㉘崇化厲俗　崇尚教化，激勵世俗。厲，同「勵」。㉙辯章百姓　使百姓明辨是非。語出《尚書・堯典》。李賢引鄭玄注曰：「辯，別也。章，明也。」百姓，百官。在此指黎民百姓。㉚宣美風俗　宣揚美好的風俗。㉛典禮　指制度與禮儀。㉜景　同「影」。㉝任尚　（？—西元一一八年），東漢將領。章帝章和末，為鄧訓護羌府長史，有戰功。和帝永元初，大將軍竇憲出屯涼州，為司馬，遷戊己校尉。永元十四年，代替班超為西域都護，以罪免。安帝永初元年，為征西校尉，與羌人戰，任尚大敗。元初三年（西元一一六年），為中郎將，擊破先零羌於丁奚城。元初五年，任尚與鄧遵爭功，又詐增首級數，受賕枉法，贓千萬以上。檻車徵詣廷尉，棄市（參本書〈安帝紀〉、〈鄧訓傳〉、〈鄧騭傳〉、〈竇憲傳〉、〈班超傳〉、〈西羌傳〉等）。㉞尚曾副大將軍鄧騭　指安帝永初元年車騎將軍鄧騭為主帥，任尚為副，將五營及三河等兵五萬人屯漢陽擊西羌事。見本書〈安帝紀〉、〈西羌傳〉。鄧騭，見本書卷三十六〈張霸傳〉注。㉟黨護　袒護。㊱馬英　字文思，泰山郡蓋縣（今山東沂源）人。安帝元初二年七月為太尉。㊲李郃　字孟節，漢中南鄭（今陝西漢中）人。父頡，以儒學稱，官至博士。郃襲父業，遊太學，通《五經》。初署縣幕門候吏，舉孝廉，五遷為尚書令，又遷太常。元初四年（西元一一七年）為司空。數陳得失，有忠臣節。坐事免。北鄉侯（劉懿）立，為司徒。坐吏民疾病、災異免。年八十餘，卒於家。傳見本書卷八十二。㊳解　解除。㊴臧錮　謂收受賄賂而被監禁。㊵二府　即太尉、司空府，亦即馬英、李郃二人。㊶安帝始親政事　安帝即位時年十三歲（西元一〇七年），鄧太后臨朝稱制。建光元年（西元一二一年）鄧太后死，安帝始親理朝政。㊷陳忠　字伯始，沛國洨（今安徽固鎮）人。父寵，官至司空。陳忠初辟司徒府，三遷至廷尉正，擢拜尚書，居三公曹。轉僕射，出為江夏太守，復為尚書令，病卒。傳見本書卷四十六。㊸則台階　則，效法。台階，三台星，亦稱「泰階」，故名「台階」。古人以為有三公之象，因以指三公之位或宰輔重臣。三台星共六顆，每台二星，成三階。古人以為：「三台平則陰陽和，風雨時，社稷神祇咸獲其宜，天下大安，是為太平。」（《漢書・東方朔傳》顏師古注引應劭引《黃帝泰階六符經》語）㊹象　效法。㊺股肱元首　股肱，大臣。引申為輔佐。元首，君主。㊻鼎足居職　鼎為傳國寶器，三足，以象三公之位。居職，任職。㊼協和陰陽　即調理陰陽。指宰相處理政務，協調各方面的關係。協和，調理；和諧；配合得當。陰陽，古以陰陽解釋萬物化生。凡天地、日月、晝夜、男女，以至腑臟、氣血皆分屬陰陽。《禮記・郊特牲》：「陰陽和而萬物得」。《尚書・周官》：「茲惟三公，論道經邦，燮理陰陽。」㊽調訓五品　調訓，教養；整飭；訓練。五品，謂「五常」。指五種倫常道德，即父義、母慈、兄友、弟恭、子孝。㊾序　排列；統領；使有秩序。㊿差次　分別等級次序；排列。51朱倀　見本書卷三十七〈丁鴻傳〉注。52荀遷　其人生平不詳。53寵即朱寵。見本書卷三十七〈桓郁傳〉注。54忝　謙辭。55褊狹　亦作「褊陋」。指心胸、氣量、見識等狹隘。56沈重淵懿　沉靜莊重，精深美好。57致祚　致，給予；讓給。祚，國統。此指侯爵。58躬浮雲之志　自身有視富貴如同浮雲的志向。59浩然之氣　即正氣；正大剛直之氣。語出《孟子・公孫丑上》：「孟子曰：『我善養吾浩然之氣。其為氣也，至大至剛，以直養而無害，則塞於天地之間。』」60頻歷二司　頻，接連。歷，任。二司，指司空、司徒。61處約思純　處約，生活於貧困之中。思純，思慮精純。62度　法度；規範。63景式　仰慕而以為法式。64歸懷　嚮往歸附。65孔光師丹　孔光（西元前六五—西元五年），字子夏，魯國（今山東曲阜）人。西漢大臣。孔子第十四世孫。年未二十，舉為議郎，為諫大夫。後免歸。成帝初，舉為博士。以高第為尚書，轉尚書令。孔光久典尚書，練法令，號稱詳平。後為御史大夫、丞相等職。居公輔位前後十七年。哀帝時與大司空何武擬定限田、限奴婢方案，其逾限者歸官，以緩和激化的社會矛盾，後遭貴族、官僚的反對，未能實行。傳見《漢書》卷八十一。師丹（？—西元三年），字仲公，琅邪東武（今山東諸城）人。西漢大臣。治《詩》，事匡衡。舉孝廉，為郎。元帝末，為博士。出為東平王太傅。廉正守道，徵入為光祿大夫、丞相司直、少府、光祿勳、侍中，甚見尊重。哀帝時，為左將軍，賜爵關內侯，領尚書事。後為大司馬，封高樂侯，徙大司空。主張限制貴族、官僚、富豪占有土地和奴婢數目。後因貴族反對，未能實行。傳見《漢書》卷八十六。(66)張酺　字孟侯，汝南細陽人。見本書卷三十五〈曹褒傳〉注。(67)序上司　序，位次。上司，指三公之位。(68)簡練　選擇。(69)猒　滿足。(70)清河　郡、國名。西漢置。治所在清陽（今河北清河縣東南）。轄境相當今河北清河縣及棗強、南宮各一部分，山東臨清、夏津、武城及高唐、平原縣各一部分。東漢改為國，移治甘陵（今山東臨清東）。(71)臧　同「贓」。(72)錮二世　指父子都被禁錮。(73)釁　事端；禍患。(74)居延　古縣名。本匈奴中地名，指居延澤附近一帶，為當時河西地區與漠北往來要道所經。西漢置縣。故城在今內蒙古額濟納旗東南。西漢為張掖都尉治所。東漢為張掖屬國都尉治所。(75)楊震　字伯起，弘農華陰人。見本書卷三十七〈桓郁傳〉注。(76)陳褒　字伯仁，廬江郡舒縣人。安帝永寧元年（西元一二〇年）為司空。(77)張皓　字叔明，犍為郡武陽縣（今四川彭山縣）人。皓，亦作「晧」。見本書卷三十七〈桓郁傳〉注。(78)善善及子孫二句　褒獎善美的人，要延及其子孫，懲罰邪惡的人，只限於其自身。語出《公羊傳·昭公二十年》。善善，褒獎善美的人。惡惡，懲罰邪惡的人。(79)上刑挾輕二句　李賢注曰：「《尚書·呂刑篇》曰：『上刑適輕下服，下刑適重上服。』此言『挾輕挾重』，意亦不殊。」今本《十三經注疏》中的《尚書·呂刑》為：「上刑適輕下服，下刑適重上服，輕重諸罰有權。」偽《孔傳》：「重刑有可以虧減，則之輕，服下罪。」清孫星衍認為：「適者，過也。過，調罪過。服，治也。言當服上刑者，其過輕，當以下刑治之；下刑過重，以上刑治之。下服減等也，上服加等也，輕重諸罰有權宜也。」旨在說明判罪不可過重，根據情況酌情從輕處理。所謂「挾輕」、「挾重」云云，未引全文，只是點出意思而已。(80)詳刑　調斷獄審慎。(81)禮秩　禮儀祿秩。(82)護喪事　主持辦理喪事。(83)東園祕器　東園，官署名。秦漢置，屬少府。掌陵墓內器物、葬具的製造和供應。祕器，棺材。(84)出納　李賢注曰：「出納調尚書，喉舌之官也。出調受上言宣於下，納調聽下言傳於上。」(85)成瑨　字幼平，弘農人。官南陽太守。(86)劉瓆　亦作「劉質」。字文理，平原人。官太原太守。(87)陳蕃　字仲舉，汝南平輿人。見本書卷三十七〈桓彬傳〉注。(88)劉矩　字叔方，沛國蕭（今安徽蕭縣）人。少有高節，舉孝廉，遷雍丘令。在縣四年，以母憂去官。後舉賢良方正，四遷為尚書令。劉矩性亮直，不附貴勢。遷宗正、太常。延熹四年（西元一六一年）為太尉，後免。靈帝初，復為太尉，又以日蝕免。乞骸骨，卒於家。傳見本書卷七十六。(89)建寧　東漢靈帝劉宏年號，西元一六八—一七二年。

【語譯】劉愷，字伯豫，本應繼承劉般的爵位，讓給弟弟劉憲，自己遁逃躲避封爵。過了很久，章和年間，有關官員上奏請求取消劉愷的封國。肅宗讚美劉愷的義氣，特地優待給予寬假，劉愷仍然不肯出來。過了十幾年，到了永元十年，有關官員再次上奏取消劉愷的封國，侍中賈逵因而上書說：「孔子說：『能用禮讓治理國家，對於管理政事有什麼困難呢？』臣私下看到居巢侯劉般嗣子劉愷，平素孝順友愛，謙遜潔清，讓封爵與弟弟劉憲，自己遠遠地潛藏隱避。有關官員不推究其以樂善為本的心，而以尋常之法加以衡量，臣恐怕這樣做不能增長克己謙讓的風尚，成就涵蘊弘大廣博的教化。前世扶陽侯韋玄成，近世陵陽侯丁鴻、鄳侯鄧彪，都以高尚的行為潔身辭讓爵位，沒有聽說他們被貶削的事，而他們都位至三公。現在劉愷景仰前賢，具有伯夷的節操，應該受到憐憫寬容，成全他以往的功績，以增加我朝崇尚德行的美好名聲。」和帝採納了賈逵的建議，下詔書說：「原居巢侯劉般的嫡長子劉愷，應當繼承劉般的封爵，以符合其父親的遺願，他卻將封國讓給弟弟劉憲，而自己逃亡七年，其操守確實純厚。王法崇尚善良的行為，成人之美。允許劉憲繼承爵位。遇事要適當處置，以後不得以此為例。」於是徵召劉愷，任命他為郎官，逐漸升遷為侍中。

2 劉愷進入朝廷以後，在位的官員莫不仰慕他的風範品行。升遷為步兵校尉。永元十三年，升遷為宗正，後免職。又拜侍中，遷長水校尉。永初元年，代周章為太常卿。劉愷生性崇尚古風，貴重有才德而隱居不仕的人，每有徵辟或舉薦，必先將巖穴隱居之士放在前面。他議論引經據典，言詞高雅。永初六年，代張敏為司空。元初二年，代夏勤為司徒。

3 舊制度規定，三公九卿、二千石、刺史不得為父母守三年之喪，因此，朝廷內外眾官都廢棄了喪禮。元初年間，鄧太后下詔，長吏以下不為父母行服三年之喪者，不得主管訴訟案件和主管選舉之事。當時有人上書建議，州牧、郡守也應該遵照此制度。詔書下交公卿討論，議論的人都認為這樣不方便。唯獨劉愷議論說：「詔書之所以確定服喪的條文，在於崇尚教化，激勵世俗，以弘揚孝道。現在刺史為一州的表率，二千石為一郡的師長，其職務在於使百姓明辨是非，宣揚美好的風俗，尤其應該尊重典章禮儀，自身應先做出榜樣。而議論的人不尋求其端緒，說到刺史、郡守即認為不應當，這猶如水之源渾濁而希望其流清澈，彎曲物體的體形而想讓它的影子直正，是不可能做到的。」太后聽從了他的意見。

4 當時征西校尉任尚因為非法牟利被徵回治罪。任尚曾經擔任過大將軍鄧騭的副手，鄧騭袒護任尚。而太尉馬英、司空李郃秉承鄧騭的意旨，不先行請示，即擅自解除了對任尚的禁錮。劉愷不肯參與議論此事。後來尚書追查這件事，馬英、李郃都受到譴責，朝廷因此稱讚劉愷。

5 劉愷任職五年，永寧元年，稱病上書請求辭官，皇帝下詔書給以優厚的待遇，允許他辭官，加賜錢三十萬，以一千石的俸祿歸家休養，河南尹常於每年八月送羊酒。這時安帝剛開始親自處理政事，朝廷的官員多稱讚劉愷的德行，安帝於是派遣使者問候劉愷的日常生活情況，厚加賞賜。正值馬英策命罷職，尚書陳忠上疏推薦劉愷說：「臣聽說三公上取法於三台星，下效法山岳。輔佐君主，負有鼎足的重任。調理陰陽，整飭五種倫理道德。考核功績，量才用人，以統領百官。遇到暴風不迷亂，碰上驟雨不困惑。職位沒有比此更重要的了。現在三公缺職，還沒有確定由誰擔任。臣私下裡排比諸位大臣，考察匯合眾人的意見，都稱道太常卿朱伥、少府卿荀遷。臣父朱寵，以前曾忝任司空，朱伥、荀遷都曾為其掾屬，完全知道他們的才能。朱伥能講解經書而氣量狹隘，荀遷嚴正剛毅而缺乏文采。臣見前司徒劉愷，沉靜穩重，精深美好，道德廣博完備；能辭讓爵土，將封國給予弱弟。有視富貴如浮雲的志向，兼有浩然正大之氣。歷任司徒、司空，行動合乎禮法。因病退職，身居里巷，生活儉約，思慮精純，為官為民，皆有法度，實百官之楷模，為天下人所嚮往歸附。前代有孔光、師丹，近世有鄧彪、張酺，都是離開宰相之職，又位列三公。確實應該選擇卓越優異的人才，以滿足眾人的願望。」書疏奏上，詔書召見劉愷，任命為太尉。安帝初年，清河國相叔孫光因貪贓被治罪，於是禁錮兩代，禍患牽連到他的兒子。這時居延都尉范邠又犯貪贓之罪，詔書下給三公、廷尉討論。司徒楊震、司空陳褒、廷尉張皓認為應該依照叔孫光的例子處置。劉愷獨以為「《春秋》的大義，『褒獎善美的人，要延及其子孫，懲罰邪惡的人，只限於其自身』，原因是為了鼓勵人們去做善事。《尚書》說：『重罪可以輕判，輕罪可以重判。』現在使犯貪贓之罪的官吏禁錮其子孫，輕罪加重處罰，使善人恐懼，不是先王斷獄審慎的本意」。皇帝下詔書說：「太尉的意見是正確的。」

6 劉愷任太尉三年，因疾病請求退職，過了很久，皇帝才允許，下詔河南尹對待劉愷的禮儀祿秩和以前一樣。又過了一年多，劉愷在家中去世。皇帝下詔書命使者主持辦理喪事，賜給劉愷東園棺木，錢五十萬，布一千匹。

7 劉愷的少子劉茂，字叔盛，也講究禮讓，歷任尚書，桓帝時為司空。正趕上司隸校尉李膺等人被治罪，而南陽太守成瑨、太原太守劉瓆因於監獄判處死罪，劉茂與太尉陳蕃、司空劉矩共同上書為他們辯冤。皇帝不高興，有關官員秉承皇帝的意旨彈劾三公，劉茂因此被免職。建寧年間，又為太中大夫，在官任上去世。

1 周磐，字堅伯，汝南安成❶人，徵士燮❷之宗也。祖父業，建武初為天水❸太守。磐少游京師，學古文尚書❹、洪範五行❺、左氏傳❻，好禮有行，非典謨❼不言，諸儒宗之。居貧養母，儉薄不充。嘗誦詩至汝墳之卒章❽，慨然而歎，乃解韋帶❾，就孝廉之舉。和帝❿初，拜謁者⓫，除任城⓬長，遷陽夏⓭、重合⓮令。頻歷三城，皆有惠政。後思母，棄官還鄉里。及母歿，哀至幾於毀滅。服終，遂廬于家側。教授門徒常千人。

2 公府三辟，皆以有道⓯特徵。磐語友人曰：「昔方回、支父⓰嗇神養和⓱，不以榮利滑⓲其生術⓳。吾親以沒矣，從物⓴何為？」遂不應。建光元年㉑，年七十三，歲朝㉒會集諸生，講論終日，因令其二子曰：「吾日者㉓夢見先師㉔東里先生，與我講於陰堂之奧㉕。」既而長歎：「豈吾齒㉖之盡乎？若命終之日，桐棺㉗足以周身㉘，外椁㉙足以周棺，斂形懸封㉚，濯衣幅巾㉛。編二尺四寸簡，寫堯典㉜一篇，并刀筆㉝各一，以置棺前，示不忘聖道。」其月望日㉞，無病忽終，學者以為知命㉟焉。

3 磐同郡蔡順，字君仲，亦以至孝稱。順少孤，養母。嘗出求薪，有客卒㊱至，母望順不還，乃噬㊲其指，順即心動，棄薪馳歸，跪問其故。母曰：「有急客來，吾噬指以悟㊳汝耳。」母年九十，以壽終。未及得葬，里中災，火將逼其舍。順抱伏棺柩，號哭叫天，火遂越燒它室，順獨得免。太守韓崇㊴召為東閤祭酒㊵。母平生畏雷，自亡後，每有雷震，順輒圜㊶冢泣，曰：「順在此。」崇聞之，每雷輒為差車馬到墓所。後太守鮑眾舉孝廉，順不能遠離墳墓，遂不就。年八十，終于家。

【章旨】以上為〈周磐傳〉，旨在突出周磐的清高志潔，不慕榮利，不忘聖道，通達知命。後附同郡人蔡順的事跡。

【注釋】❶安成 縣名。治所在今河南汝南東南。❷徵士燮 徵士，亦稱「徵君」。舊稱曾經朝廷徵聘而不肯受職的隱士。燮，即周燮。周燮，字彥祖。兒時便知謙讓，十歲通《詩》、《論語》。及長，專精《禮》、《易》。舉孝廉、賢良方正，朝廷特徵，皆以疾辭。傳見本書卷五十三。❸天水　郡名。漢武帝元鼎三年（西元前一一四年）置。治所在平襄（今甘肅通渭西北）。轄境相當今甘肅通渭、靜寧、秦安、定西、清水、莊浪、甘谷、張家川回族自治縣等縣及天水市西北部、隴西東部、榆中東北部地。東漢永平十七年（西元七四年）改為漢陽郡，移治冀縣（今甘谷東南）。❹古文尚書　見〈鄭玄傳〉注。❺洪範五行即《洪範五行傳》，西漢劉向撰，十一篇。以上古至春秋、戰國、秦、漢之各種變異，分列條目，附會為朝政、人事禍福的徵兆，認為發生自然災害就是上天對人的一種警告和懲罰。宣揚天人感應說和讖緯神學。原書已佚，基本內容保存於《漢書・五行志》中。❻左氏傳　即《春秋左氏傳》，亦稱《左氏春秋》。見本書卷三十五〈鄭玄傳〉注。❼典謨　《尚書》體例分典、謨、訓、誥、誓、命六類。典，如〈堯典〉。謨，如〈皋陶謨〉。此指代經典。❽汝墳之卒章　汝墳，為《詩・周南》的篇章。卒章，謂最後一章。〈汝墳〉之卒章曰：「魴魚赬尾，王室如燬，雖則如燬，父母孔邇。」李賢注引《薛君章句》曰：「赬，赤也。燬，烈火也。孔，甚也。邇，近也。言魴魚勞則尾赤，君子勞苦則顏色變。以王室政教如烈火矣，猶觸冒而仕者，以父母甚迫近飢寒之憂，為此祿仕。」❾韋帶　古代平民或未仕者所繫的無飾皮帶。❿和帝　東漢第四帝，名肇，章帝子。西元八九－一〇五年在位。⓫謁者　官名。始置於春秋、戰國時，為國君掌管傳達。秦、漢沿置。《漢書・百官公卿表》曰：「謁者掌賓贊（舉行典禮時，引導儀式）受事，員七十人，秩比六百石。有僕射，秩比千石。」漢光祿勳屬官有謁者，少府屬官亦有中書謁者。本書志第二十五〈百官二・光祿勳〉：「常侍謁者五人，比六百石，主殿上時節威儀。給事謁者、灌謁者郎中，掌賓贊受事，及上章報問。將、大夫以下之喪，使掌弔。本員七十人，中興但三十人。初為灌謁者，滿歲為給事謁者。」⓬任城　縣名。治所在今山東濟寧東南。⓭陽夏　古縣名。秦置。治所在今河南太康。⓮重合　西漢置縣，後為侯國。治所在今山東樂陵西北。⓯有道　漢代選舉科目之一。所舉者為有才藝道德之人。⓰方回支父　方回，古仙人名，相傳為堯時人。隱於五柞山，煉食雲母粉，為人治病。道成，被劫持，閉於室中，欲求其傳道，方回乃化身而去（見《列仙傳》上）。支父，即子州支父，一作子州支伯。傳說為堯、舜時賢人，堯、舜都讓天下於他，他不受。見《莊子・讓王》。⓱嗇神養和　愛惜精神，保養身心。⓲滑　亂。⓳生術　養生之術。⓴從物　謂追求物質享受或功名富貴。㉑建光元年　西元一二一年。㉒歲朝　陰曆正月初一。㉓日者　近日。㉔先師　已故去的老師。㉕陰堂之奧　陰堂，幽暗之室。奧，室內的西南角，古時祭祀設神主或尊長居坐之處，死之象也。㉖齒　年歲。㉗桐棺　桐木做的棺材。㉘周身　包裹身體。㉙椁　亦作「槨」。古代套於棺材外的大棺。㉚斂形懸封　斂形，給屍體穿上衣服，置於棺內。懸封，將棺材直接吊入墓穴，埋葬。㉛濯衣幅巾　濯衣，謂洗滌舊衣，不做新裝。幅巾，以絹一幅束髮，不戴帽子。㉜堯典　《尚書》篇名。述堯、舜禪讓之事。㉝刀筆　寫字工具。

古代用筆在竹簡或木札上寫字，有誤，即用刀刮去重寫，故刀筆連稱。㉞望日　陰曆每月十五日。㉟知命　指知天命。㊱卒　同「猝」。突然。㊲噬　咬。㊳悟　感悟；提醒。㊴韓崇　王先謙《集解》引惠棟曰：「陶宏景云：『崇字長季，吳郡毗陵人。初仕宛陵令，累遷汝南太守。』」㊵東閣祭酒　東閣，《漢書．公孫弘傳》：「弘至宰相封侯，於是起客館，開東閣以延賢人，與參謀議。」顏注曰：「閣者，小門也，東向開之，避當庭門而引賓客，以別於掾史官屬也。」東閣，後因以稱宰相招致款待賓客之所，亦作「東閤」。祭酒，古時饗宴酹酒祭神，必由尊者或老者一人舉酒祭地，遂謂尊者或年長者為祭酒。此之「東閣祭酒」乃太守韓崇對賓客蔡順的敬稱。㊶圜　圍繞。

【語　譯】周磐，字堅伯，汝南郡安成縣人，與徵士周燮同一宗族。他的祖父周業，建武初年為天水太守。周磐少年時遊歷京師，學《古文尚書》、《洪範五行》、《左氏傳》，注重禮節，有良好的品行，非經典之言不談，諸儒生都敬重他。家境貧寒，侍奉母親，微薄不充裕。曾讀《詩》至〈汝墳〉之末章，慨然而歎，於是解下韋帶，接受了孝廉的舉薦。和帝初年，任謁者，又為任城縣長，遷陽夏縣令、重合縣令。連任三縣的長官，都有良好的政績。後思念母親，棄官回歸鄉里。母親去世，因悲哀過度，幾乎毀滅自己。喪服期滿，於是建小屋於墓側。教授生徒常有上千人。

2　公府再三徵辟，都是以有道特徵。周磐對朋友說：「從前方回、支父愛惜精神，保養身心，不因為榮名利祿而亂其養生之術。我的父母已經去世了，為什麼還要去追求物質享受呢？」於是不肯應召。建光元年，周磐七十三歲，這年大年初一，會集諸生講解談論了一整天，便對他的兩個兒子說：「我近日夢見先師東里先生，與我講論於暗室的西南角。」接著長歎說：「難道我的生命即將結束嗎？如果我生命結束之日，桐木棺材足以包裹屍體，外槨可以盛下內棺，給屍體穿好衣服，放於棺內，直接下葬，舊衣裹身，幅巾束髮。編二尺四寸的竹簡，寫〈堯典〉一篇，再將刀筆各一，置於棺前，以表示不忘聖人之道。」在這個月的十五日，周磐無病忽然去世，學者們都認為周磐是知道天命的人。

3　周磐的同郡人蔡順，字君仲，也是因為非常孝順而著稱。蔡順少年喪父，侍養母親。曾出外打柴，有客人突然來到，母親看蔡順未回來，於是咬其手指，蔡順即心動，丟下柴草，跑回家中，跪問母親是什麼原因。

母親說：「有客人突然到來，我咬手指以提醒你罷了。」母親年九十歲，因年老去世。還沒有安葬，里中發生火災，大火將逼近他的房舍。蔡順伏抱著棺柩，嚎啕大哭，呼喊蒼天，大火於是越過其家，燒到其他房舍，只有蔡順家獨免火災。郡太守韓崇召蔡順以為東閣祭酒。蔡順之母，平生害怕雷聲，自去世後，每有雷聲震響，蔡順即圍繞著母親的墳墓哭泣，說：「兒順在此。」韓崇聽說此事，每有雷聲震響，即為其差遣車馬到墳墓的所在。後來太守鮑眾舉薦蔡順為孝廉，蔡順不願遠離母親的墳墓，不肯接受。蔡順年八十歲，在家中去世。

1 趙咨，字文楚，東郡燕❶人也。父暢，為博士。咨少孤，有孝行，州郡召舉孝廉，並不就。

2 延熹元年，大司農❷陳奇舉咨至孝有道，仍遷博士。靈帝初，太傅陳蕃、大將軍竇武❸為宦者所誅，咨乃謝病去。太尉楊賜❹特辟，使飾巾❺出入，請與講議。舉高第，累遷敦煌❻太守。以病免還，躬率子孫耕農為養。

3 盜嘗夜往劫之，咨恐母驚懼，乃先至門迎盜，因請為設食，謝曰：「老母八十，疾病須養，居貧，朝夕無儲，乞少置❼衣糧。」妻子物餘❽，一無所請。盜皆慚歎，跪而辭曰：「所犯無狀❾，干暴❿賢者。」言畢奔出，咨追以物與之，不及。由此益知名。徵拜議郎，辭疾不到。詔書切讓⓫州郡以禮發遣，前後再三，不得已應召。

4 復拜東海⑫相。之官，道經滎陽⑬。令敦煌曹暠，咨之故孝廉也，迎路謁候，咨不為留。暠送至亭次⑭，望塵不及，謂主簿曰：「趙君名重，今過界不見，必為天下笑！」即棄印綬，追至東海。謁咨畢，辭歸家。其為時人所貴若此。

5 咨在官清簡，計日受奉，豪黨畏其儉節。視事三年，以疾自乞，徵拜議郎。抗疾⑮京師，將終，告其故吏朱祗、蕭建等，使薄斂素棺，籍⑯以黃壤，欲令速朽，早歸后土⑰，不聽子孫改之。乃遺書勑子胤曰：「夫含氣之倫⑱，有生必終，蓋天地之常期⑲，自然之至數⑳。是以通人達士，鑒㉑茲性命，以存亡為晦明㉒，死生為朝夕，故其生也不為娛㉓，亡也不知戚㉔。夫亡者，元氣㉕去體，貞魂㉖游散，反素復始㉗，歸於無端㉘。既已消仆㉙，還合糞土㉚。土為棄物㉛，豈有性情，而欲制㉜其厚薄，調其燥溼邪？但以生者之情，不忍見形之毀，乃有掩骼埋窆之制㉝。易曰：『古之葬者，衣以薪，藏之中野。後世聖人易之以棺椁。』㉞棺椁之造，自黃帝始。爰自陶唐㉟，逮于虞、夏㊱，猶尚簡樸，或瓦或木，及至殷㊲人而有加焉。周㊳室因之，制兼二代㊴。復重以牆翣㊵之飾，表以旌銘之儀㊶。招復含斂之禮㊷，殯葬宅兆之期㊸，棺椁周重之制㊹，衣衾稱襲之數㊺。其事煩而害實，品物碎46而難備。然而秩爵異級，貴賤殊等。自成、康47以下，其典稍乖48。至於戰國49，漸至穨陵50，法度衰毀，上下僭雜。終使晉侯請隧51，秦伯殉葬52；陳大夫設參門之木53，宋司馬造石椁之奢54。爰暨55暴秦，違道廢德，滅三代56之制，興淫邪之法。國貲糜於三泉57，人力單於酈墓58；玩好窮於糞土，伎巧費於窀穸59。自生民以來，厚終之敝，未有若此者。雖有仲尼重明周禮60，墨子61勉以古道，猶不能禦62也。是以華夏63之士，爭相陵尚64。違禮之本，事禮之末；務禮之華，棄禮之實。單家竭財，以相營赴65。廢事生而營終亡，替66所養而為厚葬，豈云聖人制禮之意乎？記曰：『喪雖有禮，哀為主矣。』67又曰：『喪與其易也寧戚。』68今則不然。并棺合椁69，以為孝愷70；豐貲重襚71，以昭惻隱72。吾所不取也。昔舜葬蒼梧，二妃不從73。豈有匹配之會，守常之所乎74？聖主明王，其猶若斯，況於品庶75，禮所不及。古人時同即會，時乖則別，動靜應禮，臨事合宜。王孫裸葬76，墨夷77露骸，皆達於性理，貴於速變78。梁伯鸞父沒，卷席而葬，身亡不反其尸79。彼數子豈薄至親之恩，亡忠孝之道邪？況我鄙闇80，不德不敏，薄意內昭81，志有所慕，上同古人，下不為咎82。果必行之，勿生疑異。恐爾等目猒所見，耳諱所議，必欲改殯，以乖吾志，故遠采古聖，近揆83行事，以悟爾心。

但欲制坎(84)，令容棺槨，棺歸即葬，平地無墳。勿卜時日，葬無設奠，勿留墓側，無起封樹(85)。於戲(86)小子，其勉之哉，吾蔑(87)復有言矣！」朱祗、蕭建送喪到家，子胤不忍父體與土并合，欲更改殯。祗、建譬(88)以顧命(89)，於是奉行。時稱咨明達(90)。

【章　旨】以上為〈趙咨傳〉，突出趙咨的明哲通達。

【注　釋】❶東郡燕　東郡，郡名。秦王政五年（西元前二四二年）置。治所在濮陽（今河南濮陽西南）。轄境相當今山東梁山縣以西，河南長垣以北、延津以東及山東冠縣、河南清豐以南地。燕，本南燕國。黃帝之後伯儵的封國。姞姓。故址在今河南延津東北。因有召公奭的北燕，故此稱南燕。滅後稱燕邑。戰國屬魏，秦置縣，屬東郡，兩漢沿襲不改。治所在今河南延津東北。❷大司農　官名。見本書卷三十五〈鄭玄傳〉注。❸竇武　字游平，扶風平陵人。見本書卷三十七〈桓彬傳〉注。❹楊賜　字伯獻，楊震孫。見本書卷三十七〈桓焉傳〉注。❺飾巾　以幅巾束髮，不戴禮帽。❻敦煌　郡名。漢武帝元鼎六年（西元前一一一年）分酒泉郡置。治所在敦煌（今甘肅敦煌西）。轄境相當今甘肅疏勒河以西及以南地區。❼置　放置；留下。❽物餘　物品；所有之物。❾無狀　沒有禮貌；不像樣子。❿干暴　冒犯；欺侮。⓫切讓　嚴厲責備。⓬東海　郡名。秦置。楚、漢之際也稱郯郡。治所在郯（今山東郯城北）。轄境相當今山東費縣、臨沂、江蘇贛榆以南，山東棗莊、江蘇邳縣以東和宿遷、灌南以北地。建武十九年（西元四三年）廢太子劉彊為東海王，置東海國，並使之兼食魯郡。又詔使都魯，劉彊雖封東海，而國都在魯。明帝時劉彊封國亦改魯，東海仍為郡。⓭滎陽　縣名。秦置。治所在今河南滎陽東北。⓮亭次　亭，驛亭。秦、漢時所設供送公文的人和旅客食宿的處所。次，旁邊；近旁。⓯抗疾　即重病。抗，同「亢」。高。引申為重。⓰籍　同「藉」。鋪；墊；填置。⓱后土　古稱「大地」為后土。⓲含氣之倫　含氣，有生命者。倫，類。⓳常期　一定的期限；不變的規律。⓴至數　事物發展的必然結果；固有的法則。㉑鑒　視；看待。㉒晦明　黑夜和白天；陰暗或明朗。㉓娛　歡樂。㉔戚　憂愁；悲傷。㉕元氣　指人的精神、氣色。㉖貞魂　精魄；精氣。㉗反素復始　回復原來的自然狀態。

反，同「返」。㉘無端　無邊無際。㉙消仆　指死亡。㉚糞土　腐土；泥土。㉛棄物　廢物。㉜制　製造；規定。㉝掩骼埋窆之制　掩骼埋窆，亦作「掩骼埋胔」。謂收葬暴露於野外的屍骨。窆，泛指埋葬。制，制度。㉞易曰五句　「古之葬者」以下四句，古代安葬死者，用木柴覆蓋當做衣服，埋藏在荒野之中，後世聖人改用棺與槨。語出《易・繫辭下》，原文與此稍異。衣以薪，原文作「厚衣之以薪」。藏之中野，作「葬之中野」。「中野」「後世」之間有「不封不樹，喪期無數」二句（見《十三經注疏・周易・繫辭下》）。㉟爰自陶唐　爰，發語詞。陶唐，即堯。㊱逮于虞夏　逮，及；及至。虞，即虞舜。夏，即夏朝。我國歷史上第一個朝代，禹之子啟所建立。君主世襲制也從啟開始。建都安邑（今山西夏縣西北）、陽翟（今河南禹州等地。禹為禪讓時代最後一位君主。禹受舜禪，國號曰夏后，姓姒氏。嚴格地說，不應把禹作為夏朝的開始。《史記・夏本紀》《集解》：「徐廣曰：『從禹至桀十七君，十四世。』」駰案《汲冢紀年》曰：『有王與無王（指羿、寒浞代夏的階段）用歲四百七十一年矣。』」㊲殷　朝代名。《史記・殷本紀》《索隱》曰：「契始封於商，其後裔盤庚遷殷，遂為天下號。」故商又稱作殷。《正義》曰：「《竹書紀年》云：『盤庚自奄（今山東曲阜）遷於北蒙（即今河南安陽西北的小屯村），曰殷墟。』」商自湯至紂凡十七代三十王。《夏商周斷代工程一九九六—二〇〇〇成果報告》認為：商之總年數為五五二年，「取整估定商始年為前一六〇〇年，商亡之年為前一〇四六年」。㊳周　朝代名。周武王姬發所建。《史記・周本紀》《集解》引皇甫謐曰：「周凡三十七王，八百六十七年。」不準確。《夏商周斷代工程一九九六—二〇〇〇成果報告》說：「通過現代天文方法回推克商天象，得到西元前一〇四六年、前一〇四四年、前一〇二七年等三個克商年的方案。」「根據夏商周斷代工程所定金文歷譜，成王元年在西元前一〇四二年」，「文獻記述武王史事無超過四年以上者。東漢學者鄭玄在其《詩譜・豳風譜》中提出，武王克商後在位四年。」故定西元前一〇四六年為「武王克商首選之年」。並「選出克商日為西元前一〇四六年一月二十日」。周亡之年，應為秦滅東周（戰國末周分裂為東、西周兩個小朝廷）之年，即西元前二四九年（秦莊襄王元年），秦滅東周之後，〈周本紀〉才說：「周既不祀」。故周王朝存在之總年數應為七九八年。㊴二代　夏、商。㊵牆翣　李賢注引盧植曰：「牆，載柩車箱也。」又引《三禮圖》曰：「翣，以竹為之，高二尺四寸，廣三尺，衣以白布，柄長五尺，葬時令人執之於柩車旁。」翣形似扇。㊶表以旌銘之儀　表，標記；顯揚。旌銘，在靈柩前書寫死者的姓名、官銜的旗幡。又稱「銘旌」。儀，禮儀。㊷招復含斂之禮　招復，招魂（招回死者之魂）、復魄（古喪禮，將始死者之衣升屋，北面三呼，希望還魂復甦）。含，見本書卷三十七〈丁鴻傳〉「飯琀」注。禮，禮節。斂，也作「殮」。給死者穿衣入棺。㊸殯葬宅兆之期　殯，屍體入棺，停柩待葬。宅兆，宅，墓穴。兆，塋域。即墓地。期，殯葬之期。李賢注曰：「期，謂諸侯五日而殯，五月而葬；大夫三日而殯，三月而葬；士二日而殯，踰月而葬。」㊹棺椁周重之制　周重，棺外圍重數。制，制度。《禮記・檀弓上》曰：「天子之棺四重。」鄭玄注曰：「諸公三重，諸侯再重，大夫一重，士不重。」又〈喪服大記〉曰：「君松椁，大夫柏椁，士雜木椁。」注曰：「天子五重，上公四重，諸侯三重，大夫再重，士一重。」㊺衣衾稱襚之數　衾，覆蓋屍體的單被。稱，指成套的衣服，配合齊全的一套衣服為一稱。襚，古喪禮中以衣斂屍（給死者穿衣服）為襚。數，數量。小斂（舊時喪禮之一，給死者沐浴、穿衣、覆衾等）、大斂（舊時喪禮之一，將已裝裹的屍體放入棺材），天子、諸公、諸侯、大夫、士，因尊卑等級不同，所用的衣衾數量也不等。㊻碎　瑣碎。㊼成康　即周成王、周康王。周成王，西周王朝第二王。名誦，周武王子。周武王崩，成王年少，周初定天下，周公恐諸侯叛周，乃攝政當國。七年後，成王長大，周公乃還政成王，此後周朝進入穩定發展的時期。成王親政後，遵武王遺策，營建洛邑，並大規模分封諸侯，廣建屏藩，以加強對全國的控制。成王以召公奭為保，周公旦為師，以相己。西周王朝聲威遠播，政治清明，諸侯臣服，百姓安寧，國勢強盛，頌聲四起。周康王，西周第三王。名釗，成王子。成王及崩，乃命「召公、畢公率諸侯以相太子而立之」，是為康王。召、畢二公常常「以文王、武王所以為王業之不易，務在節儉，毋多欲，以篤信臨之」告誡康王。諸侯亦盡心盡力股肱王室。康王時期，西周社會繼續發展，四方諸侯咸服。「故成、康之際，天下安寧，刑錯四十年不用」（《史記・周本紀》）。為西周王朝的鼎盛時期，史稱「成康之治」。㊽乖　違反。㊾戰國　時代名。各諸侯國之間連年戰爭，被稱為「戰國」。西漢末劉向編《戰國策》始作為時代名稱。戰國開始的年代說法不一，《史記・六國年表》始於周元王元年（西元前四七五年）；司馬光《資治通鑑》起於周威烈王二十三年（西元前四〇三年）韓、趙、魏三家為諸侯；呂祖謙《大事記》起於周敬王三十九年（西元前四八一年）以上接春秋；林春溥《戰國編年》和黃式《周紀編略》都起於周貞定王元年（西元前四六八年）。現在一般以周元王元年到秦始皇二十六年（西元前二二一年）統一中國為止，稱為戰國時代。㊿穨陵　頹廢衰敗。穨，同「頹」。(51)晉侯請隧　晉侯，即晉文公重耳（西元前六九七—前六二八年），春秋時晉國國君，晉獻公子。西元前六三六—前六二八年在位。他在位期間，勵精圖治，晉國國力強盛，平定周王室內亂，迎周襄王復位。又以「尊王」相號召，城濮之戰，大勝楚軍，成為繼齊桓公之後中原的第二個霸主。隧，墓道。為天子的葬禮。天子墓穴修建完備，上不敞口，棺材由隧道進入墓穴，然後封閉隧道。諸侯之葬禮則是墓穴上敞口，棺材由敞口吊進墓穴，然後封閉墓穴。請隧，晉文公平定周王室內亂，使周襄王復位，有大功於王室，城濮之戰又大勝楚軍，自以為勞苦功高，在朝見周襄王時，請求自己去世後，葬禮用隧道，周襄王不許。見《國語・周語中》。(52)秦伯殉葬　秦伯，指秦穆公任好（？—西元前六二一年），春秋時秦國國君。秦德公少子，西元前六五九—前六二一年在位。穆，一作「繆」。他任用百里奚、蹇叔為謀臣，治理秦國。利用熟悉西戎情況的由余謀劃，大敗西戎。「益國十二，開地千里，遂霸西戎。周天子使召公賀秦穆公以金鼓。」成為西方的霸主。秦穆公在位三十九年，於西元前六二一年去世，以活人殉葬，死者一百七十七人。其中有秦之良臣子輿氏三位大夫。秦人哀之，作〈黃鳥〉之詩悼念他們。見《史記・秦本紀》。53陳大夫設參門之木　陳大夫，指春秋時陳國大夫陳乾昔。《禮記・檀弓下》：陳乾昔病臥，命其子曰：「如我死，必為我做一大棺，使吾二妾躺在我左右。」陳乾昔死，其子曰：「以人殉葬，非禮也，況且又在同一棺中呢！」沒有殺其二妾以殉葬。參門，王先謙《集解》引惠棟曰：「案：『門』疑作『同』。」按，惠棟說是。參，即「叄」。叄同之木，即三人同一棺材。木，棺材。54宋司馬造石槨之奢　宋司馬，即春秋時宋司馬桓魋。曾自為石槨，三年未成。見《禮記・檀弓上》。55曁　及；到。56三代　夏、商、周。57三泉　三重泉。指地下深處。《史記・秦始皇本紀》：「葬始皇酈山。始皇初即位，穿治酈山，及并天下，天下徒送詣七十餘萬人，穿三泉，下銅而致槨，宮觀百官奇器珍怪徙臧滿之。」58單於酈墓　單，同「殫」。竭盡。酈墓，即秦始皇陵墓。在今陝西臨潼縣城東五公里酈山北麓。酈，一作「驪」。59窀穸　墓穴。60周禮　周朝的禮儀。61墨子　（約西元前四八六－前三七六年），春秋戰國之際的思想家、政治家，墨家的創始人。名翟，相傳原宋國人，長期住在魯國。曾學習儒術，因不滿儒家煩瑣的禮儀，另立新說，聚徒講學，成為儒家的反對派。《漢書・藝文志》著錄《墨子》七十一篇，現存五十三篇。通行的注本有清孫詒讓的《墨子閒詁》。62禦　止。63華夏　古代漢族的自稱。64陵尚　勝過；超越。65營赴　置辦；謀求。66替廢　棄。67記曰三句　記，典籍。此指《禮記》。引語出自《禮記・問喪》：「喪禮唯哀為主矣。」68又曰二句　又曰實為「記又曰」之簡。此指《論語》。引語出自《論語・八佾》：「子曰：『禮，與其奢也，寧儉；喪，與其易也，寧戚。』」《禮記・檀弓上》：「子路曰：『吾聞諸夫子，喪禮與其哀不足而禮有餘，不若禮不足而哀有餘也。』」引文中之「易」，即禮有餘的意思。戚，哀傷。69并棺合槨　加大棺槨。70孝愷　孝敬；孝順。71豐貲重襚　豐貲，豐厚的贈送品。襚，古弔喪之禮，向死者贈送衣衾等。停柩前弔喪者為死者穿衣，或停柩後將送死者之衣置於柩東，皆謂之襚。重，厚重。72惻隱　悲痛。73舜葬蒼梧二句　舜，我國傳說禪讓時代的君主。姚姓，一說為嬀姓，名重華，號有虞氏，史稱虞舜。都蒲阪（今山西永濟南）。據《史記・五帝本紀》：舜為帝顓頊七世孫，自顓頊的兒子窮蟬至舜父瞽叟皆為庶民。舜母早亡，其父愛後妻子象，常欲殺舜，舜都以智慧躲過。不但沒有怨言，而且事父母及弟日益篤謹。故舜年二十以孝聞。帝堯年老，選擇繼承人時，四岳（四方諸侯之長）推薦了舜。堯對舜經過嚴格地考驗，命舜攝政。舜攝政期間，舉賢任能，剪除惡人，各類事業都蒸蒸日上。堯崩，舜繼為天子。南巡狩，崩於蒼梧之野，葬於江南九疑（山名。在今湖南寧遠南），是為零陵。見《史記・五帝本紀》。二妃，即舜之二妃，堯女，娥皇、女英。不從，謂不就蒼梧與舜合葬。見《禮記・檀弓上》正文及孔疏。[74]豈有匹配之會二句　哪裡有婚姻相聚遵守常法的道理呢。匹配之會，婚配相聚。會，會聚。守常，遵守常法。所，道理。[75]品庶　一般人；平民百姓。[76]王孫裸葬　王孫，即楊王孫。漢武帝時人。學黃老之術，家業千金，及病將終，令其子曰：「吾欲裸葬，以反吾真。死則為布囊盛尸，入地七尺，既下，從足引脫其囊，以身親土。」見《漢書》卷六十七。[77]墨夷　墨家學者，名夷之。墨夷之見孟子，孟子曰：「吾聞墨之治喪，以薄為其道也。蓋上世嘗有不葬親者，其親死，則舉而委之於壑。」見《孟子・滕文公上》。[78]速變　迅速腐爛。[79]梁伯鸞父沒三句　梁伯鸞，即梁鴻。梁鴻，字伯鸞，扶風平陵（今陝西咸陽）人。家貧博學，其父梁讓寄居北地（郡名。治今寧夏吳忠西南），死在那裡，梁鴻年歲尚幼，因遭亂世，就用草席捲屍埋葬了父親。後梁鴻因作詩譏諷統治者，為朝廷所忌，遂改名變姓與妻居於魯地。不久又到吳（今江蘇蘇州），為人傭工舂米。後死在那裡。病中，他對人們說，千萬不要讓我的兒子擕棺木歸葬原籍。及其死，人們將他葬在要離（吳勇士，他曾為吳王闔閭刺殺王僚的兒子慶忌）墓旁。人們都說：「要離是烈士，而伯鸞清高，可令相近。」葬畢，其妻與兒子返回故鄉。見本書卷八十三。[80]鄙闇　鄙陋愚昧。[81]昭　明。[82]咎　過失；罪過。[83]揆　觀察。[84]坎　坑；墓穴。[85]封樹　封，聚土為墳。樹，種樹。[86]於戲　同「嗚呼」。[87]蔑　沒有。[88]譬　曉；告。[89]顧命　臨終遺命。[90]明達　對事理有明確透徹的認識；通達。

【語譯】趙咨，字文楚，東郡燕縣人。其父趙暢，曾為博士。趙咨少年喪父，有孝順之行，州郡舉為孝廉，都沒有接受。

2　延熹元年，大司農陳奇推舉趙咨為至孝有道，乃升遷為博士。靈帝初年，太傅陳蕃、大將軍竇武為宦官所誅殺，趙咨於是託病辭去官職。太尉楊賜特地徵召他，允許他可以不戴禮帽，以幅巾為飾出入太尉府，請他參與講論。考核列為優等，經過多次升遷，官至敦煌太守。因為有病，免官還鄉。親身率領子孫耕種田地以養活全家。

3　強盜曾在夜間到他家搶劫，趙咨恐怕母親受驚害怕，便先到門前迎接強盜，並請求陳設食物款待他們，告訴強盜們說：「老母年八十歲，疾病纏身，需要護養，家中貧窮，平時沒有儲存，請求留下少量的衣服和糧食。」對於妻兒的用品，全無請求。強盜們都慚愧感歎，跪下辭謝說：「我們所做的事，不像樣子，冒犯了賢者。」說完之後，就跑了出去，趙咨追趕，將財物送給他們，沒有趕上。從此趙咨更加知名。朝廷徵拜他為議郎，他以有病推辭，沒有到任。皇帝下詔書嚴厲責備，讓州郡官員按照禮節發送趙咨赴京，前後兩三次，趙咨不得已而應召。

4 趙咨又被任命為東海國相。上任時，路過滎陽縣。滎陽縣令為敦煌人曹暠，是趙咨為敦煌太守時所推舉的孝廉，他在路上等候迎接拜見趙咨，趙咨沒有為此而停留下來。曹暠送到驛亭旁邊，望見趙咨車馬揚起的塵土卻沒有追趕上，對其主簿說：「趙君的聲望很大，現在他過界不拜見，必被天下人所見笑！」即拋棄印綬，一直追至東海。拜見趙咨之後，辭別歸家。趙咨被當時人所看重就是如此。

5 趙咨為官清廉儉約，按任職的天數接受俸祿，豪門大族都敬畏趙咨的節儉。趙咨任職三年，因為有病，自己請求退職，又被朝廷徵拜為議郎。趙咨在京城病重，將終時，告訴他以前的屬吏朱祇、蕭建等人，要簡單的裝斂，用樸素的棺材，在棺材裡填置黃土，使屍體快些腐爛，以便早歸后土，不允許子孫改變。於是寫下遺書告誡兒子趙胤說：「凡是有生命的物類，有生必有死，這是天地間不變的規律，大自然固有的法則。因此通情達理之士，看待生命，把存亡看成是白天和黑夜，把生死看成是早晨和傍晚，所以他們不因活著而歡樂，對死也不覺得憂傷。死亡，精神離開軀體，靈魂遊散，返回到原來的自然狀態，歸於漫無邊際的自然之中。既然已經死亡，還原融合於泥土。泥土是廢物，哪裡會有靈性，而要求規定它的厚薄，調節它的乾溼呢？只是因為活著的人的心情，不忍見到死者體形的毀壞，才有了掩埋屍體的制度。《易》上說：『古代埋葬死者，以木柴覆蓋，當做斂衣，埋藏在荒野之中。後世聖人改用棺與槨。』棺槨的製造，從黃帝開始。從唐堯，到虞舜、夏后氏，仍然崇尚簡樸，或用瓦棺，或用木棺，到了殷商時代，就加厚了葬儀。周朝因襲，葬儀兼取夏、商二代之制。又加上牆翣之類的裝飾，在旗幡上旌表死者的禮儀。招魂復魄飯含裝斂的禮節，停柩安葬墓地的日期；棺材外槨層數多少的制度，覆蓋屍體的衣衾套數多少的差別。其事煩瑣而傷害實情，物品瑣碎而難以備齊。然而地位官爵等級不同，貴賤有差別。從周朝成王、康王以來，其典制稍有不同。到了戰國時期，漸至於頹廢，法度衰敗毀壞，尊卑僭越混雜。終於使晉文公請求使用天子的葬禮，秦穆公用活人殉葬；陳大夫設想三人同用一個大棺木，宋司馬建造奢華的大石槨。及至暴虐的秦王朝，違道廢德，毀滅三代之制，興起淫邪之法。國家的資財耗費在地下的深處，人力竭盡於酈山的墳墓；奇珍寶物盡埋葬於糞土之中，技巧工藝皆浪費在墓穴之內。自有人類以來，厚葬的害處，沒有像這樣嚴重的。雖然有孔子一再闡明周朝的禮儀，墨子以古代的簡樸之道相勉勵，仍然不能禁止這侈靡厚葬的風氣。因此華夏之士，爭相超越。違背禮的根本，躬行禮的末節；務求禮的奢華，拋棄禮的實質。竭盡家中的資財，以置辦謀求。廢棄了對生者的奉養而極力為死者經營，廢棄了供養而從事厚葬，難道說這是聖人制定禮儀的本意嗎？《禮記》上說：『葬喪雖有禮儀，以悲哀為主。』又說《論語》上有：『葬喪與其禮儀有餘，不如盡哀。』現在卻不是這樣。把加大棺槨，看做是孝順；以豐厚的贈送品和為死者覆蓋多重衣被，來顯示悲痛。我是不贊成這種作法的。從前舜葬於蒼梧，二妃不往蒼梧與舜合葬。哪裡有夫妻婚姻相聚，遵守常法的道理呢？聖主明王，尚且如此，何況一般人，禮儀也不作這種要求。古人時勢適宜即合葬在一起，時勢艱難就別葬，行止合乎禮法，臨事順應時宜。楊王孫裸體而葬，墨夷之委棄屍體於溝壑，他們都通達理性，貴在讓屍體快速腐爛。梁伯鸞的父親去世，以草席捲屍體而埋葬，他自己身死也不歸葬於故里。這幾位難道不看重至親的恩情，沒有忠孝的道德嗎？雖然我鄙陋愚昧，無德無才，但我內心明白，我志有所仰慕，上效法古人，下不為過失。你們一定要按照我的意旨去做，不要產生疑慮。恐怕你們眼睛看慣了日常所見的事，耳朵忌諱聽別人的議論，必定要改變殯斂，以違背我的心志，所以我遠採古代聖賢的事例，近考察現時人的作法，以此使你們的心醒悟。製造墓穴，只要讓它能容納下棺槨即可，靈柩到家後，立即安葬，平地上不要隆起墳堆。不要占卜安葬的時日，葬時不要設置祭奠，不要在墓側停留，不要種樹封土以為標記。嗚呼小子，要勉勵做到，我再沒有別的話可說了！」朱祇、蕭建護送趙咨的靈柩到家，兒子趙胤不忍心父親的遺體與土合在一起，想更改殯斂。朱祇、蕭建將趙咨的遺囑告訴他，於是趙胤便遵照執行。當時的人都稱讚趙咨明哲通達。

贊曰：公子、長平，臨寇讓生❶。淳于仁悌❷，「巨孝」以名。居巢❸好讀，遂承家祿。伯豫逡巡❹，方迹孤竹❺。文楚薄終❻，喪朽惟速。周❼能感親，齋神養福❽。

【章旨】以上為作者的評議文字。概括地評述了傳中諸人的生平事跡。

【注釋】❶臨寇讓生　臨寇，面對賊寇。讓生，犧牲自己的生命，讓他人得生。❷仁悌　仁愛悌敬。悌，敬重兄長。❸居巢　指劉般。永平元年劉般徙封居巢侯。❹逡巡　退避；退讓。❺方迹孤竹　方迹，取法；比肩。孤竹，此指孤竹君的長子伯夷。❻薄終　薄葬。❼周　指周磐。❽養福　保持幸福。

【語譯】史家評議說：劉平、趙孝，面對賊寇，犧牲自己，讓別人得生。淳于恭仁愛孝悌，江革有「巨孝」的美名。劉般愛好讀書，於是繼承了家傳的爵祿。劉愷恭謙辭讓，以伯夷為效法的榜樣。趙咨遺書薄葬，唯求屍骨速朽。周磐思念母親，愛惜精神，保持幸福。

【研析】本卷在傳記類型上是某一群體的記錄，被稱作類傳，就所記人物行事看，後來紀傳體史書一般稱之為「孝義傳」或「孝行傳」。

自從漢武帝「罷黜百家，獨尊儒術」以後，將「孝廉」作為選任官吏的重要途徑，儒家所倡導的倫理道德漸被推而廣之，取代戰國秦漢以來崇尚的法治原則，成為社會主要道德標準。東漢實施文治，對儒家倫理更是不遺餘力的加以提倡。本卷所述人物，可以說是當時按儒家倫理行事人物的傑出代表，東漢國家樹立的「道德標兵」，並在很大程度上塑造了傳統中國的民族性格。

孝被視為首要的道德標準，所謂「百行之冠，眾善之始」。卷中記江革雖貧窮而盡力奉養母親，母親去世後，悲傷欲死，人稱「江巨孝」。朝廷給以殊榮，後世列於「二十四孝」之一。周磐因想念母親，棄官歸家，母死，亦幾乎悲傷至死。趙咨夜中遇盜，甚至設宴以待，求請勿驚動老母。這些極具個人因素的行為，在當時人看來，推而廣之，社會即可和諧安樂。父母亡，在墓旁修建草棚，居於其中，誠心守喪三年，禁食肉飲酒，斷夫婦兩性生活，被視作孝的一種表現。為此，東漢時廢除了以前「公卿、二千石、刺史不得行三年喪」的「舊制」，規定：「下不為親行服者，不得典城選舉。」

「孝廉」之「廉」，作為品德，並不是全同於官員所應秉持的廉潔，而是具有普遍意義的廉讓。劉愷本當繼承父親劉般的居巢侯爵位，卻讓與弟劉憲，自己「遁逃避封」。後以「道德博備」，位至太尉。薛包不受父親後母待見，仍恪守「至孝」，與姪子分家產時，專挑衰老奴婢、薄田荒地、朽敗器物，姪子多次敗家，又加以救濟，亦以「讓」著名。「讓」的內容，不只是財產，有時甚至是生命。劉平逃難途中，因不可兩活，寧可拋棄自己的兒子，也要帶上弟弟劉仲之女，後來任郡吏，拼命保護太守孫萌。趙孝見弟弟趙禮被飢不擇食者所捉，遂自投羅網，稱弟瘦弱不如自己肉多；王琳見弟弟王季將被賊人煮食，亦請賊先吃自己；而魏譚則為了保護旁人，竟然主動請賊人先烹自己。在那個人吃人的特殊時期，在這些血腥的故事背後，東漢時代的人們，盡力發掘人性的光輝，試圖以「禮讓」消泯人性中最為卑劣的東西，促成社會的和諧。

孝親須贍養雙親，讓父母開心。值得留意的是，本卷小序中，提出了「義養」、「大養」的概念。所謂「義養」是說，奉養父母必須恪守道德原則。如確屬貧窮，只能奉上一點粗糧、一口涼水，只要是出於誠心，也稱得上孝，也是「義養」；如果不擇手段攫取財富，即便是頓頓給父母擺上山珍海味，也算不得孝。加強自身修養，進入仕途，既能報效國家，又能獲祿養親，便是「大養」。能像周公那樣使雙親獲得崇高的榮譽，不必天天守在父母身邊，也是大孝、大養。這類概念的提出，反映出士大夫在奉侍雙親與離家出仕之間，尋求理據，求得心理平衡。

卷中講述了「孝」、「讓」行為所具有的社會作用。淳于恭發現有人偷割自己的莊稼，因擔心傷害偷者的臉面，「因伏草中，盜去乃起」，結果「里落化之」。甚至那些飢而吃人的賊人，亦能從傳中人物的孝行、禮讓行為中，接受道義的影響，改變自己的行為。對於這些誇張的敘述，我們難以求實。從本卷所記內容，我們確實可以看出，無論是「孝」、還是「讓」，在實際地運作中，仍存在不少問題。

「死葬」與「生養」同屬孝的內涵，「孝道」是促成厚葬傷財、厚葬傷生之惡習難以遏止的重要因素。〈趙咨傳〉以很長的篇幅記錄了他的誡子遺書，對厚葬風氣提出了嚴厲的批評：「單家竭財，以相營赴。廢事生而營終亡，替所養而為厚葬」，命其子在自己死後「薄斂素棺，籍以黃壤」，態度極為開明。但歷史上像趙咨這樣主張個人身後薄葬的人雖有不少，卻鮮見有人在安葬父母時也持同樣的態度，「孝道」不去，厚葬長存！

「禮讓」固然是一種美德，但畢竟只是一種缺乏約束力、且緣於親情的道德訴求。卷中那些因飢餓吃人的賊人，顯非天生的惡徒，他們面對自己的父母，也必是「孝」，面對自己的親人，也必能「讓」，但面對非親非故者的生命，卻又禽獸之不若。缺乏對生命的應有尊重、缺乏終極的宗教似的虔敬，僅以親情倫理維繫社會的和諧，固然可以構建一個個頗具溫情的小社會，但是否就能實現整個社會的穩定，「修身齊家」是否就一定能「治國平天下」，還頗值得討論。（王明信注譯）

卷四十上

班彪列傳第三十上　自東都主人以下分為下卷

【題解】本卷介紹兩位史學大家的生平、思想及事跡，因文長分為上、下兩分卷。傳主是班彪，其長子班固是附傳。但從文字分量看，班固倒占了重點。這是因為照錄了他〈兩都賦〉原文的緣故，加以班固對撰寫《漢書》貢獻更大，亦應更為突出。文中介紹了他們的政治主張、史學觀點，如班彪對隗囂的談話、對前代史籍的評論、對選用師保的建言，班固對人才的推薦及獎掖等等，都顯示出了他們過人的才華和深謀遠慮的卓越見識。對班固，除強調他的早慧和編撰史書的坎坷經歷外，還重點展現了他的文學才能，全文照錄〈兩都賦〉和〈典引〉，使顯得枯燥乏味的一般史書具有了豐富華美的文學色彩。在對待匈奴的關係上，班固主張羈縻綏靖的策略是可取的，而他受竇憲重用，又不能約束子弟及家奴，這些人倚仗權勢，胡作非為，終於招致殺身之禍，是班固一生最大失誤。作者記錄史實，既表惋惜，亦在警世。

1 班彪，字叔皮，扶風安陵❶人也。祖況，成帝❷時為越騎校尉❸。父稚，哀帝❹時為廣平太守❺。

2 彪性沈重好古。年二十餘，更始❻敗，三輔❼大亂。時隗囂❽擁眾天水，彪乃避難從之。囂問彪曰：「往者周亡，戰國並爭，天下分裂，數世然後定。意者從橫❾之事復起於今乎？將承運迭興，在於一人也？願生試論之。」對曰：「周之廢興，與漢殊異。昔周爵五等，諸侯從政，本根既微，枝葉彊大，故其末流有從橫之事，埶數然也。漢承秦制，改立郡縣，主有專己之威，臣無百年之柄。至於成帝，假借外家❿，哀、平短祚，國嗣三絕⓫，故王氏擅朝，因竊號位。危自上起，傷不及下⓬，是以即真⓭之後，天下莫不引領而歎。十餘年間，中外搔擾，遠近俱發，假號雲合，咸稱劉氏，不謀同辭⓮。方今雄桀帶州域者，皆無七國世業之資，而百姓謳吟，思仰漢德，已可知矣。」囂曰：「生言周、漢之埶可也；至於但見愚人習識劉氏姓號之故，而謂漢家復興，疏矣。昔秦失其鹿⓯，劉季逐而羈之，時人復知漢乎？」

3 彪既疾囂言，又傷時方艱，乃著王命論，以為漢德承堯，有靈命之符，王者興祚，非詐力所致，欲以感之。而囂終不寤，遂避地河西⓰。河西大將軍竇融⓱以為從事⓲，深敬待之，接以師友之道。彪乃為融畫策事漢，總西河以拒隗囂。

4 及融徵還京師，光武問曰：「所上章奏，誰與參之？」融對曰：「皆從事班彪所為。」帝雅聞彪才，因召入見，舉司隸⑲茂才，拜徐令，以病免。後數應三公⑳之命，輒去。

5 彪既才高而好述作，遂專心史籍之間。武帝㉑時，司馬遷㉒著史記，自太初㉓以後，闕而不錄，後好事者㉔頗或綴集時事，然多鄙俗，不足以踵繼其書。彪乃繼採前史遺事，傍貫異聞，作後傳數十篇，因斟酌前史而譏正得失。其略論曰：

6 「唐虞三代，詩書所及，世有史官，以司典籍㉕，暨於諸侯，國自有史㉖，故孟子㉗曰：『楚之檮杌㉘，晉之乘㉙，魯之春秋㉚，其事一也。』定哀之間㉛，魯君子左丘明㉜論集其文，作左氏傳㉝三十篇，又撰異同，號曰國語㉞，二十一篇，由是乘、檮杌之事遂闇，而左氏、國語獨章。又有記錄黃帝㉟以來至春秋時帝王公侯卿大夫，號曰世本㊱，一十五篇。春秋之後，七國並爭，秦并諸侯，則有戰國策㊲三十三篇。漢興定天下，太中大夫陸賈㊳記錄時功，作楚漢春秋㊴九篇。孝武之世，太史令司馬遷採左氏、國語，刪世本、戰國策，據楚、漢列國時事，上自黃帝，下訖獲麟㊵，作本紀、世家、列傳、書、表凡百三十篇，而十篇缺焉㊶。遷之所記，從漢元至武以絕，則其功也。至於採經摭傳，分散百家之事，甚多疏略，不如其本，務欲以多聞廣載為功，論議淺而不篤。其論術學，則崇黃老而薄五經㊷；序貨殖，則輕仁義而羞貧窮㊸；道游俠，則賤守節而貴俗功㊹：此其大敝傷道，所以遇極刑之咎也㊺。然善述序事理，辯而不華，質而不野，文質相稱㊻，蓋良史之才也。誠令遷依五經之法言，同聖人之是非，意亦庶幾矣。

7 「夫百家之書，猶可法也。若左氏、國語、世本、戰國策、楚漢春秋、太史公書，今之所以知古，後之所由觀前，聖人之耳目也。司馬遷序帝王則曰本紀，公侯傳國則曰世家，卿士特起則曰列傳。又進項羽、陳涉而黜淮南、衡山㊼，細意委曲，條例不經。若遷之著作，採獲古今，貫穿經傳，至廣博也。一人之精，文重思煩，故其書刊落不盡，尚有盈辭，多不齊一。若序司馬相如㊽，舉郡縣，著其字，至蕭、曹、陳平之屬㊾，及董仲舒㊿並時之人，不記其字，或縣而不郡者，蓋不暇也。今此後篇，慎覈(51)其事，整齊其文，不為世家，唯紀、傳而已。傳曰：『殺(52)史見極，平易正直，春秋之義也。』」

8 彪復辟司徒(53)玉況府。時東宮(54)初建，諸王國並開，而官屬未備，師保(55)多闕。彪上言曰：

9 「孔子稱『性相近，習相遠也』(56)。賈誼(57)以為『習與善人居，不能無為善，猶生長於齊，不能無齊言也。習與惡人居，不能無為惡，猶生長於楚，不能無楚言也』。是以聖人審所與居，而戒慎所習。昔成王[58]之為孺子，出則周公、邵公、太史佚[59]，入則大顛、閎夭、南宮括、散宜生[60]，左右前後，禮無違者，故成王一日即位，天下曠然太平。是以春秋『愛子教以義方，不納於邪。驕奢淫佚，所自邪也[61]』。詩云：『詒厥孫謀，以宴翼子。』[62]言武王之謀遺子孫也。

10 「漢興，太宗[63]使鼂錯導太子以法術[64]，賈誼教梁王[65]以詩書。及至中宗[66]，亦令劉向、王褒、蕭望之、周堪之徒[67]，以文章儒學保訓東宮以下，莫不崇簡其人，就成德器。今皇太子諸王，雖結髮學問，修習禮樂，而傅相未值賢才，官屬多闕舊典。宜博選名儒有威重明通政事者，以為太子太傅，東宮及諸王國，備置官屬。又舊制[68]，太子食湯沐十縣[69]，設周衛交戟，五日一朝，因坐東箱[70]，省視膳食，其非朝日，使僕、中允旦旦請問而已，明不媟黷，廣其敬也。」

11 書奏，帝納之。

12 後察司徒廉為望都[71]長，吏民愛之。建武三十年，年五十二，卒官。所著賦、論、書、記、奏事合九篇。

13 二子：固，超。超別有傳[72]。

14 論曰：班彪以通儒[73]上才，傾側危亂之間，行不踰方[74]，言不失正，仕不急進，貞不違人，敷文華以緯國典，守賤薄而無悶容。彼將以世運未弘，非所謂賤焉恥乎⑦⑤？何其守道恬淡之篤也！

【章旨】以上為〈班彪傳〉。重點記述了三項內容：一是班彪回答隗囂的問話，突出他對當時社會形勢的分析；二是班彪對他以前所見史書的評論，表達他的史學觀點；三是他建議帝王要重視對子孫的教育，應該早為他們選定「師、保」。這些方面，都顯示出了班彪卓越的見識和不同凡俗的眼光。

【注釋】❶安陵　縣名。治今陝西咸陽東北。漢惠帝死後葬於此，因以為縣名。三國魏廢。❷成帝　即西漢元帝劉奭之子劉驁，西元前三二—前七年在位。❸越騎校尉　掌管宿衛兵的武官，比二千石。❹哀帝　名劉欣，定陶共王劉康之子，被成帝定為嗣子。西元前六—前一年在位，二十五歲時病死。❺廣平太守　廣平，漢代郡大體相當於現在河北邯鄲所轄範圍，治今河北邯鄲永年東之雞澤舊城。太守為一郡之最高行政長官。❻更始　西漢末劉秀族兄劉玄年號（西元二三—二五年），這裡代劉玄。其事見本書卷十一。❼三輔　西漢時把長安及其附近地區劃為京兆尹、左馮翊、右扶風三塊行政區域，統稱三輔。轄區相當今陝西中部地區。❽隗囂　（？—西元三三年），字季孟，東漢初天水成紀人。新莽末，被擁戴占據今甘肅東部一帶。曾一度依附更始帝劉玄，後為漢軍所敗，憂憤而死。本書卷十三有傳。❾意者從橫　此指各政治軍事集團之間的聯合或鬥爭。意，又作「抑」。楊樹達《詞詮》認為是選擇連詞，當或講。從橫，即戰國時蘇秦、張儀倡導的合縱、連橫。❿至於成帝二句　成帝時，外戚王鳳因其妹王政君是元帝皇后而為大司馬、大將軍，領尚書事，其弟五人也都封侯。他專斷朝政，內外官吏皆出其門下。⓫哀平短祚國嗣三絕　西漢哀帝在位六年。平帝劉衎九歲時即皇帝位，十四歲時被王莽毒死。故曰「短祚」。成帝、哀帝、平帝，均無子，故曰「國嗣三絕」。⓬危自上起二句　西漢末期的變亂，是上層統治集團內部的鬥爭，即由外戚專權引起，故曰「危自上起」。變亂主要發生在統治階級內部，初期對下層社會直接傷害不嚴重，故云「傷不及下」。⓭即真　即真皇帝位。指王莽於元始五年（西元五年）毒死平帝後，自稱假皇帝。次年立年僅二歲的劉嬰為太子，號「孺子」，王莽攝政。初始元年，王莽稱帝，改國號為「新」，年號為「始建國」。⓮咸稱劉氏二句　指各地起兵的首領都假託是劉氏的宗室而言，如邯鄲的王郎詐稱是成帝之子劉子輿，三水盧芳詐稱是武帝曾孫劉文伯。⓯昔秦失其鹿　《史記・淮陰侯列傳》：「（蒯通）

對曰：「秦失其鹿，天下共逐之，於是高材疾足者先得焉。」」後來以逐鹿表示國家動亂之時，群雄並起，爭奪天下的意思。⑯河西　泛指黃河以西，古雍州之地。⑰竇融　人名。其事詳見本書卷二十三。⑱從事　漢代以後，自中央的三公到地方州郡的長官，都可自己召募僚屬，多以從事為稱，大體相當現代的副官。⑲司隸　古代官名。周時統管奴隸、俘虜，以給勞役，捕盜賊。西漢武帝時，讓領兵千人，「捕巫蠱，督察大奸猾」。後罷所領兵，使察三輔、三河、弘農七郡。原稱司隸校尉，哀帝時稱司隸。治所在洛陽。⑳三公　古代輔助國君掌握軍政大權的最高官員。西漢時以大司馬、大司徒、大司空為三公。東漢以太尉、司徒、司空為三公。唐宋以後雖有此名號，但已無實權。㉑武帝　劉徹謚號，西漢景帝劉啟之中子。西元前一四一—前八七年在位。事詳《漢書·孝武本紀》。㉒司馬遷　字子長，夏陽（今陝西韓城）人。西漢史學家、文學家，武帝時曾任太史令。所著《太史公書》（後稱《史記》）為中國第一部紀傳體通史，對後世史學研究及寫作產生了極為深遠的影響。㉓太初　西漢武帝年號，西元前一〇四—前一〇一年。司馬遷《史記》中所記述的歷史事件基本上終止於這個年代。㉔好事者　指揚雄、劉歆、陽城衡、褚少孫、史孝山等人，他們都作過《史記》的續書。終止年代，有的寫到哀帝、平帝年間。現今流傳的《史記》中，有少量內容，是將褚少孫的作品補入而成全璧的。㉕唐虞三代四句　唐，即陶唐氏。傳說中遠古部落名，堯為其領袖。虞，即傳說中遠古部落有虞氏，舜為其領袖。三代，指夏、商、周三個朝代，一般認為：起自西元前二十一世紀，到西元前二二一年秦始皇統一時止。詩，《詩經》，中國最早的一部詩歌總集，今存三〇五篇。書，又稱《尚書》、《書經》，是上古時期的文件匯編。它和《詩經》都是最重要的儒學典籍。世有史官二句，據《禮記》中所載，古代君主，「動則左史書之，言則右史書之」，即所謂「右史記言，左史記事」。《呂氏春秋》載：夏太史終古，殷太史向摯，周太史儋。㉖暨於諸侯二句　據《左傳》記載，魯國季孫氏曾召外史掌惡臣，衛國有史官華龍滑做自己的太史，楚國有左史倚相。㉗孟子　中國古代儒學重要典籍「四書」之一，為戰國時鄒人孟軻所作，是明清時代科舉考試的必讀書之一。㉘檮杌　楚國歷史冊籍名稱。檮杌本為凶神怪獸的名稱，楚史以記惡跡作為懲誡，故以之為史籍名。⑳乘　春秋時晉國史籍名，因主要記載田賦乘馬之事而命名，後世把乘作記載義，如「史乘」。㉚春秋　魯國之編年體史書，相傳經過孔子修訂整理，為儒學重要經典「六經」之一。記事起於魯隱公元年（西元前七二二年），終於魯哀公十四年（西元前四八一年），計二百四十二年。為後代編年體史書的源頭。其起止年代，為後世把東周前期定名為「春秋」的依據。㉛定哀之間　魯定公，西元前五〇九—前四九五年在位。魯哀公，西元前四九四—前四六七年在位。㉜左丘明　春秋時魯國史學家，雙目失明，曾任魯國太史。與孔丘生活時代約略相同。相傳他是《左傳》作者，又傳《國語》也出自其手。㉝左氏傳　亦稱《左傳》、《春秋左氏傳》《左氏春秋》，編年體史書。起於魯隱公元年（西元前七二二年），終於魯悼公四年（西元前四六四年），比《春秋》多出十四年。多用事實解釋《春秋》，書中保存了大量古代史料，文字優美，記事詳明，對後世史學和文學影響深遠，為儒家經典之一。㉞國語　國別體史書，以記西周末年和春秋時期周魯等國貴族的言論為主。其中晉語最詳，周、魯、楚三國語次之，齊、鄭、吳、越四國語又次之。今傳二十一卷。㉟黃帝　傳說中中原各族的共同祖先。姬姓，號軒轅氏、有熊氏。少典之子。後世傳說，有很多發明創造，如養蠶、舟車、文字、音律、醫學、算術等，都創始於黃帝時期。㊱世本　戰國時期史官所撰的史書名稱，記載自黃帝至春秋時，諸侯大夫的氏姓、世系、居（都邑）、作（製作）等。原書約在宋代散佚。現在看到的是清人的輯本。㊲戰國策　是一部記述戰國時期遊說之士策謀和言論的分國記事的書。初有多種名稱，如《國策》、《國事》、《事語》、《短長》、《長書》、《修書》等不同稱謂。西漢末劉向編輯修訂為三十三篇。㊳陸賈　西漢初的政論家、辭賦家，本楚人，跟漢高祖定天下，常有建言。官至太中大夫（掌議論）。㊴楚漢春秋　書名。記項羽、漢高祖及漢惠帝、漢文帝時事，《史記》中敘楚漢間事曾取材於此。原書九卷，已佚，今有清人輯本一卷。㊵獲麟　《春秋・哀公十四年》有獲麟的記載。古人認為麒麟是一種象徵祥瑞的異獸，牠的被捕獲，預示著國家的興旺。但「仲尼傷周道之不興，感嘉瑞之無應，故……魯《春秋》……絕筆於『獲麟』一句」（杜預語）。西漢武帝元狩元年曾獲得「麟」。李賢注：「武帝泰始二年，登隴首，獲白麟，遷作《史記》絕筆於此年也。」有人說，麟就是今日之「四不像」：麕身，牛尾，馬足，五色，圓蹄。是鹿類動物。㊶作本紀二句　前句解說《史記》的體例。本紀，記述帝王世系及其主要活動。世家，主要為諸侯作傳，也兼及他認為有重大影響的人。列傳，為一般將相及他認為有特殊行為的人作傳。書，專題論文，後來的史書此類內容改名叫「志」。表，以表格形式簡明扼要地列出傳承關係、重大事件。後一句「十篇缺」，指司馬遷去世後，即遺失了〈孝景帝本紀〉、〈孝武帝本紀〉、〈禮書〉、〈樂書〉、〈兵書〉、〈將相年表〉、〈日者列傳〉、〈三王世家〉、〈龜策列傳〉、〈傅靳列傳〉等十篇原作。今天看到的內容是後人據其他材料補足的。㊷崇黃老而薄五經　司馬遷在〈序傳〉中說：「道家使人精神專一，動合無形，贍足萬物。」表明他崇尚黃、老。又說：「儒者博而寡要，勞而少功。」這就是他「薄《五經》」。黃，黃帝。老，老子，有說他就是楚人老聃，姓李名耳字伯陽，與孔子大體同時。以上二人被認為是道家學派的創始人。五經，儒家學派所尊奉的五部經典著作，即《詩》、《書》、《易》、《禮》、《春秋》。㊸序貨殖二句　《史記・貨殖列傳》是一篇講經商之道及列舉有經濟頭腦、有經營成就的人物的文章。其中說：「家貧，親老，妻子軟弱，歲時無以祭祀，飲食被服不足以自適，如此不慚恥，則無所比矣。」這是譏諷貧窮士人。又說：「無巖處奇士之行，而長貧賤，語仁義，亦足羞也。」對儒士「安貧樂道」進行諷刺。㊹道游俠二句　《史記》裴駰《集解》引荀悅：「立氣齊，作威福，結私交，以立強於世者，謂之游俠。」《史記・游俠列傳》：「季次、原憲，閭巷人也，讀書懷獨行君子之德，義不苟合當世，當世亦笑之。……終身空室蓬戶，褐衣疏食不厭。……今游俠，其行雖不軌於正義，然其言必信，其行必果，已諾必誠，不愛其軀，赴士之阨困，既已存亡生死矣，而不矜其能，羞伐其德，蓋亦有足多者焉。」「今拘學或抱咫尺之義，久孤於世，豈若卑論儕俗，與世沉浮而取榮名哉！」讚頌游俠的品德、作為。㊺遇極刑之咎也　天漢二年（西元前九九年）司馬遷因替被迫降匈奴的李陵說了公道話，而觸怒了漢武帝，被處以腐刑。司馬遷在〈報任安書〉中說：「最下腐刑，極矣！」㊻質而不野二句　《論語・雍也》：「質勝文則野，文勝質則史，文質彬彬，然後君子。」文，指文采。外在形式。質，樸也。質地，事物內容。兩者兼美，謂之相稱。野，鄙俗。《禮記》：「敬而不中禮謂之野。」㊼又進項羽句　項羽（西元前二三二－前二〇二年），名籍。楚國貴族出身。秦末曾率眾起兵抗秦。英武善戰，曾自立為「西楚霸王」。後被劉邦以計謀擊敗，在烏江邊自刎。詳見《史記・項羽本紀》。陳涉（？－西元前二〇九年），名勝，陽城（今河南登封）人。秦末農民軍領袖，首倡義旗，曾率眾數萬抗秦，後被叛徒莊賈殺害。詳見《史記・陳涉世家》。班彪認為，項羽稱王僅僅一代，不當入本紀；陳涉出身低微，起兵僅數月即被殺，又無子孫相繼，不當入世家。司馬遷有意抬高了此二人的地位，故曰「進」。淮南，指淮南厲王劉長（西元前一九八－前一七四年），漢高祖劉邦少子。高祖十一年，淮南王黥布反，被擊殺。劉長被立為淮南厲王。文帝立，他驕縱不法，陰謀叛亂，事發被謫，死於途中。衡山，指衡山王劉賜，劉長之子，劉安之弟，武帝時因參與淮南王劉安謀反而自殺。詳見《史記・淮南衡山列傳》。班彪認為，這兩家都是帝王血統，寫入列傳是降低了身分，故曰「黜」。㊽司馬相如（西元前一七九－前一一八年），字長卿，西漢蜀郡成都人。著名辭賦家，〈子虛賦〉、〈上林賦〉為其代表作品。㊾蕭曹陳平之屬　蕭，指漢初丞相蕭何（？－西元前一九三年），沛縣人。曾向劉邦舉薦韓信當大將，為建立漢朝建立功勳。曹，指漢初大臣曹參（？－西元前一九〇年），沛縣人。隨劉邦起兵，屢立戰功，後繼蕭何為漢惠帝丞相。詳見《史記・蕭相國世家》。陳平（？－西元前一七八年），漢初陽武（今河南原陽）人。秦末起事，曾隨項羽入關，旋歸劉邦，用反間計去項羽謀士范增。漢朝建立，封侯。惠帝時與周勃一起除諸呂，迎文帝，任丞相。詳見《史記・陳丞相世家》。㊿董仲舒（西元前一七九－前一〇四年），漢廣川（今河北衡水市）人。西漢景帝時為博士。武帝時曾為江都相。平生以治學為業，推崇儒術，抑黜百家。詳見《史記・儒林列傳》。(51)覈　核實；仔細查對。(52)殺　剪裁。(53)司徒　漢代三公之一，掌管國家的土地和人民事。凡教民孝悌、遜順、謙儉、養生送死之事，則議其制，建其度。東漢光武帝建武二十三年（西元四七年）九月，「以陳留玉況為大司徒」。(54)東宮　太子所居之宮。也可代指太子。建武十九年，光武帝立其第四子、原東海王劉陽為皇太子，改名劉莊（即東漢明帝）。55師保　古代擔任教導貴族子弟的官職，有師，有保，統稱「師保」。《禮記・文王世子》：「師也者，教之以事而喻諸德者也；保也者，慎其身以輔翼之而歸諸道者也。」56孔子稱二句　人天生的本性是相近的，後來由於社會環境影響等原因，人的習慣、善惡行為，就相差得遠了。語出《論語・陽貨》。57賈誼　（西元前二〇〇—前一六八年），洛陽人。西漢時的政論家、文學家。文帝時，曾任博士。後為周勃等大臣排擠，被貶為長沙王太傅。後為梁懷王太傅。他曾多次上疏，批評時政，並提出許多有益建議。然不受重用，抑鬱而死。58成王　周武王姬發之子，名誦。他即位時年幼，由叔父周公旦攝政，後才歸政於他。59出則周公句　周公，周武王之弟，姬姓，名旦。他曾助武王滅商，後輔佐成王，鞏固了周王朝的統治。相傳他制禮作樂，建立典章制度，很為孔丘等儒學人物所尊崇。邵公，又作召公、召康公。周代燕國的始祖，名奭。曾佐武王滅商。成王時任太保。其言論見於《尚書・召誥》。太史佚，又作「史佚」，或「尹佚」、作「冊逸」，西周初期史官。《大戴禮記・保傅》：「博聞強記，接給而善對者謂之『承』。承者，承天子之遺忘者也，常立於後，是史佚也。」60入則大顛句　大顛，又作「太顛」。閎夭，閎氏，名夭。南宮括，南宮氏，名括。散宜生，散氏，名宜生。以上四人均為西周初年大臣，曾輔周文王，又助武王滅商。61愛子教以義方四句　見《左傳・隱公三年》衛國大夫石碏諫衛莊公語。62詩云三句　上句言武王留下了遠大的謀猷，下句言武王能夠安定保護他的子孫。見《詩・文王有聲》。詒，遺也。厥，其也。孫，順也；遠也。宴，安也。翼，覆蓋；遮護。63太宗　西漢文帝劉恆的廟號。他在位時，減輕賦稅，恢復生產，削弱諸侯王勢力，鞏固中央集權。史家把他和他兒子漢景帝劉啟的統治時代並舉為「文景之治」。64鼂錯導太子以法術　鼂錯用法家之術教導太子。鼂錯（西元前二〇〇—前一五四年），潁川（今河南禹州）人。西漢政論家。文帝時，任太子家令。法術，即法家所稱之「刑名之學」。65梁王　文帝之少子劉揖，讓賈誼為其太傅。66中宗　漢宣帝劉詢的廟號。67亦令劉向句　劉向（約西元前七七—前六年），本名更生，字子政，沛（今江蘇沛縣）人。西漢經學家、目錄學家、文學家。王褒，字子淵，蜀資中（今四川資陽）人。西漢辭賦家。宣帝時曾為諫大夫。蕭望之，字長倩，東海蘭陵（今山東蒼山縣）人。宣帝時，曾歷任太子太傅等官。周堪，字少卿，元帝時為光祿大夫，與蕭望之同領尚書事。68舊制　舊的典章制度。《漢官儀》：「皇太子五日一至臺，因坐東箱，省視膳食，以法制敕太官尚食宰吏，其非朝日，使僕、中允旦旦請問，明不媟黷，所以廣敬也。太子僕一人，秩千石；中允一人，四百石，主門衛徼巡。」69湯沐十縣　此處指以十個縣的賦稅供太子花銷，通作「湯沐邑」。湯，熱水，用以浴身。沐，洗髮。70箱　正廳兩旁的房子。後寫作「廂」。71望都　縣名。西漢置。治今河北唐縣東北。72超別有傳　班超傳見本書卷四十七。73通儒　指博通古今、學識淵博的儒者。《尉繚子・治本》：「野物不為犧牲，雜學不為通儒。」野生的動物如野牛、野豬、野羊之類，不能作祭神的供品；雜學旁收，不是通過正規經書得來的學問，不能叫做通儒。《風俗通》：「儒者，區也。言其區別古今，居則玩聖哲之詞，動則行典籍之道，稽先王之制，立當時之事，此通儒也。」⑭方　此處作「道」解。《論語・雍也》：「可謂仁之方也已。」鄭玄注：「方猶道也。」⑮彼將以世運未弘二句　班彪生活在光武中興的初期，國家運命尚未安定，故不以貧賤為恥。孔子說：「邦有道，貧且賤焉，恥也。」

【語譯】班彪，字叔皮，是扶風安陵人。祖父班況，西漢成帝時為帶兵的武官頭領越騎校尉。父親班稚，哀帝時為廣平郡的太守。

2　班彪的個性深沉莊重，喜好古事。他二十多歲時，更始帝劉玄兵敗，關中地區大亂。當時隗囂率眾占據天水一帶，班彪為躲避戰亂就去投奔他。隗囂詢問班彪說：「以前周朝滅亡時，各地諸侯國都起來爭奪，天下處於分裂狀態，幾代之後才得以安定。抑或戰國那種合縱連橫的戰爭局面又要重現在今天了嗎？還是將要有人承受天運振興皇統，決定於這某一個人呢？希望先生您論述一番。」班彪回答說：「周朝的興盛衰敗，與漢朝的情況很不相同。過去周朝分爵位為公、侯、伯、子、男五等，諸侯參與國政，中央政權像大樹的本根已經衰微了，諸侯政權像枝葉一般卻強大得很，所以周代末期發生合縱連橫的戰亂之事，這是情勢和氣數形成的必然結果。漢朝繼承的是秦朝的制度，廢除封建改立郡縣，君主具有直接委派官員的專權威嚴，臣下沒有百年不變的權柄。到了漢成帝時，仰仗任用外戚王氏，漢哀帝、漢平帝在位時間都很短暫，前朝最後三代天子都沒有兒子而使國家的直系血統斷絕，所以王莽以外戚的身分把持朝政，因而竊取了皇帝的尊號名位。這種政治危機發生在上層，其對社會的傷害還沒有波及到下層，所以王莽稱帝以後，天下人沒有不伸長脖子盼望劉氏恢復帝位而感歎的。這十多年來，京中和各地都發生了動亂，京城遠近都紛紛起兵，假借名號聚集武裝力量，都自稱是大漢劉氏的宗室子弟，沒有互相商量，卻發出同樣的號召。如今割據州郡地方上的英雄豪傑，都沒有戰國七雄那樣成就建國立業的資本，因而百姓謳歌吟頌，思念仰望漢朝的恩德，可以很清楚其中原因了。」隗囂說：「先生分析的周、漢興衰形勢的不同是正確的；至於說到僅僅看見愚民百姓習慣於懷念劉氏名號的緣故，就認為漢朝會重新興起，那就不夠嚴謹正確了。先前秦朝喪失天下，劉邦起兵並奪取江山，當時的人誰又知道以後會有漢朝呢？」

3 班彪既厭惡隗囂的言論主張，又感慨憂慮時局的混亂艱難，於是寫下了〈王命論〉。認為漢朝的德運是繼承了唐堯的統緒，又有上天神靈符命的祥瑞，劉氏行仁義有帝王的福分而興起，不是靠欺詐暴力所得的天下。想用這道理感化隗囂。但隗囂終歸不醒悟，於是班彪便到河西去避難。河西大將軍竇融任命班彪為從事，對他深為敬重，按老師及朋友的方式態度接待他。班彪就替竇融謀劃策略，讓他追隨服從漢家，統領西河地區力量，對抗隗囂。

4 等到竇融被皇帝徵召回到京師，光武帝問他說：「你向朝廷上陳的報告奏章，是誰參與起草的？」竇融回答說：「都是我的從事班彪所做的。」光武帝平素就聽說過班彪的才幹，於是就召他入朝晉見，由司隸舉薦為茂才，任命他做臨淮郡徐縣縣令，後因病免去。以後又多次應三公的徵召做官，很快都辭職離去。

5 班彪不但才學卓越而且喜好著述，於是專門在史書典籍之間用心。西漢武帝時代，司馬遷撰著了《史記》，但《史記》中對武帝太初年間以後發生的歷史事件沒有記錄，形成殘缺。雖然以後有不少關心歷史愛好寫作的人搜集史料連綴成篇，對《史記》進行補充和續寫，然而多數著作，品位、格調不高，夠不上成為《史記》的續篇，難以承繼司馬遷的事業。班彪於是接續前人，採集前朝遺留下來的史實，並且兼顧史書外的不同傳聞，撰寫後傳幾十篇。就此對前史認真地斟酌推敲並譏彈指正它的是非得失。班彪概略地議論此事說：

6 「自上古時期的唐堯、虞舜至夏、商、周三代的歷史，《詩》、《尚書》中均有所記載。歷代也各自設置記言記事的史官，由他們來司掌典冊文籍。至於諸侯國，各國也有自己的史官、史冊，所以《孟子．離婁下》中說：『楚國的《檮杌》，晉國的《乘》，魯國的《春秋》，名目雖不同，其實它們的性質是一樣的。』魯國定公、哀公年間，魯國有學者左丘明整理搜集編輯有關史料，撰寫了《春秋左氏傳》三十篇。又編撰了或相同或不同的文字，著成書叫做《國語》，共二十一篇，從此，晉國的史書《乘》、楚國的史書《檮杌》這類史冊所記事流傳不廣，而《左傳》和《國語》特別被世人重視。又有記錄自黃帝以來至春秋時期，帝王、公侯、卿大夫活動的史書，叫做《世本》，一十五篇。春秋以後，進入秦、楚、齊、燕、趙、魏、韓等七個諸侯國互相爭雄的戰國時代，秦兼併了其他六個諸侯國，記錄這一段歷史事實的史書，則有《戰國策》三十三篇。漢朝興起，平定秦末的紛亂，安定天下，太中大夫陸賈記錄當時定天下中的功績，作《楚漢春秋》九篇。漢武帝在位時期，太史令司馬遷採集選用《左傳》、《國語》中的文字材料，刪節《世本》、《戰國策》的內容及文字，依據秦朝末年楚霸王項羽和漢高祖劉邦爭奪天下的時事，以及漢初各諸侯國當時事跡，上起自傳說中的軒轅黃帝，下至武帝時捕獲麒麟的年代，作了本紀、世家、列傳、書、表等各類文章，共一百三十篇，但他死後不久，就缺了十篇。司馬遷所記載的漢史，從高祖稱漢起的元年到漢武帝時為止，這是他的功績貢獻。至於他對經書傳書的採集，選取摘用，則分散割裂了諸子百家的思想觀點，有不少疏漏簡略之處，未能體現出原來的根本大義。他總是追求自己的見聞廣博以記載內容豐富為目標，而在義理評論方面不夠深刻，不夠厚重紮實。就其議論學術的基本觀點而言，他崇尚黃帝、老子的道家思想，而看輕儒家的經典學說；議論經商致富，則是輕視儒家的仁義操守，而以貧窮為羞恥之事；記敘游客俠士，則輕賤操守而抬高世俗的功利之說：這就是他最大的謬誤，傷害了社會公認的道義，從而才遭受到最嚴酷腐刑懲罰。但是，司馬遷善於組織材料，明白流暢地記述事情的經過，前因後果；語言雄辯，有說服性，但並不賣弄堆砌華麗的詞藻；文字質樸，卻不鄙陋粗野；形式和內容相和諧一致：顯示出他具有優秀史官的才華。假如讓司馬遷依照儒家《五經》中的基本觀點，和孔、孟諸聖賢的是非標準相一致，他所想表達的思想意圖，也就接近完美了。

7 「先秦諸子的著作，仍然是可以效法參照的。另如《左傳》、《國語》、《世本》、《戰國策》、《楚漢春秋》、《太史公書》，現代人可以從中了解往古，後世人由此可以觀察前代，這是聖哲先賢掌握信息的工具，如同人的耳朵眼睛一樣。司馬遷著書，依次排列帝王世系，這部分叫『本紀』；王公諸侯傳承封國爵位情況，叫『世家』；敘述特別傑出的卿士大夫人士的，叫『列傳』。但他抬高了項羽、陳涉這類不該入『本紀』、『世家』的人的地位，卻貶黜降低了淮南王劉長、衡山王劉賜這類皇家子孫的地位，把他們寫入『列傳』，在細小的內容上也把事情的原委講述清楚，這屬於編輯體例不合常規。像司馬遷這類煌煌巨製，採集獲取古今各種素材，又貫穿多種經典及解說的觀點，內容是極其廣泛豐富的。憑藉一個人的精力，文辭如此繁重，頭緒這麼紛亂，所以他的書對史料的刪減難以淨盡，還有一些多餘的文辭，敘述和體例也有不統一的情況。比如敘述司馬相如時，既寫明他的籍貫所屬郡名，所在縣名，還寫明了他的表字，至於介紹官位高至丞相的蕭何、曹參、陳平這類重要人物，以及和董仲舒同時代的人，有的沒記錄他們的表字，有的只說他的籍貫是哪個縣人，沒說該縣屬什麼郡，這大概都是沒功夫詳細推敲，倉促成書的緣故。現在我繼司馬遷之後寫成的這些篇什，仔細謹慎地核實有關歷史事實，整理統一體例文辭，人物傳記，不再設『世家』這一分類，只保留『本紀』和『列傳』這兩類。經傳中說：『剪裁刪減史料，顯現事物的本來面目，最高準則，文字平易，不故弄玄虛，態度公正，不偏不倚，這就是《春秋》撰著的原則。』」

8 班彪再次被徵辟在司徒玉況府中任職。當時明帝劉莊被立為太子不久，他的弟兄們也被分封為王，到各地開國，但是他們的隨從附屬官員多不完備，管教導貴族子弟的師和保多數沒有配全。班彪又上奏疏說：

9 「孔子稱說『人的性情本來相近，因為習染不同，便相距懸遠』。賈誼在上書文帝時認為『習慣與善人生活在一起，不能不做善事，就像生長在齊國，不能不說齊國話一樣。習慣與惡人同處，不能不做壞事，如同生長在楚地的人，不能不說楚地方言一個道理』。所以聖明的人仔細認真地選擇與之相交往同處的人，從而謹慎地戒備所沾染的不良習慣。過去周成王姬誦還是童子的時候，出宮門在外則有周公旦、邵公奭和太史佚陪同，在宮裡則有大顛、閎夭、南宮括、散宜生等老臣陪伴，左右前後，身旁沒有違背禮法道德的人。故而成王長大一旦即君位後，天下清平明朗，安定無事。所以《春秋左氏傳》中說『愛兒子應該用合乎大義的辦法教導他，使他不接受邪惡的影響。驕傲，奢侈，放蕩，安逸，這都是走上邪路的表現』。《詩》中也說：『遺留給他的後人以遠大的謀劃，用這安敬之道來佑護他的後人。』這說的就是周武王將遠大謀略遺留給了子孫。

10 「漢朝興起，文帝讓鼂錯用禮制和駕馭人的權術教導太子劉啟，讓賈誼用《詩》、《尚書》等儒學經典教誨梁王劉揖。待到宣帝劉詢時，還命令劉向、王褒、蕭望之、周堪這些有學問的人，用禮樂法度、文學詞章及儒家學說等內容，撫育教誨太子及其兄弟子姪。歷代帝王沒有不慎重選拔合適的人才，來培養太子及下代人，以使他們成就道德和成為傑出的人物的。現在皇太子以及各位王爺，雖然已成長為童子到求學年齡，開始學習禮法音樂，但教導他們的師傅和輔佐人員，尚未全是賢德的人才，官府中多缺乏前代完備的典章制度。應當廣泛選拔聲名卓著的儒學大師中那些威望高、舉足輕重，並且通曉政務的人，任命為太子太傅，在太子居住的東宮內和諸王的封國，設置配備符合制度的官員屬吏。按先朝制度規定，太子應享用十個縣湯沐邑的賦稅收入，並為太子設置貼身保衛的持戟武士。每五天一臨朝，讓部屬拜見，太子倚坐在東廂，視察膳食。凡不是朝見的日子，只讓管車馬的『僕』和管警衛的『中允』等吏員每天請示問候罷了，表明未荒疏禮法，不得褻狎，莊重嚴肅，以此來廣泛培植太子的尊嚴和人們對他的敬重。」

11 班彪的奏疏上達後，光武帝採納了他的建議。

12 後來司徒察明班彪廉潔奉公，舉薦任命他為望都縣長，屬吏和百姓都很愛戴他。建武三十年，班彪五十二歲，死在官任上。他所撰著的辭賦、議論、書記文件、記錄文字、章表奏議等文章，共計九篇。

13 班彪有兩個兒子：班固，班超。班超另外有傳。

14 史家評論說：班彪靠他通儒博通古今的上乘才華，生活在國家紛亂如大廈將傾的危難時期，行為舉動不超出大道，言論不離開正確範圍，進入官場而不求急進，堅持操守而不違背人之常情。鋪陳文辭來編撰國家典章，困守在低等職位、待遇微薄卻沒有愁悶不快的面容。他那是因為國家政局尚未安定、局面還沒拓展開，並非所說的國家興旺時個人貧賤就是恥辱吧？他恪守清靜恬淡的生活原則是多麼堅定穩固啊！

1 固字孟堅。年九歲，能屬文誦詩賦，及長，遂博貫載籍，九流百家❶之言，無不窮究。所學無常師，不為章句，舉大義而已。性寬和容眾，不以才能高人，諸儒以此慕之❷。

2 永平❸初，東平王❹蒼以至戚為驃騎將軍❺輔政，開東閣❻，延英雄。時固始弱冠⑦，奏記說蒼曰：

3 「將軍以周、邵之德，立乎本朝，承休明之策，建威靈之號，昔在周公，今也將軍，詩書所載，未有三此者也。傳曰：『必有非常之人，然後有非常之事；有非常之事，然後有非常之功。』固幸得生於清明之世，豫在視聽之末，私以螻螘⑧，竊觀國政，誠美將軍擁千載⑨之任，躡先聖⑩之蹤，體弘懿之姿，據高明之埶，博貫庶事，服膺六蓺⑪，白黑簡心，求善無猒，採擇狂夫⑫之言，不逆負薪⑬之議。竊見幕府新開，廣延群俊，四方之士，顛倒衣裳⑭。將軍宜詳唐、殷之舉，察伊、皋之薦⑮，令遠近無偏，幽隱必達，期於總覽賢才，收集明智，為國得人，以寧本朝。則將軍養志和神，優游廟堂⑯，光名宣於當世，遺烈著於無窮。

4 「竊見故司空掾桓梁⑰，宿儒盛名，冠德州里，七十從心，行不踰矩⑱，蓋清廟之光暉⑲，當世之俊彥⑳也。京兆祭酒㉑晉馮，結髮修身，白首無違，好古樂道，玄默自守，古人之美行，時俗所莫及。扶風掾李育㉒，經明行著，教授百人，客居杜陵，茅室土階。京兆、扶風二郡更請，徒以家貧，數辭病去。溫故知新，論議通明，廉清修絜，行能純備，雖前世名儒，國家所器，韋、平、孔、翟㉓，無以加焉。宜令考績，以參萬事。京兆督郵㉔郭基，孝行著於州里，經學稱於師門，政務之績，有絕異之效。如得及明時，秉事下僚，進有羽翮奮翔之用，退有杞梁一介之死㉕。涼州㉖從事王雍，躬卞嚴之節㉗，文之以術藝，涼州冠蓋㉘，未有宜先雍者也。古者周公一舉則三方怨，曰『奚為而後己』㉙。宜及府開，以慰遠方。弘農㉚功曹史㉛殷肅，達學洽聞，才能絕倫，誦詩三百，奉使專對。此六子者，皆有殊行絕才，德隆當世，如蒙徵納，以輔高明，此山梁之秋，夫子所為歎也㉜。昔卞和獻寶，以離斷趾㉝；靈均納忠，終於沈身㉞。而和氏之璧，千載垂光；屈子之篇，萬世歸善。願將軍隆照微之明，信日昃之聽㉟，少屈威神，咨嗟下問，令塵埃之中，永無荊山、汨羅之恨。」

5 蒼納之。

6 父彪卒㊱，歸鄉里。固以彪所續前史未詳，乃潛精研思，欲就其業。既而有人上書顯宗㊲，告固私改作國史者，有詔下郡，收固繫京兆獄，盡取其家書。先是扶風㊳人蘇朗偽言圖讖㊴事，下獄死。固弟超恐固為郡所覈考，不能自明，乃馳詣闕上書，得召見，具言固所著述意，而郡亦上其書。顯宗甚奇之，召詣校書部㊵，除蘭臺令史㊶，與前睢陽㊷令陳宗、長陵㊸令尹敏、司隸從事㊹孟異共成世祖本紀㊺。遷為郎㊻，典校祕書。固又撰功臣、平林㊼、新市㊽、公孫述㊾事，作列傳、載記二十八篇，奏之。帝乃復使終成前所著書。

7 固以為漢紹堯運，以建帝業，至於六世[50]，史臣乃追述功德，私作本紀，編於百王之末，廁於秦、項[51]之列，太初以後，闕而不錄，故探撰前記，綴集所聞，以為漢書。起元高祖，終于孝平王莽之誅，十有二世，二百三十年[52]，綜其行事，傍貫五經，上下洽通，為春秋考紀、表、志、傳凡百篇。固自永平[53]中始受詔，潛精積思二十餘年，至建初[54]中乃成。當世甚重其書，學者莫不諷誦焉。

【章　旨】以上為〈班固傳〉的第一部分，記述班固早期的經歷和主要活動。重點有兩件事：一是上書劉蒼，舉薦了六位他認為應該受到重用的人才；二是記他撰寫《漢書》的坎坷遭遇和有關《漢書》的基本情況。

【注　釋】❶九流百家　九流指東周時期的道家、儒家、墨家、名家、法家、陰陽家、農家、雜家、縱橫家等九種主要學術流派。百家，泛指學術上的各種派別。《漢書·藝文志》載諸子有一百八十九家，舉其成數，稱為「百家」。❷諸儒以此慕之　諸儒，指當時的儒學大家。如王充在《論衡》一書中，就多次稱道班固的才華。❸永平　東漢明帝劉莊年號，西元五八—七五年。❹東平王　即東平憲王劉蒼，光武帝之子，明帝之同母弟。本書卷四十二有傳。❺驃騎將軍　非常置，掌征伐背叛的武官，地位與「三公」幾乎等同。劉蒼做驃騎將軍，以王故，位在公上，數年後罷。❻東閤　指宰相招致款待賓客之所。《漢書·公孫弘傳》：「時上方興功業，婁舉賢良。弘……數年至宰相封侯，於是起客館，開東閤以延賢人，與參謀議。」閤，小門。❼弱冠　指年齡在二十歲左右。《禮記·曲禮上》：「二十曰弱，冠。」弱，年少。古代男子二十歲行冠禮，表示成人。❽螻蟻　螻蛄和螞蟻。比喻力量微小或地位低微無足輕重的人物。這裡是班固自謙的說法。❾千載　指自周公至明帝時有千餘年了。❿先聖　指周公旦。⓫六蓺　此指儒家的《六經》。⓬狂夫　愚鈍的人。⓭負薪　背柴草。此處代指從事體力勞動的卑賤之人。⓮顛倒衣裳　言人們在匆忙急遽中把衣裳都穿顛倒了。《詩・齊風》：「東方未明，顛倒衣裳。」⓯將軍宜詳唐殷二句　唐指堯，殷指商湯。伊，伊尹，商初大臣，傳說是奴隸出身，後被商湯任以國政。皐，皐陶，又作「咎繇」、「皐陶」，傳說中東夷族的首領，相傳曾被舜任為掌管刑法的官。⓰廟堂　朝廷。⓱故司空掾桓梁　司空，漢代三公之一，掌水土事。凡營城起邑、浚溝洫、修墳防之事，則議其利，建其功。司空掾為此官署之屬官。桓梁，東漢賢士，本書卷二十六〈宋弘傳〉中亦言及此人，曾被宋弘推舉。⓲七十從心二句　到了七十歲，人各方面均已成熟，便隨心所欲，任何念頭都合於法則不越出規矩。《論語・為政》載孔子曰：「吾十有五而志于學……七十而從心所欲，不踰矩。」⓳清廟之光暉　桓梁可參與多士助祭，對宗廟是增加了光暉。《詩・清廟》：「於穆清廟，肅雝顯相。濟濟多士，秉文之德。」清廟，宗廟。清，有肅穆清靜之意。⓴俊彥　俊，才智出眾。彥，士的美稱。㉑京兆祭酒　京兆，京兆尹，漢時轄長安及附近杜陵等十城。祭酒，漢代官名，平帝時設六經祭酒，秩為上卿級，後置博士祭酒，為《五經》博士之首。㉒李育　見本書卷七十九〈儒林列傳下〉。㉓韋平孔翟　韋，韋賢（西元前一四八—前六〇年），字長儒，西漢鄒人。昭帝時，由博士遷光祿大夫，宣帝時，賜爵關內侯，後官至丞相。平，平當（？—西元前五年），字子思，漢平陵人。成帝時曾被派治理黃河。哀帝時，官至丞相。孔，孔光（西元前六五—西元五年），字子夏，魯國（今山東曲阜）人。成帝時，為博士、尚書令，掌管樞機十多年，後任御史大夫、丞相等官職。翟，翟方進（？—西元前七年），字子威，汝南上蔡人。成帝時，曾任御史大夫，後封高陵侯，任丞相十年。以上四人，《漢書》均有傳。㉔督郵　漢代各郡的重要屬吏，代表太守督察縣鄉，宣達教令，兼司獄訟捕亡等事。㉕進有羽翮二句　翮，羽莖，即鳥類大羽中不長毛插入肉中的部分，也可代指鳥的翅膀。《說苑》：「趙簡子遊於西河而嘆曰：『安得賢士而與處焉？』舟人吉桑對曰：『鴻鵠高飛，所恃者六翮也。背上之毛，腹下之毳，加之滿把，飛不能為之益高。不知門下左右客千人，亦有六翮之用乎？將盡毛毳也？』」杞梁，春秋時齊國大夫。《說苑》：「齊莊公攻莒，杞梁與華周進鬬，壞軍陷陣，三軍不敢當。至莒城下，殺二十七人而死。」㉖涼州　州名。治所在隴縣（今甘肅清水縣北）。㉗卞嚴之節　卞嚴，即卞莊子，春秋時魯國大夫。《新序》：「卞莊子好勇，養母，戰而三北，交遊非之，國君辱之。莊子受命，顏色不變。及母死三年，齊與魯戰，莊子請從。至，見於將軍曰：『初獨與母處，是以戰而三北，今母沒矣，請塞責。』遂赴敵而鬬，獲甲首而獻，曰：『夫三北，以養母也。吾聞之，節士不以辱生。』遂殺十人而死。」三北，三次敗北；多次退卻。《論語・憲問》載孔子曰：「卞莊子之勇，冉求之藝，文之以禮樂，亦可以為成人矣。」㉘冠蓋　古代仕宦所用的冠服和車蓋，用以代指仕宦及仕宦之家。㉙古者周公一舉二句　《孫卿子》：「周公東征，西國怨，曰：『何獨不來也！』南征而北國怨，曰：『何獨後我也！』」謂生活在水深火熱中的災民盼望仁義之師之迫切。㉚弘農　郡名。轄區約為今河南西部、陝西華山以南一帶，曾設弘農縣。治今河南靈寶境內。㉛功曹史　簡稱功曹。漢代郡守下的官名，相當於郡守的總務長，除掌人事外，並得與聞一郡的政務。㉜此山梁之秋二句　感歎山梁上飛起又落下的雌野雞，飲啄都很得時。《論語・鄉黨》載孔子曰：「山梁雌雉，時哉時哉！」㉝卞和獻寶二句　見《韓非子・和氏》篇。說的是楚人卞和得到一塊玉璞，獻給楚王，卻被認為是以普通的石頭進行欺騙，因而被砍去雙腳，遭遇被誤解受酷刑的慘禍。離，通「罹」。遭受；被。斷趾，刖足。㉞靈均納忠二句　靈均，楚三閭大夫屈原的字，對楚國楚王一片忠心，因遭讒害，終不被信用，並多次被放逐，之後自沉汨羅江而死。㉟信日昊之聽　信，通「伸」。日昊，常作昊天。昊，大。指天。㊱彪卒　班彪卒於東漢光武帝建武三十年，時長子班固二十二歲，次子班超二十一歲。㊲顯宗　東漢明帝劉莊廟號，劉莊為劉秀第四子，西元五七—七五年在位。㊳扶風　郡名。又稱右扶風，漢代三輔之一，轄十五城。治今陝西興平東南。㊴圖讖　古代流行的迷信學說。兩漢時巫師或方士製作的一種宣揚神學迷信的隱語或預言，作為吉凶的符驗或徵兆。圖，《河圖》。古代傳說，伏羲氏時，有龍馬從黃河出現，背負《河圖》（即《周易》中的「八卦」卦象）。讖，讖書；符命之書；預言文字。㊵校書部　西漢的蘭臺和東漢的東觀都是皇家宮廷藏書處，置學士於其中，典校藏書。㊶蘭臺令史　九卿之一的少府屬官，掌奏及印工文書，秩六百石。㊷睢陽　縣名。因在睢水之陽而得名。治今河南商丘南。㊸長陵　縣名。西漢高祖十二年築陵置縣。治所在今陝西咸陽東北，劉邦死後即葬於此。㊹司隸從事　西漢武帝時設司隸校尉一人，掌察舉百官以下及京師近郡犯法者，哀帝時改稱司隸。下設從事官多名，分掌不同政務。㊺世祖本紀　班固與陳宗等人撰述光武劉秀事跡一書。㊻郎　古代帝王侍從官的通稱，其職責原為護衛陪從，隨時建議，以備顧問及差遣，有議郎、中郎、侍郎、郎中等名。㊼平林　即平林軍。平林（今湖北隨州）人陳牧、廖湛為首，在新莽地皇三年（西元二二年）起兵，稱「平林兵」，同年與本屬綠林軍的新市、下江兵會合，成為綠林軍的一支。㊽新市　即新市兵。由新市（今湖北京山縣）人王匡、王鳳率領，活動於今河南南陽一帶，為新莽末年農民軍中一支重要力量。㊾公孫述　字子陽，東漢扶風茂陵（今陝西興平）人。新莽時，曾為蜀郡太守。後起兵，據益州稱帝。建武十二年，被漢軍將領吳漢所敗殺。詳見本書卷十三。㊿六世　謂漢朝第六代皇帝武帝劉徹。(51)秦項　秦指秦始皇嬴政，項指西楚霸王項羽。(52)起元高祖四句　《漢書》起自漢高祖元年（實際上是從秦二世元年劉邦自沛起義寫起的），終於新莽地皇四年王莽被殺，共記述高祖劉邦等十二代執政者傳記，加上王莽實際執政的時代，共約計二百三十年。(53)永平　東漢明帝劉莊年號，西元五八—七五年。(54)建初　東漢章帝劉炟年號，西元七六—八四年。

【語　譯】班固，字孟堅。九歲時，就能連綴文詞成篇章，吟詩誦賦，等再長大些，就廣博閱覽並理解貫通多種書籍。凡九流百家的言論主張，沒有不刨根究底深入鑽研的。他的學問沒有固定的師承門派，不死鑽尋章摘句之學，只掌握文章的要旨大義而已。他的性情寬厚和藹，平易近人，能和眾人平等相處，不自恃才高而凌駕於人上，因此，當時許多儒生都很敬慕他。

2 東漢明帝永平初年，其同胞弟東平憲王劉蒼因是皇帝至親被封為驃騎將軍，輔佐朝政，宮中開闢專供賢才出入的向東的小門，延攬各路英雄豪俊、傑出人才。當時班固剛剛二十歲，就進獻建議書勸說劉蒼說：

3 「將軍您具有周公旦、召公奭那樣高尚的品德，在我們聖明的王朝占有崇高的位置，接受聖主的策命，建立起驃騎將軍這威嚴神聖的稱號，古代有周公，現在有將軍您，《詩》、《尚書》中所記載的，除你們二人外沒有第三個這樣傑出的人物了。傳書中曾說：『歷史上一定有特殊的人才出現，然後才能幹一番不平常的事業；做出了不平常的大事，然後才會建立非凡的功勳。』班固我有幸生在政治清明的時代，參與在觀察社會的末等地位，私下以螻蟻般的卑微身分，斗膽發表對國家政治的看法，真誠地讚美將軍，身負自周公到今上千餘年來的重任，追尋先聖周公的足跡，體現偉大美好的形象，占有崇高清明的位置，通曉各種事理，衷心信服牢固掌握儒學《六經》，是非分明，追求善行永不滿足，採納吸收那些狂傲不羈和愚鈍的人的建言，不拒絕卑微低賤的勞力之人的議論。敝人看見將軍的幕府才開始建立，廣泛地招攬那些英才，四方有本領的人，爭搶著前來效力。將軍您應該認真地效法唐堯、商湯那些聖明賢君的舉措，考核推薦伊尹、皋陶那樣的賢臣，使遠近親疏沒有偏待，地位不顯赫的隱士也能施展抱負，目的在於延攬賢德人才，聚集聰明才智，為國家選拔能人，以使本朝安定太平。那麼將軍您就能怡養精神，悠閒自得於朝廷之上，榮光美名彰顯於當代，遺留下功績偉業傳至後世永無窮盡。

4 「敝人私下察見：前任司空府掾吏桓梁，是老成博學的儒者，享有極高的聲譽，人品道德在州郡鄉里列居首位，已達到孔夫子說的，七十歲年齡能恣心所為都不違背禮法的境界，這種人可作為屬員，參與祭祀一定能為宗廟增添光彩，是當代的俊傑美士啊。京兆祭酒晉馮，自少年結髮時起就嚴格約束自己，到頭髮斑白的老年，仍不違背終生的志向，喜歡古代禮儀法度，樂於實踐人生大道而不張揚，總是以深沉靜默的態度，堅持自己的志向，效法古代高士的美好德行，是當今社會上一般人沒有誰能比得上的。扶風掾李育，通曉經書，品德高尚，教授生徒百餘人，客居杜陵，生活在茅草房泥土臺階的簡陋環境中。京兆、扶風兩郡，相繼接連請他出仕，只是因為家境貧困，幾次都稱病辭官而離職。他治學能溫故知新，見解明達，為人清正廉潔，德行才能純正而完美，即使前代的著名大儒、國家所器重並委以重任的韋賢、平當、孔光、翟方進這些大臣，也沒有能超過他的。應該讓他掌握考核官吏政績的工作，並由此參與各類政務。京兆督郵郭基，篤行忠孝，令名彰著，州郡鄉里，人皆知曉，經學水平高深，一直被師長同門所稱道，他從事政務的業績，有卓絕特殊的突出表現。如果讓他趕上政治清平的時代，作為您的下屬，一定能有前進時像鴻鵠展翅高翔那樣的有志奇才，退守時有杞梁一樣的為國犧牲的死士。涼州府的從事王雍，本身具備古人卞莊子的勇武和氣節，而且掌握文事方面的多種技能，涼州一帶的官宦大族，沒有人能超過王雍的。古代周公旦率仁義之師征討四方叛亂，他向某一方向進軍，另外三方人民就發怨言，說『為什麼要後伐我們這裡』。可見，今日將軍府一開，就要給遠方的人以安慰。弘農郡的功曹史殷肅，博學多聞，才華和能力超絕同代人，能背誦《詩》三百首，奉命出使，交涉應對，均不辱使命。以上我提出的六位君子，都有卓越的品行，出眾的才華，道德高尚，著稱於當今社會，如果承蒙您徵召錄用，用他們來輔佐明主，這就像孔子所慨歎的山梁上的鳥兒一樣，飛翔自如，真是生逢其時啊！在古代，卞和為了向楚王獻寶，卻不被理解，遭遇到刖足的慘禍；屈原盡忠於楚王，卻遭人讒害，最終投汨羅江而死。但是和氏之璧流傳下來，千餘年放射光輝；屈原的文章，流傳萬世仍被人稱頌。希望將軍您高舉能燭照昏暗角落的光明火把，發揚明日光輝普遍照耀一切般的聽納意見，稍微委屈一點將軍您的神武威嚴，降低身分，詢問地位低下人的建議，使紛擾的下層塵世之間，永遠不再有荊山下的卞和、汨羅江中的屈原那樣不被理解而下場悲慘的遺恨。」

5 劉蒼採納了班固的建議。

6 父親班彪去世時，班固回到故鄉居喪。班固認為他父親班彪對《史記》續寫的前漢史內容不夠詳備，於是潛心鑽研思考，準備完成父親的遺業。不久有人上書漢明帝，告發班固私自改作國家史書，因此朝廷下詔給郡府，逮捕班固關押在京兆監獄裡，全部查抄了他家中的書稿。在此之前，曾發生過扶風人蘇朗假託圖讖預言國家吉凶事件，被關到獄中喪命。班固的弟弟班超，害怕班固被郡府官吏嚴刑逼供，不能為自己辯白冤情，就策馬急馳到皇宮門前，上書皇帝，被明帝召見。他詳盡講述班固著述的意圖，而郡守也在這時將班固的書稿送到了朝廷。明帝對班固的書稿甚感驚奇，就召他到京師皇家藏書處，任命他為蘭臺令史，讓他與前睢陽縣令陳宗、長陵縣令尹敏、司隸從事孟異共同修成《世祖本紀》一書。此後，班固升遷為皇帝的近臣郎官，負責校訂皇家藏書。班固又搜輯關於功臣、平林、新市、公孫述等事跡，寫作了列傳、載記二十八篇，上奏給皇帝。明帝於是又讓班固完成他原先所著的史書。

7 班固認為漢朝繼承了唐堯的天命，均以火德建立帝王勳業。到了第六代西漢武帝時，司馬遷父子才追述前幾代的功勳大德，個人寫出幾位帝后的本紀，編綴在自黃帝起到漢武帝時止的各代君王傳記的末尾，並且與掌管天下極短的秦始皇、項羽列為同類級別，武帝太初年間以後的歷史事件，又空缺而無記載。所以他搜求編撰前人的記載，聯綴結集所見所聞的史料，著成《漢書》。全書上限起自漢高祖，下限終於漢平帝、王莽被誅殺，前後十二代皇帝，共約二百三十年間的歷史。綜合記述這一朝代的史事業績，融會入《五經》的正統思想，上下貫通，寫成如《春秋》般核實的帝王本紀、表、志、列傳，共一百篇。班固從永平年間接受明帝詔令公開修撰開始，嘔心瀝血，殫精竭慮，前後二十多年，至章帝建初年間才完成。當時這部書就得到普遍重視，學術界沒有人不誦讀的。

1 自為郎後，遂見親近。時京師脩起宮室，濬繕城隍，而關中❶耆老猶望朝廷西顧。固感前世相如❷、壽王❸、東方❹之徒，造搆文辭，終以諷勸，乃上兩都賦，盛稱洛邑制度之美，以折西賓淫侈之論。其辭曰：

2 「有西都賓問於東都主人曰⑤：『蓋聞皇漢之初經營也，嘗有意乎都河洛矣⑥。輟而弗康，寔用西遷，作我上都⑦。主人聞其故而覩其制乎？』主人曰：『未也。願賓攄⑧懷舊之蓄念，發思古之幽情，博我以皇道，弘我以漢京。』賓曰：『唯唯。』

3 『漢之西都，在于雍州⑨，寔曰長安⑩。左據函谷⑪、二崤⑫之阻，表以太華、終南之山⑬。右界褒斜⑭、隴首⑮之險，帶以洪河、涇、渭之川⑯。華實之毛，則九州之上腴焉⑰；防禦之阻，則天下之奧區焉⑱。是故橫被六合，三成帝畿⑲。周以龍興，秦以虎視。及至大漢受命而都之也⑳，仰寤東井之精㉑，俯協河圖之靈㉒，奉春建策，留侯演成㉓，天人合應，以發皇明，乃眷西顧，寔惟作京㉔。於是睎秦領，睋北阜，挾酆霸，據龍首㉕。圖皇基於億載，度宏規而大起，肇自高而終平，世增飾以崇麗，歷十二之延祚㉖，故窮奢而極侈。建金城其萬雉，呀周池而成淵㉗。披三條之廣路，立十二之通門㉘。內則街衢洞達，閭閻且千。九市開場，貨別隧分，人不得顧，車不得旋。闐城溢郭，傍流百廛，紅塵四合，煙雲相連㉙。於是既庶且富，娛樂無疆，都人士女，殊異乎五方。游士擬於公侯，列肆侈於姬、姜(30)。鄉曲豪俊游俠之雄(31)，節慕原、嘗，名亞春、陵(32)，連交合眾，騁騖(33)乎其中。

4 『若乃觀其四郊，浮遊近縣，則南望杜、霸，北眺五陵(34)。名都對郭，邑居相承，英俊之域，紱冕(35)所興，冠蓋(36)如雲，七相五公(37)。與乎州郡之豪桀(38)，五都(39)之貨殖(40)，三選七遷(41)，充奉陵邑。蓋以彊幹弱枝(42)，隆上都而觀萬國(43)。封畿(44)之內，厥土千里，逴躒諸夏(45)，兼其所有。其陽(46)則崇山隱天，幽林穹谷(47)，陸海珍藏，藍田美玉(48)，商、洛緣其隈，鄠、杜濱其足(49)。源泉灌注，陂池交屬，竹林果園，芳草甘木，郊野之富，號曰近蜀(50)。其陰則冠以九嵕，陪以甘泉，乃有靈宮起乎其中(51)，秦、漢之所極觀，淵、雲之所頌歎，於是乎存焉(52)。下有鄭、白之沃(53)，衣食之源，隄封(54)五萬，疆埸(55)綺分，溝塍(56)刻鏤，原隰(57)龍鱗，決渠降雨，荷臿(58)成雲，五穀垂穎(59)，桑麻敷棻(60)。東郊則有通溝大漕(61)，潰渭洞河，泛舟山東，控引淮、湖，與海通波。西郊則有上囿禁苑(62)，林麓藪澤(63)，陂池連乎蜀、漢(64)，繚(65)以周牆，四百餘里，離宮別館，三十六所，神池靈沼(66)，往往而在。其中乃有九真之麟(67)，大宛之馬(68)，黃支之犀(69)，條枝之鳥(70)，踰崑崙(71)，越巨海，殊方異類，至三萬里。

『其宮室也，體象乎天地，經緯乎陰陽，據坤靈之正位，放太、紫之圓方[72]。樹中天之華闕，豐冠山之朱堂，因瑰材而究奇，抗應龍之虹梁，列棼橑以布翼，荷棟桴而高驤[73]。雕玉瑱以居楹，裁金璧以飾璫，發五色之渥采，光爓朗以景彰[74]。於是左城右平，重軒三階，閨房周通，門闥洞開，列鍾虡於中庭，立金人於端闈[75]，仍增崖而衡閾，臨峻路而啟扉[76]。徇以離殿別寢，承以崇臺閒館，煥若列星，紫宮是環[77]。清涼宣溫，神仙長年，金華玉堂，白虎麒麟，區宇若茲，不可殫論[78]。增槃業峨，登降炤爛，殊形詭制，每各異觀，乘茵步輦，唯所息宴[79]。後宮則有掖庭椒房，后妃之室，合歡增成，安處常寧，茝若椒風，披香發越，蘭林蕙草，鴛鸞飛翔之列[80]。昭陽特盛，隆乎孝成，屋不呈材，牆不露形，裛以藻繡，絡以綸連，隨侯明月，錯落其間[81]，金釭銜璧，是為列錢，翡翠火齊，流燿含英，懸黎垂棘，夜光在焉[82]。於是玄墀釦切，玉階形庭，碝磩采緻，琳珉青熒，珊瑚碧樹，周阿而生[83]。紅羅颯纚，綺組繽紛，精曜華燭，俯仰如神[84]。後宮之號，十有四位，窈窕繁華，更盛迭貴，處乎斯列者，蓋以百數[85]。左右廷中，朝堂百僚之位，蕭曹魏邴，謀謨乎其上[86]。佐命則垂統，輔翼則成化，流大漢之愷悌，蕩亡秦之毒螫[87]。故令斯人揚樂和之聲，作畫一之歌，功德著於祖宗，膏澤洽于黎庶[88]。又有天祿石渠，典籍之府，命夫諄誨故老，名儒師傅，講論乎六藝，稽合乎同異[89]。又有承明金馬，著作之庭，大雅宏達，於茲為群[90]，元元本本，周見洽聞，啟發篇章，校理祕文[91]。周以鉤陳之位，衛以嚴更之署，總禮官之甲科，群百郡之廉孝[92]。虎賁贅衣，閹尹閽寺，陛戟百重，各有攸司[93]。周廬千列，徼道綺錯[94]。輦路經營，脩涂飛閣[95]。自未央而連桂宮，北彌明光而亙長樂，陵墱道而超西墉，混建章而外屬，設璧門之鳳闕，上柧棱而棲金雀[96]。內則別風之嶕嶢，眇麗巧而竦擢，張千門而立萬戶，順陰陽以開闔[97]。爾乃正殿崔嵬，層構厥高，臨乎未央，經駘盪而出馺娑，洞枍詣與天梁，上反宇以蓋戴，激日景而納光[98]。神明鬱其特起，遂偃蹇而上躋，軼雲雨於太半，虹霓回帶於棼楣[99]，雖輕迅與僄狡，猶愕眙而不敢階[100]。攀井幹而未半，目眴轉而意迷，舍櫺檻而卻倚，若顛墜而復稽，魂怳怳以失度，巡回涂而下低[101]。既懲懼於登望，降周流以彷徨，步甬道以縈紆，又杳窱而不見陽[102]。排飛闥而上出，若游目於天表，似無依而洋洋[103]。前唐中而後太液，攬滄海之湯湯，揚波濤於碣石，激神嶽之嶈嶈，濫瀛洲與方壺，蓬萊起乎中央[104]。於是靈草冬榮，神木叢生，巖峻崷崒，金石崢嶸[105]。抗仙掌以承露，擢雙立之金莖，軼埃堨之混濁，鮮顥氣之清英[106]。騁文成之丕誕，馳五利之所刑，庶松喬之群類，時游從乎斯庭，實列仙之攸館，匪吾人之所寧⑩⑦。

6 『爾乃盛娛游之壯觀，奮大武乎上囿，因茲以威戎夸狄，燿威而講事⑩⑧。命荊州使起鳥，詔梁野而驅獸，毛群內闐，飛羽上覆，接翼側足，集禁林而屯聚⑩⑨。水衡虞人，理其營表，種別群分，部曲有署⑪⓪。罘罔連紘，籠山絡野，列卒周帀，星羅雲布⑪①。於是乘輿備法駕，帥群臣，披飛廉，入苑門⑪②。遂繞酆鄗，歷上蘭，六師發胄，百獸駭殫⑪③，震震爚爚，雷奔電激，草木塗地，山淵反覆，蹂躪其十二三，乃拗怒而少息⑪④。爾乃期門佽飛，列刃鑽鍭，要趹追蹤，鳥驚觸絲，獸駭值鋒，機不虛掎，弦不再控，矢無單殺，中必疊雙，颮颮紛紛，矰繳相纏，風毛雨血，灑野蔽天⑪⑤。平原赤，勇士厲，猨狖失木，豺狼懾竄⑪⑥。爾乃移師趨險，並蹈潛穢，窮虎奔突，狂兕觸蹷⑪⑦。許少施巧，秦成力折，掎僄狡，扼猛噬，脫角挫脰，徒搏獨殺⑪⑧。挾師豹，拖熊螭，頓犀犛，曳豪羆⑪⑨，超迥壑，越峻崖，蹷嶃巖⑫⓪，鉅石隤，松柏仆，叢林摧，草木無餘，禽獸殄夷⑫①。於是天子乃登屬玉之館，歷長楊之榭，覽山川之體埶，觀三軍之殺獲⑫②，原野蕭條，目極四裔，禽相鎮厭，獸相枕藉⑫③。然後收禽會眾，論功賜胙，陳輕騎以行炰，騰酒車而斟酌，割鮮野食，舉燧命爵⑫④。饗賜畢，勞逸齊，大輅鳴鑾，容與裴回⑫⑤，集乎豫章之宇，臨乎昆明之池(126)。左牽牛而右織女，似雲漢之無崖，茂樹蔭蔚，芳草被堤，蘭茝發色(127)，曄曄猗猗，若摛錦布繡，燭燿乎其陂(128)。玄鶴白鷺，黃鵠鵁鸛，鶬鴰鴇鶂，鳧鷖鴻鴈(129)，朝發河海，夕宿江漢，沈浮往來，雲集霧散(130)。於是後宮乘輚路，登龍舟，張鳳蓋，建華旗，袪黼帷，鏡清流，靡微風，澹淡浮(131)。櫂女謳，鼓吹震，聲激越，謍厲天，鳥群翔，魚闚淵(132)。招白間，下雙鵠，揄文竿，出比目(133)。撫鴻幢，御矰繳，方舟並騖，俛仰極樂(134)。遂風舉雲搖，浮游普覽，前乘秦領，後越九嵕，東薄河華，西涉岐雍(135)，宮館所歷，百有餘區，行所朝夕，儲不改供(136)。禮上下而接山川，究休祐之所用，采游童之歡謠，第從臣之嘉頌(137)。于斯之時，都都相望，邑邑相屬(138)，國藉十世之基，家承百年之業(139)，士食舊德之名氏，農服先疇之畎畝，商修族世之所鬻，工用高曾之規矩(140)，粲乎隱隱，各得其所(141)。

7 『若臣者，徒觀迹乎舊墟(142)，聞之乎故老(143)，什分而未得其一端(144)，故不能徧舉(145)也。』

【章旨】以上為〈班固傳〉的第二部分，錄其〈兩都賦〉的前一部分〈西都賦〉，重點是借由西都賓之口誇耀長安作為國都的優越特性。述者以高度誇張的手法，先從其地理位置、山川形勢、建築規模、市場繁榮、人才自由等諸方面，說明這裡繁榮昌盛；又從宮室建築群的雄偉、華美，突出其奢華靡費。由遠及近，由內及外，記敘分明。末段並極力鋪寫天子率臣僚在苑囿中娛樂遊獵的情況。作者在誇耀中已顯示譏諷之意。

【注釋】❶關中　關中地區大體相當今陝西中南部一帶。古人認為這裡東有函谷關，南有武關，西有散關，北有蕭關，故謂長安及周圍一帶為關中。❷相如　即司馬相如，見前注，辭賦家，作品有〈上林賦〉、〈子虛賦〉、〈大人賦〉、〈哀二世賦〉等。《漢書》卷五十七有傳。❸壽王　即吾丘壽王，字子贛，趙人。從董仲舒受《春秋》，武帝時曾為光祿大夫。《漢書．藝文志》載，詩賦類有「吾丘壽王賦十五篇」，今已不傳。《漢書》卷六十四有傳。❹東方　即東方朔，字曼倩，平原厭次（今山東惠民）人。武帝時，為太中大夫。善辭賦，以〈答客難〉及〈非有先生論〉較為有名。《漢書》卷六十五有傳。❺有西都賓句　西都指長安，東都指洛陽。光武中興都洛陽，故以東都為主，而稱西都為賓。❻蓋聞皇漢二句　高祖五年，齊人婁敬建議劉邦都關中。時劉邦欲與周室爭隆，正經營洛陽，便問群臣。群臣皆山東（指殽山之東）人，爭言曰：「周王數百年，秦二世即亡。洛陽東有成皋，西有殽、澠，倍（背）河，鄉（向）伊、洛，其固亦足恃也。」即有意都河洛之證。皇，大美。經營，建築；營造。河洛，黃河與洛水。泛指這二水之間的區域，洛陽即在河之陰（南）洛之陽（北）。❼輟而弗康三句　當群臣皆主張都洛時，上問張良。良曰：「洛陽雖有此固，其中小不過數百里，田地薄，四面受敵，此非用武之國也。關中左殽，函，右隴、蜀，沃野千里；南有巴、蜀之饒，北有胡苑之利。阻三面而守，獨以一面東制諸侯；諸侯安定，河、渭漕輓天下，西給京師；諸侯有變，順流而下，足以委輸；此所謂金城千里，天府之國也。婁敬說是也。」於是劉邦「即日車駕西，都長安。」並厚賞婁敬，賜姓劉。輟，中止。康，安。❽攄　發抒；舒展。❾雍州　古代九州之一。大體相當於今陝西、甘肅及青海東部一帶區域。❿長安　本秦離宮，漢高帝七年始都於此。惠帝三年更築長安城。故城在今陝西西安西北。⓫函谷　關名。秦代的函谷關在今河南靈寶南，是秦的東關。東自崤山，西至潼津，深險如函，通名函谷。本書卷十三〈隗囂傳〉中，囂將王元說囂曰：「……元請以一丸泥為大王東封函谷關。」即指此處。漢武帝元封三年，將函谷關城移至今河南新安東北，距秦函關三百里。⓬二崤　崤，又作「殽」。山名，也叫嶔崟山。在河南洛寧北，西北接陝縣界，東接澠池縣界。山分東西二崤，東崤長坂峻阜，車不得並行，相傳周文王曾避風雨於此。西崤多石板，亦甚險絕，相傳為夏帝桀之祖皋墓所在。二陵相距三十多里。⓭表以太華終南之山　太華，即西嶽華山。在陝西華陰南，屬秦嶺山脈東段，主峰太華峰高一七九七公尺，有蓮花（西峰，海拔二〇八三公尺）、落雁（南峰）、朝陽（東峰）、玉女（中峰）、五雲（北峰）等峰，為旅遊勝地，以險峻著稱。終南，山名。在今陝西西安南，為秦嶺主峰之一，古名太一（乙）山、地肺山、中南山、周南山，為西安遊覽勝地之一。

⑭褒斜　山谷及通道名，由褒、斜二水流經通道而得名。二水同出於秦嶺太白山，褒水南流注入漢水，谷口在漢中舊褒城北十里；斜水向北注入渭河，谷口在眉縣西南三十里。秦漢以後為往來秦嶺南北重要通道之一。⑮隴首　山名。在今陝西寶雞和甘肅天水市之間，通常指六盤山之南段。⑯帶以洪河涇渭之川　洪河，即黃河。涇，水名。源出寧夏南部六盤山東麓，東南流經甘肅，到陝西高陵入渭河，支流眾多，上中游流經黃土高原，挾帶大量泥沙，以「濁」著名。渭，水名。源出甘肅渭源鳥鼠山，東流橫貫陝西中部，在潼關附近入黃河，是黃河最大支流。因上游北岸的涇河注入，水中亦含大量泥沙。⑰華實之毛二句　毛指土地上生長的草木五穀。華實，開花結實。九州，中國古代行政區劃，《尚書·禹貢》中的九州為冀、兗、青、徐、揚、荊、豫、梁、雍。西漢以前，都認為是大禹治水時所劃分。但古籍所載，名稱不盡相同，後以「九州」泛指中國。可參看《漢書·地理志》及本書之〈郡國志〉。腴，肥美；肥沃。⑱防禦之阻二句　秦地險固，從防守抗禦外寇入侵的角度看，十分險要，是天下最安全的區域。防禦，指關禁守禦設施。阻，險要之地。奧，深。⑲是故橫被六合二句　橫，東西為橫，南北為縱。秦處關西，對中原而言故曰橫。被，及；加。六合，四方上下為六合，即今之所謂「三維空間」。三成帝畿，指關中長安一帶曾是西周、秦、西漢三個朝代的帝都所在。畿，古代王都所處的千里地面。《詩·玄鳥》：「邦畿千里，維民所止。」後世多指京城管轄的地區。⑳周以龍興三句　龍興比喻新王朝的興起。周本為古代部族名，原居邰（今陝西武功），始祖后稷；古公亶父時，定居於周（今陝西岐山縣）；後日益強盛，周文王時，遷都於豐（今陝西長安灃河以西）。周武王滅商，建立周王朝，建都於鎬（今陝西長安灃河以東）；平王時東遷洛邑（今河南洛陽），共傳三十四王，歷經八百多年，而最初興起是在秦地。虎視，比喻如虎之雄視。《易·頤》：「顛頤吉，虎視眈眈，其欲逐逐，無咎。」此句言秦王朝憑藉關中之地對東方地面像猛虎瞪著眼睛注視獵物般充滿侵併的念頭。㉑仰寤東井之精　此句言東井為秦之分野。東井，星宿名。又名井宿、鶉首，二十八宿之一，有星八顆，為南方朱雀中的第一宿，即雙子座之一部。《禮記·月令》：「仲夏之月，日在東井。」《詩·大東》：「維南有箕」孔穎達疏：「鄭（玄）稱參傍有玉井，則井星在參東，故稱東井。」㉒俯協河圖之靈　協，合也。《隋書·經籍志》著錄《河圖》二十卷。《河圖》中說：「帝劉季，日角戴勝，斗匈龍股，長七尺八寸。昌光出軫，五星聚井，期之興，天授圖，地出道，予張兵鈐劉季起。」意謂劉邦長相奇特雄偉，與天上星象變化相應，表明大漢當代秦都關中。㉓奉春建策二句　奉春，指婁敬。《漢書·高帝紀》：「戍卒婁敬求見，說上曰：『陛下取天下與周異，而都雒陽，不便，不如入關，據

秦之固。」上以問張良，良因勸上。是日，車駕西都長安。拜婁敬為奉春君，賜姓劉氏。」留侯，張良封號。張良，字子房，漢初名臣，助劉邦打天下，能「運籌帷帳之中，決勝於千里之外」。事見《史記・留侯世家》或《漢書・張良傳》。㉔天人合應四句　天指天象，即「五星聚井」之說。人指人事，即婁敬等人建言入關定都的活動。皇明，偉大聖明，指漢高祖。眷，顧；回頭看。《詩・皇矣》：「乃眷西顧，此維與宅。」此句中西顧指入關，因高祖東征時起自漢中，今得天下復入關內，故曰「眷」、「顧」。京，京城；國都。㉕於是睎秦領四句　睎，望。眺，視。秦領，今作「秦嶺」。為中國地理上之南北分界線，指位於今西安南作東西走向的山脈，也叫終南山、太乙山。北阜，指今陝西三原北邊的高阜，東西橫亘的土石山。酆，又作灃。水名。源出陝西長安西南秦嶺山中，北流至西安西北入渭水。霸，今作灞。河名。源出陝西藍田東秦嶺北麓，西南流納藍水，折向西北，經西安東，過灞橋北流，入渭水。龍首，山名。在陝西長安北。《藝文類聚・辛氏・三秦記》：「龍首山長六十里，頭入渭水，尾達樊川，頭高二十丈，尾漸下，高五六丈。云『昔有黑龍自南山出，飲渭水，其行道成山』，因以為名。」也稱龍首原。「挾」和「據」都是身體動作樣式，在旁邊的叫挾，夾持。在上邊叫據，占據；盤據。㉖圖皇基於億載五句　圖，謀劃。度，估量；推測。肇，「肇」的本字。創建；初始。《爾雅・釋詁》：「初、哉、首、基、肇、祖、元、胎……始也。」高，漢高祖劉邦。平，漢平帝劉衎。自高祖至平帝，中間尚有惠、呂后、文、景、武、昭、宣、元、成、哀等，共十二代最高統治者。㉗建金城其萬雉二句　金城，言城之堅固，如金屬鑄成。《韓非子・用人》：「不謹蕭墻之患，而固金城於遠境。」雉，計算城牆面積的單位。《左傳・隱公元年》：「都城過百雉，國之害也。」杜預注：「方丈曰堵，三堵曰雉，一雉之牆長三丈，高一丈。」呀，大、空的樣子，如山谷大而空叫「谽呀」，也作「谽谺」。呀，在此為動詞。池，護城河。淵，深潭；深水。㉘披三條之廣路二句　《周禮》：「國（即國都）方九里，旁三門。」每門有大路，故曰三條廣路。鄭玄注《周禮》：「天子城十二門，通十二子也。」㉙內則街衢洞達十句　街，城市中的大道。衢，四通八達的道路。閭閻，里巷中的大門，也可代指里巷。九市，《漢宮闕疏》：「長安九市，其六在道西，三在道東。」隧，列肆道，即兩旁有商店門市的道路。闐，充滿。郭，外城。壥，通「廛」。古代城市中平民的房地。紅塵，鬧市中飛揚的塵埃。煙，泛指人煙、炊煙、塵煙。雲，雲氣；雲霧。㉚既庶且富六句　庶指人口眾多，富指財物多。都人，居住在城郭一帶區域中的人。五方，指四方及中央。肆，市場中陳列貨物的地方。姬姜，借指大姓人家的婦女，泛指貴婦人。㉛鄉曲豪俊游俠之雄　鄉曲，鄉里。豪俊，豪強俊傑；才能勇力出眾的人。游俠，古代稱那種輕生死、重信義、扶危濟困、仗己力以助知己或貧弱的人，即《史記・游俠列傳》中寫的朱家、郭解、劇孟等一類人。㉜原嘗二句　原、嘗、春、陵指「戰國四公子」：趙惠文王之弟平原君趙勝，齊湣王時曾為齊相的孟嘗君田文，楚考烈王時曾任令尹的春申君黃歇，魏安釐王之弟信陵君魏無忌，此四人均以善養士著稱於世。㉝騁騖　此處作任意施展自己的本領和才華講。縱馬奔馳曰騁，東西交馳為騖。㉞若乃觀其四郊四句　浮遊，漫遊；周流。〈離騷〉：「欲遠集而無所止兮，聊浮游以逍遙。」杜霸，指杜陵和霸陵。杜陵在今陝西西安東南，本名杜原，古為杜伯國，秦置杜縣，西漢宣帝在此築陵，改名杜陵。霸陵，西漢文帝陵寢所在地，在陝西長安城東七十里，因山為藏，不復起陵，就其水名，因以為陵號。五陵，原指長安城北葬有皇帝的五座陵名，即高帝葬長陵，惠帝葬安陵，景帝葬陽陵，武帝葬茂陵，昭帝葬平陵，因漢朝皇帝每立陵墓，都把四方富家豪族以及外戚等遷至陵墓附近居住，因而後代詩文中常以「五陵」為豪門貴族聚居地的代稱，如李白〈少年行〉：「五陵年少金市東，銀鞍白馬度春風。」㉟黻冕　指古代大夫以上祭祀時的禮服禮帽。用在此句中，與下文的「冠蓋」都是指豪門大族、富貴人家，很有身分地位的人。黻，指古代禮服上黑與青相間的花紋。冕，指古代帝王、諸侯及卿大夫所戴的禮帽。㊱冠蓋　此處均代指官宦人家、豪門大族。冠，帽子。古代貴族家男子到二十歲時行冠禮，表示成年。蓋，古代車上遮陽障雨的用具，即車篷，多為圓形。㊲七相五公　指生活在長安城附近這一帶曾當過丞相的七個人和五位曾官至三公高位的人。七相是：車千秋、黃霸、王商、韋賢、平當、魏相、王嘉。五公是：田蚡、張安世、朱博、平晏、韋賞。《文選．西都賦》李善注「五公」為：張湯、杜周、蕭望之、馮奉世、史丹。㊳豪桀　豪強俊傑；才能出眾的英雄人物。桀，通「傑」。㊴五都　漢代指洛陽、邯鄲、臨淄（今山東淄博）、宛（今河南南陽）、成都等五座大的城市。㊵貨殖　居積財貨經營生利，即居財貨以生殖，今謂經商。㊶三選七遷　三選，選三等之人為帝王守陵墓，即俸祿達到年二千石的官吏、家資豪富的人、豪傑併兼之家。七遷，七次大規模遷徙移民分別遷至杜霸二陵及五陵處，指自高帝起，經惠帝、文帝、景帝、武帝、昭帝、宣帝，到元帝以後不再遷，故曰七遷。㊷彊幹弱枝　以樹木為喻，枝大於本，則易搖動且易折傷，加強中央權力及財貨，則削弱了地方勢力，有利於鞏固帝王的統治。㊸隆上都而觀萬國　提高京都在全國的地位，通過「移民」，不僅僅是為了守陵、護陵，而且可以了解萬國各方的情況，並有利於向各個地方政權進行指示、發號施令。㊹封畿　京都所管轄的範圍之內。㊺逴犖諸夏　逴犖，超越。諸夏，本指周代分封的諸侯國，後泛指中國。㊻陽　指南面。向日為陽，背日為陰，古代以山之南、水之北為陽，水之陰陽以岸堤向日與否區分。㊼穹谷　深谷；幽深的山谷。㊽藍田美玉　藍田，秦置縣名。在今陝西西安東南。縣東有山，為驪山南阜，以產美玉出名，故名玉山。又名覆車山，因形似覆車得名。㊾商洛緣其限二句　此二句言：西都長安，它的東南方有商縣、上洛，南邊及西南方有戶縣、杜陵等，其轄境內的水流，彎曲地流過，靠近南山腳下，環抱著城市。商洛，指今陝西西安東南方向之商州、上洛一帶地方。隈，彎曲的地方。鄠，夏代為扈國，秦為鄠邑，漢初置縣，屬右扶風，一九六四年改名為「戶縣」，在秦嶺北麓，渭河南岸，今陝西西安西南。杜，杜陵，漢宣帝劉詢陵墓所在地，在今陝西西安東南。足，此處指山麓，山腳。50源泉灌注六句　大意為：長安南面山勢高峻，水源充足，物產豐富，可以比得上號稱「天府之國」的蜀地。陂，澤畔障水之岸，即防護堤。池，積水塘。《漢書・地理志》：「巴、蜀……土地肥美，有江水沃野，山林竹木疏食果食之饒。」又「秦地……其民有先王遺風，好稼穡，務本業，故〈豳詩〉言農桑衣食之本甚備。有鄠、杜竹林，南山檀柘，號稱陸海，為九州膏腴。始皇之初，鄭國穿渠，引涇水灌田，沃野千里，民以富饒。」郊，邑（人口聚居處）之外曰郊。野，郊之外曰野。51其陰則冠以九嵕三句　九嵕，幾座並列的山峰叫「嵕」，九嵕山在陝西醴泉東北，有九峰高聳，山南麓，即咸陽北坂。甘泉山在陝西雲陽西北九十里，秦始皇於上建林光宮，西漢武帝時又起甘泉宮、益壽、延壽館、通天、高光、迎風諸殿。52秦漢之所極觀三句　秦、漢指秦始皇和西漢武帝在甘泉山上建築的宮殿為冠絕一時的極觀。淵、雲指王褒和揚雄。王褒，字子淵，西漢蜀郡資中人，宣帝時曾為諫大夫，善詩賦，曾作〈甘泉頌〉。揚雄，字子雲，西漢蜀郡成都人，少好學，長於辭賦，成帝時曾作〈甘泉賦〉。以上二人《漢書》卷六十四及卷八十七分別有傳。53下有鄭白之沃　鄭白之沃，指鄭國渠及白渠所灌溉的肥沃的土地。鄭國，戰國末期韓國人，水利家，秦王嬴政十年（西元前二三七年）受韓指派赴秦，遊說秦相呂不韋，採用他目的在於「疲秦」卻說是為了「強秦」興修水利工程的建議，徵發十萬民工，開鑿西引涇水、東注洛河的灌溉渠。渠長三百餘里，灌田四萬餘頃。起初想以此消耗秦的國力，阻止和延緩秦對韓國等關東六國的兼併戰爭，結果使「關中為沃野，無凶年，秦以富強，卒併諸侯。」因而被稱作「鄭國渠」。《漢書・溝洫志》：「太始二年，趙中大夫白公復奏穿渠，引涇水，首起谷口，尾入櫟陽，注渭中，袤二百里，溉田四千五百餘頃，因名曰白渠。民得其饒，歌之曰：『田於何所？池陽、谷口。鄭國在前，白渠起後。舉臿為雲，決渠為雨。涇水一石，其泥數斗。且溉且糞，長我禾黍。衣食京師，億萬之口。』言此兩渠饒也。」鄭國渠在今陝西涇陽、三原、富平、蒲城一帶，唐以後漸廢。白渠在今陝西醴泉、櫟陽、下邽一帶，宋、元以後漸廢。54隄封　隄，擋水的長條形建築物，河埝。封，堆土。55疆埸　疆，境界；邊界。埸，田間分界；地界。56溝塍　溝渠和田埂。57原隰　原，高而平的土地。隰，低而溼的土地。58臿　掘土的農具。今謂之鍬，也作「鍤」。59五穀垂穎　五穀，五種穀物，古人說法不一，《周禮》注、《莊子》疏中指黍、稷、菽、麥、稻等五種（有的無稻而有麻），後世一般指各種糧食作物。穎，禾穗。60棼　通「紛」。茂盛的樣子。61東郊則有通溝大漕　漕，水道運糧。《漢書・溝洫志》載：大禹治水時疏通水道，「滎陽下引河東南為鴻溝，以通宋、鄭、陳、蔡、曹、衛，與濟、汝、淮、泗會。」「於楚，西方則通渠漢川、雲夢之際，東方則通溝江、淮之間。」漢武帝時，用大司農鄭當時言：「引渭穿渠起長安，旁南山下，至河三百餘里，徑，易漕。」「發卒數萬人穿漕渠，三歲而通。」(62)西郊則有上囿禁苑　囿，古代帝王畜養禽獸的園林，漢以後也稱苑。(63)藪澤　湖澤；沼澤。有水為澤，無水為藪。(64)陂池連乎蜀漢　蜀，指今四川西部成都一帶。漢，漢水發源之今陝西南部漢中一帶。(65)繚　繞；圍繞。(66)神池靈沼　神池，靈異的池。靈沼，有神奇效應的池沼。《三輔黃圖》：「上林有建章、承光等一十一宮，平樂、繭觀等二十五，凡三十六所。」《三秦記》：「昆明池中有神池，通白鹿原。」《詩．靈臺》：「王在靈沼，於牣魚躍。」(67)九真之麟　九真，郡名。秦末漢初，南越趙佗所置，武帝元鼎六年（西元前一一一年）入漢。轄境相當今越南清化、河靜及義安東部地區。宣帝時「九真郡獻奇獸。」「駒形，麟色，牛角。」(68)大宛之馬　武帝時，李廣利斬大宛王首，獲汗血馬來。大宛為西域三十六城國之一，以產名貴的汗血馬著稱，其區域在今新疆外的哈薩克斯坦境內。(69)黃支之犀　黃支，古國名。應劭曰：「黃支在日南（西漢武帝元鼎六年所置郡名，治今越南中部廣治省境內）之南，去京師三萬里。」《漢書．平帝紀》：「元始二年春，黃支國獻犀牛。」(70)條枝之鳥　條枝，又作條支。漢西域國名。在安息以西，臨西海（今波斯灣），區域在今伊拉克境內底格里斯河與幼發拉底河之間。鳥，指鴕鳥。(71)崐崘　山系名。西起帕米爾高原東部，橫跨新疆、西藏間，東延入青海境內，長約二千五百公里，為古老褶皺山，多冰川、雪峰，海拔六千公尺以上高峰多處，是古代重要的邊塞。(72)其宮室五句　此五句言，長安城的宮室建築體制，有方形的，有圓形的，或某一個體，有方的部分，也有圓的部分，這都象徵了天圓地方的理念，也與經緯陰陽相匹配，宮殿建在地神正位的方向，與天廷中太微、紫宮等玉皇大帝的居所相似。體象，用本體來象徵，古人以為天圓地方，故以圓形建築象徵天，方形建築象徵地。經緯，本指織物的線，縱的叫經，橫的叫緯。人們劃分地表的標誌線，把南北方向的叫經，東西方向的叫緯。陰陽，是中國古代哲學中一個極為廣泛的概念。在空間上，多指南面為陽，北面為陰；在時間上，白天為陽，夜間為陰，等等。其源於人們把日叫太陽，把月叫太陰。古人以陰陽闡釋自然界和人體諸多方面的構成及消長變化，是有相當道理的。坤靈，在八卦中，坤象地，坤靈即地之神靈，古代對山嶽河瀆之神的總稱，也叫地祇。揚雄〈司空箴〉：「普彼坤靈，侔天作合。」放，仿或倣的意思，仿效；像似。太，太微，星垣名。古代天文學家分天體恆星為三垣，太微為三垣之一。《史記．天官書》：「南宮朱雀，權、衡。衡，太微，三光之廷。」唐司馬貞《索隱》：「宋均曰：太微，天帝南宮也。」紫，紫宮，三垣之中垣有紫微十五星。古人認為，紫宮是天帝的居室，人間則指帝王的宮禁。劉向《七略》：「明堂之制，內有太室，象紫宮；南出明堂，象太微。」據《史記．天官書》及有關注釋，知太微星座象方而紫宮星座象圓。(73)樹中天之華闕六句　此六句意為：宮中建高入空中的華美建築，正紅色的殿堂建在高山之頂端，所用材料瑰瑋神奇如美玉一般，高舉起狀如龍、曲如虹般的棟梁，巧妙地分布閣樓上的小梁及屋椽，使其四角張開如鳥的飛翼，正梁二梁承擔著而高高地翹舉著。中天，天空之中；古史中把堯舜之世稱為中天之世，即盛世之意，此處兩解均可通。闕，古代宮廟及墓門立雙柱者謂之闕；城樓叫闕；皇帝所居處叫闕，如「詣闕上書」，此句中用此義。此句意為，宮中建立起高聳入雲天的皇帝居所。豐，大；美好。冠山，因朱堂建在山頂，故云冠山。應龍，古代神話中長翅膀的龍。古人傳說，龍五百年為角龍，又千年為應龍。屈原〈天問〉：「河海應龍，何畫何歷？」即據傳說而發：相傳禹治洪水時，有應龍以尾畫地，於是成了江河，使水流入大海。虹梁，曲如虹形的梁。此句言：高高地架起應龍形的曲如彩虹般的棟梁。棼，閣樓上的主梁，又解作房屋承塵上互相交錯疊置的梁。《說文》：「棼，複屋之棟。」橑，屋椽。翼，飛檐，此處指房屋的四角上揚如飛鳥之翼。棟桴，屋中的正梁叫棟，二梁叫桴。驤，本謂馬首昂舉，引申為上舉。

74 雕玉瑱以居楹四句　意謂：建築宮殿時，將玉石柱礎雕刻出美麗的圖案形象，在上面立起楹柱，把金黃色的飾物磨裁成圓形玉璧的樣子來作為椽頭的裝飾及保護品，陽光照射上這些東西，反射出五顏六色的光彩，整座建築金碧輝煌，燦爛奪目，十分鮮豔漂亮。瑱，通「磌」。在這裡指柱礎。楹，廳堂前部的柱子。此句言：用美玉雕成柱基石，上邊立著楹柱。金璧，圓形的金屬片。璫，外露椽頭的保護品，即「瓦當」之類。渥采，濃郁而有光采。爓，火苗。景，日光；光彩。

75 於是左墄右平六句　墄，臺階。軒，樓板；檻板。闠，小門；門內。鍾，亦作「鐘」。樂器名。古代祭祀或宴享時用，銅製，中空，敲擊發聲。虡，懸掛編鍾、編磬的木架，橫木曰簨，直木曰虡。金人，銅鑄的人像。《史記・秦始皇本紀》：「收天下兵，聚之咸陽，銷以為鍾鐻，金人十二，重各千石，置廷宮中。」闈，古代宮室，前曰廟，後曰寢，寢側兩邊的小門叫闈。後宮中后妃所居處也叫闈。端闈，宮中正門。

76 仍增崖而衡閾二句　於是在狀如高聳而多層的崖壁般的大小宮門口建起各種門限，面對著山上高峻的道路而打開窗扇。仍，因；於是。增崖，多層高聳的崖壁。閾，門檻。扉，門扇。

77 徇以離殿別寢四句　環繞著正殿正宮的是那些離殿別寢，像用手捧著一樣排在四圍的是一些高高的方臺和數不清的館舍，這一切都金碧輝煌，燈火燦爛，鮮亮得像天上的群星，緊密地圍繞著紫微星一般，拱衛著天子的居所。徇，環繞。離殿，猶離宮，古代帝王於正式宮殿之外別築宮室，以便隨時遊處的居所，因與正式宮殿分離而得名。別寢，指正堂臥室以外的睡眠處。臺，高而上平的建築物。館，原指接待賓客的房舍，後泛指房舍建制的通稱。煥，鮮明；光亮。紫宮，紫微宮，天帝所居，見前「泰紫」注。紫宮是環，這裡的「是」相當「之」的語法作用，表示賓語提前，即環紫宮之意。

78 清涼宣溫六句　據《三輔黃圖》所載：漢之未央宮有清涼殿、宣室殿、中溫室殿、金華殿、大玉堂殿、中白虎殿、麒麟殿，長樂宮有神仙殿。長年，宮殿名。區宇，疆土境域。區指疆域，有一定界限的地方；宇指上下四方，即六合之內。殫，盡、完之意。

79 增槃業峨六句　此六句

言：以上這些宮殿，隨著山勢，一層層高低錯落，隨山形盤屈，無論升殿或下殿，都滿目輝煌，光華燦爛。它們的形制各不相同，有些是特殊怪異的樣式，各自有不同的外觀。登上車輦，來到這裡，是休閒逸樂的好場所。增，重複。槃，彎曲；曲折。業峨，高聳貌。業，通「嶫」。峨，高聳；矗立。炤，通「昭」。明亮。爛，有光彩。殊，特殊；不一般。詭，怪異。茵，車墊子。《詩・小戎》：「文茵暢轂，駕我騏馵。」《毛傳》：「文茵，虎皮也。」今人高亨認為文茵是有花紋的席子或褥子，鋪在車上作墊子。輦，由人推挽的車，秦漢以後特指君后所乘的車，如帝輦，鳳輦。息宴，休息；閒居。(80)後宮則有掖庭八句　掖庭，宮中旁舍，妃嬪居住的地方。《漢官儀》：「婕妤以下皆居掖庭。」椒房，漢代皇后所居的宮殿，因用椒水和泥塗壁而得名，取其溫熱、芳香、多子之義。後世也以椒房作后妃的代稱。《三輔黃圖》：「長樂宮有椒房殿。」《漢書・外戚傳》：「孝成班婕妤，居增成舍。」桓譚《新論》：「董賢女弟為昭儀，居舍號曰椒風。」《漢宮閣名》中載長安有披香殿、鴛鴦殿、飛翔殿等。其餘雖未見於史籍，然皆為宮殿名無疑。(81)昭陽特盛八句　趙飛燕住過的昭陽殿裡特別華美、盛大，它特別興隆繁盛在孝成帝時代，房屋一點都不顯露建築用的原材料，四周牆壁也不露原來的形狀，而是用漂亮的繡著精美圖案的絲織品纏裹著，上邊還蒙著絲絲織編的網絡，價值連城的隨侯珠、夜光珠，高低錯落地綴結在這些飾物上。昭陽，宮殿名。西漢武帝時後宮八區中有昭陽殿，孝成帝時趙飛燕居之。《漢書・外戚傳》：「孝成趙皇后……號曰飛燕……居昭陽舍，其中庭彤朱，而殿上髹漆，切皆銅沓黃金塗，白玉階，壁帶往往為黃金釭，函藍田壁，明珠、翠羽飾之，自後宮未嘗有焉。」裛，纏裹。藻，文采；修飾。繡，五彩俱備的繪畫及精美華麗的布帛上製成的圖案。絡，纏繞；籠罩。綸連，比絲粗的絲叫綸，又特指青絲，用絲帶結成網絡叫綸連，也叫綦綵。隨侯，隨侯珠的代稱，隨侯見大蛇，傷斷，以藥傅而塗之，後蛇於夜中銜大珠以報之，因曰隨侯之珠，與和氏之璧齊名。明月，明月珠的省稱，因珠光晶瑩似月光得名，也叫夜光珠。(82)金釭銜璧六句　此六句緊接上文，言宮殿內部的裝飾：銜在牆上的橫木用黃金釭纏飾著，像一排排圓形錢幣。翡翠、火齊，這些五顏六色的美玉寶石，閃爍著耀眼的光彩，飽含著高昂的價值。還有懸黎、垂棘，以及夜光珠之類的美玉珠寶，都裝飾在這裡。金釭二句，釭本指車轂中以金屬為裹的孔，用以穿軸。後指宮室壁帶上的環狀飾物。見上注「昭陽」引文。因以黃金為釭，故曰金釭。壁帶是古代宮室中壁中露出像帶一樣的橫木，上面裝飾著圓形的黃金釭，一行行排列著，像當時通行的圓形錢幣。翡翠，本為鳥名。其形如燕，赤而雄曰翡，青而雌曰翠（見《異物志》），羽毛可作裝飾品，特別美麗，後轉指青綠色透明瑩潔的美玉。火齊，玫瑰珠石。《異物志》：「火齊如雲母，重沓而可開，色黃赤，似金，出日南。」流燿，閃動的、運轉不定的光彩。燿，又作「耀」。含英，蘊含著最精華最寶貴的部分。懸黎，美玉名。《戰國策・秦策三・范子因王稽入秦》：「臣聞周有砥厄，宋有結綠，梁有懸黎，楚有和璞。此四寶者，工之所失也，而為天下名器。」垂棘，春秋時晉國產美玉的地方，確切地址已不可考，後世作為美玉的代稱。《左傳・僖公二年》：「晉荀息請以垂棘之璧假道於虞。」夜光，珠名。《述異記》：「南海有明珠，即鯨魚目瞳。鯨死而目皆無精可以鑒，謂之夜光。」亦可解作「整夜發光」。(83)於是玄墀釦切六句　以上六句寫宮室外面的豪奢情況。玄墀，黑色的臺階。因臺階在黑漆塗飾，故稱玄墀。見前「昭陽」注引文「殿上髹漆」。釦切，以金玉裝飾臺階。切，通「砌」。臺階。釦，以金玉飾物。玉階，以美玉鑲飾臺階。彤庭，朱紅色的庭院。見❿引文「中庭彤朱」。碝碱，似玉的美石，即次等的玉。采緻，五色斑斕。采，通「彩」或「綵」。緻，紋理細密堅實。琳珉，青綠色的玉叫琳，玉之次者叫珉。青熒，指次玉反射出的光輝。珊瑚，一種叫珊瑚蟲的腔腸動物所分泌形成的石灰質骨骼，多產於熱帶海洋中，有樹枝狀等多種形體及多種顏色，可作為裝飾品或陳列觀賞物。碧樹，以碧玉為葉，加工成樹形。《漢武故事》：「武帝起神堂，植玉樹，葺珊瑚為枝，以碧玉為葉。」阿，曲隅。周阿而生，指這些用珊瑚和碧玉製成的樹狀工藝品，擺在宮殿的周圍及各個角落。(84)紅羅颯纚四句　寫宮廷中的舞女，身著紅色的羅衣，長袖飄擺舞動；身著素地花紋綺衣，腰繫絲帶的舞女，也紛紛出沒其間。她們身上精美華麗的服飾都閃耀著五顏六色的光彩，俯身仰面，婉轉自如，就像天上的神女下凡一般。紅羅，紅色的羅衣，這裡代指穿紅色羅裙的舞女。羅是一種質地輕軟、經緯組織呈椒眼狀的高級絲織品。颯纚，長袖舞動的樣子。綺，素地織紋起花的絲織物，織采為文曰錦，織素為文曰綺。組，絲帶，專門用來繫帷幕或印章的叫綬。繽紛，繁盛的樣子。曜，明亮；照耀。燭，亦可作「爥」。照耀。俯仰如神，舞女俯仰之間，特別美妙，像神仙一般。《戰國策・楚策三》：「張儀謂楚王曰：『彼鄭、周之女，粉白黛黑，立於衢閭，非知而見之者，以為神。』」(85)後宮之號六句　以上六句言：居住在這些宮殿裡的女官，有十四等不同的稱號，每等待遇各不相同。她們都美妙賢淑，穿戴著華麗高貴的服裝，更替著享受帝王的寵幸。處於這種行列裡的女子，有好幾百人之多。《漢書・外戚傳》：「漢興，因秦之稱號，帝母稱皇太后，祖母稱太皇太后，嫡稱皇后，妾皆稱夫人。又有美人、良人、八子、七子、長使、少使之號焉。至武帝制婕妤、娙娥、傛華、充依，各有爵位，而元帝加昭儀之號，凡十四等云。昭儀位視丞相，爵比諸侯王。婕妤視上卿，比列侯。……少使視四百石，比公乘。五官視三百石。順常視二百石。無涓、共和、娛靈、保林、良使、夜者，皆視百石。」窈窕，幽閑美好的樣子，既可指女子，如《詩・關雎》：「窈窕淑女，君子好逑。」也可指男子，如樂府辭〈孔雀東南飛〉：「云有第三郎，窈窕世無雙。」繁華，繁盛華麗。(86)左右廷中四句　此四句起，由後宮寫至前堂，言朝廷群臣百官的作用，以蕭何等四人為代表，讚揚他們身居要位在治理國家中的重要地位。廷，古代帝王接受朝拜發布政令的地方；朝廷。朝堂，漢代正朝左右百官治事之所，國家有大事，皆於朝堂會議。百僚，各種執役服事之人，即百官。蕭，指漢初丞相蕭何，曾薦韓信為大將，並為劉邦輸送士卒糧餉，為漢朝創建立下功勳。曹，指曹參，漢初大臣，繼蕭何為漢惠帝丞相。以上二人皆沛人，是劉邦同鄉。魏，指宣帝時曾任丞相的魏相，字弱翁，濟陰定陶人，爵為高平侯。邴，指邴吉，亦作丙吉，字少卿，魯國（今山東曲阜）人，宣帝時任丞相。以上四人，《漢書》卷三十九及卷七十四分別有傳。謀謨，計策；謀略。87佐命則垂統四句　此四句言蕭何、曹參等諸大臣的功績：這些輔佐大臣使皇家血統垂傳延續，他們輔佐之功成就了天下的教化，傳布了大漢天子和樂簡易的行政風範，蕩滌了已被滅亡的暴秦的蛇蝎般的苛刻暴虐的行政作風。佐命，輔佐之臣。因古代帝王建立王朝，統治天下，自以為是承天受命，故稱輔臣為佐命。《文選．答蘇武書》：「其餘佐命立功之士，賈誼、亞夫之徒，皆信命世之才，抱將相之具。」垂統，把基業傳給後世子孫，多指皇位的承襲。統，世代相繼的系統。《史記．司馬相如列傳》：「憲度著明，易則也；垂統理順，易繼也。」輔，輔助；後世稱宰相為輔。翼，本指鳥類的翅膀，這裡亦作「輔助」解，《國語．楚語上》：「求賢良以翼之。」成化，變易風化，使之成為。《易．繫辭上》：「在天成象，在地成形，變化見矣。」愷悌，和樂簡易。《左傳．僖公十二年》：「愷悌君子，神所勞矣。」杜預注：「愷，樂也；悌，易也。」毒螫，毒蟲螫咬，喻秦暴政之苛殘。王褒〈四子講德論〉：「秦之處位任政者，並施毒螫。」《漢書．食貨志》：「孝惠、高后之間，衣食滋殖。文帝即位，躬修節儉。」「而孝武時，國用饒給，而民不益賦」。《漢書．高后紀．贊》：「孝惠、高后之時，海內得離戰國之苦，君臣俱欲無為，故惠帝拱己，高后女主制政，不出房闥，而天下晏然，刑罰罕用，民務稼穡，衣食滋殖。」以上引文可為後二句之注腳。88故令斯人四句　此四句言：所以讓那些勳業卓著德高望重的大臣，鳴奏出安樂和諧的盛世樂聲，創作並歌唱出讚揚蕭規曹隨法律嚴整明白的頌歌，偉大的功勳德業歸於武功文治卓著的西漢高祖和文帝，把帝王給臣民的恩惠如甘霖般遍灑到百姓身上。樂和，音樂和諧。傳為秦末陳勝起義時所封博士孔鮒撰的《孔叢子》：「古之帝王，功成作樂，其功善者其樂和。」畫一，整齊；明白。《漢書．蕭何曹參傳》：「蕭何薨，……參代何為相國，舉事無所變更，壹遵何之約束。……百姓歌之曰：『蕭何為法，較若畫一；曹參代之，守而勿失。載其清靖，民以寧壹。』」祖宗，對始祖及先世中有功德者的尊稱。蔡邕注班固〈典引〉（見《文選．符命》）「表相祖宗」曰：「始受命為祖，繼中為宗，皆不毀廟之稱也。」這裡的祖宗指漢高祖及漢文帝。見《漢書．景帝紀》：「元年冬十月，詔曰：『蓋聞古者祖有功而宗有德，制禮樂各有由。歌者，所以發德也；舞者，所以明功也。……』」丞相（申屠）嘉等奏曰：『世功莫大於高皇帝，德莫盛於孝文皇帝。高皇帝廟宜為帝者太祖之廟，孝文皇帝廟宜為帝者太宗之廟。』」膏澤，膏指油脂，可作肥料。澤，指甘霖、雨露。肥料和水對禾苗生長十分必需。這裡比喻對百姓的恩惠。黎庶，黎和庶都作眾、多解，合起來指民眾、百姓，又可稱黎民、庶民。洽，霑潤。(89)又有天祿石渠六句　此六句言：這裡還有天祿閣、石渠閣等貯藏國家經典祕籍的場所，皇上讓那些諄諄教誨子弟的前朝故老以及著名的宿儒老師，在這裡講解評論六經等儒家學說，校正核對這些典籍的正誤異同。天祿，本義為上天賜給的福祿，這裡是天祿閣的簡稱。蕭何主持建造，為漢代藏典籍祕書的殿閣，劉向、揚雄等著名學者均曾在此校書。石渠，石渠閣的簡稱。漢宮中藏書處，在未央宮殿北。劉邦入關，得秦圖書典籍，蕭何建此閣以藏之。因閣下置礱石為渠以導水，故為閣名。至成帝時，又藏機密、祕密文書於此。諄誨，教誨。師傅，對各類師長、老師的通稱。六蓺，周代教育貴族子弟的六種科目，即禮、樂、射、御、書、術六種技能；漢代及以後把儒家尊稱的六種經典著作稱作六藝，即《詩》、《書》、《禮》、《樂》、《易》、《春秋》。稽，考核；考察。(90)又有承明金馬四句　此四句言：承明廬、金馬門一帶，是著述撰作的地方，許多具有大雅之才的宏達之士，成群結眾地聚合在這裡。承明，漢代承明廬的省稱，為侍臣值宿所居之屋。後世因以入承明廬為入朝或在朝為官的典故。漢承明廬在未央宮中。《漢書・嚴朱傳》：武帝「賜書曰：『制詔會稽太守：君厭承明之廬，勞侍從之事，懷故土，出為郡吏。』」金馬，漢代金馬門的代稱，宦者署門，門傍有金馬，故謂之曰「金馬門」。本書卷二十四〈馬援列傳〉：「援好騎，善別名馬，……因表曰：『夫行天莫如龍，行地莫如馬。……孝武皇帝時，善相馬者東門京鑄作銅馬法獻之，有詔立馬於魯班門外，則更名魯班門為金馬門。』」大雅，大方雅正，對才德高尚的人的讚辭。宏達，廣博通達，多指才識而言，也指功業的宏偉。(91)元元本本四句　此四句言：這些學者在這著作之庭中，對書籍典冊追本溯源，能看出細緻入微的地方，能聽到廣博的知識信息，對篇章能闡發新意，對常人難以見到的珍祕典籍進行考訂勘核。元元本本，追源尋本，指稱事物自始至終，來歷分明。周見，所見很細密周到。《管子・勢》：「善周者，明不能見也；善明者，周不能蔽也。」洽聞，知識豐富，見聞廣博，即博洽多聞之意。啟發，闡明；發揮。校理，校勘和整理書籍。(92)周以鉤陳之位四句　此四句意為：這些殿堂的周圍，環繞著帝王所常居的後宮，還有負責督察夜間宿衛人員活動的官署拱衛著，聚合著禮儀官員優選出來的甲科成員，聚集著各處郡守推薦選拔的品德正直清廉孝順父母的人們。周，周圍；環繞。鉤陳，本為星名，在紫微垣內，最近北極，天文家多藉以測極，謂之「極星」。《晉書・天文志》：「北極五星，鉤陳六星，皆在紫宮中……鉤陳，後宮也，大帝之正妃也，大帝之常居也。」這裡指後宮。衛，衛護；保衛。嚴更，督行夜之鼓。古時夜間計時單位叫「更」，負責宿衛報時的人叫更夫。嚴更之署，即負責督查夜間宿衛人的官署。禮官，掌禮儀之官。甲科，漢代考試科目，依為難問疑義書之於策，量其大小署為甲乙之科，列而置之，不使彰顯，有欲射者，隨其所取得而釋之，以知優劣。百郡，舉郡縣成數，泛指天下、國內。廉孝，廉指清白高潔，面對財物不苟取，不貪不多占；孝指善事父母。這兩項是漢代選拔官吏的科目，自漢武帝元光元年始，令郡國舉孝廉各一人，以後合稱「孝廉」。93虎賁贅衣四句　此四句言：守衛宮殿的武士，掌管帝王、王后衣服的近臣，掌管宮門出入的宦官、內侍，持戟立於陛側的武官、警衛，一層又一層，達到上百重，都各司其職，不敢懈怠。虎賁，言如猛虎之奔走，喻其勇猛。《周禮．夏官》有虎賁氏，為官職名，掌王出入儀式保衛之事。漢武帝時置期門郎，至平帝始元元年更名為虎賁郎，置中郎將主宿衛，無常員，多至千人，後世泛指勇士。贅衣，猶綴衣。官名。周置，掌管衣服，為天子親近之臣。《尚書．立政》：「虎賁、綴衣、趣馬，小尹。」疏：「虎賁、綴衣、趣馬三者官雖小，須慎擇其人。」閽尹，主宮室出入的宦官。閽，宮官。尹，正也。閽寺，閽人與寺人。閽為守門者，掌守中門之禁；寺掌內人之禁令。見《禮記．內則》：「深宮固門，閽寺守之。」陛戟，陛是殿、壇的臺階，陛戟指持戟的近臣、武士在陛側護衛。攸司，司作主持、掌管解，攸在這裡作助詞，無義。94周廬千列二句　此二句言宮室外面的防衛警戒情況，人員多，設施嚴密。周廬，秦漢時皇宮四周所設的警衛廬舍，供宿衛。徼道，巡行警戒的道路。徼，巡察、巡邏之意。綺錯，比喻像絲織物經緯交織般縱橫交錯。95輦路經營二句　輦路，又稱輦道。天子車駕往來常經之宮中道路。經營，周旋往來。脩涂，又長又高的道路。脩，通「修」。涂，道路。飛閣，駕空建築的閣道，俗稱天橋。96自未央而連桂宮六句　此六句言：自未央宮向北至桂宮和明光殿，向東至長樂宮，都有輦路或飛閣相連通；登上往西的有臺階的山路，跨越西邊的城牆，又與建章宮連在一起，混而為一組建築整體，那裡的向南開的大門叫璧門，上面建有安放著銅鑄鳳凰的闕樓。在高高的屋脊上，停棲著黃金色的吉祥鳥。未央，未央宮的省稱，西漢高祖七年，蕭何主持營造，依龍首山建前殿，立東闕、北闕、武庫、太倉等，周圍二十八里，王莽末年毀於兵火，其故址在今陝西西安西北長安故城內西南角。桂宮，漢武帝時所建宮名，在未央宮北，亦稱北宮。故址在今陝西長安西北。彌，連。明光，漢宮殿名。漢武帝太初四年秋建，在長樂宮後。絚，通「亘」。連貫兩頭。長樂，漢代宮名。本秦之興樂宮，漢初加以增飾，七年而成後更名，周圍二十里，內有長信、長秋諸殿，漢初為朝會之所，其後為太后所居，謂之東宮。故址在今陝西長安西北。墱道，有臺階的登高道路。墱，又作「隥」。石級；自低處向高處的坡道。西墉，西邊的城牆。混，又作「掍」。混同；混合為一。建章，漢武帝太初元年所建宮名，位於未央宮西，故址在今陝西長安西。《漢書》載：建章宮在城西，「其東則鳳闕，（門）高二十餘丈，其南有璧門之屬。」璧門，建章宮宮門名。《史記．封禪書》：「於是作建章宮，度為千門萬戶。前殿度高未央，其東則鳳闕，高二十餘丈。……其南有玉堂、璧門、大鳥之屬。……輦道相屬焉。」鳳闕，漢代宮闕名。見上句引文，又見《史記．孝武本紀》元封六年記事原文。柧棱，宮殿上轉角處的瓦脊。金雀，這裡指銅鳳凰。據《三輔故事》：「建章宮闕上有銅鳳皇」。金雀即指此。97內則別風之

嶕嶢四句　此四句謂：宮殿區域內有高高的別風闕，遠遠望去是那麼華麗精美並且高聳著，各色建築有千門萬戶，依照陰陽規律，夜晚關閉，白天打開。別風，漢宮闕名。西漢武帝太初元年作建章宮，其東為鳳闕，一名別風。《三輔故事》：「建章宮東有折風闕。」《關中記》：「折風一名別風。」嶕嶢，也作「嶣嶢」。高聳的樣子。眇，通「渺」。遙遠。麗巧，華麗精巧。竦擢，高聳；聳起。竦，通「聳」。張，展開。順陰陽以開闔，《易》：「闔戶謂之坤，闢戶謂之乾。」即闔為陰，開為陽。

98爾乃正殿崔巍七句　此七句意為：只見正殿高大巍峨，一重重的樓層高而又高，接近於未央宮。經駘盪宮出馺娑宮，穿過枍詣宮與天梁宮，屋頂房檐上都覆蓋著向上仰起的瓦頭，日光下照，與殿內美麗的裝飾相輝映，顯得格外亮堂，彷彿把陽光接收進來一樣。爾乃，兩個表指代和關聯語氣的連詞。爾，此。乃，就。合在一起表關聯語氣，可釋為「這就」。崔巍，本指山勢高峻，這裡指宮殿高聳的樣子。層構，構本指架屋，這裡指屋宇，房屋，層構可釋為多重的樓層。厥高，就是高的意思。厥，句中助詞，無義。駘盪，本指舒緩蕩漾，這裡指漢建章宮中之駘盪殿。《三輔黃圖》：「駘蕩宮，春時景物駘蕩滿宮中也。」馺娑，漢宮殿名。在建章宮。枍詣，漢宮殿名。在建章宮，因美木茂盛而得名。天梁，亦為漢宮名。反宇，房檐上仰起的瓦頭。蓋戴，遮蓋。日景，日光。99神明鬱其特起四句　此四句言神明臺之高聳景象，寫它聳立雲端，超過其他宮室建築，連天空中的彩虹也都能穿過它上邊房舍的屋梁及門楣等橫木。臺上呈現著蔥鬱茂盛的景象。神明，漢時臺名。在建章宮內，臺上立有銅仙人，以手托承露盤。鬱，蔥蘢茂盛。偃蹇，高聳。躋，登；升。軼，超車；超過。太半，過半數。《史記集解》韋昭曰：「凡數三分有二為太半，有一分為少半。」虹霓，陽光射入水滴，經折射、反射、衍射而形成在雨幕或霧幕上的彩色或白色圓弧，常見的有主虹和副虹兩種，如同時出現，主虹位於內側，稱「虹」；副虹位於外側，稱「霓」。又寫作「虹蜺」，古人認為，色鮮盛者為雄性，稱虹；色暗淡者為雌性，稱蜺。棼楣，房屋的棟梁及門戶上的橫木。100雖輕迅與僄狡二句　即使身體輕捷而勇敢的人，還是驚愕地望著（這高聳入雲的）神明臺，卻不敢登上它的臺階。《長安志・漢宮闕・疏》：「神明臺高五十丈，上有九室，常置九天道士百人。」輕迅，輕快而迅捷。僄狡，輕疾勇猛。愕眙，驚視。眙，驚貌。101攀井幹而未半六句　此六句言登高的體驗與驚險：攀登井幹樓尚不到一半高，就頭暈目眩腦袋旋轉神志昏亂，嚇得趕緊退後，靠在欄杆上休息。自己的感覺就如同頭朝下往下墜落，落了一陣又停住，心驚膽顫，神魂不定，失去了常態，只好沿著返回的道路而往下行到低處。井幹，樓名。《史記・孝武本紀》：「乃立神明臺、井幹樓，度五十餘丈，輦道相屬焉。」司馬貞《索隱》：「言築累萬木，轉相交架，如井幹。」《漢書・郊祀志下》注：「井幹者，井上木欄也，其形或四角，或八角。」眴轉，眼目眩亂。眴，通「眩」。眼睛昏花。意迷，神志迷亂。櫺檻，此處指宮殿建築上雕有花紋的木格子和欄杆。檻，欄杆。橫的叫欄，縱的叫楯。稽，停留。怳怳，心神不定，像丟了魂一樣。怳，通「恍」。失度，失其常度；失態。

(102)既懲懼於登望四句　既然登高遠望感到害怕而以為苦，就下到低處四處走走隨意看看，走在飛閣複道上，都是盤繞迴旋曲折往還，又都十分幽深，光照不好，見不到太陽光。懲，苦也。周流，周行各地；到各處走走。彷徨，徘徊；無固定目的的往返迴轉。甬道，飛閣複道；在樓閣之間架設的通道。縈紆，迴旋曲折。杳窱，幽深不明的樣子，多形容宮室或山水。

(103)排飛闥而上出三句　推開閣上高樓的小門出來上到高處，往四外張望，似乎能看到雲天以外；身體好像無所依憑，天是那麼遼遠無邊，人生不知何處是歸宿。飛闥，閣上小樓的門。飛極言其高，闥即門。游目，四方張望。天表，天外。洋洋，廣遠無涯；無所歸貌。屈原〈九章．哀郢〉：「順風波以從流兮，焉洋洋而為客。」王逸注《楚辭》：「洋洋，無所歸貌也。」

(104)前唐中而後太液六句　此六句言宮苑中的水情：往西看是唐中池在前，往北看是太液池在後，都把滄海中的流動的大水收攬在其中，水勢浩淼洶湧，揚起的波濤可達到碣石山，沖擊得神仙住的高山也發出聲響，水勢盛大，溢上了太液池中的三座神山，瀛洲、蓬萊、方壺都漫上了大水。唐中，漢建章宮西邊的宮苑名，其中有數十里虎圈和也叫唐中的大水池。故址在今陝西西安西北。太液，漢代太液池的省稱。在今陝西長安西，武帝時於建章宮北興建，周四十頃，中起三山，以象瀛洲、蓬萊、方丈三神山，並用金石刻成魚龍等異獸奇禽之類。後世唐代及清代也曾把宮苑內的廣大水池叫做太液池。碣石，古山名。因遠望呈穹窿似冢，山頂有巨石特出似碣（圓頭石碑）而得名，山在今河北昌黎西北。此處指池畔之山。神嶽，神靈居住的高峻的大山。嶈嶈，激流沖撞山石的聲音。濫，泛濫；水溢出。瀛洲，傳說中仙人所居的山名。《史記．秦始皇本紀》二十八年「齊人徐市等上書，言海中有三神山，名曰蓬萊、方丈、瀛洲，僊人居之。」《列子．湯問》：「渤海之東，不知幾億萬里，有大壑焉。……其中有五山焉：一曰岱輿，二曰員嶠，三曰方壺，四曰瀛洲，五曰蓬萊。」方壺，即方丈山。

(105)於是靈草冬榮四句　在這種環境下，有靈性的仙草如不死藥之類冬天裡也開花繁茂，松柏之屬長青樹也鬱鬱蔥蔥地到處生長著，險峻的巖崖高高聳立，人工造就的鐘鼎禮器等金屬器物和雕刻的石碑石碣之類也都高高地設立在各處。靈草，有靈驗的仙草。神木，指松柏之類四季長青、壽命極長的樹木。崔崒，高大，險峻。崢嶸，高峻貌。

(106)抗仙掌以承露四句　此四句寫承露盤，極言其高：仙人高高地舉起手掌舒展著為了承接甘露，聳立起兩根銅柱擎著承露盤，其高度超過飛揚起來的塵土的混濁，沐浴在高空中最精華清潔的白色的新鮮純淨的空氣中。抗，舉。承露，承接甘露。西漢武帝迷信神仙，於神明臺上作承露盤。立銅仙人舒掌以接甘露，以為飲之可以延年。《三輔故事》：「建章宮承露盤高三十丈，大七圍，以銅為之，上有仙人掌承露，和玉屑飲之。」擢，聳起。金莖，銅柱，用以擎承露盤。軼，超過。埃壒，塵土。鮮，新鮮。顥氣，潔白清鮮之氣。顥，白貌。清英，精華。

(107)騁文成之丕誕

六句　此六句大意為：武帝時好神仙，想長生不老。他恣意放縱方士少翁的虛妄騙術，還拜他為文成將軍；後又寵信方士欒大，拜他為五利將軍。結果自己受騙發怒，將騙子施加刑法。這樣求仙問道的場所，是赤松子、王子喬這些仙人們的聚會地，他們經常在這庭苑中遊覽布道。這裡實在是眾仙家歡娛的場館，不是我們這些普通人安居之處。文成，指西漢武帝時的方士李少翁，曾被武帝封為文成將軍。《漢書・郊祀志》：「齊人少翁以方見上，……乃拜少翁為文成將軍，賞賜甚多，以客禮禮之。文成言：『上即欲與神通，宮室被服非象神，神物不至。』乃作畫雲氣車，及各以勝日駕車辟惡鬼。又作甘泉宮，中為臺室，畫天、地、泰一諸神，而置祭具以致天神。居歲餘，其方益衰，神不至。」後少翁因偽造牛腹中帛書被殺。丕，大。誕，荒唐不經；虛妄。五利，指西漢武帝時方士欒大，曾被拜為五利將軍。《漢書・郊祀志》：「欒大，膠東宮人。……大為人長美，言多方略，而敢為大言，處之不疑。大言曰：『臣嘗往來海中，見安期、羨門之屬。……臣之師曰：「黃金可成，而河決可塞，不死之藥可得，僊人可致也。」』……乃拜大為五利將軍。」後因入海求黃金及不死藥未得而被殺。刑，刑法。松喬，松，指傳說中的仙人赤松子，神農時人，能入火不燒，能隨風雨上下。喬，指傳說中的古代仙人王子喬。《列仙傳》：「赤松子者，神農時雨師也，服水玉以教神農。」又「王子喬者，周靈王太子晉也，道人浮丘公接以上嵩山。」

108 爾乃盛娛游四句　盛大的娛遊活動特別壯觀，在上苑舉辦大規模的武事演習，藉此向邊遠地區少數民族炫耀威懾力量和軍備實力，顯示威風並且讓將帥們研討作戰事宜。娛游，娛樂遊幸；高興地遊玩。大武，強大的武力；大陳武事。上囿，猶上苑，供帝王玩賞、打獵的園林。威戎夸狄，戎是古代對西方少數民族的泛稱。狄，又作「翟」。中國古代對北方少數民族的泛稱。威和夸是動詞，表示向邊界少數民族示威、炫耀武力，以起震懾作用。燿，同「耀」。炫耀。講事，講習武事。《禮記・月令》：「孟冬之月，天子乃命將帥講武，習射御也。」類似現代之軍事演習。

109 命荊州使起鳥六句　此六句言：命令荊州、江、湘一帶善於捕鳥的人，讓他們把棲止的鳥轟得飛起來；下詔令讓梁州、巴、漢善於射獵之人，去追趕野獸。只見渾身長毛的獸類成群地往中心地帶聚集，長著羽毛的飛禽從上空翻落下來，禽類多得翅膀相接，獸類多得足難站正，都集中到了天子的禁苑並聚合在一起。荊州，古九州之一。《尚書・禹貢》：「荊及衡陽惟荊州。」注：「北據荊山，南及衡山之陽。」周、漢以後皆置荊州，但疆域治所屢有變遷，後漢時州治在漢壽，故城在今湖南常德東北。可參看本書〈志第二十二・郡國四〉荊州條。梁，梁州，古九州之一。《尚書・禹貢》：「華陽黑水惟梁州。」東界華山，南至於長江，北為雍州，西無可考。闐，盛；滿。覆，傾倒。側足，形容很多的樣子。

110 水衡虞人四句　管理池澤山林的官員水衡和虞人，將田獵區域作上標誌，把聚合在狩獵區的禽獸依不同種類劃分成各個群體，讓帶兵的將軍依軍事編制按部曲加以部署，分派狩獵任務。水衡，官名。古代山林之官曰衡，掌管池苑，故稱水衡。西漢武帝元鼎二年（西元前一一五年）置水衡都尉、水衡丞，掌上林苑，即周代之林衡、川衡二官，兼保管皇室財物及鑄錢。虞人，古代掌管山澤苑囿及田獵的官。營表，建築宮室時，度量地基，立表以定位置。建築時多以繩度立表以定其位處。部曲，古時軍隊的編制單位。見本書〈志第二十四・百官一〉：「其領軍皆有部曲，大將軍營五部，部校尉一人，比二千石；軍司馬一人，比千石。部下有曲，曲有軍候一人，比六百石。曲下有屯，屯長一人，比二百石。……其餘將軍，置以征伐，無員職，亦有部曲、司馬、軍候以領兵。」(111)罘罔連紘四句　狩獵的鳥網、獸網都連在一起，把山岡和原野都籠罩網絡起來，軍士兵卒把狩獵場周圍團團圍住，像天空中的星辰和雲層那樣，密密麻麻，嚴嚴實實。罘罔，捕獸的網。罘，本指捕兔的獵具。罔，同「網」。指捕鳥、獸、魚的工具。紘，通「紭」。繩；網。帀，也作「匝」。環繞一周叫一帀。(112)於是乘輿備法駕四句　天子在盛大的儀仗隊的簇擁下，乘著鑾輿，還有備用的法駕，從飛廉館中出來，進入苑囿的大門。輿，即鑾輿。天子所乘之車駕，因在轅首或車橫上有鑾鈴，因而叫鑾駕。此處借代指天子，以示敬重。法駕，也稱法車，皇帝的車駕。蔡邕《獨斷》：「天子至尊，不敢渫瀆言之，故託於乘輿。天子車駕有大駕、法駕、小駕。大駕則公卿奉引，備千乘萬騎。法駕，公不在鹵簿中，唯執金吾奉引，侍中驂乘。」《三輔黃圖・雜錄》：「法駕，京兆尹奉引，侍中參乘，奉車郎御，屬車三十六乘。北郊明堂則省副車。」披，分開；劈開。飛廉，此處作館名，也作「蜚廉」。本神鳥名，能致風氣，身似鹿，頭如雀，有角而蛇尾，文如豹文。因館上安設此神鳥狀物，故名飛廉館，漢武帝時興建。(113)遂繞酆鎬四句　天子率領狩獵隊伍，繞過西周時的舊都酆鎬一帶，經過上蘭觀，隨從的軍士們都脫掉頭盔，嚇得各種動物都驚怕極了。酆，在今陝西戶縣東。本為商朝崇侯虎屬邑，文王曾在此為都。鎬，通「鄗」。西周時，武王滅商後，自酆遷至此為都，故地在今陝西西安西南、灃水東岸。見本賦二段注。上蘭，漢代宮觀名。在上林苑中，西漢武帝曾多次在此打獵，故址在今陝西長安西。六師，即六軍，天子有六軍。《周禮・夏官・司馬》：「凡制軍萬有二千五百人為軍。王六軍，大國三軍，次國二軍，小國一軍。」後代作為軍隊的統稱。冑，古代戰士戴的頭盔，又稱兜鍪。圓帽形，左、右及後部向下延伸，以保護頭頂、兩側及頸項部。(114)震震爚爚六句　此六句極力寫圍獵時的巨大聲勢；人喊馬叫，像天空中的雷聲震震，武器閃光，如炸雷滾動，似電光撞激，地上長的草木都被踐踏得雜亂紛爛鋪在地上，似乎高山和深淵也都顛倒了位置，把山林野草摧殘破壞掉十分之二三，這才發洩出一些狂勁，抑制住激動的感情，稍微停下來略作休息。震震，如雷聲般震響的宏大聲音。爚爚，火光，光明貌。電激，古人認為雷鳴電閃係陰陽兩氣相激而成，今人認為是高空中正負電荷相吸引激撞而成。塗地，塗於地上，形容敗壞到不可收拾的程度。蹂蹸，又作「蹂躪」。摧殘。拗怒，抑制憤怒。(115)爾乃期門佽飛十三句　此十三句繼續寫射獵的場面：

負責皇帝警衛和弋射的官員期門佽飛，排列著眾多的兵刃，聚集起許多弓箭，騎著駿馬急奔，追殺飛禽走獸，嚇得飛鳥紛紛往絲網上碰，野獸驚恐地往兵器鋒刃上撞。射獸的弩機從不虛發，每發必中，不用第二次引弦。射中的箭沒有單個目標的，總是同時能射殺幾個目標，互相重疊著，又多又亂。繫著絲繩的短箭射向飛鳥，那生絲繩就互相纏在一起。被射殺的禽獸，毛羽隨風飄飛，遮蔽了天空，鮮血從空中灑下來像下雨一般，灑遍了原野。期門，漢代官名。武帝建元三年置，掌執兵出入護衛。因武帝好微行，與待詔隴西北地良家子能騎射者期諸殿門（微服出行時約好在殿門會面），故名期門；平帝元始元年更名為虎賁郎。佽飛，本作「佽非」。春秋時楚國勇士名，漢代借勇士名作官名，本少府屬下武官左弋，掌弋射，有九丞兩尉，武帝太初元年改名為佽飛。鑽，穿透。亦同「攢」，聚也。鏃，指箭頭。要，同「騕」。即騕褭，駿馬名。趹，馬快跑時，後蹄踢地騰空的樣子，意為奔馳。掎，發射。颮颮，眾多貌。矰繳，也叫「矰弋」。是用帶繩的箭射鳥。矰，古代繫生絲以射鳥雀的箭。繳，射鳥時繫在箭上的生絲繩。116平原赤四句　鮮血染紅了平原，勇士們更加振奮，驚嚇得樹上的猿猴失去了巢窠，連兇猛的豺狼也都害怕得急忙逃竄。厲，振奮。猨狖，泛指猿猴。猨，又作「猿」或「蝯」。狖是長尾猿似狸。豺狼，都是外形似狗的兇猛的食肉動物。117爾乃移師趨險四句　潛穢，這裡指潛藏到水中和荒蕪草地中的獸類。奔突，奔馳衝突。觸蹷，群獸奔竄衝撞的樣子。蹷，亦作「蹶」。顛仆。118許少施巧六句　此六句言：像許少、秦成那班勇士，運用技巧和體力，拖住那些輕捷善跑的，捉住那些兇猛吃人的，脫掉牠們頭上的角，擰折牠們的脖子，徒手與野獸搏鬥，獨自就能獵殺牠們。許少、秦成，正史未載其名，疑為當時的勇士。掎，拖住。僄狡，見前注。搤，把緊；握住。拉，折斷。脰，脖子。119挾師豹四句　挾，夾持。師，今作「獅」。獅子。拖，拽；用手向後拉。螭，傳說中不長角的龍。頓，停頓；挫傷。曳，牽引。豪，豪豬（又稱箭豬）身上的刺，此處代指豪豬。羆，熊一類的猛獸。120超迴壑三句　超，躍上；越過。越，度過。蹷，又作「蹶」。此處作踏、用腳推解。巉巖，險峻的山巖。巉，山勢險峻如鑿削一般。巖，險要高峻的大山。121鉅石隤五句　此五句寫天子大規模圍獵的結果：巨大的石崖倒塌了，無數的松柏仆倒在地，原本密密的叢林被摧折得雜亂紛披，地上的草木幾乎不剩一棵，飛禽走獸被殺滅淨盡，從此絕跡。隤，倒塌。殄夷，滅絕。夷，殺。122於是天子乃登四句　屬玉，本水鳥名。有人認為就是鸑鷟，因刻在建築上，因以名館。《漢書・宣帝紀》甘露二年「冬十二月，行幸萯陽宮屬玉觀。」長楊，漢代水榭名。榭，在臺上蓋的高屋，有曰：「堆土為臺，無室曰榭。」有曰：「土高曰臺，有木曰榭。」今多指水中的臺上建築。體埶，形狀，趨勢。埶，通「勢」。三軍，本指諸侯的軍隊，此處泛指軍隊、兵士。獲，行獵所得。此指所捕殺的獵物。123原野蕭條四句　此四句寫天子登高所見：原野一片凋零破敗景象，放眼四望，能看到很遠的地方，被獵殺的禽鳥重重疊疊壓在一起，死去的獸類縱橫相枕地堆放著。原野，平原曠野。廣平為原，郊次為野。蕭條，凋零。脩，邊遠的地方。鎮厭，重壓。厭，同「壓」。枕藉，縱橫相枕而臥。124 然後收禽會眾六句　賜胙是天子賞賜臣下分食祭後的肉。胙是祭肉。行炰，進行燒烤。炰，同「炮」。流動的烹飪設備叫「行庖」。騰，乘；升。舉燧，高舉火炬。命爵，讓大家端起酒杯來。125 饗賜畢四句　饗，犒賞；大宴群下。齊，相等；均衡。輅，縛在車轅上供人拉車時那根輓轝的橫木。此處大輅代指天子的車駕。容與，從容；安逸自得的樣子。裵回又作徘徊，往返迴旋貌。裵，「裴」的本字，通「徘」。126 集乎豫章之宇二句　豫章，本大樹的名字。此處指上林苑中的豫章觀。昆明，即昆明池。《漢書．武帝紀》載元狩三年，「發謫吏穿昆明池。」史載漢武帝欲通身毒（今作印度），為越嶲昆明所阻，便在長安近郊作昆明池，以象昆明滇池，來練習水戰。池周圍四十里，廣三百三十二頃，池水東出為昆明渠。宋代以後因池水乾涸而湮沒。127 左牽牛而右織女五句　牽牛，俗稱牛郎。與織女同為民間故事中的人物，後為星官名稱，牽牛星為河鼓二，織女星又名「天孫」，屬天市垣，共三星，在銀河西，其光度比太陽大五十倍，與在銀河東的牽牛星相對。此句中則指漢代雕刻的石像。《漢宮閣疏》：「昆明池有二石人，牽牛、織女之像也。」雲漢，即銀河。崖，邊際。蘭茝，都是香草名。128 曄曄猗猗三句　曄曄，又作「燁燁」。光盛貌。猗猗，美盛貌。摛，鋪陳；舒張。燭，照耀。陂，圩岸；池沼。129 玄鶴白鷺四句　玄鶴，黑色的鶴。鶴千年而化為蒼，又千年而變為黑，即稱玄鶴。白鷺，水鳥名。又名白鳥、舂鉏，俗稱鷺鷥，羽毛潔白，腳高，頸長，強喙，常棲水邊，因頂、胸、背長毛如絲而得名。黃鵠，形如鶴，色蒼黃，即天鵝。鵁鶄，兩種水鳥的名稱。鵁群居而朋飛，其毛如雌雉；鶄為涉禽，形與鶴及鷺近似，喙長而直，翼長大而尾圓短，飛翔輕快，夜宿高樹，日活動於溪流池沼旁，食魚、蛙、蛇及甲殼類。鶬鴰，一種大如鶴的鳥名，體蒼黑色，亦有灰色者，又稱灰鶴。鴇，鳥名。似雁而大，體長可達一公尺，羽色主要頸部為淡黑色，腹部近白色，背部有黃褐和黑色斑紋，常棲於草原地帶，足強健而善奔跑。鶂，一種像鷺鷥的水鳥，能高飛。鳧，野鴨。鷖，即鷗，一名水鴞。鴻鴈，即大雁。130 朝發河海四句　此四句言：那些飛鳥水鳥之類，每天早晨從黃河或東海邊上飛來，到晚上就棲息在長江或漢水岸邊，在水裡時或沉或浮，飛翔時或高或低，飛來飛去，像雲霧般聚散不定。河，黃河。江，長江。漢，漢水。131 於是後宮乘輚路八句　輚路，亦作「輚輅」。臥車，亦是兵車。龍舟，龍形的或刻有龍紋的大船，此指帝王所乘之舟。鳳蓋，鳳凰傘，屬天子乘車時的儀仗之一。桓譚《新論》：「乘車，玉爪、華芝及鳳皇三蓋之屬。」袪，舉起；撩起。黼，古代禮服上繡的黑白相間如斧形的花紋。帷，帳幕。鏡，照耀。清流，清澈的流水。靡，細小；美好。澹，恬靜；安定。澹淡，水波動盪的樣子。浮，在水上汎行。132 櫂女謳六句　此六句意謂：划船的女子敲著船槳在不用樂器伴奏的情況下高唱漁歌，天子的軍樂隊演奏著鼓吹曲震耳欲聾，聲音高亢嘹亮，響徹雲霄，眾鳥成群地飛翔，游魚浮自水深處偷偷地上望。櫂女，划船的女子。櫂，也作「棹」。本指划船撥水的用具，長的叫櫂，短的叫枻、楫，與槳、櫓作用相同。謳，徒歌；不用伴奏唱歌。鼓吹，器樂名稱。主要樂器有鼓、鉦、簫、笳等，出自北方民族，本軍中之樂，後也列於殿廷，宴群臣及上食用之，再後大駕出遊時作為鹵簿之一，亦泛稱鼓吹。激越，聲音高亢清遠。謍，轟響，音大也。厲，飛揚。闚，同「窺」。竊視；偷看。133招白間四句　招，舉也。白間，弓弩名。另一說：白間，也作「白閒」，今作「白鷳」。鳥名。又稱銀雉、白雉，似山雞而背部白色，雄鳥體長可達一公尺左右，腹部純黑且有光澤，兩翼及尾羽純白，常棲高山竹林間。鵠，天鵝，似雁而大，頸長，羽毛純白，飛翔甚高。掄，手揮；揚起。文竿，以翠羽為文飾之竿。證以《闕子》：「魯人有好釣者，以桂為餌，鍛黃金之鉤，錯以銀碧，垂翡翠之綸。」比目，魚類名稱。鰈形目魚類的總稱。《爾雅・釋地》：「東方有比目魚焉，不比不行，其名謂之鰈。」《呂氏春秋・遇合》：「凡遇合也時，不合，必待合而後行，故比翼之鳥死乎木，比目之魚死乎海。」後世以比目喻形影不離。134撫鴻幢四句　撫，按；執。鴻，大。幢，兩解：一為張掛於舟車上的帷幕；一為捕鳥網。御，本指駕馭車馬，此處作控制、掌握解。矰繳，繫有絲繩的箭。方，兩船併行曰方。騖，本指馬急速奔馳，此處指船行急速。俛仰，即俯仰。指身體任意活動。135遂風舉雲搖六句　此六句言：於是就像颳一陣風那樣高飛起來，像高空中的雲朵飄動，漫無目的地、自由自在地遊覽，普遍地觀賞，面向南，登上秦領，身後越過了九嵕山，往東接近了黃河、華山，往西達到了岐山和雍縣。浮遊，亦作「浮游」。漫遊。薄，迫近。136宮館所歷四句　經歷了百餘所宮殿館舍，每日早晚的供應因儲備豐厚而不改變。137禮上下而接山川四句　上下，泛指相對的兩個方面，如尊卑、高低、優劣等，此處指天地。山川，山河。古人認為山川是地方的主要標誌，故泛指一地或一境界皆謂山川。究，推尋；探求。休，美善；吉祥。祐，亦作「佑」。指神靈的護助。所用，這裡指祭山川神靈所用的犧牲玉帛等物。第，次序。此處指對從臣的嘉頌之辭評出等級次序。138都都相望二句　都，京城；國都。邑，人口聚居處。在此二句中，則泛指城市，大的叫都，小的叫邑，意即城市鄉村很多，一眼望不斷。139國藉十世之基二句　藉，憑藉。十世、百年，均舉其成數，非確指。140士食舊德之名氏四句　舊德，先代的德澤；往日的善政。《易・訟》：「食舊德，貞厲終吉。」服，從事；以……為職。先疇，前人已開發的可耕種的土地。畎，田間小溝。畎畝，泛指田地，田間。修，裝飾；整治。高曾，指先世。祖父之父曰曾祖，祖父之祖父曰高祖父。141粲乎隱隱二句　粲，鮮明。隱隱，不分明。各得其所，各自得到他們應該占的地位。142舊墟　陳舊的廢墟；遺址。143故老　閱歷豐富的老人，多指前朝老臣，意同遺老。144什分而未得其一端　古漢語中分數表示法，與現代之十分之一同。145偏舉　普遍地、完全地一一列舉。偏，通「遍」。

【語　譯】班固自從當上郎官之後，就經常能與東漢明帝會面接近。當時京師洛陽大興土木，修建宮殿，修整城牆，疏濬護城河，而關中的父老耆宿，仍然希望朝廷把國都定在長安。班固感悟到西漢時司馬相如、吾丘壽王、東方朔這班文士，都用辭賦的形式，虛構出主客問答辯難的方式，篇終用來對帝王進行諷諫規勸，便奏上他作的〈兩都賦〉，高度讚揚東都洛邑各種制度規模之宏偉，來駁倒折服長安人士過分浮誇的論調。〈兩都賦〉的文詞說：

2 「有位西都長安來的客人，向東都洛陽的主人發問說：『我聽說我們偉大的漢王朝最初開創建設的時候，曾經有意在洛陽建都。後來半路停止沒有把國都定建在這裡，實際上由此向西遷移到長安，作為我們的國都。主人您曾聽說過它的舊時情況並見過它的規模制度嗎？』主人說：『沒有啊。希望您舒展開積蓄已久的眷懷舊事的念頭，表達抒發您思念往古的幽深感情，用大道開擴我的眼界和見識，用漢代京師長安的奇觀，啟發擴大我的思維和頭腦。』客人說：『好的，好的。

3 『漢代的西都，位於雍州地域，具體名稱叫長安。它左邊占有函谷關和東西兩座崤山的險阻屏蔽，西嶽華山和終南山就像城市的衣表作為外圍。右邊有褒斜谷和隴首山的險要地勢與西部地區界開，附近有黃河、涇河、渭河等河流，像衣帶般約束圍繞。物產豐饒，是天下九州中最肥沃的上等土地；從防守抵禦外敵入侵看，是天下十分險阻適宜四方人士定居的安全區域，地理位置十分優越。所以長安有制約全局的重要位置，被周、秦、西漢三代定為帝都。周人的祖先，憑藉這優越的位置，興起帝業八百年，秦王朝依靠這裡虎視東方終於滅掉六國，統一天下。等到偉大的漢朝，把長安定為首都，仰面觀天象，五星聚於井宿，是吉慶的兆頭；低頭察地理，又與《河圖》顯示的神靈預言相合，因而奉春君婁敬提出以長安為國都的建議，留侯張良力表贊同促成此事，天象和人事相應，啟迪了劉邦的思維決策，於是就回頭往西，把長安定作了國之都城。在此地可以遠望秦嶺，近視北阜，控制酆水、灞水，占據龍首之山。高祖放開眼光謀劃千萬年之久的皇家基業，全面考慮遠大的規劃而大興土木營建宮殿，從高祖劉邦開始，到漢平帝時結束，每一代都增修裝飾宮室等建築物的內外形制，使其雄偉壯麗，經歷了十二代帝王延續下來的皇統福祚，所以達到了極端的奢華。修建了如金屬般堅固的城牆，又高又長達數萬平方丈，把又大又空的護城河灌足水，成了深潭般的防禦設施。城門外修建了三條寬廣平坦的大道，四面開闢出合乎禮制的十二座出入暢通的城門。城內是四通八達通行無阻的大小街道，居民的住戶有近千家之多。全長安有九處規模大的交易場所，各種商品貨物按不同類別分別陳列，人擁擠得幾乎只能前行不能回頭看，車多得不能在街裡掉頭轉向。熱鬧繁華，人來人往，把內城外郭都充實得沒有間隙，像水滿自溢一樣，連百姓居住的小巷住宅也都有人流湧入，路上行人來來往往，蕩起的塵土遮天蔽日，煙塵升騰和天空飄浮的雲朵相互連接。在這種繁華局面下，真是人口眾多，財富豐足，人們過著優裕的生活，歡快享樂沒有止境，京都中的市民和時尚的青年男女，與長安以外的天下民眾，生活水平政治地位大不相同。沒有固定職業的游士，其地位和生活水準，可以和公卿王侯相比擬，甚至開店鋪之女豪侈過於貴婦。來自窮鄉僻壤的豪士俊才和游俠中的英雄人物，他們都仰慕戰國四公子即平原君趙勝、孟嘗君田文、春申君黃歇、信陵君魏無忌這類人的品德節操，他們仗義行俠的名聲僅比四公子稍遜一籌，這些人聲氣相投，交往頻繁，人多勢眾，在城市中展現著他們的才華，不受約束，放縱地施展著各種不同的本領。

4 『若是觀察長安城四面郊外的情景，到城郊附近各縣漫遊，就會見到，向南望到杜陵、霸陵，向北遠眺到長陵、安陵、陽陵、茂陵、平陵等五座皇帝的陵墓。這著名的京都與它的外城相匹配，大小居民聚住處接連不斷，這真是英傑俊才生活的區域，身穿特製禮服的皇親國戚從這裡興起，戴著高高的帽子，乘著有華美車蓋的車輛的達官貴人，像天上的雲朵在這裡聚合，曾居住過車千秋、黃霸等七名當過丞相的高官和田蚡、張安世等五名位至三公的大人物。他們與州郡的豪強俊傑，以及洛陽、邯鄲、臨淄、宛、成都等五座舊都城內的大商人，還有俸祿達到二千石的官吏、家資豪富者、豪傑併兼之家等以上三類人物，經過挑選，在西漢王朝建立前期，連續七次大遷徙，從全國各地移居到這裡，守護供奉皇帝的陵墓，充實守陵的居民人數。這種移民政策目的是為了加強中央集權的統治，削弱各地方豪強的力量，提高了國家都城的地位，中央也由此可以了解全國各地的情況。京師長安管轄範圍之內，它的地盤達上千平方里，超越中原各國，它們所具有的物產，這裡全部兼有。長安城的南面，有高大的山嶺遮天障日，蔭翳的森林和深邃的峽谷，顯得幽深莫測，陸生的、水產的各類珍奇物品蘊藏在這裡，著名的如藍田出產的美玉珍貴無比，商州和洛南一帶的河流，彎彎曲曲緊密地圍繞著擁抱著它，鄠縣和杜陵境內的水流緊緊靠著南山腳下。水源充足，泉水長流，灌溉著這一大片肥沃的田地，大小池塘和防護堤交相連屬，茂密的竹林，豐碩的果園，鮮美的芳草，甘醇的樹木，到處都鬱鬱蔥蔥地生長著，南郊及原野的富庶程度，可以達到與號稱天府之國的成都平原相媲美的水平。長安城的北面，有諸峰之冠的九嵕山，旁邊還有甘泉山與其陪伴，在山間，秦始皇、漢武帝等建有林光宮、甘泉宮、延壽館、通天殿等著名宮殿，是秦、漢兩代最高級別的難以超越的建築物，著名辭賦家王褒、揚雄等都曾為此專門寫了辭賦進行讚頌和慨歎，因而其聲名得以保存流傳至今。山下平原地帶有鄭國渠、白公渠，灌溉著的肥沃良田，成為關中地帶居民賴以生存的穿衣吃飯的不竭源泉。水渠旁的護堤封土達五萬里長，各個受灌溉區域的分界線像漂亮綺麗的絲織品，流水溝和田埂像精刻細鏤的工藝品。高處平整的地塊，低處溼注的水田，一塊塊，一條條，密密麻麻，接連成片，遠看似巨龍的鱗片。每到天旱時節，決開水渠澆灌，就像上天降了一場及時雨。田間手執農具耕作的農夫，像天空中的雲朵那麼多。各種穀類低垂著豐碩的穗頭，養蠶用的桑樹和織布用的麻，都紛紛勃發出茁壯的生機。無論糧食作物還是經濟作物，都十分茂盛。長安城東郊有通向遠方的運糧河道，與渭水相連，穿通了黃河，乘船可到達崤山以東，控制並牽引著淮河流域及東南方各大湖流域，與直通東海的各條水系都溝通連接著。長安城西郊有皇家養禽獸的園林禁地，山麓有密林，有多片沼澤地，不少池沼水道，可以與蜀地、與漢中的水流相通。圍繞苑囿的四面建有高牆，總長達四百多里。園林內還建有皇帝的離宮別館，如上林苑中有建章宮等達三十六處，還有人工建造的具有神奇靈驗的池沼，到處都是。皇家園林內有九真郡獻來的麒麟，從大宛國得來的汗血馬，黃支國獻的犀牛，條枝國獻的特異的鳥等多種珍禽奇獸。這些貢獻的珍禽異獸，跨越高大的崐崘山，越經巨大的海洋，是大不同於中原風土的異方殊地，也是中國少見的生物種類，牠們來的路程達三萬里之遙。

5 『那些宮室啊，建築本體與天圓地方的基本形狀一致，東西南北的方向合乎陰陽，占據了地神的正位，倣效了天廷中太微、紫宮等天帝所居的位置和形制。建立起高入半天空中的華美闕樓，用美材建成正紅色的殿堂，居於山之頂端。利用美玉般的材料，探求它的神奇功能。高高地架起彎曲如千年神龍般的虹形棟梁，把閣樓上的梁、椽之類巧妙地安排成飛鳥展翅的形狀，讓大梁、二梁互相承載著房屋的重量，而使飛櫓高翹，如奔馬昂頭。把玉石雕刻成有圖案的柱礎，在上邊立起楹柱。把黃金片裁割成圓形來裝飾椽頭成為瓦當，這都能反射出多種光彩，整座建築都光彩奪目，輝煌耀眼。在這裡左邊是臺階，右邊是平坡，樓板兩重，樓梯三階，內眷住的閨房互相連通，各居室的小門都能敞開，行動十分方便。鐘磬及編鐘等樂器排列在屋前庭院中，把銅鑄的金人立在宮中正門前面。於是在多層崖壁般的大小宮室門口安上橫放的門檻，面臨著高峻的山上道路而打開窗扇。環繞著正殿的是皇帝臨時安歇的離宮和別一處寢宮，周圍還有高高的平臺及閒置的館舍，像手捧一樣圍著正殿，像天上燦爛的群星拱圍著紫微宮一般，都拱圍著天子的居所。這些宮殿名稱，叫清涼殿、宣室殿、中溫室殿、神仙殿、長年殿、金華殿、大玉堂殿、中白虎殿、麒麟殿等等，在漢家疆域之內，多得不能說盡。這些宮殿，隨著山勢而建，重重疊疊，層層曲折，高聳矗立，無論登上高處看，還是降到低處，都是光亮耀眼。它們的形制各不相同，不少是特異的外觀。乘上車輦到此，真是休閒逸樂的好地方。正殿後邊的宮室，則有后妃們居住的掖庭、椒房，它們有合歡、增成、安處、常寧、茝若、椒風、披香、發越、蘭林、蕙草、鴛鸞、飛翔等之類的名稱。趙飛燕居住的昭陽殿尤為華貴，它隆盛階段在漢成帝在位她備受恩寵時。房舍不顯露建築的原材料，牆體內壁全用繡著花紋圖案的絲織物遮裹著，還蒙著絲絲編織的網絡，隨侯珠、明月珠，高低錯落地綴結在上面。黃金製作的圓形飾物裝在壁帶上，像排列著整齊的圓形錢幣。青翠透明的翡翠美玉，色黃如金的火齊玉，都閃動著光芒，蘊含著價值昂貴的精美成分。還有懸黎寶珠，垂棘產的美玉，以及夜光珠等等，都裝飾美化著宮殿，珍存在這裡。在這裡，有黑漆塗飾的和黃金美玉裝飾的臺階，美玉鑲嵌的臺階，與紅色的庭院相輝映，即使不是玉而似玉的美石如碝磩之類也五色斑斕，緻密細膩。青綠色的玉琳和質量稍次的珉，反射出熒熒的光輝。由大海中採來的樹狀珊瑚，綴上碧玉做成的葉子，擺放在宮殿周圍及各個角落。宮殿中身著紅色羅衫的舞女，舞動著長袖；身著素地花紋舞衣、腰繫絲帶的女子交錯雜亂地出沒其間。她們精美的服飾閃耀著華貴的光彩，俯仰之間體態輕盈婉轉，彷彿神女下凡一般。居住在後宮裡的女性的稱謂、名號，有昭儀、婕妤等十四級之多。不同稱謂即不同爵位，檔次不同則待遇不同，但都美好嫻淑，服飾華麗，身分高貴，更替著享受君王的寵幸，改變著自己的地位。處在這種行列中的婦女，大約有數百人之多。正殿之左右朝廷中及百官議事的朝堂上，有各種官吏應占的位置，其中，蕭何、曹參、魏相、邴吉等為代表的、曾居相位建立過功勳的大臣，都曾經在上層機構出謀劃策，為治理國家作出貢獻。他們作為輔佐帝位天命的大臣，使皇統得以垂傳延續，像鳥之雙翅對主體的重要性一樣，作為輔佐大臣，對成就民眾的教化發揮了重要作用。他們傳布了大漢天子和樂簡易的作風，力避繁文縟節，奢侈靡費，滌蕩了已被滅亡的秦代那些毒如蛇蝎般的虐民苛政。所以讓這些賢臣高奏起表達安樂祥和美善仁德的音樂聲音，對蕭何制定、曹參延續執行的那些嚴整簡易、明白劃一的法規，到處傳唱著頌歌。豐功偉德記錄在先祖列宗如漢高祖和孝文帝的名下，君王對下層的深仁厚澤如甘霖般普降到臣民身上。這裡還有天祿閣、石渠閣等存放國家重要典籍以及祕密檔案的地方，皇上讓那些諄諄教誨子弟禮義多年為師的前朝故老以及名師碩儒，在這裡對儒家經典如《詩》、《書》、《禮》、《樂》、《易》、《春秋》等六種重要著作進行講解評議，闡幽發微，同時校正核對各種卷本的同異。這裡還有承明廬、金馬門，這一帶是學者們撰述著作的場所。許多才德高尚大方雅正的學人以及學識廣博通達的飽學之士，成群結夥地在這裡工作。他們對各家學說和各種典籍能追本溯源，能全面地看到細緻入微的地方，能得到多方面的知識訊息，闡釋開發出篇章的新意，考正、校訂、整理、勘合平常人難以見到的珍祕文字。宮殿群的周圍是拱圍正殿及重要宮室的後宮，負責督察值宿衛士、官員的官署也環圍著，這裡還聚合著掌禮儀的官員中的甲科優勝者以及天下各郡推舉選送來的清廉自守及孝順父母的孝廉們。護衛宮殿的勇士虎賁郎，替帝王家掌管衣物的近侍綴衣，掌管宮門出入的宦官，在宮殿前臺階上手執戈戟的衛士，這些最能接近皇帝的侍從內官們，被安排得一層又一層，各司其職，各盡其責，誰也不敢懈怠。皇宮外圍的供警衛人員值班歇宿的廬舍，平列著上千所，供巡邏人員執行巡察時所走的道路，像絲織物的經緯線那樣，密密嚴嚴的縱橫穿插交錯。這些宮室間都建設著供車輦通行的輦道，各樓閣間長長的道路還有高架的閣道相連通。從未央宮向北連接桂宮，再向北到盡頭連接明光殿，再連貫到另一頭的長樂宮，登上由低向高走的有臺階的墱道，跨越西邊的城牆，與未央宮西邊的建章宮又混同為一體，城裡的建築群與城外的建築群連成一氣。高大的建章宮南面開有璧門，東面建有鳳闕，闕樓最高處的瓦脊上，安裝著金黃色彩的銅鳳凰。建章宮內還有高聳的別風闕，遠遠看去是那麼華麗精巧，高大壯觀。這些宮室有千千萬萬個門窗，門窗都順應著陰陽規律而開闔，白天打開，夜晚關閉。只見正殿高大巍峨，一重重樓層高而又高，接近於未央宮。經過駘盪宮，走出馺娑宮，穿過枍詣宮和天梁宮，屋頂房檐上都裝著向上反仰的瓦頭作為覆蓋物，以接納更多的陽光增加室內的光照。神明臺上蔥蔥鬱鬱長著樹木，它在建築群中顯得特別突出，那麼高峻，像還在上升一般；它高入雲端，超過天空大半，連天空中美麗的虹霓都彷彿能進入臺上的建築物內穿過梁木。即使身體輕捷勇敢大膽善於登高的勇士，望著這高入雲霄的神明臺，也驚愕得不敢踏上它上行的階梯。攀登井幹樓未及一半，就感到頭暈目眩，天旋地轉，神志幾乎要昏迷，趕緊後退，倚在樓的欄杆上休息。感覺就像頭朝下墜落半路又停住一樣，神魂不安，心驚膽顫，嚇得失去了常態，便連忙沿著返回的道路下到低處。既然登高遠望感到害怕痛苦，就下到低處四處轉轉隨便看看遊覽一番。步行在各樓間相通的飛閣複道上，拐彎抹角，曲折迴環，又看到因建築密集，樹木叢生遮擋光線，樓內顯得昏暗幽深，見不到太陽。推開高樓上的小門，來到閣外，四面遠望，就像能看到天外一般，宇宙是那麼空曠遼遠，漫無邊際，使人覺得身體也虛無飄渺，無所憑依，不知何處是歸宿！向前看，西邊有數十頃之大的唐中池；向後看，北邊有面積達四十頃大的太液池。這些水池又廣又深，彷彿把滄海中浩浩湯湯的大水收攬進來一樣，捲揚起的巨浪洪濤，濺到岸邊的碣石山上，波濤洶湧，發出巨大的聲響，震動了岸邊高山上的神靈。泛濫的洪水，幾乎淹沒了池中人造的瀛洲、方壺、蓬萊三座仙人居住的神山。在此環境中，有神靈效應的花草樹木，如使人長生不老的不死藥、冬夏長青的松柏之類，到處生長，在冬天也繁榮茂盛。山巖高峻，人工製造成的各類鐘鼎彝器、碑碣等金石之物，也都高高地設立於各處。金銅仙人高舉雙掌以承接上天降落的仙露，兩根高聳的巨大銅柱矗立著，上擎住巨大的承露盤。此設施之高，超出低空中飄蕩的含著塵埃的混濁空氣，它接受的是又純淨又潔白的高空大氣中的最鮮美最精華部分。漢武帝時曾被拜為文成將軍的齊地方士少翁及敢胡吹瞎編曾拜五利將軍的方士欒大，都曾在這裡施展他們的騙術，並最終受懲伏刑。像傳說中的古代仙人赤松子、王子喬一類人，都曾受到過寵愛信任，他們自由自在地在宮苑中活動。這類帝后常住的宮苑區域，實在是眾仙人生活的好場所，決不是我們平常凡人的安居之處。

6 『於是就開始了盛大規模非常壯觀的娛樂遊獵活動，在上苑舉辦大規模的武事演練，用這種形式向生活在邊疆地區的戎狄等少數民族展示威懾力量，誇耀實力，並藉此讓帶兵的官員探討交流武備之事並獲得實戰經驗。朝廷命令荊州、江、湘一帶善於捕鳥的人，把棲止在樹上或地面上的各類禽鳥轟得飛起來，下詔讓梁州、巴、漢善於射獵的人去驅趕那些藏在林莽間的野獸。成群的走獸被圍追得往中心地帶狂奔聚合，無數的飛鳥被轟擊得從高空顛落下翻，鳥類多得翅膀相碰撞，獸類擠得站不正身體，都被圍聚在禁苑中擠在了一起。那些管理池澤山林的官員水衡和虞人，把狩獵區域進行劃分，依禽獸們聚合的不同種類劃出邊界，作上標誌，讓狩獵的官兵依部曲編制部署在不同區域中進行圍獵。兵士們把捕獵禽獸用的各類網具互相拴綁在一起，幾乎把山崗原野全都籠罩網絡住了。圍獵的軍卒包圍了一圈又一圈，分布在漫山遍野，像群星那麼多，像濃雲那麼密集，那麼嚴實。圍獵準備工作完成以後，皇帝乘著裝有鑾鈴的車駕，擺開由執金吾奉引的儀仗隊伍，率領群臣，從飛廉館中開門而出，進入上苑的大門。於是大隊人馬繞過周代的都城豐、鎬一帶，經過上蘭觀，天子的軍士都興奮得脫掉頭盔，各類動物看到這些氣勢洶洶、磨拳擦掌的獵手，都嚇得膽顫心驚，渾身打顫。圍獵的人高聲吶喊，像半空中響起了炸雷；手中的兵器閃閃發光，就像暴風雨來臨時的閃電一樣耀眼刺目。人們衝上前去，把苑中生長的草木踏爛在地上，形勢如翻江倒海，似乎高山和深澗顛倒了位置。把草木踐踏得毀掉了十分之二三，這才強忍住高度激動亢奮的情感而暫停下來稍作休息。緊接著，天子的護衛部隊、警衛人員被稱作期門和佽飛的，排列開兵刃，聚集起弓箭，騎著快馬飛奔，追趕逃竄鳥獸的蹤跡。飛禽驚嚇得直往網上碰，野獸驚恐地亂往兵器鋒刃上撞。射獵的弩機箭不虛發，一射必中，從來不用拉兩次弓弦；每隻箭發出去不僅只射殺一隻飛禽，因為太密集了，射中時也往往不只一根箭，有時一箭雙雕，有時數箭同時射中一物。亂紛紛地又多又密，箭桿上繫的絲繩便互相纏繞在一起難解難分，難往回收。飛禽們被射掉的羽毛隨風飄蕩，遮蔽了天空；空中灑落的血滴像下雨一般，淋溼了廣袤的荒野。禽獸的鮮血染紅了平原，大地一片血腥；射獵的武士們爭先恐後，情緒更加高昂振奮。連身體矯健輕捷如飛的猿猴之類，也在樹上失去了藏身之地，兇猛殘暴的豺狼之類也被驚懾得到處逃竄。圍獵隊伍把近處的禽獸消滅之後，又把大隊人馬轉移向更險要的地方，對深藏在水中的和隱藏在雜草中的猛獸發動攻擊。走投無路的猛虎被追得狂奔亂竄，兇猛囂張的犀牛也四處亂撞，仆倒在地。當時有名望的勇士許少和秦成他們，都發揮自己的特長，施展出看家的本領，有的憑搏殺的技巧，有的靠自己的膂力，把輕捷善跑的獸類捕獲拖住，把兇猛吃人的獸類緊緊抓牢，掰掉牠們頭上的角，擰折牠們的脖子。這些人敢於徒手與猛獸搏鬥，能獨自一人擒殺牠們。這些勇士們，或用胳膊夾持，或用手臂拖，把猛勁強悍的獅子、豹子、熊類、螭類都能制服，連體大力大的犀牛、犛牛，兇猛傷人的豪豬、羆熊之類，都能挫傷牠們，拉住牠們，使牠們停頓下來，不能再跑。勇士們跳過了遠遠的溝壑，度過了險峻的山崖，踏上了高高的山巖頂上，看到的是，巨大的石塊倒塌下來了，原本青蔥茂盛的松柏等長綠喬木仆倒在地，低矮的灌木叢更是被踐踏得摧折披靡，人踩馬踏，地上的野草細木幾乎已被毀滅淨盡，飛禽走獸被獵殺光了，消滅完了。在此情況下，天子登上刻著鴛鴦圖案裝飾的屬玉館，親自經過長楊榭，觀賞周圍山川的形狀、走向、形勢，視察狩獵部隊捕殺獵物的具體情況。放眼四望，只見原本生機勃勃的平原曠野，現在變得一片蕭條，死一般的沉寂，視力可達很遠的地方，看到四周盡頭，只見被殺死的飛禽走獸，屍體堆成了小山，互相重疊著壓在一起，縱橫無序，雜亂地堆放著。視察完了以後，天子下令，讓大家將獵獲的飛禽收集在一起，命令集合隊伍，論功行賞，根據功勞大小分發賞賜祭祀用過的胙肉。隊伍擺開由馬拉著的能夠進行烹飪煮肉的行軍灶車，進行蒸煮烹調；人們跳上裝著酒桶的車，端著大碗斟滿了酒，當場手拿明晃晃的快刀，割取剛燒好的魚類獸類的肉，在曠野中會餐。這種歡樂的野餐從白天一直進行到深夜。天子讓大家點上火把，在火炬光亮的照耀下，還一陣陣互相祝酒，不停地舉起酒爵來，真是十分盡興。天子犒賞三軍已畢，功勞大小都得到相應的賞賜。天子的鑾駕一路響著如鸞鳥鳴叫似的清脆悅耳的小鈴鐺，不慌不忙、不緊不慢地流連於近郊。車駕集結在上林苑中的豫章觀，來到附近的類似昆明西邊滇池那樣的人工湖昆明池。池中有石雕像，左邊是牽牛郎，右邊是曾與牛郎相愛過的織女。這裡水面浩淼無垠，就像天上的銀河那樣無邊無際。岸上長著高大挺拔的樹木，濃蔭遮天，非常茂盛。蘭、茝等各類芳美的香草，植遍了池畔的堤岸，都煥發出鮮豔奪目的光彩及明碧如洗的亮色，閃閃耀耀，就像在堤岸上鋪開的錦繡一般，在陽光下反射出迷人的光彩，照得附近的圩岸仙境般的美麗。在這片廣闊的水域中，生活著多種鳥類，水禽，涉禽，如黑色的鶴，白色的鷺，蒼羽的黃鵠，群居的鵁，獨飛的鸛，如鶴而蒼黑色的鶬鴰，似雁而軀體更大的鴇，狀如鷺鷥的鶂，以及野鴨、水鷗、飛鴻、大雁之類，牠們有的在這裡定居，大多數依季節氣候變化或天氣情況時來時去。牠們飛行得又快又遠，能夠早晨從黃河或東海出發，傍晚就飛到長江和漢水一帶水域過夜，往來行蹤不定，有時高飛，有時低飛，或在水面浮游，或扎到水裡找魚吃，忽而像雲團一樣聚集，忽而像霧氣一般散開。於是居住在後宮中的人員也乘著可以躺臥的輚輅車來到這裡。下車後登上天子乘坐的龍舟，在船上支撐開繪有鳳凰圖形的圓傘蓋，樹立起漂亮的彩旗，撩起擋在船艙門口的繡著黑白相間如斧形花紋的帷幕。只見清澈的流水波平如鏡，水面吹來美妙輕軟的微風，船在微波蕩漾的人造湖上平緩地漂動。這時候，在天子的授意下，划船的女子在沒有樂器伴奏的情況下放聲高歌，天子的軍樂隊也奉命演奏起鼓吹曲，聲音高亢嘹亮，節奏緊張熱烈，響徹九天雲外，感染得天空中的飛鳥也成群結隊地飛來飛去，不肯遠離，深水中的魚兒也被吸引得偷偷地浮上水面觀察動靜。有人舉起了白間弩，一箭竟射下兩隻高飛的天鵝來；有人揚起裝飾華麗的釣魚竿，把深藏水底的比目魚釣了出來。有人手拿著捕鳥的大網，有人控制著繫著絲繩的箭，在船上想捕獲空中的鳥。無數條大船兩兩相併著急速行駛，人們或仰身上望飛鳥，或俯身觀賞游魚，都極盡娛遊之樂。這盛大規模的水面遊覽自由自在，像勁風在高空中飄過，如浮雲在天上飄動，自由遊歷，四處觀覽。面南登上前面的秦嶺，向後越過九嵕山，向東接近了黃河和西嶽華山，向西涉足到岐山和雍水一帶，在長安附近這巨大的範圍內，經過的宮廷館所，有一百多座。天子行幸每天不管早晚，不論路過還是住下，由於物資儲備豐足，供張從來不會改樣。舉行了以天子為首的祭祀活動，對天地山河依禮制表示崇高的敬意，君臣認真探究，為了求得神靈的佑護，為了國運的美好昌盛，祭祀的犧牲等用什麼最好。遊覽中還視察民情，採集童子唱的表示幸福滿足的歌謠，以此來了解平民的生活狀況。對這次盛大的娛遊活動，不少隨從的文臣寫了歌頌文章，對此也進行品評，排出優劣等級，給予不同賞賜。在這樣的和平富強的時代，國家人口眾多，人丁興旺，人口多的大城市彼此能互相望得見，人口較少的鄉鎮更是接連不斷。國家強盛，有賴於創建以來近十輩傳承的牢固基礎；家道富足，人們也都繼承了百年來和平安定積累起來的產業。社會上各行各業各個階層的人們，都安居樂業，努力進取。讀書人享受著先代的德澤，依附於傳布善政有名的大戶人家；種田人在前輩已經開發的土地上操勞；商人修飾美化他們家族世代經營的傳統商品；手工業工人沿用他們高祖曾祖傳下來在製作器用時使用的規矩等標準化工具，製出的成品絲毫不走樣。社會上的人群，有的地位顯赫，光鮮體面；有的默默無聞，不為人知，但各自都處於他們應得的地位。

7 『像我這樣晚生了上百年的人，對以上盛況當然未能親身經歷，只不過是看到過前朝遺留下的陳跡，憑弔過遺址廢墟，向年長而閱歷多見識廣的人詢問，聽他們講述流傳下來的前朝盛事，而我記述的尚不到實際情況的十分之一，所以不能把當時的宏大場面及各種活動，完整地、毫無遺漏地一一列舉出來。』

卷四十下

班彪列傳第三十下

子固

1 「主人喟然而歎曰：『痛乎風俗之移人也❶！子實秦人，矜夸館室，保界河山，信識昭襄而知始皇矣，惡睹大漢之云為乎❷？夫大漢之開原也，奮布衣以登皇極，繇數朞而創萬世，蓋六籍所不能談，前聖靡得而言焉❸。當此之時，功有橫而當天，討有逆而順人，故婁敬度埶而獻其說，蕭公權宜以拓其制❹。時豈泰而安之哉？計不得以已也❺。吾子曾不是睹，顧燿後嗣之末造，不亦闇乎❻？今將語子以建武之理，永平之事，監乎太清，以變子之或志❼。

2 『往者王莽作逆，漢祚中缺，天人致誅，六合相滅❽。于時之亂，生民幾亡，鬼神泯絕，壑無完柩，郛罔遺室❾，原野猒人之肉，川谷流人之血❿，秦、項之災猶不克半，書契已來未之或紀也⓫。故下民號而上愬，上帝懷而降鑒，致命于聖皇⑫。

3 『於是聖皇乃握乾符，闡坤珍，披皇圖，稽帝文，赫爾發憤，應若興雲⑬，霆發昆陽，憑怒雷震⑭。遂超大河，跨北嶽，立號高邑，建都河洛⑮。紹百王之荒屯，因造化之盪滌，體元立制，繼天而作⑯。系唐統，接漢緒，茂育群生，恢復疆宇，勳兼乎在昔，事勤乎三五⑰。豈特方軌並迹，紛綸后辟，理近古之所務，蹈一聖之險易云爾哉⑱？

4 『且夫建武之元，天地革命，四海之內，更造夫婦，肇有父子，君臣初建，人倫寔始，斯乃虙羲氏之所以基皇德也⑲。分州土，立市朝，作舟車，造器械，斯軒轅氏之所以開帝功也⑳。龔行天罰，應天順人，斯乃湯武之所以昭王業也㉑。遷都改邑，有殷宗中興㉒之則焉；即土之中，有周成隆平之制焉㉓。不階尺土一人之柄，同符乎高祖㉔。克己復禮，以奉終始，允恭乎孝文㉕。憲章稽古，封岱勒成，儀炳乎世宗㉖。案六經而校德，妙古昔而論功，仁聖之事既該，帝王之道備矣㉗。

5 『至于永平之際，重熙而累洽，盛三雍之上儀，修袞龍之法服，敷洪藻，信景鑠，揚世廟，正予樂㉘。人神之和允洽，君臣之序既肅㉙。乃動大路，遵皇衢，省方巡狩㉚，窮覽萬國之有無，考聲教之所被，散皇明以燭幽㉛。

6 『然後增周舊，修洛邑，翩翩巍巍，顯顯翼翼，光漢京于諸夏，總八方而為之極㉜。是以皇城之內，宮室光明，闕庭神麗，奢不可踰，儉不能侈㉝。外則因原野以作苑，順流泉而為沼，發蘋藻以潛魚，豐圃草以毓獸㉞，制同乎梁騶，義合乎靈囿㉟。

7 『若乃順時節而蒐狩，簡車徒以講武，則必臨之以王制，考之以風雅㊱。歷騶虞，覽四驖，嘉車攻，采吉日，禮官正儀，乘輿乃出㊲。

8 『於是發鯨魚，鏗華鍾，登玉輅，乘時龍㊳，鳳蓋颯灑，和鸞玲瓏，天官景從，寖威盛容㊴。山靈護野，屬御方神，雨師汎灑，風伯清塵㊵，千乘雷起，萬騎紛紜，元戎竟野，戈鋋彗雲，羽旄掃霓，旌旗拂天㊶。焱焱炎炎，揚光飛文，吐爓生風，吹野燎山，日月為之奪明，丘陵為之搖震㊷。

9 『遂集乎中囿，陳師案屯，駢部曲，列校隊，勒三軍，誓將帥㊸。然後舉烽伐鼓，以命三驅，輕車霆發，驍騎電騖㊹，游基發射，范氏施御，弦不失禽，轡不詭遇，飛者未及翔，走者未及去㊺。指顧倏忽，獲車已實，樂不極般，殺不盡物㊻，馬踠餘足，士怒未泄，先驅復路，屬車案節㊼。

10 『於是薦三犧，效五牲，禮神祇，懷百靈，覲明堂，臨辟雍，揚緝熙，宣皇風，登靈臺，考休徵㊽。俯仰乎乾坤，參象乎聖躬，目中夏而布德，瞰四裔而抗稜㊾。西盪河源，東澹海漘，北動幽崖，南趯朱垠㊿。殊方別區，界絕而不鄰，自孝武所不能征，孝宣所不能臣，莫不陸讋水慄，奔走而來賓(51)。遂綏哀牢，開永昌(52)。

11 『春王三朝，會同漢京(53)。是日也，天子受四海之圖籍，膺萬國之貢珍，內撫諸夏，外接百蠻(54)。乃盛禮樂供帳，置乎雲龍之庭，陳百僚而贊群后，究皇儀而展帝容(55)。

12 『於是庭實千品，旨酒萬鍾，列金罍，班玉觴，嘉珍御，大牢饗(56)。爾乃食舉雍徹，太師奏樂，陳金石，布絲竹，鐘鼓鏗鎗，管絃曄煜(57)。抗五聲，極六律，歌九功，舞八佾，韶武備，太古畢(58)。四夷間奏，德廣所及，僸佅兜離，罔不具集(59)。萬樂備，百禮曁，皇歡浹，群臣醉，降烟熅，調元氣，然後撞鍾告罷，百僚遂退(60)。

13 『於是聖上覩萬方之歡娛，久沐浴乎膏澤，懼其侈心之將萌，而怠於東作也(61)，乃申舊章，下明詔，命有司，班憲度，昭節儉，示太素(62)。去後宮之麗飾，損乘輿之服御，除工商之淫業，興農桑之上務[63]。遂令海內棄末而反本，背偽而歸真，女脩織紝，男務耕耘，器用陶匏，服尚素玄，恥纖靡而不服，賤奇麗而不珍，捐金於山，沈珠於淵[64]。

14 『於是百姓滌瑕盪穢而鏡至清，形神寂漠，耳目不營，嗜欲之原滅，廉正之心生，莫不優游而自得，玉潤而金聲[65]。是以四海之內，學校如林，庠序盈門，獻酬交錯，俎豆莘莘，下舞上歌，蹈德詠仁[66]。登降飫宴之禮既畢，因相與嗟歎玄德，讜言弘說，咸含和而吐氣，頌曰「盛哉乎斯世」[67]！

15 『今論者但知誦虞夏之書，詠殷周之詩，講羲文之易，論孔氏之春秋，罕能精古今之清濁，究漢德之所由[68]。唯子頗識舊典，又徒馳騁乎末流[69]。溫故知新已難，而知德者鮮矣[70]！

16 『且夫辟界西戎，險阻四塞，脩其防禦，孰與處乎土中，平夷洞達，萬方輻湊[71]？秦領九嵕，涇渭之川，曷若四瀆五嶽，帶河泝洛，圖書之淵[72]？建章甘泉，館御列仙，孰與靈臺明堂，統和天人[73]？太液昆明，鳥獸之囿，曷若辟雍海流，道德之富[74]？游俠踰侈，犯義侵禮，孰與同履法度，翼翼濟濟也[75]？子徒習秦阿房之造天，而不知京洛之有制也；識函谷之可關，而不知王者之無外也。[76]』

17 「主人之辭未終，西都賓矍然失容，逡巡降階，惵然意下，捧手欲辭(77)。主人曰：『復位，今將喻子五篇之詩。』(78)賓既卒業，乃稱曰：『美哉乎此詩！義正乎揚雄，事實乎相如，非唯主人之好學，蓋乃遭遇乎斯時也(79)。小子狂簡，不知所裁，既聞正道，請終身誦之(80)。』其詩曰：

18 『明堂詩：於昭(81)明堂，明堂孔陽(82)；聖皇宗祀，穆穆煌煌(83)。上帝宴饗，五位時序(84)；誰其配之，世祖光武(85)。普天率土(86)，各以其職；猗與(87)緝熙，允懷(88)多福。

19 『辟雍詩：迺流辟雍，辟雍湯湯(89)；聖皇莅止，造舟為梁(90)。皤皤國老，迺父迺兄；抑抑威儀，孝友光明(91)。於赫太上，示我漢行；鴻化惟神，永觀厥成(92)。

20 『靈臺詩：迺經靈臺，靈臺既崇；帝勤時登，爰考休徵(93)。三光宣精，五行布序(94)；習習祥風，祁祁甘雨(95)。百穀溱溱，庶卉蕃蕪(96)；屢惟豐年，於皇樂胥(97)。

21 『寶鼎(98)詩：嶽脩貢兮川效珍，吐金景兮歊浮雲(99)。寶鼎見兮色紛縕(100)，煥其炳兮被龍文(101)。登祖廟兮享聖神，昭靈德兮彌(102)億年。

22 『白雉詩(103)：啟靈篇兮披瑞圖，獲白雉兮效素烏(104)。發皓羽(105)兮奮翹英(106)，容絜朗兮於淳精(107)。章皇德兮侔周成(108)，永延長兮膺天慶(109)。』」

【章　旨】以上為〈班固傳〉的第三部分，錄其〈兩都賦〉的後半部分〈東都賦〉。賦中以東都主人之口，極力頌揚東漢朝廷的禮儀法度、仁義威德，以示榜樣，駁斥西都賓誇耀西都奢靡之不當。兩賦一反一正，結合成一個完美的整體。班固在〈兩都賦〉中不只表達了他都洛的主張，而且進一步發揮他的建國思想，宣揚儒家仁德禮法治國的主張。

【注　釋】❶主人喟然而歎二句　主人，東漢都洛陽，故以東都洛陽人為主人，以西都長安人為賓客。喟然，感慨歎息的樣子。風俗，某一地方區域人們長期形成的風尚、習俗。民諺有「五里不同風，十里不同俗」之說。移人，指改變人的性格情緒和觀點。❷子實秦人五句　秦人，秦地人。秦本古國名，嬴姓，周孝王封伯翳之後非子為附庸，與以秦邑，秦襄公始立國，至秦孝公，日益富強，為戰國七雄之一。保界河山，指守護著東邊的黃河、崤山等河山以為界。昭襄（西元前三二四－前二五一年），即秦昭襄王嬴稷（又作嬴側），秦武王之異母弟。初即位由其母宣太后當權，外戚魏冉為相，任用白起為將，先後戰勝三晉、齊、楚等國。後用范雎為相，在長平（今山西高平西北）大敗趙軍，奠定了此後秦取得統一戰爭勝利的基礎。他是秦始皇的曾祖父。始皇，指秦始皇帝嬴政（西元前二五九－前二一〇年），秦莊襄王之子。自西元前二三〇至前二二一年，先後滅掉韓、趙、魏、楚、燕、齊等六國，建立了中國歷史上第一個統一的中央集權的封建帝國。為加強統治，收天下兵器聚之咸陽，銷以為金人十二；並統一法度，車同軌，書同文；築長城，治馳道。實行專制主義，嚴刑苛法，焚書坑儒；好神仙，信方士；大修宮殿及墳墓，勞民傷財，加以連年用兵，廣大百姓痛苦不堪。他死後不久，就爆發了大規模的農民暴動，終於導致秦王朝的滅亡和西漢王朝的建立。其事詳見《史記・秦始皇本紀》。惡，表疑問的代詞或副詞，意同「何」。大漢，指劉邦建立的西漢王朝和光武帝劉秀建立的東漢王朝。❸夫大漢之開原也五句　奮布衣以登皇極，由平民身分奮發而起登上了皇帝的最高權位。《漢書・高帝紀》：劉邦晚年征討造反的淮南王黥（英）布時為流矢所傷，後病重，醫曰可治，「於是上嫚罵之，曰：『吾以布衣提三尺取天下，此非天命乎？命乃在天，雖扁鵲何益！』」布衣指沒有做官的人，平民，因穿葛麻（不衣絲織品）而得名。繇，通「由」。朞，亦作「期」，一週年，「期三百有六旬有六日」。數期，幾年間，指劉邦自秦二世元年（西元前二〇九年）由沛之泗水亭長位起兵，到漢五年（西元前二〇二年）滅項羽楚軍定天下，歷經七、八年。六籍，即「六經」。指《詩》、《書》、《易》、《禮》、《樂》、《春秋》六種儒學經典著作。前聖，前代的聖明賢哲之人，如《六經》的撰述者及周公、孔子之輩。❹當此之時五句　橫，充溢。《禮記・祭義》：「置之而塞乎天地，溥之而橫乎四海。」成語「老氣橫秋」

中，即為此義。逆，指以臣伐君。《漢書》卷四十三：「賈曰：『且湯武逆取而順守之，文武並用，長久之術也。』」順人，指順乎人心。《漢書・高帝紀》：「元年冬十月……遂西入咸陽……秦民大喜，爭持牛、羊、酒食獻享軍士。」婁敬度埶句，婁敬，本齊人，見高帝，分析當時天下之勢，「秦地被山帶河，四塞以為固，卒然有急，百萬之眾可具。……資甚美膏腴之地……陛下入關而都之，山東雖亂，秦故地可全而有也。」獻策定都關中，被「賜姓劉氏，拜為郎中，號曰奉春君。」詳見《漢書・婁敬傳》。蕭公句，蕭公指漢初名相蕭何（?－西元前一九三年），與劉邦同為沛人。他在劉邦爭天下的戰爭中，負責後勤供應及文書檔案保管等工作，立了大功，被封為丞相。「先封為酇侯，食邑八千戶」，後「益封何二千戶」，「益封五千戶」。事見《漢書・蕭何曹參傳》。此句事見《漢書・高帝紀》，漢八年「二月，至長安。蕭何治未央宮，立東闕、北闕、前殿、武庫、大倉。上見其壯麗，甚怒，謂何曰：『天下匈匈，勞苦數歲，成敗未可知，是何治宮室過度也！』何曰：『天下方未定，故可因以就宮室。且夫天子以四海為家，非令壯麗亡（無）以重威，且亡（無）令後世有以加也。』上說（悅）。」❺時豈泰而安之哉二句　西漢初期修建宮殿，是為了突出天子的威儀，樹立皇帝的尊嚴，是權宜之計，從當時天下形勢看，尚未到社會安定、天下太平、享樂閒逸的階段，是不得已採取的一種策略性手段。❻吾子曾不是睹三句　曾不是睹，竟然看不到這種形勢。曾，竟，語氣副詞。是，此。是睹，睹是，古代漢語否定句中，代詞賓語置謂語前。顧，回頭看；反而。燿，同「耀」。炫耀；矜誇；顯示。後嗣之末造，指高帝的後代子孫武帝、成帝等崇尚神仙、迷信方士、寵幸美女（如趙飛燕之類）、奢侈鋪張之種種所作所為。闇，同「暗」。昏闇不明。❼今將語子四句　建武，東漢光武帝年號，西元二五－五六年。此句指劉秀當政期間的各項政治措施及治國安邦的道理。永平，東漢明帝劉莊年號，西元五八－七五年。太清，天道；自然；無為之化。《莊子・天運》：「吾奏之以人，順之以天，行之以禮義，建之以太清。」或，通「惑」。迷惑。志，心志；認識。❽往者王莽作逆四句　王莽（西元前四五－西元二三年），字巨君。漢元帝王皇后弟之子。西漢末，以外戚掌握政權。成帝時封新都侯。後被封「安漢公」，元始五年，毒死平帝，自稱假皇帝。初始元年，王莽稱帝，改國號為「新」，年號為「始建國」。他統治期間，經濟混亂；恢復五等爵，經常改變官制；法令苛細，賦役繁重，民不聊生。地皇四年（西元二三年），平林、赤眉等農民軍攻入長安，王莽被殺。詳見《漢書・王莽傳》。祚，本義為福、祉，這裡作皇位、國家統脈解。六合，指上、下、前、後、左、右六個方位，即天地四方。❾于時之亂五句　鬼神泯絕，連鬼神都由於人類的幾乎滅絕而快滅絕了。迷信的人認為：人死之後，魂靈多化為鬼，若生前有功於世，則上升天堂而為神。泯，滅；盡。柩，已經裝入屍體的棺材。郛，外城。此義與郭同，可連用，稱「郛郭」。罔，通「無」。❿原野猒人之肉二句　極言戰爭場面之殘酷，死人之多。猒，同「厭」，滿。揚子

《法言》：「秦將白起長平之戰，阬四十萬人，原野厭人之肉，川谷流人之血。」⓫秦項之災二句　秦指秦始皇，他發動統一天下的戰爭，殺戮無數；他大修長城、馳道、宮室，繁重的徭役和賦稅，給人民帶來巨大災難。項指項羽，他在滅秦過程中，也曾焚燒宮室，坑殺降卒，屠戮無辜，「楚漢久相持未決，丁壯苦軍旅，老弱罷（疲）轉漕」，也成為社會災難。書契，即文字。書指寫字，契指刻字。⓬故下民號而上愬三句　下民，下界黎民。愬，同「訴」。申訴：告訴。懷，安撫。《左傳・僖公七年》：「懷遠以德。」鑒，審察；察看。聖皇，聖明的皇帝。皇，大也；明也。《詩・皇矣》：「皇矣上帝，臨下有赫。」這裡聖皇指光武帝劉秀。⓭於是聖皇六句　大意是：在上天把治理天下的大任交給聖皇的情況下，聖皇就掌握著天帝顯示的靈驗符瑞，闡明了地神呈現的珍異景象，仔細觀察披覽江山版圖，稽考核對皇天上帝及人間帝王遺留的文字，憤怒地高舉討伐奸賊的義旗，響應的人像天空中聚起的漫天濃雲那樣眾多而踴躍。乾符、坤珍，謂天地降下的或呈現的符瑞靈驗，古時，指帝王受命於天的吉祥徵兆。乾和坤本為《易》中二卦名，乾象天，坤象地。皇圖，封建帝王的版圖。帝文，上天最高神靈降示的文字。赫爾，猶赫然，發怒的樣子。⓮霆發昆陽二句　以迅雷不及掩耳之勢向昆陽進發。昆陽，古縣名。秦置。在今河南葉縣。更始元年（西元二三年），劉秀率眾與王莽軍大司徒王尋、大司空王邑率領的百萬大軍大戰於昆陽，「中外合勢，震呼動天地，莽兵大潰，走者相騰踐，奔殪百餘里間。會大雷風，屋瓦皆飛……」，擊潰了王莽主力，「更始（淮陽王劉玄）拜光武為破虜大將軍，封武信侯。」詳見本書卷一。霆，疾雷；劈雷。⓯遂超大河四句　大河即黃河。北嶽，即恆山。在山西東北部，綿延三百多里，至河北邊境。主峰玄武峰，海拔二〇一七公尺，在渾源東南。另一說，主峰應在河北曲陽境內。此句意為：光武帝率眾在晉冀一帶作戰。立號高邑二句，據本書卷一〈光武帝紀〉載，建武元年，劉秀帶兵在薊地攻破敵軍，「參分天下而有其二，跨州據土，帶甲百萬」，部下耿純等勸他稱帝，「光武於是命有司設壇場於鄗南千秋亭五成陌。六月己未，即皇帝位。……於是建元為建武，大赦天下，改鄗為高邑。……冬十月癸丑，車駕入洛陽，幸南宮卻非殿，遂定都焉。」河洛，黃河與洛水。⓰紹百王之荒屯四句　紹，繼承。屯，艱難。義本《易・屯》震下坎上：「彖曰：屯，剛柔始交而難生。」句意為：繼承了前代眾多國君遺留下來的已經荒廢多年的艱難的事業。造化，創造化育，舊指天地、神靈，今指大自然中的各種規律。盪滌，又作「蕩滌」。沖洗；清除淨盡。體元，制定各種禮法制度要遵從效法天地之德。元者生物之始，天地之德莫先於此。意為：建立各種法規要依據天象呈示的自然規律。繼天而作，繼承了上天的意志而起兵。⓱系唐統六句　唐，指唐堯。傳說中的遠古部落名，居於平陽（今山西臨汾西南），堯（陶唐氏，名放勳）為其領袖。漢，指劉邦開創的西漢王朝。三五，指三皇五帝。三皇，傳說中的遠古帝王，有多種說法：如⑴天皇、地皇、泰皇（《史記・秦始皇本紀》）；⑵天皇、地皇、人皇（《史記・補三皇本紀》引《河圖》、《三五曆記》）；(3)燧人氏、伏羲氏、神農氏等。五帝，傳說中的上古帝王，也有多種說法：如(1)黃帝、顓頊、帝嚳、唐堯、虞舜；(2)伏羲、神農、黃帝、堯、舜等（《皇王大紀》）。他們都是原始社會末期部落的或部落聯盟的領袖。⓲豈特方軌並迹四句　光武帝創建的東漢王朝，上順天命，下合人心，為漢民族傳下來的正統，他的功勳超過已往，他的勤奮比過三皇五帝，是非常偉大的帝王，不是僅僅作一些方便民眾的小改革，像那些短暫登場的皇帝一樣，只管理近期的政務，體驗一個朝代的安定紛亂的那樣的人。方軌，兩車並行。兩船相併為方，車轍即軌。紛綸，眾多忙亂的樣子；雜亂。后、辟，古代對君主、君位的稱呼。險易，猶理（安定、太平、有條理、合規矩）亂（紛亂、不太平、壞了章法）也。豈特……云爾哉，哪裡只是……這種說法和樣子呢。表反問的副詞與語氣詞連用，首尾相呼應。⓳且夫建武之元八句　革命，實施變革以應天命。古代認為帝王受命於天，因而把朝代更替稱為革命。《易・革》：「天地革而四時成。湯、武革命，順乎天而應乎人，革之時大矣哉！」現代把社會的政治、經濟、制度等巨大變革稱作革命。四海，即天下之意。古代以為中國四周皆有海，所以把中國叫作海內，外國叫海外。《爾雅》：「九夷八蠻六戎五狄，謂之四海。」人倫，人類文明社會中，人和人之間應有的正常關係。《周易》：「有天地然後有萬物，有萬物然後有男女，有男女然後有夫婦，有夫婦然後有父子，有父子然後有君臣。」虙羲氏，又作「伏羲」、「包犧」、「庖犧」、「伏戲」。也稱「犧皇」、「皇羲」，神話中人類的始祖。傳說人類由他和女媧氏兄妹相婚而產生。皇德，偉大高尚的道德。⓴分州土五句　大意是：劃分天下的土地為不同區域，分別指派人去經營管理，確定交易場所及朝拜場所，製作水中行駛的舟船和陸地上行駛的車，創造各種禮樂之器及兵甲等器械，這些就是光武帝像軒轅氏那樣開創偉大功業所作的貢獻。軒轅氏，即黃帝之號。傳說中中原各族共同祖先，本姓公孫，後居姬水，因改姓姬，國於有熊，又號有熊氏，相傳他得到各部落的擁戴，在阪泉（今河北涿鹿東南）打敗擾亂各部落的炎帝，又率領各部落在涿鹿（今河北涿州東南）擊殺蚩尤，諸侯尊其為天子，成為部落聯盟領袖，因有土地之瑞，故號「黃帝」，傳說蠶桑、醫藥、舟車、宮室、文字等，均始創於黃帝時。詳見《史記・五帝本紀》。㉑龔行天罰三句　龔，通「恭」。恭謹；恭敬。湯，商朝的建立者，又稱武湯、武王、天乙、成湯，原為商族領袖，任用伊尹執政，積聚力量，先滅掉葛國（今河南寧陵北）、韋（今河南滑縣東南）、顧（今河南范縣東南）、昆吾（今河南許昌東）等國，經十一次出征，削弱了暴君夏桀的力量後一舉滅夏，建立商朝。可參看《史記・殷本紀》開頭部分。武，即周武王姬發，他繼承其父周文王姬昌遺志，聯合庸、蜀、羌、髳、微、盧、彭、濮等族，率軍東攻，討伐商紂王，牧野（今河南淇縣西南）一戰，獲得大勝，遂滅商，建立周王朝，定都於鎬（今陝西長安灃河以東）。㉒殷宗中興　指殷盤庚遷都使國家中興事。《史記・殷本紀》：「帝陽甲之時，殷衰。」「帝陽甲崩，弟盤庚立，是為帝盤庚。帝盤庚之時……乃遂涉河南，治亳（今河南偃師），行湯之政，然後百姓由寧，殷道復興。」㉓即土之中二句　光武定都洛陽，占據了天下形勢的中心，就像周代成王興盛周朝時的興旺泰平。周成，指武王子姬誦，他即位時年幼，由叔父周公旦攝政，曾大規模分封諸侯，鞏固了西周王朝的統治；其子周康王姬釗時，繼續推行他的各項政策，加強了統治，「刑錯四十餘年不用」，史稱「成康之治」。《春秋・命歷序》：「成康之隆，醴泉湧出。」㉔不階尺土二句　指東漢光武帝劉秀與高祖劉邦都是沒有封地的普通百姓，沒有憑藉一平方尺大的地盤和一名屬民百姓的權勢，白手取得天下，就是應了上天的符命。他們的成功幾乎一模一樣。階，憑藉。《漢書・異姓諸侯王表》：「漢無尺寸之階，繇一劍之任，五載而成帝業。」柄，權柄；勢力。《孟子・離婁下》：「孟子曰：『舜生於諸馮……文王生於岐周……地之相去也，千有餘里；世之相後也，千有餘歲。得志行乎中國，若合符節。』」㉕克己復禮三句　此言光武帝躬自儉約，施行仁政，與孝文帝一樣。克己復禮，克制己身的私欲，一切行動都回復到禮法上去。這是儒家認為達到「仁」的標準或個人修養的高尚境界。語見《論語・顏淵》：「子曰：『克己復禮為仁，一日克己復禮，天下歸仁焉。』」終始，這裡指人的一生。《孫卿子》：「生，人之始也；死，人之終也。終始俱善，人道畢矣。」允恭，誠信恭敬。《尚書・堯典》：「允恭克讓。」孝文，即西漢文帝劉恆（西元前二〇二—前一五七年），他在位期間執行「與民休息」的政策，減輕田租、賦役和刑獄，使農業生產得到恢復和發展，又削弱諸侯王勢力，以鞏固中央集權，史家把他與他兒子孝景帝劉啟統治時代執行的寬鬆政策並舉，稱作「文景之治」。㉖憲章稽古三句　光武帝考察了前代故事，效法古代聖君作法，到泰山舉行祭天活動，並勒石刻銘，記錄功勳，儀式隆重，禮節周到，像西漢孝武皇帝那麼顯著彰明。憲章，典章制度；效法。《禮記・中庸》：「仲尼祖述堯舜，憲章文武。」稽古，稽考古道；研習古事。封岱，在泰山上築土為壇祭天，報天之功，舉行祭天地的典禮。岱，岱山、岱嶽、岱宗，都是泰山的別稱，為中國東部平原上第一大山，在山東中部，主峰玉皇頂在泰安城北，海拔一五二四公尺，雄偉壯麗，為五嶽之尊。世宗，指西漢武帝劉徹（西元前一四一—前八七年在位）廟號。見《漢書・宣帝紀》：「本始二年……六月庚午，尊孝武廟為世宗廟。」㉗案六經而校德四句　《六經》，六種儒家主要經典，即《詩》、《書》、《禮》、《樂》、《易》、《春秋》，亦即前文之「六籍」。妙，美好。或通「眇」。遠。該，通「晐」。包括一切；盡備。備，全；盡。㉘至于永平之際八句　重熙而累洽，指當時社會政治清明，上下和樂。熙，光明、興盛解。洽為霑潤、潤澤，合和、協和之意，即上下關係和諧之意。重和累是接連不斷、很多的意思，作熙洽的修飾語。三雍，也叫三雍宮。含辟雍、明堂、靈臺三組建築群，是封建帝王舉行祭祀、典禮的場所，漢代的三雍宮在長安西北七里處。本書卷七十九上〈儒林傳〉：「中元元年，初建三雍。明帝即位，親行其禮。」

天子始冠通天，衣日月，備法物之駕，盛清道之儀，坐明堂而朝群后。登靈臺而望雲物，坦割辟雍之上，尊養三老五更。饗射禮畢，帝正坐自講，諸儒執經問難于前，冠帶縉紳之人，圜橋門而觀聽者蓋億萬計。」可為「盛三雍之上儀」句注腳。袞龍，繡有盤曲龍形花紋的古代帝王及公侯的禮服，即袞衣或袞服，因繡的圖案不同，表明不同的身分或等級。法服，禮法規定的標準服，穿著者不許越級。《周禮》：「王之吉服，享先王之袞冕。」鄭玄注：「袞，卷龍衣也。」繡有彎曲龍形的袞衣。「永平二年，春正月辛未，宗祀光武皇帝於明堂，帝及公卿列侯始服冠冕、衣裳、玉佩、絇屨以行事。禮畢，登靈臺。」詳見本書卷二。敷洪藻，指發布鋪敘偉大內容華美形式的文字，詳見〈顯宗孝明帝紀〉中，使尚書令持節詔驃騎將軍、三公等那段大段的訓詞：「今令月吉日，宗祀光武皇帝於明堂，以配五帝。……仰惟先帝受命中興，撥亂反正，以寧天下，封泰山，建明堂，立辟雍，起靈臺，恢弘大道，被之八極……。」信景鑠，申張發揚正大光明的美好事物。信，同「申」。景，大。鑠，輝煌；鮮明。揚世廟，指明帝劉莊於中元二年即皇帝位後，「三月丁卯，葬光武皇帝於原陵，有司奏上尊廟曰世祖。」正予樂，指永平三年，「六月丁卯，有星孛於天船北。秋八月戊辰，改大樂為大予樂。」大樂，即太樂，為秦漢奉常屬官，有太樂令。永平三年改為大予樂令，掌使樂人，凡國祭饗，掌諸奏樂。㉙人神之和允洽二句　意謂地上的凡人和天上的神靈和睦相處，關係融洽，親密無間，國君與臣下的尊卑等級序列清楚分明，嚴整有序，恭敬規矩。允洽，和美；信實。既肅，已經嚴整規矩，恭敬和諧。㉚乃動大路三句　大路，亦作「大輅」，即「玉輅」。皇帝乘坐的大車。《周禮・春官・巾車》稱王有五路，即玉路、金路、象路、革路、木路。皇衢，馳道也。皇，大；美。衢，四通八達的道路。省方，視察四方，省視萬方，觀看民之風俗，以設於教。巡狩，也作「巡守」。帝王離開國都巡行境內。巡，周行視察。狩，所守護的範圍、地方。此句中不作冬獵解。㉛窮覽萬國之有無三句　仔細地、詳盡地觀察各地有什麼出產，缺少什麼物資，考核中央政府聲威和教化所達到的程度、覆蓋面積的大小，散播皇上偉大的光明來照亮那些黑暗的角落。萬國，猶言萬邦，泛指四方各地。聲教，聲威和教化。《尚書・禹貢》：「東漸於海，西被於流沙，朔南暨聲教，訖於四海。」皇明，大的光亮。燭，照。幽，暗。㉜然後增周舊六句　此六句言，考察畢全國之後，增修東都洛邑，修復增補東周以來各種舊有的體制規模，座座宮殿都高大雄偉，光亮鮮明，使漢王朝的京師在全國光輝耀目，成為四面八方的中心和建設標準及榜樣。增周舊，西元前七七〇年，周幽王為犬戎族所殺，其子周平王宜臼（一作宜咎）即位，將國都由鎬東遷至洛邑。東漢建立後亦定都於此，增修其舊制，故曰增周舊。翩翩，本指鳥飛又輕又快的樣子。這裡指宮闕高聳凌空的形態。巍巍，山勢或建築物高大的樣子。顯顯，盛大光明的樣子。翼翼，莊嚴雄偉的樣子。漢京，漢代的京都，這裡指洛邑。京的本義是高、大，後特指首都、國都。諸夏，本指周代分封的諸侯國，後泛指中原地區。夏是古代漢族的自稱，也稱華夏，與此相對，稱少數民族為「夷」。極，此處作中、中正的準則解。意為洛邑是全國土地的中心，也應該以此為準則。《詩．江漢》：「匪疚匪棘，王國來極。」㉝是以皇城之內五句　大意是：因此天子所居的皇城內，宮室格外輝煌光明，闕樓和院庭也顯得神聖莊嚴美麗壯觀，奢華而不超越禮制，節儉亦不過分，無論花銷多少，都合於法度。闕，本指宮門兩旁立的雙柱或宮門上蓋的小樓，後代指皇帝所居處。庭，本指堂前之地，可泛指院落。奢，侈靡；浪費。侈，浪費。㉞外則因原野以作苑四句　意謂：皇城以外利用自然的平原郊野開闢成皇家的苑囿，決不毀壞已開發的農田，按著原有的溪流泉水開闢成池沼，發展蘋藻之類水草，讓魚類自由自在地在水下游泳嬉戲，培養栽植多種茂盛的植物來養育繁衍各種禽獸。苑，古代養禽獸的園林。沼，水池。蘋，水生植物，生淺水中，葉有長柄，柄端四片小葉呈田字形，也叫田字草。藻，水草的總稱。蘋和藻都是水草，古人也常取作祭祀用。圃，本指種植果木瓜菜的園地，也指長茂草的地方。毓，同「育」。生；養；孕育。㉟制同乎梁騶二句　此二句言：東漢明帝在洛邑城外順天然體勢闢建的苑囿，在體制上合乎古代天子所有田畝的規模，從道義上看，也與周文王時的靈囿相合，人與動物和睦相處，人與自然和諧統一。梁騶，又作「梁鄒」。《魯詩傳》：「古有梁鄒者，天子之田也。」靈囿，周文王時的苑圃名。古代帝王畜養鳥獸的園林稱囿。《詩．靈臺》：「王在靈囿，麀鹿攸伏。」㊱若乃順時節而蒐狩四句　至於像那按著不同的季節來進行的打獵活動，盡可能減少隨從人員和車輛馬匹來進行講求武備及軍事演習，那一定要按古代先王規定的制度來行動，並參考先人留下的《詩》中的民間歌謠及京畿歌曲所載的內容，看有無先例，是否合乎前聖先賢所遺留下的教誨的準則。蒐狩，春獵為蒐，冬獵為狩。《左傳．隱公五年》：「故春蒐，夏苗，秋獮，冬狩，皆於農隙以講事也。」秋獵也叫蒐。《公羊傳．桓公四年》：「春曰苗，秋曰蒐。」王制，《禮記》、《荀子》中均有〈王制〉篇，講的是王者的制度。唐孔穎達《禮．王制．疏》：「王制者，以其記先王班爵、授祿、祭祀、養老之法度。」《荀子．正論》：「是非之封界，分職名象之所起，王制是也。」風雅，是儒學《六經》之一的《詩》中的兩種不同的歌曲名，〈風〉即〈國風〉，多數是民間歌謠。〈雅〉又分〈大雅〉、〈小雅〉，是西周王朝國都近畿的詩歌，多為公卿士大夫的作品。㊲歷騶虞六句　大意是：讓主管人員普遍地查閱《詩》中的〈騶虞〉、〈四驖〉、〈車攻〉、〈吉日〉等篇詩歌，誦讀理解以後，司禮官員依古訓擬定好出行的規範儀式，皇帝才乘著車子從皇宮中出來。騶虞，也作「騶吾」、「騶牙」。本義獸名，白虎黑文，不食生物，有至信之德則應之。《詩．騶虞》：「彼茁者葭，壹發五豝，于嗟乎騶虞！」《詩．國風．序》：「蒐田以時，仁如騶虞。」誦此詩以應上文「順時節而蒐狩」。四驖，《詩》篇名。〈秦風．駟驖〉：「駟驖孔阜，六轡在手。公之媚子，從公于狩。」是寫秦君帶著兒子去打獵。駟，四馬。驖，黑色馬。詩句的意思是：駕車的四匹黑色馬十分肥壯，駕車人手裡拉著六條馬轡繩（中間兩匹服馬各一轡，外邊兩匹驂馬各兩轡，共六轡）。秦君（襄公的愛子，跟著他去打獵。車攻，《詩・小雅》篇名，起始章為：「我車既工，我馬既同。四牡龐龐，駕車徂東。」是讚美周天子到東都洛邑去打獵。《詩・小雅・序》：「〈車攻〉，宣王復古也，修車馬，備器械，復會諸侯於東都，因田獵而選車徒焉。」吉日，《詩・小雅》篇名，是歌頌周王選擇好日子外出打獵的詩。詩首章：「吉日維戊，既伯既禱。田車既好，田牡孔阜。升彼大阜，從其群醜。」意謂好日子選在「戊日」，祭祀馬神，進行祈禱。田獵的車整治完好，駕車的四匹雄馬十分肥壯。登上那邊的高崗，追逐那成群的野獸。禮官，掌禮儀之官。《周禮・春官・序官》：「乃立春官宗伯，使帥其屬而掌邦禮，以佐王和邦國，禮官之屬。」《史記・禮書》：「余至大行禮官，觀三代損益，乃知緣人情而制禮，依人性而作儀，其所由來尚矣。」可見古人對各項禮儀以及禮官的尊崇和重視。輿，本指車箱，後泛指車。㊳於是發鯨魚四句　鯨魚，本為當今海洋中最大的哺乳類動物，這裡指像鯨魚形狀的撞鐘的杵。薛綜注〈西京賦〉：「海中有大魚名鯨，又有獸名蒲牢。蒲牢素畏鯨魚，鯨魚擊蒲牢，蒲牢輒大鳴呼。凡鍾欲令其聲大者，故作蒲牢於其上，撞鍾者名為鯨魚。」鏗華鍾，敲響刻有圖案和文字的大鐘。鏗，本為鐘聲，這裡作撞擊講。華鍾，因鐘體上篆刻著圖案花紋和文字之類故得名。玉輅，皇帝乘坐的裝飾著美玉的大車。輅，大車。時龍，隨不同季節而乘騎不同毛色的馬匹。《禮記・月令》：「春駕蒼龍。」龍，這裡指高大的馬；駿馬。《周禮・夏官・廋人》：「馬八尺以上為龍，七尺以上為騋，六尺以上為馬。」㊴鳳蓋颯灑四句　鳳蓋，帝王儀仗用的鳳凰形的或繪有鳳凰圖案的傘。颯灑，飄動。和鸞，車鈴。《詩・蓼蕭》：「和鸞雝雝，萬福攸同。」掛在車前橫木上的稱「和」，掛在車駕上的稱「鸞」。玲瓏，玉器碰撞時發出的清脆聲音。天官，這裡泛指百官小吏。景從，緊相追隨；如影隨形。景，「影」的本字。祲威盛容，盛大的隊伍威風凜凜，陣容嚴整。祲，與「盛」同義。威，威儀。容，隊伍排列的樣子。㊵山靈護野四句　皇帝乘車到郊外去，山上的神靈為他守護著原野，四方的神靈為他駕馭著隨從的車輛，管下雨的神靈負責普遍地灑溼地面，掌管颳風的神靈把地面上的浮塵吹拂乾淨。山靈，即山神。屬御方神，替皇帝駕御屬車的是四方的神靈。屬車，皇帝的侍從車子，也稱副車、貳車、佐車。雨師，司雨之神。一說是二十八宿之畢宿，見《周禮・春官・大宗伯》：「掌建邦之天神、人鬼、地示之禮……槱燎祀司中、司命、飌師、雨師。」注：「雨師，畢也。」風伯，風神。一指二十八宿之箕星，南箕四星，類人間簸揚之器，故名風伯。《淮南子・原道》：「令雨師灑道，使風伯掃塵。」注：「風伯，箕也。」蔡邕《獨斷・上》：「風伯神，箕星也。其象在天，能興風。」另一說，風伯字飛廉，能興疾風。《楚辭・離騷》：「前望舒使先驅兮，後飛廉使奔屬。」王逸注：「飛廉，風伯也。」《史記・司馬相如列傳》：「召屏翳誅風伯而刑雨師。」㊶千乘雷起六句　千乘，形容車輛之多有上千乘，古代以一車四馬為一乘。萬騎，形容騎馬的兵士有上萬騎，古代以一人一馬為一騎。元戎，指大車，兵車。戎本為兵器的總稱，又可借代指軍隊、士兵，又可特指戰車。元作大解。《詩・六月》：「元戎十乘，以先啟行。」毛萇注：「元，大也。夏后氏曰鉤車，先正也；殷曰寅車，先疾也；周曰元戎，先良也。」戈鋋，戈是我國青銅器時代最主要的兵器，盛行於殷代和周代，秦漢以後逐漸消失。其首端橫形，上下皆有刃，可用於橫擊、鉤殺。鋋是鐵把短矛。彗雲，掃去空中的浮雲。彗，本義為掃帚，引申為掃。羽旄，皇帝出行時的儀仗之一。羽指長尾山雉的尾羽，旄指旄牛之尾。旌旗，旗的總稱。旌本指用旄牛尾和彩色鳥羽作竿飾的旗，亦可泛指各種旗幟。㊷焱焱炎炎六句　焱焱，本為火花，言光之盛如火之華，此處作光彩閃爍解。炎炎，本指火光，火光上升的樣子，此句中亦作光彩解，與焱焱一起，都表示在陽光照射下，那些戈矛車馬都反射出耀眼的光彩來。揚光飛文，光彩向上衍射，高空中閃動著的五彩光束形成各種美麗的線條和閃爍不定的花色圖案。吐爓生風，噴吐著火焰，產生陣陣熱風，是用比喻和誇張描寫光彩及氣勢之強猛。爓，火焰。吹野燎山，這種熱風和光焰，吹動了原野，烤熱了群山。日月二句之意為：太陽和月亮在這種光彩面前也暗然失色，失去了往常的光輝，丘陵也被震動得發顫。以上幾句極力鋪寫天子出獵的陣容和聲威、氣勢。㊸遂集乎中囿六句　中囿，即囿之中部。囿是有圍牆的養禽獸的場所。陳師，陳列部隊。案屯，按兵不動；屯兵不前。駢，本義為兩馬並拉一車，引申為並列、對偶。部曲，古時軍隊的編制單位，漢時大將軍營五部，部校尉一人，比二千石；部下有曲，曲有軍候一人，比六百石。詳見本書〈志第二十四・百官一〉。列校隊，依部排列隊伍。校本指軍營，後指軍隊中之一部分。勒三軍，統率三軍。三軍，本指諸侯大國的軍隊，後為軍隊的通稱。也可指中軍、上軍、下軍；中軍、左軍、右軍；步軍、車軍、騎軍等三種不同名稱。將帥，多指將軍、將領、統帥，即帶兵打仗的高級軍官；也可指州長、黨正等地方長官，即普通官吏；或特指武將、武官。㊹然後舉烽伐鼓四句　舉烽，高舉火把。烽，又作「熢」或「㷭」。本指古代邊防報警的煙火信號，也泛指舉火。伐鼓，擊鼓，因古代出兵征伐時，以擊鼓作為進攻的信號，故稱擊鼓為伐鼓。三驅，有兩解：一為三面驅禽，讓開一路，以示好生之德，即網開一面之意，見《易・比》：「王用三驅，失前禽。」參閱清人孫星衍《周易集解》二十。一為古人田獵的三種目的，見《禮記・王制》：「天子諸侯，無事則歲三田，一為乾豆，二為賓客，三為充君之庖。」又見《公羊傳・桓公四年》、《穀梁傳・桓公四年》。輕車，一種兵車，也指輕便迅捷的車。霆發，如雷霆般迅猛進發。驍騎，勇猛的騎兵。電騖，像閃電般迅疾奔馳。㊺游基發射六句　此六句言：讓養由基那樣的神射手來放箭，令范氏那樣善御的人來駕車，射箭的人每次引弦都能射中飛禽，箭不虛發；駕馭的戰車也都按照禮法行駛（據《穀梁傳・昭公八年》所載，駕御田獵的車，塵土飛揚不能出於軌道，馬蹄應該發足相應，快慢合拍)。天空中的禽鳥還沒來得及展翅高翔就被射中了，地面上奔跑的野獸尚未來得及離去就被擊倒了。游基，通常作養由基。春秋時楚人，善射，蹲甲而射，可以射徹七札；又去柳葉百步而射，百發百中。《淮南子·說山》：「楚有神白猿，王自射之，則搏而嬉；使養由基射之，始調弓矯矢，未發而猿擁木號矣。」此句中指像養由基那樣的善射的弓箭手。范氏，春秋時趙國善於駕御車馬的人。《括地圖》：「夏德盛，二龍降之。禹使范氏御之以行，經南方。」詭遇，不依禮法駕車，打獵時不按禮法規定而橫射禽獸，後常用來比喻以不正當的手段獵取功名地位。此處之范氏指依照禮法規範善於駕車的人。㊻指顧倏忽四句　指顧，一指一瞥之間，形容時間短暫。指，伸出手指指點。顧，回頭看。倏忽，指極短的時間。獲車已實，出獵載物的車已經裝滿獵物。樂不極般，非常興奮快樂，但又有節制、法度。《禮記》：「樂不可極。」般，和樂；樂也。㊼馬踠餘足四句　因為已經獵滿了車，所以只好停下來，馬匹屈曲著身體，只剩下四隻蹄子還不停地踢踏；武士們的勁頭還沒有充分發揮完，仍憋著一股戰鬥的怒氣，先頭部隊已經走上回頭的道路，皇帝的侍從車隊，也只好控制住車馬的步伐，慢慢地跟著御駕徐行。踠，同「宛」。屈曲。㊽於是薦三犧十句　以上數句，寫皇帝田獵結束後的一系列活動。薦三犧，進獻三種祭品，以祭祀天地宗廟。《左傳·昭公二十五年》：「為六畜、五牲、三犧，以奉五味。」服虔注：「三犧，鴈、鶩、雉也。」(大雁、野鴨、山雞。) 效五牲，獻出五種祭品祭天。效，呈獻；獻出。五牲，漢代服虔認為是麋、鹿、麏、狼、兔五種野生動物。《左傳·昭公十一年》：「五牲不相為用。」清人王引之《經義述聞·五牲三犧》以服虔注非，而應為牛、羊、豕、犬、雞五種家養動物，可備一說。禮神祇，依禮法祭祀天神和地神。懷百靈，安撫、懷柔各種神靈。覲明堂，覲於明堂；在明堂舉行諸侯朝拜天子的禮節。《禮記·曲禮下》：「諸侯北面而見天子曰覲。」注：「諸侯春見曰朝……秋見曰覲。」明堂，古代帝王宣明政教的地方，凡朝會、祭祀、慶賞、選士、養老、教學等大典，均在此舉行。漢代學者高誘、蔡邕等，認為明堂、清廟、太廟、太室、太學、辟雍，名稱不同，作用一樣，同為一事，可備一說。辟雍，最早是周王朝為貴族子弟所設的大學，後世因之，取四周有水，形如璧環而為名。班固《白虎通義·辟雍》：「辟者，璧也。象璧圓又以法尺，於雍水側，象教化流行也。」《禮記·王制》：「大學在郊，天子曰辟雍，諸侯曰頖宮。」古時大學有五種名稱：南為成均，北為上庠，東為東序，西為瞽宗，中曰辟雍。後以地方上的學校叫庠序，中央的叫辟雍。緝熙，光明貌。《詩·文王》：「穆穆文王，於緝熙敬止。」宣皇風，宣揚皇家偉大的風範。靈臺，西周時建觀臺曰靈臺，是讚揚文王化行似神之精明。見《詩·靈臺》。漢有靈臺，在長安西北，為觀測天象之所。此處指東漢洛邑觀天象的高臺。休徵，吉利的徵兆。休，美善。徵，跡象。㊾俯仰乎乾坤四句　乾和坤本為《周易》中的兩個卦名，《易》認為：乾坤屬於陰陽的範疇，是宇宙的原始物質，它們的相互對立，相互交感，相互制約，推動事物的發生和變化。《易．繫辭》：「庖犧氏仰則觀象於天，俯則觀法於地，近取諸身，遠取諸物。」乾坤又可指天地、父母、男女等成對的組合概念。參象乎聖躬，檢驗各種徵象於皇帝本身。躬，親自。中夏，即中國。我國古代華夏族興起於黃河流域，居四方之中，故古代稱中原為中國、中夏、中華，而把周圍我國其他地區稱作四方、四夷等。布德，施予恩德。四裔，猶四夷，指四方極遠的地方，也稱四極、四遠、四荒、四表，古代多指未開化的少數民族及其聚居地。抗稜，實施高壓威懾手段。抗，高；舉。稜，嚴厲。《左傳．僖公二十五年》：「德以柔中國，刑以威四夷。」是說用仁愛恩德籠絡懷柔安撫中原地區那些文明良善的人民，用嚴苛的刑罰威懾鎮壓邊遠區域那些不開化的野蠻民族。[50]西盪河源四句　東漢王朝的統治範圍可以波及到四面八方很遠的區域，向西到黃河發生的源頭，向東到大海的邊緣，向北到那深邃幽暗的山崖地帶，向南超過了紅色土壤遍布的分界線。盪，洗滌；沖激。河源，黃河源頭。《爾雅．釋水》：「河出崑崙虛。」《漢書．西域傳》言河有二源：一出蔥嶺山，一出于闐。當代科學測知：黃河源頭在今青海巴顏喀拉山東麓各姿各雅山麓，上源叫約古宗列渠（藏語意為馬渠）。澹，水波動盪；觸動。海漘，海的邊沿。古人認為涯上平坦而下水深者為漘。漘，涯也，即岸邊。動幽崖，震動昏暗的少見陽光的山崖。趯，同「躍」。跳躍；超越。朱垠，紅色的界限。垠，界也。[51]殊方別區六句　此六句大意為：由於實行了不同的政策，那些與中原地區不同風俗文化的邊遠地域的民族、國家，與大漢不相鄰的、邊界隔絕的、從西漢孝武帝動用武力也未征服的、孝宣帝用懷柔政策也未使他們臣服的，沒有不從水路從陸路，懷著恐懼的心情，戰戰兢兢，競相跑著前來朝拜，表示賓服和順從，成為漢王朝遠方的客人。殊方，異域；他鄉。此指與中原風俗文化不同的地方。別區，另外的地區。讋，通「慴」。恐懼。慄，恐懼。孝武帝，即劉徹。西元前一四一—前八七年在位，曾派衛青、霍去病等率大軍征討匈奴，派張騫通西域，鞏固了西漢王朝的統治。孝宣帝，即劉詢，西元前七四—前四九年在位，他曾使南匈奴呼韓邪單于降漢。[52]遂綏哀牢二句　綏，安撫；安定。《詩．民勞》：「惠此中國，以綏四方。」是說帶來恩惠給中原地區，並安撫四周邊遠地區。哀牢，古國名。在今雲南保山市怒江以西，建武二十七年（西元五一年）哀牢國王賢栗（或作「扈栗」）始與東漢交通，受漢封號，建立朝貢關係。永平十二年（西元六九年）哀牢王柳貌遣子率種人內屬，東漢設置哀牢、博南二縣，與益州郡西部都尉所轄六縣，合為永昌郡。詳見本書卷八十六。[53]春王三朝二句　孟春正月初一，在漢京洛邑會見各地諸侯。三朝，指正月一日，是一年歲之朝，月之朝，日之朝，故曰三朝。春王三朝，猶《左傳》之「春王正月」之義，表明奉王之曆法為正朔。會同，古代諸侯以事朝見帝王曰會，集體同時朝見曰同。《詩．車攻》：「赤芾金舄，會同有繹。」是說穿著紅色蔽膝和金色鞋子的貴族們，有秩序地會合在一起朝拜君王。也泛指朝會。[54]是日也五句　四海，意同天下，古人以為中國四周都是海，所以把中國叫海內，外國叫海外。圖籍，地圖與戶籍。圖謂模寫土地之形，籍謂其登記造冊的戶口之數。膺，接受。《尚書・武成》：「誕膺天命，以撫方夏。」百蠻，泛指與諸夏對稱的所管轄區域內的諸少數民族。蠻，原指南方的少數民族。後泛指所有少數民族為蠻夷，是帶有輕慢語氣的稱呼。㊺乃盛禮樂供帳四句　接待遠道而來朝拜皇帝的少數民族領袖及代表時，舉行隆重的儀式，按禮法奏音樂，安排高級住宿房舍及辦公地點，安置在皇宮附近的雲龍門外的廣場上，排列開百官隊伍，引導那些首領人物，深入探究應該遵循的朝拜帝王的儀式向皇帝行禮，皇帝端坐著展示威儀形象，讓那些來賓瞻仰敬拜。禮樂，禮與樂的合稱。禮是古代規定的社會行為的法則、規範、儀式的總稱，是維護古代社會秩序的重要手段之一。樂指音樂，五聲八音的總名。古人認為音樂是陶冶人們精神情操的重要方式之一，也是維護社會秩序不可或缺的。《易・豫》：「先王以作樂崇德。」可見音樂的重要性在原始階段就被認識到了。供帳，供設帷帳，也作「供張」，供具張設。雲龍，《洛陽宮舍記》中說，端門東有崇賢門，次外有雲龍門，因以雲龍為飾，故名。贊，引導；導引。群后，眾多的諸侯王及少數民族領袖。后，古代天子及諸侯均可稱后，到後世才專稱帝王夫人。㊻於是庭實千品六句　大意為：在這時，只見廣場上擺滿了各式各樣的貢品，美酒斟滿了所有的酒鍾，宴席上陳列的是黃金製作的盛酒器，按等級分列出不同的玉製飲酒杯爵，人們讚美著那些珍貴的食品及用品，享受著這用太牢標準高規格的犒賞宴會。庭實，依周代禮儀，諸侯國之間互相訪問，或謁見天子，以及參與聘、覲、享禮時，把禮物或貢物陳列在中庭，這種作法叫庭實。《左傳・宣公十四年》：「孟憲子言於公曰：『臣聞小國之免於大國也，聘而獻物，於是有庭實旅百。』」旨酒，美酒。《詩・鹿鳴》：「我有旨酒，嘉賓式燕以敖。」「我有旨酒，以燕樂嘉賓之心。」意謂我有美酒，尊貴的客人高興地飲用，歡快地遊樂。鍾，通「盅」。盛酒器，可稱酒鍾、茶鍾。罍，古代盛酒器，大腹，圓形，字亦作「櫑」。班，位次；規定等級。後稱人一列為一班，故參拜帝王時叫「站班」，奏事時要「出班」。觴，盛有酒的杯子。珍御，指美好的食品或用品。大牢，大，通「太」。牢是盛牲的食器名稱，大的叫太牢，太牢盛三牲，因之古人把宴會時或祭祀時同時用牛、羊、豕三牲的規格叫做太牢。饗，大宴賓客；犒賞。㊼爾乃食舉雍徹六句　此六句大意是：宴會開始，人們舉起酒杯，開始用餐，樂隊隨即奏樂；吃喝完畢，服務人員撤去食品食具時，樂隊依照古禮奏《雍》樂。主管演奏的樂官太師負責指揮，鐘磬之類的金石器擺放著演奏，絲竹之類的管絃樂也分布有序，鐘鼓管絃一起演奏，鏗鏘悅耳，熱鬧激昂，光彩熠熠，場面隆重，氣氛熱烈極了。雍，又作「雝」，《詩・周頌》篇名，是周王祭祀宗廟後撤去祭品祭器時所唱的樂歌，後世貴族作為撤膳時所奏的音樂。太師，古代樂官之長，又可作大師。《周禮・春官・大師》：「大師掌六律六同，以合陰陽之聲。」《荀子・樂論》：「使夷俗邪音不敢亂雅，太師之事也。」金石，這裡指金屬製作的樂器，如鐘；石類製作的樂器，如磬。絲竹，絲指琴瑟之類的絃樂器，竹指簫笛之類的管樂器。鏗鎗，同「鏗鏘」。金石撞擊發出的聲音；樂聲。琴瑟之聲也可言鏗。韡煜，繁盛貌；光輝熱烈。58抗五聲六句　以上六句寫奏樂的內容及效果。大意是：高聲演奏，盡力發揮，依照五聲六律的配合規則譜寫出的樂曲，依據古禮，歌頌與國家命運及百姓生計密切相關的九大方面的功勳勞績，跳起專門用於天子觀賞時的八佾舞，當被孔聖人讚為盡善盡美的《韶》樂以及同類的《武》樂演奏後，從遠古流傳下來的最好樂曲也就都演完了。五聲，亦稱五音，即中國五聲音階中的宮、商、角、徵、羽五個音級，近似於簡譜中的1、2、3、5、6。六律，指黃鐘、太蔟、姑洗、蕤賓、夷則、無射六種音律。律本為定音器，相傳黃帝時伶倫截竹為管，以管的長短，分別聲音的高低清濁，樂器的音調，都以它為準則。樂律有十二，陽為律，陰為呂，六律外尚有六呂。九功，六府三事之功。六府指水、火、金、木、土、穀六種貨財所聚之處。三事指正身之德、利民之用、厚民之生，三種關乎國計民生的大事。《尚書・大禹謨》：「九功惟序，九序惟歌。」八佾，古代天子專用的舞樂。佾，舞列。八佾為八八六十四人。韶，傳說舜所作樂曲名，非常好聽。《論語・述而》：「子在齊聞《韶》，三月不知肉味。」武，歌頌周武王戰勝殷商武功之樂。《論語・八佾》：「子謂《韶》，『盡美矣，又盡善也。』謂《武》，『盡美矣，未盡善也。』」59四夷間奏四句　四夷，東夷、西戎、南蠻、北狄，舊時統稱四夷，是古代統治者對華夏族以外各族的蔑稱。間奏，更迭演奏。間，更迭；穿插。德廣，道德教化普及影響。《詩・漢廣》舊說是德廣所及之作。《伶》《佅》《兜離》，古代邊遠地區少數民族的樂曲名稱。伶，又作「僸」。佅，又作「休」。《孝經・鉤命決》：「東夷之樂曰佅，南夷之樂曰任，西夷之樂曰林離，北夷之樂曰僸。」《詩・鼓鍾》毛萇《傳》稱：東方樂曰韎，南方樂曰任，西方樂曰朱離（即兜離），北方樂曰禁。60萬樂備八句　大意是：中原和四方的不同民族各種風格的音樂都齊備了，各種不同的禮節、禮數也都行過了，皇帝十分高興，他的德澤普遍地施於四方，群臣也都盡興而飲，一個個喝得醉醺醺的。這時候，等待天地間陰陽交合的煙雲瀰漫之狀稍得消散，人們調養一下過度興奮的精神，然後敲響金鐘，宣布宴會結束，參與盛宴的群臣百官陸續退出。萬樂，百禮，極言又多又齊備，無一遺漏。浹，霑溼。烟熅，又作「絪縕」、「氤氳」。古代指天地間陰陽二氣交融互作的狀態，也指雲煙瀰漫之狀，前者所指大，較抽象；後者所指環境小，較具體，此處可兼採二說。元氣，既大指天地未分之前的混一之氣，又可小指人的精神、生命力的本原，此處調整的當為後一義。61於是聖上四句　聖明的皇上親眼看到天下各地百姓都生活在幸福環境裡，終日高高興興，歡喜娛樂，長期以來享受著皇帝施與的恩德，擔心他們會產生奢侈享樂之心，從而荒怠了農業勞動，耽誤了春耕生產。沐浴乎膏澤，膏指油脂、脂肪，澤指時雨甘霖，合在一起指滋潤作物的及時雨，又叫膏雨。此句言沉浸在皇帝帶給的深仁厚澤裡。東作，春耕生產。《尚書・堯典》：「寅賓日出，平秩東作。」傳：「歲起於東，而始就耕，謂之東作。」62乃申舊章六句　針對上述情況，就及時採取了相應措施，反覆申明過去有關的章程規定仍要認真執行，嚴格遵守，並下達新的明確的詔令，命令各主管官員，頒布各項法規制度，彰明昭示節約儉省的必要性和重要性，表示要遵從自然法則，回歸於本，樸實樸素。班，頒布。大素，又作「太素」。古代指構成宇宙的物質，此處有樸素之意。63去後宮之麗飾四句　去掉后妃們所居的後宮中的過分華麗的各種裝飾物，減少皇室人員甚至皇帝本人所乘車輛的裝飾及駕御人員服裝等級，除掉手工業及商業這類無關大局的末等產業，大力發展興辦與人們衣食密切相關的農桑之類上等事務。服御，又作「服馭」。衣服車馬之類。淫業，末業。古代指工商業。64遂令海內棄末十句　於是讓天下臣民都捨棄工商之類末業，回到專務農桑的根本大業上，背棄假的而返歸真的，婦女們專心在家從事紡線織布，男子們專力於田間耕種鋤草。使用器物不追求華美，陶土燒製的、匏瓜剖製的這等簡陋的即可。穿衣服崇尚不染彩色的，白的黑的均可，那些華豔的精美的奢靡享受的服飾不去穿用，穿上則為恥辱，一些奇巧少見、華麗精美的東西也不看成珍寶而重視它們。把黃金美玉捐棄在山中，不去開採它們；把珍珠寶貝沉沒在深水中，而不去捕撈它們。本，古代以農為本，以工商等業為末。《史記・文帝本紀》：「上曰：『農，天下之本，務莫大焉。』」織紝，亦作「織絍」。紡線織布帛的泛稱。耕耘，翻土壤、鋤草，泛指農業勞動。陶，陶器，以黏土為原料燒製成的器皿。匏，葫蘆之屬，也叫「匏瓜」，亦即「瓠」，「葫蘆」，剖開可做瓢，舀水之器。素，白色。玄，黑色。捐，棄也。捐金二句見《莊子》：「捐金於山，藏珠於淵。」不利貨材，不尚富貴也。陸賈《新語》：「聖人不用珠玉而寶其身，故舜棄黃金於嶄巖之山，捐珠玉於五湖之川，以杜淫邪之欲也。」65於是百姓滌瑕盪穢七句　此七句言在上述政策約束影響之下，百姓個人所達到的道德修養境界。大意是：由於外界環境良好，老百姓本身都像洗過澡一樣，去掉自身的不潔，改正一切過失和不良行為，用最清澈透明的水做鏡子，檢查本身有何汙點，從肉體到靈魂都回復到天地間寂靜無聲、清靜無為的狀態，耳朵眼睛等感官再不受外界聲色犬馬的惑亂。這樣，追求私欲享樂的根源滅淨了，清廉自守公正無私的思想就建立起來了。世上的人，沒有不悠閒自在，恬然自安，品德如美玉般溫潤無瑕，晶瑩純淨；又如金屬樂器所發出的聲音，鏗鏘悅耳，美好宜人。瑕穢，猶言過失或惡行。玉上的斑點叫瑕，泛指疵病。田中的雜草叫穢，也指汙濁、不潔、醜陋等等壞東西。形神，指人的身體外形和內在的精神。《淮南子》：「形者生之舍，神者生之制也。」寂漠，同「寂寞」。寂靜。《莊子・天道》：「夫虛靜恬淡，寂漠無為者，萬物之本也。」營，通「熒」。謀求；惑亂。嗜欲，也作「嗜慾」。嗜好和欲望。優游，悠閒自得。《詩・白駒》：「慎爾優游，勉爾遁思。」意謂謹慎小心地自在地遊玩，你還是不要走開吧。玉潤，謂潤澤如玉。《禮記》載孔子曰：「君子比德於玉焉，溫潤而澤，仁也。」

董仲舒《春秋繁露・執贄》：「玉潤而不汙，是仁而至清潔也。」金聲，本指金屬樂器之聲，也可指人的品德。《孟子・萬章下》：「孟子曰：『孔子，聖之時者也，孔子之謂集大成。集大成也者，金聲而玉振之也。』」

66是以四海之內七句　此七句言皇朝教化之普及與一切活動合於禮儀仁德的內容。大意是：因此普天之下，四海之內，王權所及，都設立了很多不同級別的育人機構及場所，如中央的學校，地方上的庠序之類。無論是宴饗賓客還是祭祀祖先神祇，主人與賓客互相殷勤勸酒，盛放祭肉之類的器皿到處擺放著，堂下有舞女翩翩起舞，堂上有貴人高歌，無論舞蹈還是詠唱，都合乎禮法禮儀，離不開頌揚儒學倡導的仁德等內容。學、校、庠、序，古代指不同級別的教育機構或部門。《孟子・滕文公上》：「設為庠序學校以教之。庠者，養也；校者，教也；序者，射也。夏曰校，殷曰序，周曰庠；學則三代共之，皆所以明人倫也。」漢制，郡國曰學，縣、道、邑、侯國曰校，校學置經師一人。獻酬，飲宴時主賓互相敬酒酬勸。主酌酒以敬賓曰獻，客還答曰酢，主復答敬曰酬。酬，又作「醻」。勸酒。《詩・楚茨》：「為賓為客，獻醻交錯。」俎豆，古代宴客、朝聘、祭祀時用的禮器。俎，置肉的几案，木製。豆，盛乾肉一類食品的器皿，形似高足盤，初為木製，後有陶製者。莘莘，眾多的樣子。上歌，指堂上貴人之聲。

67登降飫宴之禮五句　依照尊卑禮法飲宴已畢，與宴的人互相之間都感歎著讚美對方含蓄的不外露的美德，發一些正直的莊重的偉大言論，人們無論包蘊含蓄的還是暢快表達的內容，都是和樂的融洽的，大家歌頌說：「這個時代真是繁榮昌盛偉大的時代啊！」登降，指尊卑、上下。《墨子・非儒》：「孔某盛容脩飾以蠱世，弦歌鼓舞以聚徒，繁登降之禮以示儀。」登，自下而上；降，自上而下。故登降可代指上下、高低、尊卑。飫宴，指宴食，也指依一定禮節飲宴。注《詩》的毛萇認為：不脫屨升堂謂之飫。《國語・周語下》：「夫禮之立成者為飫，昭明大節而已。」即立著行禮，不坐也。玄德，謂潛蓄不著於外的品德。《尚書・舜典》：「玄德升聞，乃命以位。」傳：「玄謂幽潛，潛行道德。」也指自然無為的素質。《老子》：「生而不有，為而不恃，長而不宰，是謂玄德。」讜言，正直的話。讜，正直。弘說，有關大方面的莊正的不是瑣屑的無關宏旨的言詞。

68今論者但知誦虞夏六句　現在發議論的人只知道誦讀虞舜和夏禹時編撰的《尚書》，詠唱殷商和周代產生的《詩》，講習伏羲和周文王推演的《易經》，評論孔丘纂修訂正過的《春秋》，很少能有人精通古今社會的善惡緣由，探究大漢政治清明，有崇高德望的來源。虞，有虞氏，古代父系氏族社會部落名，此處指當時的部落聯盟領袖虞舜，姚姓，名重華，是中國古代傳說中的人物。夏，即夏后氏，我國歷史上第一個朝代，相傳為夏后氏部落領袖禹之子啟所建，傳到桀，為商湯所滅，共傳十三代，十六王，約當西元前二十一世紀到西元前十六世紀左右。書，儒家經典之一，又稱《書經》、《尚書》，是上古歷史文獻及部分追述古代事跡著作的彙編，相傳由孔子編選而成。書中有〈堯典〉、〈舜典〉、〈皐陶謨〉、〈禹貢〉等篇，記述虞夏時的事情，實際上是後人追述的。殷，亦稱殷商或商殷，由古老的商部落到湯滅夏桀建立商朝，已傳十四代，後傳至紂，被周武王攻滅，共傳十七代，三十一王，約當西元前十六世紀至西元前十一世紀。最初建都亳（今山東曹縣南），多次遷都，至盤庚（湯的第九代孫）由奄（今山東曲阜）遷都至殷（今河南安陽西北），因而商也被稱作殷。周，最早為古部族，原居邰（今陝西武功），後東遷於豐（今陝西長安灃河西），至文王、武王時滅商紂建立周王朝，初建都於鎬（今陝西長安灃河東），平王時東遷於洛邑（今河南洛陽），約為西元前十一世紀，至西元前二五六年被秦所滅，共歷三十四王，八百多年。詩，儒學經典之一，又稱《詩經》，相傳孔子曾經刪訂過，是流傳下來的我國第一部詩歌總集。其中有〈商頌〉（五篇）、〈周頌〉（三十一篇）。羲，又稱皇羲、犧皇、宓羲、伏羲氏等，為神話傳說中的人類始族，相傳八卦是他製作的。文，指被稱作周文王的商末周族領袖姬昌，曾被商紂囚禁於羑里（今河南湯陰北），司馬遷說「文王拘而演周易」。易，儒學經典之一，也叫《易經》，是我國古代有哲學思想的占卜書。主要通過象徵天、地、風、雷、水、火、山、澤八種自然現象的八卦形式，推測自然和人事的變化，以陰陽二氣的交感作用為產生萬物的本源，「易」，有變易、簡易、不易等含義。孔氏，指孔丘（西元前五五一—前四七九年），春秋末期魯國人，他是我國古代的思想家、政治家、教育家、儒家學派的創始者。相傳他曾整理《詩》、《書》，刪修魯國史官記錄的《春秋》，他被後世尊稱為「聖人」，在中華文明史上占有重要的地位。春秋，本為我國古代史書的通稱，以後成了據傳為孔丘刪修過的、魯國史官編纂的《春秋》的專稱，也是儒家經典之一。它是我國編年體史書的濫觴，起於魯隱公元年（西元前七二二年），終於魯哀公十四年（西元前四八一年），計二百四十二年。其文字簡短，寓有褒貶之意，後世稱為「春秋筆法」。清濁，猶善惡之意。69唯子頗識舊典二句　子，古代對人的尊稱或通稱，這裡指西都賓。馳騁，本指策馬田獵或縱馬奔走，也引申為涉獵。末流，本指河水的下游，這裡指諸子百家的著作。70溫故知新已難二句　以上幾句是批評當時的讀書人沒有抓住學問的本質、大義，所以未能掌握社會生活的基本準則。溫故知新，在溫習舊知識時，能有新體會、新發現。見《論語・為政》：「溫故而知新，可以為師矣。」皇侃《論語義疏》說，溫故就是「月無忘其所能」，知新就是「日知其所亡」。知德者鮮矣，懂得大德的人是很少的啦。見《論語・衛靈公》：「子曰：『由，知德者鮮矣。』」由是孔子弟子子路的名字，叫仲由（西元前五四二—前四八〇年）。71且夫辟界西戎六句　且夫以下幾句是針對西都賓等人主張遷都長安的議論而發表的看法，全用對比和比較方法來批駁對方的觀點，這六句的大意是：況且那到西部少數民族聚居區去開闢疆界，四面都有高山阻隔，得大力興建防禦體系，哪裡比得上在中原建都，土地平坦，交通方便，四通八達，天下道路都通向首都，就像車輻都向車轂匯集一樣。西戎，我國古代對西北部少數民族的總稱。《尚書・禹貢》：「織皮，崑崙、析支、渠叟，西戎即敘。」《詩‧出車》：「赫赫南仲，薄伐西戎。」說的是顯耀盛大的南仲，前去征伐西戎（玁狁之一部）。防禦，防守；抵禦。土中，四方的中心。《尚書‧召誥》：「王來詔上帝，自服于土中。」《漢書‧地理志下》：「昔周公營雒邑，以為在於土中，諸侯蕃屏四方。」平夷，平坦。洞達，通達；周流無阻。輻湊，也作「輻輳」。本指車輻集中於軸心，比喻人或物聚集一處。(72)秦領九嵕五句　意謂西北長安附近的秦嶺和九嵕山、涇水渭水那些河流，怎麼能像中土地區的四瀆五岳，以黃河為帶，以洛水為溯洄地，出《河圖》《洛書》的吉祥地理位置呢。秦領，即「秦嶺」。位於我國陝西西安南邊作東西走向的山脈，為我國地理、氣候上的南北分界線。也叫終南山、南山、太乙山。九嵕，在陝西醴泉東北，有九峰高聳，山南麓即咸陽北坂。嵕，數峰相連的山，也寫作「嵏」。涇，發源於六盤山東麓的一條河流，經甘肅入陝西，在高陵境內匯入渭河，因流經黃土高原，挾帶大量泥沙，以「濁」著名。渭，源出甘肅渭源鳥鼠山，東流橫貫陝西中部，在潼關附近入黃河，是黃河最大的支流。四瀆，指長江、淮河、黃河、濟水四條自發源地直接注入大海的河流。《爾雅‧釋水》：「江淮河濟為四瀆。四瀆者，發源注海者也。」五岳，又作「五嶽」。指東嶽泰山、西嶽華山、南嶽衡山、北嶽恆山、中嶽嵩山等五座自然景觀和人文景觀都很有名的大山。河，古代專指黃河，是我國次於長江的第二大河，源於青海，東流入渤海，全長五四六四公里，其中下游陝、晉、豫、魯等省，為我國古代文化的重要發源地。泝，同「溯」。逆流而上。洛，即今河南西部之洛河，是黃河下游南岸之大支流，源出陝西華山南麓，東南流經河南盧氏折向東北，在偃師楊村附近納伊河後稱伊洛河，到鞏義洛口以北入黃河，長四二〇公里。漢代的洛邑即在洛水之北，故稱洛陽。圖書，此處指《河圖》《洛書》。《易‧繫辭上》：「河出圖，洛出書，聖人則之。」是古代儒家關於《周易》和《洪範》兩書來源的傳說。相傳伏羲氏時，有龍馬從黃河出現，背負「河圖」；有神龜從洛水出現，背負「洛書」。伏羲根據這種「圖」和「書」畫成八卦，就是後來《周易》的來源。一說大禹治水時，上帝賜給他以《洪範九疇》（見《尚書‧洪範》），劉歆認為《洪範》即《洛書》。淵，深水；迴水；流動中打漩的水。(73)建章甘泉四句　說到建築，那宏偉的建章宮和甘泉宮，雖然高大壯麗，裡面供奉著各路神仙，哪裡比得上東都的靈臺和明堂這些協調上天自然和下界民人之間關係的建築設施呢？建章，西漢武帝太初元年（西元前一〇四年）所建宮殿名。位於未央宮西，故址在今陝西長安西。甘泉，秦漢時宮名。秦始皇二十七年作甘泉前殿，漢武帝建元中增廣之，建通天、高光、迎風諸殿，又名雲陽宮，故址在今陝西淳化西北甘泉山。靈臺、明堂，已見前注。(74)太液昆明四句　西都人工開鑿的太液池和昆明池，以及那些圈養鳥獸的園林，只是為了射獵遊樂，哪裡比得上東都為了對民眾進行教化的高等學府，就像大海般廣闊博大，像江河般源源不斷，範定社會道德，創造出無與倫比的精神財富。太液，漢代的太液池在今陝西長安西，武帝時建於建章宮北，周四十頃，中起三山，以象瀛洲、蓬萊、方丈三仙山，並用金石刻成魚龍等奇禽異獸之類。言其所及甚廣，故後世的皇家開鑿的廣大水面，均以「太液池」命名。昆明，即漢代長安近郊之昆明池，周圍四十里，廣三百三十二頃，是武帝元狩三年（西元前一二〇年）仿昆明附近的滇池樣式所興建。因漢武帝想與西南的身毒（今印度）交通，為越巂昆明所阻，故開挖此昆明池以習練水軍。75 游俠踰侈四句　您誇耀的「鄉曲豪俊游俠之雄」、「游士擬於公侯，列肆侈於姬、姜」（引文見〈西都賦〉）那些游俠為了私誼而侵犯禮義的行為，過度奢華靡費的花銷，哪裡比得上東都臣民都按法度禮儀規範行為，社會上整齊有秩序，美好有威儀的局面好呢。游俠，古代指好交遊，重然諾，勇於急人之難的人。《史記》中有〈游俠列傳〉。踰侈，過度奢侈。翼翼濟濟，既整飭恭敬，莊嚴雄偉，又眾多美好，威儀盛美。76 子徒習秦阿房四句　您只知道秦代的阿房宮之宏偉華美高與天齊的壯觀，卻不知道東都洛陽的建築都是合乎各項禮法制度的；您只知道函谷關可以護衛關中、能防止外人的入侵，卻不知道實行王道仁政的帝王，天下一統是不分內外的。阿房，秦時宮殿名。據《三輔黃圖》：「阿房宮，亦曰阿城。惠文王造宮未成而亡。始皇廣其宮規，恢三百餘里。離宮別館，彌山跨谷，輦道相屬，閣道通驪山八百餘里。」《史記・秦始皇本紀》：「乃營作朝宮渭南上林苑中。先作前殿阿房，東西五百步，南北五十丈，上可以坐萬人，下可以建五丈旗。」唐人杜牧有〈阿房宮賦〉，寫阿房宮的規模、制度，雖多誇飾之詞，仍有參考價值。京洛，即京都洛陽。函谷，今河南西北隴海鐵路附近，東自崤山，西至與陝西接壤的潼津，通名函谷（因其山谷如匣、如袋而得名），號稱天險。戰國時秦建關隘，為古函谷關，在今河南靈寶東北。西漢武帝元鼎三年（西元前一一四年），將關城東移至今河南新安東，去故關三百里，稱新函谷關。兩處均尚存遺址。77 主人之辭未終五句　矍然，驚惶、急視的樣子。逡巡，亦作「逡循」、「逡遁」。卻退；遲疑不決的樣子。慄然，危懼、恐懼的樣子。78 主人曰復位三句　主人說：「請您坐回原來的位子，現在我要用五首詩篇開導於你。」喻，曉諭；開導。79 賓既卒業七句　卒業，此句中作誦讀全篇講。揚雄（西元前五三—西元一八年），又作「楊雄」，字子雲，西漢蜀郡成都人。少好學，長於辭賦，成帝時以大司馬王音薦，獻〈甘泉〉、〈河東〉、〈羽獵〉、〈長楊〉四賦，拜為郎。王莽時為大夫，校書天祿閣。雄博通群籍，多識古文奇字，仿《易經》、《論語》作《太玄》、《法言》，又編字書《訓纂篇》、《方言》。《漢書》卷八十七有傳。相如，即西漢時的辭賦大家司馬相如（西元前一七九—前一一八年），字長卿，蜀郡成都人。武帝時因獻賦被任命為郎，作品有〈子虛〉、〈上林〉、〈大人〉、〈長門〉等諸賦，以諷諭為名，文字華麗雕琢，是其後的文人賦體模倣對象。《史記》卷一一七、《漢書》卷五十七都有傳。80 小子狂簡四句　我志向遠大卻在具體事物上疏略，不懂得判斷是非的實際情況，既然已經聽到您闡述的正確道理，請允許我終身誦讀這些光輝詩篇。狂簡，謂志向遠大而於事疏略。見《論語・

公治長》：「子在陳曰：『歸與！歸與！吾黨之小子狂簡，斐然成章，不知所以裁之。』」正道，確當的道理；準則。81於昭猶言於赫，多麼光輝燦爛呀。於，讚歎之聲。昭，明，明亮。《詩・文王》：「文王在上，於昭于天。」82孔陽　十分鮮亮；很明麗。孔，很；最。陽，鮮明；光豔。《詩・七月》：「我朱孔陽，為公子裳。」83聖皇宗祀二句　在明堂中祭祀光武皇帝，儀式多麼莊嚴隆重，多麼壯美光明！聖皇，聖明的皇帝，這裡指東漢的開國皇帝光武帝劉秀。宗祀，指廟祭，這裡是在明堂中祭祀。《孝經・聖治》：「昔者周公郊祀后稷以配天，宗祀文王於明堂，以配上帝。」後祭祀祖宗統稱宗祀。後世也有把宗祀作祖宗解。穆穆，端莊盛美的樣子。《禮記・曲禮下》：「天子穆穆。」疏：「威儀多也。」《詩・文王》：「穆穆文王，於緝熙敬止。」煌煌，光明；輝煌。84上帝宴饗二句　上帝，指天神、天帝。《詩・蕩》：「蕩蕩上帝，下民之辟。」《尚書・盤庚》：「上帝將復我高祖之德。」五位，這裡指緯書所說天上五方天帝。《漢書・郊祀志上》：「天神貴者泰一，泰一佐曰五帝。」五帝即五個方位天神：東方蒼帝，名靈威仰；南方赤帝，名赤熛怒；中央黃帝，名含樞紐；西方白帝，名招拒；北方黑帝，名汁光紀。見明孫瑴《古微書》九《春秋文耀鉤》。85世祖光武　東漢創建者劉秀的廟號為世祖，年號建武，謚號光武。86普天率土　即普天下、四海之內之意。《詩・北山》：「溥天之下，莫非王土；率土之濱，莫非王臣。」溥，同「普」。率，循也；沿著。古人認為中國四面都是海，沿著海濱叫率土之濱，即四海之內。87猗與　讚美之詞。猗，水波動貌。《詩・潛》：「猗與漆沮，潛有多魚。」88允懷　用以懷念。89迺流辟雍二句　辟雍這教化人的場所，就像水勢就下的河流那樣，浩浩蕩蕩急速地流動，任何力量也阻遏不住。迺，同「乃」。於是。湯湯，大水急流的樣子。《詩・江漢》：「江漢湯湯，武夫洸洸。」90聖皇莅止二句　聖明的皇帝親自來到辟雍，就像造船搭橋那樣，把蒙昧的人群引渡到智慧的彼岸。莅，同「涖」、「蒞」。臨；到。梁，此處意為橋。《詩・大明》：「造舟為梁，不顯其光。」意謂造船搭成浮橋以渡，大放光明。不，通「丕」。大。91皤皤國老四句　頭髮斑白已經離職的卿大夫，是你們的父老和兄長，他們的儀態多麼謙謹美好，是你們孝敬父母友愛兄弟的光輝榜樣。皤皤，指老年人頭髮斑白的樣子。國老，古代告老退職的卿大夫。《禮記・王制》：「有虞氏養國老於上庠，養庶老於下庠。」迺，你的；你們的。抑抑，謙謹的樣子。《詩・假樂》：「威儀抑抑，德音秩秩。」抑，通「懿」。美好。孝友，孝順父母與友愛兄弟，是儒家倡導的高尚道德。92於赫太上四句　於赫，讚歎之詞。赫，明也。《詩・那》：「於赫湯孫，穆穆厥聲。」太上，也作「大上」。謂上聖之人；遠古時代，指三皇五帝時代。《禮記・曲禮》：「太上貴德。」鴻化，又作「洪化」。宏大的教化，是舊時歌頌帝王的套語。永觀厥成，永遠把成功展示給人看。觀，示人；給人看。成，成功。《詩・有瞽》：「我客戾止，永觀厥成。」93爰考休徵　考察吉祥的徵兆。爰，語助詞，無義。94三光宣精二句　言日、月、星三種能發光的天體，在宇宙間散布它們的光輝；木、火、土、金、水這五種構成世界的基本物質，依其順序各占其位。三光，古人認為日、月、星為三光。五行，古人認為木、火、土、金、水是構成物質的五種元素，其對應的季節為春、夏、長夏、秋、冬，循環有序。95習習祥風二句　祥和的風柔和地吹拂，甘醇的雨緩緩地飄灑。習習，和煦貌。《詩・谷風》：「習習谷風，以陰以雨。」祈祈，舒緩貌。《詩・大田》：「有渰萋萋，興雨祈祈。」意謂雲起很多，雨落徐緩。96百穀溱溱二句　溱溱，眾多；繁盛。《詩・無羊》：「旐維旟矣，室家溱溱。」溱溱，通「蓁蓁」。蕃蕪，也作「蕃廡」。滋長茂盛。《尚書・洪範》：「各以其敘，庶草蕃廡。」97屢惟豐年二句　接連不斷獲得大豐收，人們多麼快樂呀！於皇，讚歎之詞。《詩・臣工》：「於皇來牟，將受厥明。」於，讚歎之聲。皇，美也。胥，語氣詞，無義。《詩・桑扈》：「君子樂胥，受天之祜。」98寶鼎　古代多以鼎為王朝相傳之重器，故稱為「寶」。《史記・封禪書》：「黃帝作寶鼎三，象天地人。」又〈五帝本紀〉、〈孝武本紀〉也有黃帝得寶鼎的記載。本書卷二〈顯宗孝明帝紀〉永平六年「二月，王雒山出寶鼎，廬江太守獻之。夏四月甲子，詔曰：『昔禹收九牧之金，鑄鼎以象物，……周德既衰，鼎乃淪亡。祥瑞之降，以應有德。……陳鼎於廟，以備器用。』」本詩指此次獲鼎事。99吐金景兮歊浮雲　金景，金色的光芒。景，日光。歊，氣上升貌。100紛縕　盛多的樣子。101龍文　龍形的花紋。102彌　終；極盡。103白雉詩　關於白雉這吉祥鳥的詩。雉本是鶉雞類鳥名，雄者羽色美麗，尾長，可作裝飾品，中國京劇舞臺上扮演英武小生頭盔或背褙上裝飾的「翎」即此；雌者羽為黃褐色，尾較短。漢人為避劉邦之后呂雉諱，改稱「野雞」。古人認為白雉出現是祥瑞的徵兆。《春秋感精符》：「王者德流四表，則白雉見。」（《太平御覽・白雉》）本詩所頌詠的，見本書卷二〈顯宗孝明帝紀〉永明十一年，「是歲，灤湖出黃金，廬江太守以獻。時麒麟、白雉、醴泉、嘉禾所在出焉。」104素烏　白色的烏鴉。古人認為出現這種變異的罕見現象，是祥瑞的徵兆。本書卷三〈肅宗孝章帝紀〉元和二年，「五月戊申，詔曰：『乃者鳳皇、黃龍、鸞鳥比集七郡，或一郡再見，及白烏、神雀、甘露屢臻。』」白烏即素烏。105皓羽　光亮、潔白的羽毛。106翹英　美麗的尾羽。107容絜朗兮於淳精　言吉祥鳥的外貌清潔光亮，也體現出牠們樸實淳厚，完美精粹。108侔周成　可以與周成王等同。周成王，姓姬，名誦，周武王之子。《孝經援神契》：「周成王時，越裳民獻白雉。」109膺天慶　獲得上天的吉慶護佑。

【語　譯】「東都主人聽罷了西都賓客長篇大論地誇耀西都長安當年豪華奢侈的情況後，感慨地歎息著說：『不同的風氣俗尚能改變人的性情思想認識，真是可悲痛的事啊！您本是關中秦地人，以宮殿館室的豪華而自豪地誇耀，守護著黃河崤山以西的地面作為疆界，確實了解當年秦昭襄王所興旺的原因，並且知道秦始皇所建立統一帝國的業績了，但哪裡看到過偉大的劉漢政權所作所為是什麼情況呢？偉大的漢王朝，剛開創基業的時候，是高祖劉邦從平民百姓的位置奮起最後登上了皇權的最高地位，艱苦奮鬥七、八年，為子孫後代創下了萬世的基業。這個過程及其偉大意義，儒學的經典裡沒有記載，前代的聖賢們沒有辦法說到。當漢高帝創立皇基經營天下的時候，功業勳勞充滿天地之間，他征討那些覬覦君位的人，他的行為和政治措施順應了當時的人心。所以齊人婁敬觀察了當時的形勢，從而提出了定都長安的建議；而在天下紛爭的局面下，丞相蕭何先生為了樹立皇帝的權威和尊嚴，才擴建了未央宮等殿堂的制度。這本是權宜之計，是出於不得已的臨時性的策略性措施，當時哪裡是天下太平政局穩定而安居享樂的時代呢！先生您看不到這些，反而炫耀劉氏後輩子孫那些並非功績的所作所為，這不是太不明智了嗎？現在我要告訴您光武帝中興漢家天下的道理，以及孝莊帝在位時的各種舉措，以順乎天意人心、合乎自然規律的清明政治觀念，來改變您的糊塗認識。』

2 『過去幾十年以前，逆賊王莽壞亂朝綱，擾害天下，違背正道，竊取政權，使劉漢王朝的皇家統脈傳承間斷，中間缺失。他的倒行逆施引起上界天庭下界人眾的責備懲罰，宇宙間也不容許他的存在，天地間也要讓他滅亡。王莽當政造成的變亂，活著的百姓幾乎要死光了，連人死後化作的神靈或鬼魂也要滅絕了。野外溝壑中因人們無暇按禮儀葬埋而造成沒有一具完整的靈柩的情況，外城中因人們死亡或逃亡，已經沒有剩留的人家。原野上到處拋棄著死人的肉屍，小河中山谷間流淌著被害人體的鮮血，連施行暴政濫殺無辜最有名的秦始皇和西楚霸王項羽所造成的社會災難，還不能趕上王莽時代災難的一半。自從人類文明史有文字記載以來，還沒有人記錄過這麼嚴重的情況。所以下界黎民百姓悲鳴哀號，向皇天上帝哭訴這難以忍受的苦難；天界的玉皇大帝同情安撫下界的子民，審察了下界的具體情形，於是把救助百姓平定天下的歷史使命，交給了我們聖明偉大的皇帝──光武帝劉秀。

3 『在此背景下，聖明偉大的光武帝，手中掌握著上天降下的靈驗符瑞，解釋闡明了大地上所呈現的各種珍異現象，詳盡地披覽了前漢時代的皇家圖籍，考察了天帝及先代帝王留下的文字，憤怒地舉起征討亂臣賊子的義旗，響應的群眾就像六月天空濃雲興起聚合那麼快，那麼多，那麼踴躍。他以雷霆萬鈞之力、迅雷不及掩耳之勢，向昆陽進發，擊潰了王莽的主力，取得了決定性的勝利，產生了巨大的影響。他的聲威如寰宇中的霹靂般震響，引起天下的極大震動。平定中原以後，他率眾跨越黃河，翻越北嶽恆山，在冀、晉一帶連續作戰，戰勝了那一帶的割據勢力和王莽的殘餘武裝力量，接受部下的擁立，在古鄗城南即皇帝位，建元立國，並將『鄗』改名為『高邑』，遂把國都定在黃河與洛水附近的洛陽城。他繼承了前代眾多帝王傳承下來的，卻被反臣叛亂造成的荒廢多年、艱難的帝王大業，憑藉大自然的規律，把亂臣賊子造成的社會汙垢沖洗淨盡，效法天地之德，制定各種禮法制度。他的興兵舉義，是承繼了上天的意志，是符合造化之規律的。他創建的東漢王朝，繼承了唐堯傳下來的王道正統，接上了劉氏大漢王朝的血脈統緒，使眾生得到繁衍和發展，恢復了西漢王朝所開拓的遼遠廣闊的管轄範圍。他所建立的功勳是以前所有帝王的總和，他對待國事的勤奮勞苦，超過了古代的三皇五帝。他對國家發展的貢獻，他在歷史上的功績、地位和影響，哪裡僅僅是以下那些君主所能比得上的呢？有的統一了行船的方式及行車的軌距，為了使天下的輪轍一致，進行了一些枝節技術性的改革；有的在位短暫，經常改朝換代，皇帝的位子老是換人，他們只能管理很短一個時期的政務，對遠古時期的優良傳統無法涉及，只能體驗一代聖主所經歷的治亂變化，感受一個時期的風險或安定。這些人是不能同聖明的光武帝相提並論、同日而語的。

4 『況且光武創建東漢的在位時期，平定了天下的混亂局面，是一場奉天承命的巨大的社會變革。在四海之內普天之下，重新締造了全新的夫婦關係，也才真正開始有合乎天理的父子關係，君明臣忠的正確關係開始建立，人和人之間的和諧相處。正常的倫理道德，如父子親、夫婦順、君臣義、長幼序、朋友信之類，這才真正建立起來，這就像遠古時期的伏羲氏所建立的那種高尚的、偉大的道德基礎一樣。劃分國土安排天下的管理人員，讓他們分管不同區域的土地政務；規定了固定的交易場所和聚會朝拜的場地，避免不同內容的活動互相混雜干擾；製造更為先進的船隻車輛，製作各種禮樂之器和各種節省人力的器械，這是軒轅氏所開創的偉大功業的各項措施。光武帝開創新朝所實行的各項利民舉措，也像遠古的軒轅氏那樣。恭敬地、忠誠地代替上天去懲罰那些無道暴君和亂臣賊子，上應天命，下合人心，這就是商湯討伐夏桀、周武王征討殷紂王那種義舉，他們使仁政王道這種偉大的勳業彰明於世，大行於天下。光武帝征討王莽，就像湯、武的正義行動一樣。光武帝把國都遷往洛陽，改換了執政的中心地區，這種舉措以前也有光輝的榜樣，那就是殷代中期的盤庚，他率領臣下把國都由黃河以北遷到黃河以南，遂使殷道復興。洛陽的地理位置，占據的是國家的中心地區，這就與周成王時期使國家興旺發展安定太平的那個時期的『成康之治』的體制相類似。光武帝起兵時並非是有封爵、有土地、有人民的貴族，他沒有憑藉一尺土地、一位屬民的權勢地位，卻依靠天命人心最終取得天下，這種情況與高祖劉邦完全一樣，就像二人核對信符那樣契合。克制自己內心的私欲，一切行動都回復到正常的禮法制度軌道上，使黎民百姓無論活著還是死去，都能得到合理的安排，物質資料不致於匱乏，人格尊嚴得到保證，當年的孝文皇帝對臣民誠信恭敬，能有『文景之治』的大好局面。現今的光武帝躬自儉約，勤政愛民，就像孝文帝那樣。他效法古代的聖君，察考古代的制度，仿效他們的行動，到東嶽泰山舉行祭祀天地神靈的儀式，並樹立石碑，刻上文字，記錄下自己的功業成就。這種大規模的禮儀活動，彰明卓著，輝耀天上人間，超過了前代的漢武帝的封禪行動。光武帝還根據儒學的六種經典中所闡發的大道正義，來規範糾正世人的行動準則，使大家都具有高尚的道德。依據古代美善的標準而評定當代臣民的功勳，他作為仁德聖明的君主應該做的事已經十分完備，作為一代偉大的帝王所必備的條件也都很充分，完全具備啦。

5 『至於到漢明帝劉莊在位時期那個階段，政治清明，上下和樂，君王特別重視政治的安定和人際關係的和諧，多次反覆地強調這一政策的重要性。在此安樂清明的大背景下，遵照古制，到三雍宮舉行了盛大隆重的祭祀和講習典禮。皇帝親自出席，身穿繡有盤屈龍形圖案的禮服，整齊莊重地冠戴裝束著舉行大典。宣讀了由文人學士撰寫的內容豐贍文詞華美的文章，把上代的豐功偉業光明正大加以發揮宣揚，歌頌了光武帝創建東漢王朝的不朽功勳。永平三年，正式改『大樂』為『大予樂』，使其做皇家樂隊的領隊及總指揮，負責重大禮儀活動時演奏音樂事宜。經過皇帝最初幾年的努力，地上的凡人和天上的神靈都十分和諧融洽，和睦親善，國君和臣民的等級次序也都按禮法嚴格地固定下來。在此背景下，皇帝於是就乘著專用的大輅車，沿著皇家專行的暢通的馳道，離開皇宮，到各地視察。了解各地的風土人情、風俗習慣，以便依照民風民俗，制定教化方針。同時了解地方上的出產情況，認真觀察某地某國盛產什麼，缺少什麼，好根據具體的實際情況互通有無或以豐補歉。考察中央政府聲威和教化所能達到的範圍，影響力的深度和廣度，同時宣揚散播皇帝的威德，把君王的偉大光明像陽光、像火把那樣照耀到教化不到的最幽遠、最黑暗的角落，使他們得到溫暖和光明。

6 『在全國政治安定經濟繁榮的前提下，東漢王朝對首都洛陽進行了大規模的擴建和修整。擴大了東周時作為國都的建築規格，增修一些殿堂，重新整飾舊有的建築。使得首都的整體形象，高大雄偉，巍峨嚴整，光鮮明亮，燦爛輝煌，成為中國政治中心；從八方總體來看，也是天下城市建設的最高標準。因此，在天子所居的皇城之內，宮室殿堂都金碧輝煌，光彩奪目，包括闕樓及堂前的廣場也都乾淨整潔，顯得神聖而壯觀。這些建築及設施，無論花錢多少，都合乎禮制和法度，奢華的地方不超越規矩，節儉的地方也不太過分，花銷大的不張揚，花銷少的不寒酸。皇城以外，藉天然地理形勢，開發原有的平曠地帶作為畜養禽獸的園林，沿著現成的天然泉水，開闢成養魚的池沼。這一切都不破壞老百姓原已開發的農田耕地，也不再動員大量勞力開挖新的池沼。在池沼中培養大量的蘋藻類水草，供魚類等水中動物潛藏游戲；在苑中大量栽植牧草和林木，以供那些獸類食用躲藏並繁育後代。這些園林建設的規模體制，和古代天子的『梁騶』一樣，沒有超過禮制標準，也與周文王時建的『靈囿』的大義相合，人與動物和睦相處，人與自然高度的和諧統一，能充分體現古人『天人合一』的自然觀念和道德觀念。

7 『至於說到皇帝按不同季節去苑囿中進行田獵活動，也都合乎禮制，順乎天時。既輕車簡從，盡力省些車馬人力，又要完成這帶有軍事演習性質的講求武備的任務。行動的時候，一定先考察〈王制〉中古聖先賢是如何教導的，有哪些應遵循的原則和具體的細則規定，以使自己的行動合乎規範。還要考察參考《詩》中的〈國風〉、〈大雅〉、〈小雅〉中的有關篇目，看古人是如何記載的，是怎樣具體活動的，各種作法有無先例，那些詩歌中所詠唱的就是後人的榜樣。史官查閱誦詠《詩・騶虞》，告誡人們按季節順天時而蒐狩，不要射殺幼獸和懷孕的母獸；閱讀《詩・四驖》，讚美國君帶著隨從和家人高高興興地威武雄壯地去打獵；讚頌《詩・車攻》中對周王到東都洛邑進行田獵並會見各路諸侯的活動，與當今天子率眾田獵與諸侯王同樂的行動相比附，找範例；誦讀《詩・吉日》中的句子，選擇良辰吉日，司禮官安排妥當了正式的儀式，皇帝登上車輦在臣下簇擁護圍下開始出發。總之，皇帝的一舉一動，都要有根據有範例，合乎古代的禮制，不能超越禮法的規範，這樣才合乎天意，順乎民情，才能得到神靈的保護和臣民的擁護。

8 『作完了充分的準備，皇帝的龍輿開始離開皇宮。此時，司禮人員拿起了鯨魚形狀的撞鐘杵，撞響了鑄有美麗圖案花紋的大銅鐘。皇帝登上裝飾著美玉的專用車，有時換乘依不同季節而選用的高頭駿馬，一路上人多馬眾，浩浩蕩蕩，儀仗華麗，莊重威嚴。只見儀仗隊中繡有鳳凰圖形的圓形傘蓋及車上的鳳形圓傘，都飄飛舞動，十分好看。只聽皇帝御輦上裝配的像鸞鳥鳴叫般的金屬車鈴，隨著馬蹄的節奏發出清脆悅耳的叮咚之聲，就像美玉互相撞擊時那種玲瓏之音。皇帝的車輦在儀仗護衛導引下走在前面，各級大小官吏緊隨其後，如影隨形，誰也不敢落後。這陣容，這形勢，真是威風而嚴整，盛大而熱烈。掌管山嶺的神靈替皇帝守護著山野，四方的神靈為皇上駕馭著隨從的副車，掌管播雨的神靈紛紛灑灑潤溼了皇帝要經過的道路，以免塵土揚起，管颳風的神靈早已把路上的浮塵及雜物吹拂乾淨：所有的天神地祇大小神靈都來為受命於天的帝王效力護行。千百輛車輪在大地上滾動，轟轟隆隆，就像天邊滾起了驚雷；千萬匹駿馬奔騰，紛紛紜紜，隊伍龐大，行進參差，氣勢宏偉，場面壯觀。軍士乘坐的戰車漫山遍野，幾乎是鋪天蓋地；士兵手執戈鋋等各種兵器，像掃帚一般，掃淨了天空的浮雲。皇帝儀仗隊中高舉的無數根插著山雞尾羽及旄牛尾的羽旄以及各種裝飾各種色彩的旗幟，像密密麻麻的高大森林，上接雲天，掃盡雲霓，上拂雲空。這些武器兵甲儀仗，鋥明鮮亮，在陽光照耀下反射出奪目的光輝，就像萬里雲空中閃爍著光彩奪目的火苗，好似節日放煙花般變幻出五顏六色的圖案及花色紋樣，又像有無數條金龍在噴吐火焰，呼呼生風，吹動了山野，好像燃燒著了群山，烤焦了山上的植被。日月的光輝在這種耀眼的亮光反襯下也顯得暗然失色；千丘萬壑、千峰萬嶺也被這巨大的陣勢震動得顫抖，好像發生了地震一般。地動山搖，鬼神戰抖，風雲變色，萬物震驚。

9 『大隊人馬到達目的地後，都集中在苑囿的中部，排開陣勢，停止前進，整好隊列。按部曲編制兩兩成行，不同兵種或不同轄屬的都站到應在的位置上。約束三軍，申明紀律，將領及各級官員還舉行宣誓儀式，表明服從指揮奮勇向前的態度。然後點燃並高舉火把，敲響了振奮人心鼓舞士氣的戰鼓，以此來激勵將士，指揮兵卒形成三面包圍的形勢，網開一面，以使禽獸有逃脫的空間，避免斬盡殺絕，好體現上蒼好生之德和君王悲天憫人的情懷。射獵開始，那些輕便的兵車以雷霆萬鈞之勢迅猛進發，驍勇善戰的騎兵也以閃電般的速度驅使馬匹奔騰馳騁，勇往直前。那些像古代神箭手養由基似的射手們，箭不虛發，每拉動一次弓弦，都能使來不及飛走的禽鳥們應聲墜落；讓那些遵從禮法規範的人駕車，他們依古禮驅使車馬，既不揚起飛塵，又不橫射禽獸，也使奔跑的野獸們有許多來不及逃命而被捕獲。在極短時間內，所獵殺捕獲的飛禽走獸已經裝滿了盛獵物的大車。田獵雖然快樂，但不能沒有節制，縱情嬉戲；殺戮禽獸即使有人感到很痛快，但也不能斬盡殺絕，破壞了生態平衡，那也便違背了上天的意願。所以在完成了預先制訂的圍獵計劃後，皇帝便命令射獵停止。盡管這時候人馬仍處於亢奮狀態，也只得服從命令在原地待命。駕車的馬弓起腰身，四蹄刨地，表示牠仍想繼續馳騁；手執兵器的武士們仍攥緊戈矛，內心仍憋著一股衝殺的怒氣。但皇帝的車駕在先頭部隊領引下已走上回師的道路，皇帝的侍從車輛也只好控制住車馬的步伐，跟著御駕緩慢地隨行。

10 『舉行完盛大的狩獵活動以後，群臣在皇帝率領下，依照司禮官員的安排，又進行了一系列隆重的祭祀活動和其他活動。首先祭祀天地和祖先，準備好大雁、野鴨、山雞三種禽鳥，再加上麋、鹿、麕、狼、兔五種野獸，都供奉敬獻在天地神祇、宗廟祖先以及各種神靈位前，對他們表示敬畏和安撫。祭祀畢，天子在明堂接受朝臣百官以及諸侯王、地方官員等人朝拜覲見。天子親臨教化貴族子弟的學府辟雍，闡發褒揚王朝政策的光明偉大，人心的奮發昂揚，宣傳並讚美皇家高尚的道德風範。皇帝親自登上用來觀測天象的靈臺，考察星空祥瑞及自然界的神異變化，看看對東漢王朝有哪些預示的吉祥兆頭。天子仰首望天，俯首看地，仔細地觀察了天地間的各種氣象、物象之後，又詳盡地考察自己身體的變化與感覺，運用天人合一的哲學思想理論，預測國運的興隆昌盛。皇帝在靈臺上放目四望，近處是文明高度發展的中原華夏民族聚居區，朝廷用恩德籠絡懷柔這裡的人民；居高臨下往遠處張望，心裡想到四方邊遠地區那些尚未開化的少數民族，他們茹毛飲血，野蠻好鬥，朝廷便用嚴厲的手段，苛刻的政策，對他們進行威懾和鎮壓，迫使他們歸服。王朝的疆域，向西到黃河的源頭巴顏喀拉山一帶，向東到大海的邊緣，北到山多林密崖高谷暗的黑土地，向南超越了有紅色酸性土壤的分界線。中央政府的力量，就像大海的波濤，都能震盪波及到這些地方。連那些風土人情與中原迥異的特殊地區的人眾，而且不與大漢王朝鄰接，隔絕相當遠的地方，自從先漢孝武帝多次用兵也未能征服的，孝宣皇帝用懷柔政策也未能臣服的，在東漢明帝劉莊統治時期，也都懷著敬畏的心情，戰戰兢兢，分別從水路從陸路，帶著貢品，趕緊奔來，向皇帝表示賓服，成為東漢王朝的屬地和客人。就是在這種大背景下，永平十二年，在西南夷聚居的哀牢山一帶，新設置了哀牢縣，派官員去安撫那一帶的少數民族人民；並且在那一帶新開設永昌郡。使它們成為華夏的固定領土，逐步擴大了中華統治區域的版圖。

11 『在按西漢孝武皇帝所頒行的夏曆正朔正月初一日這一吉祥的日子裡，各外地諸侯和從遠道而來的少數民族首領們，都聚集在大漢京都洛陽，一起或分別朝拜天子。那一天，天子接受了四海之內所有歸屬國敬獻的記載著他們土地、人口等基本情況的文書檔案類地圖和戶籍，他們表示歸順的誠意，並願意接受漢王朝的保護。天子還接受了他們敬獻上來的各種貢品，包括奇珍異寶及地方土特產之類。天子對周邊華夏民族的各諸侯王國進行了安撫和慰問，對四方邊遠地區未開化的各個少數民族的首領酋長們表示接納，並讓主管官員熱情接待。於是讓這些遠方客人住進裝飾華美的帳幕或屋舍內，提供給優裕的伙食等生活條件，並在雲龍門內的庭院廣場上，擺好各種舉行隆重大典時才用的禮器和樂器。皇朝的各級大小官員，依照禮法有秩序地排列在兩邊，主管官員引導著四方首領依次而進，贊禮官高呼著會見程序，並把這些首領向皇帝和群臣一一介紹。人們深入探究了古代留傳下來的各種禮節儀式後，就依古禮古儀朝拜皇帝。皇帝把自己光明偉大的威嚴儀容展現在眾人面前，端坐在御座上讓大家瞻仰。

12 『接見完畢，舉行盛大的國宴。堂前庭院的廣場上擺滿的各種禮品和貢品，有上千種之多；宴席上盛滿美酒的杯爵可以萬數，旁邊還擺放著裝著美酒的酒罇酒罐之類，依照不同身分、不同等級分用大小不等、質量不同的玉製的飲酒杯。大家交口稱讚這美味的佳餚和珍貴精美的用具，感慨自己能榮幸地享受到同時裝著牛、羊、豕豐盛食品的『太牢』級的宴席。如此高級的宴饗規格，可體現皇帝對自己的重視和關心。從宴會開始，大家舉杯祝酒起，皇家樂隊便開始奏樂以助興；飲宴中間，演奏一直不停。飲宴完畢，宮廷服務人員開始撤去食品和用具，皇家樂隊依古禮奏起了《雍》這首只於天子飲宴撤席時才允准演奏的樂曲。負責領隊和指揮的樂官太師，領著樂隊演奏。那裡擺放著金屬製的鐘，玉石琢成的磬，樂手分別掌握著琴瑟簫笛等用絲竹製作的管絃樂器。這些樂器都是全新的，光彩閃鑠，耀人眼目，發出各種清脆悅耳的聲音。他們的演奏，依照五音六律，高亢激揚，把音樂的功能作用，發揮到了極致。樂曲的內容，歌頌了與國計民生密切相關的、為治國安邦出過大力的九個方面官府部門的功勳。人們還觀賞了只有皇帝才能觀賞的由六十四位演員排行八列的『八佾』舞。當樂隊奏完曾被儒學聖人孔丘讚為內容及形式都盡善盡美的《韶》樂和形式完美而內容尚未盡善的《武》樂以後，所有古代優秀樂曲也便都欣賞全了，所有遠古傳下來的樂曲也全概括代表了。在皇家樂隊演奏的同時，邊遠地區的少數民族帶來的樂手和歌手，也都更迭穿插著表演了他們富有民族特色和地域特點的音樂節目，如北方的《伶》、東方的《佅》、西方的《兜離》等等，所有四方的少數民族音樂，凡是漢天子的皇家恩德教化能普遍地施與的地方，沒有不具備而集中到這裡的。可以說是各種各色的音樂都全備了，各式各樣的禮儀也都舉行過了，文明時代的禮樂在漢廷得以充分的體現和展示，使天子格外興奮高興，準備用更博大的胸懷和更潤澤的雨露施恩於他的臣民。眾臣子在這種寬鬆的環境中也盡情享受著美酒佳餚，一個個喝得醉醺醺的。宴會上的香煙酒氣，瀰漫氤氳，像渾沌初開天地未分時的景況。後來慢慢飄散，人們把過度亢奮縱情歡娛的情緒也適當調整一下，逐漸清醒，變得理智一些，會見初期那種君臣有序的場面得以恢復。司禮官員撞響了表示會晤結束的銅鐘，宣布這隆重的盛宴到此為止。參加飲宴的百官群僚及侯王首領們，依尊卑一一行禮退出。

13 『聖明的皇上看到天下各地臣民都生活在歡樂和平的幸福環境裡，長期以來，享受著朝廷施予的恩德惠澤，過著安逸自在的日子。皇上擔心他們會產生過分追求享樂奢華的欲望，從而養成游手好閒懶惰倦怠的作風，那將荒疏本業，誤了春耕生產，傷及農事。於是朝廷再次申明舊有的章程，並下達明確的詔令，命令主管部門的官員，頒行各項有關的法令制度，昭示百姓要勤儉節約，不可靡費錢物，要艱苦樸素，遵從遠古自然狀態那種基本法則。皇帝本人以身作則，讓去掉后妃們所居宮室中過分追求華美豔麗的那些裝飾物及美化用品，裁減皇帝所乘車輛的服務人員及車駕上的裝飾物；廢除工商之類的末等產業，大力興辦關乎人們衣食、關係國計民生的農桑本業。於是四海之內普天之下，都拋棄掉商賈末業而重新回到重視農桑的基本產業上來。背棄那些貪圖眼前利益的浮華的假繁榮，回歸到為了長遠利益的真事業。所有的婦女勞動力都忙於紡線織布，所有的男子勞力都致力於農田耕作。家用的器皿不追求金玉般的豪侈，泥燒的、瓜剖的即可；身上穿的衣服，本來的白色或易染的黑色最好，不追求多彩的錦繡。把追求華麗漂亮精美細緻的服飾看作恥辱，對各種少見的新奇怪異的東西也不看重它，珍愛它，以免人們去追求它。社會形成風氣，不珍視金銀珠寶，所以讓含金的礦脈被捐棄在深山裡無人開採，包孕著珍珠的蚌蛤沉在深水中也無人前去捕撈。

14 『在皇上的正確引導教化下，人們的精神面貌也發生了巨大的變化。百姓們都主動改正自己的缺點錯誤，糾正以往的過失甚至惡行，就像在最清澈的水中洗過澡那樣，照一照自己去掉汙穢後的形像。人們的外形及內心世界都回到內守狀態，清靜無為，純淨無瑕。耳目等感官不受聲色的誘惑，各種嗜好如口腹之欲產生的本源被消滅掉，人的道德品質提高，廉潔正直的思想就培養起來了。天下的人，都生活在良好的社會環境裡，沒有不心情悠然自得活得輕鬆愉快自由自在的，每個人都品德如美玉般溫潤純淨，接物待人說起話來心平氣和、清脆悅耳、美妙動聽。因此，在皇權統治的範圍之內，依不同等級和規模，都建立了教育人民的機構和場所，分別名之為學、校、庠、序，受教的人很多。不論是祭祀天地宗廟，還是宴饗賓客舉行慶典活動，主賓總是殷勤熱情地互相勸酒、祝福，面對豐盛的祭品，飲宴時用的食品，人們都遵從古代傳下來的禮法，一切在禮儀規範的情況下享用、活動。這些場合人們都興高采烈，情緒亢奮，堂下翩翩起舞，堂上貴人高歌，但無論是舞蹈還是歌唱，也都遵從禮儀，離不開維繫王權社會的指導思想，即儒學的仁義道德等基本內容。

當飲宴時依尊卑的不同身分地位敬獻酒辭，與宴的臣工吃飽喝足之後，都互相感慨欣逢盛世，恭維皇帝及祝酒時的對方，有高尚的含蓄不外露的美德。一切正直的關乎大體的言論話語，都包含或表達出與人為善與國同休的平和的內容，到處是一派和平安樂的祥和氣氛。人們歌頌聖明的君主，都異口同聲地歡呼道：「多麼繁榮昌盛的社會！多麼興旺發達的王朝！就是當今時代呀！」

15 『當今評論時政的人，只知道誦讀唐虞和夏禹時代產生的《尚書》，歌唱吟詠殷商和西周時代產生的《詩》三百篇，講說伏羲氏和周文王創演的《易》，論議經過孔丘刪修過的魯國史書《春秋》，很少有人能夠精通自古至今數千年來各個社會階段的善惡清濁，興衰規律，沒人深入探討研究出劉漢王朝大德興盛國運昌榮的原因根由。只有先生您比較懂得一些舊有的典章制度，讀過不少典籍，但可惜的是經常在諸子百家那些思想並不先進、內容趨於下游的著作中下大工夫，抓不住事物的本質，使自己的認識受到局限，思想為之禁錮。所以雖然讀了不少，但從舊知識中得到新的感悟是很困難的。能掌握社會發展規律，認識興替這種最高的道德觀念的人也自然就極為少見了。

16 『況且那遷都西移，去西部戎狄所居的地盤去開闢疆土，雖然地勢險阻，四方有關塞可供防守，但仍要大力修建防禦設施，使自己永遠處於一種封閉局促的狹小環境裡。哪裡比得上定都於華夏的中心呢？周圍是廣闊的平原，道路四通八達，交通往來暢通無阻，天下各地通向首都的道路及行人和物資運輸，就像車輪上的車輻都湊向車轂那樣，集中緊湊，具有向心功能。您誇耀長安附近有秦嶺和九嵕山，有涇水和渭水這樣的河，哪裡比得上中原地帶有直接注入大海的長江、淮河、黃河、濟水這樣被稱作『四瀆』的大河，有泰山、華山、衡山、恆山和嵩山這被稱做『五嶽』的聞名大山呢？而且洛陽附近，黃河流過像衣帶般繞過城旁，向上溯洄可達洛水，而這裡是發生過《河圖》《洛書》等祥瑞徵兆的吉祥寶地，更沒有任何地方能與這種幸運之水相提並論了。您誇耀西都有宏偉壯麗的建章宮、甘泉宮等建築群，那些宮觀殿館中居住著神仙般的人物和可以與天上各路神仙溝通的人物，又哪裡比得上東都的靈臺和明堂，是用來觀察天象、教化黎庶這些實用的協調上天自然與下界平民關係的有用建築呢？您誇耀西都長安近郊有太液池、昆明池，還有供皇帝射獵養育著鳥獸的上林苑等場所，哪裡比得上東都的辟雍這種講求禮儀、宣揚教化的場所呢？它博大如海，更新如流，崇尚道德，是國家的巨大財富。您宣揚長安城游俠的奢侈生活，他們為了私人之間的情誼，不惜冒險破壞國家的法度，敢於冒犯社會公認的規範制度，名為仗義行俠，實際上擾亂了社會秩序，哪裡比得上東都所有人都在一定的法令制度約束下生活，全社會規整有序，人群雖眾卻和善美好平和相處呢？先生您只熟知關中地區秦代所建的阿房宮工程浩大上與天齊的宏偉，卻不知道東京洛陽的各種建設都是合乎禮制和法度的呢；您只知道秦的函谷關可以『關』住門戶阻擋從東邊入侵的敵人，卻不懂得施行仁政的君主以王道統治臣民，天下一家不分內外，也就沒必要設關防守了。』

17 「東都主人的一番長篇大論尚未說完，西都來的賓客已經驚惶得改變了面容，站起身來，想走又止，猶豫不決地要走下堂前的臺階，恐懼得無地自容，拱起雙手向主人施禮，表示要告辭而去。東都主人說：『請回到您原來的座位上！現在我要贈送您五首詩篇開導您的思想。』西都賓接過詩篇，誦讀完畢後，就衷心地稱頌說：『真好啊這些詩！其內容大義方面比揚雄的詩賦還要純正，所歌頌的事物上比司馬相如的辭賦還合乎實際，實事求是，這不僅僅是主人您好學博聞，水平高超，原本也是您趕上了這昌盛賢明的偉大時代啊！我本人水平低，志向遠大卻於事疏略，對事物的判斷缺少裁定能力，現在既然已經聽了您的教誨，懂得了正確切當的道理，請讓我一輩子誦讀好這些詩章，並牢記這詩中所宣揚的大道準則。』那五篇詩文是：

18 『關於明堂的詩：啊呀！多麼光輝燦爛的明堂！明堂鮮豔明亮，最為輝煌。聖明的君主在這裡祭祀祖先，儀式那麼隆重莊嚴，儀態多麼端莊，多麼盛美，多麼輝煌！天神享受著豐盛的祭品，就如同舉辦盛大的宴筵，有五位天神依不同季節按次序享受祭祀：春天祭東方的蒼帝靈威仰；夏天祭南方的赤帝赤熛怒；長夏祭中央的黃帝含樞紐；秋天祭西方的白帝招拒；冬天祭北方的黑帝汁光紀。誰有資格在明堂中和天神一樣享受這高規格的祭禮？只有我們偉大的祖先世祖光武帝。普天之下的臣民，四海之內的黎庶，各司其職，各個在自己的崗位上，盡其心智和力量，幫助國家和君王祭祀。我們的家園多麼美好！我們的人民奮發有為，奮勇前進！我們的前途多麼光明！人們在明堂舉行隆重的典禮，懷念先帝和祖宗，請他們帶給我們多多的幸福。

19 『關於辟雍的詩：皇家為貴族子弟所設的最高學府辟雍，其教化作用猶如波濤洶湧的江河流水，浩浩蕩蕩奔騰向前，什麼力量也阻遏不住。我們聖明的皇上親臨這教化之地，就像造好船隻搭成橋梁一般，引導著廣大學子渡到智慧的彼岸。那些在這裡講學的已經告老退職的卿大夫們，是你們的父輩或兄長輩的人，他們已經滿頭白髮，但儀態美好，舉止謙虛謹慎，態度安祥，儀表堂堂，是你們孝順父母友愛兄弟的光輝榜樣。啊呀！遠古時代那些具有高尚道德的聖賢先哲們，為我們漢代人的德操行止，昭示了榜樣規範和方向，他們的宏遠博大的教化功能，達到了神明的境界，永遠展示給我們，告知我們走向成功的途徑。

20 『關於靈臺的詩：皇帝主持下建造了用來觀察天象以預測吉凶的靈臺，靈臺是那麼高大。皇帝勤於國政，關心社稷安危，所以準時地按古代禮法登上靈臺，觀察天象，詳細地考察宇宙的細微變化，所顯示的吉祥徵兆，並進行驗證。在那寥廓的蒼穹，太陽、月亮和諸多星辰，都發射出或反射出耀眼的迷人的光彩，照亮並溫暖著大地。金、木、水、火、土等五種構成物質的基本元素，分布在它們應在的位置及時間順序上。天地間吹拂著吉祥的柔和的風，緩緩地輕輕地飄灑著甘露般的好雨。各種穀物都生長得十分茂盛，為人們提供足夠的食品；所有眾多的草類菜類也都繁茂地生長，點綴得大地一派生機。人與自然和諧相處，政治清明，上下一心，接連多次地遇到豐登的年成，啊！這是多麼光明多麼幸福多麼快樂的時代呀！

21 『關於在永平六年廬江太守敬獻寶鼎這種吉祥物的詩：我們這個時代政治清明，天下安樂，連大自然的高山名嶽也都能整治生產出貢獻給朝廷的寶物，川原河流也都獻出珍貴的希世寶品。由於山川在陽光下反射出了金色的光芒，彷彿一道道瑞氣上升到天空，成了五彩的浮雲。這種祥瑞的徵兆，使人們在王雒山發現了早已失傳的寶鼎，並由廬江府太守敬獻給了朝廷。只見寶鼎煥發出光亮多彩的顏色，表面鑄造出盤曲的夔龍紋飾，顯得既莊嚴又美觀。按照皇帝的詔令把寶鼎擺放到祭祀祖先神靈的宗廟裡，用作禮器來祭祀天上的神靈和已登神仙位次的祖宗，祖宗的神靈昭示出治國安天下的崇高道德規範，並佑護著後世子孫把這優良傳統和社稷江山永久傳承下去，達到億萬斯年。

22 『關於出現白色羽毛野雞這種吉祥鳥的詩：東漢王朝開始了神聖的新篇章，披現了祥瑞的徵兆，就像古代出現《河圖》《洛書》那樣引起人們的重視和社會的轟動，那就是發現並捕獲了珍禽白雉。這種飛禽本應是彩色的和黃褐色的羽毛，現在卻是純白色的。這和有些州郡出現白色羽毛的烏鴉一樣，同為罕見的預示國運昌盛安寧的象徵。這種珍禽張開潔白的閃著亮光的毛羽，高高地翹起漂亮的尾羽，外形是那麼潔淨鮮亮，顯示著牠們的品性也那麼淳厚樸實而精粹。這表明了我們偉大的王朝聖明的君主有著偉大高尚光明的品德，可以和古代同樣獲得過白雉的偉大君主周成王時代相媲美，預示著劉氏社稷將綿延不絕，永遠得到上天的佑護和賜福。」

1 及肅宗雅好文章，固愈得幸，數入讀書禁中，或連日繼夜❶。每行巡狩，輒獻上賦頌，朝廷有大議，使難問❷公卿，辯論於前，賞賜恩寵甚渥❸。

2 固自以二世才術，位不過郎❹，感東方朔、揚雄自論，以不遭蘇、張、范、蔡之時，作賓戲以自通焉❺。後遷玄武司馬❻。天子會諸儒講論五經，作白虎通德論，令固撰集其事❼。

3 時北單于❽遣使貢獻，求欲和親❾，詔問群僚。議者或以為「匈奴❿變詐之國，無內向之心，徒以畏漢威靈，逼憚南虜⓫，故希望報命，以安其離叛。今若遣使，恐失南虜親附之歡，而成北狄⓬猜詐之計，不可」。

4 固議曰：「竊自惟思，漢興已來，曠世歷年，兵纏夷狄，尤事匈奴。綏御⓭

之方，其塗⑭不一，或脩文以和之，或用武以征之，或卑下以就之⑮，或臣服而致之⑯。雖屈申無常，所因時異，然未有拒絕棄放，不與交接者也。故自建武之世，復脩舊典，數出重使，前後相繼⑰，至於其末，始乃暫絕。永平八年，復議通之。而廷爭連日，異同紛回，多執其難，少言其易。先帝聖德遠覽，瞻前顧後，遂復出使，事同前世⑱。以此而推，未有一世闕而不脩者也。

「今烏桓⑲就闕，稽首譯官⑳，康居㉑、月氏㉒，自遠而至，匈奴離析，名王來降，三方歸服，不以兵威，此誠國家通於神明自然之徵也。臣愚以為宜依故事㉓，復遣使者，上可繼五鳳、甘露致遠人之會㉔，下不失建武、永平羈縻㉕之義。虜使再來，然後一往，既明中國主在忠信，且知聖朝禮義有常，豈可逆詐示猜，孤㉖其善意乎？絕之未知其利，通之不聞其害。設後北虜稍彊，能為風塵㉗，方復求為交通，將何所及？不若因今施惠，為策近長。」

【章　旨】以上為〈班固傳〉的第四部分。記述班固在東漢章帝時代所受到的重視和寵幸，突出了他的文學才華和政治主張，同時也肯定了漢章帝重視文化傳承和雅好文學辭章的特點。面對匈奴的表現和朝廷中的不同議論，班固發表了不同於眾的外交主張，展現了他的政治才能。他以史為鑑、審時度勢，主張不應拒絕北虜的友善請求，以利國家長治久安的意見，是值得肯定的。

【注釋】❶及肅宗雅好文章四句　東漢章帝時代，由於皇帝特別愛好文學詞章，所以班固更加得到重視和寵幸，可以隨意多次地出入皇宮讀書，接連幾天幾夜都可以。肅宗，東漢章帝劉炟的廟號，西元七五—八八年在位。禁中，秦漢時皇帝宮中稱禁中，言門戶有禁，非侍衛及通籍之臣，不得入內。至西漢元帝時，因皇后父名禁，為避親貴之諱，改稱省中，省即省察之意。❷難問　提出疑難問題進行辯論分析。❸恩寵甚渥　東漢章帝對班固的恩惠待遇寵愛十分優厚。❹固自以二世才術二句　班固自己認為從他父親班彪到他本人，已經有兩代人的才能和本領貢獻給了朝廷，但自己的官位才不過是個郎官，未免職務太低了。本書〈百官志・二〉載，郎分中郎、侍郎、郎中等，「凡郎官皆主更直執戟，宿衛諸殿門，出充車騎。」是皇帝的近衛侍從官員。班固是在東漢明帝時，完成〈世祖本紀〉後升官為郎的，見本書卷四十上。❺感東方朔三句　東方朔（西元前一五四—前九三年），字曼倩，平原厭次（今山東惠民）人。西漢武帝時文學家，性詼諧滑稽，善辭賦，其〈答客難〉曰：「使蘇秦、張儀與僕並生於今之世，曾不得掌故，安敢望常侍郎乎？」借客設問的形式表達自己的見解。《漢書・藝文志》有《東方朔》二十篇，今散佚。《漢書》卷六十五有傳，且有〈答客難〉及〈非有先生論〉等原文。揚雄，又作「楊雄」，見前注。其〈解嘲〉一文也是借諷諭的形式，表達自己的不得志，與東方朔文一樣，強調時運機遇，以期得到明主的重用。見《漢書》卷八十七下。蘇張范蔡，指蘇秦（戰國時縱橫家，倡導山東六國合縱攻秦，以口辯著稱於世）、張儀（戰國時魏國貴族後人，入秦為相，倡連橫，遊說各國服從秦國，瓦解了齊楚等國聯盟）、范雎（戰國時魏國人。因事被誣，逃入秦國，後為相，主張遠交近攻，弱敵兵力，秦昭王五十二年坐法死）、蔡澤（戰國時燕國人，曾遊說各國，後入秦，繼范雎為相，封剛成君，居秦十餘年）等四個靠口辯之才由低位升至顯位的古人。〈賓戲〉，班固所作文詞名，借賓主戲問戲答形式，表達自己的觀點，全文見《漢書・敘傳》（上）。以上東方曼倩〈答客難〉、揚子雲〈解嘲〉、班孟堅〈答賓戲〉三篇文章，均收在梁昭明太子蕭統《文選》第四十五卷〈設論〉類中。❻玄武司馬　玄武門的司馬。《續漢志》：「宮掖門，每門司馬一人，秩比千石。玄武司馬，主玄武門。」古人認為龜蛇相交之象曰玄武，玄武為北方太陰之神，也是北方七宿（斗、牛、女、虛、危、室、壁）之總稱，《禮・曲禮上》：「行，前朱雀而後玄武，左青龍而右白虎。」故凡處於北方或後面的事物均稱玄武。玄武門即宮掖的北門或後門。❼天子會諸儒三句　東漢章帝建初四年（西元七九年），「下太常，將、大夫、博士、議郎、郎官及諸生、諸儒會白虎觀，講議《五經》同異，使五官中郎將應承制問，侍中淳于恭奏，帝親稱制臨決，如孝宣甘露、石渠故事。」當時成篇的有〈白虎議奏〉、〈白虎通德論〉等，又命班固撰集成書，名《白虎通義》，四卷，四十四篇。後亡佚部分內容，自晉代以後，省稱為《白虎通》。其書多引古義，兼收讖緯家說。❽時北單于　此時的北單于因多次遭到漢軍及南匈奴的打擊，內部極為混亂，勢力衰弱，才又有和親之求。單于的本義是廣大之貌，言其君長像上天那麼廣大。漢時匈奴稱其君長為單于。❾和親　與敵議和，結為姻親。❿匈奴　古族名，亦稱「胡」。戰國時活動於燕國、趙國、秦國以北地區，經常內擾，故修長城以拒之。秦漢之際，冒頓單于統一各部，統治了大漠南北廣大地區，勢力強盛，不斷南下攻擾。漢朝初前期，基本上採取防禦政策，西漢武帝時主動進攻，匈奴勢力漸弱。東漢光武帝建武二十四年（西元四八年），匈奴分裂為兩部，南下附漢的稱為南匈奴，留居漠北的稱為北匈奴。⓫南虜　這裡指歸附漢朝的南匈奴，他們屯居在朔方、五原、雲中等郡，即今內蒙古自治區境內及晉北地區。⓬北狄　古代中原地區對北方少數民族的蔑稱。這裡指北匈奴。⓭綏御　安撫和控制。綏，安撫。御，駕馭；控制。⓮塗　通「途」。途徑；方法。⓯或脩文以和之三句　有的興修文事與匈奴和平共處，如西漢文帝時與匈奴和親，互通關市，有幾十年和平共處時期。有的用武力征討匈奴，如武帝即位後即加強武備，後用衛青、霍去病為將，率兵遠征，給匈奴以沉重打擊，迫使其逃往漠北。有的則降低身分，用卑恭的態度來迎合匈奴的囂張，如惠帝呂后時期，對匈奴來信的詬謾之詞，不僅不予回擊，反而獻車馬以求安。詳見《漢書・匈奴傳》。⓰或臣服而致之　指西漢宣帝劉詢甘露元年（西元前五三年），匈奴呼韓邪單于入朝事漢，「引眾南近塞，遣子右賢王銖婁渠堂入侍。郅支單于亦遣子右大將駒于利受入侍。」（見《漢書・匈奴傳下》）⓱故自建武之世四句　本書卷一〈光武帝紀〉：「建武十四年春正月，……匈奴遣使奉獻，使中郎將報命。」二十四年，「冬十月，匈奴薁鞬日逐王比自立為南單于，於是分為南北匈奴。」二十五年，「南單于遣使詣闕貢獻，奉蕃稱臣。……三月，南單于遣子入侍。」二十六年，「遣中郎將段彬授南單于璽綬，令入居雲中，始置使匈奴中郎將，將兵衛護之。」二十七年，「北匈奴遣使詣武威乞和親。」二十八年，「北匈奴遣使貢獻，乞和親。」此類內容又見本書卷八十九。⓲永平八年十句　東漢明帝永平八年（西元六五年），「遣越騎司馬鄭眾北使報命。」「而南部須卜骨都侯等知漢與北虜交使，懷嫌怨欲畔（叛），密因北使，令遣兵迎之。」「其年秋，北虜果遣二千騎候望朔方，作馬革船，欲度迎南部畔者，以漢有備，乃引去。」因此朝廷對匈奴政策意見不統一。⓳烏桓　古代民族名稱。東胡別支，秦末時匈奴冒頓強盛，滅其國，被迫徙至烏桓山（也叫烏丸山，即今內蒙古阿魯科爾沁旗西北之烏聯山一帶）以自保。西漢武帝時，驃騎將軍霍去病擊破匈奴左地，因徙烏桓於上谷、漁陽、右北平、遼西、遼東五郡塞外，始置護烏桓校尉。光武時代曾歸順漢朝，建武「二十五年，遼西烏桓大人郝旦等九百二十二人率眾向化，詣闕朝貢，獻奴婢牛馬及弓、虎、豹、貂皮。」詳見本書卷九十。⓴稽首譯官　行跪拜大禮，並設立專門從事翻譯語言的官員。稽，叩頭至地。㉑康居　古代西域以城為中心的國家名，東臨烏孫、大宛，南接大月氏、安息，西與奄蔡交界，最盛時有今中亞細亞錫爾河北方吉利吉斯草原一帶之地。西漢成帝時，其王遣子入漢。㉒月

氏　西域古城國名。又作「月支」。其族先居今甘肅敦煌與青海祁連之間，西漢文帝時被匈奴攻破，西遷至今伊犁河上游，擊大夏，占塞種故地，稱大月氏；其餘不能去者入祁連山區，稱小月氏。詳見《漢書・西域傳》及本書卷八十八中有關內容。㉓故事　過去舊有的先例；舊日的典章制度。㉔上可繼五鳳句　五鳳，西漢宣帝劉詢在位時使用過的年號（西元前五七—前五四年），甘露亦是，為西元前五三—前五〇年。據《漢書・宣帝紀》：五鳳三年，「單于閼氏子孫、昆弟及呼遬累單于、名王、右伊秩訾、且渠、當戶以下將眾五萬餘人來降歸義，單于稱臣。」甘露元年，「匈奴呼韓邪單于遣子右賢王銖婁渠堂入侍。」三年，「匈奴呼韓邪單于稽侯狦來朝，贊謁稱藩臣而不名。」㉕羈縻　比喻聯絡和維繫的方法。羈，馬籠頭。縻，牛紖，牛鼻繩。㉖孤　有負於；辜負。㉗設後北虜稍彊二句　意為匈奴若相侵擾則風塵起，邊境亂，天下不安。風塵，風起塵揚，天地昏濁，因以喻戰亂。

【語　譯】 到了東漢章帝劉炟在位時期，由於皇帝本人一向特別喜歡文學詞章，作為文史學家的班固，更加得到重視和寵幸。他能夠連續多次地進入到皇宮禁地中，閱讀那些在別處見不到的珍籍祕典，有時竟可以一連幾天不分晝夜地閱讀。皇帝每逢到外地巡視民情或舉行狩獵活動，班固經常隨行並時時獻上歌頌這些活動的詩賦。朝廷有了重要的關乎國家大計的議題，往往讓班固對大臣們提出詰難，與公卿大臣進行辯論。由於班固的非凡才能及傑出表現，得到皇帝的賞識，獲得的物質獎勵及皇帝的特別恩澤寵幸十分優厚。

2 班固自己卻不滿足，他自認為憑藉他父親班彪及他本人兩代人的才華和貢獻，官位不過是個郎官，待遇不高。有感於前朝的東方朔及揚雄兩位辭賦大家，都曾以主客問答的形式，藉前代人物的經歷際遇，委婉地表達自己的思想願望和要求，闡發自己的觀點主張，感歎自己沒能遇上戰國時的蘇秦、張儀、范睢、蔡澤等人的時運，於是便仿照東方朔、揚雄文章的樣式，也寫了篇〈賓戲〉發表出來，想讓皇帝明白他的意圖。果然章帝了解了他的用意，後來升遷他做皇宮北門玄武門管理警衛軍士的司馬。建初四年，天子讓一些儒生及有關官員在白虎觀舉行學術辯論會，講論比較《詩》、《書》、《易》、《禮》、《春秋》五部儒學主要經典，它們的重要價值和異同，當時撰寫了〈白虎通德論〉等文章。皇帝讓班固把會議情況記錄下來，把所撰寫的論文彙集一起，即流傳到後世的《白虎通義》。

3 當時北匈奴的首領單于派遣使者到大漢朝廷奉獻禮品，以示友好和臣服之意，願意和親，請求把公主或皇族家女兒下嫁過去。漢章帝下詔向群臣詢問。參與討論決策的大臣，有的認為「匈奴是狡詐多變不講信義的國家，並沒有歸順內地臣服漢朝的誠心，只是害怕大漢的強盛聲威，加以南匈奴歸順漢廷，協助漢朝防守北疆，它也被逼迫得害怕，所以希望在它遣使貢獻之後，我們也派遣使臣到他們那裡回訪，來安定他們內部的分崩離析、叛離降漢的混亂局面。現在如果派遣使臣去北匈奴回訪，恐怕失去南匈奴歸順親近我們漢王朝的友好熱情，從而成就了北匈奴的詭詐的計謀。所以不能答應他的和親請求」。

4 班固發表議論說：「我個人私下考慮這件事，有些想法。我們大漢王朝興起以來，經歷了這麼久遠的時間，經常被邊遠夷狄地區的戰事所困擾，尤其是應對匈奴的軍事侵擾更花費了不少代價。這二百多年的時間裡，對匈奴安撫控制的辦法也用了不少，各個朝代也並不相同。有的興修文事用親柔的手段與之和好團結他們；有的大動武力來征伐他們；有的因國力衰微只好降低身分來迎合他們，滿足他們的各種要求；有的迫使他們稱臣賓服，主動來朝拜貢獻。雖然手段不同，軟的或硬的，主動進攻或被動守禦並非固定政策，所奉行的方針都根據當時的國力和具體情勢而定，但從來沒有與之斷絕往來置之不理不與他們打交道的時候。所以從光武帝建武年間以來，又恢復執行舊有的典章制度，多次派遣在朝廷中有重要身分地位的官員做使臣出使匈奴，前前後後接連著多起。到建武末期，由於形勢發生變化，這種交往才暫時中斷。前朝顯宗永平八年，又在朝堂上進行廷議，討論與匈奴恢復通使的事宜。但是在朝廷上爭論了一連數日，也沒有取得一致意見。持不同觀點主張的很多，但多數人認為恢復交往這件事相當困難，僅有極少的言論看到交往的方便容易、互有好處。先帝憑自己聖明的判斷，崇高的德行和長遠的目光，借鑒以往的經驗，瞻望久遠的未來，毅然決定恢復派遣使臣的行動，互通交往，像前代那樣。從以上事實來推斷，漢自建立以來，沒有一個朝代缺失這種相互交往的歷史而不整飭這種外交政策的。

5 「現今處於東北方向的烏桓表示臣服，親自到皇宮行跪拜大禮，通過譯官表示臣服，遠在大漢西北方向的康居、月氏，這些以城池為中心的國家，也都不遠萬里前來貢獻，表示歸附；北方的匈奴，內部分裂，它的名王前來歸降。以上三方胡人夷狄的歸服，都不是憑藉我們武力的征討，這實在是朝廷清明的政治、國運盛隆通於上天，得到神靈的佑護，自然而然的一種吉祥的徵兆啊。班固我認為，應該依照前代原有的成例，再次派遣使者。往遠說，上可以繼承宣帝五鳳、甘露年間招致來匈奴首領歸順朝廷遣子入侍的機遇；就近說，也不會喪失建武、永平年間對胡人籠絡懷柔以免其叛擾的根本方針。北虜派遣使臣來兩次，然後我們派使回報一次。這樣既表明我們中國不失禮儀，重視忠誠信義；又讓他們知道天朝的規矩，在往返禮節制度上有嚴格的規範。怎麼能針對他們以往的狡詐表露我們的猜疑，辜負了他們一番善意的表示呢？與他們絕交看不到對我們有什麼好處，與他們交通往來沒聽說有什麼壞處。假設以後北匈奴漸漸強大起來，能夠興風作浪，侵擾漢朝的邊境，那時候再尋求與他們打交道，還能來得及嗎？不如趁現在他們示弱求好的機會，給他們點恩惠好處，這樣的作法才是上策。」

1 固又作典引❶篇，述敘漢德。以為相如封禪❷，靡而不典，揚雄美新❸，典而不實，蓋自謂得其致焉。其辭曰：

2 「太極之原，兩儀始分，烟烟熅熅，有沈而奧，有浮而清❹。沈浮交錯，庶類❺混成。肇命人主，五德初始，同于草昧，玄混之中❻。踰繩越契，寂寥而亡詔者，系不得而綴也❼。厥有氏號，紹天闡繹者，莫不開元於大昊皇初之首，上哉敻乎，其書猶可得而脩也❽。亞斯之世，通變神化，函光而未曜❾。

3 「若夫上稽乾則，降承龍翼，而炳諸典謨，以冠德卓蹤者，莫崇乎陶唐❿。

陶唐舍胤而禪有虞，虞亦命夏后，稷契熙載，越成湯武⑪。股肱既周，天乃歸功元首，將授漢劉⑫。俾其承三季之荒末，值亢龍之災孽，懸象暗而恆文乖，彝倫斁而舊章缺⑬。故先命玄聖，使綴學立制，宏亮洪業，表相祖宗，贊揚迪哲，備哉燦爛，真神明之式也⑭。雖前聖皋、夔、衡、旦密勿之輔，比茲褊矣⑮。是以高、光二聖，辰居其域，時至氣動，乃龍見淵躍⑯。拊翼而未舉，則威靈紛紜，海內雲蒸，雷動電熛，胡縊莽分，不莅其誅⑰。然後欽若上下，恭揖群后，正位度宗，有于德不台淵穆之讓，靡號師矢敦奮撝之容⑱。蓋以膺當天之正統，受克讓之歸運，蓄炎上之烈精，蘊孔佐之弘陳云爾⑲。

4 「洋洋乎若德，帝者之上儀，誥誓所不及已⑳。鋪觀二代洪纖之度，其賾可探也㉑。並開迹於一匱，同受侯甸之所服，奕世勤民，以伯方統牧㉒。乘其命賜彤弧黃戚之威，用討韋、顧、黎、崇之不格㉓。至乎三五華夏，京遷鎬亳，遂自北面，虎離其師，革滅天邑㉔。是故義士偉而不敦，武稱未盡，護有慚德，不其然與㉕？然猶於穆猗那，翕純皦繹，以崇嚴祖考，殷薦宗祀配帝，發祥流慶，對越天地者，舄奕乎千載。豈不克自神明哉㉖！誕略有常，審言行於篇籍，光藻朗而不渝耳㉗。

5 「矧夫赫赫聖漢，巍巍唐基，泝測其源，乃先孕虞育夏，甄殷陶周，然後宣二祖之重光，襲四宗之緝熙㉘。神靈日燭，光被六幽，仁風翔乎海表，威靈行於鬼區㉙，慝亡迥而不泯，微胡瑣而不頤㉚。故夫顯定三才昭登之績，匪堯不興；鋪聞遺策在下之訓，匪漢不弘㉛。厥道至乎經緯乾坤，出入三光，外運混元，內浸豪芒，性類循理，品物咸亨，其已久矣㉜。

6 「盛哉！皇家帝世，德臣列辟，功君百王，榮鏡宇宙，尊無與抗㉝。乃始虔鞏勞謙，兢兢業業，貶成抑定，不敢論制作㉞。至令遷正黜色賓監之事煥揚宇內，而禮官儒林屯朋篤論之士而不傳祖宗之仿佛，雖云優慎，無乃葸歟㉟！

7 「於是三事嶽牧之僚，僉爾而進曰㊱：陛下仰監唐典，中述祖則，俯蹈宗軌㊲。躬奉天經，惇睦辯章之化洽㊳。巡靖黎蒸，懷保鰥寡之惠浹㊴。

8 「燔瘞縣沈，肅祇群神之禮備㊵。是以來儀集羽族於觀魏，肉角馴毛宗於外囿，擾緇文皓質於郊，升黃暉采鱗於沼，甘露宵零於豐草，三足軒翥於茂樹㊶。若乃嘉穀靈草，奇獸神禽，應圖合諜，窮祥極瑞者，朝夕坰牧，日月邦畿，卓犖乎方州，羨溢乎要荒㊷。

9 「昔姬有素雉、朱烏、玄秬、黃麰之事耳，君臣動色，左右相趨，濟濟翼翼，峨峨如也㊸。蓋用昭明寅畏，承聿懷之福㊹。亦以寵靈文武，貽燕後昆，覆以懿鑠，豈其為身而有顓辭也㊺？

10 「若然受之，宜亦勤恁旅力，以充厥道，啟恭館之金縢，御東序之祕寶，以流其占㊻。

11 「夫圖書亮章，天哲也；孔猷先命，聖孚也；體行德本，正性也；逢吉丁辰，景命也㊼。順命以創制，定性以和神，荅三靈之蕃祉，展放唐之明文，茲事體大而允，寤寐次于聖心㊽。瞻前顧後，豈蔑清廟憚勑天乎㊾？伊考自邃古，乃降戾爰茲，作者七十有四人，有不俾而假素，罔光度而遺章，今其如台而獨闕也㊿！

12 「是時聖上固已垂精游神，包舉藝文，屢訪群儒，諭咨故老，與之乎斟酌道德之淵源，肴覈仁義之林藪，以望元符之臻焉[51]。

13 「既成群后之讜辭，又悉經五繇之碩慮矣[52]。將絣萬嗣，煬洪暉，奮景炎，扇遺風，播芳烈，久而愈新，用而不竭，汪汪乎丕天之大律，其疇能亘之哉[53]？唐哉皇哉，皇哉唐哉[54]！」

【章　旨】以上為〈班固傳〉的第五部分，記述班固撰寫〈典引〉的緣由及〈典引〉全文，作者歌頌大漢王朝上承唐堯的傳統，無比正確、偉大，突出了劉邦、劉秀的功勳，尤其讚頌了漢章帝時代政治的清明，力主章帝舉行封禪儀式，好傳之後世，彪炳史冊。

【注釋】❶典引　典指《尚書》的第一篇〈堯典〉，引是延續的意思。漢王朝自稱為帝堯之後，故歌頌漢王朝的功德以〈典引〉為題。❷相如封禪　指司馬相如的〈封禪文〉，見《漢書．司馬相如傳》。❸美新　全名叫〈劇秦美新論〉，是揚雄受後人指摘的一篇文詞，他在文中抨擊秦始皇焚書坑儒、統一度量衡的不當，美化王莽建立的「新」朝，為王莽歌功頌德。此文與〈封禪〉、〈典引〉，均見於《昭明文選》第四十八卷〈符命〉類。❹太極之原五句　是中國古代哲學家對宇宙生成的解釋。《易．繫辭上》：「易有太極，是生兩儀，兩儀生四象，四象生八卦。」太極指原始混沌之氣，此氣運動而分陰陽，由陰陽而生四時，因而出現天、地、風、雷、水、火、山、澤八種自然現象，推衍為宇宙萬事萬物。兩儀，指天地，天和地具體的容儀、樣式。烟烟熅熅，烟熅的疊用式，本指天地尚未分開時的混沌之氣，如前文之「降烟熅，調元氣」。此處指陰陽二氣和合之貌。奧，重濁。《易乾鑿度》：「清輕者為天，濁沉者為地。」❺庶類　眾多的物類。❻肇命人主四句　天地間萬物生成以後，人類出現，上蒼派天子到下界主持政務，這就是人主。各當政人物都與五德相匹配，剛開始的階段，屬於草創時期，尚處於幽玄混沌之中，是人類禮法制度尚未制定的蒙昧黑暗時期。肇，「肇」的本字。開始。五德，秦漢時代，方士們以五行之間相生相剋的關係來附會王朝的命運，稱五德。古代中國認為伏羲氏初以木德王天下，木生火，故神農以火德。五行相生，周而復始，也有以相剋為說的。草昧，謂草創暗昧未分明也。玄混之中，謂三皇初起之時處於幽玄混沌之中，即昏暗不明階段。❼踰繩越契三句　超過結繩記事及刻劃記事的遠古時期，人類生活在蠻荒寂寥的環境裡，部落首領們也沒有留下詔告，所以《易．繫辭》中也不能綴連出反映遠古歷史的文字記載來。繩、契，均指記事的方法。《易．繫辭下》：「上古結繩而治，後世聖人易之以書契，百官以治，萬民以察。」踰，同「逾」。超越。寂寥，空虛而無人聲的樣子。系，指《易．繫辭》。《易經》中的〈繫辭傳〉分上、下兩篇，其書泛論《易》理，內容甚為駁雜，句意前後常有重複，但主旨以「一陰一陽之謂道」出發，闡述事物變化，頗有精義。❽厥有氏號五句　遠古人類到部落首領有了氏號，能繼承天帝的意志，闡明下界臣民行動規則階段，都是從伏羲氏木德王天下開始的，向上推演盡管非常遙遠，但尚可以有文字記載下來。氏號，指古代典籍中對遠古部落首領或部落聯盟領袖稱號的記載，如太昊號庖羲氏（伏羲氏），炎帝號神農氏，黃帝號軒轅氏，有熊氏，以及女媧氏、有巢氏、燧人氏之類。紹，繼承。闡繹，闡明陳述。開元，創始。大昊，又作「太昊」、「太皓」、「太皞」，一說為古代東夷族首領，風姓，居於陳。一說即伏羲氏，此句中即指後一說。敻，迥；遠。❾亞斯之世三句　僅次於伏羲、神農、黃帝三皇時代的五帝時代，雖然也通變神化，能代替皇天上帝發號施令，闡釋上天的意志，但《易・繫辭》中未記載他們的事跡，就像寶珠存在於函櫝中那樣而沒有放射出光輝。亞，僅比上述的低一等，次於最高的。斯，這個。亞斯之世，指少昊、顓頊、高辛所處的時代。

❿若夫上稽乾則五句　像那向上去考察天帝的規則，在下界只有堯帝能夠仿效，他的大臣能做輔佐他的羽翼，其事跡彪炳史冊，記錄在《尚書》〈堯典〉、〈皋陶謨〉等篇中，按道德最高而且行為蹤跡也數最卓異的人，沒有人能高過陶唐氏的。乾則，上天的法則。乾本為《易》卦名，以象天，象君，象男，象父。《論語・泰伯》：「子曰：『大哉堯之為君也！巍巍乎！唯天為大，唯堯則之。』」龍翼，輔佐真龍天子的羽翼。這裡指能繼承並發揚光大堯帝高德和事業的后稷、契等人。典、謨，分別指《尚書》中的〈堯典〉和〈皋陶謨〉。崇，高。陶唐氏，即帝堯，初居於陶，後封於唐，為唐侯，故稱陶唐。⓫陶唐舍胤而禪有虞四句　陶唐氏不傳位於自己的子孫後代，而把帝位禪讓給有虞氏，虞舜也將帝位讓給夏后氏繼承，稷和契輔佐他們發揚功業，越過數代，使商湯和周武王成就大業。胤，後嗣；後代。《尚書・堯典》載，堯的兒子叫朱，封於丹，故稱丹朱，不肖，故不傳。禪，以帝王之位傳人，也叫禪讓。有虞，大舜的氏號，姚姓，名重華，史稱虞舜，為氏族社會後期部落聯盟的領袖。夏后，指傳說中夏后氏部落領袖大禹，姒姓，據說為鯀之子。奉舜命治理洪水，疏通江河，發展農業，因有功被舜選為繼承人，舜死後擔任部落聯盟領袖。相傳他曾鑄造九鼎，並把帝位傳給他的兒子啟，中國歷史上出現了第一個奴隸制的國家，即夏王朝。稷，指周人的祖先后稷，相傳他的母親有邰氏之女姜嫄因踏巨人腳跡懷孕而生他，曾一度被棄，故名棄。為舜農官，封於邰，號后稷，別姓姬氏。後人認為他是開始種稷和麥的人。詳見《詩・生民》和《史記・周本紀》。契，亦作「偰」或「卨」。傳說中商的始祖，帝嚳之子，母為簡狄，神話傳說是她吞食玄鳥（燕）卵懷孕而生契，曾助禹治水有功，被舜任為司徒，掌管教化，曾居於商（今河南商丘南）。見《詩・玄鳥》及《史記・殷本紀》。熙載，發揚功業。熙，興盛；奮發。載，事也。湯，又稱武湯、成湯。商朝的建立者，為契之後人。武，指西周王朝的建立者。姓姬，名發，為周文王姬昌之子，是稷的後人。⓬股肱既周三句　輔佐帝堯的得力大臣稷和契，他們的子孫也都周遍地得為天子，上天把這勳績歸功於元首陶唐，並將代天行運的使命轉授給漢家劉氏。股肱，本義指大腿和胳膊，常比喻為輔佐君主的大臣。這裡指輔佐過舜的稷和契等人。元首，本指人的頭，常比喻君主、領袖，這裡指帝堯。漢劉，即劉邦開創的大漢王朝。⓭俾其承三季四句　使漢朝劉氏上承夏、商、周三代晚期朝政荒廢失道的末運，恰逢居龍位的君王驕傲自大，給天下造成巨大的災難，天象昏暗，正常的傳之長久的法令條文或文學詞章都背離了原來的意義，天地間人之常道遭到破壞，過去傳下來的章程典章之類也缺失不全。俾，使。三季，指夏、商、周三代的末季，臨近結末的階段。荒末，荒蕪衰敗的末期。亢龍，居於最高位的君主，自

以為是聽不進勸諫的帝王。《易．乾卦》上九：「亢龍有悔。」亢，至高；龍，象君位。意思是說居高位的人要以驕傲自滿為戒，否則便有敗亡的災禍。災孽，禍害。懸象，天上所懸日月顯示的兆象。《易．繫辭上》：「縣（懸）象著明，莫大乎日月。」彝倫，天地人之常道；正常的倫理關係。斁，敗壞。《尚書．洪範》：「彝倫攸斁。」舊章缺，舊的典章制度缺失不全，如秦始皇焚燒《詩》、《書》，毀壞典籍所造成的惡果之類。⓮故先命玄聖七句　所以上天先交給孔丘偉大的使命，讓他把前代流傳下來的學問連綴成典籍，創立各項禮法制度，弘揚偉大的誠信觀念和偉大的勳業，表彰有建樹的先祖列宗，讚揚那些有進步思想明白事理的賢哲之人，其學說理論是那麼完備，那麼光輝燦爛，真是上通神明的各種行為的準則、社會規範的法式啊。玄聖，指孔子。《春秋演孔圖》：「孔子母徵在夢感黑帝而生，故曰玄聖。」泛指有道德而無位的聖人。《莊子．天道》：「夫虛靜恬淡，寂漠無為者，萬物之本也。……以此處上，帝王天子之德也；以此處下，玄聖素王之道也。」宏亮，大的誠信。亮，誠信。表相，表彰之意。表，明也。相，助也。迪哲，明白道理的賢哲之人。式，樣式；法式。⓯雖前聖皐夔衡旦二句　即使前代的聖人皐陶、夔、伊尹、周公等人勤勉努力地輔佐他們國君的情況，與孔子對歷代國君治國的貢獻比起來，也顯得褊小了。皐，皐陶，又作「咎繇」。傳說中東夷族的首領，偃姓，相傳曾被舜任為掌管刑法的官，後被禹選為繼承人，因早死，未繼位。夔，相傳為虞舜時代的典樂官。衡，阿衡，商代官名。這裡指伊尹，是商初的大臣，曾輔佐商湯及其後的三代國君。《詩．長發》：「實維阿衡，實左右商王。」疏：「伊尹名摯，湯以為阿衡。」後世阿衡引申為輔導帝王、主持國政。旦，指輔佐周成王安天下的周公姬旦，是周武王的弟弟。密勿，勤勉努力，黽勉從事。褊，本指衣服狹小，泛指器量狹小；狹窄。⓰是以高光二聖四句　所以漢高祖劉邦和漢光武帝劉秀兩位聖人，就像天空中的北辰那樣居於它應在的中心位置，時機到來時，像龍飛高空，隨著上升的氣流，從下界或深水中躍出，而成為主宰江山的天子。辰居其域，見《論語．為政》：「子曰：『為政以德，譬如北辰，居其所而眾星共之。』」辰，北極星。時至氣動，時運到來時便有雲氣顯現出來。《漢書．高帝紀》：「高祖隱於芒、碭山澤間，呂后與人俱求，常得之。高祖怪問呂后，后曰：『季所居上常有雲氣，故從往常得季。』」本書卷一載，劉秀於建平元年（西元前六年）十二月出生時，其父見「有赤光照室中」，卜者言「此兆吉不可言」。及王莽篡位，改「錢」文為「貨泉」，有人解二字為「白水真人」，後望氣者至南陽，「遙望見春陵郡，唶曰：『氣佳哉！鬱鬱葱葱然。』」及始起兵還春陵，遠望舍南，火光赫然屬天，有頃不見。」都是這種「氣動」的注腳。龍見淵躍，《易．乾卦》九二：「見龍在田。」又九四：「或躍在淵。」又九五：「飛龍在天。」在這裡都可以比喻漢高祖的興起和光武帝的中興。⓱拊翼而未舉六句　他們像雄雞知道天將亮輕輕拍擊翅膀準備啼叫那樣，尚未高舉張開的翅膀，他們的威嚴和精神感召力，已經產生了巨大的影響，四海之內，像雲在蒸騰聚積，像雷在滾動，像電在閃光，他們的擁護者或響應義舉的人，已經對腐朽王朝形成巨大的壓力，秦二世胡亥自縊死，王莽被斬殺，天下已為漢除去首惡，並不需要漢高祖和光武帝親自蒞臨對他們誅罰的現場。拊翼，擊拍翅膀，比喻將要奮起，多以雄雞為喻，言知將旦則鼓其翼而鳴。這裡用來比高祖、光武。威靈，聲威。紛紜，繁盛、盛大的樣子。熛，光也。胡縊，指秦二世胡亥於二世三年（西元前二〇七年）在沛公兵占武關情勢下，被趙高及閻樂威逼自殺事。見《史記·秦始皇本紀》。莽分，王莽於地皇四年（西元二三年）在長安城內被殺，「軍人分裂莽身，支節肌骨臠分。」見《漢書·王莽傳》。⑱然後欽若上下五句　劉邦和劉秀都是在對手消亡的情況下，順應天地的意願，恭敬地拜迎一同起兵的各路諸侯，接受他們的擁戴，正皇帝之名位，處於尊貴的寶座之上。他們初踐帝祚時，都有類似堯、舜禪讓時的情景，不即帝位部下便不高興，便謙遜地稱自己道德不夠皇帝標準，因而懷著深深的敬畏的心情，態度莊重，再三辭讓，決沒有號令軍隊、擺開陣勢、發揚武力、指揮部下、逼迫他們的行為和表現。欽若上下，敬順天地。欽，敬。若，順從。《尚書·堯典》：「乃命羲和，欽若昊天」。上下，泛指相對的兩個方面，隨語境而確定其具體所指。此處指天地。《尚書·堯典》：「光被四表，格于上下。」即指天地。群后，諸侯；同時起義的各路首領。度宗，居於尊位。于德，在帝德方面。不台，不高興。台，通「怡」。喜悅。《史記·太史公自序》：「唐堯遜位，虞舜不台。」司馬貞《索隱》：「台音怡，悅也。」淵穆之讓，如深淵般的穆敬之謙讓。指劉邦掃平天下諸侯擁立他當皇帝上尊號時，「漢王曰：『寡人聞帝者賢者有也，虛言無實之名，非所取也。今諸侯王皆推高寡人，將何以處之哉?』」(《漢書·高帝紀下》)光武在鄗南即皇帝位時，固辭至於再三。見本書〈光武帝紀〉。矢，施布；陳列。敦，督促；勉勵。奮，振作；憤激。撝，通「揮」、「麾」。指揮。⑲蓋以膺當天四句　漢王朝原本是繼承了周代天命的正統，以火德王天下，是接受堯帝的克讓，歸天運於漢的。火德如烈燄上升，並蘊藏著孔子《春秋》大義來輔佐大漢的玄機。膺，受。正統，舊稱一系相承、統一全國的封建王朝為正統，反之則稱為僭竊。此處是說，漢朝是繼承的周朝的正統，都是火德。克讓，能夠禪讓。歸運，歸傳天運。指堯歸運於漢。炎上，指火德。烈精，烈火的光燄、精華。孔佐，孔子的言論對漢朝是間接地幫助、輔佐。弘陳，意義偉大的陳述。《春秋演孔圖》：「卯金刀，名為劉，中國東南出荊州，赤帝後，次代周。」這種讖緯之言，古代不少人相信且有很大的影響力，也算作弘陳的內容。⑳洋洋乎若德三句　堯舜時代的道德是如此之盛美，是五帝最高的奉行法則，上下和睦，互相信任，共同遵法，所以互相約束及告誡的文詞誥誓之類在這個時代是用不著的。洋洋，美盛的樣子。上儀，最高的法則。儀，法也。誥，告誡之文；上位之人告誡下屬。《尚書》有〈仲虺之誥〉、〈康誥〉等。誓，告誡將士或互相約束的言詞；立誓。《尚書》有〈湯誓〉、〈甘誓〉等篇。㉑鋪觀二代洪纖之度二句　遍觀殷周二代大小之法，其精微深奧之處是可以探知的。鋪，遍，即普遍、全方位的。二代，指殷和周二代。洪，大。纖，細；小。度，法度。賾，幽深；精微。探，探求。㉒並開迹於一匱四句　商湯和周文王都是從基層發跡的，同曾為諸侯，為天子效力。商湯曾是夏桀的諸侯，周文王曾是商紂的諸侯，一代接一代地勤勞為民，以一方諸侯的身分統領州牧。開迹，起步；開始行動。匱，同「簣」。盛土的籠、畚。《論語．子罕》：「譬如平地，雖覆一簣。」此句中喻最先起步時身分既不高，力量也很小。侯甸，侯服和甸服。相傳古代天子所住京都以外的地方按遠近分為九等，叫九服。方千里稱王畿，其外方五百里稱侯服，又其外方五百里稱甸服，等等。見《周禮．夏官．職方氏》。奕世，累世；一代接一代。伯方，即方伯。古代指一方諸侯之長，後來泛指地方長官。統牧，統領州牧。古代分九州，每州置牧，為一州之長，後指朝廷委派的州郡長官。㉓乘其命賜彤弧二句　因天子之命賜給紅色的弓和黃金裝飾的鉞斧，用以征討不歸順的韋、顧、黎、崇。彤弧，赤弓。黃戚，黃金飾的大斧。《禮記》：「諸侯賜弓矢然後專征伐，賜斧鉞然後殺。」韋，即豕韋，上古部落名。彭姓，夏的同盟部落，被商所滅，故地在今河南滑縣東南。顧，夏的同盟部落，已姓，後為商湯所滅，故地在今河南范縣東南。《詩．長發》：「韋顧既伐，昆吾夏桀。」黎，古國名。在今山西壺關西南，商末為周人所併。《尚書．西伯戡黎》：「西伯既戡黎。」崇，古國名。又姓，在今陝西長安南豐鎬之間。商有崇侯虎，曾譖西伯昌於商紂，西伯被拘，後西伯滅崇侯虎，崇的子孫以國為氏，國滅而氏（姓）存。事見《史記．周本紀》。格，來；糾正。㉔至乎三五華夏五句　曾產生過三皇五帝的中原華夏民族，到商湯和周文王時代，把國都分別遷到鎬和亳，就以面北的臣子身分，率領著能征善戰的虎龍般的軍隊，進行革命，滅掉了他們不行天道的暴君，改變了帝都。三五，舊注「未詳」。愚以為既在「華夏」前，釋作三皇五帝可通，《辭源》中列出六個義項，唯此義能解。鎬，鎬京。周武王時由酆遷都於此，故址在今陝西西安西南，灃水東岸。亳，商湯的國都。《史記．殷本紀》：「湯始居亳。」故址在今河南商丘北。北面，古時君見臣，尊長見卑幼，均南面而坐，故北面者指人臣。虎離，即「虎螭」。離，通「螭」。傳說中無角的龍。《史記．周本紀》載：武王伐紂，誓於牧野，其語有「如虎如羆，如豺如離，于商郊，不禦克奔，以役西土，勉哉夫子。」革滅，革除滅掉。革，除去。天邑，帝王的都邑。因帝王自命為天子，故其所居都邑亦秉承天命所建，稱為天邑，後泛指京都。㉕是故義士偉而不敦四句　因此，有節操的人稱其人格偉大但行為卻不敦厚，說《武》樂未能盡善，說《護》樂有慚德，不正是這樣子嗎？義士，指講信義有節操的人。《左傳．桓公二年》：「武王克商，遷九鼎於雒邑，義士猶或非之。」這裡指阻攔武王伐紂，以為以臣弒君為不仁的伯夷、叔齊之類人物。武稱未盡，《武》是武王時代的樂曲。《論語．八佾》：「子謂《武》『盡美矣，未盡善也。』」護有慙德，《護》是商湯時的樂曲。又作「大護」、「大濩」。《左傳．襄公二十九年》，魯國請吳公子札（延陵季子）觀舞賞樂，他多作評論，「見舞《韶濩》者，曰：『聖人之弘也，而猶有慚德，聖人之難也。』」不其然與，事情不能不辦，而又批評其不合古義，不正是顯得有些自相矛盾嗎？與，同「歟」。語氣助詞。㉖然猶於穆猗那八句　盡管有人批評湯武的行為，然而商人的先祖和周人的祖先在宗廟中享受著隆重的祭祀之禮，他們的子孫在宗廟唱著歌頌他們偉大功勳的詩歌，跳著娛樂神靈的舞蹈，演奏著美妙的樂曲，節奏分明，音調和諧，熱烈歡快，連續不斷。用這種方式尊崇他們的祖先。商的後人把契推舉為配祭天帝的神主，周人也把祖宗配天配帝來祭祀。這些聖哲叡智之人，秉承天命，發見禎祥，帶給後世子孫以吉祥幸福，其德行足可以與天地相匹配，如此蟬聯不絕地連綿上千年。這決不是偶然現象，也非人力所能為，難道不是來自神明的意志，由上天決定的嗎！於穆，啊呀，多麼美妙。於，歎詞。穆，莊重美好。《詩・清廟》：「於穆清廟，肅雝顯相。」意謂多麼華美的清靜廟堂，助祭祀的是莊重和順的顯赫貴族。猗那，意為柔美、盛美之貌，是縮合「猗與那與」而成。《詩・那》：「猗與那與，置我鞉鼓。」猗那，又作「猗儺」。即婀娜。於穆讚周德，猗那讚湯德。翕純皦繹，形容演奏樂曲時的情況、感受。《論語・八佾》：「子語魯大師樂，曰：『樂其可知也：始作，翕如也；從之，純如也，皦如也，繹如也，以成。』」翕，熱烈；盛。純，和諧。皦，清晰；音節分明。繹，連續不斷。祖考，祖先。死去的父親稱考。薦，獻；推舉。宗祀，廟祭。《孝經・聖治》：「昔者周公郊祀后稷以配天，宗祀文王於明堂，以配上帝。」後祭祀祖宗統稱宗祀。發祥，指受天命而為帝王，發見禎祥。後因謂帝王生長、創業或民族文化起源之地為發祥地。《詩・長發》：「濬哲維商，長發其祥。」意謂聰明智慧的是契，是他受命為帝，發禎祥以流慶於子孫。流慶，傳流吉慶；傳布恩德。對越，配稱。《詩・清廟》：「對越在天，駿奔走在廟。」說的是德配天帝，迅速跑來宗廟。對，配。越，於。又解：對越，猶對揚。對是報答，揚是宣揚。見清人王引之《經義述聞》引王念孫說。㉗誕略有常三句　言殷周二代政治教化的軌跡，大略是有常度的，他們的言語行動準則來自《詩》、《書》諸篇籍，對經典的光彩文藻傳習朗明而不改變罷了。誕略，大略。誕，大。篇籍，指《詩》、《書》等漢代人奉為圭臬的最高經典。渝，變。㉘矧夫赫赫聖漢七句　況且那昌明神聖的大漢王朝，是由高大穩固的唐堯時代奠定了基礎。向上推溯漢朝興盛的源頭，本是由唐堯時代先孕育了有虞氏和夏后氏這些原始部落，接著像製造陶器那樣，創造了殷商和周朝。到漢朝後，由高祖劉邦、世祖光武帝劉秀再次發揚堯德的光輝，承襲這帝德的是太宗文帝劉恆、代宗武帝劉徹、中宗宣帝劉詢、顯宗明帝劉莊，他們執政時都奮發有為，光明昌盛。矧，本作「矤」，或作「𢼄」、「訠」。況；亦；又。虞，即有虞氏，姚重華，大舜。夏，夏后氏，大禹所在的部落名。虞、夏、殷、周之先祖，都曾為堯帝之大臣。甄，製造陶器的轉輪。陶，燒製土器的總名，亦作製造土器的燒製過程。二祖，指西漢創始人高祖劉邦和東漢創始者世祖光武帝劉秀。四宗，指西漢時之文帝為太宗，武帝為代（世）宗，宣帝為中宗，東漢之明帝劉莊為顯宗。㉙神靈日燭四句　他們的神武英靈如太陽照耀大地，光輝能普遍地照射到六合之內一切幽遠之地，仁德之風吹拂於四境以外僻遠之處，威嚴的神靈能通行到荒遠之地。神靈，神明、魂魄。燭，照。六幽，六合之幽遠之處。海表，指四境以外的僻遠之地。威靈，威嚴的神靈；聲威。鬼區，猶鬼方。本為我國殷周時代西北地區的一個部族名稱，後泛指一切荒涼僻遠的地區。㉚慝亡迥而不泯二句　一切邪惡逃亡到遠方的沒有不滅的，微小弱病的沒有不育養的。慝，邪惡；災害。迥，遠。泯，滅。胡，何。瑣，小；細。頤，養。㉛故夫顯定三才四句　所以彰明確立天、地、人三才明顯的高升上天的功績，不是堯不能興起；普遍地把〈堯典〉作為子孫遵奉的遺訓，不是大漢不能使其弘揚光大。三才，天、地、人。《易・說卦》：「是以立天之道，曰陰與陽；立地之道，曰柔與剛；立人之道，曰仁與義；兼三才而兩之，故《易》六畫而成卦。」登，升。績，功績。鋪，布。遺策，指堯的餘策，即傳於後世的〈堯典〉。㉜厥道至乎經緯乾坤七句　那大道崇高深邃，涉及到方方面面，上至天地乾坤，陰陽交泰，日、月、星辰得其調節，向外能統理天地宇宙，向內可包含毫芒般纖小細微的運動規律，一切生物活動皆順於理，各類物種全都通暢繁衍，其影響已經非常久遠了。厥道，其道義、大道。經緯，本指織物的縱線和橫線，比喻條理和秩序。此處用如動詞，可作規劃、治理解。乾坤，本為《易》中的二卦名，又可引申為天地、男女、陰陽等兩兩相對的概念。此處亦可作江山社稷解。三光，日、月、星三種發光、反光的天體。混元，指天地或天地之元氣。豪芒，纖微。豪，通「毫」。細毛。芒是禾穎的尖端，均喻細小微末之物。性類，物質的本質特點及所屬類別。循，順。理，自然規律。品物，眾多的各類物質、物體、物種。亨，通達順利。《易・坤》：「品物咸亨。」㉝盛哉皇家帝世六句　多麼昌盛啊！偉大的漢朝歷代的帝王，他們高尚的帝德足以讓別的朝代的那些帝王俯首稱臣，他們的功業足可以在那些帝王面前尊為國君。他們的榮耀光照宇宙，他們的尊嚴沒有人敢與抗衡。列辟，古之各代君主。辟，天子、諸侯君主的統稱。臣，臣服；稱臣。君，動詞。做國君；君臨。鏡，鑑；照。抗，相抗衡。㉞乃始虔鞏勞謙四句　開始時虔敬而提心吊膽地勤謹謙虛，兢兢業業，對本王朝不敢以功成理定就制禮作樂來炫耀，不敢議論制禮作樂之事。虔，恭敬。鞏，牢固。勞謙，勤謹謙虛。兢兢，戒慎也。業業，危懼也。貶成抑定，《禮記》：「王者功成作樂，理定制禮。」此處指不敢以王者自居功成理定，表示十分謙虛。制作，指制禮作樂，創制新的禮法，創作歌頌本朝代的樂曲。不敢論，不敢議論，言其謙虛過度也。㉟至令遷正黜色四句　至於把變更正朔，改換服色，以上代的得失為監戒，把這些明顯地宣揚於天下，而禮官們和儒林間，以及能確當的評論這些的成群聚集人士，沒有傳下先祖列宗當年的大略情況，雖然說是優游而慎重，還是有些畏懼膽怯過於忠厚老實吧。遷正，改正朔；變易紀年方法。黜色，易服色。賓，對漢而言，殷周二代的後人為賓。監，視；以殷周之事為監戒。屯，聚。朋，同門學友；黨與。篤論，確切恰當的評論。篤，切實；純一。仿佛，大體像似；事情梗概。優慎，優游而慎重。葸，畏懼貌。《論語・泰伯》：「恭而無禮則勞，慎而無禮則葸。」㊱於是三事嶽牧二句　於是中央的三公及地區長官諸臣僚，都主動地向前進言說。三事，古稱三公為三事大夫，三公雖無職，而參與六卿之事，故稱三事。三公，古代輔助國君掌握軍政大權的最高官員。周代以太師、太傅、太保為三公；西漢以大司馬、大司徒、大司空為三公；東漢以太尉、司徒、司空為三公。嶽牧，泛指地區的長官。源於古代傳說，堯舜時代有四嶽（分掌四時方嶽的官）、十二牧（十二州的長官，即冀、兗、青、徐、荊、揚、豫、梁、雍、幽、并、營等十二州的州牧），省稱嶽牧。僉，皆；都。㊲陛下仰監唐典三句　陛下您向上視陶唐氏帝堯之高德為典範，中間記述祖先英明的禮法準則，腳下邊實地遵循著列宗們走過的道路行進。祖，祖廟；祖先；對開國君主的尊稱。宗，宗廟；祖先；對死去的帝王常用謚號的尊稱，如太宗、世宗。㊳躬奉天經二句　您親身奉行天之常道，與親族及百姓和睦相處。天經，天之常道。《左傳・昭公二十五年》：「夫禮，天之經也。」注：「經者，道之常。」孔子曰：「夫孝，天之經。」惇睦，敦厚和睦。辯章，應為辨章，分辨明白。《尚書・堯典》：「惇敘九族，九族既睦，平章百姓。」平與「辨」古字通。化，風氣；習俗。洽，融洽。㊴巡靖黎蒸二句　周遍視察，安撫穩定百姓，時常惦記並保護鰥寡孤獨等社會上弱勢群體的利益，並給予他們恩惠雨露。黎蒸，也作「黎烝」。百姓。鰥，老而無妻的男子。寡，失去丈夫的女子。東漢章帝在位凡四巡狩，賜民爵，「鰥、寡、孤、獨、篤癃、貧不能自存者粟，人五斛。」詳見本書卷三。㊵燔瘞縣沈二句　依禮法祭祀天、地、山、川，恭敬地向神靈致敬禮拜，完成各種儀式，禮節十分周到完備。燔，又作「膰」，指祭天。烤的祭肉。祭天叫燔柴，古人祭天時將薪柴堆放在祭壇上，再把玉及犧牲放在柴堆上燒，讓氣上升達於天。瘞，指祭地。古代祭地，瘞繒埋牲，因名瘞埋，又作「瘞薶」。《爾雅・釋天》：「祭天曰燔柴，祭地曰瘞薶。」《禮記・祭法》：「燔柴於泰壇，祭天也；瘞埋於泰折，祭地也。」縣，同「懸」。指祭山。祭山叫庋縣，也作「庪縣」、「庋縣」。古時祭山，把祭物（如玉）埋在地下叫庪，把牲幣掛在山上叫縣。沈，指祭川。《爾雅・釋天》：「祭山曰庪縣，祭川曰浮沉。」古時祭川，投祭品於水中，或浮或沉。肅，嚴肅。祇，恭敬。㊶是以來儀集羽族六句　鳳皇來儀，古人認為鳳皇翔集是祥瑞的徵兆。《尚書・益稷》：「〈簫韶〉九成，鳳皇來儀。」傳：「備樂九奏而致鳳皇，則餘鳥獸不待九而率舞。」另一說：舜作《簫韶》，其形制法鳳凰之容儀。觀魏，皇宮門前兩邊之樓，即門闕。肉角，傳說麒麟頭生肉角，因用為麒麟的代稱。緇文皓質，黑色的花紋，白色的底色，指騶虞，古人指白虎黑文，是義獸。黃暉采鱗，指黃龍。三足，指三足烏。軒翥，飛翔上下。以上幾則關於祥鳥瑞獸出現的情況，見本書卷三〈肅宗孝章帝紀〉：元和二年，「二月，己未，鳳皇集肥城。」五月戊申，詔曰：「乃者鳳皇、黃龍、鸞鳥比集七郡，或一郡再見，及白烏、神雀、甘露屢臻。」章和元年，秋七月，壬戌，詔曰：「乃者鳳皇仍集，麒麟并臻，甘露宵降，嘉穀滋生，芝草之類，歲月不絕。」等等記載。㊷若乃嘉穀靈草八句　像那些美好的奇異的穀物以及靈芝草之類，奇特的動物及神異的禽鳥之類，頻頻出現，與祥瑞的圖譜相應，與過去檔案記載一致。這些高度的祥瑞兆頭和現象，每早每晚出現在郊野，每日每月出現在國境內，在國都中顯得卓絕出眾，而且洋溢到邊境附近最荒遠的地方。應圖合諜，應於瑞圖，合於史諜。諜，通「牒」。書札；簿錄；譜牒。坰，郊野；遠野。邑外曰郊，郊外曰野，野外曰林，林外曰坰。牧，郊外。《爾雅・釋地》：「邑外謂之郊，郊外謂之牧。」邦畿，國境。《詩・玄鳥》：「邦畿千里，維民所止。」卓犖，卓絕出眾。方州，京都。羨溢，溢出；盈溢。要荒，古代稱離王城外極遠的地方。要，要服，古代稱離王城一千五百里至二千里的地區。荒，荒服。古代指離王畿二千五百里的地區，或指四千五百里以外的地區，為五服（侯、甸、綏、要、荒）中離王城最遠的地方。

㊸昔姬有素雉五句　過去西周姬姓為天子時，曾有過白色的野雞、紅色的烏鴉、黑色的黍子、黃色的麥子等變異的、奇希的物種出現，當時的君臣都為之驚異地變了臉色，君主左右的侍臣們都趨前祝賀，眾多人恭敬地獻上美好的祝福，君臣的儀容多麼端莊盛美。姬，姬姓，即周文王、周武王家族姓氏。素雉，即白雉。見前注。朱烏，即赤烏，吉祥的神鳥。《尚書大傳・大誓》：「武王伐紂，觀兵於孟津，有火流於王屋，化為赤烏，三足。」玄秬，黑黍。《詩・生民》：「誕降嘉種：維秬維秠，維穈維芑。」黃麰，黃色的大麥。麰，同「麰」。春天種的麥子。濟濟翼翼，見前「翼翼濟濟」注。峨峨，山勢高峻。此指人的儀態容貌端莊盛美的樣子。㊹蓋用昭明寅畏二句　以此來表示對上帝和祖宗恭敬小心的態度，承受並思念他們賜給的幸福。寅畏，恭敬戒懼，小心謹慎的意思。聿懷，用以懷思。聿，助詞，猶以也。一說，述也。《詩・大明》：「昭事上帝，聿懷多福。」㊺亦以寵靈文武四句　也用這種方式恩寵神靈周文王、周武王的恩德，使後世子孫得以安定吉祥，多次歌頌先人美盛高尚的道德，哪裡是為了自身專有這些美好文辭呢。寵靈，恩寵；寵異。貽燕，貽，遺留。燕，安定。《詩・文王有聲》：「詒厥孫謀，以燕翼子。」貽燕為此二句節縮，故指使子孫安吉。後昆，後代子孫。覆，被覆；掩蔽。懿鑠，美盛。懿，又作「懿」。美；美德。鑠，通「爍」。輝煌；光明。顓辭，專為一身稱頌之詞。顓，通「專」。獨一；專一。㊻若然受之六句　如果大漢接受了上文提到的吉祥符瑞，應該也勤謹地思考，陳獻精力，來充當上天所示的大道，並打開神廟中用金縢封固的祕藏珍品的箱櫃，擺好藏在東廂的珍祕寶貝，使這些符瑞所預示的吉祥徵兆廣泛地傳布。勤恁，勤思。恁，思；念。旅力，出力。旅，陳列。充，充當；充實。恭館，古時帝王收藏策書的地方，即宗廟金縢之所在。金縢，猶金匱，因封緘其匱以金，故曰金縢。

事出於《尚書・金縢》中周公故事。東序，東邊的廂房，相傳為夏代的大學。《禮記・王制》：「夏后氏養國老於東序，養庶老於西序。」祕寶，珍祕的寶物。這裡指《河圖》、《洛書》之類。《尚書・顧命》：「大玉、夷玉、天球、河圖，在東序。」流，流布。占，候；視徵兆以知吉凶。㊼夫圖書亮章八句　《河圖》《洛書》信誠彰明，是上天顯示的叡智；孔丘的遠大謀略，是聖人顯示的誠信；身體力行道德之本，是人生純正的本性；現在舉行封禪正遇上良辰吉日，是天子大命的體現。圖書，相傳古代政治清明時期，從黃河中所出的「圖」和從洛水中出的「書」，都是非常吉利的徵兆，預示著國運的昌盛。亮，或作「諒」。誠信。章，明。天哲，上天的智慧；天生的聰明。猷，謀劃。孚，信實；誠信。體行，親身奉行。德本，道德之根本，指孝敬父母。孔子曰：「夫孝，德之本也。」丁辰，適逢其時。丁，當也。景命，古時帝王自稱受命於天，景命即上天授予王位的大命。㊽順命以創制六句　順應天命而創立新的禮法制度，安定心性制作新樂，使人類社會與上天神靈和諧一致，舉行封禪大典，報答三靈繁多的福祉，鋪陳效法唐堯祀天地時的文告。這種事意義重大，必須講求內心的誠信，因此不管睡著醒著，時時刻刻都要存在聖明君主的心間，萬萬不可忘記。順命，順應天命，這裡的天命指上天昭示的符瑞天象。創制，指創立新的禮、樂。傳：「三年不為禮，禮必廢；三年不為樂，樂必壞。」三靈，指天、地、人之神靈。放，仿效。茲事，指封禪之事。體大而允，事關重大，講求誠信。次，止。㊾瞻前顧後二句　看看前代帝王的作法，照顧到對後世子孫的影響，難道能輕慢祖宗而難正天命嗎？蔑，輕；輕視。憚，畏懼。勑，正也。㊿伊考自邃古六句　從考察遠古開始，到如今為止，進行封禪的有七十四人。有據有天下不使其封禪，卻假為竹素史冊之文的帝王；沒有光揚法度而拋棄其文章不封禪的國君。現在我們為什麼獨缺這一盛典呢？邃，遠。戾，至。作者，指封禪者。《史記・封禪書》：「自古受命帝王，曷嘗不封禪？蓋有無其應而用事者矣，未有睹符瑞見而不臻乎泰山者也。」《正義》：「此泰山上築土為壇以祭天，報天之功，故曰封；此泰山下小山上除地，報地之功，故曰禪。」七十有四人，「孔子論述六蓺，傳略言易姓而王，封泰山禪乎梁父者七十餘王矣」，加上漢代的武帝及光武帝，共七十四人。假素，假借素竹或竹素。意同竹、帛，竹指竹簡，素代素絹。指書、史，史冊。台，代詞，我。闕，同「缺」。缺失。51是時聖上七句　當時漢章帝本來已經把注意力的重點放在民間下層，全面地重視各種藝術技能經藝和文學之事，經常多次地造訪那群儒生，向年高德劭的老人求教詢問，與他們探討道德產生的源頭，商討仁義的各種表現，以希望上天昭示的各種符瑞能在當時社會中全部到位，一一兌現。包舉，統括。蓺文，各種技藝和文學之事，亦指六藝經傳。諏咨，諮詢；商量。斟酌，篩酒不滿叫斟，酒深叫酌。此處以飲酒為喻，指對道德的吸取考慮，安排擺布。道德，古人認為「道者通物之名，德者得理之稱」，即一切事物的本質皆為「道」，亦即事物的內在規律性；德是對這種規律性的認識及適應，即按理行事。後世指人類社會在共同生活中形成的對社會成員起約束和團結作用的準則，成為不同歷史階段的意識形態之一，其內涵有不同的具體內容。淵源，本指深潭的源頭，喻指事物的本源。肴覈，又作「肴核」。肴，指肉類食品。核，指果類食品，引申為吸納、消化的意思。仁義，是儒家學說中內涵廣泛的核心觀念。仁指人與人之間相互親愛，對人寬容慈愛；義指依事物的規律和社會的道德規範，去做事，去行動。林藪，指山林水澤之間，比喻聚集的處所。叢木曰林，澤無水曰藪。以上二句，說明道德仁義誰都不可以須臾離開，故以飲食為喻。元符，也叫「符瑞」、「瑞應」、「符應」。指古代帝王自認為是受命於天，故上天就會出現各種相應的符瑞，如《河圖》、《洛書》之類。即最重大的瑞應。臻，至；到。52 既成群后之讜辭二句　已經接受了諸侯們的直言建議，又全部經歷五年占卜的重大思維考慮。成，完成；成就。《文選》此處作「咸」，更易解。讜辭，直率的言論。五繇，古代帝王巡狩，預卜五年，以占吉凶。繇，占卜；卦兆的占辭。《左傳》：「先王卜征五年而歲習其祥，不習則增脩其德而改卜。」碩，大。慮，思考。53 將絣萬嗣九句　絣，繼續。嗣，繼承；後嗣。煬，通「揚」。發揚。景炎，大的火光。炎，指大漢火德。丕，奉。律，法。《今文尚書·太誓》：「立功立事，可以永年，丕天之大律。」疇，誰。《尚書·舜典》：「疇若予工。」亘，貫串；窮竟。54 唐哉皇哉二句　意謂只有唐堯與大漢，才有這麼偉大光明的基業和在歷史上的崇高地位。唐，唐堯。皇，大漢。

【語　譯】班固又依據漢朝是古聖唐堯盛世延續的說法，作了篇文章叫〈典引篇〉，歌頌大漢王朝的功德。他認為武帝時的司馬相如所作〈封禪文〉，文辭雖然華豔靡麗，但卻萎靡不典雅；揚雄作的〈劇秦美新論〉，體雖典則，但美化王莽的文詞多屬虛偽，缺乏事實根據。他認為自己的文章達到了這類文辭的最高境界和最好標準。〈典引篇〉的文詞如下：

2　「宇宙剛剛形成的最初階段，是一團混沌之氣，迷迷濛濛，朦朦朧朧。這些氣體有的重量較大而且混濁，便逐漸沉降到下邊而成為地；有的輕靈清純便慢慢上浮而升為天。這些氤氳混沌之氣，升降沉浮，不停地交錯運動著，天地分開。過了很長很長時間，眾多的物類接連不斷地出現。上天託命於天之驕子到下界做庶人的主人。氏族社會的首領，以五行的相生相剋來比附自己主事階段的族運。開始時期，仍與草創蒙昧階段相同，是人類幽暗昏昧的初級階段，處於迷迷糊糊的混沌之中。後來漸漸開化，有人發明了以繩打結的方法來幫助頭腦記憶事情；再往後，有更聰明的人出現，用刀在木片上刻出痕跡來幫助記憶，這便有了文字的雛形。而在超越這結繩刻契的階段以前的時期，人類社會像處於荒漠之中似的靜寂而荒涼，絕對沒有那些部落長發布的文誥傳下來，所以《易‧繫辭》也沒有辦法連綴成篇章傳給我們。等到部落長有了氏號，能繼承天帝的旨意並對臣屬說明陳述的，都認為是創始於大昊伏羲氏做首領的偉大光明的最初階段。雖然遠在上古，距今十分遙遠，但還有文字記載流傳下來能使我們看到並進行考察研究。僅次於三皇的五帝階段，盡管社會更加進步，人類生活更加活躍，更為豐富多彩，但是《易‧繫辭》中並未有記載，這就像會發光的珠寶裝入函櫝中那樣，它們的光輝尚未放射出來。

3「若說到那向上天去考察天庭中運行的法則，只有堯能仿效學習。輔佐他這真龍天子的羽翼之臣，是降一等的稷和契等，都把事跡光耀地記錄在《書》中的〈堯典〉、〈皋陶謨〉諸篇中。歷史上用道德衡量為人類之冠，用行為判斷最為卓異的人，沒有人能比陶唐氏帝堯最高尚的。堯帝捨棄自己的兒子不傳，而把君位禪讓給有虞氏舜；虞舜也捨棄自己的兒子商均，而把帝位傳給夏后氏禹。舜的大臣稷和契，發揚光大堯舜的功業，越過幾代，成就了他們各自的後人成湯和周武的事業。堯舜的重臣稷和契，他們的後人周遍地做過天子，上天把這勳業歸功於元首唐堯，並將代天行運的偉業交給創建大漢王朝的劉姓家族。使他們向上繼承夏、商、周三代末期那荒亂無道的末運，恰遇那高居龍位的人製造的災難罪孽，惹得天怒人怨，日月無光，天象昏暗，正常的傳之已久的規則文法也背離正道，天地人之間的正常關係遭到敗壞，舊有的典章文籍也缺失不全。所以上天先把偉大的使命交給玄聖孔丘，讓他整理過去的學問紀錄，連綴成有豐富內涵的經籍，規定建立令後世奉行的各種禮法制度，弘揚社會偉大的誠信和前聖偉大的勳業，明確地彰顯襄助列祖列宗的名聲事業，讚頌褒揚奉行明理賢德學說的哲人明君。孔子的所作所為是那麼完美，他的功績光耀燦爛，彪炳史冊，真是上通神明的榜樣範式啊。即使前代的聖賢皋陶、夔、伊尹、周公旦等名人對君主的輔佐，比起這些貢獻，也顯得狹小多了。因此，漢高祖和光武帝兩位聖主，分別居於開國皇帝和中興明君的地位，就像天上的北極星居於星空的中心位置，群星都環繞在它的周圍護衛著它一樣。高、光二帝，待時運到來時，他們頭上或居所附近上空，都顯現過祥瑞的雲氣。時機成熟，像神龍從深水中躍出，飛升於天空。在他們像報曉的雄雞知道天色將亮輕輕地拍打著翅膀準備鳴叫一樣，還沒有展翅騰空起飛的時候，他們的神威聲望就已經很盛大了。四海之內響應他們號召的人，像夏日的濃雲聚集那樣，又快又多地配合他們的義舉，其聲勢如雲空中雷霆震動，如大氣中閃電發光。施行暴政的秦二世被迫自縊，篡漢自立的王莽被殺戮分屍，都是基於高、光的聲威影響，而並非用得著他們自己身臨現場，親自動手。在討伐對象消滅之後，他們恭敬地順從天地的意志，十分禮貌地接待同時起義的各路諸侯，登上皇帝的尊位，正式用皇帝的名號。他們的登基踐祚，是上應天心下順民意，如不踐帝位則如唐堯禪讓、虞舜不悅一樣，部屬也不答應。他們辭讓之心如淵之深，莊重嚴肅，謙遜虛心，決沒有號令軍隊擺開陣勢，逼迫部屬指揮他們，顯示武力的表現。原本就是他們擔當天命繼承了從堯到周的以火為帝德的正統，接受了堯帝、周代火德的天運，積蓄下烈火上騰那種旺盛興隆的精華，蘊藏著孔丘幫助仁君帝王統治天下的偉大的理論如《春秋》大義等，正符合大漢興盛的期運，的確有這些說法。

4 「多麼美盛啊，堯舜時代的道德是如此之高尚，他們的模範行為，是作為帝王之人的最高榜樣，是帝者最高的法度標準。這個時代，上下和諧，互相信任，共同依禮法行事，所以不用發布告誡之文，也不用訂立互相約束的誓約，因而，我們看不到傳下來的那個階段的『誥』和『誓』之類的文辭。到商、周二代，全面考察那時候的大大小小的法規制度，其深刻精微的大義是可以探知的。商湯和周文王都是從勢力很小的基層長官發展起來的，他們都受到過當時帝王所分封的侯服甸服之類的諸侯名分的封賞，一代接一代地勤政愛民，為百姓效力，以方伯的身分統領地方長官，從事政治活動。商湯和周文王分別接受過當時天子的委命，賜給他們赤色的弓，有了征伐的權力；賜給他們黃色的斧鉞，掌握了殺伐大權。就用天子委命的這種權力，商湯滅掉了韋、顧，文王滅掉了黎、崇等這些不順從、不來貢拜的小國，逐步擴展了自己的領地，壯大了自己的力量。從產生過三皇五帝的中原華夏地區興起，把國都分別遷到亳和鎬。湯作為夏桀的臣屬，文王、武王作為商紂的臣屬，都率領著能征善戰的虎狼龍螭般的軍隊，驅逐滅掉了統治他們的暴君，革除了上一代的帝號，改變了國都。這本是合乎天理人心的正義行動，然而不合古代以下犯上的禮法原則，因此，有些奉守禮儀講求節操的人，如伯夷、叔齊之類，認為是『以臣弒君』，行為盡管偉大，待人卻欠敦厚。後來孔子在齊國聽到演奏武王時的樂曲《武》時，評論說，它的形式雖然很完美，但表達的內容卻欠善良敦厚。吳國的延陵季子公子札在魯國觀舞賞樂，當見到演奏商湯時的樂曲《護》及舞《大護》時，說：成湯放逐夏桀於南巢，是聖人的偉大事業，但他內心也覺得以臣逐君未必合禮法，是感到有愧的，這也是聖人作難的事情。歷史事實不正是這樣子的嗎？但是商人和周人仍然把他們的祖先恭敬地供奉在宗廟之中，按時進行隆重的祭祀活動。在靈位前擺放著合於禮制的豐盛的祭品，詠唱著讚頌祖宗功德的詩歌，要和著節拍跳舞，演奏優美動聽包含豐富內容的樂曲。以這種方式，表達他們對祖先的敬仰崇拜之情，也表明他們祖先在人們心目中的崇高地位。殷人推薦自己的祖先在宗廟中陪同皇天上帝一同接受下界的祭禮，周人也在明堂中祭祀文王以配上帝，以此表明他們從上天獲得吉祥和佑護，並把這種吉慶福祉帶給一代代子孫。商周賢明智慧的君主德配天地，而且連綿不斷地享受國運達上千年之久，這難道不是上天的意志和來自神明的保佑嗎！他們國運所以如此長久，是因為大的治國方略奉行常軌，遵奉常度。仔細考察他們的言語行動，都離不開《詩》、《書》之類經典篇籍所傳載的內容和原則，而且他們還把這些經典內容的光彩和華麗的文藻加以發揚光大，使之更加明朗透闢易於理解實行，卻不敢隨意背離古人教訓任意改變罷了。

5 「況且那赫赫揚揚神聖的大漢王朝，本是由唐堯奠定的穩固的高大的國基，好比逆流而上追尋河流的源頭，本是唐堯先孕育了有虞氏和夏后氏這些原始部族的古老文明；又像利用轉輪製作陶器那樣，造就了曾經強大昌盛的殷商王朝和周朝的文明。這幾代的祖先，都曾在唐堯時代做過大臣的。傳至炎漢，由開創者高祖劉邦、中興者世祖光武帝劉秀，再次發揚光大堯帝的盛德，承襲他們偉業的，當推太宗文帝劉恆、世宗武帝劉徹、中宗宣帝劉詢、顯宗明帝劉莊，此四宗在位時奮勇前進，正大光明。他們神奇的威靈如日照中天，光芒四射，其溫暖的光輝，能普遍地照耀到天地間一切幽暗僻遠的地方，仁德祥愛之風，飄翔在海外遙遠的地方，威嚴的神靈，能通行於一切未開化的荒遠的區域。一切兇惡的勢力，無論逃亡到多麼遙遠沒有不滅亡的；一切生靈，無論多麼微細弱小，沒有不養育矜憐的。所以彰顯確定天、地、人三才升入光明天界的功績，不是堯帝不能興起；把堯帝的遺策〈堯典〉，普遍地散布於後世子孫使他們作為行動準則，不是大漢王朝不能弘揚光大。自堯帝傳下來的大道，能夠治理天下，使陰陽交泰，上下和諧，日、月、星辰各自呈現正常的規度，不出現災變怪異現象。對外可使天地一體正常運行，對內可滋潤草木金石連毫末細微的物體也能惠及到。萬事萬物，各自順著它們的自然本性、先天之理生長發展，眾多的所有的物質物體，也都通達順利地各安其位各行其是。堯帝的這種道德影響至今已經很久很久了。

6 「多麼興隆美盛啊！大漢王朝的歷代皇帝。他們高尚的德操，可以使其他王朝的各代天子諸侯俯首稱臣；他們偉大的功勳足能做各代帝王的君主；他們的榮耀能照亮宇宙；他們至高無上的尊嚴，沒有任何人敢與之抗衡。他們在創建王朝開始時期，常懷著恭敬恐懼的心情，勤勞謹慎，謙虛警惕，兢兢業業，時刻告誡自己不要居功自傲。對古禮中倡導的，王者功成之後就可創作歌頌自己的樂曲，以及理定之後，就要重新頒布一些禮儀制度等作法，懷著畏懼的心情，採取低調處理，不敢大張旗鼓地議論制禮作樂之事。至於在建國後，改變紀年，明令正朔，變易服裝樣式顏色，以前代君王的成敗得失，作為鑑戒，總結經驗教訓等一系列措施，在國土四境之內鮮明光亮地得以宣揚。而那些司禮官員、儒學群體、聚集一起的同門師友、能進行確當評論的有識之士，卻沒能把祖宗當年的豐功偉業的大概情況，制作成篇籍流傳下來，雖然是出於謹慎戒懼，但這過分的謙虛，未免有些太厚誠老實，顯得膽小怕事吧？

7 「於是位於中樞地位的三公和地區的官員，都不約而同地向漢章帝進言說：陛下您向上代學習，以唐堯時代的道德法則為最高典範，中間記述祖先的典章禮制，向下走在祖宗行進過的軌道上。認真遵行祖制，親身奉行天之常道，孝敬祖先，和睦親族，教化百姓，上下和諧融洽。您經常離開京城到各地巡視，安定慰問眾多的黎民，並給鰥寡孤獨殘疾人等社會上處於卑弱地位的群體送去溫暖和恩惠，使他們也能感受到朝廷的雨露和陽光。

8 「您依照古代禮法，按時祭祀天、地、山、川。舉行祭祀儀式時，您莊重嚴肅，恭敬虔誠，對各種神靈的祭拜禮儀，都十分周到，非常完備。因此，上天降給我們國家多種吉祥的徵兆：鳳凰率領各種長羽的禽鳥，成群地飛集在宮門前的門闕上；麒麟帶領著馴良的長毛的獸類，也都跑到皇家苑囿中去；性情溫馴的黑紋白虎出現於郊野；有著彩色鱗片的黃龍，從池沼中躍出升上雲天；上天降下的甘露夜裡降落在豐美的禾草上；三隻腳的烏鴉在茂密的林木間上下飛翔。像那美好的禾苗、有靈性的芝草、奇特神異的獸類和禽類頻頻出現，與瑞圖昭示的相應，與以往文牒的記錄相合。這些最高級最少見的祥瑞現象，在這聖明的王朝，從京都到邊境，從郊野到荒原，日日月月，早早晚晚，都會經常地出現。這些特異的吉慶現象，在京都也顯得卓絕出眾，不同凡響；更流布傳播到離王都非常遙遠的蠻荒地區，使那裡的臣民也感受天佑王朝的驚異。

9 「過去歷史上，開創周王朝的姬姓家族，就曾有過多種祥瑞徵兆的出現。如周成王時，邊界小國曾獻過白色的野雞，赤色的烏鴉，黑色的黍子，黃色的大麥等。這些變異的動植物品種，都是上天護佑王朝的昭示，引起舉國上下的震動，君王和大臣們都喜形於色，左右的侍臣也奔到君王身邊祝賀。大家表情莊重，態度恭謹，小心翼翼，行為端肅，表現出對上天的敬畏心情。用這種表現，表明對上帝的恭敬畏懼，對承受上帝賜給的福祉永遠思念感恩，這些在古代典籍《詩》、《書》中都有所記載。那些頌揚祖先的文辭，流傳於後世，也是為了發揚光大周文王、周武王這些有偉大貢獻的祖先的神靈，給他們的後代子孫遺留下安定吉祥，那些美德，那些美好的頌詞，哪裡是為了自身的榮耀而專一使用的文辭呢？

10 「現在漢章帝獲得如此多的符瑞，與歷史上的『成康之治』時代所遇到的情況十分類似，如果漢也接受這些符瑞，就應該勤思獻力，來充實上天所昭示的為政之道，打開宗廟中被嚴密封錮的藏有策書的金匱，把珍藏在東廂房內的神祕的寶物陳列出來，讓它們廣為流布傳播，以驗證占卜的吉凶祥兆。

11 「關於那《河圖》《洛書》等符瑞的至誠至信至明至彰，是上天賜下的聰明睿智；孔丘之圖謀略深遠，是聖人表達的誠信；皇上您親身奉行德之本原，孝友當先，是人生本性的表現；現今舉行封禪大典，是正逢吉日當此吉時，這是皇天的大命。順應天命來創制新的禮法和新的樂曲，使社會安定，人神和諧。舉行封禪大典，答謝天、地、人三種神靈繁多的福祉，陳展效法唐堯封禪時的明文。這件事本身意義重大而講求誠信，應該時時刻刻存在聖主的心間，須臾不可忘記。瞻望前代帝王的表述祖宗功德的行為，考慮到封禪對後代子孫的影響，如果推讓，豈不是輕視祖宗而難正天命嗎？考察從遠古到現代這漫長的歷史長河中，進行過封禪活動的君王有七十四人，有的帝王據有天下不使他封禪而憑藉竹帛書史之文傳下來，卻沒有光揚法度而棄其文章不封禪的。現在我們王朝如此昌盛，怎麼能在這一偉典中獨獨缺少我皇呢？

12 「當時聖明的皇上漢章帝已經堅定地把精力和目光注意到社會基層，全面概括地重視經藝和文學典籍之事，經常多次地造訪那眾多的習練儒業之人，向年高有德且熟悉歷代掌故的老人諮詢求教，發表告論。同他們一起探討人類社會道德的深刻含意及產生的源頭，議論並吸納仁義的深邃內涵及種種表現形式，藉以企盼上天昭示的各種重要符瑞全部與國運之昌盛能夠一一應驗。

13 「漢章帝已經接受了眾臣及諸侯們直率的言論和積極的建議，又完整地經歷了預卜五年吉凶的重大的深謀遠慮的思考過程。漢朝的國運向前發展，將要繼續傳承千萬代子孫，播揚盛大的光輝，漢的火德像烈燄般向上升騰奮起，照亮天下，掮起古代傳下來的崇高風尚，使之廣沐人間，把歷代祖先創建的美好功業及英名偉號廣為傳播。這種偉大的事業，傳承時間越久遠，便感到更為新鮮，更富有活力，像神泉那樣，越用水勢越旺，永不枯竭。大漢的與上天相應的各種大法及發展規律，像汪洋大海一樣浩大無邊，興隆盛美，歷史上有誰能貫串全部並傳承到終點呢？唯有唐堯，唯有炎漢！偉大光明的炎漢！偉大光明的唐堯！」

1 固後以母喪去官。永元❶初，大將軍竇憲❷出征匈奴，以固為中護軍，與參議。北單于聞漢軍出，遣使款居延塞❸，欲修呼韓邪故事❹，朝見天子，請大使。憲上遣固行中郎將事，將數百騎與虜使俱出居延塞迎之。會南匈奴掩破北庭❺，固至私渠海❻，聞虜中亂，引還。及竇憲敗，固先坐❼免官。

固不教學諸子，諸子多不遵法度，吏人苦之。初，洛陽令种兢嘗行，固奴干
2 其車騎，吏椎呼之，奴醉罵，兢大怒，畏憲不敢發，心銜❽之。及竇氏賓客皆逮
考❾，兢因此捕繫固，遂死獄中。時年六十一。詔以譴責❿兢，抵主者吏罪。
3 固所著典引、賓戲、應譏、詩、賦、銘、誄、頌、書、文、記、論、議、六
言⓫，在者凡四十一篇。

【章旨】以上為〈班固傳〉的第六部分，記班固晚年的遭遇和他的不幸結局，以及遺留於後世的著作。

【注釋】❶永元　東漢和帝劉肇年號，西元八九—一〇五年。❷竇憲　（?—西元九二年），字伯度，東漢扶風平陵（今陝西咸陽）人。漢和帝母竇太后之胞兄。章帝死，和帝十歲繼位，竇太后臨朝，憲官居侍中，操縱朝政。不久，任車騎將軍。永元元年，領兵出塞三千餘里，大敗北匈奴，直追至燕然山（今蒙古人民共和國杭愛山），由班固作銘，刻石紀功而還。後拜大將軍，總攬朝政，刺史守令等地方官吏多出其門，弟兄橫暴京師。和帝既長，憤其驕縱，與中長侍鄭眾定議誅滅竇氏，他被迫自殺。事詳本書卷二十三。❸居延塞　居延漢代屬張掖郡，為匈奴南下涼州之要道。西漢武帝太初三年（西元前一〇二年），使路博德於此築塞，以防匈奴入侵。遺址在今甘肅，南起合黎山麓，北抵居延故城。見清人顧祖禹《讀史方輿紀要》六十三〈居延城〉條。❹呼韓邪故事　呼韓邪為匈奴單于名號，西漢宣帝時，呼韓邪單于為其兄郅支單于所敗，謀歸漢，甘露二年（西元前五二年）至五原塞，正月，謁見宣帝劉詢於甘泉宮。元帝竟寧元年（西元前三三年），再次入朝，請求和親，元帝劉奭遣後宮王嬙（字昭君）嫁單于，號寧胡閼氏。詳見《漢書・匈奴傳下》。❺會南匈奴掩破北庭　南匈奴指已降漢居漠南之匈奴部族，永元二年（西元九〇年），南單于主動配合竇憲等率眾三萬騎出朔方大破北匈奴，「虜眾崩潰，單于遁走」，共同「斬名王已下萬三千級，獲生口馬牛羊橐駝百餘萬頭」，「北單于奔走，首虜二十餘萬人」。詳見本書卷八十九及卷二十三。❻私渠海　又名私渠北鞮海（邦察乾泊）。在今蒙古境內杭愛山（燕然山）南。❼坐　犯罪；犯法。❽銜　怨恨；懷恨。❾考　通「拷」。考掠；考問。❿譴責　斥責；責備。⓫固所著句　〈典引〉、〈賓戲〉（《文選》作〈答賓戲〉）、〈應譏〉為文章篇名，

以下十一種為撰文體裁名稱。六言，即六言詩。

【語　譯】班固後來因為母親的喪事離開官位。東漢和帝永元初年，大將軍竇憲率軍出征北匈奴，任命班固為中護軍，隸屬於將軍幕府，從事文祕工作，能參與作戰計劃的制定及各項決策的討論。北單于聽說漢軍大規模出征的消息，派遣使者到居延塞叩塞求和，打算效法當年呼韓邪單于與西漢宣帝、元帝講和求親的先例，重修舊好，表示願意去朝見漢天子，並請求漢朝派遣大使。竇憲就上書皇帝，經批准，派遣班固以皇帝近臣中郎將身分及職權，率領數百名騎兵，與北匈奴派來的使臣一起，北出居延塞去迎接北單于。恰好碰上南匈奴襲擊並大破北匈奴的王庭，北單于率殘部遠遁。班固一行人行至私渠海，聽說北匈奴內部大亂，便引領使團人員回到漢朝。等到永元四年，竇憲及其家族敗落時，班固在此之前因犯罪已被免去官職。

2 班固對他的子姪輩後人沒有進行嚴格的要求和教育，這些子姪們多數憑仗自己的官僚家庭，為非作歹，不遵守國家法令制度。主管的官吏忌憚於班氏家族的勢力，對此十分苦惱頭疼。起初，洛陽令种兢曾經有次外出時，班固家奴冒犯衝撞了种兢的車馬等乘坐工具。維持治安的管理官吏，手持棍棒呵斥制止他們。班固的家奴卻借酒使瘋破口大罵。种兢非常生氣，但畏懼班固是竇憲的紅人，不敢發作，但內心懷恨班固。等到竇氏家族勢力敗落，他所親信重用的心腹爪牙及幕賓之類，全部受株連被逮捕拷訊，种兢就藉此時機，逮捕囚繫了班固，班固為此死在監獄裡，當時年齡六十一歲。後來皇帝得知班固死訊，下詔書嚴厲斥責种兢，以主使獄吏來抵罪。

3 班固所撰著的文章有〈典引〉、〈賓戲〉、〈應譏〉等篇，以及其他詩歌、辭賦、銘文、誄文、頌讚、書信、抒情寫景文、記述敘述文、評論、議論文、六言詩等等各類不同體裁、不同風格的文字，留存於世的共四十一篇。

1 論曰：司馬遷、班固父子，其言史官載籍之作，大義粲然❶著矣。議者咸稱二子有良史之才。遷文直而事覈❷，固文贍而事詳。若固之序事，不激詭❸，不抑抗❹，贍而不穢❺，詳而有體，使讀之者亹亹❻而不猒，信哉其能成名也。

2 彪、固譏遷，以為是非頗謬於聖人❼。然其論議常排死節，否正直，而不敘殺身成仁之為美❽，則輕仁義，賤守節愈矣。固傷遷博物洽聞，不能以智免極刑；然亦身陷大戮，智及之而不能守之。嗚呼，古人所以致論於目睫也❾！

3 贊曰：二班懷文，裁成帝墳❿。比良遷、董⓫，兼麗卿、雲⓬。彪識皇命，固迷世紛。

【章　旨】「論曰」是史家對班固一生成敗的評論。把他與司馬遷對比，肯定此二人在史學界的地位，從形式到內容，說明二人的得失。重點評班固，不贊成他的某些觀點，對他因倚靠竇憲而惹殺身之禍的下場表示惋惜且略帶譏諷。贊語是史家對班彪、班固父子總體的概評，既肯定成就，也指出了不足。

【注　釋】❶粲然　明亮；鮮明。❷遷文直而事覈　司馬遷文詞質直而所記事實核察無誤。見《漢書．司馬遷傳．贊》：「然自劉向、揚雄博極群書，皆稱遷有良史之材，服其善序事理，辨而不華，質而不俚，其文直，其事核，不虛美，不隱惡，故謂之實錄。」覈，通「核」。❸激詭　毀譽過當；由於個人好惡情緒偏激而背離常理。❹抑抗　浮沉；進退。❺贍而不穢　材料充足豐富而不蕪雜。❻亹亹　勤勉不倦貌。指詩文有吸引力。❼彪固譏遷二句　班彪譏遷文字，見本書上卷班彪評論。班固文見《漢書．司馬遷傳．贊》：「其是非頗繆（謬）於聖人，論大道則先黃老而後《六經》，序游俠則退處士而進姦雄，述貨殖則崇勢力而羞賤貧，此其所蔽也。」❽然其論議常排死節三句　指班固在《漢書．游俠傳》：「古之正法，五伯，三王之罪人也；而六國，五伯之罪人也。夫四豪者，又六國之罪人也。況於郭解之倫，以匹夫之細，竊殺生之權，其罪不容於誅矣。」❾古人所以致論句《史記．東越列傳》，齊使者至越，曰：「幸也越之不亡也。吾不貴其智之如目，見毫毛而不見其睫也。今越王知晉之失計，不自知越人之過，是目論也。」此句言班固譏司馬遷的知識見聞如此廣博高深，卻不能免遭腐刑之禍，而他自己也受到陷害不能免於死，這就像目力極好的人，能夠看清動物身上的毫毛那麼細微之物，卻不能看到自己眼睛上的睫毛那麼近的東西。❿帝墳　偉大輝煌的古代典籍。墳，代指《三墳》《五典》。相傳是三皇五帝時代的古書。⓫遷董　遷指司馬遷。董指古代良史董狐，春秋時晉國人，以不怕權貴，堅持原則，記「趙盾弒其君」而傳名於後世。⓬卿雲　卿，指西漢武帝時代的辭賦大家司馬相如，字長卿。雲，指西漢晚期的辭賦家揚雄，字子雲。二人均是蜀郡成都人。

【語譯】史家評論說：司馬談、司馬遷父子，班彪、班固父子，他們的言論，他們父子相繼作為史官，所撰述的《史記》、《漢書》等歷史著作，其重要意義及對後世的影響，是十分明確而顯著的了。評議的人都稱讚司馬遷和班固兩位先生具備了優秀史官的才幹。司馬遷的《史記》，文字坦直而所記史實準確可靠，班固的《漢書》，文辭豐富充分而記事詳盡。如班固在記述歷史事件時，態度客觀公正，不因個人的情感而有超出常理的抨擊或稱頌，內容豐富完備卻不蕪雜，敘事詳盡而合乎史書的基本體制，使閱讀它的人不知疲倦地認真讀去，不感到厭煩，他能在當時社會及在歷史上有崇高的名望，是靠真實的能力，而不是被人虛假吹捧抬高的啦。

2 班彪、班固父子，在其所撰文章中，都分別譏刺司馬遷的文章有嚴重不足，認為司馬遷在評論古人時，是非標準與儒家聖人的觀點相乖謬。但是他們父子在議論中也常常排斥非難為名節而死的人，否定堅持正義和直道的游俠之士，因而不記敘犧牲自己生命以成就仁德事業的人是值得讚美的人物，那麼，他們以仁義為輕，以堅守氣節的人為卑賤，不值得頌揚的觀點，比他們所批評的司馬遷，就背道而馳了。班固惋惜司馬遷是那麼通曉歷史，知識淵深，見聞廣博，卻不能憑藉自己的才智，使自己免於受去勢之極刑，未免是人生最大的遺憾；而班固自己，本身也陷於刑獄，遭殺戮之禍，他的智力雖高卻也不能保存自身的安全。唉呀！這就像古人用眼睛睫毛打比方所議論的道理：目力極好的人，能清楚地看到遠處細微的毫毛，卻看不到自己離眼最近的睫毛；智力高超的人，能看到別人的得失，卻不能預知本身的安危。

3 史官評議說：班彪、班固父子，都懷有卓越的文史才能，他們創作出可與古代《三墳》《五典》相媲美的偉大篇章，在史學地位上可比良史司馬遷和董狐。從文學上看，兼有司馬相如、揚雄那種華美的詞藻。班彪相信天意，不敢違拗皇命，有〈王命論〉傳世；班固被當時紛亂的世事所迷惑，受所倚憑的上司及本族子弟和家奴的牽累而致禍亡身。

【研　析】閱讀本卷，應著重注意以下幾點：

第一，人物傳記的寫作，不必要面面俱到，要抓住人物的基本特點及主要事跡，突出他的重要活動，來確立他在歷史上的地位。班彪、班固父子是著名史學家，所以重點寫了他們的史學觀點以及他們撰寫歷史著作的艱辛。為突出他們政治上的遠見卓識，詳寫了班彪與隗囂的對話，對選用師保的上書和班固薦舉人才的上書，因為這也都關乎他們能否得到信用，影響著他們的社會地位。二人的上書均能旁徵博引，語氣委婉，態度謙遜，深得建言要旨。

第二，班彪對其前代史書的評介，基本上是公允的、切當的，特別是他對司馬遷的肯定部分，稱讚他有「良史之才」，更成了歷史學界的共識和定論。但他對司馬遷的批評：「其論術學，則崇黃老而薄《五經》……此其大敝傷道，所以遇極刑之咎也。」未免失於偏頗。這反映出比司馬遷晚了百餘年的班彪，在漢代「罷黜百家，獨尊儒術」的方針確立後，思想更趨向保守，恪遵儒學正統，甚至有些迂腐，反而不如司馬遷的自由開放。至於他指出《史記》中某些文字粗疏，記敘不周密，則是中肯的。

第三，辭賦是漢代文學的重要樣式，班固不僅是傑出的史學家，也是東漢時期優秀的文學家，〈兩都賦〉是他的代表作品之一，被梁昭明太子蕭統編入《文選》列作第一篇。在本卷中照錄了〈兩都賦〉的原文，使我們在讀史的同時，可以一睹漢賦的原貌，了解班固的文學才華。本賦以主客問難的形式，用鋪張揚厲的手法，運用華麗的詞藻，揭示了主旨，完成了作賦的良苦用心。但漢賦多是「勸百諷一」，這種譏諷規勸的作用，在封建帝王身上不知能否產生效應？

第四，為突出班固的文學才能，卷中除寫他受皇帝重用，結集《白虎通義》外，又全文照錄了〈典引〉

一篇。從內容上，強調漢承唐德，預言能傳之久遠，為漢章帝封禪之舉大造輿論。在形式上，大量用典，文字古奧，生拉硬扯，非把炎漢地位提高到唐堯及周初的高度不可，而且大肆宣揚天命，鼓吹符瑞的神化效應。在古代歷史上，這可能有巨大的宣傳作用。而今天看來，本文既缺乏深刻的社會內容，文辭又節縮到難以解讀，遠沒有〈兩都賦〉的價值高。

第五，在政治經歷方面，班固有成功，也有失敗。成功方面如不隨波逐流，能從實際情況出發，主張對匈奴採取和解政策，這是利國利民的明智之舉，顯示了他的卓越見識。又如他曾得到皇帝重用，受到大將軍的倚重，擔負過相當重要的使命，這自然與他本身的才幹有關。失敗的是他不知收斂鋒芒，家族子弟及奴僕卻不遵法度仗勢欺人，終於招致殺身之禍。本書作者寫他失敗是由於「不教學諸子」，受人牽累，怕也有「為賢者諱」之意。竇憲家族在當時憑仗是皇親國戚，膽大包天，任意妄為，滿朝臣民敢怒而不敢言，聲名狼藉。班固受其重用，是否有趨炎附勢之嫌？班固以睿智頭腦卻得此下場，未免可悲、可歎、可惜！（趙芳遠注譯）

卷四十一

第五鍾離宋寒列傳第三十一

第五倫曾孫種　宋均族子意

【題解】本卷為四人合傳，附傳二人。四位傳主中第五倫、鍾離意、宋均主要事跡在光武朝，而寒朗事跡則在明帝時。四人有一共同點，為了國家而能實事求是地辦事，即使冒犯了皇帝的威嚴也拼死堅持，終於得到妥善解決。光武、明、章三朝是東漢朝廷建立後所謂君明臣良時期，大臣敢於直言，皇帝也有容忍度量，故為東漢一朝最為興盛的時期，但也暴露出內在的危機——太后臨朝稱制。

1 第五倫，字伯魚，京兆長陵❶人也。其先齊諸田❷，諸田徙園陵者多❸，故以次第為氏❹。

2 倫少介然有義行❺。王莽末，盜賊起，宗族閭里爭往附之❻。倫乃依險固築營壁❼，有賊，輒奮厲❽其眾，引彊持滿❾以拒之。銅馬、赤眉之屬前後數十輩❿，皆不能下。倫始以營長詣郡尹鮮于褒⓫，褒見而異之⓬，署⓭為吏。後褒坐事左轉高唐令[14]，臨去，握倫臂訣[15]曰：「恨相知晚！」

3 倫後為鄉嗇夫[16]，平傜賦[17]，理怨結[18]，得人歡心。自以為久宦不達[19]，遂將家屬客河東[20]，變名姓，自稱「王伯齊[21]」，載鹽往來太原、上黨[22]，所過輒為糞除[23]而去，陌上號為道士[24]，親友故人莫知其處。

4 數年，鮮于褒薦之於京兆尹閻興[25]，興即召倫為主簿[26]。時長安鑄錢多姦巧[27]，乃署倫為督鑄錢掾[28]，領長安市[29]。倫平銓衡，正斗斛[30]，市無阿枉[31]，百姓悅服。每讀詔書[32]，常歎息曰：「此聖主[33]也，一見決矣[34]。」等輩[35]笑之曰：「爾說將尚不下[36]，安能動萬乘[37]乎？」倫曰：「未遇知己，道不同故耳[38]。」

5 建武二十七年[39]，舉孝廉[40]，補淮陽國醫工長[41]，隨王之國[42]。光武召見，甚異之。二十九年，從王朝京師，隨官屬得會見。帝問以政事，倫因此酬對政道[43]，帝大悅。明日，復特召入，與語至夕。帝戲謂倫曰：「聞卿為吏篣婦公[44]，不過從兄飯[45]，寧有之邪[46]？」倫對曰：「臣三娶妻皆無父。少遭飢亂，實不敢妄過人食[47]。」帝大笑。倫出，有詔以為扶夷[48]長。未到官，追拜會稽太守[49]。雖為二千石[50]，躬自斬芻[51]養馬，妻執炊爨[52]。受俸裁[53]留一月糧，餘皆賤貿與民之貧羸者[54]。會稽俗多淫祀[55]，好卜筮[56]。民常以牛祭神[57]，百姓財產以之困匱[58]。其自食牛肉而不以薦祠[59]者，發病且死先為牛鳴，前後郡將[60]莫敢禁。倫到官，移書屬縣[61]，曉告百姓。其巫祝有依託鬼神詐怖愚民，皆案論[62]之。有妄屠牛者，吏輒行罰。民初頗恐懼，或祝詛[63]妄言，倫案之愈急，後遂斷絕，百姓以安[64]。永平五年[65]，坐法徵[66]，老小攀車叩馬[67]，嗁[68]呼相隨，日裁行數里，不得前。倫乃偽止亭舍[69]，陰[70]乘船去。眾知，復追之。及詣廷尉[71]，吏民上書守闕[72]者千餘人。是時顯宗方案梁松事[73]，亦多為松訟[74]者。帝患[75]之，詔公車[76]諸為梁氏及會稽太守上書者勿復受。會帝幸廷尉錄囚徒[77]，得免歸田里。身自耕種，不交通人物[78]。

6 數歲，拜為宕渠令[79]，顯拔鄉佐玄賀[80]。賀後為九江、沛二郡守，以清絜稱[81]。所在化行，終於大司農[82]。

7 倫在職四年，遷蜀郡太守[83]。蜀地肥饒，人吏富實。掾史家貲多至千萬[84]，皆鮮車怒馬[85]，以財貨自達[86]。倫悉簡[87]其豐贍者遣還之，更選孤貧志行之人以處曹任，於是爭賕[88]抑絕，文職修理。所舉吏多至九卿[89]、二千石[90]，時以為知人[91]。

8 視事[92]七歲，肅宗[93]初立，擢自遠郡[94]，代牟融為司空[95]。帝以明德太后[96]故，尊崇舅氏馬廖[97]，兄弟並居職任[98]。廖等傾身交結，冠蓋之士爭赴趣之[99]。倫以后族[100]過盛，欲令朝廷抑損其權，上疏[101]曰：「臣聞忠不隱諱，直不避害。不勝愚狷[102]，昧死自表[103]。書曰：『臣無作威作福，其害于而家，凶于而國。』[104]傳曰：『大夫無境外之交，束脩之饋。』[105]近代光烈皇后[106]，雖友愛天至[107]，而卒使陰就[108]歸國，徙廢陰興賓客[109]；其後梁、竇之家，互有非法，明帝即位，竟多誅之[110]。自是洛中[111]無復權戚，書記請託一皆斷絕。又譬[112]諸外戚曰：『苦身待士，不如為國。戴盆望天，事不兩施[113]。』臣常刻著五臧[114]，書諸紳帶[115]。而今之議者，復以馬氏為言[116]。竊聞衛尉廖以布三千匹[117]，城門校尉防以錢三百萬[118]，私贍三輔衣冠[119]，知與不知，莫不畢給。又聞臘日[120]亦遺其在洛中者錢各五千。越騎校尉光[121]，臘用[122]羊三百頭，米四百斛[123]，肉五千斤[124]。臣愚以為不應經義[125]，惶恐不敢不以聞[126]。陛下[127]情欲厚之，亦宜所以安之[128]。臣今言此，誠欲上忠陛下，下全后家。裁蒙[129]省察。」及馬防為車騎將軍，當出征西羌[130]，倫又上疏曰：「臣愚以為貴戚可封侯以富之，不當職事[131]以任之。何者？繩[132]以法則傷恩，私以親則違憲[133]。伏[134]聞馬防今當西征，臣以太后恩仁，陛下至孝[135]，恐卒有纖介，難為意愛[136]。聞防請杜篤為從事中郎[137]，多賜財帛。篤為鄉里所廢[138]，客居美陽[139]，女弟為馬氏妻，恃此交通。在所[140]縣令苦其不法，收繫論之[141]。今來防所，議者咸致疑怪[142]，況乃以為從事[143]，將恐議及朝廷。今宜為選賢能以輔助之，不可復令防自請人[144]，有損事望(145)。苟有所懷(146)，敢不自聞(147)。」並不見省用。

9 倫雖峭直(148)，然常疾俗吏苛刻(149)。及為三公(150)，值帝長者(151)，屢有善政，乃上疏褒稱盛美，因以勸成風德(152)，曰：「陛下即位，躬天然之德(153)，體晏晏之姿(154)，以寬弘臨(155)下，出入(156)四年，前歲誅刺史、二千石貪殘者六人(157)。斯皆明聖所鑒(158)，非群下所及。然詔書每下寬和而政急(159)不解，務存節儉而奢侈不止者，咎在俗敝(160)，群下不稱故也。光武承王莽之餘(161)，頗以嚴猛為政，後代因(162)之，遂成風化。郡國所舉，類多辦職俗吏(163)，殊(164)未有寬博之選以應上求者也。陳留(165)令劉豫，冠軍(166)令駟協，並以刻薄之姿，臨人宰邑(167)，專念掠殺，務為嚴苦，吏民愁怨，莫不疾之。而今之議者反以為能。違天心，失經義，誠不可不慎也。非徒應坐豫、協，亦當宜譴舉者(168)。務進仁賢以任時政，不過數人，則風俗自化矣。臣嘗讀書記，知秦以酷急亡國，又目見王莽亦以苛法自滅，故勤勤懇懇，實在於此。又聞諸王主(169)貴戚，驕奢踰制，京師尚然，何以示遠？故曰：『其身不正，雖令不從(170)。』以身教者從，以言教者訟(171)。夫陰陽和歲乃豐(172)，君臣同心化乃成也。其刺史、太守以下，拜除京師及道出洛陽者(173)，宜皆召見，可因博問四方，兼以觀察其人。諸上書言事有不合者，可但報(174)歸田里，不宜過加喜怒，以明在寬(175)。臣愚不足採。」及諸馬得罪歸國[176]，而竇氏始貴[177]，倫復上疏曰：「臣得以空虛之質，當輔弼[178]之任。素性駑怯[179]，位尊爵重，拘迫[180]大義，思自策厲[181]，雖遭百死，不敢擇地，又況親遇危言[182]之世哉！今承百王[183]之敝，人尚文巧[184]，咸趨邪路，莫能守正。伏見虎賁中郎將竇憲[185]，椒房[186]之親，典司禁兵[187]，出入省闥[188]，年盛志美，卑謙樂善，此誠其好士交結之方。然諸出入貴戚者，類多瑕釁禁錮[189]之人，尤少守約安貧之節，士大夫[190]無志之徒更相販賣[191]，雲集其門。眾呴飄山，聚蚊成雷[192]，蓋驕佚[193]所從生也。三輔論議者，至云以貴戚廢錮，當復以貴戚浣濯之，猶解酲[194]當以酒也。詖險[195]趣埶之徒，誠不可親近。臣愚願陛下中宮嚴敕[196]憲等閉門自守，無妄交通士大夫，防其未萌，慮於無形，令憲永保福祿，君臣交歡，無纖介之隙。此臣之至所願也。」

倫奉公盡節[197]，言事無所依違[198]。諸子或時諫止，輒叱遣[199]之；吏人奏記及便宜者[200]，亦并封上。其無私若此。性質愨[201]，少文采，在位以貞白稱，時人方之前朝貢禹[202]。然少蘊藉[203]，不修威儀[204]，亦以此見輕[205]。或問倫曰：「公[206]有私乎？」對曰：「昔人有與吾千里馬[207]者，吾雖不受，每三公有所選舉[208]，心不能忘，而亦終不用也。吾兄子常病，一夜十往，退而安寢；吾子有疾，雖不省視而竟夕不眠。若是者，豈可謂無私乎？」連以老病上疏乞身[209]。元和三年[210]，賜策[211]罷，以二千石奉[212]終其身，加賜錢五十萬，公宅一區[213]。後數年卒，時年八十餘。詔賜祕器[214]、衣衾、錢布[215]。

11 少子頡嗣[216]，歷桂陽、廬江、南陽太守[217]，所在見稱。順帝之為太子廢也[218]，頡為太中大夫[219]，與太僕來歷等共守闕固爭[220]。帝即位[221]，擢為將作大匠[222]，卒官。倫曾孫[223]種。

12 論曰[224]：第五倫峭覈[225]為方，非夫愷悌[226]之士。省其奏議，惇惇[227]歸諸寬厚，將懲[228]苛切之敝使其然乎？昔人以弦韋為佩[229]，蓋猶此矣。然而君子侈不僭[230]上，儉不偪[231]下，豈尊臨千里而與牧圉等庸[232]乎？詎非矯激[233]，則未可以中和[234]言也。

【章旨】以上為〈第五倫傳〉。第五倫自一介小吏，靠自己的勤於職守，陞為郡守以至三公，所在皆有政績。在督鑄錢掾任上，平正斗秤，留下「第五掾所平，市無姦枉」的口碑。為會稽守，去淫祀，民念其德，攀車扣馬相留。為司空，上疏抑后族，進仁賢，都是針對當世之急提出適宜的對策。文中穿插小的故事，更能反映第五倫為人的一個側面。

【注釋】❶京兆長陵　京兆，即京兆尹。西漢為三輔之一，光武以先朝舊都相承不改，屬司隸校尉部，《漢書・百官公卿表》顏師古注：「長安以東為京兆。」長陵，縣名，為其屬縣，縣因漢高帝長陵而得名。治所在今陝西咸陽東北。❷其先齊諸田　先，先祖。《史記・田敬仲完世家》：「陳公子完奔齊，以陳字為田氏。」唐司馬貞《史記索隱》：「敬仲（完謚敬仲）奔齊，以陳田二字聲相近遂為田氏。」清錢大昕《十駕齋養新錄》：「古讀陳如田，《說文》：『田，陳也。』」是古田、陳聲同。田氏後有多支，故云「諸田」。諸，眾也。第五氏為其中之一支。❸諸田徙園陵者多 〈光武紀〉李賢注：「園謂塋域，陵謂山墳。」陵，墳墓。《漢書・地理志》：「漢興，立都長安，徙齊諸田、楚昭景屈及諸功臣家於長陵，後世世徙吏二千石，高貲（資）富人及豪桀并兼之家於諸陵，蓋亦以強幹弱枝，非獨謂奉山園也。」師古注引如淳：「《黃圖》謂陵冢為山。」《水經注・渭水三》：「秦名天子冢曰山，漢曰陵，故通曰山陵。」❹故以次第為氏 次第謂先後批次，所遷非一次，每次非一家，倫家以第五批遷來而得姓。《風俗通義》有「第八氏」，云：「亦齊諸田之後，田廣弟田英為第八門，因氏焉。」王莽時有講學大夫第八矯。」❺介然有義行 介然，耿直；高潔。義行，忠義或節義的品行。《東觀漢記》：「時米萬錢，人相食，倫獨收養孤兄子、外孫，分糧共食，死生相守，鄉里以此賢之。」❻宗族閭里爭往附之 《爾雅・釋親》：「父之黨為宗族。」閭里，街巷。此謂同宗同族和平時居住在一起之街坊鄰居。附，歸向；依靠。❼營壁 營，環繞。壁，堡壘。❽輒奮厲 輒，總是。奮厲，激勵奮發。厲，同「勵」。❾引彊持滿 拉強弓搭上箭待發射。彊，同「強」。古之弓，其強弱以石為單位計算。《荀子・議兵》：「魏之武卒持十二石之弩。」❿銅馬句 王莽末年，各地農民起事，銅馬為其一支，首領有東山荒禿、上淮況等，活動於河北一帶。另一支赤眉起於山東莒縣，其首領為樊崇，以赤色染眉而得名，攻入關中，立劉盆子為帝，所過殘破，故有攻倫之事。後皆敗降於光武。輩，撥；夥。⓫倫始以句 營長，營壘之首領。詣，往訪。王莽天鳳元年，據《周官》之文改變官名，以郡守為大尹，改京兆尹為西都京兆郡，此郡尹即西都京兆大尹。鮮于裦，本書〈陰興傳〉作鮮于裒。裒，在寬博意義上可讀裦，故通用。裦，上谷郡人。⓬異之 奇其非常人。⓭署 委任；任命。⓮坐事左轉高唐令 坐事，因事犯罪。左轉，貶官；降職。古以右為上，故左為下降。高唐，王莽河平郡屬縣，治所在今山東禹城東。王莽始建國元年改縣令、長曰宰，此仍漢舊名。令、縣行政長官，秦漢萬戶以上稱令，不滿萬戶稱長。⓯訣 告別。《東觀漢記》：「倫步擔往候（拜訪）之，留十餘日，將倫上堂。令妻子出相對，以屬（囑）託焉。」⓰鄉嗇夫 漢代大抵十里一亭，十亭一鄉，嗇夫為鄉官之一，其職為聽訟、收賦稅，其治善者可補太守卒史。《續漢書・百官志》：「其鄉小者置嗇夫一人，皆主知民善惡，為役先後，知民貧富，為賦多少，平其差品。」⓱平傜賦 傜，同「徭」。謂徭役。漢代徭役主要是從事大型工程（如築城、修宮殿）和戍邊，不能親往者可以出錢僱人代行其事。賦，是按人口所徵之軍需。《漢書・食貨志》：「賦共（供）車馬甲兵士徒之役，充實府庫賜與之用。」《漢舊儀》：「民年十五以上至五十六出錢，人百二十為一算，為治庫兵車馬。」平，平衡其等差。⓲理怨結 結，猶繩結，謂結怨之根源。理，理順；解開。⓳久宦不達 宦，為官。達，發達；亨通。⓴客河東居外鄉謁客。河東，郡名。治所在安邑（今山西夏縣東北），轄境相當今山西沁水以西、霍山以南地區。㉑自稱王伯齊　蓋效法周伯夷、叔齊隱居，不食王莽祿粟。㉒太原上黨　二郡名。太原郡，治所在晉陽（今山西太原）。上黨郡，治所在長子（今山西長子西）。㉓糞除　打掃。㉔陌上號為道士　陌，泛指道路。《風俗通義》：「南北曰阡，東西曰陌。」道士，道德高尚之士。㉕京兆尹閻興　《續漢書·百官志》：「京都置尹一人，二千石。」京兆尹相當於郡，郡曰太守，京師曰尹。晉諱「師」，改京師為京都。《續漢書·天文志》言光武十二年閻興為騎都尉，軍下曲陽、臨平、呼沱（即今滹沱河）以備匈奴。㉖主簿　《續漢書·百官志》，司隸校尉「主簿錄閤下事省文書」，閤下謂本官署中。丞相府、衛尉、大鴻臚、太常、光祿勳皆有主簿，職司與司隸校尉主簿略同。與召倫則為郡國之主簿。㉗鑄錢多姦巧　姦，今「奸」字，此指盜鑄錢。巧，偽。此指所鑄錢輕薄。㉘掾　京兆尹署中分管某一方面的主官，倫為督察鑄錢事。㉙領長安市　領，管轄。市，市場交易。㉚平銓衡正斗斛　《漢書·王莽傳》：「銓，權也。」權，稱（秤）垂（今俗寫作鉈）。衡，平。謂稱桿。銓衡，泛指衡器。斗斛，量器。十升一斗，十斗一石，亦稱一斛。正、平同義，即按朝廷頒布之標準校正其誤差，使其均平，做到公平交易。㉛市無阿枉　阿枉，偏私不公正。《東觀漢記》曰：「時長安市未有秩（秩，俸祿。漢代百石以上為有秩。證知倫為斗食小吏。），又鑄錢官姦軌所集，無能整齊理之者。興署倫督鑄錢掾，領長安市，其後小人爭訟，皆云『第五掾所平，市無姦枉』。」㉜詔書　皇帝頒發的命令。《漢官解詁》：「帝之下書有四：一曰策書，二曰制書，三曰詔書，四曰誡勑。詔書者，詔，告也，其文曰告某官云如故事。」㉝聖主　聖，通。《書·洪範》：「睿作聖。」傳：「於事無所不通謂之聖。」㉞一見決矣　據下文，謂能與聖主一見，肯定能說動他。暗含光武從諫如流之意。㉟等輩　同僚，同輩。㊱爾說將尚不下　華嶠《後漢書》曰：「蓋延代鮮于裒為馮翊，多非法。倫數切諫，延恨之，故滯不得舉。」將，謂郡將，即郡守。本書〈皇甫規傳〉李賢注：「郡將，郡守也。」《漢書·嚴延年傳》顏師古注：「謂郡守為郡將者，以其兼領武事也。」蓋延為馮翊。馮翊，三輔之一，亦相當郡，故稱郡將。下，謂說服。㊲動萬乘　周制，天子地方千里，能出兵車萬乘，因稱天子為萬乘。動，說動；聽勸說後信從其言。㊳道不同故耳　《論語·衛靈公》：「道不同不相為謀。」此截取其上半句，道指志趣或政治主張。耳，「而已」的合音字。㊴建武二十七年　西元五一年。建武，東漢開國皇帝光武帝的年號。建武年號共三十二年。㊵舉孝廉　舉，察其名行而舉薦之。孝廉之舉始於西漢，起初孝與廉分為二科，至後漢則合併為一科。孝廉按各郡人口之多少推舉。《續漢書·百官志》：「郡太守舉孝廉，郡口二十萬舉一人。」郡守不舉孝廉要受到懲罰。漢武帝時奏議：「不舉孝，不奉詔，當以不敬論；不察廉，不勝任也，當免。」漢代得人材之多以孝廉為最盛。㊶補淮陽國醫工長　補，補充原來缺位的官員。淮陽國，光武帝之子劉延之封國。治所在今河南淮陽。王國與郡平行，故又統稱郡國。王國與郡不同處，國王可世襲，郡守不能世襲。國王衣租食稅，不治民，由朝廷任命之國相治理國政，導王向善，並監督國王。《續漢書・百官志》：「醫工長主醫藥，比四百石。」㊷隨王之國　淮陽王劉延就國在建武二十八年，則倫舉孝廉之次年往淮陽國。之，往。㊸酬對政道　答對為政之道。酬，答。㊹箒婦公　箒，同「榜」。從竹從木同義。用棍棒打人。《廣雅・釋親》：「公，父也。」婦公，妻之父，即岳父。㊺過從兄飯　過飯，前往人家吃飯。從兄，堂兄，同祖父之伯叔之子比自己年長者。㊻寧有之邪　寧，豈；難道。邪，亦作耶。疑未定之詞，猶今言「嗎」。㊼妄過人食　妄，隨意；輕易。華嶠《後漢書》曰：「上復曰：『聞卿為市掾，人有遺（贈）母一笥餅者。卿從外來見之，奪母笥，探口中餅，信乎？』倫對曰：『實無此。眾人以臣愚蔽，故為生是語也。』」㊽扶夷　亦作「夫夷」。縣名。屬長沙郡。治所在今湖南新寧東北。㊾追拜會稽太守　追拜，收回前命改封新職。會稽，郡名。治所在山陰（今浙江紹興）。太守為一郡之行政長官，秩二千石，故又稱太守為二千石。《續漢書・百官志》：「凡郡國皆掌治民，進賢勸功，決訟檢姦，常以春行所主縣，勸民農桑，振救乏絕，秋冬遣無害吏案訊諸囚，平其辠（罪）法，論課殿最，歲盡遣吏上計。」㊿二千石　二千石為太守的秩俸，實際俸祿為每月一百二十斛，全年一四四〇斛，不足二千石之數，其俸一半給穀，一半折價給錢。石，在此讀ㄕˊ，不讀ㄉㄢˋ，本書〈王符傳〉載時人語：「徒見二千石，不如一縫掖。」時人語皆韻語，此石與掖為韻，足見石之不讀ㄉㄢˋ音。黃侃《讀〈集韻〉證俗語》：「一石穀適可一擔擔之，因謂之一擔，俗人徑讀石為擔，如二千石亦讀二千擔則繆（謬）也。」(51)斬芻　芻，本義為割草。《說文》：「芻，刈草也。」後為牧草之通稱，故此芻上加動詞斬，斬亦割刈之義。(52)執炊爨　用柴燒火做飯。爨，灶，又為炊。《周禮・外饔》鄭玄注：「爨，今之竈。」《廣雅・釋言》：「爨，炊也。」是炊、爨同義。執，操作；從事。(53)裁　通「纔」。今通作「才」。僅僅。(54)賤貿與民之貧羸者　貿，《說文》：「易財也。」交換，兼買賣二義，此謂賤賣。羸，瘦弱。(55)淫祀　淫，濫；過分。《禮記・曲禮》：「非其所祭而祭之曰淫祀。」或其神不在祀典，或超越自己的身分而祀皆為淫祀。(56)卜筮　卜，對龜甲鑽鑿灼燒後所呈現的紋理問吉凶。筮，用蓍草莖以求問神明。《易・繫辭上》：「探賾索隱，鉤深致遠，以定天下之吉凶，成天下之亹亹（勉勵前進）者，莫大乎蓍龜。」蓍龜，即此之卜筮。古人遇事舉棋不定時，以卜筮決定自己的行動。(57)以牛祭神　以牛為祭神之犧牲，祭後或沉於水或埋於土。(58)困匱　貧窮。(59)薦祠　薦，進奉。祠，同「祀」。祭祀。(60)郡將　郡中太守之下有都尉，掌佐守典武職甲卒。建武六年，省諸郡都尉，併職太守，無都試之役，故太守亦稱郡將。(61)移書屬縣　發送公文布告到所管轄之縣。(62)案論　審訊治罪。(63)祝詛　祝告鬼神使加禍於他人。(64)百姓以安　以安，因此而得以安定。沈欽韓云：「董昆，字文通，餘姚人。清約守貧，茹菜不厭

（飽），郡守第五府君嘉其令名，署上計吏，舉察孝廉，為天下之最也。」是倫除巫祝又為政多善。(65)永平五年　西元六二年。永平，東漢明帝年號。(66)坐法徵　因犯法而被追究。徵，徵召。(67)攀車叩馬　叩，同「扣」。謂拉住馬、勒馬。攀，亦拉住之義。(68)嗁　同「啼」。(69)亭舍　漢代基層組織十里一亭，亭有舍，可供行旅之人休宿。(70)陰　暗暗地；偷偷地。(71)詣廷尉　詣，往投。廷尉，秩中二千石。《續漢書．百官志》：「掌平獄奏當所應，凡郡國讞疑罪，皆處當以報。」廷尉有詔獄（關押欽犯的監獄）。此廷尉即指廷尉獄。(72)守闕　守候於宮門。闕，本指王宮之門兩旁起高臺，中間闕（缺）而為行道。泛指門。(73)顯宗方案梁松事　顯宗，東漢明帝廟號。《史記．孝文帝本紀》：「蓋聞古者祖有功而宗有德。」裴駰《集解》引應劭：「始取天下者為祖，高帝稱高祖是也。始治天下者為宗，文帝稱太宗是也。」於東漢則光武帝廟號為世祖，明帝以下皆稱宗（短祚無廟號者除外）。伏波將軍馬援以老邁之身南征五溪蠻，因天氣炎熱，謹慎進軍，人誣其坐失戰機，明帝使梁松前去責問，時援已卒於軍，松因事陷害援，明帝追收援新息侯印綬。適得援誡子姪書，帝大悟，下梁松獄案罪。(74)訟　訴不平，為人辯冤。(75)患　擔憂。(76)公車　官署名。為衛尉下屬機構，設公車令，掌管宮殿司馬門之警衛，有上書者經此接待處理。(77)會帝幸廷尉錄囚徒　會，適逢。皇帝所至曰幸。錄，甄別。(78)交通人物　交通，交往；往來。人物，他人。(79)拜為宕渠令　拜，授官。宕渠，縣名。巴郡屬縣。治所在今四川渠縣東北。(80)顯拔鄉佐玄賀　顯揚並加以提拔。鄉佐，鄉中小吏，主民，收賦稅。玄賀，字文和，宕渠人。(81)賀後為九江二句　九江，郡名。治所在陰陵（今安徽壽縣）。沛，封國名。治所在相縣（今安徽宿縣東北）。郡與王國平級，太守與國相秩皆二千石，一般連稱為「郡國守相」，亦可統稱為郡守。《東觀漢記》：「賀為九江太守，行（視察）縣賫持乾糒，但就溫湯而已。」是其清潔。絜，同「潔」。(82)大司農　九卿之一，秩中二千石。《續漢書．百官志》：「掌諸錢穀金帛諸貨幣，郡國四時上月旦見（現）錢穀簿，其逋未畢各具別之。邊郡諸官請調度者，皆為報給，損多益寡，取相給足。」(83)倫在職四年二句　按此云「在職四年」，在蜀郡守任上為七年而至肅宗初年，共為十一年，明帝永平共十八年，永平五年被免罪歸里，則在家二年後又被起用，但不知在何職四年。遷，有改任和陞任二義，因其前在職不能確定，遷字之義亦待確定。蜀郡，治所在成都（今四川成都）。(84)掾史家貲多至千萬　掾史，皆官名。自三公府至各郡縣皆置掾史，分曹治事，多由長官自行辟舉。在郡縣諸曹中，主官稱掾，副職稱史。貲，同「資」。東漢行五銖錢，千萬謂千萬個五銖錢。(85)怒馬　謂馬之肥壯，其氣憤怒也。(86)財貨自達　財貨同義，均包括錢和物在內。自達，自求發達。(87)簡　選擇。(88)賕　受賄枉法。(89)九卿　朝廷的九種高級官職，其名為太常、光祿勳、衛尉、太僕、廷尉、大鴻臚、宗正、大司農、少府，各設卿一人為該機構最高長官，故曰九卿。卿秩皆中二千石，故「中二千石」用為九卿之代稱。(90)二千石　官員的秩俸名稱。其中又分中二千石、真二千石、二千石、比二千石。其實俸各有等差。《漢書・宣帝紀》顏師古注：「中，滿也。」

91知人　能鑑察人之品德才能。《書・皋陶謨》：「知人則哲。」哲，智。謂知人者有智慧。

92視事　在職任上辦理政事。

93肅宗　東漢章帝劉炟的廟號。

94擢自遠郡　擢，提升。蜀郡在今四川境內，距京師雒陽（今河南洛陽）三千一百里，故稱遠郡。

95代牟融為司空　牟融，字子優，北海郡安丘（今山東安丘）人。司徒舉茂（秀）才而為豐（今江蘇豐縣）令，後歷任司隸校尉、大司農、司空、太尉等職，所在皆有政績。肅宗即位，擢第五倫為司空。《華陽國志》：「漢中趙瑤自扶風太守徙蜀郡，司空張溫謂之曰：昔第五伯魚自蜀為司空，今掃吾第以待足下矣。」可見當時第五倫自蜀郡太守陞為司空傳為嘉話。司空，三公之一，秩萬石，《漢書・百官公卿表》顏師古解題：「漢制，三公號稱萬石，其俸月各三百五十斛穀。」主管水土工程，凡營造城郭、修河堤、浚河道等事則議其利害，規劃工程用度，並監督考核郡國水土工程。國有大事，與太尉、司徒共議。

96明德太后　即明帝馬皇后，伏波將軍馬援之女。肅宗即位，尊為皇太后。率身儉素，不欲尊崇外家，多次阻止馬氏兄弟封侯。

97舅氏馬廖　舅氏，即舅。《詩・渭陽・序》孔穎達疏：「謂舅為氏者，以舅之與甥氏姓必異，故書傳通謂為舅氏。」馬廖，明德太后之兄，字敬仲。明帝崩，受遺詔典門禁為衛尉。一生不愛權勢，章帝屢請封侯，太后不許。不得已於建初四年受封順陽侯。

98兄弟並居職任　馬援四子：廖、防、光、客卿，客卿早夭。防、光俱拜黃門侍郎。肅宗即位，拜防中郎將，稍遷城門校尉，平保塞羌還，拜車騎將軍，貴寵勢盛，與九卿絕席，後封潁陽侯。光遷執金吾，封許陽侯。兄弟貴盛，資產巨億。

99廖等傾身交結二句　廖弟防、光，賓客奔湊，四方畢至，京兆杜篤之徒數百人，常為食客，居門下。傾身，傾其全力。交結，結納，不正當的交往。趣，同「趨」。

100后族　皇后的娘家人。此指馬太后娘家人。

101疏　把上奏的內容條理分明地寫清楚。

102不勝愚狷　勝，盡。狷，耿直；固執。《國語・楚語下》韋昭注：「狷者，直己之志不從人也。」本書〈陰興傳〉李賢注：「狷，疾也。」愚狷謂不敏而性直，此為謙辭。

103昧死自表　昧死，冒著死罪的危險。自表，上章表陳述自己的意見。

104書曰四句　《尚書・洪範》語。謂君獨攬大權，臣不得攬權，否則將於其家有害，其國有凶。〈洪範〉原文為「惟辟（君）作福，惟辟作威，惟辟玉食。臣無有作福作威玉食，臣之有作福作威玉食，其害于而家，凶于而國」。鄭康成注：「作福，專慶賞也；作威，專刑罰也。」古人引書不甚嚴格按照原文，有時以意刪節，此雖刪去「臣之有作福作威」句，不害其文義，以現代行文衡量當有「否則」一詞代替刪去之文。

105傳曰三句　《禮記・檀弓上》：「古之大夫束脩之禮不出竟（境）。」鄭玄注：「以其不外交。」束脩，十條乾肉，為古時一般饋贈之禮物。謂雖薄禮之贈亦不得行。大夫，周代在國君之下分卿、大夫、士三等，後因以大夫為在官職者之稱。清趙翼《廿二史箚記・各史例目異同》：「古書凡記事、立論及解經者皆謂之傳。」不限於《春秋》三傳，故此引《禮記》之文亦稱「傳曰」。106近代光烈皇后　光烈皇后，光武帝皇后陰麗華之謚號。漢世皇后無謚，皆因帝謚以為稱，如漢高帝皇后稱高后，明帝始建光烈之稱號，以德配號。光烈皇后年輕貌美，光武曾言：「仕宦當作執金吾，娶妻當得陰麗華。」因娶之，為帝後以為貴人，郭皇后廢，乃立為皇后。后在位恭儉，性仁孝，多矜慈。近代，近唐諱而改。《後漢書》，避世。李賢注。107友愛天至　友愛，兄弟間之愛。《書・康誥》孔穎達疏：「善兄弟曰友。」天至，天生而成，即天性。108陰就　光烈皇后之弟，性剛傲，不得眾譽。明帝時為少府卿，封新陽侯。其子殺妻酈邑公主，被誅，就自殺，國除。109徙廢陰興賓客　興字君陵，光烈皇后弟。從光武征伐，爵關內侯，推讓不肯加封，後為衛尉，受顧命於雲臺。本傳（附在〈陰識傳〉）稱其「雖好施接客，然門無俠客」。〈皇后紀〉亦不言光烈皇后徙廢陰興賓客事，此文可補二紀傳之闕。110梁竇之家四句　梁謂梁松，松尚光武女舞陰長公主，為虎賁中郎將，光武崩，受遺詔輔政。明帝時為太僕，因私相請託被免官，後因誹謗馬援，下獄死。竇謂竇融，以從光武帝征隗囂封安豐侯，而至三公，尊崇無比。子孫縱誕多不法，長子穆等交往輕薄，囑託郡縣，干亂政事，後與其子俱死獄中。111洛中　京師。112譬　曉喻。113戴盆望天二句　司馬遷〈報任少卿書〉李善注：「言人戴盆則不得望天，望天則不得戴盆，事不可兼施。」114臧　同「贓」。115書諸紳帶　書於帶上永誌不忘。紳帶，官員束腰大帶，一端下垂。諸，「之乎」的合音字。116為言　藉口；話題。117竊聞衛尉廖句　竊聞，我聽說。謙辭。衛尉，九卿之一，掌宮門衛士，宮中徼巡（巡邏）事。廖，馬廖，馬援子。本傳：「顯宗崩，受遺詔典掌門禁，遂代趙熹為衛尉，肅宗甚尊重之。」布帛長四丈為匹。118城門校尉句　城門校尉，秩比二千石，掌雒陽城門十二所。防，馬防，馬援子。本傳：「肅宗即位，拜防中郎將，稍遷城門校尉。」東漢行五銖錢，錢面鑄「五銖」二字，重如其文。119私贍三輔衣冠　贍，賙濟。西漢以京兆尹、左馮翊、右扶風為三輔，東漢仍其舊稱。衣冠，古代士以上戴冠，故用作士大夫的代稱。120臘日　南朝梁宗懍《荊楚歲時記》：「十二月八日為臘日。」今俗曰臘八日。《禮記・月令》孔穎達疏：「臘，獵也，謂獵取禽獸以祭先祖五祀也。」121越騎校尉光　越騎校尉，秩比二千石，掌宿衛兵。光，馬光，馬援子。明帝時為黃門侍郎，章帝時為越騎校尉，遷執金吾。122用　殺牲以祭神鬼。123斛　東漢斛小，據出土東漢實物測量，每斛容二萬毫升。124斤　據陝西扶風出土東漢銅權實測，一斤二百二十克。125不應經義　應，符合。經義，經典的本義。《詩》、《書》、《易》、《禮》、《春秋》等稱為經，朝廷議政、斷獄往往引經義為據。126惶恐不敢不以聞　臣下上奏章，於奏章開頭或結尾處常用「誠惶誠恐，頓首死罪」等語。惶，恐懼。聞，讓皇帝知道。127陛下　陛，臺階。蔡邕《獨斷》：「陛下者，陛，階也，所由升堂也。……群臣與天子言，不敢指斥天子，故呼在陛下者告之，因卑達尊之意也。」他如稱殿下、閣下亦此類。128宜所以安之　王先謙《集解》謂宜下當有「思」字，是。(129)裁蒙　裁，僅也。僅借為謹，恭敬。蒙，承蒙。敬辭。(130)及馬防為車騎將軍二句　據本書〈章帝紀〉，建初二年馬防以行車騎將軍征西羌。行，代理。羌平返朝才即真，為車騎將軍。將軍不常置，掌征伐背叛，事訖即罷。車騎將軍秩比三公。金城、隴西等郡入塞之羌統稱為西羌。(131)職事　任以實職。(132)繩　制裁。(133)私以親則違憲　《儀禮・燕禮》鄭玄注：「私謂獨有恩厚也。」憲，國法。(134)伏　敬辭。劉淇《助字辨略》：「伏者，以卑承尊之辭也。」(135)至孝　極孝。漢以孝治天下，謚號上加「孝」字，如孝文帝、孝明帝，故以為辭。(136)恐卒有纖介二句　卒，通「猝」。突然。介，同「芥」。纖介：細小之事。特指小的過錯。李賢注：「恐卒然有小過，愛而不罰則廢法也。」(137)杜篤為從事中郎　杜篤，字季雅，京兆杜陵（今陝西西安）人，本書〈文苑傳〉載其〈論都賦〉一篇。其妹適馬防。防擊西羌，以篤為從事中郎，戰沒。將軍屬下有從事中郎，秩六百石，職參謀議。(138)篤為鄉里所廢　篤，杜篤。本傳：「篤博學，不修小節，不為鄉人所禮。居美陽，與美陽令游，數從請託，不諧，頗相恨，令怨，收篤送京師。」因作吳漢誄而得免刑。(139)美陽　縣名。治所在今陝西武功西北。(140)在所　所在。(141)收繫論之　論謂論罪。此事本傳在光武朝居美陽時，倫自後追議之。(142)咸致疑怪　咸，皆。致，表示。疑怪，詫異；奇怪。(143)從事　即前所任從事中郎，此不具體指某官，而謂僚屬。(144)今宜為選賢能二句　將軍府掾屬可自置，故倫有此議。(145)事望　名聲。(146)苟有所懷　苟，如果。懷，思。(147)敢不自聞　敢，不敢；豈敢。自，當為目，形近而誤。目，古「以」字。(148)峭直　嚴厲而剛直。(149)常疾俗吏苛刻　疾，痛恨。苛刻，嚴厲刻薄。華嶠《後漢書》：「倫常以中興以來二主好吏治，俗尚苛刻，政化之本宜先以寬和。」(150)三公　太尉公、司徒公、司空公為三公，一般稱太尉、司徒、司空，是輔佐皇帝的最高官職。(151)值帝長者　值，恰逢。長者，德高望重之人。《韓非子・詭使》：「重厚自尊，謂之長者。」(152)勸成風德　勸，獎勵。風德，風化。(153)躬天然之德　躬，身。德，本性。(154)體晏晏之姿　體，身。《爾雅》：「晏晏，溫和也。」晏晏，他書或作「安安」，義同。(155)臨　治理；統治。(156)出入　朝廷內外。此指在朝秉政。(157)前歲誅刺史句　前歲，去年。刺史，建武十八年全國分十三州，每州設刺史一人，其一州屬司隸校尉，諸州常以八月巡行所部郡國，錄囚徒，考殿最。《東觀漢記》：「去年伏誅者，刺史一人，太守三人，減死罪二人，凡六人。」(158)鑒　照察；審辨。(159)政急　為政嚴酷。(160)俗敝　風俗敗壞。(161)餘　末。(162)因　沿襲。(163)郡國所舉二句　舉，推舉。亦曰察，由郡國守相察舉所轄區域內符合科目的人供朝廷委任。大郡口五六十萬舉孝廉二人，小郡口二十萬並有蠻夷者亦舉二人。郡口二十萬舉一人。孝廉可以直接補官。〈章帝紀〉：建初元年，「初舉孝廉、郎中寬博有謀，任典城者，以補長、相。」類，大抵。辨職，只知死守規定，不知變通。辨，「辦」的本字。置備。(164)殊　甚；很。(165)陳留　縣名。即今河南開封。(166)冠軍　縣名。治所在今河南鄧州東北。(167)臨人

宰邑　人，民字，唐避太宗諱改。宰邑，主宰一縣。邑，縣之別稱。(168)宜譴舉者　惠棟云：「宜當作並。」應劭《漢官儀》：「丞相故事，四科辟召及刺史二千石察舉茂才尤異者，孝廉、廉吏，務盡實覈，有非其人。臨計過罯不便習曹事者，書疏不端正不如詔書，有司奏罪名，并正舉者。」譴，追究責任，即「正舉者」。(169)王主　諸侯王之女。《漢書・成帝紀》顏師古注引張晏：「天子女曰公主，王主，王女也。」王自主婚故曰王主。(170)其身不正二句　《論語・子路》：「其身正，不令而行，其身不正，雖令不從。」此節引其下句。從，信從；聽從。(171)訟　爭，相爭競而不信從。(172)陰陽和歲乃豐　古人以為天地間有陰陽二氣，二氣和合則風調雨順，年景便好。歲，收成。(173)拜除京師句　拜、除均指授予官職。《漢書・景帝紀》顏師古注引如淳曰：「凡言除者，除故官就新官也。」是其異。道出，路過。(174)報　朝廷對上書的回答。(175)在寬　《尚書・舜典》：「敬敷五教，五教在寬。」示胸懷寬廣，寬則得眾心。(176)諸馬得罪歸國　太后馬氏崩，諸馬失勢，馬廖不能教勒子孫。子馬豫投書怨謗，馬光奢侈好樹黨與，建初八年，有司奏免豫、廖、防、光就封國，豫隨廖歸國。(177)竇氏始貴　竇融以平隗囂功拜冀州牧，遷大司空，加特進兼領將作大匠，長子穆尚內黃公主，為城門校尉，穆子勳尚東海恭王彊女沘陽公主。融弟友為城門校尉，子固亦尚光武女涅陽公主。顯宗即位，以融從兄子林為護羌都尉。竇氏一公、兩侯、三公主、四二千石，皆相與並時，自祖及孫，官府邸第相望京邑，奴婢以千數，於親戚功臣中莫與為比。(178)輔弼　輔佐。(179)駑怯　無能而懦弱。(180)拘迫　束縛；限制。(181)策厲　鞭策砥礪。厲，同「礪」。(182)危言　李賢注引《論語》曰：「邦有道，危言危行，邦無道，危行言遜。」鄭玄云：「危猶高也。」據時高言高行必見危，故以為諭也。(183)百王　歷代帝王。(184)文巧　文飾而巧詐。(185)虎賁中郎將竇憲　虎賁中郎將，比二千石，光祿勳屬官，主虎賁宿衛。虎賁（同奔），如虎之猛也。竇憲字伯度，竇融弟勳之子。建初二年，其女弟為章帝皇后，自征匈奴還，拜為大將軍，其父子兄弟並居列位充滿朝廷，多行非法，被誅。(186)椒房　李賢注：后妃所居以椒塗壁，取其繁衍多子，故曰椒房。(187)典司禁兵　憲弟景為執金吾，弟瓌為光祿勳，典禁兵，守宮門。(188)省闥　省，禁中。闥，門。謂宮門。(189)瑕釁禁錮　瑕，汙點。釁，罪過。禁錮，看管。(190)士大夫　指為官者。《周禮・考工記序》：「坐而論道謂之三公，作而行之謂之士大夫。」作而行謂居職任事。(191)販賣　本謂買進賣出以獲利。此謂出進竇氏之門以求利。(192)眾喣飄山二句　喣，吹氣。二句語意相同，喻眾微而成大。此二語出自《漢書》中山靖王劉勝之口，《漢書》飄作「漂」，王先謙《補注》引劉奉世解為「喣，吐沫也」，各隨文作解，不必求同。(193)驕佚　驕傲放蕩。(194)酲　酒醉後神志不清。(195)詖險　諂佞險惡。(196)中宮嚴勑　皇后所居宮曰中宮，因以中宮指皇后。勑，「敕」的異體字，同「飭」。管束；整理。亦自上命下之辭。(197)盡節　竭盡全力保持為臣的節操。(198)依違　沒有主見，人云亦云。(199)叱遣　喝斥令其出去。(200)吏人奏記及便宜者　奏記，向公府陳述意見的文書。便宜，有利於國家，合乎時宜的事。201質愨　誠愨樸實。202方之前朝貢禹　方，比擬。前朝，本朝前面的朝代，此指西漢。王莽所建立的新朝，當作不是正統的帝位（稱作閏位），故不計算在內。貢禹，字少翁，琅邪郡人，以明經潔行著聞，歷任諫大夫、御史大夫。元帝時，多次上書抨擊武帝征討匈奴的政策，並建議減輕賦稅徭役。《漢書》有傳。203蘊藉　寬厚而有涵養。204威儀　莊重的儀容舉止。205見輕　被人看輕。206公　對人的敬稱。對尊長、對平輩、上對下均可用，按之此文當是對平輩言。207千里馬　日行千里的駿馬。208三公有所選舉　建武十二年，詔三公舉茂才各一人，廉吏各二人。《漢官儀》：「丞相故事，四科取士，一曰德行高妙，志節清白；二曰學通行修，經中博士；三曰明達法令，足以決疑，能案章覆問，文中御史；四曰剛毅多略，遭事不惑，明足以決，才任三輔令，皆有孝悌廉公之行。」209乞身　古人做官認為是委身於君上，故謂辭職為乞身。210元和三年　西元八六年。元和，東漢章帝年號。211策　古時文字寫在竹木片上，單片曰簡，連綴多片為策，此謂皇帝所下文書。212奉　同「俸」。俸祿。213區　住宅。《漢書・食貨志》顏師古注引如淳說：「居處所在為區。」今謂住宅一處或一所為一區。214祕器　皇室、顯官斂屍之棺木。漢設東園官署主掌陵墓內器物，故稱東園祕器。《漢書・佞幸傳・董賢》顏師古注引《漢官儀》：「東園祕器作棺梓，素木長二丈，崇廣四尺。」215錢布　即五銖錢。古時錢幣圓形曰錢，鏟形曰布，王莽時有錢幣之一種曰「大布黃千」，故錢布連文。216少子頡嗣　王先謙《後漢書集解》引劉攽說：「倫未嘗有爵，無緣言嗣，明多此一字。」217歷桂陽廬江南陽太守　桂陽，郡名。治所在郴縣（今湖南郴州）。南陽，郡名。治所在宛縣（今河南南陽）。廬江，郡名。治所在舒縣（今安徽廬江縣西）。218順帝之為太子廢也　順帝名劉保，永寧元年立為皇太子，大長秋江京、中常侍樊豐等搆陷太子，坐廢為濟陰王。219太中大夫　秩千石（《漢官》謂比二千石），掌議論。220太僕來歷句　太僕，九卿之一，掌天子車馬。來歷字伯珍，南陽郡新野（今河南新野）人，皇太子劉保被廢，來歷聯絡多人諫爭，被免官。順帝即位，遷衛尉、車騎將軍。221帝即位　中黃門孫程等十九人共斬江京等，迎濟陰王即皇帝位，是為順帝。222將作大匠　秩二千石，掌修作宗廟、路寢、宮室、陵園之土木工程。223曾孫　孫子之子。曾之義曰重，故民間曰重孫。李賢注引《三輔決錄注》曰：「頡字子陵，為郡功曹，州從事，公府辟舉高第，為侍御史，南頓令，桂陽、南陽、廬江三郡太守，諫議大夫。洛陽無主人，鄉里無田宅，客止靈臺中，或十日不炊。司隸校尉南陽左雄、太史令張衡、尚書廬江朱建、孟興皆與頡故舊，各致禮餉，頡終不受。」224論曰　《後漢書》作者范曄對本篇傳主的評論。其論言簡意賅，是本書的精彩部分。225峭覈　性格峻急，遇事好追根問底。覈，求實。226愷悌　平易近人。227惇惇　純厚。228將懲　將，豈。懲，鑑戒，謂改革前失。229以弦韋為佩　李賢注引《韓子》曰：「西門豹性急，佩韋以自緩；董安于性緩，佩弦以自急」也。各針對自己的弱點以自律。韋，柔皮。230僭　超越本分而使用在上者的職權。231偪　同「逼」。232牧圉等庸　牧圉，奴隸名。牧放牛馬之人。庸，同「用」。233詎非矯激　詎，如果。矯激，故作偏激。234中和　中正和平。《荀子・王制》楊倞注：「中和謂寬猛得中也。」

【語譯】第五倫，字伯魚，京兆長陵人。他的先祖是原來齊國的眾田氏。眾田氏被遷徙到漢帝陵墓所在地的很多，便以徙來的先後批次為姓氏。

2 第五倫少年時代便耿直有忠義的表現。王莽新朝的末年，盜賊紛紛起來，同族及鄰里都爭著投靠他。第五倫便據險固處建造堡壘環繞，如有賊來，便鼓勵眾人，持強弓拉滿弦準備抗擊賊人。銅馬、赤眉之眾前後幾十夥，都沒能攻下他的營壘。第五倫起初以營壘首領的身分往訪西都京兆大尹鮮于褒，鮮于褒見到他覺得這人非常人，就任命為吏。以後鮮于褒犯法降職為高唐縣令，臨走，握著第五倫的胳臂告別說：「這麼晚才相識，太遺憾了！」

3 第五倫後來為鄉官嗇夫，平均徭役軍賦，排解人們結的恩怨，得到人們的喜歡。自己感覺為官這麼長時間也不得高陞，便帶領家屬到河東郡去，改名換姓，自稱叫「王伯齊」，在太原和上黨二郡之間往來運鹽，他所經過之處總是打掃得乾乾淨淨才離開，一路所經都稱他為道德高尚之人，親朋好友也不知道他的下落。

4 又過了幾年，鮮于褒把第五倫推薦給京兆尹閻興，閻興立刻叫第五倫來做主簿。當時長安盜鑄銅錢大都輕薄，就任命第五倫為督鑄錢掾，掌管長安市場。第五倫對衡器、量器統統校正準確，使交易不得偏私，百姓都心悅誠服。第五倫每每讀到皇帝詔書，常常感歎道：「這真是聖明的君主，將來一旦面見他，肯定能採納我的主張。」同僚恥笑他道：「你遊說郡守尚且不能說服，哪裡能說動皇帝呢？」第五倫答道：「那是因為沒有遇到了解我的人，政見不同之故罷了。」

5 光武帝建武二十七年第五倫被舉薦為孝廉，補任為淮陽國醫工長，跟隨國王到了封國。光武帝召見他，覺得此人很不尋常。建武二十九年，隨從國王到京師朝賀，與隨從官吏得以見到皇帝。皇帝問他治政的方法，第五倫藉機回答治國的方略，皇帝非常滿意。第二天，又召他一人入宮，兩人一直說到天晚。皇帝開玩笑地問第五倫：「聽說你做小吏時棒打過你的岳父，還不吃堂兄家的飯，有這事嗎？」第五倫答道：「我三次娶的妻子都沒有父親。從小遇到饑饉荒亂，確實是不敢輕易吃別人家的飯。」光武帝大笑。第五倫出宮之後，發來詔書任命他為扶夷縣長。還沒有到任，改任為會稽太守。縱然做了太守，仍然親自鍘草餵馬，妻子上灶做飯，領到俸祿之後僅留一月的糧食，剩下的都賤價賣給貧困體弱的人們。會稽郡的風俗祭祀多枉濫，喜愛卜問鬼神，民間常常用牛祭神，百姓的財產因此而匱乏。那些自己吃牛肉而不用來奉祀的，得病將死時先作牛叫的聲音，前後幾任郡守不敢查禁。第五倫到任之後，向所轄各縣發出公文，明白地告訴百姓，若有巫祝假託鬼神恐嚇老老實實的民眾，一律依法追究。有膽敢殺牛的，官吏要即行處罰。開始人們很害怕，有的人詛咒胡說，第五倫追查得更緊，後來便絕跡了，百姓因而安居樂業。明帝永平五年，因犯法而被追究，父老無長幼拉住車馬，跟著車哭叫，一天只能走幾里路，走不開。第五倫便假裝停在亭舍裡，偷偷地乘船離去，大家發覺後又追上去。直至第五倫到了廷尉獄，吏民守在皇宮門口上書的有一千多人。這時明帝正在追查梁松陷害馬援的案子，也有許多為梁松鳴不平的。明帝很擔心，就下詔公車府所有為梁氏和會稽太守上書的不再接受。恰遇明帝到廷尉獄甄別囚徒，第五倫得以免罪回到家鄉。自己耕種田地，不與他人來往。

6 過了幾年，授第五倫為宕渠縣令，第五倫表彰並提拔鄉佐玄賀。玄賀以後當了九江郡和沛國二郡的守相，以清明廉潔著稱，為官之處教化興行，終其一生所做最大官職為大司農。

7 第五倫在任四年，遷為蜀郡太守。蜀郡地肥物豐，吏民家底富厚。各曹官吏家財多的上千萬錢，都是車飾鮮豔，馬肥氣盛，憑借個人財力求發達。第五倫挑選那些富有者全打發走，另選家貧人品好的安置在各曹任上，這樣一來，競相賄賂之風便煞住了，官吏作風得到改善。他所舉薦的官吏有許多位至九卿和郡守，當時都認為第五倫對人看得準。

8 第五倫在任七年，當章帝剛剛登極，便把第五倫從邊遠的蜀郡提拔上來，代替牟融擔任司空。章帝因為馬廖兄弟是明德太后的弟弟，特別尊敬舅父馬廖，兄弟幾人都任要職。馬廖弟兄拼命拉攏，官吏們也爭相投靠他。第五倫認為太后家人勢力太大，想讓朝廷削減他們的權力，便上奏章道：「我聽說盡忠不隱瞞自己的觀點，正直就不逃避迫害。我太愚鈍而性急，冒死上表自陳。《尚書》說：『作為大臣不要作威作福，否則其家將受害，其國將遭殃。』古書也說：『為官不許有職任以外的交往和一般禮物的饋贈。』近世光烈皇后盡管對兄弟有天生的友愛，終於使陰就回到他的封國，把陰興的賓客調離遣散；後來梁氏、竇氏二家仍然有違法之舉，明帝即位終於殺了不少。從此以後京師再沒有弄權逞威之家，寫書信託人行私完全絕跡。光烈皇后又明確告訴眾位娘家人：『挖空心思接納賓客，不如一心把你的封國治理好。頭戴瓦盆看天，一心二用，結果什麼也做不好。』我對這些話常常銘記在心，寫在腰帶上永誌不忘。但是現在有人議論，又把馬家的事重提。我聽說衛尉馬廖用三千匹布，城門校尉馬防用三百萬錢，私下賙濟三輔的官僚，不管認識不認識，都贈送。又聽說臘祭那一天，同樣饋贈在京師的官僚每人五千錢。越騎校尉馬光，臘祭用了三百隻羊、四百斛米、五千斤肉。我認為這麼做不符合經典本義。我以恐懼的心情，不敢不把這件事情向上報告。陛下內心想厚待他們，也應該想一想如何使他們安全。我現在說這些事，實在是想上盡忠陛下，下保全后家。敬請審察。」及至馬防為車騎將軍，馬上出征西羌，第五倫又上奏章道：「我認為貴戚可以封侯使其富有起來，不可以任以實職。為什麼呢？當他們犯法時，用法律制裁有傷親情，因是親人而施恩又違背國法，聽說馬防現在就要西征，我覺得太后仁慈，陛下極孝，恐怕萬一有些許過失，想愛護他們也愛護不成了。還聽說馬防任用杜篤為從事中郎，賞賜了許多財物。杜篤是個為鄉里所唾棄的人，住在美陽，其妹是馬防的妻子，藉著這種關係以交結人物。當地縣令恨其不守法度，將其拘押判罪。現在杜篤來到馬防的幕中，議起這件事的人都感到詫異，更何況還讓他任職，恐怕議論要牽連到朝廷。現在應該為馬防挑選賢德而能幹的人幫他辦事，不能再讓他自己挑選人，那樣會損害朝廷的聲望。我一旦有所思慮，不敢不上報。」皇帝對他的奏章一概不看，也不採納。

9　第五倫雖然自己嚴厲剛直，卻常痛恨才智平庸官吏的刻薄從事。到做了司空之後，正好皇帝又是寬厚自重的人，經常施行善政，第五倫便上章稱讚皇帝的美德，從而獎勸而形成好的社會風氣，其疏說：「陛下即位，身具天生之美德，又有溫和的態度，用寬弘大量之心治理下民，臨朝四年，去年誅除了刺史、郡守中貪婪殘暴者六人，這都是陛下英明的識鑑，不是眾臣能趕得上的。但是每下寬和之詔，而嚴苛之政沒有稍減，詔書要求力求節儉但奢侈之風不止，病根就在風俗的敗壞，群臣沒有做出相應的行動。光武帝沿續王莽的弊政，仍然用酷烈手段行政，後代沿襲下來，於是形成風氣。郡國所察舉的，大都是只會辦現成事的凡庸之吏，很少選出寬厚淵博之人能滿足朝廷要求的。陳留縣令劉豫、冠軍縣令駟協，都是用冷酷無情的手段治民宰縣，只想打人殺人，以酷暴為事，下吏和人民無奈埋怨，沒有不痛恨的。然而現今說話的人倒覺得他們能幹。違背天意，拋棄經典大義，實在不可不慎重對待。不僅應該判劉豫、駟協的罪，也應當連舉薦人一同責罰。必須引進仁愛賢能之人處理當下的政事，用不了多少人，風俗自然會改變。我曾閱讀書籍，知道秦朝因殘暴亡國，又親眼看到王莽法令苛刻而自取滅亡，我之所以盡心盡力，目的正在這裡。又聽說各王主貴戚驕慢奢侈過度，京師尚且如此，怎能給全國作榜樣？所以說：『自己身子立不正，縱然下令也沒人聽從。』用自己的行動來教育別人，人就順從，用嘴來教育別人，人就和你爭論起來。陰陽和合，年景就會豐收，君臣同心，教化就能收到成效。對於刺史、太守以下在京師授職和路過洛陽的，應該一律召見，可以藉此機會全面地了解各地情況，同時觀察這人的能力。那些上書言事有不合適的，可以只回答讓他回到故鄉，不要過分表現高興和憤怒，以表明陛下的胸懷寬廣。我拙笨，這些話不值得採納。」等到馬家諸人犯罪後回到封國，同時竇家開始尊貴，第五倫又上奏章說：「我能以才學疏淺之身充當輔佐朝廷的大任，本性無能而怯懦，位高爵重，限於為官本分，常思自我鞭策砥礪，雖遇萬死也不敢藉口死非其所，更何況我親身處在邦有道可以高言高行之世哩！現在繼承歷代的衰敗，民間盛行文飾巧詐，都跑上邪路，沒有能恪守正道的。我看到虎賁中郎將竇憲，是皇后的親屬，主管宮廷守衛，出入宮門，年輕有志氣，謙卑好善，這實在是他交好士人的條件。但是那些與貴戚常來往的，大都是有汙點罪過被看管過的人，最欠缺守信安貧的品德，官吏中無大志之人互相交結，都聚集在他的門下。眾人吹氣能飄起大山，蚊子聚在一起聲如驚雷，驕滿放蕩也許從這裡滋生出來。三輔議論的人，甚至說因為是貴戚而被看管，應當再用貴戚洗雪，好比解酒醉應當用酒一樣。諂佞險惡趨炎附勢之徒的確不可親近。我希望陛下和皇后對竇憲等人嚴加管束，使其閉門在家，不要胡亂與官員交往，在其未露苗頭時就加以防範，還沒有跡象時就進行處治，使竇憲永保幸福和爵祿，君臣相互融洽，沒有一點隔閡。這是我的最大願望。」

10 第五倫一心為公極盡為臣的節操，討論事情自有主見，從不人云亦云。兒子們有時勸止他，每每喝斥令其出去；吏民上奏的文書和好的建議，也一併加封上報皇帝。他的大公無私到這種程度。性格誠懇樸實，不善詞藻，為官以正直清白著稱，當時的人把他比作前朝的貢禹。不過他涵養差些，不注重儀容舉止，也因為這些被人看輕。有人問第五倫：「您有私心嗎？」他回答說：「從前有一個送給我一匹千里馬的人，我雖然沒有接受他的馬，三公每要舉薦人，心裡忘不了他，不過到底也沒有任用他。我的姪兒曾經有病，一晚上去看他十來次，回來就睡著了；我兒子有病，儘管我沒有去看他，可是徹夜睡不著。像這種表現，怎能說沒有私心呢？」因年老疾病幾次上疏辭職。元和三年，章帝賜下文書免官，以二千石的俸祿享受終身，額外賜錢五十萬、朝廷的住宅一所。幾年以後去世，活了八十多歲，有詔賞賜棺材、衣被和錢財。

11 第五倫最小的兒子叫第五頡，依次做過桂陽、廬江、南陽等郡太守，為官之處都受到稱頌。順帝為皇太子被廢時，第五頡為太中大夫，和太僕來歷等共同守在宮門固爭太子不可廢。順帝即位，提拔第五頡為將作大匠，終老於此任上。第五倫的重孫叫第五種。

12 史家評論說：第五倫性格峻急剛直，好追根問底，不是平易可親之人。看了他奏章的議論，樸樸實實，中心意思是寬和厚道，莫非有鑑於以前苛刻之弊害而使他如此嗎？前人有的佩帶弦，有的佩帶韋來約束自己的性格，第五倫大概與此相似。但是作為君子，奢侈不超越自己的身分，節儉也不把自己弄得和下屬一樣，難道治理千里之高官就像放牧牛馬之奴一樣的平庸嗎？若非故作偏激，也不能說是剛柔相濟啊。

1 種字興先，少厲志義，為吏，冠名州郡。永壽❶中，以司徒掾清詔使冀州❷，廉察❸災害，舉奏❹刺史、二千石以下，所刑免甚眾，棄官奔走者數十人。還，以奉使稱職，拜高密侯相❺。是時徐兗二州❻盜賊群輩，高密在二州之郊❼，種乃大儲糧稸❽，勤厲❾吏士，賊聞皆憚之，桴鼓❿不鳴，流民歸者，歲中至數千家。以能換為衛相⓫。

2 遷兗州刺史。中常侍單超兄子匡為濟陰太守⓬，負埶貪放。種欲收舉，未知所使。會聞從事衛羽素抗厲⓭，乃召羽具告⓮之。謂曰：「聞公不畏彊禦⓯，今欲相委以重事，若何？」對曰：「願庶幾於一割⓰。」羽出，遂馳至定陶，閉門收匡賓客親吏四十餘人，六七日中，糾發其臧⓱五六千萬。種即奏匡，并以劾超。匡窘迫，遣刺客刺羽。羽覺其姦，乃收繫客，具得情狀。州內震慄，朝廷嗟歎之。

3 是時太山⓲賊叔孫無忌等暴橫一境，州郡不能討。羽說種曰：「中國⓳安寧，忘戰日久，而太山險阻，寇猾不制。今雖有精兵，難以赴敵。羽請往譬降之。」種敬諾。羽乃往，備說禍福，無忌即帥⓴其黨與三千餘人降。單超積懷忿恨，遂以事陷種，竟坐徙朔方㉑。超外孫董援為朔方太守，稸怒以待之。初，種為衛相，以門下掾㉒孫斌賢，善遇之。及當徙斥㉓，斌具聞超謀，乃謂其友人同縣閭子直及高密甄子然曰：「蓋盜憎其主㉔，從來舊㉕矣。第五使君當投裔土㉖，而單超外屬為彼郡守㉗。夫危者易仆㉘，可為寒心。吾今方追使君，庶㉙免其難。若奉㉚使君以還，將以付子。」二人曰：「子其㉛行矣，是吾心也。」於是斌將俠客晨夜追種，及之於太原㉜，遮險格殺㉝送吏，因下馬與種，斌自步從。一日一夜行四百餘里，遂得脫歸。

4 種匿於閭、甄氏㉞數年，徐州從事臧旻㉟上書訟之曰：「臣聞士有忍死之辱，必有就事之計，故季布屈節於朱家㊱，管仲錯行於召忽㊲。此二臣以可死而不死者，非愛身於須臾，貪命於苟活；隱其智力，顧其權略㊳，庶幸逢時有所為耳。卒遭高帝之成業㊴，齊桓之興伯㊵，遺㊶其亡逃之行，赦其射鉤之讎㊷，拔於囚虜之中，信㊸其佐國之謀，勳效㊹傳於百世，君臣載於篇籍。假令二主紀過㊺於纖介，則此二臣同死於㊻犬馬，沈名㊼於溝壑，當何由得申其補過之功，建其奇奧之術㊽乎？伏見故兗州刺史第五種，傑然㊾自建，在鄉曲無苞苴之嫌㊿，步朝堂無擇言(51)之闕，天性疾惡，公方(52)不曲，故論者說清高(53)以種為上，序直士(54)以種為首。春秋之義(55)，選人所長，棄其所短，錄(56)其小善，除其大過。種所坐以盜賊公負(57)，筋力未就(58)，罪至徵徒，非有大惡。昔虞舜事親，大杖則走(59)。故種逃亡，苟全性命，冀有朱家之路(60)，以顯季布之會(61)。願陛下無遺須臾之恩，令種有持忠入地之恨。」會赦出，卒於家。

【章　旨】以上為所附第五倫曾孫〈第五種傳〉。記述第五種事甚為簡略，為司徒掾清詔舉奏刺史、二千石；為高密相，儲糧備賊；為兗州刺史，劾奏單超兄弟；派人說服太山盜投降，幾筆而已。當其被單超陷害流徙朔方，孫斌路上相救，臧旻上書為之訴冤，都寫得詳細生動，說理入微，從而自另一方面表現第五種之為人。史法不一，各隨事宜而書。

【注　釋】❶永壽　東漢桓帝年號，西元一五五—一五八年。❷以司徒掾清詔使冀州　《續漢書·百官志》：「司徒有掾屬三十一人。」清詔，李賢注引《風俗通》曰「汝南周勃辟太尉清詔，使荊州」，又此言以司徒清詔使冀州，蓋三公府有清詔員以承詔使也。本書〈范滂傳〉：「舉孝廉、光祿四行。時冀州饑荒，盜賊並起，乃以滂為清詔，使廉察之。」是光祿勳亦有清詔。衛宏《漢舊儀》謂丞相設四科之辟，各科中選者可以補官，以清詔使案問事，各以所職劾中二千石（九卿）以下。冀州，治所在高邑（今河北柏鄉北）。❸廉察　調查。廉，亦察義。❹舉奏　刺察其失而上奏之。❺高密侯相　《續漢書·郡國志》高密縣下注云「侯國」，列侯所食縣為侯國，列侯國置相一人，其秩與本縣同，主治民如令長，不臣於侯，僅納租於侯，以戶數為限。❻徐兗二州　徐州，治所在郯（今山東郯城）。兗州，治所在昌邑（今山東金鄉東北）。❼郊　交；際。《公羊傳·僖公三十一年》：「魯郊，非禮也。」何休注：「謂之郊者，天人相與交接之義。」《漢書·鄭當時傳》：「常置驛馬長安諸郊。」如淳注：「郊，交道四通處也。」據此，郊有交義。❽稸　同「蓄」。下「稸怒」同。❾勸厲　勸，慰問；勞勉。厲，同「勵」。鼓勵。❿桴鼓　警鼓。桴，通「枹」。鼓槌。⓫換為衛相　換，更任；調任。衛，公國。建武二年，封周後姬常為周承休公，改常為衛公，以為漢賓，在三公上。王者存二王（商、周）之後，使祭其始祖，行其正朔。⓬中常侍單超　中常侍，秩千石，宦者，常侍從皇帝左右，從入內宮，贊導宮內眾事，顧問應答。單超，河南（今河南洛陽）人，桓帝時為中常侍，五宦官共誅梁冀，亦同日封侯，單超封新豐侯。濟陰，郡名。治所在定陶（今山東定陶西北）。⓭抗厲　高尚而嚴正。⓮具告　全部告訴。⓯彊禦　豪強有權勢者。⓰庶幾於一割　庶幾，有幸。一割，用刀切割一次，喻事情一次辦成。本書〈班超傳〉：「昔魏絳列國大夫，尚能和輯諸戎，況臣奉大漢之威，而無鈆（鉛）刀一割之用乎？」為此文所本。⓱糾發其臧　糾、發同義，舉發；懲治。臧，同「贓」。⓲太山　即泰山，郡名。因境內有泰山而得名。治所在奉高（今山東泰安東南）。下文提「太山」即今泰山，在泰安北，周圍為山地和丘陵。⓳中國　地區名稱。在中國歷史的不同時期，所包括的範圍不同。此指中原地區。⓴帥　同「率」。率領。㉑徙朔方　徙，貶謫；流放。朔方，郡名。治所亦名朔方（今內蒙古杭錦旗北）。㉒門

下掾　州郡長官自選的屬吏，本書〈公孫述傳〉李賢注：「州郡有掾，皆自辟除之，常居門下，故以為號。」㉓徙斥　流放。斥，放。㉔盜憎其主　喻惡人恨直人。《左傳．魯成公十五年》：「伯宗妻戒之曰：『盜憎主人，民惡其上。』」㉕舊　久。

㉖第五使君當投裔土　漢時稱刺史為使君。裔土，邊遠荒瘠之地。㉗單超外屬為彼郡守　外屬，姑、姐妹和女兒的子女。姐妹之子女曰外甥，女兒之子女曰外孫，姑之子女曰表兄弟，表亦外也。此「單超外屬」，即前文「超外孫董援」。㉘危者易仆　危，高。仆，倒。此以物理現象比喻社會現象，本書〈黃瓊傳〉：「常聞語曰：嶢嶢者易缺，皦皦者易汙。」亦此意。㉙庶冀望。㉚奉　幫助；保全。㉛其　當；可以。㉜太原　郡名。治所在晉陽（今山西太原西南）。㉝遮險格殺　阻於險處擊殺。

㉞閭甄氏　謂閭家與甄家。氏，猶家。㉟徐州從事臧旻　《續漢書．百官志》：「部、郡國從事，每郡國各一人。主督促文書，察舉非法，皆州自辟除，故通為百石云。」部即州，故州又通稱州部。臧旻，廣陵郡射陽（今安徽山陽）人，靈帝熹平年間為楊州刺史，後為使匈奴中郎將，大敗，檻車徵入獄，贖為庶人。㊱季布屈節於朱家　《史記．季布欒布列傳》，季布，楚人，為任俠有名，為項羽將兵數窘漢王，高祖購求布千金，布匿濮陽周氏。聽周氏計，乃髡鉗布，置喪車中到魯朱家處賣之，朱家為置田舍，託人言於高祖，赦之。後為河東郡太守，有「得黃金百（斤），不如得季布一諾」之諺。㊲管仲錯行於召忽　《史記．管晏列傳》，齊公子糾與公子小白爭國，召忽與管仲共事公子糾，管仲射小白中帶鉤。小白先立，是為桓公，揚言醢管仲，召忽自殺，管仲請囚，桓公厚禮管仲，以為大夫，任齊政，齊國強盛。錯，猶乖。謂管仲與召忽的行為相反。㊳顧其權略　顧，愛惜。權略，權謀韜略。㊴卒遭高帝之成業　卒遭，終於遇到。遭，逢。高帝謂劉邦，邦為漢朝開國皇帝，死後尊其廟號為高祖，通稱為高皇帝。㊵齊桓之興伯　齊桓，即公子小白。既得管仲，內修甲兵，輕賦稅，外取信於諸侯，九合諸侯一匡天下，成為春秋時代第一個霸主，死後諡為桓公。伯，通「霸」。㊶遺　捨棄。㊷讎　同「仇」。㊸信　同「申」。施展。㊹勳效　功勞。㊺紀過　對人之過失念念不忘。紀，同「記」。㊻於　如同。㊼沈名　埋沒名姓。㊽建其奇奧之術建，展示。奇奧，奇特奧妙。㊾傑然　特出不凡貌。㊿在鄉曲無苞苴之嫌　鄉曲，故里；家鄉。與下「朝堂」對言。苞苴，用草編織的蒲包，以盛魚之類。引申為餽贈，再引申為賄賂。(51)擇言　心口不一，只揀好聽的話以迎合上意。(52)公方　公正方直。(53)清高　純潔高尚。(54)序直士　序，排列。直士，正直、耿直之士。(55)春秋之義　《春秋》是孔子所撰的魯國史，在其行文中寓有褒貶，自董仲舒起把《春秋》看作治國的綱領，用以決獄，衡量社會道德，均以《春秋》中所記事例為標準。

(56)錄　取。(57)公負　因公事而負罪。(58)筋力未就　筋力，本人力量。就，成；達到。(59)昔虞舜事親二句　劉向《說苑．建本》：「舜之事父也，索而使之，未嘗不在側；求而殺之，未嘗可得；小箠則待，大箠則走，以逃暴怒也。」箠，棍棒；拷打。本書〈崔寔傳〉述崔烈杖其子鈞，鈞逃，烈以為不孝，鈞曰：「舜之事父，小杖則受，大杖則走，非不孝也。」此亦用其意。⑩冀有朱家之路 調朱家為季布求赦得赦。⑪會 機會；機遇。

【語譯】第五種，字興先，自幼便磨練自己的志節，在官府任職之後，在州郡最為有名。漢桓帝永壽年間，以司徒掾清詔之銜出使冀州，察看災情，對刺史、二千石以下的官吏檢舉上奏，很多人被判刑或免職，棄官逃跑的有幾十個人。回到京師以後，因為奉使稱職，授任為高密侯國之相。這時候，徐州和兗州盜賊一撥一撥成群，高密國正處在二州的交界上，第五種便多儲備糧食，勉勵官吏，盜賊聽說後都害怕他，警鼓不敲擊，流民回家鄉的，不到一年就有幾千家。因為賢能調任為衛公國的國相。

2 第五種陞遷為兗州刺史。中常侍單超之姪單匡做濟陰郡太守，仗勢貪婪放縱。第五種打算收捕並舉奏他，不知道派誰去做。這時聽說辦事人員衛羽高尚嚴正，就把衛羽叫來將自己的想法全部告訴他，對他說：「聽說您不怕有權勢之人，現在想把一件重要的事託付給您去做，您看怎麼樣？」衛羽答道：「願有幸去做，並且事在必成。」衛羽出來，便乘車迅速到定陶，關閉單家大門收捕單匡的謀士和心腹之吏四十多人，六七天之內，便揭發他貪贓六七千萬錢。第五種把單匡的惡行上報，同時因此彈劾單超。單匡極為難堪，就派刺客去刺殺衛羽。衛羽發覺他的陰謀，便把刺客都捆綁起來，了解到單匡的所有罪惡。州內驚懼，朝廷感歎！

3 這時泰山郡盜賊叔孫無忌橫行於整個郡境，州郡無力討平。衛羽勸說第五種：「中原地區平定，人們久已忘記作戰，然而泰山一帶山高路險，盜賊狡猾難以制服。現在縱然有精兵，也不能前去打仗。我願前去說明利害使其投降。」第五種很鄭重地答應了。衛羽便去了，向盜賊詳細說明何去何從的利害關係，叔孫無忌立即率領他的同夥三千多人投降。單超憋了一肚子忿恨，便找一件事當藉口陷害第五種，竟然被判流放朔方郡。單超的外孫董援當朔方郡太守，滿腹憤怒在那裡等待第五種的到來。起初，第五種為衛相時，認為相府內的小吏孫斌人品很好，善待他。到了身當流放，孫斌聽說單超的全部計謀，便告訴自己的朋友同縣的閭子直和高密縣的甄子然說：「一般說來，盜賊總是恨物主，這種說法流傳下來很久了。第五刺史今將被拋擲到邊遠荒瘠之處，同時單超的外孫做那裡的郡守。說起來越是高的東西越容易倒，真叫人心寒。我現在正要追趕使君，但願使他逃過這一劫。如果能幫助使君回來，想把他交給二位。」閭子直和甄子然一起說：「您就放心走吧！這也是我們的心願。」孫斌便帶領武藝高強的手下日夜追趕第五種，到了太原郡才趕上了，在地勢險要之處截殺了解差，跳下馬，叫第五種騎上，孫斌自己步行隨後，一日一夜走了四百多里地，才得以脫離險境回到泰山郡來。

4 第五種藏在閭子直和甄子然兩人家裡好幾年，徐州從事臧旻上書為他訴冤說：「我聽說士人能忍受死亡的侮辱，必然有做一番事業的抱負。因而季布在朱家家裡做奴隸，管仲與召忽走了不同的道路，這兩個人可以赴死而終不肯死，並非一時為愛惜自己的身軀，貪圖苟活自己的性命；其所以藏匿自己的智慧，顧惜自己的謀略，希望有幸遇到機會有所作為而已。終於遇到漢高祖完成建國大業，齊桓公做了霸主，不計較季布逃亡的行為，赦免管仲射帶鉤的仇恨，從囚犯和奴隸中提拔他們，讓他們施展輔佐國家的謀略，其功勞世代相傳，君臣之誼記入書傳。假使二位君主對他們的過失一點一滴的都念念不忘，那麼這二位大臣如同狗馬一樣死去，名譽沉沒在深溝裡，該讓他們從哪裡施展補過的努力，提出奇特而深奧的智術呢？我看到原兗州刺史第五種，特出自立，在鄉里沒有賄賂的嫌疑，入朝廷沒有迎合上意的缺失，生來嫉惡如仇，公正而不曲阿，所以議論他的人，要說清潔高尚第五種為最好，把正直的人排排隊，第五種為第一名，按照《春秋》的意思，取人的長處，捨棄人的短處，記下人的微小的善行，忘記人的大錯。第五種是因剷除盜賊的公事而犯罪，是因其力量達不到，罪竟至徵召流放，不是犯了大罪。古時虞舜侍奉父親，看到父親拿著大棍棒來打就逃跑。所以第五種逃亡，僅是為了保全性命，希望有朱家求赦得赦的運氣，像季布那樣有展示才能的機會。望陛下不要吝惜一時小恩，使第五種懷抱忠心有黃泉之恨。」遇赦才出獄，以後在家中去世。

1 鍾離意，字子阿，會稽山陰人也。少為郡督郵❶。時部縣亭長❷有受人酒禮者，府下記案考之❸。意封還記，入言於太守❹曰：「春秋先內後外❺。詩云：『刑于寡妻，以御于家邦。』❻明政化❼之本，由近及遠。今宜先清府內，且闊略遠縣細微之愆❽。」太守甚賢之，遂任以縣事。建武十四年❾，會稽大疫❿，死者萬數⓫。意獨身自隱親⓬，經給⓭醫藥，所部多蒙全濟⓮。

2 舉孝廉，再遷，辟大司徒侯霸府⓯。詔部送徒詣河內⓰。時冬寒，徒病不能行。路過弘農⓱，意輒移⓲屬縣使作徒衣。縣不得已與之，而上書言狀，意亦具以聞⓳。光武得奏，以視⓴霸，曰：「君所使掾何乃㉑仁於用心？誠良吏也！」意遂於道解徒桎梏㉒，恣㉓所欲過，與剋期㉔俱至，無或違者。還，以病免。

3 後除瑕丘㉕令。吏有檀建者，盜竊縣內。意屏㉖人問狀，建叩頭服罪。不忍加刑，遣令長休。建父聞之，為建設酒，謂曰：「吾聞無道之君以刃殘人，有道之君以義行誅。子罪，命也。」遂令建進藥而死。二十五年㉗，遷堂邑㉘令。縣人防廣為父報讎，繫獄，其母病死，廣哭泣不食。意憐傷之，乃聽㉙廣歸家，使得殯斂㉚。丞㉛掾皆爭，意曰：「罪自我歸㉜，義㉝不累下。」遂遣之。廣斂母訖，果還入獄。意密以狀聞，廣竟得以減死論㉞。

4 顯宗即位，徵為尚書㉟。時交阯太守張恢㊱，坐臧千金㊲，徵還伏法，以資物簿入大司農[38]，詔班[39]賜群臣。意得珠璣[40]，悉以委地[41]而不拜賜。帝怪而問其故。對曰：「臣聞孔子忍渴於盜泉之水，曾參回車於勝母之閭，惡其名也[42]。此臧[43]穢之寶，誠不敢拜。」帝嗟歎曰：「清乎尚書之言！」乃更以庫錢三十萬賜意。轉為尚書僕射[44]。車駕數幸廣成苑[45]，意以為從禽[46]廢政，常當車陳諫般樂遊田之事[47]，天子即時還宮。永平三年[48]夏旱，而大起北宮[49]，意詣闕免冠上疏曰：「伏見陛下以天時小[50]旱，憂念元元[51]，降避正殿[52]，躬自克責[53]。而比日[54]密雲，遂無大潤[55]，豈政有未得應天心者邪？昔成湯遭旱，以六事自責[56]曰：『政不節[57]邪？使人疾[58]邪？宮室榮[59]邪？女謁[60]盛邪？苞苴行邪？讒夫昌邪？』竊見北宮大作，人失農時[61]，此所謂宮室榮也。自古非苦宮室小狹，但患人不安寧。宜且罷止，以應天心。臣意以匹夫[62]之才，無有行能[63]，久食重祿，擢備近臣，比受厚賜，喜懼相并，不勝愚戇征營[64]，罪當萬死。」帝策詔[65]報曰：「湯引六事，咎在一人[66]。其冠履[67]，勿謝。比上天降旱，密雲數會[68]，朕戚然慙懼，思獲嘉應，故分布禱請，闚候[69]風雲，北祈明堂，南設雩場[70]。今又勑大匠[71]止作諸宮，減省不急，庶消灾譴[72]。」詔因謝公卿百僚[73]，遂應時澍雨[74]焉。

時詔賜降胡子縑[75]，尚書案事[76]，誤以十為百。帝見司農上簿，大怒，召郎[77]

將答之。意因入叩頭曰：「過誤之失，常人所容[78]。若以懈慢為愆，則臣位大，罪重；郎位小，罪輕。咎皆在臣，臣當先坐。」乃解衣就格[79]。帝意解，使復冠而貰[80]郎。

6 帝性褊察[81]，好以耳目隱發為明[82]，故公卿大臣數被詆毀，近臣尚書以下至見提拽[83]。嘗以事怒郎藥崧，以杖撞之。崧走入牀下，帝怒甚，疾言曰：「郎出！郎出！」崧曰：「天子穆穆，諸侯煌煌[84]。未聞人君自起撞郎。」帝赦之。朝廷莫不悚慄，爭為嚴切，以避誅責[85]；唯意獨敢諫爭[86]，數封還詔書，臣下過失輒救解之。會連有變異[87]，意復上疏曰：「伏惟[88]陛下躬行孝道，修明經術[89]，郊祀天地[90]，畏敬鬼神，憂恤黎元[91]，勞心不怠。而天氣未和，日月不明[92]，水泉湧溢，寒暑違節[93]者，咎在群臣不能宣化理職，而以苛刻為俗。吏殺良人，繼踵不絕。百官無相親之心，吏人無雍雍[94]之志。至於骨肉相殘，毒害彌深，感逆和氣，以致天災。百姓可以德勝，難以力服。先王要道，民用和睦，故能致天下和平，災害不生，禍亂不作。鹿鳴之詩必言宴樂者[95]，以人神之心洽，然後天氣和也。願陛下垂聖德，揆萬機[96]，詔有司[97]，慎人命，緩刑罰，順時氣，以調陰陽，垂之無極。」帝雖不能用，然知其至誠。亦以此故不得久留，出為魯[98]相。後德陽殿[99]

成，百官大會。帝思意言，謂公卿曰：「鍾離尚書若在，此殿不立。」

7 意視事五年，以愛利為化(100)，人多殷富。以久病卒官。遺言上書陳升平之世，難以急化，宜少寬假(101)。帝感傷其意，下詔嗟歎，賜錢二十萬。

8 藥崧者，河內人，天性朴忠。家貧為郎，常獨直臺上(102)，無被，枕杜(103)，食糟糠(104)。帝每夜入臺，輒見崧，問其故，甚嘉之。自此詔太官(105)賜尚書以下朝夕餐，給帷被皁袍，及侍史二人(106)。崧官至南陽太守。

【章旨】以上為〈鍾離意傳〉。鍾離意從一介郡吏逐步升為尚書僕射，後又出為魯相，無論在朝或在國，每處一官均有突出行為證明其既忠於朝廷，又愛護其治下的百姓，包括犯了罪的人。面對明帝的褊察，其他官吏都畏首畏尾怕觸犯逆鱗，獨鍾離意對於獵廣成苑、起北宮極力勸止，表現出他的一身正氣和大無畏精神。

【注釋】❶郡督郵　漢以督郵為官名，為郡之主要屬吏，代表太守督察鄉縣，宣達教令，兼司獄訟捕亡。每郡分設東、西、南、北、中五部督郵，鍾離意曾為北部督郵和中部督郵。督，視察；監視。郵，過錯。❷部縣亭長　部縣，所管轄之縣。漢制，五家一伍，十家一什，百家一里，十里一亭，亭有亭長，主求捕盜賊。❸府下記案考之　府謂郡。下記，發下書面通知。案考，案察追究。❹入言於太守　據《鍾離意別傳》，時會稽太守黃讜，聞之大怒，驛馬召意，故此云「入言」。❺春秋先內後外　《公羊傳．魯成公十五年》：「《春秋》內其國而外諸夏，內諸夏而外夷狄。」❻詩云三句　《詩．思齊》文。刑於，謂以禮法對待。寡妻，嫡妻。御，治理。家邦，家國。由內而外，亦修齊治平之義。原詩為「刑於寡妻，至于兄弟，以御于家邦」，古人引書往往斷章取義，所謂賦詩斷章，取其所需。刪繁就簡達意而已。❼政化　政治和教化。❽且闊略遠縣細微之愆　闊略，寬恕。愆，錯誤。❾建武十四年　西元三八年。❿大疫　瘟疫；傳染病。⓫萬數　近萬。今口語「萬數來人」。

⑫隱親　愛憐；同情；撫慰。⑬經給　籌劃濟給。⑭濟　成活。《鍾離意別傳》：「意露車不冠，身循行病者門，人家賜與醫藥，詣神廟為民禱祭，召錄醫師百人，合和草藥，恐醫小子不良（善）毒藥齊（劑），賊害民命，先自吞嘗，先後施行，其所臨戶四千餘人，並得差愈。後日府君自出行（巡視）災眚，百姓攀車涕泣曰：『明府不須出也，但得鍾離督郵，民皆活也。』」⑮辟大司徒侯霸府　辟，徵召；舉薦。大司徒即原司徒，世祖即位，改為大司徒，建武二十七年去「大」。侯霸，字君房，河南密（今河南新密）人。治《穀梁春秋》，顯名王莽時，建武五年為大司徒。本書有傳。據《鍾離意別傳》，意在大司徒府署議曹掾。⑯詔部送徒詣河內　部，部署；安排布置。徒，刑徒，被判刑者。詣，往。河內，郡名。治所在懷（今河南武陟西南）。⑰弘農　郡名。治所在弘農（今河南靈寶北）。⑱移　發下文書。⑲上書言狀二句　《鍾離意別傳》：「意使令（縣令）出見（現）錢為徒作襦褲，各有升數（升，衡量布之精粗，八十縷為一升）。令對曰：『被詔書，不敢妄出錢。』意曰：『使者奉詔命，寧私行耶？出錢便上尚書，使者亦當上之。』」⑳視　古「示」字。展示。㉑何乃　何故。㉒桎梏　刑具在手曰梏，在足曰桎。㉓恣　放任。㉔剋期　規定期限。㉕瑕丘　縣名。治所在今山東兗州北。㉖屏　使退出。㉗二十五年　光武帝建武二十五年，西元四九年。㉘堂邑　縣名。治所在今江蘇六合北。㉙聽　允許。㉚殯斂　辦理喪葬事宜。斂，為死者穿衣入棺。殯，斂後停棺待葬。㉛丞　縣丞，為縣令之副職。主署文書，典知倉獄。㉜罪自我歸　罪歸於我。李賢注：「言歸罪於我，不累於丞掾。」自，於。㉝義　按照正義和道德規範的要求。㉞減死論　判決免去死罪。《續漢書》：「意為堂邑令，治有政化，百姓懷附。」㉟尚書　秩六百石，六人，分六曹，各曹尚書主管一個方面。㊱時交阯太守張恢　交阯，郡名。治龍編（今越南河內東天德江北岸）。張恢，《鍾離意別傳》作張悝。㊲坐臧千金　臧，同「贓」。漢代一金為金一斤。㊳以資物簿入大司農　簿，登記造冊。大司農，卿一人，秩中二千石，為九卿之一。掌錢穀金帛，郡國上錢穀簿及邊郡錢物之調度。㊴班　猶頒。分配。㊵珠璣　珍珠大者曰珠，小者曰璣。㊶委地　棄之於地。㊷臣聞孔子三句　李賢注引《說苑》：「邑名勝母，曾子不入，水名盜泉，仲尼不飲，醜其名也。」各書所載，語句稍有差互，此以意引之。㊸臧　今「髒」字。㊹轉為尚書僕射　轉，調任。尚書僕射，秩六百石，主署尚書事，尚書令不在，則奏下眾事。㊺車駕數幸廣成苑　皇帝乘的車稱車駕，因以車駕代稱皇帝。《漢書‧高帝紀》顏師古注：「凡言車駕者，謂天子乘車而行，不敢指斥也。」幸，皇帝親臨。廣成苑，在廣成聚（今河南臨汝西）。㊻從禽　打獵。從，追趕。禽，獸的總名。《易‧井卦》：「舊井無禽」，高亨注：「禽，獸也。」㊼常當車句　當，古「擋」字。般樂，快樂。般亦樂。遊田，遊逸田獵；遊獵。田，同「畋」。打獵。㊽永平三年　西元六〇年。㊾大起北宮　起，興建。北宮，在洛陽，皇后所居之宮。本書〈明帝紀〉：「永平三年，起北宮及諸官府。」㊿小

稍。(51)元元　元，甲骨文作[illegible]，為人形。元元即人人，故泛指眾民。本書〈光武帝紀〉李賢注：「元元，謂黎庶也。」(52)降避正殿　降避，退避。正殿，宮殿中居於中間位置的主殿。(53)克責　責備。(54)比日　連日。(55)遂無大潤　遂，終於；竟然。潤，雨水。(56)昔成湯遭旱二句　李賢注引《帝王世紀》：「成湯大旱七年，齋戒翦髮斷爪，以己為犧牲，禱於桑林之社，以六事自責。」(57)節　節制。(58)疾　暴猛。(59)榮　盛多。(60)女謁　宮中嬖寵之女子。(61)人失農時　古三時（春夏秋）務農，一時（冬）休息。興作當在冬季，如在三時興作為失時。(62)匹夫　平民之男子，此泛指平民身分。(63)行能　品德和才能。(64)不勝愚戇征營　勝，盡。愚戇，愚笨戇直，自謙謂自己的意見。征營，不自安。(65)策詔　《資治通鑑》胡三省注：「策詔者，書詔於策。」(66)咎在一人　《呂氏春秋．順民》：「湯乃以身禱於桑林，曰：余一人有罪，無及萬夫。萬夫有罪，在余一人。無以一人之不敏，使上帝鬼神傷民之命。」(67)其冠履　其，表示祈使，猶當、可。冠履，名詞作動詞用。(68)會　合。(69)闕候　觀察等待。(70)北祈明堂二句　明堂，古時天子宣布政教之處，祭祀亦在此舉行。明堂在洛陽城南。雩場，臨時搭建的祈雨之所，蓋設於明堂之南。(71)勑大匠　勑，同「敕」。大匠，謂將作大匠。(72)灾譴　上天降災示罰。灾，同「災」。(73)公卿百僚　三公九卿百官。(74)澍雨　時雨。王充《論衡．雷虛》：「天施氣，氣渥為雨，故雨潤萬物，名曰澍。」(75)縑　雙絲織的淺黃色細絹。(76)案事　辦理其事。(77)郎　尚書分六曹治事，每曹侍郎六人，主作文書起草。(78)容　有。(79)格　王先謙《集解》引惠棟說：「高誘《淮南子》注：格，搒牀也。」搒，擊打。牀謂受擊者所伏之長凳之類。(80)貰　赦。(81)褊察　褊，狹。察，過於認真。(82)好以耳目隱發為明　自己聞見所不及，以他人為自己之耳目。隱，隱蔽。發，揭發。明，明察。(83)提拽　提，擲物以擊之。拽，拖；扯。(84)天子穆穆二句　《禮記．曲禮》文。穆穆，威儀美。煌煌，莊盛。皆行時容止之貌。(85)誅責　責備。誅亦責。(86)諫爭　勸諫。爭，通「諍」。規諫。(87)變異　天象、地理、自然物發生不可理解的異常改變。(88)伏惟　下對上的敬辭，多用於奏疏或信函。謂念及、想到。惟，思考。(89)修明經術　闡明經典。(90)郊祀天地　祀天於南郊，祀地於北郊，故稱郊祀。(91)憂恤黎元　憂恤，顧念而賙濟之。黎元，眾民。秦李斯〈琅邪臺刻石〉：「憂恤黔首」，此語所本。(92)日月不明　李賢注引《易通卦驗》：「愚智同位，則日月無光。」當指日月蝕。(93)寒暑違節　違，失，中國的節氣均以天氣為根據。天氣反常則失去時節。(94)雍雍　《爾雅．釋訓》：「廱廱，和也。」雍，同「廱」。謂和諧歡樂。(95)鹿鳴之詩必言宴樂者　鹿鳴，《詩．小雅》篇名，篇中有「呦呦鹿鳴，食野之苹，我有嘉賓，鼓瑟吹笙。」又曰：「我有旨酒，以宴樂嘉賓之心。」(96)揆萬機　揆，掌管。萬機，又作「萬幾」。謂君王處理國家大事。(97)有司　朝廷設官分職各有所司，故曰有司，今言主管部門。(98)魯　封國名。治所在魯（今山東曲阜）。李賢注引《鍾離意別傳》：「意為魯相，到官，出私錢萬三千文，付戶曹孔訢修夫子車，身入廟，拭几席劍履。男子張伯除堂下草，土中得玉璧七枚，伯懷其一，以六枚白意。意令主簿安置几前。孔子教授堂下牀首有懸甕，意召孔訢問：『此何甕也？』對曰：『夫子甕也，背有丹書，人莫敢發也。』意曰：『夫子聖人，所以遺甕，欲以懸示後賢。』因發之，中得素書，文曰：『後世修吾書，董仲舒；護吾車，拭吾履；發吾笥，會稽鍾離意。璧有七，張伯藏其一。』意即召問伯，果服焉。」99 德陽殿　在北宮崇賢門內。100 愛利為化　以愛民利民為教化之旨。101 寬假　從容。102 獨直臺上　直，同「值」。當班。臺，謂尚書臺，是尚書的官署。103 枕杫　《方言》：「俎，几也，蜀、漢之郊曰杫。」古時几短足，故可枕。104 糟糠　酒糟穀皮等粗劣食物，貧者以之充飢。105 太官　少府屬官，掌皇帝膳食。106 給帷被皁袍二句　皁，俗作「皂」。黑色。李賢注引蔡質《漢官儀》：「尚書郎入直臺中，官供新青縑白綾被，或錦被，晝夜更宿，帷帳畫，通中枕，臥旃蓐（氈褥），冬夏隨時改易。太官供食，五日一美食，下天子一等。尚書郎伯使一人，女侍史二人，皆選端正者。伯使從至止車門還，女侍史絜被服，執香鑪燒燻，從入臺中，給使護衣服。」

【語譯】鍾離意，字子阿，會稽郡山陰縣人。年輕時做郡督郵，當時督郵所管轄的縣內有亭長接受別人的酒類禮物，郡府下文案查這件事。鍾離意把文書封好退還給郡府，親自到郡向太守說：「《春秋》的原則，是先治內後治外。《詩》說：『以禮對待嫡妻，以此原則逐步擴大，用來治理整個國家。』說明政治教化的本意，是由近及遠。現在應該先清理郡府內的受賄，同時寬恕遠縣細小的錯誤。」太守認為鍾離意很賢能，就讓他在縣裡做事。建武十四年，會稽郡發生嚴重的流行病，死的人近萬。鍾離意單獨親自撫慰患者，籌劃藥物施救，所轄之縣由於他的有效救治全部生存下來。

2 鍾離意被以孝廉的名目舉薦，又升官，徵召入大司徒侯霸衙署。有詔書安排送刑徒往河內郡。時值冬季天寒，刑徒多生病不能走路。路過弘農郡境，鍾離意每每下文書給所轄縣，令其為刑徒做衣服。縣署不得已給做了衣服，卻向朝廷上書說明情況，鍾離意也寫成文書呈報。光武皇帝得到奏章，就把奏章給侯霸看，說道：「你所派遣的官吏怎麼如此心地善良呀？真是一位好官吏啊！」鍾離意在行途中便給刑徒卸下刑具，任憑他們走哪條路，和他們約定期限，都能按時到達，沒有違期的。任務完成回來，因為有病被免職。

3 鍾離意後來被任命為瑕丘縣令。縣署的官吏之中有一個叫檀建的人，在縣內四處偷盜。鍾離意避開別人案問他為什麼行竊，檀建叩頭承認犯罪。鍾離意不忍對他進行處罰，就讓他長期休假。檀建的父親得知這種情況，為建備了酒，對他說：「我聽說不行仁義之君用刀殺人，仁義之君用道義施行誅殺。你犯了罪，是命該死去。」就叫檀建喝了藥死去。建武二十五年，鍾離意調任為堂邑縣令。縣內一個叫防廣的人，因為為父報仇被拘押在獄中，他的母親病死，防廣整日哭泣不吃飯。鍾離意同情他的不幸遭遇，便允許他回家，叫他去為母親辦喪事，縣丞和屬吏都爭論以為不可，鍾離意說：「有罪由我一人承擔，決不連累各位。」就打發他回去了。防廣把母親的喪事辦完，果然回到獄中。鍾離意把防廣守信用的行為密報朝廷，防廣終於得以免死論處。

4 漢明帝即位，召鍾離意為尚書。當時交阯太守張恢，因貪贓千金，召還京師處死，把財物冊交到大司農，有詔分賜給各位大臣。鍾離意得到珍珠，全把它拋在地上，對皇帝的賞賜不予拜謝。皇帝覺得奇怪，便問他不受賜的原因，鍾離意答道：「我聽說孔子忍著口渴也不喝名叫盜泉的水，曾參到了名叫勝母的巷口便把車駁回，厭惡它的名稱不好。這是些骯髒的寶物，的確不敢受賜。」皇帝哀歎說：「廉潔呀，尚書說的話！」便重新用國庫錢三十萬賞賜他。調任為尚書僕射。皇帝多次到廣成苑行獵，鍾離意認為打獵荒廢國政，經常擋住車陣說不要打獵取樂，天子立時回宮。永平三年夏，天旱，卻大造北宮，鍾離意到宮殿脫帽上疏陳說：「看到陛下由於天氣稍旱，擔心黎民，退離正殿，自我責備。可是連日來僅有密雲，竟沒有大雨，莫非政化有不合天意的吧！往古成湯遇到天旱，從六個方面責備自己：『政教有不節制嗎？使民太暴虐嗎？宮室太盛嗎？嬖寵太多嗎？賄賂橫行嗎？讒毀他人者太猖狂嗎？』我看到北宮大規模興建，百姓失去農作時機，這就是所謂宮室太盛呀。自古以來不患宮室狹小，就怕民不安寧。應該就此停止，以合天意。為臣我以一個普通人的身分，沒有什麼才幹和高尚品德，長久享受豐厚俸祿，提拔到陛下身邊，連連受到很多賞賜，既有喜又有憂，無限愚直忐忑，罪該萬死！」皇帝以書面詔令回答說：「成湯所引六個方面，歸結為錯在他一人。你戴上帽穿上鞋吧，不要謝了。近來天降大旱，密雲四合，我悲傷地又慚愧又擔憂，希望得到祥瑞，所以四處禱告祈求，觀察風雲到來，北邊在明堂祈禱，南邊設立求雨壇場。現在又下令給將作大匠停止建造所有宮殿，減省不急需的費用，但願消除上天降災的懲罰。」由於鍾離意的上疏，皇帝下詔書同時感謝朝中上下官吏，於是立即下起雨來。

5 當時有詔書賞賜羌胡雙線絹，由尚書具體辦理此事，誤把十寫成百。皇帝看到大司農呈上的帳冊，大為惱火，把侍郎召來要笞打。鍾離意為此入殿叩頭說：「發生失誤，一般人都難免，如果因為粗疏大意便是罪過，那麼我的職位高，罪過大；尚書郎職位低，罪過小。一切錯都在我身上，我應當先判罪。」就脫衣服趴在搒床上。皇帝的怒氣稍緩解，叫鍾離意再戴上帽子，並且赦免了尚書郎。

6 明帝既心地狹窄又偏執，愛用他人為耳目探得的事情，自己發表出來以為明察秋毫，因此三公九卿以及大臣多次被毀謗，近臣尚書以下官員甚至被以物投擊和拖扯。曾經因為一件事對郎官藥崧發怒，拿棍棒打他，藥崧跑到床下去，皇帝怒得不得了，連聲說：「你出來！你出來！」藥崧說：「天子美威儀，諸侯自盛莊。從未聽說人君親手打侍郎。」皇帝赦免了他。朝廷官員無不震懼，競相作風苛刻，以躲避受責；只有鍾離意敢於勸諫，多次把詔書加封退還，下屬有過失每每解救。正好怪異的現象連連發生，鍾離意又上書說：「念及陛下身行孝道，闡明經典，祭祀天地，敬畏鬼神，關懷眾民，勞心不懈。而天氣卻未見調適，日月無光，泉水溢出，寒暑失時，錯誤在於大臣不能宣揚教化和盡職盡責，而以苛刻為風氣。官吏殺害良民，一個接著一個。百官沒有親民之心，為吏的也沒有和洽之意。以致親骨肉互相殘害，禍患深遠，觸犯和氣，從而招致天災。百姓可用恩德征服，難以用暴力征服。這是先王治國的根本方法，人民因而和睦，所以能達到天下和平，災害不發生，禍亂不起。〈鹿鳴〉詩之所以稱為宴樂，是因為人與神心相和洽，然後天氣和順哩。希望陛下降賜至高無上的美德，處理繁忙的事務，詔告各職能部門，重視人命，放寬刑罰，順應四時之氣，用來調理陰陽，永遠流傳。」皇帝雖不能採納他的建議，然而知道他的忠誠。也因此種緣故使他不能久留於朝廷，被調離朝廷而為魯國相。以後德陽殿落成，百官聚會。皇帝想起鍾離意的話，對大臣們說：「鍾離尚書如果在朝，這個殿就建不起來。」

7 鍾離意在魯相任上五年，以愛利人民為化民之旨，人民大多富裕起來。因為長久患病死於任上。遺言上書，陳述升平之世，不要用急切的辦法施政，最好稍加寬限。皇帝對他的心意既感慨又悲傷，下詔書稱讚，賜錢二十萬枚。

8 藥崧，河內郡人，天生樸實忠誠。家貧為郎，常常一個人在尚書臺值班，沒有被子，枕几而眠，吃酒糟糠粃之類的食物。皇帝每一次晚上去尚書臺，常見到藥崧，問他為什麼這樣清苦，聽到他的回答，大加誇獎。從此下詔給太官賜與尚書以下各官吏早晚二餐，供給帷帳被褥和黑色袍子，還有侍史二人。藥崧的官職做到南陽太守。

1 宋均❶，字叔庠，南陽安眾❷人也。父伯，建武初為五官中郎將❸。均以父任為郎❹，時年十五。好經書❺，每休沐日❻，輒受業博士❼，通詩禮，善論難。至二十餘，調補辰陽❽長。其俗少學者而信巫鬼。均為立學校，禁絕淫祀，人皆安之。以祖母喪去官❾，客授潁川❿。

2 後為謁者⓫。會武陵蠻⓬反，圍武威將軍劉尚⓭，詔使均乘傳發江夏奔命三千人往救之⓮。既至而尚已沒。會伏波將軍馬援⓯至，詔因令均監軍，與諸將俱進，賊拒阸⓰不得前。及馬援卒於師，軍士多溫溼疾病，死者太半⓱。均慮軍遂不反，乃與諸將議曰：「今道遠士病，不可以戰，欲權承制降之⓲何如？」諸將皆伏地莫敢應。均曰：「夫忠臣出竟，有可以安國家，專之可也⓳。」乃矯制調伏波司馬呂种守沅陵長[20]，命种奉詔書[21]入虜營，告以恩信，因勒兵[22]隨其後。蠻夷震怖，即共斬其大帥而降[23]。於是入賊營，散其眾，遣歸本郡，為置長吏而還。均未至，先自劾[24]矯制之罪。光武嘉其功，迎賜以金帛，令過家上冢[25]。其後每有四方異議，數訪問[26]焉。

3 遷上蔡[27]令。時府下記，禁人喪葬不得侈長[28]。均曰：「夫送終[29]踰制，失之輕者。今有不義之民，尚未循化[30]，而遽[31]罰過禮，非政之先。」竟不肯施行。

4 遷九江太守。郡多虎暴[32]，數為民患，常募設檻穽[33]而猶多傷害。均到，下記屬縣曰：「夫虎豹在山，黿鼉[34]在水，各有所託。且江淮之有猛獸，猶北土之有雞豚也[35]。今為民害，咎在殘吏，而勞勤張捕[36]，非憂恤之本也。其務退姦貪，思進忠善，可一去檻穽，除削課制[37]。」其後傳言虎相與東游度江[38]。中元元年[39]，山陽[40]、楚[41]、沛多蝗，其飛至九江界者，輒東西散去，由是名稱遠近。浚遒縣[42]有唐、后二山，民共祠之，眾巫遂取百姓男女以為公嫗[43]，歲歲改易，既而不敢嫁娶，前後守令莫敢禁。均乃下書曰：「自今以後，為山娶者皆娶巫家，勿擾良民。」於是遂絕[44]。

5 永平元年，遷東海相[45]。在郡五年，坐法免官，客授潁川。而東海吏民思均恩化，為之作歌，詣闕乞還者數千人㊻。顯宗以其能，七年，徵拜尚書令㊼。每有駮議，多合上旨㊽。均嘗删翦㊾疑事，帝以為有姦，大怒，收郎縛格之。諸尚書惶恐，皆叩頭謝罪。均顧㊿厲色曰：「蓋忠臣執義，無有二心。若畏威失正，均雖死，不易志。」小黃門[51]在傍[52]，入具以聞。帝善其不撓，即令貰郎，遷均司隸校尉[53]。數月，出為河內太守，政化大行。

6 均嘗寢病[54]，百姓耆老[55]為禱請，旦夕問起居，其為民愛若此。以疾上書乞免，詔除子條為太子舍人[56]。均自扶輿詣闕謝恩，帝使中黃門[57]慰問，因留養疾。司徒缺，帝以均才任宰相[58]，召入視其疾，令兩騶[59]扶之。均拜謝曰：「天罰有罪，所苦浸篤[60]，不復奉望帷幄[61]！」因流涕而辭。帝甚傷之，召條扶侍均出，賜錢三十萬。

7 均性寬和，不喜文法[62]，常以為吏能弘厚，雖貪汙放縱，猶無所害；至於苛察[63]之人，身或廉法[64]，而巧黠刻削，毒加百姓，災害流亡所由而作。及在尚書[65]，恆欲叩頭爭之，以時方嚴切，故遂不敢陳[66]。帝後聞其言而追悲之。建初元年[67]，卒於家。族子[68]意。

【章　旨】以上為〈宋均傳〉。宋均自幼習經書，入仕為辰陽長，針對民間淫祀而提出立學校作為提高民智的根本措施。平武陵蠻中，據敵我形勢矯制受降，表現了他的膽識，是在軍諸將所不敢為。在尚書令任上，有駁議每合上意，遇難不易其志，是其所長。在九江，用去貪殘代替除虎害，未免以偏制偏，謂虎、蝗以其善政而遁去，甚為不經。

【注　釋】❶宋均　本篇均族子意，意孫俱，靈帝時司空。趙明誠《金石錄》有「漢司空宗俱碑」。本書〈黨錮傳〉注引謝承《後漢書》：「宗資，南陽安眾人，祖父均自有傳。」即指本傳。又〈南蠻傳〉敘受降事正作「謁者宗均」，舊作是宋均當為宗均。其訛自唐，則由來已久。❷安眾　縣名。治所在今河南鄧州東。❸五官中郎將　秩比二千石，主五官郎。郎官皆主更值，執戟宿衛諸殿門，出充車騎。❹均以父任為郎　《漢舊儀》：「吏二千石以上，視事滿三年，得任同產（同母兄弟）若子一人為郎。」❺經書　東漢時的經書有《五經》，即《易》、《書》、《詩》、《禮》、《春秋》。❻休沐日　假日。漢代五日一休沐。漢代官吏，既入署，則日夜寢食於其中，至五日休假，方可出署。❼受業博士　受業，從師學習。東漢立《五經》十四博士，各以家法教授，《易》有施、孟、梁丘、京氏，《詩》有齊、魯、韓，《尚書》有歐陽、大小夏侯，《禮》有大小戴，《春秋》嚴、顏，共十四博士。博士掌教弟子，國有疑事掌承問對。❽辰陽　縣名。武陵郡屬縣。治所在今湖南辰溪縣西南。❾以祖母喪去官　漢代三年之喪雖然不行，但亦須於一段時間在家守孝，在此期間要謝絕應酬，不得應舉、婚娶，現任官則須離職。❿潁川　郡名。治所在陽翟（今河南禹州）。⓫謁者　為三臺（尚書為中臺、謁者為外臺、御史為憲臺）之一，本員三十人，掌賓贊受事及上章報問。《北堂書鈔・設官部》引《漢官儀》：「謁者三十人，秩四百石，掌報章奏事及喪弔祭享。」還有多種臨時派出任使，宋均此次以謁者身分率軍出征。⓬武陵蠻　武陵，郡名。治所在臨沅（今湖南武陵西）。中原王朝蔑稱南方之土著族為蠻夷，其在武陵者因稱武陵蠻，武陵有雄溪、樠溪、辰溪、西溪、武溪，因又稱為五溪蠻。其民樂入山谷，不喜平曠，風俗不與中原同。光武中興，武陵蠻夷勢盛。⓭武威將軍劉尚　武威將軍為雜號將軍，主征伐，有事則命號出征，事訖則罷。和帝時有征西將軍劉尚，與此劉尚非一人。⓮詔使均句　傳，驛站所備之車馬。江夏，郡名。治西陵（今湖北黃岡西）。李賢注引《漢書音義》：「擢選精勇，聞命奔走，謂之奔命。」⓯伏波將軍馬援　伏波將軍亦雜號將軍。馬援，字文淵，扶風茂陵（今陝西興平）人，助光武滅隗囂和公孫述，其女為光武皇后。晚年率軍征武陵蠻，卒於軍中。本書有傳。⓰拒阸　固守險要之地。⓱太半　三分之二。《史記・項羽本紀》裴駰《集解》引韋昭說：「凡數三分有二為太半，一為少半。」

⑱權承制降之　權，暫且；變通；衡量輕重而變通行事。承制，稟承皇帝旨意便宜行事。降之，使之投降，此云接受其投降。⑲夫忠臣出竟三句　李賢注引《公羊傳·魯莊公十九年》：「聘禮，大夫受命不受辭，出境有以安社稷全國家者，則專之可也。」為宋均所本。竟，同「境」。原指諸侯國派大夫到他國聘問，故言「出境」，此則借其義，指受朝廷之命在外行事。⑳乃矯制句　矯制，假託君命行事。制，制書。《漢書·終軍傳》顏師古注：「矯，託也，託言受詔也。」伏波司馬，將軍下屬有司馬，秩千石，主兵，如太尉。守，猶攝理。暫時署理職務，多指官職低而署理較高的官職。沅陵，武陵郡屬縣。治所在今湖南沅陵西。㉑奉詔書　奉，即捧字。謂奉行皇帝旨意。㉒勒兵　部署兵力。㉓即共斬其大帥而降　武陵蠻稱渠帥曰精夫，此言「大帥」，渠、大同義。據本書〈南蠻傳〉，宋均（一說宗均）降群蠻在光武帝建武二十五年（西元四九年）。㉔自劾　檢舉自己的過失。㉕令過家上冢　《資治通鑑》胡三省注：「受命而出，未復命則不當先過家，今使過家上冢，所以示寵榮也。」㉖訪問　諮詢。㉗上蔡　汝南郡屬縣。治所在今河南上蔡西。㉘侈長　奢侈過甚。㉙送終　為親人送死的儀式。㉚循化　遵循教化。㉛遽　倉促。㉜暴　禍害。㉝檻穽　檻，籠。穽，陷坑。㉞黿鼉　黿，大鱉。鼉，揚子鱷。㉟且江淮二句　江淮，泛指長江與淮河之間一帶地方，九江郡正在這一帶。言北方之有雞豬是常見之物，江淮之有猛獸也不值得大驚小怪。㊱勞勤張捕　勞勤，謂辛苦勞累。勤亦勞。張捕，張設檻穽以捕虎。㊲課制　督促考核的規定。㊳其後傳言句　東度江，因為自安徽蕪湖至江蘇南京一段長江是自西南向東北流，由此渡江故言「東度」。傳言虎因宋均善政而東渡江，自不可信，但據袁宏《後漢紀》：「均悉省掾史，閉督郵府，內令與諸曹分休，屬縣無事，百姓安業焉。」治政確有成績。㊴中元元年　中元，光武帝年號，全名應為「建武中元」，建武三十二年為中元元年（西元五六年）。本書只稱「中元」，不冠「建武」二字，學者以為失誤。㊵山陽　郡名。治所在昌邑（今山東金鄉西北）。㊶楚　封國名。治所在彭城（今江蘇徐州）。章帝章和二年改為彭城國。㊷浚遒縣　九江郡屬縣。治所在今安徽肥東之東。㊸公嫗　李賢注：以男為山公，以女為山嫗，猶祭之有尸主也。古人祭祀，祭神如神在，神不可見，故以人為尸而祭之。㊹於是遂絕　《風俗通義·怪神》：「時太守宋均（宗均）到官，主者白出錢，給聘男女，均曰：『眾巫與神合契，知其旨欲，卒取小民不相當。』於是敕條，巫家男女以備公嫗，巫扣頭服罪，乃殺之，是後遂絕。」此亦襲取西門豹禁為河伯娶妻故事。㊺東海相　東海，郡名。治所在魯。王先謙《集解》引洪頤煊說，案〈東海恭王傳〉，光武帝以劉彊之被廢太子而改封東海王，不是因為過錯，所以優以大封，兼食魯郡，合二十九縣，初魯恭王好宮室，起靈光殿甚壯麗，是時猶存，故詔彊都魯。終東漢之世，魯稱國置相，而東海仍為郡。㊻詣闕乞還者數千人　《論衡·程材篇》：「叔庠為東海相，廣招幽隱，春秋會饗，設置三科，以第補吏，一府員吏，儒生十九。」㊼尚書令　秩千石，

《漢官儀》：「尚書令主贊奏事，總典綱紀，無所不統。每朝會，尚書令、御史中丞、司隸校尉皆專席，故京師號曰三獨坐，言其尊重。」(48)每有駮議二句　蔡邕《獨斷・上》：「其有疑事，公卿百官會議，若臺有所正處而獨執異議者曰駮議。駮議曰：『某官某甲議以為是』，下言：『臣愚戇議異』。其合於上意者，文報曰：『某官某甲議可』。」「某甲」代表某官的姓名。華嶠《後漢書》：「(均)忠正直言，數納策謀，未嘗不合上意。」(49)刪翦　刪除。(50)顧　卻；反而。(51)小黃門　宦者，秩六百石，掌侍皇帝左右，受尚書事上呈，在內宮關通中外及中宮以下眾事。(52)傍　今作「旁」。(53)司隸校尉　秩比二千石，持節，掌察舉百官以下及京師近郡犯法者，並管領一州，稱司隸校尉部，轄河南尹、河內、河東、弘農、京兆尹、左馮翊、右扶風等七郡，即所謂「近郡」。(54)寢病　臥病在床。(55)耆老　《禮記・曲禮上》：「六十曰耆。」耆、老同義，謂老人。(56)太子舍人　秩二百石，更值宿衛。(57)中黃門　秩比百石，宦者，掌給事禁中。(58)宰相　《漢書・王陵傳》：「宰相者，上佐天子理陰陽，順四時，下遂萬物之宜，外填(鎮)撫四夷諸侯，內親附百姓，使卿大夫各得任其職也。」漢之三公皆可稱宰相。欲選司徒，故言此。(59)騶　管養馬和駕車的人。(60)浸篤　病勢逐漸沉重。(61)奉望帷幄　奉望，看望。奉，敬辭。帷，以布帛製作的環繞四周的遮蔽物。《周禮・天官・幕人》鄭玄注：「在旁曰帷，在上曰幕，四合象宮室曰幄，王所居之帷也。」以皇帝所居代指皇帝，亦猶「陛下」之類。(62)文法　法律。(63)苛察　苛刻繁瑣。《呂氏春秋・貴公》高誘注：「察，苛也。」(64)廉法　廉潔守法。(65)尚書　謂尚書臺。指宋均為尚書令時。(66)故遂不敢陳　指宋均刪翦疑事，帝聞之大怒。(67)建初元年　西元七六年。建初，東漢章帝年號。(68)族子　同族兄弟之子，今稱族姪。

【語　譯】宋均，字叔庠，南陽郡安眾縣人。父名宋伯，光武帝建武初年為五官中郎將。宋均因為父親的資歷得以任命為郎官，當時年方十五。喜愛鑽研經典著作，每到休假日，就到博士那裡學習，通曉《詩》和《禮記》，善於和人往復辯論。至二十多歲，由郎官調去補任辰陽縣長。當地少有懂學問的人民卻迷信巫人驅鬼等事。宋均為他們建立學校，嚴禁濫祀鬼神，百姓得以安居樂業。因為祖母逝世而辭官，到潁川郡教書。

2 後來宋均授官謁者，恰遇武陵蠻反叛，圍攻武威將軍劉尚，皇帝詔命宋均乘驛車徵發江夏郡奔命三千人去救劉尚。宋均到了那裡，劉尚已全軍覆沒。這時伏波將軍馬援軍趕到，詔書就令宋均監督馬援的軍隊，與諸將領一起進發，蠻賊固守險要，軍隊不能向前。後來馬援死於軍中，士兵又因溼熱許多人患病，死了一大半。宋均憂慮軍隊最後不能回來，便與諸將商量：「現在道路遠士卒得病，不能作戰，我想暫且按照皇帝旨意接受其投降，諸位以為如何？」各將領都匍匐在地不敢回答。宋均說：「忠臣在外，如果能夠安定國家，自己作主是允許的。」便假託皇帝聖旨調派伏波將軍下屬司馬呂种代理沅陵縣長，命呂种捧著皇帝詔書進入蠻人營壘，宣告皇帝的恩德和承諾，藉以部署兵力緊隨在後邊。蠻夷驚懼，立刻一起動手殺掉他們頭領投降了。這時便進入賊營，解散其部眾，發遣他們回到老家所在的郡縣，為他們設官分職，然後班師。宋均還沒有回到京城，先自己檢舉自己假傳聖旨的罪過。光武皇帝嘉獎宋均的功勞，派人到半路上賞賜他黃金和布帛，並叫他經過家鄉時上墳祭祖。從那以後，每遇各方面議論分歧，多次向他諮詢。

3　宋均調任上蔡縣令。當時郡府下文書，禁止百姓辦理喪事時過分奢侈。宋均說：「埋葬親人超過限制，在過錯中那是輕微的。現在有不知禮義的人，尚沒有遵守教化，而倉促地處罰那些送終超越禮制，不是施政的首要任務。」終於不願意施行。

4　宋均陞任九江郡太守。郡內常有虎害，百姓多有傷亡，官府常招募人們設下捕籠和陷阱，還是常常發生傷害。宋均到任，給所屬各縣下發通知：「虎豹藏於山，鱉鱷潛於水，都需有其寄身之所。況且江淮之地有猛獸，就好像北方有雞豬一樣正常。現在成為百姓禍害，錯在貪殘之官吏，卻勞苦百姓張設獵具追捕，不是愛民之本。要全力除去貪官暴吏，想法為國舉薦忠善之人，就可以完全拆除捕籠陷阱，取消捕殺的規定。」以後傳說老虎成群游到長江以東去了。光武帝建武中元元年，山陽、楚、沛等郡國蝗蟲很多，那些飛到九江郡邊界的蝗蟲，往往向東向西散去，通過這件事，宋均便遠近聞名了。浚遒縣有唐山、后山兩座山，人們都祭祀山神，許多神漢神婆就挑選百姓家的男的為山公，女的為山嫗，年年改換，凡是被挑選過的，男的不敢娶妻，女的不敢出嫁，前前後後來本郡任郡守縣令的都不敢明令禁止。宋均卻下通知說：「從今以後，為山神娶山公山嫗的，都娶巫人的兒女，不許擾害良民。」從此，選山公山嫗的惡習便斷絕了。

5　明帝永平元年，宋均調任東海相。在郡任職五年，因犯法免官，往潁川郡教書。但是東海的官民不忘宋均的恩德和教導，為他作歌讚頌，到皇宮請求讓他回到東海來的有好幾千人。明帝認為他有才幹，永平七年，召他來任命為尚書令。每申述自己的不同意見，大都與皇帝的心意相合。有一次宋均把可疑的敘述文字刪除，皇帝認為這其中必有詐偽，大發雷霆，把尚書郎捆綁起來放在搒床上，各曹尚書害怕得不得了，都叩頭表示有罪，宋均卻對他們生氣地說：「忠臣懷抱忠義，不能有二心，如果害怕威嚴而不能堅持操守，我縱然死了，也矢志不移。」他說這話時，小宦官在場，就到裡邊把剛才的情況一五一十地說給皇帝聽。明帝欣賞他的不屈不撓，立刻叫人赦免了那位尚書郎，提升宋均為司隸校尉。只有幾個月，又外放為河內太守，在那裡政治教化得到普遍推行。

6 宋均嘗臥病在床，民眾中的老年人為他祈禱神靈保佑，一早一晚問候安好，他被百姓愛戴達到這種程度。因為疾病，宋均上書請求免官，皇帝下詔任命其子宋條為太子舍人。宋均親自扶著車到宮殿謝恩，皇帝派中黃門慰問他，順便讓他在家養病。司徒的位子空缺，皇帝認為宋均的才能足以當宰相，就召他入宮看看他的病情，派兩個趕車的人扶他進來。宋均叩拜辭謝說：「是老天爺懲罰我這有罪之人，令人痛心地是我的病越來越沉重了，再不能來看望皇上了！」就流著鼻涕眼淚告辭。皇帝非常傷心，就叫宋條扶著父親慢慢地出宮，賞賜他五銖錢三十萬枚。

7 宋均性格寬厚溫和，不喜歡輕易動用法律，常認為當官要能寬厚，縱使貪汙放肆，尚無大害；至於嚴苛的官吏，本人可能清廉守法，卻奸猾刻薄，兇狠地對待百姓，禍患和人民流離失所都是由此引起的。及至在尚書，常想叩頭爭辯，因為形勢正嚴酷，所以竟不敢陳說。皇帝以後聽說他的話很後悔悲傷。章帝建初元年，宋均在家中去世。他的同族姪叫宋意。

1 意字伯志。父京，以大夏侯尚書❶教授，至遼東❷太守。意少傳父業，顯宗時舉孝廉，以召對合旨，擢拜阿陽❸侯相。建初中，徵為尚書。

2 肅宗性寬仁，而親親之恩篤❹，故叔父濟南、中山二王每數入朝❺，特加恩寵，及諸昆弟⑥並留京師，不遣就國。意以為人臣有節⑦，不宜踰禮過恩，乃上疏諫曰：「陛下至孝烝烝⑧，恩愛隆深，以濟南王康、中山王焉先帝昆弟，特蒙禮寵，聖情戀戀，不忍遠離，比年朝見，久留京師，崇以叔父之尊，同之家人之禮⑨，車入殿門，即席不拜⑩，分甘損膳，賞賜優渥。昔周公⑪懷聖人之德，有致太平之功，然後王曰叔父，加以錫幣⑫。今康、焉幸以支庶享食大國⑬，陛下即位，蠲除前過，還所削黜⑭，衍食它縣⑮，男女少長，並受爵邑⑯，恩寵踰制，禮敬過度。春秋之義，諸父昆弟無所不臣⑰，所以尊尊卑卑，彊幹弱枝者也⑱。陛下德業隆盛，當為萬世典法，不宜以私恩損上下之序⑲，失君臣之正⑳。又西平王羨等六王㉑，皆妻子成家，官屬備具，當早就蕃國㉒，為子孫基阯㉓。而室第㉔相望，久磐㉕京邑，婚姻之盛，過於本朝㉖，僕馬之眾，充塞城郭，驕奢僭擬㉗，寵祿隆過㉘。今諸國之封，並皆膏腴，風氣平調，道路夷㉙近，朝聘㉚有期，行來不難。宜割情不忍，以義斷恩㉛，發遣㉜康、焉各歸蕃國，令羨等速就便時㉝，以塞眾望。」帝納之。

3 章和二年，鮮卑擊破北匈奴，而南單于乘此請兵北伐㉞，因欲還歸舊庭㉟。時竇太后臨朝㊱，議欲從之。意上疏曰：「夫戎狄之隔遠中國㊲，幽處北極㊳，界以沙漠，簡賤禮義[39]，無有上下，彊者為雄，弱即屈服。自漢興[40]以來，征伐數矣，其所剋獲[41]，曾[42]不補害。光武皇帝躬服[43]金革之難，深昭[44]天地之明，故因其來降，羈縻[45]畜養，邊人得生，勞役休息，於茲[46]四十餘年矣。今鮮卑奉順[47]，斬獲萬數，中國坐享[48]大功，而百姓不知其勞，漢興功烈，於斯為盛。所以然者[49]，夷虜相攻，無損[50]漢兵者也。臣察鮮卑侵伐匈奴，正是利其抄掠，及歸功聖朝，實由貪得重賞。今若聽南虜還都北庭，則不得不禁制鮮卑。鮮卑外失暴掠之願，內無功勞之賞，豺狼貪婪，必為邊患。今北虜西遁，請求和親[51]，宜因其歸附，以為外扞[52]，巍巍[53]之業，無以過此。若引兵費賦[54]，以順南虜，則坐失上略，去安即危矣，誠不可許。」會南單于竟不北徙。

4 遷司隸校尉。永元[55]初，大將軍竇憲兄弟貴盛[56]，步兵校尉鄧疊、河南尹王調、故蜀郡太守廉范等群黨[57]，出入憲門，負埶[58]放縱。意隨違舉奏[59]，無所回避，由是與竇氏有隙[60]。二年，病卒。

5 孫俱[61]，靈帝時為司空。

【章旨】以上為所附宋均之族子〈宋意傳〉。宋意一生為顯官有二職，一為尚書，二為司隸校尉。為尚書時，傳載其二疏，一是建議遣諸侯王就國，以申尊尊卑卑之義；二是建議不要允許南單于擊北匈奴以還舊庭，使夷狄互制，中國坐收大功。為司隸校尉時，主要針對竇憲之開始貴盛，隨時舉奏。對內對外均本著尊君抑臣，強中國弱夷狄之主旨。

【注釋】❶大夏侯尚書　《尚書》自西漢伏生以下傳承有自，各以家法教授，至夏侯始昌傳族子勝，為大夏侯氏學，勝傳從兄子建，別為小夏侯氏學。二者皆立博士，同源異流，各自傳授，故以大小相區分。❷遼東　郡名。治所在襄平（今遼寧海城東）。❸阿陽　錢大昕云：「阿陽屬漢陽郡，不是侯國，而上黨郡之陽阿為侯國。此阿陽或陽阿之訛。」❹而親親之恩篤　親親，親自己的親屬。《漢書・翼奉傳》：「古者朝廷必有同姓以明親親，必有異姓以明賢賢，此聖王之所以大通天下也。」篤，深固。❺故叔父句　濟南王劉康，光武帝子，建武十五年封濟南公，十七年進爵為王，濟南國治所在東平陵（今山東濟南東）；中山王劉焉，亦光武帝子，建武三十年由左馮翊王徙封中山王。肅宗為光武帝孫，故稱二王為叔父。❻昆弟　兄弟。❼節　法度。❽烝烝　孝德厚美。❾同之家人之禮　二王於家族為叔姪，於朝廷為君臣，雖為家人不當失君臣之禮。❿車入殿門二句　《資治通鑑》胡三省注：「漢制，太子、諸王至司馬門皆下車，故謂止車門。臣於君前拜而後就席。」⓫周公姬姓，名旦，封於周，故曰周公，周武王之弟，助武王滅商。武王死，成王年幼，周公代為執政，平定內亂，為周朝制定典章制度，為歷代所尊崇。⓬王曰叔父二句　《詩・閟宮》：「王曰叔父，建爾元子，俾侯于魯。」《尚書・召誥》記周公既成洛邑，成王命召公取幣賜周公事。古代之幣非謂錢幣，《儀禮・士相見禮》鄭玄注：「玉、馬、皮圭、璧、帛皆稱幣。」錫，即賜字，從金從貝義同。⓭今康焉句　據《續漢書・郡國志》，濟南國轄十縣，中山國轄十三縣，故云「大國」。明帝繼大統為嫡，則諸弟皆為支庶。諸侯王在其封國內靠收租稅生活，故言「食」。⓮蠲除前過二句　康在國不守法度，按圖書謀議不軌，有司舉奏，顯宗削其五縣。肅宗建初八年，還康所削縣。焉縊殺姬韓序，國相舉奏，坐削一縣。元和中，肅宗復還之。《左傳・襄公十六年》杜預注：「黜，減損。」⓯衍食它縣　衍，擴展。衍食何縣，史無明文。⓰男女少長二句　據康與焉本傳，康子七人封為列侯，焉子十一人封為列侯。⓱春秋之義二句　班固《白虎通義・王有不臣篇》：「始封之君，不臣諸父、兄弟何？不忍以己一日之功德加於諸父、兄弟也。故《禮・服傳》曰：『封君之子不臣諸父，封君之孫盡臣之。』」諸父，伯父、叔父皆父輩，故云。⓲所以尊尊卑卑二句　上「尊」字和上「臣」字是動詞，下尊字謂君，卑字謂臣，意為尊君卑臣。幹謂朝廷，枝謂封國。⓳序　指官爵的品位。《左傳・昭公二十九年》杜預注：「序，位次也。」⓴正　準則。㉑西平王羨等六王　羨，原封廣平王，後徙西平王，章帝崩，遺詔徙封陳王，食淮陽郡，其年就國。其餘五王，據本書〈孝明八王傳〉，彭城王恭，元和三年就國，樂成王黨、下邳惠王衍、梁節王暢，章帝崩後就國，淮陽頃王昞建初三年薨，濟陰悼王長元和元年薨。其五王當為恭、黨、衍、暢、長，宗意上疏時間當在建初四年至九年之間，此時六王皆在京師。《資治通鑑》次此疏於章和二年，似晚，那時昞、長已死，恭已就國，在京師惟羨、黨、衍、暢四人。㉒藩國　謂封國是朝廷的屏障。蕃，同「藩」。籬笆。㉓基阯　建築的基礎。借指基業。阯，同「址」、「趾」。㉔室第　住宅。第，住宅多而排列次第。㉕磐　李賢注：「磐謂磐桓不去。」㉖本朝　朝廷。㉗僭擬　超越身分妄比尊者。㉘隆過　隆，多；豐厚。過，過分。㉙夷　平坦。㉚朝聘　諸侯王本人或派使臣朝見皇帝。因時間之長短和規模之大小不同分為朝和聘。㉛以義斷恩　以大義而斷棄私恩。《禮記·喪服四制》：「門內之治恩揜義，門外之治義斷恩。」陳澔注：「門內主恩，故常揜蔽公義；門外主義，故常斷絕私恩。」此文旨在言公義。揜，同「掩」。㉜發遣　打發；安排。㉝就便時　取方便之時。㉞鮮卑擊破北匈奴二句　據本書〈南匈奴傳〉：「鮮卑入左地擊北匈奴，大破之，斬優單于」，是章和元年事。「時北虜大亂，加以飢蝗，南單于將并北庭」，是章和二年事。此均繫於章和二年，則「鮮卑擊破北匈奴」為追述。鮮卑，東胡之一支，常寇鈔北邊。南匈奴附漢，鮮卑始通譯使，並願自效擊北匈奴，持首級至遼東受賞賜，封其大人為王。匈奴為北方古老部落，光武建武二十四年，分為南北二部，北匈奴為漢所敗，與漢時和時離。南匈奴附漢。匈奴之君長曰單于，《史記·匈奴列傳》裴駰《集解》：「單于者，廣大之貌，言其象天單于然。」㉟舊庭　《史記·匈奴列傳》司馬貞《索隱》謂匈奴所都處為庭。樂產說：「單于無城郭，不知何以國之，穹廬前地如庭，故云庭。」亦泛指匈奴所居之地。舊庭，南單于原來所居地。㊱竇太后臨朝　竇太后，明帝竇皇后，生和帝。和帝即位，尊為皇太后。所謂臨朝，謂少帝即位，太后代為攝理政事，臨前殿朝群臣，太后東面，少帝西面，群臣奏事，上書皆為兩通，一詣太后，一詣少帝（見蔡邕《獨斷》）。㊲夫戎狄之隔遠中國　古代中原國家對北方民族稱之為狄，西方民族稱為戎。戎狄，泛指北方和西北方游牧民族，此則指匈奴。㊳幽處北極　幽，偏僻。北極，北方最邊遠之地。㊴簡賤禮義　《漢書·匈奴傳》：「利則進，不利則退，不羞遁走，苟利所在，不知禮義。自君王以下，咸食畜肉，衣其皮革，被旃裘，壯者食肥美，老者飲食其餘，貴壯健，賤老弱，父死妻其後母，兄弟死，皆取其妻妻之。其俗有名不諱而無字。」中土人以為是輕視禮義。㊵漢興　指高祖滅秦而建漢朝。㊶剋獲　克敵與虜獲。㊷曾　竟然。㊸服　經受；承受。㊹昭　清楚；明白。㊺羈縻　《漢官儀》：「馬曰羈，牛曰縻，言制四夷如牛馬之受羈縻也。」㊻茲　此；今。㊼奉順　順從。奉亦順。㊽享　受。㊾所以然者　謂能夠如此的原因。然，如此。㊿損　耗費。(51)和親　中原王朝以公主嫁與邊疆國君主而結親，以求得邊地和平。(52)外扞　外面屏障。扞，遮蔽。(53)巍巍　高大貌。(54)賦　軍費。(55)永元　和帝年號。(56)大將軍竇憲兄弟貴盛　大將軍，不常置，位比三公，掌征伐背叛。竇憲以帝舅之故，為車騎將軍，征匈奴，位在公下，還，遷大將軍，位在公上。憲，扶風平陵（今陝西咸陽）人。其妹為章帝皇后，和帝即位，太后臨朝，憲以侍中內管機密，外宣誥命，威權震朝廷。憲弟景為執金吾，瓌為光祿勳，權貴顯赫，傾動京都。(57)步兵校尉句　步兵校尉秩比二千石，掌宿衛兵。鄧疊為憲心腹，後遷衛尉。前漢河南為郡，世祖都雒陽，改郡為尹，主京都，特奉朝請。廉范，字叔度，京兆杜陵（今陝西西安）人。為蜀郡守，頗有治績，民為之作歌。(58)埶同「勢」。(59)隨違舉奏　其有違法隨時舉奏。(60)隙　怨仇；仇恨。(61)俱　據《隸釋》載「司空宗俱碑」，俱字伯儷，南陽安眾人，祖父司隸校尉，父長沙太守，與本書相合。碑文補充了宗俱所歷官職：郎中、議郎、五官中郎將、越騎校尉、汝南太守、少府、太僕、太常，遂拜司空。

【語　譯】宋意，字伯志。父名京，用《大夏侯尚書》教授學生，官至遼東太守。宋意年輕時傳述父親的學術家法，明帝時被舉為孝廉，因為召入對策合於皇帝旨意，提拔他為阿陽侯相。章帝建初年間，徵拜為尚書。

2　章帝本性寬弘仁義，對親人親近之情深厚，所以叔父濟南王和中山王往往多次入朝，特別予以寵愛，並且眾兄弟都留在京城，不令他們回到封國。宗意認為作為臣子應有法度，不應當超越禮制過分施恩，便上書勸諫說：「陛下孝德厚美，恩高愛深，由於濟南王康和中山王焉是先帝的兄弟，特別受到禮遇和寵信，神聖的情懷戀戀不捨，不忍心讓他們遠離，年年朝見，一直留住在京師，尊崇叔父的長輩身分，使與家人之間的禮節相同，允許乘車入殿門，不拜就入席，好吃的飯食自己少吃點分給他們，賞賜優厚。從前周公具備聖人的品德，有治理國家達到太平之世的大功，因此周天子稱說他為叔父，並賜與等幣帛。現在康與焉幸運地以支庶身分食大國之租，陛下即位，棄置他們以前的過惡，把削去的縣還給他們，又擴展收取其他縣的租稅，男女老少，都受爵位和封土，施恩寵愛超過制度的規定，尊禮過分。《春秋》的至高精神，對叔伯兄弟無所不臣，是用以尊崇君主壓低臣下，加強朝廷削弱封國的意思。陛下聖德崇高功業興盛，應當成為後代子孫的典範，不應因為個人的恩寵破壞上下的次序，失去君臣關係的準則。還有西平王劉羨等六王，都已有妻有子成立了家庭，屬官齊全，應當早日回到封國，為子孫建立基業。然而住宅相接，長久逗留在京城，兒女婚嫁局面之排場超過朝廷，奴僕車馬之多滿城都是，驕滿奢侈越過本分妄比尊者，恩寵太高俸祿太厚。現在諸王國所封都是肥美之地，氣候適合，道路又平坦又近便，朝聘有定期，來去方便。應當拋棄不忍分離的感情，以大義而斬斷私恩，打發劉康、劉焉各回封國，令劉羨等六王早日定下方便的時間離京，用以滿足眾人的希望。」皇帝採納了他的建議。

3 章帝章和二年，鮮卑擊潰北匈奴，南匈奴單于乘此機會請求伐北匈奴，想藉此回到原來的住地。這時正是竇太后攝政，商議打算答應他。宋意上書說：「匈奴與我國遠隔，偏處北方遙遠之地，有沙漠隔開，他們蔑視禮義，沒有尊卑，誰強誰當領袖，誰弱誰就屈服。自漢朝建立以來，多次進行征伐，所克敵和擄獲竟然不能補償損失。光武皇帝身歷戰爭之苦難，深知天地的昭示，所以就趁其來降，籠絡他加以教養，邊民得以生存，省勞役而得休養生息，於今四十多年了。現在鮮卑順從朝廷，對匈奴斬殺與俘虜好幾萬人，中國坐受大利，百姓又不受勞苦，漢朝建立以來的功業，於此最為宏大。能夠取得如此成果的原因，鮮卑與北匈奴互相攻伐，不費漢朝一兵一卒所致。我看鮮卑攻打匈奴，正因為搶劫得利，至於把功勞歸於我大漢，實因貪圖得到重厚賞賜。現在如果允許南匈奴回到北匈奴舊地，就不得不扼制鮮卑。鮮卑對外失去以武力搶奪的希望，從我朝又不能用功勞取得賞賜，豺狼之性貪得無饜，必然為害邊疆。現在北匈奴西逃，請求與我和好通婚，應該藉其歸順，作為在外的屏障，偉大的功業，沒有超過這事的。如出軍消耗軍費，順從南匈奴的意願，就白白失去上策，棄安寧而就危害，萬萬不能答應。」正好南單于竟然不向北遷徙。

4 宋意升任為司隸校尉。和帝永元初年，大將軍竇憲兄弟尊貴勢盛，步兵校尉鄧疊、河南尹王調、故蜀郡太守廉范之輩，奔走竇憲之門，仗勢肆虐。宋意每見其違法之行立時舉奏，無有迴避，因此與竇家結仇。永元二年病逝。

5 宋意之孫名宋俱，靈帝時為司空公。

1 寒朗，字伯奇，魯國薛❶人也。生三日，遭天下亂，棄之荊棘；數日兵解，母往視，猶尚氣息，遂收養之。及長，好經學，博通書傳❷，以尚書教授。舉孝廉。

2 永平中，以謁者守侍御史❸，與三府掾屬共考案楚獄顏忠、王平等❹，辭連及隧鄉侯耿建、朗陵侯臧信、護澤侯鄧鯉、曲成侯劉建❺。建等辭未嘗與忠、平相見。是時顯宗怒甚，吏皆惶恐，諸所連及，率❻一切陷入，無敢以情恕❼者。朗心傷其冤，試以建等物色❽獨問忠、平，而二人錯愕❾不能對。朗知其詐，乃上言建等無姦，專為忠、平所誣，疑天下無辜類❿多如此。帝乃召朗入，問曰：「建等即如是，忠、平何故引之？」朗對曰：「忠、平自知所犯不道⓫，故多有虛引⓬，冀⓭以自明。」帝曰：「即如是，四侯無事，何不早奏，獄竟⓮而久繫至今邪？」朗對曰：「臣雖考之無事，然恐海內⓯別有發其姦者，故未敢時上⓰。」帝怒罵曰：「吏持兩端⓱，促提⓲下！」左右方引去，朗曰：「願一言而死。小臣不敢欺，欲助國耳！」帝問曰：「誰與共為章？」對曰：「臣自知當必族滅⓳，不敢多汙染⓴人，誠冀陛下一覺悟而已。臣見考囚在事者㉑，咸共言妖惡大故㉒，臣子所宜同疾，今出之不如入之㉓，可無後責。是以考一連十，考十連百。又公卿朝會㉔，陛下問以得失，皆長跪㉕言，舊制大罪禍及九族㉖，陛下大恩，裁止於身，天下幸甚。及其歸舍，口雖不言，而仰屋竊歎，莫不知其多冤，無敢牾㉗陛下者。臣今所陳，誠死無悔。」帝意解，詔遣朗出。後二日，車駕自幸洛陽獄錄囚徒㉘，理出千餘人。後平、忠死獄中，朗乃自繫㉙。會赦，免官。復舉孝廉。

3 建初中，肅宗㉚大會群臣，朗前謝恩，詔以朗納忠先帝，拜為易㉛長。歲餘，遷濟陽㉜令。以母喪去官㉝，百姓追思之。章和元年㉞，上行東巡狩㉟，過濟陽，三老㊱吏人上書陳朗前政治狀。帝至梁㊲，召見朗，詔三府為辟首㊳，由是辟司徒府。永元㊴中，再遷清河㊵太守，坐法免。

4 永初三年㊶，太尉張禹㊷薦朗為博士，徵詣公車，會卒，時年八十四。

【章旨】以上為〈寒朗傳〉。寒朗為官，篇中只著重寫他在審理楚王劉英案中為四侯辯誣事，他不僅細察獄情，而且冒死向皇帝陳說治獄中的弊端，使許多無辜得以脫身。在濟陽令任上，無一語言及施政，但由濟陽三老吏民上書，知其頗有治績。

【注釋】❶薛　縣名。治所在今山東滕縣東南。❷書傳　《尚書》的各種訓解。《禮記・經解》：「溫柔敦厚，《詩》教也；疏通知遠，《書》教也。」❸守侍御史　侍御史，秩六百石，掌察舉非法，受公卿群吏奏事，有違失舉劾之。初授稱守，滿歲拜真，食全俸，出治劇（擔任繁重職務）。❹與三府掾屬句　楚獄，楚王英謀反事，謀反屬大罪，故有三府參與審理。掾屬，三府屬官，正曰掾，副曰屬，秩皆百石。惠棟引崔寔〈政論〉：「後漢品秩為下優禮甚宏，三公乃天子之股肱，掾屬則三公之喉舌，故三府掾乃言行之本，禍福之主，及其遷除，或朞月而長州郡，或數年而至公卿。」顏忠、王平皆漁陽郡人，二人助楚王英造作圖書謀反，死獄中。❺辭連及句　辭連及，供詞牽連到。隧鄉侯耿建，王先謙《集解》引惠棟說：「〈耿純傳〉，

宿封隧鄉侯，非建也。坐楚事為耿阜，以東光侯徙封莒鄉侯。隧當作莒，建當作阜。」朗陵，縣名。治所在今河南確山縣西
南。護澤，〈郡國志〉作濩澤，縣名。治所在今山西陽城縣西。曲成，縣名。治所在今山東掖縣東北。❻率　皆。❼情恕　因
實情而饒恕。❽物色　李賢注：「謂形狀也。」❾錯愕　驚懼。愕，或作「愕」。❿類　大抵。⓫不道　無道；胡作非為。
⓬虛引　憑空牽引。⓭冀　希圖。⓮獄竟　窮究其罪。⓯海內　全國之內。古謂九州四周有海環繞，故稱中國為海內。⓰時
上　即時上奏。⓱兩端　兩頭都占，指游移於兩者之間的態度。⓲提　控持。⓳族滅　滅族。謂一人犯罪，整個家族、親屬
被誅殺。⓴汙染　牽連。㉑在事者　參與其事者。㉒妖惡大故　邪惡重罪。㉓出之不如入之　出，謂釋放、開脫。入，謂定
以罪名。㉔朝會　大臣朝見皇帝。㉕長跪　直身而跪。古時席地而坐，坐時兩膝據地，以臀部著足跟，跪則伸直腰股，以示
莊敬。㉖舊制大罪禍及九族　舊制謂西漢以前之制。西漢刑法只有夷三族（父母、妻子、同產），而無罪九族之誅。沈家本《歷
代刑法考》引《隋書・刑法志》：「及楊玄感反，帝誅之，罪及九族。」沈氏云：「按：九族之誅，史傳惟見此事。」是漢
之前從無九族之誅。九族，鄭玄注《尚書・堯典》：「九族，上自高祖，下至玄孫，凡九族。」三族、九族皆有異說，不具
錄。㉗牾　違逆。㉘幸洛陽獄錄囚徒　幸，蔡邕《獨斷》：「車駕所至，民臣被其德澤以僥倖，故曰幸也。」洛陽獄，《續漢
書・百官志》：「孝武帝以下置中都官獄二十六所，各令長名。世祖中興皆省，唯廷尉及雒陽有詔獄。」廷尉獄是拘押將相
大臣的監獄，洛陽獄是拘押一般欽犯的監獄。錄，甄別；省察。囚徒，案件審理期間暫時關押的嫌犯。《漢書・雋不疑傳》顏
師古注：「省錄之，知其情狀有冤滯與不（否）也。」《晉書・刑法志》：「及明帝即位，常臨聽訟觀錄洛陽諸獄，帝性既明
察，能得下姦，故尚書奏決近於苛碎。」㉙自繫　自行拘禁。以重囚自死故。㉚肅宗　東漢章帝廟號。㉛易　縣名。屬河間
國。治所在今河北雄縣西北。㉜濟陽　縣名。陳留郡屬縣。治所在今河南蘭考東北。㉝母喪去官　《禮記・王制》：「父母
之喪，三年不從政。」㉞章和元年　西元八七年。章和，東漢章帝年號。㉟上行東巡狩　上，皇帝之稱。《國語・齊語》韋昭
注：「上，君長也。」本書黃山《校補》：「行，安行也。天子以四海為家，出即曰行，所止曰行在所。」巡狩，亦作「巡
守」。《尚書・舜典》「歲二月，東巡守」偽《孔傳》：「諸侯為天子守土，故稱守。巡，行之。」《孟子・梁惠王下》：「天
子適諸侯曰巡狩。巡狩者，巡所守也。」㊱三老　《續漢書・百官志》：「鄉置三老，掌教化，凡有孝子順孫、貞女義婦、
讓財救患，及學士為民法式者，皆扁（匾）表其門，以興善行。」《漢書・高祖本紀》：「高祖二年，舉民五十以上，有修行，
能帥眾為善，置以為三老，鄉一人。擇鄉三老一人為縣三老，與縣令丞尉以事相教，復勿繇戍。」此三老，當是縣三老。㊲梁
封國名。治所在下邑（今安徽碭山縣東）。㊳辟首　徵召之首選。辟，徵召；舉薦。㊴永元　東漢和帝年號。㊵清河　郡名。

治所在甘陵（今山東臨清東）。㊶永初三年　西元一〇九年。永初，東漢和帝年號。㊷太尉張禹　太尉，三公之一。《續漢書・百官志》：「掌四方兵事功課（謂對軍事業績考核），歲盡奏其殿最而行賞罰。」張禹，字伯達，趙國襄國（今河北邢臺）人，舉孝廉，歷揚州刺史、兗州刺史，終至太尉。本書有傳。

【語譯】寒朗，字伯奇，魯國薛縣人。生下三天，遇天下大亂，父母把他拋棄在樹叢中；過了幾天，兵亂止息了，其母去看他，還有些呼吸，就抱回養育他。等到長大，喜愛研究經書，通曉各種對經書的訓解，專門教授學生學《尚書》。被舉薦為孝廉。

2　明帝永平年間，寒朗以謁者身分暫兼侍御史，和三府官員共同審理楚王劉英案中顏忠、王平等人，他們的供詞牽連到隧鄉侯耿建、朗陵侯臧信、護澤侯鄧鯉、曲成侯劉建。耿建等人供說從未和顏忠、王平見過面。此時明帝怒氣衝天，官吏都非常害怕，所有牽連到的人，一概陷入此案，誰也不敢認為情有可原。寒朗憐憫他們的冤枉，嘗試著用耿建等人的外貌形狀單獨審問顏忠、王平，兩人卻惶懼不能答。寒朗知道二人欺詐，便上書說耿建等沒有犯罪，完全是被顏忠、王平誣陷，恐怕天下無罪而被誣陷大抵都是這樣。明帝便把寒朗叫來，問道：「耿建等人如果像你說的那樣，顏忠、王平為什麼牽連他們？」寒朗回答道：「顏忠、王平自己知道罪惡重大，故意多憑空牽連一些人，希望用這種辦法表明自己無罪。」皇帝說：「如果是這樣，四侯沒有犯法，為什麼不早奏，而在獄中窮追其罪且長久拘禁至今呢？」寒朗答道：「我縱然審定他無罪，可是又怕害國內有人揭發他的罪行，所以沒敢及時上奏。」皇帝生氣地罵道：「你簡直是兩面派，快把他拿下！」皇帝的手下正要把他拉走，寒朗說：「我願說一句話再死。小臣不敢欺騙皇帝，我是想幫助國家啊！」皇帝問道：「是誰與你共同起草的這份奏章？」答：「我自己知道寫這份奏章必當滅族，不敢多連累人，實是希望陛下有所醒悟而已。我看到和我一起審案的人，都說這是邪惡重罪，我也本應該同仇敵愾，與其說他們無罪，不如說他們有罪，這樣做以後就不致被追查責任。因此考問一人牽出十人，考問十人牽出百人。還有大臣朝見時，陛下問執法有什麼失誤，大家都直身而跪說：『舊制：大罪要株連九族，陛下大恩大德，僅刑於罪犯本身，天下百姓極為慶幸！』等回到辦公室，口雖不說，卻仰對屋頂暗暗歎息，誰都知道他們多被冤枉，又沒有誰敢說陛下不對的。我現在所述，死也心甘情願。」皇帝怒氣方消，叫人把他提出去。過了兩日，皇帝親自到洛陽監獄甄別被囚禁的犯人，清理出一千多人。後來顏忠、王平死在監獄中，寒朗就自己把自己拘禁起來。遇赦出獄，免去官職。以後又被舉為孝廉。

3 建初年間，章帝遍會各大臣，寒朗向前謝恩，詔令說因為寒朗盡忠於先帝，授為易縣長。一年多以後又升為濟陽縣令。因為母親去世而辭去官職，百姓懷念他。章和元年，皇帝出行到東部各郡國巡視，過濟陽，三老和吏民上書陳說寒朗以前在此為官時的善政。皇帝行至梁國，召見寒朗，告訴三府有徵召時，第一個先聘用寒朗，因此寒朗被聘入司徒府召用。和帝永元年間，又升任清河郡太守，因犯法被免官。

4 和帝永初三年，太尉張禹舉寒朗為博士，徵召他往公車署，此時他已去世，卒時八十四歲。

論曰：左丘明❶有言：「仁人之言，其利博哉！晏子一言，齊侯省刑❷。」若鍾離意之就格請過，寒朗之廷爭冤獄，篤❸矣乎，仁者之情也！夫正直本於忠誠則不詭❹，本於諫爭則絞切❺。彼二子之所本得乎天，故言信而志行❻也。

贊曰❼：伯魚、子阿，矯急去苛❽。臨官以絜，匡帝以奢❾。宋均達政，禁此妖祭❿。禽蟲⓫畏德，子民請病⓬。意明尊尊，割恩蕃屏⓭。慄慄楚黎⓮，寒君為命⓯。

【章旨】本章「論曰」為作者對鍾離意、寒朗之行的詳論之詞，認為他們以仁心而諍諫。「贊曰」為對幾位傳主言行的斷語。

【注　釋】❶左丘明　春秋末魯國人，相傳著《左氏春秋》，自魯隱公元年（西元前七二二年）至哀公二十七年（西元前四六八年），為我國第一部編年史書，以魯國為主體，內容涉及春秋時各國，材料豐富，敘述生動。❷仁人之言四句　引自《左傳・昭公三年》，齊景公問晏嬰：「子近市，識貴賤乎？」此時景公繁於刑，有鬻踊者，故晏子對曰：「踊貴，屨賤。」景公因此而省刑。「君子曰：仁人之言，其利博哉！晏子一言，而齊侯省刑。《詩》曰：『君子如祉，亂庶遄已』，其是之謂乎！」此「君子曰」即左丘明對事件的評論。❸篤　信。❹詭　詐偽。❺絞切　急切。《論語・泰伯》：「直而無禮則絞。」楊伯峻注：「絞，尖刻刺人。」❻志行　李賢注：「言而見信，諫而必從，故曰志行。」❼贊曰　名曰贊，實具褒貶二義，是作史者將全篇要旨精煉提淳，以四字韻語形式表達。前有「論」，又續之以「贊」，未免煩贅。❽矯急去苛　急、苛同義，均謂苛政。矯與去在此亦義相輔，謂去苛而就正。❾臨官以絜二句　臨官，在任；蒞官。以絜，以廉潔自律。匡，矯正。以奢，用奢侈為戒。❿妖禜　謂為山娶山公山嫗。禜，祭祀。⓫禽蟲　謂虎患。《周禮・春官・大宗伯》孫詒讓《正義》：「禽者，鳥獸之總名。」《三國志・魏書・華佗傳》：「吾有一術，名五禽之戲：一曰虎，二曰鹿，三曰熊，四曰猨（猿），五曰鳥。」蟲，動物之總稱。⓬子民請病　治政者愛民如子，故稱其治下之百姓為子民。此指宋均病，百姓耆老為之禱請。⓭意明尊尊二句　《穀梁傳・魯成公元年》：「為尊者諱敵不諱敗，為親者諱敗不諱敵，尊尊親親之義也。」此言尊尊，謂為朝廷著想。宋意諫令諸王歸國，故云割恩藩屏。⓮惵惵楚黎　惵惵，恐懼。楚黎，楚王英獄所牽連的眾民。黎，眾民。⓯為命　此為使動句，謂使之存活。命，生存；生活。

【語　譯】史家評論說：左丘明說過：「仁人說的話，其效益是廣泛的。晏嬰一句話，使齊景公減輕刑罰。」如鍾離意就搒床請罪，寒朗為冤獄而廷諍，可信啊，仁心之人的情懷！人的正直出於忠誠，行為便不詭詐，若是為勸諫而勸諫，其言便尖刻刺人。這兩個人的出發點得自天性，故能出言而信，立志必行。

史官評議說：第五倫和鍾離意，矯正急苛之政。以貞潔為官，以奢汰之害勸誡皇帝。宋均明達政化，禁止以祭祀害民。禽獸也畏避有德之人，百姓為宋均祈禱病癒。宋意闡明尊尊之義，割捨私恩而強化國之屏障。戰戰兢兢的楚國黎民，寒君為他們請命。

【研　析】本卷所寫人物有一個共同特點，就是當他們看到朝廷的弊端時，敢於站出來向皇帝提出自己的意見，即所謂「諫諍」。諫諍是不容易的，有時冒殺頭的危險，所以「昧死言」、「死罪死罪」、「誠惶誠恐」，成為臣下奏章的常用語。正因為有這種危險，使多少朝臣明知有誤而噤口不語，尸位素餐。真正敢於挺身而出冒死建言者鳳毛麟角，因而也更為可貴。

皇帝不是孤零零的個人，作為一國之君，要受到各方面的影響，戚屬的專橫跋扈，大臣的爭名爭利，奸人的不軌慫諛，天象的變異，外部的威脅等等，都需要他做出決斷。這又取決於皇帝的學養、品德和駕馭能力。當此際，皇帝需要聽到不同的聲音。然而順耳之言容易獲得光寵，逆耳之言極易招來殺身之禍。本篇所列的幾位傳主，為了匡正皇帝的錯誤，置生死於度外，正因為中國歷史上有這樣一些公而忘私的人，使國家能轉危為安，使人民在一定程度上少受災難，緩解了社會矛盾。設若歷史上沒有這樣的敢諫之士，好大喜功的君主，以徵收多者為良吏，上下臣工奉順其旨，層層加碼，以至横徵暴斂，造成全國百姓的饑饉死喪，將是何等悲慘境地。不過中國歷史上敢諫之士代有其人，這樣的暴君尚不多見，這是古人的大幸。

我們讀歷史，除了認識歷史發展的大勢、歷代的興革成敗，還要學習歷史上先進人物的事跡，學習他們激濁揚清、臨危不懼的高尚品格，為國為民做一個有用之人。梁啟超有言：「讀名人傳記，最能啟發人志氣，且於應事接物之智慧增長不少，古人所以貴讀史者以此。」（《國學入門書要目及其讀法》）本卷的幾位人物，在歷史上並非有顯赫的地位，也沒有像魏徵、王安石起到那樣重要的作用，但他們的點滴貢獻，也是不可磨滅的。（張文質注譯）

卷四十二

光武十王列傳第三十二

【題解】本卷記述光武帝十子封王及其傳承。十子中惟東平憲王劉蒼自律謹嚴，恪守臣道，對朝廷多有建樹，為皇帝所倚重，生榮死哀，故范曄特為之作「論」以褒之。東海王劉彊、琅邪王劉京、沛王劉輔皆處事平平，皇帝均優容過禮，賞賜逾制。楚王劉英、濟南王劉康、阜陵王劉延、廣陵王劉荊皆造作圖書，圖謀不軌，皇帝以親親之誼，法外施恩，得不到應有的懲罰。篇中對各王國的傳襲作了詳細的記述。顯宗有〈紀〉，故不在此數。

1 光武皇帝十一子：郭皇后❶生東海恭王彊、沛獻王輔、濟南安王康、阜陵質王延、中山簡王焉，許美人❷生楚王英，光烈皇后❸生顯宗、東平憲王蒼、廣陵思王荊、臨淮懷公衡、琅邪孝王京。

2 東海恭王彊❹。建武二年❺，立母郭氏為皇后❻，彊為皇太子❼。十七年而郭后廢，彊常慼慼[8]不自安，數因[9]左右及諸王陳其懇誠，願備蕃國[10]。光武不忍，遲回[11]者數歲，乃許焉。十九年，封為東海王。二十八年，就國[12]。帝以彊廢不以過[13]，去就有禮[14]，故優以大封，兼食魯郡[15]，合二十九縣[16]。賜虎賁旄頭[17]，宮殿設鍾虡之縣[18]，擬於乘輿[19]。彊臨之國，數上書讓還東海，又因皇太子固辭。帝不許，深嘉歎之，以彊章宣示公卿。初，魯恭王好宮室，起靈光殿，甚壯麗，是時猶存[20]，故詔彊都魯[21]。中元元年入朝[22]，從封岱山[23]，因留京師[24]。明年春，帝崩[25]。冬，歸國。

3 永平元年[26]，彊病，顯宗遣中常侍鉤盾令將太醫乘驛視疾[27]，詔沛王輔、濟南王康、淮陽王延詣魯。及薨[28]，臨命上疏[29]謝曰：「臣蒙恩得備蕃輔，特受二國，宮室禮樂，事事殊異，巍巍[30]無量，訖無報稱[31]。而自脩不謹，連年被疾[32]，為朝廷[33]憂念。皇太后、陛下[34]哀憐臣彊，感動發中[35]，數遣使者太醫令丞方伎道術[36]，絡驛不絕。臣伏惟[37]厚恩，不知所言。臣內自省視，氣力羸劣[38]，日夜浸困[39]，終不復望見闕庭[40]，奉承帷幄[41]，孤負重恩，銜恨黃泉[42]。身既夭命孤弱，復為皇太后、陛下憂慮[43]，誠悲誠慙。息政，小人也[44]，猥當襲臣後[45]，必非所以全利之也。誠願還東海郡。天恩愍哀[46]，以臣無男[47]之故，處臣三女小國侯[48]，此臣宿昔常計[49]。今天下新罹大憂[50]，惟陛下加供養[51]皇太后，數進御餐[52]。臣彊困劣，言不能盡意。願並謝諸王，不意永不復相見也。」天子覽書悲慟[53]，從太后出幸津門亭發哀[54]。使司空持節護喪事[55]，大鴻臚副[56]，宗正、將作大匠視喪事[57]，贈以殊禮，升龍[58]、旄頭、鸞輅[59]、龍旂[60]、虎賁百人。詔楚王英、趙王栩[61]、北海王興[62]、館陶公主[63]、比陽公主[64]及京師親戚四姓夫人、小侯皆會葬[65]。帝追惟彊深執謙儉，不欲厚葬以違其意，於是特詔中常侍杜岑及東海傅相[66]曰：「王恭謙好禮，以德自終，遣送[67]之物，務從約省，衣足斂形[68]，茅車瓦器，物減於制[69]，以彰王卓爾獨行[70]之志。將作大匠留起陵廟。」

4 彊立十八年[71]，年三十四。子靖王政嗣。政淫欲薄行[72]。後中山簡王薨，政詣中山會葬，私取簡王姬[73]徐妃，又盜迎掖庭出女[74]。豫州刺史、魯相奏請誅政[75]，有詔削薛縣[76]。

5 立四十四年薨，子頃王肅嗣。永元十六年[77]，封肅弟二十一人皆為列侯[78]。肅性謙儉，循恭王法度[79]。永初[80]中，以西羌[81]未平，上錢二千萬。元初[82]中，復上縑萬匹[83]，以助國費，鄧太后[84]下詔褒納[85]焉。

6 立二十三年薨，子孝王臻嗣。永建二年[86]，封臻二弟敏、儉為鄉侯[87]。臻及弟蒸鄉侯儉並有篤行[88]，母卒，皆吐血毀眥[89]。至服練紅[90]，兄弟追念初喪父，幼小，哀禮有闕[91]，因復重行喪制[92]。臻性敦厚有恩[93]，常分租秩賑給諸父昆弟[94]。國相籍褒具以狀聞[95]，順帝美之，制詔大將軍、三公、大鴻臚[96]曰：「東海王臻以近蕃之尊，少襲王爵，膺[97]受多福，未知艱難，而能克己率禮[98]，孝敬自然[99]，事親盡愛，送終[100]竭哀，降儀[101]從士，寢苫三年[102]。和睦兄弟，恤養孤弱，至孝純備[103]，仁義兼弘[104]，朕甚嘉焉。夫勸善厲俗[105]，為國所先[106]。曩者東平孝王敞[107]兄弟行孝，喪母如禮，有增戶之封[108]。詩云：『永世克孝，念茲皇祖。』[109]今增臻封五千戶，儉五百戶，光啟土宇[110]，以酬厥德[111]。」

7 立三十一年薨，子懿王祗嗣。初平四年[112]，遣子琬至長安[113]奉章，獻帝封琬汶陽侯[114]，拜為平原相[115]。

8 祗立四十四年薨，子羨嗣。二十年，魏受禪[116]，以為崇德侯[117]。

【章旨】以上重點寫了兩個人物東海王劉彊及其曾孫劉臻。劉彊封於魯，於其國既無建樹，亦無嘉言懿行，唯其臨命上書悽憐動人，明帝以皇兄之故破格發喪。劉臻則因兄弟事母盡孝，送終盡哀而獲增封之榮。

【注釋】❶郭皇后　諱聖通，真定藁（今河北藁城）人，更始二年光武帝征王郎至真定，納為后，因其不能和睦宮闈，心存怨恨，建武十七年廢為中山王太后。本書有傳。❷許美人　無寵，後隨其子楚王英居，稱許太后。美人，在後宮居皇后、貴人之下，無爵秩。❸光烈皇后　陰麗華，南陽新野（今河南新野）人，光武羨其貌美，言「仕宦當作執金吾，娶妻當得陰麗華」，更始元年納為妻，建武十七年立為皇后，性恭儉仁孝。明帝永平七年崩，謚為光烈皇后。皇后此前無謚，自明帝始據其德行定謚（〈謚法〉：「執法遵業曰烈」），並冠以帝謚（光武），故曰「光烈皇后」。本書有傳。❹東海恭王彊　東海，封地名。恭，謚號。〈謚法〉：「尊賢敬讓曰恭。」彊，王之名，漢家姓劉，王名上均不著姓。❺建武二年　西元二六年。建武，為光武帝年號。❻皇后　蔡邕《獨斷》：「帝嫡妃曰皇后。」鄭玄《禮記注》：「后之言後，言在夫之後也。」帝后一體，皇帝治理朝廷，皇后正位宮闈。❼皇太子　皇帝之子稱皇子，選為繼承皇位的皇子稱皇太子。❽慼慼　憂傷的樣子。❾因　借助；通過。❿願備蕃國　備，充當。謙辭。蕃，通「藩」。籬落，屏障。諸侯國是王室的屏障，故稱諸王之封國為蕃國。⓫遟回　猶豫不決。遟，「遲」的古字。⓬就國　就，返回；回歸。諸王既有封國，當在其國，以親親之故，皇帝往往留其在京師。就國，回到封國。⓭帝以彊廢不以過　因其母郭氏廢皇后，劉彊請求廢太子，不是劉彊有過錯。⓮去就有禮　在職或離去（此指居皇太子位）皆有體統。⓯兼食魯郡　既封為東海王，即食東海郡，又食魯郡。魯東漢初不稱郡，建武二年，光武封其兄子劉興為魯王，二十八年徙封北海王，此年劉彊即封東海王，兼食魯，是中間無稱郡之隙，蓋有時郡國通稱。⓰合二十九縣　《續漢書・郡國志》東海郡十三城，魯國六城，合僅十九縣。此因建武六年全國合併或省去四百餘縣，此多出之十縣皆在併省之列。⓱虎賁旄頭　虎賁，勇士之稱。《書・牧誓序》偽孔安國傳：「若虎賁（奔）獸，言其猛也。」旄頭，皇帝儀仗中擔任先驅的騎兵，故古書中又「旄頭先驅」連稱。此二物均皇帝御用之物，賜與劉彊表示恩寵。⓲鍾虡之縣　鐘懸於架上以便敲擊。虡，鐘架的立柱。縣，通「懸」。懸掛。⓳擬於乘輿　擬，比擬；類似。乘輿，天子所乘坐之車。蔡邕《獨斷》：「天子至尊，不敢渫瀆言之，故託之於乘輿。」乘輿之形制極為複雜獨特，詳見本書〈輿服志上〉。⓴初魯恭王好宮室五句　漢景帝之子劉餘封於魯，死謚恭。劉餘好宮室，乃至毀孔子舊宅以廣其宮。所起靈光殿最為著名，其基址唐時尚存，唐李賢注：「殿在今兗州曲阜城中，故基東西二十丈，南北十二丈，高丈餘也。」自西京至東漢順帝時其殿巋然獨存，王延壽作〈魯靈光殿賦〉，讀其文猶可想見其髣髴。此賦收於昭明太子所編《文選》中。㉑詔彊都魯　劉彊封東海而兼食魯，因靈光殿壯麗而都魯，非併魯於東海，故魯稱國，東海亦當稱國，本篇下文「東海傅相」可證。然當時仍稱郡，故《續漢書・郡國志》稱「東海郡」。㉒中元元年入朝　中元，全名為建武中元，其元年為西元五六年。蕃王在封國定期入京朝見皇帝。本書〈光武紀〉：「中元元年春正月，東海王彊、沛王輔、楚王英、濟南王康、淮南王延、趙王盱皆來朝。」㉓從封岱山　〈光武紀〉：「中元元年，二月己卯幸魯，進幸太山，北海王興、齊王石朝于東嶽。辛卯柴望岱宗，登封太山，甲午禪于梁父。」封泰山，謂於泰山上聚土為壇以祭天。封禪儀式詳見本書〈祭祀志〉。岱、泰古音同。岱山即泰山，又曰岱宗。㉔京師　蔡邕《獨斷》：「天子所都曰京師。」㉕帝崩　《禮記・曲禮下》：「天子死曰崩。」㉖永平元年　西元五八年。永平，東漢明帝年號。㉗顯宗遣中常侍句　顯宗是明帝的廟號。中常侍，宦者，秩千石，得出入臥內禁中諸宮。鉤盾令，秩六百石。宦者，掌苑囿遊觀之處。太醫，太醫令下屬，從事宮中膳饈醫療等事。乘驛，乘驛的車或馬，言快速前往。㉘薨　古代稱死有尊卑之別。《禮記・曲禮》：「天子死曰崩，諸侯曰薨，大夫曰卒，士曰不祿，庶人曰死。」漢代的諸王亦稱諸侯王。㉙臨命上疏　臨命，臨死之前。命指命終。疏，奏章，謂條理分明地陳述。《漢書・杜周傳》顏師古注：「疏謂分條也。」㉚巍巍　高大貌。㉛訖無報稱　訖，終了。報稱，報答。㉜被疾　遭受疾病；得病。㉝朝廷　本指皇帝處理政務的地方。此借指皇帝。㉞皇太后陛下　皇帝之母稱皇太后。《獨斷》：「陛下者，陛，階也，所由升堂也。謂之陛下者，群臣與天子言，不敢指斥天子，故呼在陛下者告之，因卑達尊之意也。」㉟發中　發於內心。《史記・樂書》：「情動於中，故形於聲。」張守節正義：「中猶心也。」㊱數遣使者句　太醫令，秩六百石，掌諸醫。下屬有藥丞、方丞，主管藥和藥方。方伎，亦作「方技」。謂醫藥及養生之類的技術。《漢書・藝文志》「方技略」包括醫經、經方、房中、神仙四種。道術，謂道教的法術。本書有〈方術傳〉，傳主多通醫術及天文、占卜、相命、遁甲、堪輿等術。本句總謂看實的、看虛的，各種方法都用遍了。㊲伏惟　伏，下對上敬語。惟，思。㊳羸劣　瘦弱。㊴浸困　浸，逐漸。困，生命垂危。㊵闕庭　朝廷；宮廷。此借指皇帝。㊶奉承帷幄　奉承，侍奉。帷幄，室內懸掛的布幕。借指皇帝，天子居處必設帷幄。㊷銜恨黃泉　銜恨，含恨。黃泉，杜預注《左傳》：「地中之泉，故曰黃泉。」㊸復為皇太后陛下憂慮　胡三省注《通鑑》：「言身既夭死，而子孫又貽上之人憂慮也。」㊹息政小人也　息，兒子。政，其名。小人，年齡尚幼。㊺猥當襲臣後　猥，猶辱、承。謙辭。襲，繼承。後，繼承人。㊻天恩愍哀　天恩，皇帝的恩惠。愍哀，哀憐。愍，同「憫」。㊼無男　李賢注：「無多男也。」㊽處臣三女小國侯　王先謙《集解》引周壽昌：「漢制，皇女封縣公主，視列侯；諸王女封鄉亭公主，視鄉亭侯。彊長女沘陽公主適竇勳，沘陽為縣，視列侯，故云小國侯也。東漢無婦人封侯之事，後東平王蒼五女皆封縣公主，亦異數也。」言對其女特殊的禮遇。㊾宿昔常計　李賢注：「私計天恩，不敢忘也。」宿昔，夙夕；日夜。㊿新罹大憂　李賢注：「光武崩也。」罹，遭遇。(51)供養　奉養的物品。(52)御餐　供皇帝食用之飯。(53)天子覽書悲慟　悲慟，悲傷痛哭。惠棟引《東觀漢記》：「上發魯相所上檄，下牀伏地舉聲盡哀，至長樂宮白太后也。」(54)出幸津門亭發哀　李賢注：「津門，洛陽南面西頭門也，一名津陽門。每門皆有亭。」發哀，舉行哀悼儀式。

[55]使司空持節護喪事　司空，三公之一。胡三省注《通鑑》：「〈百官志〉：司空掌水土事，大喪掌將校復土，今使護藩王喪，殊禮也。」時司空為馮魴。所謂將校復土，謂將領五校兵自開壙至復土成墳等事。節，所以為信。節有多種，漢代之節以竹為之，長八尺，以旄牛尾為旄三重。使臣奉命出行，必持節以為憑證。《漢書．王嘉傳》顏師古注：「護，監視也。」[56]大鴻臚副　大鴻臚，九卿之一，秩中二千石，掌諸侯及四方歸義蠻夷，王薨使弔，亦其職。副，輔助。[57]宗正將作大匠視喪事　宗正，九卿之一，秩中二千石，掌序錄王國嫡庶之次及諸宗室親屬遠近。將作大匠，秩二千石，掌修作宗廟、路寢、宮室、陵園之土木工程。視，治理；處理。[58]升龍　太常旂，十二旒，畫日月升龍，天子所用。[59]鸞輅　輅上裝有鈴之車，車行則鈴響如鸞鳥鳴，又稱鑾駕，為皇帝所用。[60]龍旂　布幅上畫交龍，竿頭懸鈴。[61]趙王栩　光武叔父趙王良之子，諡曰節。〈諡法〉：「好廉自克曰節。」栩，或作「盱」，音相近而譌。趙，都邯鄲（今河北邯鄲西南）。[62]北海王興　光武兄劉仲死於小長安，後追贈為魯哀王，以劉興為嗣，封為魯王，建武二十八年，徙為北海王。劉興為人有明略，為顯宗所器重，每有異政輒乘驛訪問。在位三十九年薨，諡靜。〈諡法〉：「柔德安眾曰靖。」靖，通「靜」。北海，都劇（今山東昌樂西）。[63]館陶公主　光武女，名紅夫，建武十五年封館陶公主，嫁駙馬都尉韓光。蔡邕《獨斷》：「皇帝女曰公主。」館陶，縣名。治所在今河北館陶西南。[64]比陽公主　比當為「沘」。沘陽公主，劉彊之女，嫁竇勳，章帝竇皇后之母。和帝即位，尊竇皇后為皇太后，臨朝，尊其母沘陽公主為長公主。[65]京師親戚句　錢大昕《廿二史考異》：「古人稱父母為親戚。」《獨斷》：「諸侯之妃曰夫人。」本書〈明帝紀〉永平九年，「為四姓小侯開立學校，置《五經》師。」李賢注：「為外戚樊氏、郭氏、陰氏、馬氏諸子弟立學，號四姓小侯。」四姓夫人為四姓封侯者之妃，小侯即四姓封侯者之子弟。親戚，即為四姓封侯者之父母。會葬，參加葬禮。[66]東海傅相　《續漢書．百官志》：「皇子封王，其郡為國，每置傅一人，相一人，皆二千石。」本注曰：傅主導王以善，禮如師，不臣也。相如太守，治民。」[67]遣送　遣，隨葬物品。[68]斂形　斂，藏。形，身體。[69]茅車瓦器二句　漢代禮儀貴賤各有制度，詳本書〈禮儀志〉。茅車瓦器，皆葬品之儉者，是「物減於制」。[70]卓爾獨行　超越眾人，不隨俗浮沉。[71]彊立十八年　建武十九年（西元四三年）劉封彊為東海王，永平元年（西元五八年）去世，實為十六年。[72]薄行　品行不端，輕薄無行。[73]姬　侍妾。[74]又盜迎掖庭出女　掖庭，宮中旁舍，嬪妃居住之處。宮女到一定年齡未經幸御者遣出嫁人。盜，劫掠。迎，迎娶。[75]豫州刺史句　東漢分天下為十三州，豫州為十三州之一。朝廷於每州設一刺史，秩六百石。每年八月刺史到所轄郡國巡行，錄囚徒，考殿最，魯國為豫州所轄，故其刺史舉奏。[76]薛縣　治所在今山東滕縣東南。[77]永元十六年　西元一〇四年。永元，東漢和帝年號。[78]列侯　列侯所食縣為侯國。原為二十等爵之徹侯，避武帝諱改為列侯。武

帝元朔二年令諸王得推恩分眾子土，國家給予封號，亦為列侯。此二十一人即推恩給封號者。79法度　法令制度。80永初　東漢安帝年號。81西羌　出自三苗，為姜姓之一支。東漢時稱羌人內徙居金城、隴西、漢陽等郡（地均在今甘肅境內）之一支。82元初　亦安帝年號。83縑萬匹　縑，雙線織成的布帛。布帛長四丈為一匹。84鄧太后　和帝皇后，立殤帝，稱太后，臨朝。又定策立安帝，稱制終身，在位二十三年，崩，謚和熹鄧皇后。85褒納　猶嘉納，嘉獎而接受。86永建二年　西元一二七年。永建，東漢順帝年號。87鄉侯　《續漢書・百官志》：「列侯所食縣為侯國。本注曰：承秦爵二十等為徹侯，金印紫綬以賞有功，功大者食縣，小者食鄉、亭，得臣其所食吏民。」漢制，百家為一里，十里一亭，十亭一鄉。88篤行　行為淳厚，純正踏實。89毀眥　眥，或作「胔」、「觜」，即瘠字。毀瘠，因居喪過哀而極度瘦弱。90至服練紅　練，煮熟絲織品使之柔軟潔白。古代父或母喪後一週年之祭稱小祥，此時孝子可以穿練過的布帛，故小祥之祭亦稱練。李賢注：「既祥之後而服練也。《禮記》曰：『練衣，黃裡，縓緣。』縓，紅也。鄭玄注《周禮》曰：『淺絳也。』」服，穿喪服。91闕　同「缺」。不周備。92喪制　按禮制治喪。93有恩　情愛；恩情。94常分租秩賑給諸父昆弟　租，謂田賦。秩，謂俸祿。賑給，救濟施與。諸父，伯父叔父。昆弟，兄弟。95具以狀聞　具，完備。狀，向上級陳述意見或事實的文書。聞，使君主聽到，謂向皇帝上報。96制詔大將軍三公大鴻臚　蔡邕《獨斷》：「制書，帝者制度之命也，其文曰制詔三公，赦令、贖令之屬是也。」大將軍掌征伐背叛，位比公。世祖中興，大將軍位在公下，自和帝以下位在公上，故此制詔首列大將軍，次列三公。東漢以太尉、司徒、司空為三公，三公雖各有分職，共同輔佐皇帝謀慮國家大事。97膺　承受。98克己率禮　約束自己的言行使之遵循禮法。率，遵循。99自然　出自內心。100送終　為死者辦理喪事。101降儀　降禮；降身。儀，容止；禮節。102寢苫三年　寢苫，「寢苫枕塊」之省文。寢苫，鋪草苫。枕塊，枕土塊。古時居父母喪之禮。《儀禮・既夕禮》賈公彥疏：「孝子寢臥之時，寢於苫以塊枕頭，必寢苫者，哀親之在草；枕塊者，哀親之在土云。」本書〈安帝紀〉元初三年「初聽大臣、二千石、刺史行三年喪」，是三年喪自文帝以降，貴者久廢，民間尚行。103至孝純備　至孝，極盡孝道。純備，純正完備。104弘　大；發揚光大。105厲俗　激勵世俗。厲，「勵」的古字。106先　崇尚；重視。107曩者東平孝王敞　曩，往昔；從前。東平孝王劉敞，東平王劉蒼之孫，順帝陽嘉元年薨。108有增戶之封　以其至孝，鄧太后增邑五千戶。109詩云三句　《詩・閔予小子》文。予小子謂周成王。其文為「於乎皇考，永世克孝，念茲皇祖，陟降庭止」。於乎，烏乎。歎辭。皇考謂武王。克，能。茲，此。皇祖謂文王。陟，升；升降於庭。古人引詩常斷章取義，此即一例。110光啟土宇　光，通「廣」。啟，開拓。土宇，疆土。111以酬厥德　酬，答報。厥，其。112初平四年　西元一九三年。初平，東漢獻帝年號。113長安　治所在今陝西西安西北。114獻帝

封琬汶陽侯　獻帝，東漢末代皇帝劉協的謚號。汶陽，魯國屬縣。治所在今山東寧陽東北。115拜為平原相　拜，授予官職。平原，封國名。治所在平原（今山東平原縣西南）。116魏受禪　東漢末年，曹操勢力強大，完全掌握朝廷權力，由魏公晉封為魏王，漢獻帝只不過一傀儡，於是獻帝禪位於曹丕，改國號為魏，名曰禪位，實為形勢所迫，故曹丕受禪後說：「舜、禹之事，吾知之矣。」117崇德侯　魏受禪，獻帝封為山陽公，侯國均賜以「崇德侯」嘉名，無封土。

【語譯】 光武皇帝有十一個兒子：郭皇后生了東海恭王劉彊、沛獻王劉輔、濟南安王劉康、阜陵質王劉延、中山簡王劉焉，許美人生了楚王劉英，光烈皇后生了顯宗皇帝劉莊、東平憲王劉蒼、廣陵思王劉荊、臨淮懷公劉衡、琅邪孝王劉京。

2　東海恭王劉彊。光武帝建武二年立劉彊母郭氏為皇后，立劉彊為皇太子。建武十七年郭后卻被廢，劉彊常常憂傷，心中忐忑不安，多次通過侍從和諸王表達他的誠心，願意充當諸侯而為王室的屏障。光武帝過意不去，猶疑了好幾年才答應。建武十九年，封劉彊為東海王。建武二十八年回到他的封國。光武皇帝認為劉彊之被廢不是因為他犯了什麼過錯，行為合乎禮法，所以優待他給予大的封域，除東海外還食魯國之租，總共二十九縣。賞賜他勇士和先驅，在宮殿可以立架懸鐘，威儀比於皇帝。劉彊在回到封國前，多次上書辭讓歸還東海，又借助皇太子表示自己辭還的決心。皇帝不答應，極為讚美他的表現，把劉彊的奏章展示給大臣看。從前，魯恭王喜歡修建宮殿，建了一座靈光殿，非常壯觀，到這時尚完好，因此就詔告劉彊設都於魯。建武中元元年，劉彊到京師朝拜皇帝，跟隨皇帝封祭泰山，因此留在京師。第二年春天光武皇帝駕崩。冬天，劉彊回到他的封國東海。

3　明帝永平元年，劉彊患病，明帝派遣中常侍鉤盾令率領御醫乘驛車為劉彊診病，詔告沛王劉輔、濟南王劉康、淮陽王劉延到魯。及至劉彊去世，臨死之前上疏辭謝說：「我承蒙聖恩能夠充當藩屏，特地授與兩國的封土，宮室禮樂，件件特殊優待，無限大恩至死也沒能報答。加之對自己保養不謹嚴，連年患病，讓皇帝為我擔心。皇太后和陛下憐憫我，感動發自內心，多次派遣使者、太醫令、丞和方術之士，一個接一個不絕於道路。我想念皇帝厚恩，不知說什麼為好。我自己感覺氣力極度衰弱，日見垂危，最終再也見不到朝廷，不能侍奉皇帝，辜負了皇帝的大恩大德，含恨於地下。我已經短命單弱，又使得皇太后和陛下憂慮，既悲痛又慚愧。兒子劉政，年齡尚幼，辱為臣之繼承人襲封，定非使他安全和有利，所以我誠心誠意想把東海郡歸還朝廷。聖恩憐憫，因為我男孩不多，安排我三個女兒為小國侯，使我長久不能忘懷。現在天下剛剛遭遇大不幸，希望陛下更好地奉養皇太后，多給她吃御餐。我極度衰弱，言語不能完全表達我的心意。希望一併辭謝諸王，不料與他們永遠不能再相見了。」皇帝看了奏章悲哀而痛哭，跟隨太后出至洛陽津門亭進行哀悼，派司空持節去監督喪葬事宜，大鴻臚佐助，宗正和將作大匠辦理喪事，贈以特殊的禮儀，升龍、旄頭、鸞車、交龍之旂、勇士百人。詔告楚王劉英、趙王劉栩、北海王劉興、館陶公主、沘陽公主及在京師的四姓諸侯的父母、夫人及子弟都去參加葬禮。皇帝回想劉彊一生恪守謙遜儉約，不打算違背他的本意實行厚葬，於是特地詔告中常侍杜岑和東海國傅和相說：「王謙恭注重禮制，一生以德自守，隨葬物品務必儉省，衣服足能藏身，茅車瓦器等物少於禮制所定，用以表揚他高尚超俗的志意。將作大匠留在封國為他建造陵和廟。」

4 劉彊在位十八年，終年三十四歲。其子靖王劉政繼承王位。劉政荒淫無行，以後，中山簡王去世，劉政到中山參加葬禮，私娶簡王妾徐妃，又強迫迎娶由掖庭遣放的女子。豫州刺史和魯相上奏朝廷請求誅殺劉政，皇帝下詔削去薛縣。

5 劉政立四十四年去世，其子頃王劉肅繼承王位。和帝永元十六年，封劉肅弟二十一人全是列侯。劉肅性格謙虛樸素，遵循恭王所立法令制度。安帝永初年間，因為西羌未平定，貢上五銖錢二千萬。元初年中，又貢上縑帛一萬匹，以助國家用度，鄧太后下詔予以嘉獎並接受他的貢獻。

6 劉肅立為王二十三年去世，子孝王劉臻繼承王位。順帝永建二年，封劉臻的兩個弟弟劉敏和劉儉為鄉侯。劉臻和弟弟蒸鄉侯劉儉都是行為純厚，母親去世，都因過度悲哀而吐血和身體瘦弱。至服孝週年而穿淺絳色練衣時，兄弟二人回想父親才死，又都年歲小，辦喪事時哀痛之禮有不周到之處，於是就再按禮法舉辦喪事。劉臻為人厚道有愛心，經常把自己的租賦俸祿救濟伯父叔父和弟兄們。國相籍褒把他的事跡原原本本地上奏朝廷，順帝讚美他，下詔書給大將軍、三公、大鴻臚說：「東平王劉臻處在近親蕃國之尊位，年幼繼承王的爵秩，得到許多福祉，沒有經過艱難，卻能夠約束自己遵循禮法，孝敬父母發自內心，侍奉雙親竭盡愛心，為母送終極盡哀思，放下身段與士流同風，睡苫草枕土塊守孝三年。使兄弟之間和睦相處，撫養孤寡幼弱的人，極盡孝道而且純正完備，仁愛與義行都得以宏揚，我非常嘉許他們。說來勸人為善激勵風俗，是國家的首要任務。從前東平孝王劉敞兄弟躬行孝道，喪葬母親依禮而行，曾經為其封地增加戶數。《詩》上說：『永遠能夠盡孝道，心中常存祖宗。』現在為劉臻增封五千戶，給劉儉增封五百戶，廣拓疆土，用以酬答他們的美德。」

7　劉臻立為王三十一年去世，其子懿王劉祗嗣位。獻帝初平四年，劉祗派遣其子劉琬到長安送奏章，獻帝封劉琬為汶陽侯，授官為平原國相。

8　劉祗立四十四年去世，其子劉羨嗣位。嗣位二十年，魏王曹丕接受了漢獻帝的禪讓，魏文帝封劉羨為崇德侯。

1　沛獻王輔❶，建武十五年封右翊公❷。十七年，郭后廢為中山太后❸，故徙輔為中山王，并食常山郡❹。二十年，復徙封沛王。

2　時禁網❺尚疏，諸王皆在京師，競脩❻名譽，爭禮四方賓客❼。壽光❽侯劉鯉，更始❾子也，得幸於輔。鯉怨劉盆子害其父❿，因輔結客，報殺盆子兄故式侯恭⓫。輔坐繫詔獄⓬，三日乃得出。自是後，諸王賓客多坐⓭刑罰，各循法度。二十八年，就國。中元二年，封輔子寶為沛侯⓮。永平元年，封寶弟嘉為僮侯⓯。

3　輔矜嚴⓰有法度，好經書⓱，善說京氏易、孝經、論語傳及圖讖⓲，作五經論，時號之曰沛王通論。在國謹節⑲，終始如一，稱為賢王。顯宗敬重，數加賞賜。

4 立四十六年薨，子釐王定嗣。元和二年⑳，封定弟十二人為鄉侯。

5 定立十一年薨，子節王正嗣。元興元年㉑，封正弟二人為縣侯。

6 正立十四年薨，子孝王廣嗣。有固疾㉒。安帝詔廣祖母周領王家事㉓。周明正有法禮㉔，漢安㉕中薨，順帝下詔曰：「沛王祖母太夫人周㉖，秉心淑慎㉗，導王以仁。使光祿大夫贈以妃印綬㉘。」

7 廣立三十五年薨，子幽王榮嗣。立二十年薨，子孝王琮嗣。薨，子恭王曜嗣。薨，子契嗣。魏受禪，以為崇德侯。

【章旨】以上記述沛王劉輔。劉輔立身行事謹嚴，但在京師，門客卻借勢殺人報仇，致使自己身繫詔獄。就國後潛心經學，並著書立說。其夫人周，亦能教導兒孫向善，受皇帝褒獎。

【注釋】❶沛獻王輔　沛國都於相，今安徽宿縣西北。〈謚法〉：「聰明叡哲曰獻。」❷右翊公　中山王劉焉先封左翊公。左翊、右翊蓋取嘉名。翊，輔佐。建武十三年朱祐奏：「古者人臣受封不加王爵，可改諸王為公。」帝封其諸子皆為公。❸郭后廢為中山太后　郭后被削去皇后爵號，其子劉輔由公進爵為中山王，故其母稱中山太后。❹常山郡　治所在元氏（今河北元氏西北）。❺禁網　法密如網。❻脩　修飾；修養。❼賓客　謂貴族豪門所招致的門客、策士等。❽壽光　縣名。治所在今山東壽光東。❾更始　劉玄，光武族兄，起兵反抗王莽，軍中號為更始將軍。後諸將擁立他為皇帝，年號更始。❿鯉怨劉盆子害其父　劉盆子，泰山郡式縣人，漢高祖之孫朱虛侯劉章的後代。被掠入赤眉軍中，為牛吏，後被推為皇帝，年號建世，居長安，後與赤眉軍共降光武帝，以盆子為趙國郎中。後失明，賜滎陽均輸官地以為店鋪，食稅終其身。更始據長安，赤眉軍來攻，更始降，赤眉以之為長沙王，時三輔苦赤眉暴虐，皆憐更始。更始原部將與赤眉將共謀縊殺更始，劉盆子實不知其事。⓫報殺盆子兄故式侯恭　劉盆子與其兄劉恭俱被赤眉掠入軍中，劉恭少習《尚書》，略通大義，降更始後，被封為式侯。後見赤眉眾亂，知其必敗，乃勸盆子歸還帝位，終代表赤眉乞降歸光武。式侯為更始時所封，故云「故式侯」。式縣，治所在今山東濟南附近，具體地址不詳。⓬詔獄　關押欽犯的監獄。⓭坐　判罪。⓮封輔子寶為沛侯　《集解》引錢大昕說，沛為王國之名，不應更有沛侯，疑字有誤。⓯僮侯　僮，縣名。下邳國屬縣。治所在今安徽泗縣東北。⓰矜嚴　端莊慎重。⓱經書　漢代以《易》、《詩》、《尚書》、《禮》、《春秋》為《五經》，各立博士以教授。⓲善說京氏易句　漢代說經各有家法，《易》有施、孟、梁丘、京氏四家，《京氏易》創自京房。房字君明，東郡頓丘（今河南清豐）人。本姓李，推律自定為京氏。京房，善說災異，所言屢中，為漢元帝所賞識，為《易》學博士，屢次上疏，以災異推論時政得失。因彈劾石顯等專權，出為東郡太守，後下獄死。《孝經》，古文《孝經》，與古文《尚書》同出孔子宅中，共二十二章。《論語》為孔子弟子及再傳弟子所輯錄。漢時有古論、齊論、魯論三種，篇數、篇目互有不同。傳，是對經的解說。圖讖，本書〈光武帝紀上〉李賢注：「圖，河圖也；讖，符命之書，讖，驗也。言為王者受命之徵驗也。」大抵荒誕不經，為術士或儒者所偽造。始於西漢後期，盛行於東漢，光武帝竟頒圖讖於天下，以之決定嫌疑。⓳謹節　敬慎；守法度。《集解》引《東觀漢記》：「奉蓄以至沒身，遵履法度，未嘗犯禁。」⓴元和二年　西元八五年。元和，東漢章帝年號。㉑元興元年　西元一〇五年。元興，東漢和帝年號。㉒固疾　固，通「痼」。積久難治的病。㉓安帝句　安帝名祜，西元一〇六－一二五年在位。〈謚法〉：「寬容和平曰安。」領，治理。輔子定，定子正，正子廣，則輔為廣之曾祖父，周為廣之曾祖母。不稱曾祖母而稱祖母者，《詩・生民序》疏：「祖者，始也，己所從始也，自父之父以上皆得稱焉。」是父之父以上雖有高、曾，祖之次序，泛稱皆為祖父、祖母，故下文順帝下詔稱「沛王祖母」，順帝稱輔當為高祖父，而稱周仍曰「祖母」。㉔明正有法禮　明正，開明公正。法禮，即禮法。禮儀法度。㉕漢安　東漢順帝年號（西元一四二－一四三年）。㉖沛王祖母太夫人周　祖母上冠以「沛王」，以與其他祖母相區別，今民俗呼非直系長輩婦人皆冠以夫名，蓋古之遺風。漢制，列侯之母稱太夫人，《漢書・文帝紀》：「七年冬十月，令列侯太夫人、夫人、諸侯王子及吏二千石無得擅徵捕。」顏師古注引如淳：「列侯之妻稱夫人，列侯死，子復為列侯，乃得稱太夫人，子不為列侯不得稱也。」太，極大之詞，故列侯之祖母以上亦可稱太夫人。㉗秉心淑慎　秉心，持心。淑慎，善良謹慎。㉘光祿大夫贈以妃印綬　光祿大夫，光祿勳屬官，秩比二千石，凡諸國嗣之喪，則光祿大夫掌弔。《續漢書・百官志》注：「皇子封王，妾數無限別，乃制設正適（嫡）曰妃。」印綬，印與綬帶，綬以繫印，綬的不同顏色代表不同的身分或等級。

【語譯】沛獻王劉輔，光武帝建武十五年封為右翊公，十七年，郭皇后被廢而為中山太后，因而將劉輔徙封為中山王，並享有常山郡的租稅。二十年又徙封為沛王。

2 當時法網還不太嚴密，受封的各王都住在京城裡，爭相美化自己的名譽和禮敬四方門客。壽光侯劉鯉，是更始帝之子，得到劉輔的寵愛。劉鯉怨恨劉盆子殺害了他的父親，借劉輔的名譽結交賓客，為報仇殺了劉盆子的哥哥前式侯劉恭。劉輔因此被捆綁入關押欽犯的監獄，三天以後才放了出來。從此以後，各王的賓客多被判罪受刑罰，才老老實實遵循法律制度。建武二十八年，劉鯉回到他的封國。建武中元二年，封劉輔之子劉寶為沛侯。明帝永平元年，封劉寶之弟劉嘉為僮侯。

3 劉輔端莊，做事有分寸，喜愛經書，擅長講論《京氏易》、《孝經》、《論語》的注疏及符命之書，著《五經論》，當時人稱之為《沛王通論》。在封國內行為敬慎，始終如一，人稱為賢德之王。明帝很敬重他，多次給他賞賜。

4 劉輔在位四十六年去世，其子釐王劉定繼位。章帝元和二年，封劉定的十二個弟弟為鄉侯。

5 劉定立十一年去世，子節王劉正繼承王位。和帝元興元年，封劉正弟二人為縣侯。

6 劉正立十四年去世，子孝王劉廣繼位。劉廣有積久難醫之病，安帝下詔令劉廣之祖母周氏管理王府眾事。周氏處事獎罰嚴明，遵守禮制法度，漢安年中去世，順帝下詔說：「沛王祖母太夫人周氏，持心謹慎善良，以仁心教導王。派光祿大夫前往贈以王妃的璽印與綬帶。」

7 劉廣立三十五年去世，子幽王劉榮繼承王位。劉榮立二十年去世，子孝王劉琮繼承。劉琮去世，子恭王劉曜繼承。劉曜去世，子劉契繼承。魏接受禪讓，封劉契為崇德侯。

1 楚王英❶，以建武十五年封為楚公，十七年進爵為王，二十八年就國。母許氏無寵，故英國最貧小❷。三十年，以臨淮之取慮、須昌二縣益楚國❸。自顯宗為太子❹時，英常獨歸附太子，太子特親愛之。及即位，數受賞賜。永平元年，特封英舅子許昌為龍舒侯❺。

2 英少時好游俠❻，交通❼賓客，晚節更喜黃老❽，學為浮屠齋戒祭祀❾。八年，詔令天下死罪皆入縑贖。英遣郎中令奉黃縑白紈三十匹❿詣國相曰：「託在蕃輔，過惡累積，歡喜大恩⓫，奉送縑帛，以贖愆罪⓬。」國相以聞。詔報曰：「楚王誦黃老之微言⓭，尚浮屠之仁祠⓮，絜齋⓯三月，與神為誓⓰，何嫌何疑，當有悔吝⓱？其⓲還贖，以助伊蒲塞桑門之盛饌⓳。」因以班示諸國中傅⓴。英後遂大交通方士㉑，作金龜玉鶴㉒，刻文字以為符瑞㉓。

3 十三年，男子燕廣告英與漁陽王平、顏忠等造作圖書㉔，有逆謀㉕，事下案驗㉖。有司奏英招聚姦猾㉗，造作圖讖㉘，擅相官秩㉙，置諸侯王公將軍二千石㉚，大逆不道，請誅之。帝以親親㉛不忍，乃廢㉜英，徙丹陽涇縣㉝，賜湯沐邑五百戶㉞。遣大鴻臚持節護送，使伎人奴婢工技鼓吹悉從㉟，得乘輜軿㊱，持兵弩，行道射獵，極意自娛。男女為侯主者㊲，食邑如故。楚太后勿上璽綬，留住楚宮。

4 明年，英至丹陽，自殺。立三十三年，國除㊳。詔遣光祿大夫持節弔祠，贈賵如法㊴，加賜列侯印綬㊵，以諸侯禮葬於涇。遣中黃門占護其妻子㊶。悉出楚官屬無辭語者[42]。制詔許太后曰：「國家始聞楚事，幸[43]其不然。既知審實，懷用悼灼[44]，庶欲宥全[45]王身，令保卒天年[46]，而王不念顧[47]太后，竟不自免。此天命也！無可柰何。太后其保養幼弱，勉強飲食。諸許願王富貴，人情也。已詔有司，出其有謀者[48]，令安田宅。」於是封燕廣為折姦侯[49]。楚獄遂至累年，其辭語相連，自京師親戚諸侯州郡豪桀及考案吏[50]，阿附相陷[51]，坐死徙者以千數。

5 十五年，帝幸[52]彭城，見許太后及英妻子於內殿[53]，悲泣，感動左右。建初二年[54]，肅宗[55]封英子种楚侯，五弟皆為列侯，並不得置相臣吏人。元和三年，許太后薨，復遣光祿大夫持節弔祠，因留護喪事，賻錢五百萬。又遣謁者備王官屬迎英喪[56]，改葬彭城，加王赤綬羽蓋華藻[57]，如嗣王儀，追爵[58]，諡曰楚厲侯[59]。

6 章和元年[60]，帝幸彭城，見英夫人及六子，厚加贈賜。种後徙封六[61]侯。卒，子度嗣。度卒，子拘嗣，傳國于後。

【章旨】以上記述楚王劉英。劉英少好游俠，後事黃老浮屠之祠，然結交匪類，造作圖讖，擅相官秩，大逆不道。皇帝以親親之心，多加寬宥。英自殺，皇帝又善待其妻子，封其子為侯。

【注釋】❶楚王英　楚國都彭城，治所在今江蘇徐州。明帝永平十三年楚王劉英謀逆，國除，為楚郡，至肅宗遺詔徙封六安王劉恭為彭城王，更名為彭城國。劉英始封為王，因謀逆自殺，追諡為楚厲侯，故此不言諡。❷英國最貧小　劉英兄弟封國，多者二十九城，少者十城，楚國為八城，故言國最小。❸以臨淮之取慮句　臨淮，郡名。漢武帝置，都徐（今安徽泗洪南）。永平十五年更為下邳國，都下邳（今江蘇睢寧西北）。取慮，縣名。治所在今江蘇睢寧西南。《續漢書．郡國志》仍屬下邳國，蓋楚國既除，後復其舊。須昌，縣名。《漢書．地理志》屬東郡，《續漢書．郡國志》為東平國屬縣。治所在今山東東平西北。❹顯宗為太子　顯宗，東漢明帝廟號。太子，皇帝選中繼承帝位的兒子。漢代天子曰皇帝，故太子稱皇太子。❺特封英舅子句　舅子，舅父之子，即表兄弟。龍舒侯，縣侯。縣屬廬江郡。治所即今安徽舒城。❻游俠　豪爽好結交，輕生重義。❼交通　來往；交往。❽晚節更喜黃老　晚節，晚年。黃老，黃帝與老子並稱為黃老，其學說主張清靜無為，與佛教所主張的修行為善，為來世造福有相同之處，所以在佛教初入中國常把二者混同為一，學浮屠者皆誦黃老之言，在宮中立寺廟稱黃老浮屠之祠。❾學為浮屠齋戒祭祀　李賢注引袁宏《後漢紀》：「浮屠，佛也，西域天竺國有佛道焉。佛者，漢言覺也，將以覺悟群生也。其教以脩善慈心為主，不殺生，專務清靜。其精者為沙門。沙門，漢言息也，蓋息意（除去俗念）去欲而歸于無為。又以為人死精神不滅，隨復受形，生時善惡皆有報應，故貴行善修道，以鍊精神，以至無生（佛教語，無生亦無滅）而得為佛也。佛長丈六尺，黃金色，項中佩日月光，變化無方（規律），無所不入，而大濟群生。初，明帝夢見金人長大，項有日月光，以問群臣。或曰：『西方有神，其名曰佛。陛下所夢，得無（莫非）是乎？』於是遣使天竺（印度的古譯），問其道術而圖其形像焉。」齋戒，佛教信徒誦經拜懺、禱祀求福的活動。❿英遣郎中令句　郎中令，秩千石，掌王大夫郎中宿衛。紈，白色細絹。《集解》引《東觀漢記》：「黃縑二十五匹，白紈五匹。」此統言之，故云「三十匹」。⓫大恩　或作「天恩」，意同。均謂皇帝之恩。⓬愆罪　愆、罪同義。⓭楚王誦黃老之微言　誦，朗讀；稱揚。微言，精深微妙的論議。⓮尚浮屠之仁祠　尚，尊崇。仁祠，仁愛的祭祀；或作「仁慈」，義亦相近。⓯絜齋　即齋戒，因為齋戒時要清靜潔素。絜，同「潔」。⓰誓　盟約；誓言。⓱悔吝　災禍。《易．繫辭上》：「悔吝者，憂虞之象也。」⓲其　可以；應當。表示祈使。⓳以助伊蒲塞桑門之盛饌　伊蒲塞，即優婆塞，梵語的音譯。指在家受五戒的男性佛教徒。桑門，即沙門。出家的和尚。盛饌，豐盛的飯食。⓴因以班示諸國中傅　班示，頒布出來給大家看。中傅，《漢書．武帝紀》顏師古注引應劭注：「中傅，宦者也。」胡三省注《通鑑》：「王國有太傅，秩二千石，掌傅王以德義。中傅出入王宮在王左右，亦主傅教導王。」傅教即布教，傳播教化。㉑方士　方術之士，自稱能訪仙煉丹以求長生不老的人。㉒金龜玉鶴　用黃金鑄造的有龜紐的官印，漢代皇太子、列侯、丞相、大將軍等所用。玉鶴，用玉雕刻成鶴形。㉓符瑞　吉祥的徵兆，多指帝王受命的徵兆。㉔男子燕廣句　男子，沒有官爵的男成年人，本書〈明帝八王．樂成靖王黨傳〉李賢注：「稱男子者，無官爵也。」告，告發；揭發。漁陽，郡名。

治所在漁陽（今北京密雲西南）。圖書，本書〈桓譚傳〉李賢注：「圖書即讖緯符命之類也。」光武信圖讖，並頒之天下，故造作圖書在當時為常事。㉕逆謀　叛逆的陰謀。㉖事下案驗　事謂案情。下，交付獄方。案驗，查詢驗證。㉗有司奏英招聚姦猾　古代設官各有所司，故稱有司，今稱主管部門。姦猾，姦詐狡猾之人。㉘圖讖　古代方士儒者所作關於帝王受命徵驗一類的書，多為隱語、預言。與上文「圖書」同義，變文以避免重複。㉙官秩　封官職和俸祿。㉚置諸侯王公將軍二千石　置，設立。諸侯王，皇帝分封皇子為諸侯王。公，三公。將軍，不常置，掌征伐背叛。比公者有四，第一大將軍，其次驃騎將軍，其次車騎將軍，其次衛將軍。還有多種名號的將軍，總稱雜號將軍，皆主征伐，事訖則罷。二千石，謂郡太守，郡守之秩為二千石，故稱郡守為二千石。二千石是爵秩名，實際俸祿每月一百二十斛（一斛即一石），全年一千四百四十斛，其中一半為錢，一半為穀。㉛親親　親愛自己的親人。㉜廢　廢其王號。㉝徙丹陽涇縣　徙，移其封地。丹陽，郡名。治所在宛陵（今安徽宣城）。涇縣，今安徽涇縣。㉞賜湯沐邑五百戶　湯沐邑，供諸侯朝見皇帝而設的居宿和戒齋沐浴之封地。亦指國君、皇后、公主收取賦稅的私邑。《史記・平準書》：「自天子以至於封君湯沐邑，皆各為私奉養焉。」此五百戶出賦稅奉養。㉟使伎人奴婢句　伎人，女性歌舞藝人。奴婢，為主人無償服務的人，男曰奴，女曰婢。工伎，從事技藝的人，即能工巧匠。鼓吹，演奏樂曲的樂隊。㊱輜軿　胡三省注《通鑑》：「車四面有屏蔽者曰輜軿。」㊲男女為侯主者　男為列侯，女為公主。侯，列侯。主，公主。㊳國除　除其封國，子孫不得繼嗣。㊴贈賵如法　賵，送給喪家助葬的車馬等物。《公羊傳・隱公元年》：「喪事有賵。賵者蓋以馬，以乘馬束帛。車馬曰賵，財物曰賻。」贈，以殉葬品送葬。法，禮法。㊵列侯印綬　據《漢書・百官志》，秩比二千石以上皆銀印青綬。㊶遣中黃門占護其妻子　中黃門，少府屬官，秩比三百石，掌給事禁中。占護，看護。占，視。㊷楚官屬無辭語者　皇帝窮治楚王英獄，辭語相牽連者以千數。此云楚官屬中沒有被他人口供牽連在案內的人。㊸幸希望；期望。㊹悼灼　柳從辰《校補》：「悼，傷也；灼，驚也。傷其罹法而驚也。」㊺宥全　寬恕而保全。㊻天年　自然的壽數。㊼念顧　顧亦念義。㊽有謀者　謂勸導楚王的人。㊾折姦侯　名譽侯，謂其折絕奸謀。㊿考案吏　參與審理的官吏。51阿附相陷　阿附，袒護罪人。相陷，趁機陷害。52幸　皇帝所到曰幸。53內殿　皇帝召見大臣和處理政務的地方，因在房屋內院，故稱內殿。此指楚都彭城的內殿。54建初二年　西元七七年。建初，東漢章帝年號。55肅宗　東漢章帝廟號。56謁者備王官屬迎英喪　謁者，秩比四百石，掌為王導威儀。喪，屍骨。57加王赤綬羽蓋華藻　《續漢書・輿服志》：「諸侯王四采，赤黃縹紺，淳赤圭（謂綬之端為圭形），長二丈一尺。」南朝梁劉昭注引徐廣說：「翠羽蓋，黃裏，所謂黃屋車也。金華施橑（蓋弓）末，有二十八枚，即蓋弓也。」華藻，〈輿服志〉作「華蚤」。華，古「花」字，蚤讀為爪，謂以金做成花形為飾，蓋弓端為爪形。58追爵 前言「廢英」，謂廢其王爵，此追為侯爵。59楚厲侯 〈諡法〉：「殺戮無辜曰厲。」60章和元年 西元八七年。章和，東漢章帝年號。61六 縣名。廬江郡屬縣。治所在今安徽六安北。

【語譯】楚王劉英，於光武帝建武十五年封為楚公，十七年升其爵位為楚王，二十八年回到封國，母親許美人無寵，所以劉英的封國最窮最小。建武三十年，把臨淮郡的取慮、須昌二縣劃歸楚國以擴大其封疆。從明帝為皇太子時，劉英常常獨自親近太子，太子也對他特別親愛。及顯宗即帝位，劉英多次受賞賜。永平元年，特地封劉英的表兄弟許昌為龍舒侯。

2 劉英年輕時便豪爽喜歡與人結交，和遊食官宦之門的人來往，晚年更喜愛黃帝、老子的學說，模仿做佛教的齋戒和祭祀。明帝永平八年，有詔書讓那些犯有死罪的人都可以出縑帛贖罪。劉英即派遣郎中令拿著黃縑和白絹共三十匹去國相那裡，說：「寄身為藩國之主，罪惡累累，承蒙皇帝大恩，今貢獻縑帛，用以贖去我的罪惡。」國相就把這件事情報告給皇帝。皇帝回詔說：「楚王誦讀黃老精深的學說，崇拜佛教的仁慈，齋戒三個月，與神為盟誓，有什麼可疑怪之處，而會有災禍呢？今將你的贖縑歸還，用以補助那些出家的和在家的佛教徒的美餐。」從而把這封詔書也分發給各王國的中傅。劉英以後便狂熱地與方士交往，造作金龜玉鶴，雕刻文字以為受命的徵兆。

3 明帝永平十三年，有個男子名叫燕廣告發劉英和漁陽郡的王平、顏忠等人製造上天授命之類的書籍，有叛逆的陰謀，案件交付獄方調查取證，主管此案的部門上奏劉英招收奸詐之人，編造圖書讖記，擅自委任官秩，設置諸侯王、公、將軍、二千石等官吏，大逆重罪，請將其殺死。明帝由於劉英是自己的同父異母弟弟捨不得殺他，就削去他的王號，遷移他到丹陽郡的涇縣，以湯沐邑的名義賞賜食五百戶的賦稅。派大鴻臚持旄節護送，讓歌舞藝人、男女奴婢、能工巧匠和演奏的樂隊全部跟隨前往，還可以乘有帷帳的車，拿刀劍弓箭沿途打獵，盡情歡樂，其子女為列侯為公主的照舊食邑，其母楚太后不用繳上璽印和綬帶，留下來居住在原來楚國的宮殿裡。

4 明年，劉英到丹陽，自殺了。立為楚王三十三年，取消了楚國。詔令光祿大夫持符節弔唁祭奠，按禮給予喪葬費用，再賜給劉英列侯的印章和綬帶，按諸侯王的規格埋葬在涇縣。派遣中黃門看護劉英的妻子兒女，還把楚國官吏中沒被他人口供牽連的人全部釋放出來，皇帝下詔給許太后：「朝廷初聽說楚王犯事時，希望那不是真的。以後知道確是事實，內心很傷感和吃驚，希望寬恕他並保全他的身體，叫他保重享盡天年。但是王不掛念太后，到底不免一死。這是天命啊！實在沒有辦法。太后要養育好子孫，努力加餐，許家人盼望王富貴，也是人之常情。已經下詔書給主管部門，放出那些為王出過主意的人，使他們有土有宅安居生活。」於是封燕廣為折姦侯。楚王獄事連續多年，所有供詞牽連，從京城的皇親、諸侯，州郡的豪強以及參與審理此案的官吏，袒護的、陷害的，因此而被處死和流放的以千為單位計算。

5 永平十五年，明帝到彭城，在楚宮內殿接見了許太后及其妻子兒女，皇帝悲痛地抽泣起來，在場的人深受感動。章帝建初二年，封劉英之子劉种為楚侯，劉种的五個弟弟都封為列侯，都不許設立相和役使官吏和人民。元和三年，許太后去世，皇帝又派遣光祿大夫持符節去弔唁和祭奠，並留下來監理喪事，贈送錢五百萬。又派遣謁者率全部楚王的官吏迎接劉英的屍骨，在彭城重新葬埋，為王施用赤綬帶和翠羽車蓋，蓋弓末端做成飾以金花的爪形，儀式與嗣位之王的相同，追加侯爵，諡為楚厲侯。章和元年，皇帝到彭城，接見劉英的夫人和六個兒子，賞賜極為豐厚。

6 劉种後來又徙封為六侯，去世以後其子劉度繼承侯位。劉度去世，其子劉拘繼承，傳授侯國給他的後代。

1 **濟南安王康❶，建武十五年封濟南公，十七年進爵為王，二十八年就國。三十年，以平原之祝阿、安德、朝陽、平昌、隰陰、重丘六縣益濟南國❷。中元二年，封康子德為東武城❸侯。**

康在國不循法度，交通賓客。其後，人上書告康招來州郡姦猾漁陽顏忠、劉
2 子產等④，又多遺其繒帛⑤，案圖書，謀議不軌。事下考，有司舉奏⑥之。顯宗以
親親故，不忍窮竟⑦其事，但削祝阿、隰陰、東朝陽、安德、西平昌五縣。
建初八年⑧，肅宗復還所削地。康遂多殖⑨財貨，大修宮室，奴婢至千四百
3 人，廄⑩馬千二百匹，私田八百頃，奢侈恣欲，游觀無節。永元初，國傅何敞⑪
上疏諫康曰：「蓋聞諸侯之義，制節謹度，然後能保其社稷⑫，和其民人。大王
以骨肉之親，享食茅土⑬，當施張政令⑭，明其典法⑮，出入進止，宜有期度⑯，
輿馬臺隸⑰，應為科品⑱。而今奴婢廄馬皆有千餘，增無用之口，以自蠶食⑲。宮
婢閉隔，失其天性⑳，惑亂和氣。又多起內第㉑，觸犯防禁，費以巨萬㉒，而功猶
未半。夫文繁者質荒，木勝者人亡㉓，皆非所以奉禮承上㉔，傳福無窮者也。故
楚作章華以凶㉕，吳興姑蘇而滅㉖，景公千駟，民無稱焉㉗。今數游諸第，晨夜無
節，又非所以遠防未然，臨深履薄㉘之法也。願大王修恭儉，遵古制，省奴婢之
口，減乘馬之數，斥㉙私田之富，節游觀之宴，以禮起居，則敞乃敢安心自保。
惟大王深慮愚言。」康素敬重敞，雖無所嫌牾㉚，然終不能改。
4 立五十九年薨，子簡王錯嗣。錯為太子㉛時，愛康鼓吹妓女㉜宋閏，使醫張

尊招之不得，錯怒，自以劍刺殺尊。國相舉奏，有詔勿案㉝。永元十一年，封錯弟七人為列侯。

5 錯立六年薨，子孝王香嗣。永初二年，封香弟四人為列侯。香篤行，好經書。初，叔父篤有罪不得封，西平昌侯昱坐法失侯，香乃上書分爵土封篤子丸、昱子嵩，皆為列侯。

6 香立二十年薨，無子，國絕。

7 永建元年，順帝立錯子阜陽侯顯為嗣，是為釐王。立三年薨，子悼王廣嗣。永建五年，封廣弟文為樂城亭侯。

8 廣立二十五年，永興元年薨，無子，國除。

【章　旨】以上記述濟南王劉康。劉康在封國內不循法度，聚奸人圖謀不軌，皇帝只以削地作罷。劉康又多聚奴婢廄馬、修宮室，玩樂終日。國傅何敞的一封諫言，既苦口婆心，又義正辭嚴，引古喻今，什麼該做什麼不該做，都說得精闢周到，但劉康不能用。

【注　釋】❶濟南安王康　濟南國都東平陵，治所在今山東濟南東。〈謚法〉：「好和不爭曰安。」❷以平原之祝阿句　平原，郡名。治所在平原（今山東平原縣西南）。祝阿，縣名。治所在今山東長清東北。安德，縣名。治所為今山東陵縣。朝陽，縣名。〈郡國志〉作東朝陽，屬濟南國。治所在今山東章邱東北。平昌，後曰西平昌，〈郡國志〉失載。〈魯峻碑〉陰有平原西平昌，治所在今山東商河縣西北。隰陰，《漢書・地理志》作漯陰。〈宗俱碑〉陰作濕陰，隰、濕字通，漯為隸省。治所在今山東臨邑西。重丘，後漢省。治所在今山東德州東。❸東武城　清河國屬縣。治所在今山東武城西。郡縣之省併在光武帝建武六年，在此之後仍稱其舊名，可見省併令之執行有一段時間，或民間俗稱難一時盡改。〈郡國志〉是根據漢順帝時的區域劃分，故與此文縣分歸屬或有不同。❹人上書告康句　柳從辰《校補》：「袁《紀》：『康使中郎將張陽、董臣招來州郡姦猾。』」又云：「案康事不見〈明紀〉，未知在楚獄前抑在後也，惟既削康五縣，則有名姦猾當已見誅，而漁陽顏忠乃英、康兩傳並見，必史之誤。」招來，也做「招倈」、「招徠」。招引；延攬。❺多遺其繒帛　遺，贈送。繒帛，絲綢之總名。❻舉奏　上奏章檢舉。❼窮竟　二字同義，謂追查到底。❽建初八年　西元八三年。建初，東漢章帝年號。❾殖　聚集。❿廄　馬圈。⓫何敞　字文高，扶風平陵（今陝西咸陽）人。本書有傳。傳言「敞為濟南太傅。敞至國，輔康以道義，數引法度諫正之，康敬禮焉。歲餘遷汝南太守。」⓬蓋聞諸侯之義三句　此綜括《孝經・諸侯章》之大義，其原文謂：「在上不驕，高而不危，制節謹度，滿而不溢。高而不危，所以長守貴也；滿而不溢，所以長守富也。富貴不離其身，然後能保其社稷，而和其民人，蓋諸侯之孝也。」制節謹度，唐玄宗《孝經注》：「費用約儉謂之制節，慎行禮法謂之謹度。」社稷，古代帝王和諸侯祭祀的土神和穀神，因而也用社稷代表國家。⓭享食茅土　蔡邕《獨斷》：「天子太社，以五色土為壇，皇子封為王者，受天子之社土，以所封之方色，東方受青，南方受赤，他如其方色，苴（藉）以白茅授之，各以其所封方之色歸國以立社，故謂之受茅土。」受茅土立社即表示有國有土，合法享受衣租食稅的權利。⓮施張政令　施張，施行。政令，政策和法令。《周禮・天官・小宰》孫詒讓《正義》：「凡施行為政，布告為令。」⓯典法　典章法規。⓰期度　限度；法度。⓱輿馬臺隸　輿馬，車馬。臺隸，人中最卑賤的。《左傳・昭公七年》：「人有十等，……故王臣公，公臣卿，卿臣大夫，大夫臣士，士臣皁，皁臣輿，輿臣隸，隸臣僚，僚臣僕，僕臣臺，馬有圉，牛有牧，以待百事。」⓲科品　等級；差別。⓳蠶食　李賢注：「言如蠶之食，漸至衰盡也。」⓴失其天性　古時女子二十而嫁，逾時不嫁，則失人之本性。㉑內第　李賢注：「第，宅也。有甲乙之次故曰第。」㉒巨萬　李賢注：「巨，大也。大萬謂萬萬。」㉓夫文繁者質荒二句　人間事，文質相配則事物和宜，刻鏤太過，其本則敗壞，土木過勝則人殫其力。㉔奉禮承上　奉行禮法，順從上意。㉕楚作章華以凶　章華，臺名，在楚之離宮內。《水經・沔水注》：「臺高十丈，基廣十五丈。」臺在今湖北監利西北。楚靈王所為，臺成六年後靈王自縊。㉖吳興姑蘇而滅　姑蘇臺，亦名姑胥臺。春秋末吳王夫差所造，近太湖。《史記・吳太伯世家》司馬貞《索隱》：「姑蘇，臺名，在吳縣西三十里。」吳縣即今江蘇之蘇州。㉗景公千駟二句　景公，名杵臼，春秋後期齊國國君。四匹馬為一駟。《論語・季氏》：「齊景公有馬千駟，死之日，民無德而稱焉。」㉘臨深履薄　《詩・小旻》：「如臨深淵，如履薄冰。」臨，面對。履，踐行。句謂臨事而懼。㉙斥 疏遠。㉚嫌牾 嫌，猜疑。牾，背逆；抵觸。㉛太子 皇帝之長子曰太子，王之長子亦曰太子。㉜鼓吹妓女 謂吹奏樂曲的女藝人。妓，當作「伎」。㉝案 查驗。

【語 譯】濟南安王劉康，建武十五年封為濟南公，十七年進爵為王，二十八年回到封國。三十年把平原郡的祝阿、安德、朝陽、平昌、隰陰、重丘六縣增劃歸濟南國。建武中元二年，封劉康之子劉德為東武城侯。

2 劉康在封國內不遵守法律制度，與謀士交往，那以後有人上書告發劉康招引州郡奸詐之人漁陽郡的顏忠、劉子產等，又多贈送他們絲綢，使其按照圖讖所指示，謀劃非法行為。案件發給獄方考問，主管部門上奏檢舉。明帝以異母弟的原因，捨不得將此案追查到底，只是削去祝阿、隰陰、東朝陽、安德、西平昌五縣。

3 章帝建初八年，皇帝又歸還了前所削去的土地。劉康於是多聚集錢財，大修宮殿，奴婢達到一千四百人，馬圈有馬一千二百匹，私田八百頃，奢侈放縱，遊玩無節制。永元初年，國傅何敞上書給劉康，進行勸諫：「聽說做諸侯的原則，要費用約儉，慎行禮法，然後才能保其國家，和睦人民。大王以骨肉之親的關係，享受分土立社，應當推行政策法令，彰明法律，一切活動最好有個限度，服役的下人，要分別等第。然而現在奴婢馬匹都是一千多，增加無用的人畜一天天自我消耗，婢女關在楚宮裡不放她們出去，使她們失去青春年華，攪亂了陰陽交合之正氣。還在宮內蓋了許多宅院，破壞了宮中的戒備，費用上萬萬，工程卻沒有達到一半，刻鏤太過其本體就破壞了，土木工程太多則耗盡民力，都不是奉行禮法順從上意、傳福萬代的作法。所以楚靈王作章華之臺，結果自縊而死，吳王夫差起姑蘇臺而國滅，齊景公有四千匹馬，死後百姓認為他沒有一點好處可以稱道。現在頻繁嬉戲於各處宅院，白天晚上沒有節制，更不是遠慮防患於未萌、如臨深淵、如履薄冰那種謹慎警惕的作法。希望大王學習謙恭儉約，遵行古訓，省減奴婢的人數和馬匹的數量，把過多的私田開放給人耕種，節制遊覽的閒逸，動靜遵照禮法，如此我才能放心保住自己的性命，請大王認真考慮這些愚鈍的話。」劉康一向敬重何敞，雖然對敞沒有什麼猜疑和認為冒犯了自己，可是也始終不加改正。

4 劉康立五十九年去世，子簡王劉錯繼位。劉錯當太子時，喜歡他父親的吹奏女藝人宋閏，指使醫工張尊去叫她，沒有弄到手，劉錯大怒，親手用劍刺死張尊。國相將此事上奏皇帝，有詔說不要追查。永元十一年，封劉錯的七個弟弟為列侯。

5 劉錯在位六年去世，子孝王劉香繼位。安帝永初二年，封劉香的四個弟弟為列侯。劉香行為淳厚，喜愛經書。當其始，叔父劉篤有罪不得封侯，西平昌侯劉昱因犯法失去侯爵，劉香就上書願意把自己的爵土分給劉篤之子劉丸和劉昱之子劉嵩，都成為列侯。

6 劉香立為王二十年去世，沒有子嗣，封國自然絕滅。

7 永建元年，順帝立劉錯之子阜陽侯劉顯為繼承人，這就是釐王。劉顯立三年去世，其子悼王劉廣繼位。永建五年，封劉廣弟劉文為樂成亭侯。

8 劉廣立二十五年，永興元年去世，無兒子，除去其國。

1 東平憲王蒼❶，建武十五年封東平公，十七年進爵為王。

2 蒼少好經書，雅有智思❷，為人美須顏❸，要帶八圍❹，顯宗甚愛重之。及即位，拜為驃騎將軍，置長史掾史員四十人，位在三公上❺。

3 永平元年，封蒼子二人為縣侯。二年，以東郡之壽張、須昌，山陽之南平陽、橐、湖陵五縣益東平國❻。是時中興❼三十餘年，四方無虞❽。蒼以天下化平❾，宜修❿禮樂，乃與公卿共議定南北郊冠冕車服制度⓫，及光武廟登歌八佾舞數⓬，語在禮樂、輿服志⓭。帝每巡狩⓮，蒼常留鎮⓯，侍衛皇太后⓰。

4 四年春，車駕[17]近出，觀覽城第，尋聞當遂校獵河內[18]，蒼即上書諫[19]曰：「臣聞時令[20]，盛春農事，不聚眾興功[21]。傳[22]曰：『田獵不宿[23]，食飲不享[24]，出入不節[25]，則木不曲直[26]。』此失春令者也。臣知車駕今出，事從約省，所過吏人諷誦甘棠之德[27]。雖然[28]，動不以禮，非所以示四方也。惟陛下因行[29]田野，循視稼穡，消搖仿佯[30]，弭節而旋[31]。至秋冬，乃振威靈[32]，整法駕[33]，備周衛[34]，設羽旄[35]。詩云：『抑抑威儀，惟德之隅。』[36]臣不勝憤懣[37]，伏[38]自手書，乞詣行在所[39]，極[40]陳至誠。」帝覽奏，即還宮。

5 蒼在朝數載，多所隆[41]益，而自以至親[42]輔政，聲望日重，意不自安，上疏歸職曰：「臣蒼疲駑[43]，特為陛下慈恩覆護[44]，在家備教導之仁，升朝蒙爵命之首[45]，制書褒美，班之四海，舉負薪之才，升君子之器[46]。凡匹夫一介[47]，尚不忘簞食之惠[48]，況臣居宰相之位[49]，同氣之親[50]哉！宜當暴骸膏野[51]，為百僚先，而愚頑之質，加以固病，誠羞負乘[52]，辱汙輔將[53]之位，將被詩人『三百赤紱』之刺[54]。今方域[55]晏然，要荒無儆[56]，將遵上德無為[57]之時也，文官猶可并省，武職尤不宜建。昔象封有鼻[58]，不任以政，誠由愛深，不忍揚其過惡。前事之不忘，來事之師也。自漢興以來，宗室子弟無得在公卿位者。惟陛下審覽虞帝優養母弟，遵承舊典，終卒厚恩。乞上驃騎將軍印綬[59]，退就蕃國，願蒙哀憐。」帝優詔不聽[60]。其後數陳乞，辭甚懇切。五年，乃許還國，而不聽上將軍印綬。以驃騎長史為東平太傅[61]，掾為中大夫[62]，令史[63]為王家郎。加賜錢五千萬，布十萬匹。

6 六年冬，帝幸魯[64]，徵蒼從還京師。明年，皇太后崩[65]。既葬，蒼乃歸國，特賜宮人奴婢五百人，布二十五萬匹，及珍寶服御[66]器物。

7 十一年，蒼與諸王朝京師[67]。月餘，還國。帝臨送歸宮，悽然懷思，乃遣使手詔國中傅曰：「辭別之後，獨坐不樂，因就車歸，伏軾而吟[68]，瞻望永懷[69]，實勞[70]我心，誦及采菽[71]，以增歎息。日者[72]問東平王處家何等最樂，王言為善最樂，其言甚大，副是要腹[73]矣。今送列侯印[74]十九枚，諸王子年五歲已上能趨拜者[75]，皆令帶之。」

8 十五年春，行幸[76]東平，賜蒼錢千五百萬，布四萬匹。帝以所作光武本紀[77]示蒼，蒼因上光武受命中興頌[78]。帝甚善之，以其文典雅，特令校書郎賈逵為之訓詁[79]。

9 肅宗即位，尊重恩禮踰於前世，諸王莫與為比。建初元年，地震[80]，蒼上便宜[81]，其事留中[82]。帝報書曰：「丙寅[83]所上便宜三事，朕親自覽讀，反覆數周[84]，心開目明，曠然發矇[85]。間[86]吏人奏事，亦有此言，但明智淺短，或謂儻是[87]，復慮為非。何者？災異之降，緣政而見[88]。今改元[89]之後，年飢人流，此朕之不德感應所致。又冬春旱甚，所被尤廣，雖內用克責[90]，而不知所定。得王深策，快然[91]意解。詩不云乎：『未見君子，憂心忡忡；既見君子，我心則降。』[92]思惟嘉謀[93]，以次奉行[94]，冀蒙福應[95]。彰報至德[96]，特賜王錢五百萬。」

後帝欲為原陵、顯節陵起縣邑[97]，蒼聞之，遽[98]上疏諫曰：「伏聞當為二陵起立郭邑，臣前頗謂道路之言，疑不審實，近今從官古霸問涅陽主[99]疾，使還，乃知詔書已下。竊見光武皇帝躬履儉約之行，深覩始終之分[100]，勤勤懇懇[101]，以葬制為言[102]，故營建陵地，具稱古典[103]，詔曰『無為山陵，陂池裁令流水而已』。[104]孝明皇帝大孝無違，奉承貫行[105]。至於自所營創，尤為儉省[106]，謙德[107]之美，於斯為盛。臣愚以園邑之興，始自彊秦[108]。古者丘隴且不欲其著明[109]，豈況築郭邑，建都郛哉[110]！上違先帝聖心，下造無益之功[111]，虛費國用，動搖百姓，非所以致和氣，祈豐年也。又以吉凶俗數[112]言之，亦不欲無故繕修丘墓[113]，有所興起。考之古法則不合，稽之時宜則違人，求之吉凶復未見其福。陛下履有虞之至性[114]，追祖禰之深思[115]，然懼左右過議，以累[116]聖心。臣蒼誠傷二帝純德之美，不暢於無窮也。惟蒙哀覽[117]。」帝從而止。自是朝廷每有疑政，輒驛使諮問。蒼悉心以對，皆見納用。

11 三年，帝饗衛士於南宮[118]，因從皇太后周行掖庭[119]池閣，乃閱陰太后舊時器服，愴然動容，乃命留五時衣各一襲[120]，及常所御衣合五十篋，餘悉分布諸王主[121]及子孫在京師者各有差。特賜蒼及琅邪王京書曰：「中大夫奉使，親聞動靜，嘉之何已！歲月騖過[122]，山陵浸遠，孤心悽愴，如何如何[123]！閒饗衛士於南宮，因閱視舊時衣物。聞於師曰：『其物存，其人亡，不言哀而哀自至。』信矣。惟王孝友[124]之德，亦豈不然！今送光烈皇后假紒帛巾[125]各一，及衣一篋，可時奉瞻，以慰凱風寒泉之思[126]，又欲令後生子孫得見先后[127]衣服之製。今魯國孔氏，尚有仲尼車輿冠履[128]，明德盛者光靈[129]遠也。其光武皇帝器服，中元二年已賦[130]諸國，故不復送。并遺宛馬[131]一匹，血從前髆[132]上小孔中出。常聞武帝歌天馬，霑赤汗，今親見其然也[133]。頃反虜尚屯，將帥在外，憂念遑遑[134]，未有閒寧[135]。願王寶[136]精神，加供養[137]。苦言至戒，望之如渴。」

12 六年冬，蒼上疏求朝。明年正月，帝許之。特賜裝錢[138]千五百萬，其餘諸王各千萬。帝以蒼冒涉寒露，遣謁者賜貂裘[139]，及太官[140]食物珍果，使大鴻臚竇固[141]

持節郊迎。帝乃親自循行邸第，豫設帷牀，其錢帛器物無不充備。下詔曰：「禮云伯父歸寧乃國[142]，詩云叔父建爾元子[143]，敬之至也。昔蕭相國加以不名[144]，優忠賢也，況兼親尊者乎！其沛、濟南、東平、中山四王[145]，讚皆勿名。」蒼既至，升殿乃拜，天子親荅[146]之。其後諸王入宮，輒以輦迎，至省閤[147]乃下。蒼以受恩過禮，情不自寧，上疏辭曰：「臣聞貴有常尊，賤有等威[148]，卑高列序，上下以理[149]。陛下至德廣施，慈愛骨肉，既賜奉朝請[150]，咫尺天儀[151]，而親屈至尊，降禮下臣，每賜讌見[152]，輒興席[153]改容，中宮[154]親拜，事過典故。臣惶怖戰慄，誠不自安，每會見，踧踖[155]無所措置。此非所以章示[156]群下，安臣子也。」帝省奏歎息，愈褒貴焉。舊典[157]，諸王女皆封鄉主[158]，乃獨封蒼五女為縣公主[159]。

13 三月，大鴻臚奏遣諸王歸國，帝特留蒼，賜以祕書、列僊圖[160]、道術祕方。至八月飲酎[161]畢，有司復奏遣蒼，乃許之。手詔賜蒼曰：「骨肉天性，誠不以遠近為親疏，然數見顏色，情重昔時。念王久勞，思得還休，欲署[162]大鴻臚奏，不忍下筆，顧授小黃門[163]，中心戀戀，惻然不能言。」於是車駕祖送[164]，流涕而訣。復賜乘輿服御，珍寶輿馬，錢布以億萬計[165]。

14 蒼還國，疾病，帝馳遣名醫，小黃門侍疾，使者冠蓋[166]不絕於道。又置驛馬千里，傳問起居。明年正月薨(167)，詔告中傅，封上蒼自建武以來章奏及所作書、記、賦、頌、七言、別字、歌詩(168)，並集覽焉。遣大鴻臚持節，五官中郎將(169)副監喪，及將作使者凡六人，令四姓小侯諸國王主悉會詣東平奔喪(170)，賜錢前後一億，布九萬匹。及葬，策(171)曰：「惟建初八年三月己卯(172)，皇帝曰：咨王不顯(173)，勤勞王室。親受策命，昭于前世。出作蕃輔，克慎明德(174)。率禮不越(175)，傳聞在下(176)。昊天不弔，不報上仁。俾屏余一人，夙夜煢煢，靡有所終(177)。今詔有司加賜鑾輅乘馬(178)，龍旂九旒(179)，虎賁百人，奉送王行。匪我憲王，其孰離之(180)！魂而(181)有靈，保茲寵榮。嗚呼哀哉！」

15 立四十五年，子懷王忠嗣。明年，帝乃分東平國封忠弟尚為任城(182)王，餘五人為列侯。

16 忠立一年薨，子孝王敞嗣。元和三年，行東巡守，幸東平宮，帝追感念蒼，謂其諸子曰：「思其人，至其鄉；其處在，其人亡。」因泣下沾襟，遂幸蒼陵(183)，為陳虎賁、鑾輅、龍旂，以章顯之，祠以太牢(184)，親拜祠坐，哭泣盡哀，賜御劍于陵前。初，蒼歸國，驃騎時吏丁牧、周栩以蒼敬賢下士(185)，不忍去之，遂為王家大夫(186)，數十年事祖及孫。帝聞，皆引見於前，既愍其淹滯(187)，且欲揚蒼德美，即皆擢拜議郎[188]。牧至齊[189]相，栩上蔡令[190]。永元十年[191]，封蒼孫梁為矜陽亭侯，敞弟六人為列侯。敞喪母至孝，國相陳珍上其行狀。永寧元年[192]，鄧太后增邑五千戶，又封蒼孫二人為亭侯。

17 敞立四十八年薨，子頃王端嗣，立四十七年薨，子凱嗣；立四十一年，魏受禪，以為崇德侯。

18 論曰：孔子稱「貧而無諂，富而無驕，未若貧而樂，富而好禮者也」[193]。若東平憲王，可謂好禮者也。若其辭至戚[194]，去母后，豈欲苟立名行[195]而忘親遺義哉？蓋位疑[196]則隙生，累近[197]則喪大，斯蓋明哲之所為歎息。嗚呼！遠隙以全忠，釋累以成孝，夫豈憲王之志哉[198]！東海恭王遜而知廢[199]，「為吳太伯，不亦可乎[200]！」

【章旨】以上記述東平王劉蒼。劉蒼在明帝時為驃騎將軍，制定郊祀車服等禮儀制度。劉蒼念念以朝廷為重，明帝對劉蒼恩信有加，劉蒼之所諫，明帝必從，每次握別均戀戀不能捨。劉蒼亦知官高祿厚，能自謙抑，要求歸職。章帝時，劉蒼在封國，依然耿耿不忘王事，地震上便宜，諫為原陵、顯節陵起縣邑，都得到章帝的褒獎和採納。直至劉蒼的疾病、逝世、葬埋，無不表現出章帝與劉蒼的尊親之情。

【注釋】❶東平憲王蒼　東平國都無鹽（今山東東平東）。〈謚法〉：「博聞多能曰憲。」❷雅有智思　袁宏《後漢紀》：「蒼進止有禮，好古多聞，雅有識度。」雅，素。❸須頿　絡腮鬍。《漢書・高帝紀上》顏師古注：「在頤曰須，在頰曰髯。」

顳，「髯」的異體字。兩頰上的鬍鬚。❹要帶八圍　要，同「腰」。八圍，一圍八尺長。《東觀漢記》：「要帶八尺二寸。」《魏書・崔辯傳》：「身長八尺，圍亦如之。」❺拜為驃騎將軍三句　《續漢書・百官志》：「明帝初即位，以弟東平王蒼有賢才，以為驃騎將軍，以王故，位在公上。」惠棟引《東觀漢記》載明帝詔：「東平王蒼寬博有謀，可以託六尺之孤，臨大節而不可奪，其以蒼為驃騎將軍。」光武帝以景丹為驃騎將軍，位在公下，故此特言「在三公上」。長史一人，秩千石，署理諸曹事。李賢注：「四府掾史皆無四十人，今特置以優之也。」四府謂太尉、司徒、司空、將軍四府。查〈百官志〉，太尉府掾史屬二十四人，司徒府掾屬三十一人，司空府掾屬二十九人，將軍府掾屬二十九人。其秩祿，據〈百官志〉引漢舊注：「東西曹掾比四百石，餘掾比三百石，屬比二百石。」《漢官舊儀》史四百石。四府中或掾史屬俱備，或僅具掾屬無足四十人者，劉蒼為驃騎，掾史達四十人，可見其位高而權重。員，定員。❻以東郡之壽張二句　東郡，治所濮陽（今河南濮陽西南）。壽張，縣名。治所在今山東東平西南。山陽，郡名。治所在昌邑（今山東金鄉西北）。南平陽，河東郡有平陽，故此加「南」。治所在今山東鄒縣。橐，縣名。章帝改曰高平，治所在今山東鄒縣西南。湖陵，縣名。章帝更名湖陸。治所在今山東魚台東南。❼中興　陸游《南唐書・蕭儼傳》：「儼獨建言：帝王，己失之，己得之，謂之反正；非己失之，自己得之，謂之中興。」史稱光武重建漢朝為光武中興。❽虞　憂患。❾化平　治平。謂教化大行，社會安定。化，治。❿修　制定；設置。《淮南子・本經訓》：「立仁義，修禮樂。」高誘注：「修，設也。」⓫乃與公卿句　南北郊，謂南郊與北郊。古代祭天於京師之南郊，於北郊祭地。冠、冕、車、服，自皇帝至於庶民各有等差，不得逾制。⓬及光武廟登歌八佾舞數　光武廟在雒陽。登歌，古代舉行祭典、大朝會時樂師登堂奏歌。此指祭光武帝時樂師登堂所奏之歌。《東觀漢記》載永平三年議世祖廟登歌，劉蒼云：「光武皇帝受命中興，撥亂反正，武暢方外，震服百蠻，戎狄奉貢，宇內治平，登封告成，修建三雍，肅修典祀，功德巍巍，比隆前代，以兵平亂武功盛大。歌所以詠德，舞所以象功，世祖廟樂名，宜曰大武之舞。」佾，列。《白虎通義・禮樂》：「八佾者何謂也？佾者列也，以八人為行列，八八六十四人也。」八佾，天子所用舞之列數。蔡邕《月令章句》：「天子八佾，諸侯六佾，大夫四佾。」⓭語在禮樂輿服志　李賢注：「其志今亡。」范曄著《後漢書》，先作紀傳，後作十志，未及徧作，久乃全佚。今附入《後漢書》的，為晉司馬彪所作《續漢書》八志，南朝梁劉昭作注。⓮巡狩　巡視其所守。諸王為天子屏藩，為天子守土，巡視諸侯故曰巡守。狩，或作「守」。⓯留鎮　留京師鎮守。⓰皇太后　光烈陰皇后。⓱車駕　皇帝出行所乘的車馬，因以車駕代稱皇帝。⓲尋聞當遂校獵河內　尋，不久。當，將要。遂，往；行。校獵，《漢書・司馬相如傳》顏師古注：「校獵者，以木相貫穿，總為欄校，遮止禽獸而獵取之。」校，圍欄。河內，郡名。治所在懷（今河南武陟西南）。⑲諫　勸止。⑳時令　月令。古時按季節制定的有關農事的政令。〈明帝紀〉李賢注：「時令謂月令也，四時各有令。」㉑盛春農事二句　李賢注引《禮記・月令》曰「孟春之月，無聚大眾，無置城郭。仲春之月，無作大事，以妨農事」也。㉒傳　是對經的解說。經謂《尚書・洪範》，傳是漢代伏生對〈洪範〉的解釋，名《洪範五行傳》。㉓田獵不宿　田、獵同義，《易・恆卦》王弼注：「田，獵也。」古時種田，驅逐野獸以除民害，即是狩獵。不宿，《尚書大傳》鄭玄注：「不宿，不宿禽也。」《續漢書・五行志》劉昭注引《禮志》：「天子不合圍，諸侯不掩群，過此則暴天物，為不宿禽。」如此則不宿謂竭澤而漁，焚林而獵。宿，留也。㉔不享　《漢書音義》：「不行享獻之禮。」㉕出入不節　出入宮禁不遵時節。㉖木不曲直　木的本性可直可曲，人揉之以為器。以上行為使樹木不暢茂而枯槁，則木不隨人意曲直。㉗諷誦甘棠之德　諷誦，背誦；朗讀。《周禮・春官・大司樂》鄭玄注：「倍（背）文曰諷，以聲節之曰誦。」《史記・燕召公世家》，周武封召公於燕，「召公巡行鄉邑，有棠樹，決獄政事其下，自侯伯至庶人各得其所，無失職者。召公卒，而民人思召公之政，懷棠樹不敢伐，歌詠之，作〈甘棠〉之詩。」《詩・甘棠》其首章「蔽芾（小貌）甘棠（杜梨），勿翦勿伐（翦、伐皆砍伐義），召伯所茇（草舍）。」二、三章語句略同，反覆吟詠。㉘雖然　盡管如此。㉙行　巡行視察。㉚消搖仿佯　消搖即逍遙。悠閒自得貌。古人重音不重字，音同字可異。仿佯，亦作仿洋。遨遊；遊蕩。《淮南子・原道訓》：「逍遙于廣澤之中，而仿洋于山峽之旁。」㉛弭節而旋　弭節，稍停。《文選・宋玉・高唐賦》李周翰注：「弭節，猶少時也。」旋，返回。㉜振威靈　振，顯揚。威靈，顯赫的聲威。㉝法駕　天子車駕之一種。《史記・呂太后本紀》裴駰《集解》引蔡邕：「天子有大駕、小駕、法駕。法駕上所乘，曰金根車，駕六馬，有五時副車，皆駕四馬。侍中參乘，屬車三十六乘。」㉞周衛　禁兵。㉟羽旄　用鳥羽或旄牛尾飾旗桿的旗。㊱詩云三句　《詩・抑》之文。抑抑，《詩・假樂》「威儀抑抑」，毛萇傳：「抑抑，美也。」威儀，莊重的儀容和舉止。惟德之隅，漢〈劉熊碑〉作「惟德之偶」，是隅為「偶」之假借。偶，和合之義。之，在名詞前置的句子中與「是」同義，惟德之偶與「惟命是從」、「惟余馬首是瞻」句式相同，謂惟德相配相和。㊲憤懣　抑鬱煩悶。㊳伏　敬辭。劉淇《助字辨略》：「伏者，以卑承尊之辭也。」㊴詣行在所　詣，往。天子所居的地方曰行在所，不論在京師或巡守在外地，均可稱行在所。㊵極　盡。盡情。㊶隆　增長。㊷至親　劉蒼與明帝是兄弟，故云至親。至，極。㊸疲駑　衰老的劣等馬。常用於自謙，言愚鈍無能。㊹覆護　保護；庇護。覆與護同義。㊺爵命之首　謂拜劉蒼為驃騎將軍，位在三公上。爵命，封爵受職。《文選・陳琳・檄吳將校部曲文》呂向注：「爵謂封侯也；命謂一命受職。」㊻舉負薪之才二句　李賢注：「負薪，喻小人也。《易》曰：『負且乘，致寇至。』負也者小人之事，乘也者君子之器，以小人而乘君子之器，則盜思奪之矣。」此君子謂朝廷重臣。器，權力。㊼凡匹夫一介　凡，所有；只要是。匹夫，庶人。班固《白虎通義．爵篇》：「庶人稱匹夫者，匹，偶也，與其妻為偶，陰陽相成之義也。」一介，即一個，指一個人，含有微小、卑賤之義，用於自稱為謙辭。㊽不忘簞食之惠　李賢注：簞，竹器也，圓曰簞，方曰笥。《左傳．宣公二年》：「晉宣子（趙盾）田于首山，舍（止）於翳桑（地名），見靈輒餓，曰：『不食三日矣。』食之（使他吃），舍（捨）其半。問之，曰：『宦（仕）三年矣，未知母之存否，請遺（留）之。』使盡之（吃完），而為簞食（與肉以）與之。既（以後）而（輒）為公（晉靈公）介（士），倒戟（反擊）以禦公徒（抵擋靈公之徒兵）而免之（使趙盾免禍）。問何故，曰：『翳桑之餓人也。』」㊾況臣居宰相之位　黃山《校補》：「中興以後不復置相，蒼自謂居宰相之位者，蓋由明帝即位，以鄧禹與蒼同輔政，本沿前世孝惠、孝文置左右丞相故事也。」㊿同氣之親　有血緣關係的親屬，指兄弟姐妹。(51)暴骸膏野　暴骸，暴露屍骨。膏野，謂赴死，血灑荒野。膏，沾溉。(52)誠羞負乘　羞負乘，謂肩不能背，足不能登，難負重任。負，背；抱。乘，登。(53)輔將　黃山《校補》：「前世衛青為大將軍，而霍去病以驃騎將軍為之輔，大將軍為大將，則驃騎將軍為輔將。」(54)將被詩人三百赤紱之刺　李賢注：「赤紱，大夫之服也。《詩．曹風》曰：『彼己之子，三百赤紱。』刺其無德居位者多也。」紱，或作「芾」。蔽膝。(55)方域　國內。(56)要荒無儆　古代王畿之外劃分為五服：侯、甸、綏、要、荒，每服五百里。要服和荒服是距王都最遠的地帶。儆，同「警」。戒備。(57)上德無為　上德，至德；盛德。《老子》：「上德不德，是以有德。」無為，道家主張清靜虛無，順應自然。(58)昔象封有鼻　象，舜之弟，日以殺舜為事，及舜為天子，封於有鼻。有，是字頭，無義。《漢書．昌邑王劉髆傳》：「舜封象於有鼻，死不為置後，以為暴亂之人不宜為太祖。」蒼疏只從兄弟之愛一面著眼。鼻，或作「庳」。地名。在今湖南道縣北。(59)乞上驃騎將軍印綬　王先謙《集解》引惠棟說：「蔡邕〈雜章〉：『相國金印綠綬，位在公上，所以殊異休烈，群臣莫得而齊。』」上印綬，即辭去官職。(60)優詔不聽　優詔，褒美嘉獎的詔書。聽，允許。(61)太傅　此為王國太傅。西漢武帝時已改太傅為傅，此仍名太傅，可能是特別優待。《續漢書．輿服志》：「傅，主導王以善，禮如師，不臣也。」(62)中大夫　武帝以中大夫為光祿大夫，秩比二千石，掌顧問應對，無常事，惟詔命所使。(63)令史　李賢注引《漢官儀》：「將軍掾屬二十九人，中大夫無員，令史四十一人。」(64)魯　魯國都城。治所在今山東曲阜。(65)崩　皇帝及皇后、皇太后去世皆曰崩。(66)服御　謂衣服車馬之類用品。(67)蒼與諸王朝京師　本書〈明帝紀〉：「十一年春正月，沛王輔、楚王英、濟南王康、東平王蒼、淮陽王延、中山王焉、琅邪王京、東海王政來朝。」諸侯朝京師多在正月，因為每歲首正月大朝受賀。〈百官志〉：「列土特進朝侯，賀正月執璧。」(68)伏軾而吟　軾，車箱的前部置一橫板，人坐車中，身向前伏於軾上。(69)瞻望永懷　瞻望，遠望。永懷，長久思念。(70)勞　苦痛。

(71)采菽　李賢注，〈采菽〉，《詩・小雅》之章也。其詩曰：「采菽采菽，筐之筥之，君子來朝，何錫與之？」毛萇注云：「菽所以芼大牢而待君子也。」(72)日者　從前。(73)副是要腹　副，符合；相稱。前言劉蒼「要帶八圍」，其言大與其腰圍相稱。(74)列侯印　〈輿服志〉劉昭注引《東觀書》：「公侯金印紫綬。」(75)五歲已上能趨拜者　已，同「以」。趨，疾行。古代一種禮節，以碎步疾行表示敬意。拜，古代禮節，行禮時下跪，低頭與腰平，兩手至地。(76)行幸　皇帝出行。(77)光武本紀　紀傳體史書中帝王的傳記。《史記・五帝本紀》張守節題解：「裴松之《史目》云：『天子稱本紀，諸侯曰世家。』本者，繫其本系，故曰本；紀者，理也，統理眾事，繫之年月，名之曰紀。」此為記光武帝的行事。《太平御覽》百三十七引《續漢書》：「明德馬皇后讀光武皇帝紀，至有獻千里馬寶劍者，上以馬駕鼓車，劍賜騎士，手不持珠玉，后未嘗不歎息也。」(78)光武受命中興頌　惠棟引《東觀記》：「上以問校書郎，此與誰等？皆言類相如、揚雄，前代史岑之比。」(79)校書郎賈逵為之訓詁　〈賈逵傳〉：「逵明《左氏傳》、《國語》，為之解詁五十一篇，永平中獻之，顯宗重其書，寫藏祕館，拜為郎，與班固並校祕書。」賈逵，字景伯，扶風平陵（今陝西咸陽）人。遍通《五經》，入講北宮白虎觀、南宮雲臺，推廣經學，教授弟子，官至侍中。本書有傳。訓詁，訓解古義。(80)建初元年地震　〈肅宗孝章帝紀〉：「建初元年三月甲寅，山陽、東平地震。」〈五行志〉作「甲申」。建初元年三月朔日癸卯，甲寅為十二日，此月無甲申，〈五行志〉誤。(81)上便宜　因地震章帝下詔，謂災異屢現，與政相應，令上自三公，下至郡國守相，舉賢良方正、能直言極諫之士，蒼因上便宜。便宜，指有利國家、合乎時宜之事。(82)留中　留在禁中，不向其他機構轉發。(83)丙寅　丙寅日。古時以干支記日，不用初一、初二順序數記日。甲寅地震為三月十二日，丙寅為三月二十四日。(84)數周　數遍。(85)曠然發矇　曠然，豁然通曉。發矇，使盲人眼睛復明，喻啟發蒙昧，開拓眼界。(86)間　近來。(87)或謂儻是　或，有時。謂，以為。儻，或許；也許。(88)災異之降二句　董仲舒創天人感應之說，認為天降災異，是因為人君行政有缺失，兩漢皇帝受這種學說的支配，每把災異與政事相連，免去三公之一，做些解民隱、拔人才的措施。見，同「現」。出現。(89)改元　君主改用新的年號，年號以第一年為元年，故改用新年號稱「改元」。此為明帝崩，章帝即位，改用「建初」為年號。(90)克責　克己自責。章帝在接到劉蒼上便宜後三天（即已巳日）詔中言：「朕以無德，奉承大業，夙夜慄慄，不敢荒寧（懈怠），而災異仍見，與政相應，朕既不明，涉道日寡，又選舉乖實，俗吏傷人，官職耗亂，刑罰不中，可不憂與（歟）！」(91)快然　喜悅貌。《資治通鑑》作「恢然」，胡三省注：「恢然猶廓然也。」二義皆可通。(92)詩不云乎五句　《詩・草蟲》文。忡忡，憂愁。降，古讀「洪」，下也。心降，猶心安。意謂心在憂懸，降則不懸而安矣。(93)嘉謀　好的謀略。(94)以次奉行　因劉蒼所上便宜有三事，均得肅宗認可，故云按照次序施行。(95)福應　預示幸福吉祥的徵兆。

96至德　最高尚的品德。97後帝欲為原陵句　原陵，光武帝陵，在雒陽西北。顯節陵，明帝陵，在雒陽東南。起陵邑，在陵旁築城以為縣，遷民以實之。西漢自高祖以下均因陵起邑立縣，至元帝渭陵不復徙民起邑。98遽　迅速。99涅陽主　光武帝女，名中禮，封涅陽公主，嫁顯親侯竇固。肅宗尊為長公主。涅陽，南郡屬縣。治所在今河南鎮平南。100深覩始終之分　始終，產生與死滅。分，分際，合適的界限。覩，「睹」的異體字。從目從見義同。101勤勤懇懇　誠摯懇切。102為言　在意。103古典　古代的典章制度。104詔曰二句　建武二十六年初作壽陵（人未死而先造陵），鑑於文、景陵墓儉約，詔「今所制地不過二三頃，無為山陵，陂池裁令流水而已」。山陵，酈道元《水經注・渭水三》：「秦名天子冢曰山，漢曰陵，故通曰山陵矣。」陂池，不高聳，僅斜坡而已。105孝明皇帝二句　漢以孝治天下，故在其謚號上加「孝」字，如孝文帝、孝景帝之類。李賢注：「貫行謂一皆遵奉也。谷永曰：『一以貫行，固執無違』也。」106至於自所營創二句　〈顯宗孝明帝紀〉：「帝初作壽陵，制令流水而已。石槨廣一丈二尺，長二丈五尺，無得起墳。萬年之後，掃地而祭，杅（盂）水脯糒（乾飯）而已。過百日，唯四時設奠，置吏卒數人供給灑掃，勿開修道。敢有所興作者，以擅議宗廟法從事（擅議宗廟者棄市）。帝遵奉建武制度無敢違者。」是其儉省。107謙德　謙虛、儉約之德。據《韓詩外傳》，德行寬裕，守之以恭，土地廣大，守之以儉，祿位尊盛，守之以卑，人眾兵強，守之以畏，聰明睿智，守之以愚，博聞強記，守之以淺，「夫此六者，皆謙德也」。108臣愚以園邑之興二句　園邑，為守護陵園所置的縣邑。《漢書・劉向傳》：「秦惠文、武、昭、嚴（莊）襄、孝文五王皆大作丘隴。」秦始皇墳高五十餘丈，周回五里。109古者丘隴且不欲其著明　丘隴，墳墓。《禮記・月令》孫希旦《集解》：「墓域曰塋，其封土而高者曰丘隴。」隴，亦作「壟」。從阜（左阝）與從土同義。李賢注：「《禮記・檀弓上》曰：『古者墓而不墳。』故言不欲其著明。」110豈況築郭邑二句　豈況，何況。邑、都同義，都是人民聚居之地。大曰都，小曰邑。郛、郭同義，都是外城，所以「築郭邑」與「建都郛」亦同義，文變義通。111功　工程。112吉凶俗數　《集解》引惠棟說：「漢時有葬曆及圖墓書，皆所謂吉凶俗數。」113丘墓　墳墓。《方言》：「冢，自關而東謂之丘。」114有虞之至性　有虞，有虞氏，古部落名。有，為詞頭，無義。有虞之首領曰舜，舜在歷史上以大孝著稱。至性，天賦的卓絕品性。115追祖禰之深思　追，回溯；追念。祖禰，先祖和先父。116累　牽連；妨礙。117哀覽　因憐憫而閱覽。118南宮　洛陽舊有的宮殿，光武元年，「入洛陽，幸南宮卻非殿，遂定都焉」。是東漢重要宮殿，後又造北宮，二宮有複道相連。119掖庭　宮中旁舍，嬪妃居住的地方。120乃命留五時衣各一襲　李賢注：「五時衣謂春青，夏朱，季夏黃，秋白，冬黑也。衣單複具曰襲。」單衣無裡，複衣有裡無絮，俗稱袷衣。121王主　諸侯王之女。亦稱翁主。王自主婚，故曰王主。122鶩過　馳騁而過。123如何如何　即奈何奈何，無奈之義。124孝友　對父母孝順，對兄弟友愛。125假紒帛巾　李賢注：「《周禮》：『追師掌王后之首服為副編。』鄭玄云：『副，婦人首服，三輔謂之假紒。』《續漢書》『帛』字作『皁』。」紒即髻，亦即結。帛言其質，皁言其色，義各有當。126以慰凱風寒泉之思　李賢注：「《詩‧國風》曰：『〈凱風〉，美孝子也。』『凱風自南，吹彼棘心，棘心夭夭，母氏劬勞。爰有寒泉，在浚之下，有子七人，母氏勞苦。』」〈凱風〉在《詩‧鄭風》。凱風，南風。棘心，赤心。夭夭，長而未成。劬勞，病苦。寒泉，在今河南濮陽東。127先后　已去世的母后。128今魯國孔氏二句　李賢注：「孔子廟在魯曲阜城中。伍緝之《從征記》曰：『魯人藏孔子所乘車於廟中，是顏路所請者也。獻帝時，廟遇火，燒之。』」129光靈　德化；恩澤。130賦　給與。131遺宛馬　遺，贈送。宛馬，大宛所產良馬。大宛，漢代西域三十六國之一，地域約在今吉爾吉斯斯坦一帶。132髆　同「膊」。肩，身體的前部。133常聞武帝歌天馬三句　《漢書‧武帝紀》：「太初四年春，貳師將軍〔李〕廣利斬大宛王首，獲汗血馬來，作〈西極天馬之歌〉。」《漢書‧禮樂志》載〈天馬歌〉有二首，一首謂「元狩三年馬生渥洼水中作」，其辭有「太一況，天馬下，霑赤汗，沫流赭。」既，謂天馬為天神太一所貺賜。赤汗霑溼，沫流為赤色。另一首謂「太初四年誅宛王獲宛馬作」，以「天馬徠（來）」為起句，反覆吟詠。134遑遑　驚懼匆迫，心神不定。135閒寧　安寧。136寶　珍視；寶愛。137供養　滋養；贍養。138裝錢　置辦行裝的費用。139貂裘　貂皮大衣。140太官　官名。屬少府，令一人，秩六百石，掌皇帝膳食及燕享事宜。141竇固　字孟孫，扶風平陵人。少以尚公主為黃門侍郎，好覽書傳，喜習兵法。固隨父融在河西，曉習邊事，顯宗永平十六年率軍通西域。在邊數年，羌、胡服其恩信。固後為大鴻臚、衛尉。為人謙儉，愛人好施，士以此稱之。142禮云句　李賢注：《儀禮》曰「覲禮，諸侯至于郊，王使皮弁用璧勞，侯氏亦皮弁迎于帷門之外，再拜。天子賜舍，曰：『賜伯父舍。』同姓西面，北上；異姓東面，北上。侯氏裨冕，釋幣于禰，乘墨車，載龍旂、弧韣，乃朝以瑞玉，有繅。天子負斧扆，曰：『伯父實來，余一人嘉之。』奉束帛匹馬，卓上，九馬隨之，奠幣再拜。侯氏降，天子辭於侯氏曰：『伯父無事，歸寧乃邦。』侯氏再拜稽首而出」也。此李賢摘引《儀禮‧覲禮》文。古無刪節號，故連引而下，今略釋其語詞以明本文。皮弁，古冠名，用白鹿皮製成。勞，慰勞。侯氏，指諸侯個人。周王朝稱同姓諸侯曰伯父。裨冕，裨，天子六衣中第二等以下的衣服，此謂穿裨衣戴冕。釋，置。置幣帛於考廟。弧韣，裝弧的袋。繅，玉下藉物。負，背靠。斧扆，扆如屏風，上畫斧形。余一人，天子自稱。束帛，帛五匹為一束。卓之言超，獨，一馬在前，以下九馬隨其後。無事，無罪事。143詩云句　《詩‧閟宮》：「王曰叔父，建爾元子，俾侯于魯，大啟爾宇，為周室輔。」叔父謂周公旦。元子，周公之子伯禽。周公在朝輔政，伯禽至魯為魯公。144昔蕭相國加以不名　《漢書‧王莽傳》：「高皇帝褒賞元功，相國蕭何邑戶既倍，又蒙殊禮，奏事不名，入殿不趨。」「又蒙殊禮」故曰

「加」。大臣朝拜皇帝時，贊禮的人不直呼大臣名，只稱其官職，這是皇帝給予大臣的特殊禮遇。相國原曰相邦，避高祖諱，改相國。(145)其沛濟南句　四王皆章帝之諸父，故異以殊禮。《白虎通義．王者不臣篇》：「諸父諸兄不名何？諸父諸兄者，親與(如)己父兄，有敵體之義也。」(146)荅　「答」的異體字。漢隸從艸與從竹往往相混。(147)省閤　惠棟補注：「省閤，入禁中閤門也。」(148)臣聞貴有常尊二句　《左傳．宣公十二年》：「隨武子曰：『君子小人，物有服章，貴有常尊，賤有等威，禮不逆矣。』」等威，李賢注：「威儀有等差也。」孔穎達《正義》：「言貴有常尊，則當云賤有常卑，而云賤有等威者，威儀等差文兼貴賤，既屬『常尊』於貴，遂屬『等威』於賤，使互相發明耳。」(149)理　治。唐人避高宗諱，常改治為理。(150)奉朝請　古代諸侯朝見天子，春朝曰朝，秋朝曰請，因稱定期朝見天子曰奉朝請。漢代退職大臣、將軍和皇室、外戚多以奉朝請名義參加朝會。(151)咫尺天儀　古八寸為咫，咫尺喻近。天儀，天子的容儀。(152)讌見　酒席上相見。(153)興席　席間站起。(154)中宮　皇后所居宮，因亦指皇后。(155)踧踖　黃山引《爾雅．釋訓》：「踧踖，畏敬也。」(156)章示　亦作「章視」。公示；詔告。(157)舊典　西漢的律典。(158)諸王女皆封鄉主　本書〈皇后紀下〉：「漢制，諸王女皆封鄉亭公主，儀服同鄉亭侯。皇女封公主者，所生之子襲母封為列侯，鄉亭之侯則不傳襲。」(159)乃獨封蒼五女為縣公主　〈皇后紀下〉：「肅宗唯特封東平憲王蒼、琅邪孝王京女為縣公主。」京傳不載封女事。又：「漢制，皇女皆封縣公主，儀服同列侯。」蒼女為破格提封。(160)列僊圖　《集解》引沈欽韓說：「《隋書．經籍志》漢時阮倉作《列仙圖》。」僊，同「仙」。(161)飲酎　酎，反覆多次釀成的醇酒。《史記．孝文本紀》裴駰《集解》引張晏說：「正月旦作酒，八月成，名曰酎。酎之言純也。」(162)署　簽字批准。(163)顧授小黃門　此言小黃門受詔下達。顧，顧念；眷戀。小黃門，宦者，秩六百石，掌侍左右，受尚書事。(164)祖送　於道路設酒餞別。(165)復賜乘輿三句　乘輿，皇帝所乘車馬之專名。服御，謂皇帝所服食之物。輿馬，《東觀漢記》作「鞌(鞍)馬」，謂鞴鞍的馬，輿馬則除乘輿外還賜車馬，義可兩通。億萬，極言其多。前言賜錢一千五百萬，此「億萬」當為萬萬，而非「十萬為億」。(166)冠蓋　官員的冠服和車乘。(167)明年正月薨　〈章帝紀〉：「八年春正月壬辰東平王蒼薨。」正月甲子朔，壬辰為二十九日。(168)自建武以來章奏句　章奏，臣僚向皇帝呈報的文書。書，信函。記，公牘；公文。賦，劉勰《文心雕龍．詮賦》：「賦者鋪也，鋪采摛文，體物寫志也。」興於楚國，盛於兩漢，因其雕琢繁瑣，魏晉之後漸衰。頌，頌揚功德的詩文。七言，七字組成的詩句，或單句或成篇。別字，辨別俗字。〈尹敏傳〉：「讖書非聖人所作，其中多近鄙別字。」《東觀漢記》述馬援上書，謂「成皐令印」「皐」字作「白下羊」，丞印作「四下羊」，尉印作「白下人，人下羊」，同一「皐」字，令、丞、尉印各不相同，「恐天下不正者多」，劉蒼之「別字」當即此類。清錢大昭《補續漢書藝文志》有《東平憲王蒼集》五卷。(169)五官中郎將　秩比二千石，主五官郎。(170)奔喪　古代凡聞君、親、尊長之喪，從外地趕往弔唁或料理喪事。《禮記》有〈奔喪〉篇。(171)策　策書。皇帝四書之一。蔡邕《獨斷》：「其諸侯王、三公之薨於位者，亦以策書誄謚其行而賜之。」(172)三月己卯　建初八年三月朔日癸亥，己卯為十七日。〈章帝紀〉作「辛卯葬東平憲王」，為二十九日。(173)咨王丕顯　咨，歎賞之辭。丕顯，英明。金文中常用，字作「不顯」，古「不」用作「丕」字。(174)克慎明德　謂能誠勉其德。克，能。慎，誠。明，通「孟」。勉勵。《尚書・文侯之命》：「丕顯文武，克慎明德。」(175)率禮不越　李賢注：「率，循也；越，違也。」(176)傅聞在下　亦〈文侯之命〉文，傅作「敷」。敷，普遍。聞，令聞；美譽。在下，在人間。(177)旻天不弔五句　《左傳・哀公十六年》：「夏，四月己丑，孔丘卒，公誄之曰：『旻天不弔，不慭遺一老，俾屏余一人以在位，煢煢余在疚，嗚呼哀哉尼父！』」為此文所本。旻天，蒼天。弔，金文「叔」字，仁善。顧炎武《日知錄・不弔》：「古人言不弔者猶曰不仁。」俾，使。屏，扞蔽。即上文「蕃輔」義。夙夜，日夜。夙，早晨。煢煢，孤獨。煢，同「惸」。靡，沒有。(178)鸞輅乘馬　鸞，〈章帝紀〉作「鑾」，義同。從「鳥」謂其形狀，從「金（銅）」謂其質地。天子所乘車有銅製鸞雀立衡上。輅，亦作「路」。車行於路，故從車旁。四馬曰乘。(179)龍旂九旒　《周禮・考工記・輈人》：「龍旂九斿，以象大火也。」鄭玄注：「交龍為旂，諸侯之所建也。」賈公彥疏：「九斿，正謂天子龍旂。」(180)匪我憲王二句　李賢注：「離，被也，言非憲王誰更被蒙此恩也。」匪，通「非」。離，同「罹」。遭遇。(181)而　若。(182)任城　割東平國南部三縣為任城國，都任城，治所即今山東濟寧。(183)蒼陵　李賢注：「陵在今鄆州東峗山南。」《水經・汶水注》：「汶水西逕無鹽縣故城北，水側有東平憲王倉冢、碑闕存焉。」《集解》引沈欽韓說：「峗山即危山。《明統志》：『在東平州北五里，今名王陵山。』」(184)太牢　古代祭祀，牛、羊、豕三牲具備曰太牢。(185)蒼敬賢下士　《集解》引惠棟：「案《東觀記》，蒼為驃騎將軍，開東閤，延英雄，上書表薦桓虞等，虛己禮下，與參政事。」(186)王家大夫　據〈百官志〉，諸侯王國郎中令掌王大夫、郎中宿衛，是王家有大夫。又大夫，比六百石，掌奉王使至京都奉璧賀正月，及使諸國。(187)愍其淹滯　愍，同「憫」。淹滯，滯留不得升遷。(188)擢拜議郎　擢，提拔。議郎，光祿勳屬官，秩六百石。《漢舊儀》謂比六百石，特徵賢良方正、敦樸有道充任。(189)齊　封國名，都臨淄（今山東淄博）。(190)上蔡令　汝南郡屬縣。治所在今河南上蔡西。漢制，縣萬戶以上曰令，萬戶以下曰長。(191)永元十年　西元九八年。永元，東漢和帝年號。(192)永寧元年　西元一二〇年。永寧，東漢安帝年號。(193)孔子稱五句　此引自《論語・學而篇》：「子貢曰：『貧而無諂，富而無驕，何如？』子曰：『可也；未若貧而樂，富而好禮者也。』」原為二人問答語，此合為一氣，用「未若」關乎上下二義。鄭玄注：「樂謂志於道，不以貧為憂苦。」(194)若其辭至戚　若，當。至戚，最親近的人。(195)苟立名行　苟，但；僅僅。名行，名聲和品德。(196)位疑地位相比擬。197 累近　累積功勳幾乎相等。198 夫豈憲王之志哉　夫，此。豈，裴學海《古書虛字集釋》：「豈，殆，疑而有定之辭。」李賢注：「言其本志然也。」199 東海恭王遜而知廢　遜而廢，即劉彊傳言「郭皇后廢，彊常慼慼不自安，數因左右及諸王陳其懇誠，願備蕃國。帝以彊廢不以過，去就有禮」等語。200 為吳太伯二句　《左傳．閔公元年》：「士蔿曰：『太子不得立矣，不如逃之，無使罪至，為吳大伯不亦可乎，猶有令名。』」李賢注：「吳太伯周太王之長子，讓其弟季歷，因適吳、越采藥，太王沒而不反。事見《史記》也。」

【語譯】東平憲王劉蒼，建武十五年封東平公，十七年進爵為王。

2 劉蒼年少時便喜愛經書，素有智慧，愛好修飾鬍鬚，腰圍八尺，明帝非常喜愛並看重他，到即皇帝位以後就任命他為驃騎將軍，配備長史及掾史定額四十人，地位在三公以上。

3 明帝永平元年，封劉蒼的兩個兒子為縣侯。二年，把東郡的壽張、須昌，山陽郡的南平陽、橐縣、湖陵五縣劃來以擴大東平國封土。至此時，光武帝建國已經三十多年，四方無有憂患。劉蒼認為天下平定，人民樂業，應該設立禮樂制度，便與公卿大臣討論規定南郊、北郊、冠冕車服等禮儀制度，以及祭光武廟時所奏樂歌、舞蹈的行列數目，這些議論情況記載在〈禮樂志〉和〈輿服志〉中。皇帝每次到郡國巡視，劉蒼常留京師鎮守，侍候並保衛皇太后。

4 永平四年春天，皇帝到附近觀看城池和府第，隨後又聽說要去河內郡狩獵，劉蒼立刻上書勸阻，說：「我從〈月令〉中知道，萬物成長的春天要從事耕作，不要大規模動用民力。《洪範五行傳》說：『狩獵一網打盡，飲食不行享獻之禮，出入宮禁不按時節，如此木便不能隨人意使之彎曲或挺直。』這些都是違背春季節令的表現。我知道皇帝現在出遊，一切都很節儉，皇帝經過的地方吏民朗誦〈甘棠〉詩中所呈現的好處。儘管如此，行動不按禮制，不是用來向天下以身作則的表現。希望陛下因此次出遊巡行田野，沿路視察耕農，逍遙遊遨，隨即返宮。到了秋天、冬天農暇時，再壯大聲勢，整齊車駕，帶領禁兵，打著旌旗。《詩》上說：『盛美而莊重的儀容，以配美德。』我煩悶得不得了，親自書寫，請求到陛下下榻的地方，詳盡陳述我最誠摯的心願。」皇帝看了他的奏章，立刻返回宮中。

5　劉蒼在朝廷多年，提出許多改進，然而自己覺得是以親兄弟的身分輔佐皇帝辦事，聲望一天天提高，心中過意不去，便上奏章要求歸還職位，說：「我愚鈍無能，特別被陛下施恩庇護，在家內有教導我的仁慈，在朝廷承蒙給我最高的封爵和職位，下詔書誇獎我，頒布於天下，把我這樣一個渺小之人授與重臣的權力。只要是普普通通一個人，尚且不忘一飯之贈，何況我身在宰相的位置，是兄弟之親啊！應當拋屍荒野，為百官帶頭，可惜愚鈍的本性，加以長久患病，實在愧對應承擔的任務，玷汙輔將的官位，將受到詩人詠無德竊位的諷刺。當今國內安定，邊遠之地沒有入侵的警報，是遵行上德無為的時機，文職官吏尚且可以合併或削減，武官更不應建置。古時候大舜把其弟象封在有鼻，不讓他管理政事，那是由於對象深切愛護，不忍心播揚他的罪過。前事不忘，後事之師啊。自從漢朝建立以來，宗室子弟沒有能居公卿官位的。希望陛下深察大舜優待胞弟，遵用祖宗的典法，在陛下的厚恩中終老一生，請求上交驃騎將軍的印綬，退身回到封國，希望得到陛下的同情和恩准。」皇帝下詔褒美，但不許他辭官。以後又多次陳述請求，語言極為誠懇。永平五年，才答應他回到封國，卻不答應他交回將軍的印綬，命驃騎長史為東平國太傅，掾為中大夫，令史為王家郎。另外賜五銖錢五千萬、布十萬匹。

6　永平六年冬天，明帝到魯城，召劉蒼跟隨回京師。第二年，皇太后去世。殯葬之後，劉蒼才回到封國，皇帝特地賜給他宮人和奴婢共五百人，布二十五萬匹以及珍奇寶物、衣服車馬等皇帝使用的器物。

7　永平十一年，劉蒼與各王到京師朝見皇帝。住了一個多月才回國。明帝親自送別後回宮，很傷感地思念著，便派使臣把親手寫的詔書送給東平國中傅，說：「辭別以後，獨坐心中不快樂，所以乘車回宮，在車中伏在軾上低聲吟詠，看著你越走越遠，留下我長久的思念，實在使我心中痛苦，等我朗誦到〈采菽〉中的句子，更增加我的歎息。從前我問東平王居家什麼事最快樂，王說為善最樂，這話涵義深廣，與他的腰腹很相稱啊。現在送去列侯印十九枚，各位王子年齡在五歲以上能行禮的，都讓他們帶上。」

8　永平十五年春天，明帝來到東平國，賜劉蒼五銖錢一千五百萬、布四萬匹。明帝把自己所著的《光武本紀》給劉蒼看，劉蒼也趁機獻上〈光武受命中興頌〉。皇帝誇獎文章作得好，因為文辭高雅而不通俗，特別使校書郎賈逵為這篇文章作注解。

9 肅宗登極，對劉蒼的尊重和禮敬更是超過以前明帝時，各王誰也不能與他相比。建初元年，東平國地震，劉蒼上奏了幾條切實可行的策略，這些策略保存在宮中，不下發各官署。皇帝回信說：「丙寅那天所奏策略中的三件事，我親自閱讀了，反覆思考了好幾遍，心明眼亮了，眼界頓時開闊。近來吏民所奏，也有這種說法，但是我智慧短淺，有時認為也許對，再一想又覺得不對。為什麼呢？天降異常，是根據政治的好壞而出現的，現在改年號之後，年成歉收，人民流亡，這是我沒有好的品德，與天相感應而招來的。還有去冬今春旱情特別厲害，受害面積極廣，儘管我嚴格要求自己進行自責，卻又拿不定主意。得到您的深謀遠慮，心裡一下子都明白了。《詩》不是說嗎：『沒有見到君子時，心中非常憂愁；見到君子之後，我懸著的心就安定下來了。』考慮您的好的策略，一條一條地去施行，期望受到幸福吉祥的徵兆。為了表彰和報答您最高尚的品德，特別賞賜給王五銖錢五百萬。」

10 以後章帝打算在原陵和顯節陵修築縣城，劉蒼聽說這件事，馬上上疏勸止，說：「我聽說要為二陵修築城郭，我以前總以為是不實的傳言，懷疑不是真的，近日派下屬古霸探問涅陽公主病，使者回來，才知道詔書已經下達。我看到光武皇帝親身踐履節約的行為，深察人生遭際，誠摯懇切地對葬制非常在意，所以營建陵地，完全符合古代典制，下詔說：『不要做高大的墳墓，做成斜坡只要能流水就可以了。』孝明皇帝大孝不背先帝禮制，一貫奉行。至於他為自己所營建之壽陵，最為儉省，謙虛的美德在他這裡表現得最為突出。我認為以陵地為縣邑是從強暴的秦朝開始興起的。古時候連墳墓都不想做得很顯眼，更不用說修建城郭了！這樣做，對上違背先帝的聖哲之心，在下建造無用的工程，白白浪費國家用度，使人心不穩，不是用來求取和平之氣，祈求年穀豐收的作法。還有從吉凶俗忌來說，也不願無故修建墳墓，有大的舉措。按古法考核又不合，按現實需要來考核又違背民意，按吉凶休咎進行探討又未得到幸福，陛下踐行大舜的卓越品德，追念先祖先父的深謀遠慮，卻害怕大臣說您是錯誤的議論，絆住了您的慧心。我真的對有損於光武和顯宗二帝真純道德之美，有無窮的鬱悶。願受到陛下以憐憫之情閱覽此奏。」章帝聽從他的勸告停止為陵墓立縣邑。從此以後，朝廷每有拿不定主意的政事，就派使者乘驛站車馬去詢問，劉蒼總是細心回答，都被採納了。

11 建初三年，皇帝在南宮宴饗衛士，順便跟隨皇太后沿著掖庭池閣繞行一周，觀看了陰太后以前的器物和服飾，悲傷得表情沉重，便令把五時穿的單袷衣服各留一套，以及平時所穿的衣服共五十箱，其餘完全分發給各諸侯王之女和他們在京師的子孫，多少各有不同。特別賜給劉蒼及琅邪王劉京書信：「中大夫出使至京，親自聽了他們對您起居的敘述，稱讚不已！歲月飛逝，先祖先父離開漸遠，我心裡極為悲傷，奈何奈何！前不久在南宮宴饗衛士，趁機看了陰太后舊時的衣服。聽老師說過：『其遺物還在，其人已經逝去，不說哀痛而哀痛自來。』這話說得不錯。想來您的孝順父母、友好兄弟之美德，不也是這樣嗎！現在送給您光烈皇后假髻布巾各一件，及衣服一箱，可以隨時捧視，藉以安慰您像〈凱風〉所吟詠的孝敬母親之心，也是為了使後代子孫能夠看到已逝母親衣服的形制。現在魯國的孔氏家族，還保存著仲尼的車輿冠服，這說明有厚德之人恩澤流傳長遠。至於光武皇帝的器物服飾，中元二年已分發給各國，所以就不再送了。同時贈送您大宛馬一匹，血從前面肩膀處流出。曾經聽說武帝時有《天馬歌》，說『赤汗霑溼身體』，現在親眼看到真的是這樣。近來反叛的敵人仍然屯聚，將帥在外打仗，內心憂慮、驚怕，沒有片刻安寧。希望您珍愛精神，加強贍養。您的苦口告誡，我如飢如渴地等待著。」

12 建初六年冬天，劉蒼上疏要求朝見皇帝。第二年正月皇帝同意了。特別賜劉蒼行裝錢一千五百萬，其餘各王每人一千萬。皇帝覺得劉蒼冒著寒冷和露水上路，就派謁者送去貂皮大衣，及太官所掌管的皇帝食用的飯食和珍果，派大鴻臚竇固持節旄到郊外迎接。皇帝竟親自巡視居住的官邸，事先安裝好床舖帷帳，要用的錢財布匹器物樣樣齊全。下詔書說：「《儀禮》說伯父，回國安定您的邦國，《詩》說叔父，立您的長子，是尊敬的極點啊！從前蕭相國受皇帝賜以奏事不唱名，是優禮忠心賢良之人，何況劉蒼既是親人又是長輩呀！使對沛王、濟南王、東平王、中山王四人，贊禮時都不要唱名。」劉蒼到京師後，登入大殿才行禮，天子親自答拜。在此之後，各王入皇宮，便用輦迎接，至宮門才下輦。劉蒼覺得受恩寵超越禮法規定，心情不自安，上疏表示推辭說：「我聽說貴有貴的威儀，賤有賤的威儀，高低按次序排列，上下才可以治理好。陛下大德廣施，慈愛骨肉之親，已經賜與我奉朝請，皇帝的容儀近在咫尺，還親自委屈至尊之體，降身接待下臣，每次賜與宴會相見，總是起立歡顏，皇后親自向我行禮，事體超越了規定和舊例。我惶恐戰戰兢兢，很不自安，每次會見，使我的敬畏之情不知如何是好，這樣不是用以詔告群臣，使我心安的作法。」皇帝看了奏章深為讚歎，更對他稱讚和敬重。按前漢律典，諸王之女皆封鄉公主，卻獨對劉蒼之五個女兒封為縣公主。

13 建初七年三月，大鴻臚奏請送各王回封國，皇帝特地留下劉蒼，賜給他宮中祕藏的書、《列仙圖》、養生法術祕方。到八月喝了酎酒，主管諸王的官署又奏請送劉蒼返回封國，皇帝才答應了。親自下詔書給劉蒼，說：「骨肉是天生的，不能說近了就親，遠了就疏了，然而多次見到您的表情，親情更勝於往日。想到您長久的操勞，想讓您回去休息，打算批准大鴻臚的奏請，又不忍心落筆，很不情願地交小黃門去執行，心中依依不捨，憐惜地說不出話來。」於是皇帝親自為他在路邊餞行，流著眼淚作別。又賞賜他皇帝所乘的車子、所用的食器，珍奇寶物和車馬、金錢布帛以萬萬數。

14 劉蒼回到東平，病勢沉重，皇帝派名醫急速前往，由小黃門護理，探病的官員車乘道上絡繹不絕。又配備快馬，傳達皇帝的問候。第二年正月劉蒼去世，皇帝下詔給東平國中傅，把劉蒼自建武年間以後的呈文和他所作的書、記、賦、頌、七言、別字、歌詩全部加封呈上，皇帝要全部閱讀它。派大鴻臚持節旄、五官中郎將為附監理喪事，以及將作使者共計六人，令四姓小侯、各國王和公主都到東平國弔唁，前後賜錢一億，布帛九萬匹。到埋葬時，又下策書說：「在建初八年三月己卯日，皇帝說：啊！王英明，為王室操勞。親自接受策命，彰顯於上一代。出至封國作屏蔽，能誠勉其德。循禮不違，廣布美譽於民間。天不仁慈，不給最仁愛的人以好報。使他保護我，我日夜伶仃，沒有盡頭。今詔告主管官署增加賞賜鸞輅四馬，交龍之旂九旒，勇士百人，送王上路。如果不是我的憲王，誰能受此殊榮！魂若有知，長保此光寵與榮耀。唉，悲痛啊！」

15 劉蒼立為王四十五年，子懷王劉忠嗣王位。第二年，皇帝便分東平國的一部分封劉忠之弟劉尚為任城王，其餘五個弟弟封為列侯。

16 劉忠為王一年去世，子孝王劉敞嗣位。元和三年，皇帝巡視東方，到東平王宮，皇帝追思傷感懷念劉蒼，對其諸子說：「想念這個人，來到他的家鄉；他的居所仍在，他卻逝去。」因而淚下溼了衣襟，於是到劉蒼的陵墓，為他陳列勇士、鸞輅、龍旂，以顯揚其功勞。用太牢之禮祭奠他，親自禮敬其神座，哭泣，竭盡哀思，在陵前把自己用的寶劍賜給他。起初，劉蒼回到封國，劉蒼為驃騎將軍時的屬吏丁牧、周栩，因為劉蒼尊重賢者屈身待士，不忍離去，於是便當王家大夫幾十年，從祖父到孫子，一直在這裡做事。皇帝聽到這種情況，都把他們叫到跟前，既憐憫他們淹留不得升遷，也欲宣揚劉蒼道德之醇美，立即提拔授為議郎。丁牧官至齊國相，周栩官為上蔡縣令。永元十年，封劉蒼之孫劉梁為矜陽亭侯，劉敞之六個弟弟為列侯。劉敞母去世，居喪盡孝，國相陳珍把他的行為上報朝廷，永寧元年，為鄧太后增益封邑五千戶，又封劉蒼的兩個孫子為亭侯。

17 劉敞立四十八年去世，其子頃王劉端繼位，立四十七年去世，子劉凱繼位；立四十一年，魏接受了漢帝的禪讓，以劉凱為崇德侯。

18 史家評論說：孔子說「貧也不獻媚，富也不要驕傲，不如貧窮卻樂道，富貴卻好禮」。像東平憲王這樣的人，可算得上好禮的人了。當他辭別最親近的人，離開母后，難道只是要樹立名聲德行而忘記親人拋棄道義嗎？大體而言官位與皇帝相比擬就會發生嫌疑，功勞累積近於皇帝不幸就會增大，這可能就是明理之人因此而歎息的原因。可歎啊！遠離嫌疑以保全對皇帝的忠誠，拋棄功勞以成就對母親的孝敬，這也許就是憲王的本意吧！東海恭王劉彊謙遜而知道被廢去太子的益處，乾脆跑掉，「做吳太伯，不也是很好的嗎！」

1 任城孝王尚❶，元和元年封，食任城、亢父、樊三縣❷。

2 立十八年薨，子貞王安嗣。永元十四年，封母弟福為桃鄉侯❸。永初四年，封福弟亢為當塗鄉侯。安性輕易❹貪吝，數微服出入，游觀國中，取官屬車馬刀劍，下至衛士米肉，皆不與直❺。元初六年，國相行弘❻奏請廢之。安帝不忍，以一歲租五分之一贖罪。

3 安立十九年薨，子節王崇嗣。順帝時，羌虜數反❼，崇輒上錢帛佐邊費。及帝崩，復上錢三百萬助山陵用度，朝廷嘉而不受。立三十一年薨，無子，國絕。

4 延熹四年，桓帝立河閒孝王子參戶亭❽侯博為任城王，以奉其祀。博有孝行，喪母服制如禮，增封三千戶。立十三年薨，無子，國絕。

5 熹平四年，靈帝復立河閒貞王建子新昌侯佗為任城王，奉孝王後。立四十六年，魏受禪，以為崇德侯。

【章旨】以上附記任城王劉尚的傳承。劉尚為東平王劉蒼之子，為光武帝之孫，此卷為〈光武十王列傳〉，故劉尚傳應接於劉蒼傳後，不當與他傳平列。此傳所列事實很少，只說了貞王劉安的貪鄙，竟至連衛士的米肉，吃了不給錢。其子節王劉崇佐邊費、助修墳，與乃父稍有不同，於政績無可稱述。

【注　釋】❶任城孝王尚　〈謚法〉：「慈惠愛親曰孝。」❷食任城亢父樊三縣　亢父，治所在今山東濟寧南。樊，治所在今山東濟寧東北。❸封母弟福為桃鄉侯　母弟，同母弟。任城縣有桃聚，《集解》引馬與龍說：「永元中封貞王安母弟福為桃鄉侯即此。」❹輕易　輕佻浮躁。❺直　同「值」。價錢。❻行弘　《集解》引惠棟說：「宏，元初元年為五官中郎將。見《李氏家書》。」❼順帝時二句　據〈順帝紀〉，永建元年、陽嘉三年、永和三年、漢安二年都有鍾羌、燒當羌、且凍羌、鞏唐羌寇邊的記載。對羌稱虜，是中國對外族人的蔑稱。❽參戶亭　《集解》引洪頤煊說：「《前書．地理志》勃海郡有參戶縣。《水經．濁漳水注》應劭曰：『〔東〕平舒縣西南五十里有參戶亭，故縣也。』〔恭〕〔博〕先封當在此。」

【語譯】任城孝王劉尚，元和元年受封，食任城、亢父、樊三縣租稅。

2 劉尚立為王十八年去世，子貞王劉安嗣王位。和帝永元十四年，皇帝封其胞弟劉福為桃鄉侯。安帝永初四年，封劉福之弟劉亢為當塗鄉侯。劉安生性輕佻浮躁，貪婪吝嗇，多次穿便服出入王宮，在封國內遊覽，取手下官員的車馬刀劍，下至衛兵的米肉等物，都不給錢。元初六年，國相行弘上奏朝廷，請求廢除劉安的王位，安帝不忍心，便以一年租稅的五分之一用來贖罪。

3 劉安立為王十九年去世，其子節王劉崇嗣位。順帝時，羌虜多次反叛，劉崇常常上交錢帛佐助守邊的費用。等到安帝駕崩，又上交錢三百萬幫助修皇帝陵墓的用項，朝廷嘉獎他的行為而沒有接受他捐助。劉崇立三十一年去世，沒有子嗣，封國斷絕。

4 桓帝延熹四年，皇帝立河間孝王之子參戶亭侯劉博為任城王，用以承奉其祭祀。劉博有孝順父母的好品德，母親去世，器服制度合乎他的身分，增加封邑三千戶。劉博立十三年去世，沒有兒子，封國斷絕。

5 熹平四年，靈帝又立河間貞王劉建之子新昌侯劉佗為任城王，為孝王的繼承人。劉佗立為王四十六年魏接受漢帝禪位，魏皇帝封他為崇德侯。

1 阜陵質王延❶，建武十五年封淮陽❷公，十七年進爵為王，二十八年就國。三十年，以汝南之長平、西華、新陽、扶樂四縣益淮陽國❸。

2 延性驕奢而遇下嚴烈。永平中，有上書告延與姬❹兄謝弇及姊館陶主婿駙馬都尉❺韓光招姦猾，作圖讖，祠祭祝詛❻。事下案驗，光、弇被殺，辭所連及，死徙者甚眾。有司奏請誅延，顯宗以延罪薄於楚王英，故特加恩，徙為阜陵王，食二縣。

3 延既徙封，數懷怨望[7]。建初中，復有告延與子男[8]魴造逆謀[9]者，有司奏請檻車徵詣廷尉詔獄[10]。肅宗下詔曰：「王前犯大逆[11]，罪惡尤深，有同周之管、蔡[12]，漢之淮南[13]。經有正義[14]，律有明刑[15]。先帝不忍親親之恩，枉屈大法，為王受愆[16]，群下莫不惑焉。今王曾莫悔悟，悖心不移，逆謀內潰[17]，自子魴發，誠非本朝之所樂聞。朕惻然傷心，不忍致王于理[18]，今貶爵為阜陵侯，食一縣。獲斯辜者，侯自取焉。於戲誡哉！」赦魴等罪勿驗[19]，使謁者一人監護延國，不得與吏人通。

4 章和元年，行幸九江[20]，賜延書與車駕會壽春。帝見延及妻子，愍然傷之，乃下詔曰：「昔周之爵封千有八百[21]，而姬姓[22]居半者，所以楨幹王室[23]也。朕南巡，望淮、海，意在阜陵，遂與侯相見。侯志意衰落，形體非故，瞻省懷感，以喜以悲。今復侯為阜陵王，增封四縣，并前為五縣。」以阜陵下溼，徙都壽春，加賜錢千萬，布萬匹，安車[24]一乘，夫人諸子賞賜各有差。明年入朝。

5 立五十一年薨，子殤王沖嗣。永元二年，下詔盡削除前班[25]下延事。

6 沖立二年薨，無嗣。和帝復封沖兄魴，是為頃王。永元八年，封魴弟十二人為鄉、亭侯。

7 魴立三十年薨，子懷王恢嗣。延光三年㉖，封恢兄弟五人為鄉、亭侯。

8 恢立十年薨，子節王代嗣。陽嘉二年㉗，封代兄便親為勃遒亭侯。

9 代立十四年薨，無子，國絕。

10 建和元年㉘，桓帝立勃遒亭侯便親為恢嗣，是為恭王。立十三年薨，子孝王統嗣。立八年薨，子王赦㉙立；建安㉚中薨，無子，國除。

【章旨】以上記述阜陵王劉延。劉延為人驕奢，又企圖謀反，明帝僅移削其封地。劉延懷怨望被人告發，章帝貶其為侯，並下詔告誡，均以為親親之故，又復其王爵，增縣，賜錢，而其本人未見有任何的建樹。

【注釋】❶阜陵質王延　阜陵，縣名。治所在今安徽全椒東南。質王延，〈謚法〉：「名實不爽曰質。」爽，差。不差，即相副。❷淮陽　章帝章和二年改陳國，治所在今河南淮陽。❸以汝南之長平句　汝南，郡名。治所在平輿（今河南汝陽東南）。長平，治所在今河南西華東北。西華，今西華南。新陽，今太和縣西北。扶樂，今太康東北。❹姬　妾。❺駙馬都尉　秩比二千石，掌駙馬。駙馬，副車之馬。❻祝詛　祝告神靈使加禍於他人。❼怨望　怨恨。怨、望同義。❽子男　兒子。❾造逆謀　造作叛逆的陰謀。❿檻車徵詣廷尉詔獄　檻車，囚車，因其有欞而云檻。廷尉有詔獄，關押欽犯。⓫大逆　危害君父、宗廟等重罪。⓬周之管蔡　周武王的兩個弟弟，叔鮮封於管，地在今河南鄭州，叔度封於蔡，在今河南之上蔡。二人後與商紂王之子武庚謀反，時周公旦（亦武王之弟）攝行政當國，奉成王命，誅管叔，流放蔡叔。⓭漢之淮南　淮南，封國名。治所在壽春（今安徽壽縣）。漢高祖封其子劉長為淮南王，驕橫不法，藏匿亡命，文帝前六年陰謀作亂，事發被謫嚴道（今四川滎經），途中不食而死。⓮經有正義　即用《春秋》斷獄。《公羊傳・莊公三十二年》：「君親無將，將而誅焉。」將謂叛逆。

《史記・劉敬叔孫通列傳》：「人臣無將，將即反，罪死無赦。」裴駰《集解》引臣瓚曰：「將，謂逆亂也。」正義，正確的定義。⑮律有明刑　李賢注：「《前書》曰：『大逆無道，父母、妻子、同產（同母兄弟姐妹）無少長皆棄市。』」⑯先帝不忍三句　李賢注：「愆，過也。反而不誅，先帝之過，故言為王受過也。」⑰內潰　內部腐爛。⑱理　治理刑獄的官署。⑲驗　考查。⑳九江　郡名。治所在陰陵（今安徽定遠西北）。㉑千有八百　有，同「又」。又之義為加，一千加八百，即一千八百。千即一千，故說一千時，上不冠「一」字。㉒姬姓　周族始自姬水，故以姬為姓。㉓楨幹王室　蕃屏王室。楨與幹是以土築牆的工具，樹在一堵牆兩端的立柱叫楨，夾在兩旁以盛土的木板叫幹。楨幹以築牆，故有扞蔽之義。㉔安車　〈輿服志〉劉昭注引徐廣說：「立乘曰高車，坐乘曰安車。」安車在漢代唯天子才有。㉕班　頒布。㉖延光三年　西元一二四年。延光，東漢安帝年號。㉗陽嘉二年　西元一三三年。陽嘉，東漢順帝年號。㉘建和元年　西元一四七年。建和，東漢桓帝年號。㉙王赦　劉赦無諡號，故但稱「王赦」。㉚建安　東漢獻帝年號，西元一九六—二二〇年。

【語譯】阜陵質王劉延，建武十五年封為淮陽公，十七年進爵為王，二十八年回到封國。三十年，把汝南郡的長平、西華、新陽、扶樂四縣劃歸淮陽國。

2 劉延性格驕滿奢侈，並且對待下屬酷暴。永平年間，有人上書告發劉延與妾兄謝弇以及姐館陶公主的丈夫駙馬都尉韓光招集奸詐狡猾之徒，造作圖讖，祭奠神靈使加害他人。案件發下進行查驗，韓光和謝弇被殺，供詞所牽連而被殺、被流放的人很多。主管審理的官署奏請殺劉延，明帝認為劉延的罪比楚王劉英的輕，所以特別施恩，徙為阜陵王，食二縣的租稅。

3 劉延被徙封以後，多次心懷怨恨。建初年間，又有告發劉延和他的兒子劉魴造作反叛陰謀的，主管官署奏請用囚車把劉延解送到廷尉的監獄，章帝下詔說：「王以前就犯大逆之罪，罪惡最為深重，如同周朝時的管叔鮮和蔡叔度、前漢之淮南王劉長。經典有正確的定義，律也有明白的法條。先帝由於親親之恩情下不了狠心，違背國家法律，代王受過，朝臣無不疑惑。現在王竟不悔悟，叛亂之心不改，叛逆的陰謀從內部腐爛，由你的兒子劉魴那裡發露出來，的確不是本朝廷所樂於聽到的。我憐憫而痛心，不願意把你送入刑獄，現貶爵為阜陵侯，食一個縣的租稅，這是你咎由自取，今後要警惕啊！」赦免劉魴等人的罪不再查驗，令一位謁者監督劉延在國內的活動，不許與吏民交往。

4 章和元年，章帝至九江郡，賜給劉延書信叫他與皇帝在壽春會見。皇帝接見了劉延和他的妻子兒女，很傷感，便下詔書說：「從前周朝封了一千八百個諸侯，其中姬姓國占一半的原因，是為了扞衛王室。我這次南下巡視，名義上看一看淮、海一帶，本意是到阜陵，所以與你相見。我看你意志消沉，體格也不如以前，看到這些很有感觸，有喜也有悲。現在恢復你為阜陵王，增封四縣，加以前的一縣為五縣。」因為阜陵地勢低溼，把都城遷徙到壽春，增賜錢一千萬，布一萬匹，安車一輛，對其夫人和兒女的賞賜多少不等。第二年，劉延到京師朝見皇帝。

5 延立為王五十一年去世，其子殤王劉沖繼位。永元二年，皇帝下詔書完全削除以前頒布的有關劉延的罪行。

6 劉沖立為王二年去世，無子嗣。和帝又封劉沖兄劉魴，這就是頃王。永元八年，封劉魴的十二個弟弟為鄉侯或亭侯。

7 劉魴立為王三十年去世，其子懷王劉恢嗣位。安帝延光三年，封劉恢的哥哥和弟弟共五人為鄉侯或亭侯。

8 劉恢立為王十年去世，其子節王劉代繼承王位。順帝陽嘉二年，封劉代兄劉便親為勃遒亭侯。

9 劉代立為王十四年去世，沒有子嗣，封國由此斷絕。

10 建和元年，桓帝立勃遒亭侯劉便親為劉恢的繼承人，這就是恭王。劉便親立為王十三年去世，其子孝王劉統繼位。劉統立為王八年去世，子劉赦立為王，獻帝建安年中去世，無子嗣，從此除去此封國。

1 廣陵思王荊❶，建武十五年封山陽❷公，十七年進爵為王。

2 荊性刻急隱害❸，有才能而喜文法。光武崩，大行❹在前殿，荊哭不哀，而作飛書⑤，封以方底⑥，令蒼頭⑦詐稱東海王彊舅大鴻臚郭況⑧書與彊曰：「君王無罪，猥被斥廢⑨，而兄弟至有束縛入牢獄者⑩。太后失職，別守北宮⑪，及至年老，遠斥居邊⑫，海內深痛，觀者鼻酸。及太后尸柩在堂⑬，洛陽吏以次捕斬賓客⑭，至有一家三尸伏堂者，痛甚矣！今天下有喪，弓弩張設甚備。間梁松敕虎賁史⑮曰：『吏以便宜見非，勿有所拘⑯，封侯難再得也。』郎官⑰竊悲之，為王寒心累息⑱。今天下爭欲思刻⑲賊王以求功，寧⑳有量邪？若歸并二國之眾，可聚百萬，君王為之主，鼓行無前，功易於太山破雞子，輕於四馬載鴻毛，此湯、武兵也㉑。今年軒轅星㉒有白氣，星家及喜事者㉓，皆云白氣者喪，軒轅女主之位㉔。又太白㉕前出西方，至午兵當起㉖。又太子星㉗色黑，至辰日輒變赤。夫黑為病，赤為兵。王努力卒事㉘。高祖起亭長㉙，陛下興白水，何況於王，陛下長子，故副主㉚哉！上以求天下事必舉，下以雪除沉沒之恥，報死母之讎㉛。精誠所加，金石為開㉜。當為秋霜，無為檻羊㉝。雖欲為檻羊，又可得乎？竊見諸相工㉞言王貴，天子法㉟也。人主崩亡，閭閻之伍㊱尚為盜賊，欲有所望，何況王邪！夫受命之君，天之所立，不可謀也。今新帝人之所置，彊者為右㊲。願君王為高祖、陛下所志㊳，無為扶蘇、將閭叫呼天也㊴。」彊得書惶怖，即執其使，封書上之。

3 顯宗以荊母弟，祕其事，遣荊出止河南宮㊵。時西羌反，荊不得志，冀天下因羌驚動有變，私迎能為星者與謀議。帝聞之，乃徙封荊廣陵王，遣之國。其後荊復呼相工謂曰：「我貌類先帝。先帝三十得天下，我今亦三十，可起兵未？」相者詣吏告之，荊惶恐，自繫獄。帝復加恩，不考極㊶其事，下詔不得臣屬吏人，唯食租如故，使相、中尉謹宿衛之㊷。荊猶不改。其後使巫祭祀祝詛，有司舉奏，請誅之，荊自殺。立二十九年死。帝憐傷之，賜謚曰思王。

4 十四年，封荊子元壽為廣陵侯，服㊸王璽綬，食荊故國六縣；又封元壽弟三人為鄉侯。明年，帝東巡狩，徵元壽兄弟會東平宮，班賜御服器物，又取皇子輿馬，悉以與之。建初七年，肅宗詔元壽兄弟與諸王俱朝京師。

5 元壽卒，子商嗣。商卒，子條嗣，傳國于後。

【章　旨】以上記述廣陵王劉荊。劉荊一生夢想做皇帝，想得入了迷，屢被揭發，至死不改，皇帝還是多所寬宥。最後賜謚為「思」，實則並無悔改之意。

【注　釋】❶廣陵思王荊　廣陵國都廣陵，在今江蘇揚州東北。〈謚法〉：「追悔前過曰思。」❷山陽　郡名。治昌邑，在今山東金鄉西北。❸刻急隱害　刻急，苛刻嚴峻。隱害，暗地謀害人。❹大行　古代稱剛死而未有謚號的皇帝、皇后。❺飛書　匿名信。本書〈梁松傳〉李賢注：「飛書者，無根而至，若飛來也，即今匿名書也。」❻封以方底　謂盛書信的方底囊。❼蒼頭　家奴。❽郭況　郭皇后之弟，封緜蠻侯，況恭謙下士，頗得聲譽，建武十四年遷城門校尉，後封為陽安侯。建武二十年為大鴻臚。賞賜無比，京師號況家為「金穴」。死，謚曰思侯。❾猥被斥廢　猥，錯誤地。斥，放逐。❿而兄弟句　《集解》引沈欽韓說：「謂沛王輔前以劉鯉報殺劉恭事繫詔獄也。」⓫太后失職二句　李賢注：「太后，郭后也。職，常也。失其常位，別遷北宮。」⓬遠斥居邊　居邊謂為中山王太后。⓭太后尸柩在堂　沛太后郭氏建武二十八年薨。⓮捕斬賓客　〈光武紀〉：「坐死者數千人。」⓯間梁松勑虎賁史　梁松，字伯孫，安定郡烏氏（今甘肅平涼）人。尚光武女舞陰長公主，再遷虎賁中郎將，松明通經書，寵幸莫比。光武崩，受遺詔輔政，後以作飛書誹謗，下獄死。勑，同「敕」。自上告下之詞。漢代凡尊長告誡後輩或下屬皆稱勑。虎賁史，無聞。⓰吏以便宜見非二句　謂便宜行事，見有異常當即行之，勿拘常制。⓱郎官　謂三署（五官中郎將署、左、右中郎將署）郎。郎官皆主更值，執戟宿衛諸殿門，出充車騎。宿衛要地故用郎官，而郎非公卿校尉尚書諸臣子弟不得補。⓲累息　眾人為之歎息。⓳刻　同「剋」。制勝。⓴寧　豈不。㉑此湯武兵也　湯武，商湯和周武王，二王皆誅暴君以取天下。《易・革》：「湯武革命，順乎天而應乎人。」此用其義。㉒軒轅星　星座名。共十七星，蜿蜒如龍，故稱。㉓喜事者　好事者。㉔軒轅女主之位　《史記・天官書》：「軒轅，黃龍體。前大星，女主象，旁小星，御者後宮屬。」軒轅星座第十四星為一等大星，因在五帝座之旁，故為女主象。㉕太白　即金星。古星象家以為太白主殺伐，故多以喻兵戎。㉖至午兵當起　李賢注：「《洪範五行傳》曰：『太白，少陰之星，以己未為象，不得經天而行。太白經天而行為不臣。』今至午，是為經天也。」㉗太子星　李賢注：「〈天官書〉曰『心前星，太子之位』也。」《史記・天官書》：「心為明堂，大星，天王，前後星，子屬。」司馬貞《索隱》引《洪範五行傳》：「心之大星，天王也。前星，太子；後星，庶子。」㉘卒事　終其事，謂完成此事。㉙高祖起亭長　高祖起事前為沛縣泗上亭長，為縣送徒往驪山，途中起事。陛下謂光武帝。光武起於南陽郡春陵縣之白水鄉。㉚副主　儲君。謂太子。㉛讎　同「仇」。㉜精誠所加二句　李賢注引《韓詩外傳》曰：「昔者楚熊渠子夜行，見寢石，以為伏虎，彎弓而射之，沒金飲羽。下視，知其石也，因復射之，矢摧無跡。熊渠子見其誠心而金石為之開，而況人乎。」㉝當為秋霜二句　李賢注：「秋霜，肅殺於物。檻羊，受制於人。」㉞相工　方伎中觀人相貌而預知吉凶的人，今曰相面者。㉟法　相術家指人的面相、手相、骨相等。㊱閭閻之伍　閭閻，里巷內外的門，借指平民。伍為平民編制單位，五家編為一伍。㊲右　古以右為上。㊳志　志向；目標。㊴無為扶蘇將閭叫呼天也　李賢注：「扶蘇，秦始皇之太子。將閭，庶子也。扶蘇以數諫始皇，使與蒙恬守北邊。始皇死於沙丘，少子胡亥詐立，賜扶蘇死。將閭昆弟三人囚於內宮。胡亥使謂將閭曰：『公子不臣，罪當死。』將閭乃仰天而大呼天者三，曰：『天乎！吾無罪。』昆弟三人皆流涕，伏劍自殺。事見《史記》。」㊵出止河南宮　止，居住。胡三省注《通鑑》：「宮在河南縣。」河南治所在今河南洛陽。41考極 追查到底。42使相中尉謹宿衛之 中尉，王國官員，秩比二千石，職如郡都尉，主盜賊。宿衛，本義在皇宮保衛，此則有看管之義。謹宿衛，即嚴加看管。43服 佩帶。

【語譯】廣陵思王劉荊，光武帝建武十五年封為山陽公，十七年進其封爵為王。

2 劉荊生性苛刻嚴峻，暗地裡謀害人，有才能但喜歡法律。光武帝駕崩，屍體尚在前殿，劉荊哭泣沒有哀痛的意思，又寫匿名信，裝在方底囊中加封泥，命家奴詐稱是東海王劉彊之舅父大鴻臚郭況的書信給了劉彊，信中說：「您沒有罪過，錯誤地被廢逐，而且我們兄弟中竟有被捆綁起來投入監獄的。太后失去常位，別遷北宮，到其老年，遠放邊側，國內深感悲痛，觀看此景的人為之鼻酸。及至太后的屍柩尚停在堂內，洛陽獄吏一個接一個地逮捕並殺害賓客，竟至發生一家有三個屍首趴在堂屋中的，令人極為悲痛！現在國家有大喪，武裝防備甚嚴。近日梁松給虎賁史下令說：『吏卒以便宜行事，發現異常立即法辦，勿拘於常法。這是立功封侯時不再來的機會。』郎官們私下傷悲，為您心冷增歎。現在天下都爭著想制勝賊王以求功名，您難道無此心量嗎？如果總括二國之眾，可以收集百萬，君王您為統帥，擊鼓行進無人敢阻擋，建功立業就像泰山壓雞蛋那麼容易，四匹馬拉著一車雁毛那麼輕鬆。這是順應民意的商湯、周武王的軍隊啊！今年軒轅星生出白氣，占星家和好事者都說白氣是大喪的象徵，軒轅是女主的位置。還有不久前太白星出現在西方，經天而行兵事當興起。還有太子星顏色呈現黑色，至地支的辰日往往變成深紅，黑是疾病的徵兆，赤是起兵的徵兆。王要努力完成此大業。高祖起兵是在任泗水亭長時，父皇之興是從春陵縣之白水鄉，所可憑藉甚少，怎比得王您是父皇之長子，原本就是儲君啊！向上說求得天下事必成，向下可以洗雪沉淪在下之恥，為死去的母后報仇。只要誠心去幹，金石也能摧破，要做秋霜那樣使萬物蕭索，不要當畜欄裡的羊受人宰割。若無所作為，縱使想當畜欄內的羊又能做得了嗎？我見到那些相面的人都說王大福大貴，那是當皇帝的骨相啊。皇帝死亡，民間的普通人尚起而為盜賊，希望成大事，何況王您呀！那受命之君，是天樹立他的，不是人力所能謀求的。現在新的皇帝是人為樹立的，誰強誰就為上。希望君王您要有高祖和父皇的志向，不要像扶蘇和將閭那樣徒然呼叫蒼天。」劉彊得這封信非常害怕，立刻拘執其使者，把這封信加封上報皇帝。

3 顯宗認為劉荊是自己的親弟弟，就把這件事掩蓋起來，把劉荊送到河南縣的宮城裡居住。當時西羌反叛，劉荊沒達到目的，就希望天下因羌驚動而發生變故，暗地接來能看星象者共同謀劃。皇帝聽說，就移封劉荊為廣陵王，送他回到封國。這之後劉荊又找相面的人，說：「我的面相很像死去的父皇。父皇三十歲得天下，我今年也三十歲了，可以起兵了吧？」相面的到官吏那裡告發了他，劉荊恐慌了，自己捆綁起來入監獄投案。皇帝又對他施恩，不窮追他的罪行，下詔書不能再管轄吏民，只是照舊食原來的租稅，令國相和中尉嚴加看管他。劉荊依然不悔改。此後使巫人祭祀神靈詛咒他人，主管官署奏報朝廷，請求殺了他，劉荊自殺。劉荊立為王二十九年死去。皇帝憐惜而傷感，賜給他的謚號曰思王。

4 永平十四年，封劉荊之子劉元壽為廣陵侯，佩帶王的印和綬帶，食劉荊原封國之六縣；又封劉元壽的三個弟弟為鄉侯。第二年，明帝巡視東方郡國，召劉元壽兄弟等人會集於東平國王宮，分別賜給他們皇帝穿用的服飾器物，又拿出皇子所乘的車馬全部給了他們。建初七年，肅宗詔命劉元壽兄弟與諸王共同到京師朝見。

5 劉元壽去世，其子劉商嗣位。劉商死，子劉條嗣位，傳國於後人。

1 臨淮懷公衡❶，建武十五年立，未及進爵為王而薨，無子，國除。

2 中山簡王焉❷，建武十五年封左翊公，十七年進爵為王。焉以郭太后少子故，獨留京師。三十年，徙封中山王。永平二年冬，諸王來會辟雍❸，事畢歸蕃，詔焉與俱就國，從以虎賁官騎❹。焉上疏辭讓，顯宗報曰：「凡諸侯出境，必備左右❺，故夾谷之會，司馬以從❻。今五國各官騎百人，稱娖前行❼，皆北軍胡騎，便兵善射，弓不空發，中必決眥❽。夫有文事必有武備❾，所以重蕃職也。王其勿辭。」帝以焉郭太后偏愛，特加恩寵，獨得往來京師。十五年，焉姬韓序有過，焉縊殺之。國相舉奏❿，坐削安險⓫縣。元和中，肅宗復以安險還中山。

3 立五十二年，永元二年薨。自中興至和帝時，皇子始封薨者，皆賻錢三千萬，布三萬匹；嗣王薨，賻錢千萬，布萬匹。是時竇太后臨朝⓬，竇憲兄弟擅權。太后及憲等，東海出也⓭，故睦於焉而重於禮，加賻錢一億。詔濟南、東海二王皆會。大為修冢塋，開神道⓮，平夷吏人冢墓以千數，作者萬餘人。發常山、鉅鹿、涿郡柏黃腸雜木⓯，三郡不能備，復調餘州郡工徒及送致者數千人。凡徵發搖動六州十八郡，制度餘國莫及。

4 子夷王憲嗣。永元四年，封憲弟十一人為列侯。

5 憲立二十二年薨，子孝王弘嗣。永寧元年⓰，封弘二弟為亭侯。

6 弘立二十八年薨，子穆王暢嗣。永和六年⓱，封暢弟荊為南鄉侯。

7 暢立三十四年薨，子節王稚嗣，無子，國除。

【章旨】以上記述中山王劉焉。劉焉自幼為郭太后偏愛，明帝詔其來往京師，雖殺死姬妾亦僅得削縣的處罰。及其去世，又大築墳塋，勞民傷財，一生無一建樹可述。

【注　釋】❶臨淮懷公衡　〈諡法〉：「慈仁短折曰懷。」❷中山簡王焉　中山國都盧奴，在今河北定州。〈諡法〉：「一德不懈曰簡。」❸辟雍　班固《白虎通義・辟雍篇》：「天子立辟雍者何？所以行禮樂宣德化也。辟者璧也，象璧圓以法天也。雍者壅之以水，象教化流行也。辟之為言積也，積天下之道德，雍之為言壅也，壅天下之儀則，故謂辟雍也。」辟雍在洛陽城南，光武帝中元元年建。❹虎賁官騎　李賢注引《漢官儀》：「騶騎，王家名官騎。」《集解》引惠棟說：「袁宏《記》：『詔賜羽林右騎為虎賁。又令上官屬子弟以為官騎。』」❺凡諸侯出境二句　《集解》引蘇輿說：「《春秋繁露・王道篇》：『古者諸侯出疆必具左右，備一師以備不虞。』定四年《左氏傳》：『若嘉好之事，君行師從，卿行旅從。』」❻故夾谷之會二句　李賢注引《穀梁傳・定公十年》：「公會齊侯於頰谷，齊人鼓譟欲以執魯君，孔子歷階而上，命司馬止之。」《左氏傳》頰谷作「夾谷」。在今山東萊蕪。《穀梁傳》范寧《集解》：「司馬，主兵之官。」❼稱娖前行　《集解》引惠棟說：「娖一作『促』，古字通。〈輿服志〉云：『諸侯王法駕，官屬傳、相以下皆備鹵簿，似京師，官騎張弓帶韃遮迾出入，稱課促。』稱促者，所以促行徒也。」❽弓不空發二句　司馬相如〈子虛賦〉文。李奇注：「射之巧妙，決於目眦。」李善注：「《說文》曰：『眥，目匡也。』眦、眥俱同。」匡，今作「眶」。❾夫有文事必有武備　《穀梁傳・定公十年》：「雖有文事，必有武備，孔子於頰谷之會見之矣。」❿國相舉奏　《集解》引惠棟說：「案〈陳寵傳〉，時汝南張郴為中山相。」⓫安險　治所在今河北定州東，章帝更名安喜。〈郡國志〉作「安熹」，喜與「熹」古字通。⓬竇太后臨朝　章帝竇皇后，和帝即位，尊為太后，臨朝稱制，其兄憲、弟景、篤等並顯貴擅權。⓭太后及憲等二句　太后及憲兄弟為東海王彊之女沘陽公主所生，古人謂甥為出，故云「東海出」。⓮修冢塋二句　《水經・易水注》：「范曄《後漢書》云：『中山簡王焉之窆也。厚其葬，採涿郡山石以樹墳塋，陵隧碑獸並出此山，謂之石虎山。山有所遺二石虎，後人因以名罡（岡）。』」今范書無其文，或他家《後漢書》。李賢注：「墓前開道，建石柱以為標，謂之神道。」⓯發常山鉅鹿句　鉅鹿，郡名。郡治廮陶（今河北寧晉西南）。涿郡。治所在涿縣（今河北涿州）。柏黃腸，黃腸本謂柏木之心，柏木心黃故云「黃腸」。⓰永寧元年　西元一二〇年。永寧，東漢安帝年號。⓱永和六年　西元一四一年。永和，東漢順帝年號。

【語　譯】臨淮懷公劉衡，光武帝建武十五封為公爵，尚未來得及進爵為王就去世了，沒有子嗣，封國除去。

2 中山簡王劉焉，光武帝建武十五年封左翊公，十七年進爵為王。因為焉是郭太后最小的兒子，單獨把他留在京城。三十年，移封為中山國王。明帝永平二年冬季，各王來辟雍面見皇帝，見完了各自回歸封國，詔命劉焉與其他王都回蕃國，以虎賁和官騎隨從。劉焉上疏辭謝，顯宗回詔說：「凡是諸侯出境，必須安排左右進行保護，所以春秋時魯與齊在夾谷相會，使司馬隨從。現在五個封國各配官騎百人，在先頭遮迾行人，他們都是北軍胡人馬隊，短兵器，善騎射，箭不虛發，射必中目。一般說來，有文事必須有武裝防備，是用以重視蕃國的職任。希望王不要推辭。」明帝因為劉焉是郭太后偏愛，對劉焉特別施恩加寵，只有劉焉可以自由往來京師。十五年，劉焉的姬妾韓序有過錯，劉焉把她勒死了。國相上奏舉報，判定削去安險縣。元和年中，肅宗又把安險縣還給中山國。

3 劉焉立為王五十二年，永元二年去世。自光武中興到和帝時，皇子封王而去世的，都是朝廷給其喪葬費錢三千萬，布三萬匹；繼位之王去世，喪葬費錢一千萬，布一萬匹。這時侯竇太后執政，竇憲兄弟等專斷權勢。太后和竇憲等都是東海王劉彊的外甥，所以與劉焉關係最好，因此葬禮也最重，喪葬費加至一億，下詔東海王、濟南王都來會葬。為劉焉大修墳墓，開闢神道，夷平吏民墳墓幾千座，修墓的一萬多人。伐常山、鉅鹿、涿郡柏木取其黃心以及雜木，此三郡沒有那麼多樹木，又調發其他州郡工徒和有的地方主動送來的工徒有好幾千人。總共徵調涉及六州十八郡不得安寧，冢塋喪葬規模是其他封國趕不上的。

4 劉焉之子夷王劉憲嗣王位。和帝永元四年，封劉憲弟十一人為列侯。

5 劉憲立二十二年去世，其子孝王劉弘繼位。永寧元年，封劉弘二位弟弟為亭侯。

6 劉弘立二十八年去世，子穆王劉暢嗣位。永和六年，封劉暢弟劉荊為南鄉侯。

7 劉暢立三十四年去世，子節王劉稚嗣位，劉稚無子，封國被除去。

1 琅邪孝王京❶，建武十五年封琅邪公，十七年進爵為王。

2 京性恭孝，好經學，顯宗尤愛幸，賞賜恩寵殊異，莫與為比。永平二年，以太山之蓋、南武陽、華，東萊之昌陽、盧鄉、東牟六縣益琅邪❷。五年，乃就國。光烈皇后崩，帝悉以太后遺金寶財物賜京。京都莒，好修宮室，窮極伎巧，殿館壁帶❸皆飾以金銀。數上詩賦頌德，帝嘉美，下之史官。京國中有城陽景王祠，吏人奉祠。神數下言宮中多不便利，京上書願徙宮開陽，以華、蓋、南武陽、厚丘、贛榆❹五縣易東海之開陽、臨沂❺。肅宗許之。立三十一年薨，葬東海即丘❻廣平亭。有詔割亭屬開陽。

3 子夷王宇嗣。建初七年，封宇弟十三人為列侯。元和元年，封孝王孫二人為列侯。

4 宇立二十年薨，子恭王壽嗣。永初元年，封壽弟八人為列侯。

5 立十七年薨，子貞王尊嗣。延光二年，封尊弟四人為鄉侯。

6 尊立十八年薨，子安王據嗣。永和五年，封據弟三人為鄉侯。

7 據立四十七年薨，子順王容嗣。初平元年，遣弟邈至長安奉章貢獻。帝以邈為九江太守，封陽都❼侯。

8 容立八年薨，國絕。

9 初，邈至長安，盛稱東郡太守曹操❽忠誠於帝，操以此德於邈。建安十一年，復立容子熙為王。在位十一年，坐謀欲過江❾，被誅，國除。

【章　旨】以上記述琅邪王劉京。劉京特受明帝恩寵，割他郡屬縣以擴大琅邪，窮極宮室，借城陽景王祠神的話要求徙都，明帝亦許之。因為他好經書，作幾篇詩賦不是難事，皇帝亦為之發給史官，大抵其有求必應之。

【注　釋】❶琅邪孝王京　琅邪國先都莒（今山東莒縣），後都開陽（今山東臨沂北）。〈謚法〉：「慈惠愛親曰孝。」❷以太山之蓋二句　太山，或作泰山。郡治奉高（今山東泰安東北）。蓋縣治所在今山東沂水縣西北。南武陽，治所在今山東費縣西北。華縣治所在今山東費縣東北。東漢初尚存，〈郡國志〉無。東萊，郡治黃縣（今山東龍口市東）。昌陽，治所在今山東萊陽東南。盧鄉，治所在今山東平度東北。東牟，治所在今山東文登西北。❸壁帶　李賢注：「壁帶，壁中之橫木也，以金銀為釭，飾其上。」❹厚丘贛榆　厚丘，治所在今江蘇沭陽西北。贛榆，治所在今江蘇贛榆東北。❺臨沂　治所在今山東臨沂西北。❻即丘　治所在今山東臨沂東南。❼陽都　縣名。屬琅邪郡。治所在今山東沂南南。❽曹操　字孟德，沛國譙（今安徽亳縣）人。東漢末，在鎮壓黃巾中勢力漸強，迎漢獻帝都許（今河南許昌東），打敗袁紹，占據北方，後進位丞相、魏王，其子曹丕受禪後，追尊為魏武帝。❾坐謀欲過江　過江投孫權。

【語　譯】琅邪孝王劉京，建武十五年封琅邪公，十七年進爵為王。

2 劉京本性恭敬孝順，愛研習經學，明帝對他最喜愛，賞賜施恩寵愛不同一般，誰也比不上。永平二年，把泰山郡的蓋縣、南武陽、華縣，東萊郡的昌陽、盧鄉、東牟六縣割給琅邪國。永平五年，才回封國。光烈皇后駕崩，皇帝把太后遺留下的金寶財物全部賞賜給劉京。劉京都城在莒縣，好修宮殿，技藝之精達到頂點，宮殿館舍的牆壁中的橫木都用金銀裝飾。多次向皇帝呈上自己作的詩賦歌頌皇帝的英明，受到皇帝的稱讚，把他詩賦交給史官保存。劉京封國內有城陽景王廟，吏民信奉並祭祀它。神多次現身說宮中很多地方不吉利，劉京上書請求徙宮開陽縣，用華縣、蓋縣、南武陽、厚丘、贛榆五縣，換東海郡的開陽、臨沂二縣。肅宗批准了。劉京立為王三十一年去世，葬於東海郡即丘縣之廣平亭。詔准此亭歸開陽。

3　劉京之子夷王劉宇嗣位。章帝建初七年，封劉宇的十三個弟弟為列侯。元和元年，封孝王的二個孫子為列侯。

4　劉宇立為王二十年去世，子恭王劉壽嗣位。安帝永初元年，封劉壽弟八人為列侯。

5　劉壽立為王十七年去世，子貞王劉尊嗣位。延光二年，封劉尊的四個弟弟為鄉侯。

6　劉尊立為王十八年去世，子安王劉據繼位。順帝永和五年，封劉據弟三人為鄉侯。

7　劉據立為王四十七年去世，子順王劉容嗣位。獻帝初平元年，派弟弟劉邈到長安上章表貢獻方物。皇帝任劉邈為九江太守，封陽都侯。

8　劉容立為王八年去世，封國絕嗣。

9　起初，劉邈到長安，大為稱讚東郡太守曹操對皇帝忠誠，因此曹操感念劉邈的好處。建安十一年，又立劉容之子劉熙為王。在位十一年，圖謀到江東降吳被誅，除去封國。

贊曰：光武十子，胙土分王❶。沛獻尊節❷，楚英流放。延既怨詛，荊亦觖望❸。濟南陰謀，琅邪驕宕❹。中山、臨淮，無聞夭喪❺。東平好善，辭中委相❻。謙謙恭王，寔惟三讓❼。

【章　旨】本書作者對光武十子根據各自的行事，以韻語形式簡要作出斷語。

【注　釋】❶胙土分王　王念孫《讀書雜志．漢隸拾遺》：「胙者，賜也。」賜其土域以為封國，使其諸子分王其地。❷尊節　克制；遵守法度。❸觖望　不滿；怨恨。❹驕宕　驕傲放蕩。❺中山臨淮二句　無聞謂中山王焉，一生無建樹可聞。夭喪，謂臨淮懷公衡，立為公未進爵而去世。❻東平好善二句　辭中，謂辭去朝官而就蕃國。中，謂中朝、朝廷。委相，謂上驃騎將軍印。❼謙謙恭王二句　謙謙，謙虛謹慎，彬彬有禮。《易．謙》：「謙謙君子，卑以自牧也。」寔，通「是」。此。

三讓，謂郭后廢後，劉彊多次因左右及諸王願辭去皇太子而就蕃國。

【語　譯】史家評議說：光武帝十個兒子，賜給他們土地，在其封國為王。沛獻王劉輔遵守法度，楚王劉英被流放遷徙。阜陵王劉延怨望詛咒，廣陵王劉荊一生怨恨。濟南王劉康圖謀不軌，琅邪王劉京驕滿放蕩。中山王劉焉無績可聞，臨淮公劉衡年輕夭喪。東平王劉蒼辭別朝廷，委棄相印。東海王劉彊是謙謙君子，再三辭讓皇太子位。

【研　析】本卷寫光武帝十子的主要事跡。讀完此卷給人突出的感覺是，不管有的王有多大的罪行，甚至謀反，均以「親親之恩，枉屈大法」，僅以削縣或移封處置，而不致之於法。漢代的法雖然沒有像唐宋以後那樣系統的大法，但還是「律有明刑」，可惜的是有法而得不到遵行。正如桓譚所言：「所欲活則出生議，所欲陷則與死比。」平時我們常聽人說「王子犯法與庶民同罪」(用現代說法，「在法律面前人人平等」)，然而這不過是治者的煙幕。第五倫上疏言：「繩以法則傷恩，私以親則違憲。」漢代皇帝則寧肯違憲，也不肯傷恩。對於另一部分人則又以種種罪名進行鞠考和迫害，官員中如杜喬、李固，對於一般人等，光武帝一次到洛陽獄甄別囚徒，竟「理出千餘人」，若非寒朗冒死上言，這千餘人或成為刀下之鬼，不成為刀下之鬼亦不知何時重見天日，如此冤濫全國不知有多少。可見在皇權專制制度下，法成為保護治者利益和迫害無辜的工具。有人說：「學史使人智慧。」這話頗有道理。我們可以從縱向(古與今)和橫向(中與外)考量事物的成敗，在觀察五光十色的歷史現象時能夠高人一籌，從而明確和堅定努力的方向，批判專制制度的腐朽和殘暴，迎接民主制度的到來。民主制度在三權互相制約的框架下使社會和諧發展，能最大限度地保護公民利益，即使犯了罪的人也可以得到依法審訊和判決，所以消滅專制制度，建立民主政治，不僅是歷史潮流，也是大多數人的追求。一百年前的辛亥革命以及它催生的中華民國正是實現了這一歷史宿求，它摧毀了幾千年的皇權專制制度，是中國歷史的大轉折，開啟了中國歷史的新時代，其意義之深遠，是不可估量的。(張文質注譯)

卷四十三

朱樂何列傳第三十三　朱暉孫穆

【題解】本卷共寫了四個人物，朱暉、暉之孫朱穆、樂恢與何敞。朱暉、樂恢與何敞之入仕均在明帝之後，而朱穆則延及桓帝時，所以四人為官綿延居東漢一代時間之多半，所經見之朝廷弊端也最多，而四人不論在朝在郡都是剛直不阿，重然諾，上忠於朝廷，能體恤下民。東漢自明帝以後，太后更替臨朝稱制，外戚勢盛，權傾朝廷，此四人上為國家計，下為外戚著想，對梁冀、竇憲二家都進行過善意的勸諫，不但不被採納，反招來外戚之家的忌恨。宦官恃權是太后稱制下的另一個毒瘤，朱穆曾提議中常侍參用士人，亦不得採用。東漢讖緯盛行，在他們的諫議中往往引災異為據，是時代使然。

1 朱暉，字文季，南陽宛人也❶。家世衣冠❷。暉早孤，有氣決❸。年十三，王莽敗，天下亂，與外氏❹家屬從田間奔入宛城。道遇群賊，白刃劫諸婦女，略奪衣物。昆弟賓客❺皆惶迫，伏地莫敢動。暉拔劍前曰：「財物皆可取耳，諸母❻衣不可得。今日朱暉死日也！」賊見其小，壯其志，笑曰：「童子內刀❼。」遂捨之而去。

2 初，光武與暉父岑俱學長安，有舊故。及即位，求問岑，時已卒，乃召暉拜為郎⑧。暉尋⑨以病去，卒業於太學⑩。性矜嚴⑪，進止必以禮，諸儒稱其高。

3 永平⑫初，顯宗舅新陽侯陰就慕暉賢⑬，自往候⑭之，暉避不見。復遣家丞⑮致禮，暉遂閉門不受。就聞，歎曰：「志士也，勿奪其節。」後為郡吏，太守阮況⑯嘗欲市暉婢，暉不從。及況卒，暉乃厚贈送其家。人或譏焉，暉曰：「前阮府君⑰有求於我，所以不敢聞命，誠恐以財貨汙君。今而相送，明吾非有愛也。」驃騎將軍東平王蒼聞而辟之⑱，甚禮敬焉。正月朔旦，蒼當入賀⑲。故事⑳，少府㉑給璧。是時陰就為府卿，貴驕，吏傲㉒不奉法。蒼坐朝堂，漏且盡㉓，而求璧不可得，顧謂掾屬㉔曰：「若之何？」暉望見少府主簿㉕持璧，即往紿㉖之曰：「我數聞璧而未嘗見，試㉗請觀之。」主簿以授暉，暉顧召令史㉘奉之。主簿大驚，遽以白就。就曰：「朱掾義士，勿復求。」更以它璧朝。蒼既罷，召暉謂曰：「屬者掾自視孰與藺相如㉙？」帝聞壯之。及當幸長安，欲嚴宿衛，故以暉為衛士令㉚。再遷臨淮㉛太守。

4 暉好節槩㉜，有所拔用，皆厲行㉝士。其諸報怨，以義犯率㉞，皆為求其理，多得生濟。其不義之囚，即時僵仆[35]。吏人畏愛[36]，為之歌曰：「彊直自遂[37]，南陽朱季。吏畏其威，人懷其惠。」數年，坐法免[38]。

5 暉剛於為吏，見[39]忌於上，所在多被劾。自去臨淮，屏居野澤，布衣蔬食，不與邑里通[40]，鄉黨譏其介[41]。建初[42]中，南陽大飢[43]，米石千餘[44]。暉盡散其家資，以分宗里[45]故舊之貧羸者，鄉族皆歸焉。初，暉同縣張堪[46]素有名稱，嘗於太學見暉，甚重之，接以友道，乃把暉臂曰：「欲以妻子託朱生。」暉以堪先達[47]，舉手未敢對，自後不復相見。堪卒，暉聞其妻子貧困，乃自往候視，厚賑贍[48]之。暉少子頡怪而問曰：「大人不與堪為友，平生未曾相聞，子孫竊怪之。」暉曰：「堪嘗有知己之言，吾以信於心[49]也。」暉又與同郡陳揖交善，揖早卒，有遺腹子友，暉常哀之。及司徒桓虞[50]為南陽太守，召暉子駢為吏，暉辭駢而薦友。虞嘆息，遂召之。其義烈[51]若此。

6 元和[52]中，肅宗巡狩[53]，告南陽太守問暉起居[54]，召拜為尚書僕射[55]。歲中遷太山[56]太守。暉上疏乞留中[57]，詔許之。因上便宜[58]，陳密事[59]，深見嘉納。詔報曰：「補公家之闕[60]，不累清白之素[61]，斯善美之士也。俗吏苟合，阿意面從，進無謇謇之志，卻無退思之念[62]，患之甚久。惟今所言，適[63]我願也。生[64]其勉之！」

7 是時穀貴，縣官經用不足[65]，朝廷憂之。尚書張林上言[66]：「穀所以貴，由錢賤故也。可盡封錢，一[67]取布帛為租，以通天下之用。又鹽，食之急者，雖貴，人不得不須，官可自鬻[68]。又宜因交阯、益州上計吏往來[69]，市珍寶，收采其利，武帝時所謂均輸[70]者也。」於是詔諸尚書通議。暉奏據林言不可施行，事遂寢[71]。後陳事者復重述林前議，以為於國誠便，帝然之，有詔施行。暉復獨奏曰：「王制[72]，天子不言有無，諸侯不言多少，祿食之家不與百姓爭利。今均輸之法與賈販無異。鹽利歸官，則下人窮怨；布帛為租，則吏多姦盜。誠非明主所當宜行。」帝卒以林等言為然，得暉重議，因發怒，切責諸尚書。暉等皆自繫獄。三日，詔敕出之，曰：「國家樂聞駁議[73]，黃髮無愆，詔書過耳[74]，何故自繫？」暉因稱病篤[75]，不肯復署議[76]。尚書令[77]以下惶怖，謂暉曰：「今臨得譴讓[78]，柰何稱病？其禍不細！」暉曰：「行年[79]八十，蒙恩得在機密[80]，當以死報。若心知不可而順旨雷同，負臣子之義。今耳目無所聞見，伏待死命。」遂閉口不復言。諸尚書不知所為，乃共劾奏暉。帝意解，寢其事[81]。後數日，詔使直事郎[82]問暉起居，太醫[83]視疾，太官[84]賜食。暉乃起謝。復賜錢十萬，布百匹[85]，衣十領[86]。

8 後遷為尚書令，以老病乞身[87]。拜騎都尉[88]，賜錢二十萬。和帝即位，竇憲北征匈奴，暉復上疏諫。頃之，病卒。

9 子頡，修儒術，安帝時至陳相89。頡子穆。

【章旨】以上為〈朱暉傳〉。寫朱暉主要集中在兩個方面，一是他的誠信，通過兩件事來表現，一、太守阮況欲市其婢而拒絕。二、張堪欲託妻子而不相見。但兩人死後，朱暉均厚贈其家屬，示友人雖去而自己的心諾不變。二是他反對均輸法，盡管皇帝震怒，他仍不肯署議，因為「若心知不可而順旨雷同，負臣子之義」。至如朝堂智奪少府主簿璧，真漢代之藺相如也。

【注釋】❶南陽宛人也　唐李賢注引《東觀漢記》：「其先宋微子之後也，以國氏姓。周衰，諸侯滅宋，犇（奔）碭，易姓為朱，後徙于宛。」南陽，郡名。治所在宛（今河南南陽）。❷家世衣冠　王先謙《後漢書集解》（下稱「《集解》」）引惠棟《後漢書補注》，下稱「惠棟」）：「朱公叔鼎銘云：後至沛，遷于南陽三宛，遂大于宋，爵位相襲。」古代士以上才戴冠，故以衣冠稱士大夫。❸氣決　果敢而有魄力。❹外氏　外祖父母家。李賢注引《東觀漢記》：「暉外祖父孔休，以德行稱於代（世）。」❺昆弟賓客　昆弟，兄弟。賓客，衣食於權門為之奔走劃策的人。❻諸母　伯母叔母。❼內刀　將刀入鞘。內，通「納」。插入。❽召暉拜為郎　《續漢書．百官志》注：「凡郎官皆主更直（值），執戟宿衛諸殿門，出充車騎，唯議郎不在直中。」《集解》引李祖楙說：「宿衛要地故用郎官，而郎非公卿校尉尚書諸臣子弟不得補。本書凡稱『除郎一人』，『以一子為郎』者皆指三署（五官中郎將署、左、右中郎將署）諸郎，非尚書郎之職也。」暉正是以父故拜為郎。❾尋　不久。❿太學　古代在首都設立的最高學府。漢武帝元朔五年設太學，太學中立《五經》博士，擇民年十八以上儀狀端正者，補博士弟子。以此勸學興禮，風化四方。光武帝建武五年起太學於洛陽南開陽門外，立博士，各以家法說經，對學術的傳播和文化的普及起了很大作用。⓫矜嚴　端莊謹慎。⓬永平　東漢明帝年號。⓭顯宗舅句　顯宗，明帝廟號。其母陰皇后。新陽，治所在今安徽太和西北。陰就，陰皇后同母弟，為少府，封侯，位特進，其子尚光武女酈邑公主，子殺公主，被誅，就當連坐，自殺。⓮候　訪問。⓯家丞　李賢注引《續漢志》：「諸侯家丞，秩三百石。」⓰阮況　初為信都郡功曹，隨左大將軍任光在世祖麾下任事，後至南陽太守。⓱府君　漢代對太守的尊稱。⓲驃騎將軍句　據《續漢書．百官志》，將軍不常置，掌征伐背叛，事訖則罷。能比三公者有四，第一是大將軍，第二便是驃騎將軍，劉蒼因為是東平王，位在三公上。劉蒼，光武子，本書有傳。辟，徵召；薦舉。⑲正月朔旦二句　《續漢書・禮儀志中》：「每歲首正月為大朝受賀，其儀，夜漏未盡七刻鍾鳴，受賀及贄，公侯璧，中二千石、二千石羔，千石、六百石鴈（雁），四百石以下雉。」此謂百官賀正月，故蒼亦當入賀。⑳故事　西漢以來的慣例。㉑少府　《百官志》：「少府，卿一人，中二千石。」故簡稱「府卿」。注：「掌中（禁中）服御諸物，衣服寶貨珍膳之屬。」㉒慠　同「傲」。㉓漏且盡　漏，古代計時工具。其法為在一壺中盛水，水上浮一豎箭，上有時間刻度，壺下有小孔漏水，隨著水面的降低，豎箭表示出當時的時刻。且盡，謂朝賀時間逼近。㉔顧謂掾屬　顧，回頭看。掾屬，《漢書音義》：「正曰掾，副曰屬。」㉕少府主簿　少府官署中主管文書簿籍和印鑑的官吏。㉖紿　欺騙。㉗試　且。㉘令史　秩二百石，主書寫。㉙屬者掾自視孰與藺相如　李賢注：「屬，向也。與猶如也。《史記》曰，藺相如，趙人也。趙惠文王時得楚和氏璧，秦昭王欲以十五城易之，趙王使相如奉璧入秦。秦王大喜，無意償趙城。相如乃前曰：『璧有瑕，願指示王。』相如因持璧卻立倚柱，怒髮上衝冠，曰：『臣觀大王無償趙城色（《史記・廉頗藺相如列傳》作「臣觀大王無意償趙王城邑」），故臣復取璧。大王必欲急臣，臣今頭與璧俱碎於柱矣。』相如持其璧睨柱，欲以擊柱。秦王恐其璧破，乃謝之。」㉚衛士令　南北宮有衛士令各一人，秩六百石，掌宮中衛士。㉛臨淮　郡名。治徐（今安徽泗洪南）。明帝永平十五年改臨淮為下邳國，都下邳（今江蘇睢寧西北）。㉜節槩　志節氣概。㉝厲行　砥礪品行。㉞率　《廣雅・釋言》：「律，率也。」律、率同訓。㉟僵仆　倒斃。㊱畏愛　敬愛。㊲彊直自遂　剛正而自行其意，不為人所動搖。彊，同「強」。遂，專擅。㊳坐法免　李賢注引《東觀漢記》：「坐考長吏囚死獄中，州奏免官。」㊴見　被。㊵不與邑里通　邑，縣邑。里，一里百家。通，交往。㊶鄉黨譏其介　鄉黨，同鄉；鄉親。介，李賢注：「介，特也。言不與眾同。」㊷建初　東漢章帝年號。㊸大飢　大饑荒。《公羊傳・襄公二十四年》何休注：「有死傷曰大饑，無死傷曰饑。」飢，又作「饑」。㊹千餘　東漢行「五銖」錢，千餘謂一千多個五銖錢。㊺宗里　同宗族與同鄉里。與下「鄉族」同義。㊻張堪　字君游，幼時人稱「聖童」。歷任蜀郡太守、漁陽太守，百姓歌曰：「桑無附枝，麥穗兩岐，張君為政，樂不可支。」本書有傳。㊼先達　有德行學問的先輩。㊽賑贍　二字同義，皆救濟之義。惠棟引《東觀漢記》：「歲送穀五十斛，帛五匹，以為常。」㊾信於心　李賢注：「以堪先託妻子，心已許之，故言信於心也。」㊿司徒桓虞　司徒，三公之一。掌人民事，凡教民孝悌、遜順、謙讓、養生送死之事，則議其事建其度，凡四方民事考核其成績，歲盡奏其殿最而行賞罰。國有大事三公共議之。桓虞，字伯春，馮翊萬年（今陝西臨潼東北）人。遷南陽太守，章帝建初四年為司徒。(51)義烈　忠義節烈。(52)元和　東漢章帝年號。(53)巡狩　諸王為皇帝守土，皇帝巡視其所守。狩，也作「守」。(54)告南陽太守問暉起居　告，告諭。《釋名・釋書契》：「上敕下曰告。告，覺也，使覺悟知己意也。」起居，生活狀況，諸如吃飯、睡覺、身體等狀況。(55)尚書僕射　秩六百石，署尚書事，尚書令不在則奏下眾事。(56)太山　郡名。治奉高（今山東泰安東北）。太，亦作「泰」。(57)留中　留在朝廷。中，謂禁中。(58)便宜　合乎時宜的建議。(59)陳密事　本書〈蔡邕傳〉李賢注引應劭《漢官儀》：「凡章表皆啟（開）封，其言密事得皂囊（黑綢布袋）也。」(60)補公家之闕　《詩・烝民》：「袞職有闕，仲山甫補之。」袞職，謂帝王之職事，若有闕失，仲山甫為之補正。此約用其義。闕，同「缺」。(61)不累清白之素　累，害及；玷汙。素，節操；本質。(62)進無謇謇之志二句　謇謇，忠直。《易・蹇》：「王臣蹇蹇，匪躬之故。」高亨注：「謇謇，直諫不已也。」言為君國而直諫。謇，通「蹇」。卻，退。《左傳・宣公十二年》：「林父之事君也，進思盡忠，退思補過，社稷之衛也。」此用其補過義。(63)適　恰好。(64)生　先生。古代言先生或只言先，或只言生。(65)縣官經用不足　縣官，朝廷。經用，經費。經，常。(66)尚書張林上言　尚書，尚書令屬官，分為六曹，各有所掌，每曹之主官曰尚書，秩六百石。上言，呈上言詞。(67)一　完全。(68)鬻　李賢注：「《前書》曰『因官器作鬻鹽』，《音義》云：『鬻，古煮字。』」(69)又宜因交阯句　交阯，郡名。治龍編（今越南首府河內）。益州，郡名。治滇池（今雲南晉寧東北）。上計吏，郡國於年末將境內戶口、賦稅、盜賊、獄訟、墾田數等編造計簿，遣吏上報朝廷，藉以考其殿最。丞相受其計，計吏即補為郎官。(70)均輸　李賢注：「武帝作均輸法，謂州郡所出租賦，并雇運之直（值），官總取之，市其土地所出之物，官自轉輸於京，謂之均輸。」(71)寢　擱置。(72)王制　朝廷舊制。(73)駁議　蔡邕《獨斷》：「其有疑事，公卿百官會議，若臺閣有所正處，而獨執異議者曰駁議。駁議曰：『某官（官銜名）某甲（人名）以為如是』，下言『臣愚戇議異』。」接下便陳述自己不同之議。(74)黃髮無愆二句　黃髮，謂老人。此指朱暉。愆，罪過。過，錯。(75)病篤　病深沉。(76)署議　在尚書議上簽名。(77)尚書令　少府屬官，秩千石。應劭《漢官儀》：「尚書令主贊（佐助）奏事，總典綱紀，無所不統。每朝會，尚書令、御史中丞、司隸校尉皆專席，故京師號曰三獨坐，言其尊重。」(78)譴讓　譴責。讓、譴同義。(79)行年　經過的年歲。指現時年齡。(80)機密　掌管機要大事的部門、職務。(81)寑其事　《集解》引惠棟說：「〈和帝紀〉以肅宗遺詔，罷鹽鐵之禁，從（允許）民鑄煮，則當其時，事未嘗寑也。」寑，「寢」的異體字。(82)直事郎　值班的郎官。(83)太醫　太醫令所掌諸醫二百九十三人，皆曰太醫。(84)太官　掌皇帝飲食。(85)匹　布帛長四丈為一匹。(86)領　衣服一件曰一領。(87)乞身　古代做官稱委身事君，所以請求辭職叫乞身。(88)騎都尉　秩比二千石，員十人，監羽林騎。(89)陳相　陳國都陳（今河南淮陽）。在王國，王只食租稅，不得治民，由相治民，並監督王之行為。王國之相，位同郡守。

【語 譯】朱暉，字文季，南陽郡宛縣人。世代官宦人家。朱暉很小便失去父母，果敢而有魄力。十三歲時王莽失敗，天下大亂，朱暉跟隨外祖父母家人從田間奔入宛縣城內。道上遇到群盜，手持明晃的刀搶劫婦女們，掠奪他們的衣物，弟兄和賓客都非常驚慌，趴在地上不敢動。朱暉拔出寶劍到盜賊面前說：「財物都可以拿走，諸母的衣服別指望得到。今天就是我朱暉死的日子！」盜賊見他年紀小，認為他是好樣的，便笑著說：「小孩子把刀放入鞘裡。」便放開他們走了。

2 起始，光武帝與朱暉的父親朱岑在長安是同學，有舊交。即皇帝位以後，打聽朱岑下落，那時朱岑已經去世，就徵召朱暉來洛陽授為郎官。不久朱暉因病而離去，讀太學畢業。朱暉為人端莊謹慎，動作必定遵守禮法，儒生們都稱讚他高尚。

3 永平初年，顯宗的舅父新陽侯陰就愛慕朱暉的賢明，親自去拜訪他，朱暉躲起來不見他。陰就又派家丞送禮，朱暉便閉門不受禮。陰就聽說後歎道：「有大志向的人啊，不要強迫他屈節受禮。」朱暉以後在郡署為吏，太守阮況曾要買朱暉的婢女，朱暉不答應。待況去世，朱暉卻以厚禮送到阮況家裡。有人譏笑他，朱暉說：「以前阮府君有求於我，我之所以不敢聽命，實在是恐怕因財物玷汙了府君。現在我卻送他這些東西，表明我並非吝嗇。」驃騎將軍東平王劉蒼聽說他的事跡後便徵召了他，非常敬重他。正月初一微明，劉蒼應該入朝為皇帝賀正月。按照西漢以來的慣例，少府給王提供璧。這時陰就為少府卿，尊貴且驕滿，其吏亦傲慢不守法度。劉蒼坐在朝堂裡，漏壺標誌的時間馬上就到，可是所取的璧還沒有到手，劉蒼回頭向下吏說：「這事怎麼辦呢？」這時朱暉看見少府的主簿手裡拿著璧，便前去騙他說：「我多次聽說璧，可始終沒見過，姑且請讓我看一下。」主簿就把璧給了他，朱暉回頭叫來令史把璧捧給劉蒼。主簿大為驚恐，迅速告訴了陰就。陰就說：「朱吏是有擔當的人，別再向他討要了。」換成其他的璧去朝賀。劉蒼朝賀完畢，把朱暉叫過來對他說：「剛才的情景，您自認為與藺相如相比誰更好一些？」皇帝聽說了也誇他有膽量。時至皇帝要去長安，打算嚴密守衛，因此便讓朱暉當了衛士令。再次升遷為臨淮太守。

4 朱暉喜歡志節氣度，只要是他提拔任用的，都是砥礪品行的人。縱然是報怨，因正義而犯法，也都為他們尋找理由，大多得以存活。那些為非作歹的囚犯，立刻將其斃命。吏民敬畏而且愛戴他，為他編歌說：「剛正不動搖，南陽朱文季，下吏敬其威，百姓思其惠。」多年以後，因犯法而被免官。

5 朱暉為吏剛強，被上司忌恨，他所任職之處往往被彈劾。自從離開臨淮任上，隱居在荒野草澤之處。布衣粗食，不與城鄉人相交往，鄉里笑他不合群。章帝建初年間，南陽郡發生大的饑荒，米一石一千多錢。朱暉散盡家財，用以分給家鄉和有舊交而貧病之家，家鄉人都歸附他。起初，同縣的張堪素有名聲，曾在太學見過朱暉，很看重他，以朋友之誼相交往，就捉著朱暉的胳臂說：「願把妻子兒女託付朱先生。」朱暉認為張堪德行學問先已有名，舉手不敢回答，從此以後不再和張堪相見。張堪去世，朱暉聽說他的妻子兒女貧困，便親自前去探視，給他們很多救濟。朱暉的小兒子朱頡不解地問道：「大人不和張堪交朋友，向來也沒有聽說你與他有什麼交情，如此周濟，兒孫們私下很不理解。」朱暉說：「張堪曾和我說過知己的話，我已深深記在心裡了。」朱暉又和同郡的陳揖交好，陳揖死得早，有遺腹子名友，朱暉時常可憐他。在司徒公桓虞為南陽太守時，徵召朱暉之子朱駢做他的屬吏，朱暉謝絕召朱駢而推薦陳友。桓虞十分感歎，便任用了陳友。朱暉的忠義節烈到如此地步。

6 元和年間，肅宗巡視郡國，曉諭南陽太守問候朱暉的生活狀況，徵召來授為尚書僕射。年內又遷升為泰山太守。朱暉上疏請求留在朝廷，下詔答應了。從而上奏合於時勢的建議，陳述密事，甚得皇帝的嘉獎並加採納。皇帝回詔說：「補朝廷的缺失，不害及自己清白的節操，這是好的官吏啊！庸俗之吏苟且迎合，曲意表面順從，在朝沒有忠直進諫之心，退朝也沒有補過之意，我苦惱得很久了。惟您現在所說，正合我的心願。先生可要勉勵啊！」

7 這時候穀價昂貴，朝廷經費不足，皇帝為此發愁。尚書張林上書說：「穀價貴的原因是因為錢賤。可以把錢全部封存，一律用布帛為租，使交流天下的用度。還有鹽，是人們吃飯所急需的，即使貴，人們也不能不用，官府可以自己煮鹽。也可以借助交阯、益州等郡的上計吏往來京師的機會，買珍奇之物，收取其利，這就是武帝時所謂的均輸啊。」於是詔使各曹尚書共同討論。朱暉奏按照張林的說法不可施行，這事便擱置下來了。以後陳述事情的人再次重述了張林以前的議題，認為對於國家確實有好處，皇帝同意了，有詔書施行。朱暉再一次獨自上奏說：「朝廷制度，天子不說有沒有，諸侯不說是多是少，食祿之家不與百姓爭利。現在要施行的均輸法和商賈沒有區別。鹽利歸官府，下民便窮困生怨；用布帛為租，官吏便從中多所作奸盜竊。的確不是英明的皇帝所應當推行的。」皇帝最後認為張林等的話是對的，今見到朱暉的再議，因此發怒，嚴厲責備各曹尚書。朱暉等都把自己捆綁起來投監獄。過了三天，有詔書令他們出來，說：「朝廷樂於聽到不同的議論，老人無罪，是詔書錯了，為什麼自我捆綁呢？」朱暉因此說病情深沉，不肯再在議論上簽名。自尚書令以下各官都驚慌害怕，對朱暉說：「現在面對受到譴責，怎麼說有病呢？這禍可不小啊！」朱暉說：「我活到八十，蒙皇帝之恩能處在朝廷機要之地，應當以死報效，如果內心知道事不可行卻順從皇帝意旨表示同意，違背了做大臣的本分。現在我的耳朵也不聽，眼睛也不看，就等待死亡的詔令。」於是閉口不再說話。眾尚書不知該怎麼辦，不得已就共同彈劾朱暉。皇帝消了氣，就把這件事擱置起來。以後又過了一些天，詔令值班的郎官去問候朱暉的生活情況，派太醫診視疾病，太官賜予飯食。朱暉才起身致謝。又賜給他錢十萬，布一百匹，衣服十件。

8 朱暉以後當了尚書令，因為年老疾病辭職。又被任命為騎都尉，朝廷賜他錢二十萬。和帝即位，竇憲率軍北征匈奴，朱暉再一次上書勸諫。不久，因病去世。

9 朱暉之子朱頡，習儒家學說，安帝時官至陳國相。朱頡之子朱穆。

1 穆字公叔。年五歲，便有孝稱。父母有病，輒不飲食，差❶乃復常。及壯耽學❷，銳意❸講誦，或時思至，不自知亡失衣冠，顛隊阬岸❹。其父常以為專愚，幾不知數馬足❺。穆愈更精篤❻。

2

初舉孝廉⑦。順帝末，江淮盜賊群起，州郡不能禁。或說大將軍梁冀⑧曰：「朱公叔兼資⑨文武，海內⑩奇士，若以為謀主⑪，賊不足平也。」冀亦素聞穆名，乃辟之，使典兵事，甚見親任。及桓帝即位，順烈太后臨朝⑫。穆以冀埶地⑬親重，望有以扶持王室，因推災異，奏記⑭以勸戒冀曰：「穆伏念明年丁亥之歲，刑德合於乾位⑮，易經龍戰之會。其文曰：『龍戰于野，其道窮也。』⑯謂陽道將勝而陰道負也。今年九月天氣鬱冒⑰，五位四候⑱連失正氣，此互相明也⑲。夫善道屬陽，惡道屬陰⑳，若修正守陽，摧折惡類，則福從之矣。穆每事不逮㉑，所好唯學，傳受於師，時有可試㉒。願將軍少㉓察愚言，申㉔納諸儒，而親其忠正，絕其姑息㉕，專心公朝，割除私欲，廣求賢能，斥㉖遠佞惡。夫人君不可不學，當以天地順道漸漬㉗其心。宜為皇帝選置師傅及侍講者㉘，得小心忠篤敦禮㉙之士，將軍與之俱入，參㉚勸講授，師賢法古，此猶倚南山坐平原㉛也，誰能傾之？今年夏㉜，月暈房星㉝，明年當有小厄㉞。宜急誅姦臣為天下所怨毒㉟者，以塞災咎。議郎、大夫㊱之位，本以式序儒術高行之士㊲，今多非其人；九卿㊳之中，亦有乖其任者。惟將軍察焉。」又薦种暠、欒巴㊴等。而明年嚴鮪謀立清河王蒜㊵，又黃龍二見沛國㊶。冀無術學，遂以穆「龍戰」之言為應，於是請暠為從事中郎㊷，薦巴為議郎，舉穆高第[43]，為侍御史[44]。

3 時同郡趙康叔盛[45]者，隱于武當山[46]，清靜不仕，以經傳教授。穆時年五十，乃奉書稱弟子。及康歿，喪之如師。其尊德重道，為當時所服。

4 常感時澆薄，慕尚敦篤，乃作崇厚論。其辭曰：

5 「夫俗之薄也，有自來[47]矣。故仲尼歎曰：『大道之行也，而丘不與焉。』[48]蓋[49]傷之也。夫道者，以天下為一，在彼猶在己也[50]。故行違於道則愧生於心，非畏義也；事違於理則負[51]結于意，非憚禮也。故率性而行謂之道[52]，得其天性謂之德[53]。德性失然後貴仁義[54]，是以仁義起而道德遷[55]，禮法興而淳樸散。故道德以仁義為薄，淳樸以禮法為賊也[56]。夫中世之所敦，已為上世之所薄[57]，況又薄於此乎！

6 「故夫[58]天不崇大則覆幬[59]不廣，地不深厚則載物不博，人不敦厖則道數不遠[60]。昔在仲尼不失舊於原壤[61]，楚嚴不忍章於絕纓[62]。由此觀之，聖賢之德敦矣。老氏之經曰：『大丈夫處其厚不處其薄，居其實不居其華，故去彼取此。』[63]夫時有薄而厚施，行有失而惠用[64]。故覆人之過者，敦之道也；救人之失者，厚之行也。往者，馬援[65]深昭此道，可以為德，誡其兄子曰：『吾欲汝曹聞人之過如聞父母之名。耳可得聞，口不得言。』斯言要矣。遠則聖賢履之上世[66]，近則丙吉、張子孺行之漢廷[67]。故能振[68]英聲於百世，播不滅之遺風，不亦美哉！

7 「然而時俗或異，風化不敦，而尚相誹謗，謂之臧否[69]。記短則兼折[70]其長，貶惡則并伐其善。悠悠者皆是，其可稱乎[71]！凡此之類，豈徒乖為君子之道哉，將有危身累家之禍焉。悲夫！行之者不知憂其然，故害興而莫之及也。斯既然[72]矣，又有異焉。人皆見之而不能自遷。何則？務進者趨前而不顧後，榮貴者矜己而不待人，智不接愚，富不賑貧，貞士孤而不恤，賢者戹而不存。故田蚡以尊顯致安國之金[73]，淳于以貴埶引方進之言[74]。夫以韓、翟之操，為漢之名宰[75]，然猶不能振一貧賢，薦一孤士，又況其下者乎！此禽息、史魚[76]所以專名於前，而莫繼於後者也。故時敦俗美，則小人守正，利不能誘也；時否俗薄，雖君子為邪，義不能止也。何則？先進者既往而不反，後來者復習俗而追之，是以虛華盛而忠信微，刻薄稠而純篤稀。斯蓋谷風有『棄予』之歎[77]，伐木有『鳥鳴』之悲矣[78]！

8 「嗟乎！世士誠躬師孔聖[79]之崇則，嘉楚嚴之美行，希李老[80]之雅誨，思馬援之所尚，鄙二宰之失度，美韓稜之抗正[81]，貴丙、張之弘裕，賤時俗之誹謗，則道豐績盛，名顯身榮，載不刊[82]之德，播不滅之聲。然後知薄者之不足，厚者之有餘也。彼與草木俱朽，此與金石相傾[83]，豈得同年而語，並日而談哉[84]？」

9 穆又著絕交論，亦矯時之作[85]。

10 梁冀驕暴不悛，朝野嗟毒[86]。穆以故吏，懼其釁[87]積招禍，復奏記諫曰：「古之明君，必有輔德之臣，規諫之官，下至器物，銘書成敗，以防遺失[88]。故君有正道，臣有正路[89]，從之如升堂，違之如赴壑。今明將軍地有申伯[90]之尊，位為群公之首[91]，一日行善，天下歸仁[92]，終朝[93]為惡，四海傾覆。頃者，官人俱匱，加以水蟲[94]為害。京師諸官費用增多，詔書發調[95]或至十倍。各言官無見財，皆當出民，搒掠割剝，彊令充足。公賦既重[96]，私斂又深。牧守長吏，多非德選，貪聚無猒[97]，遇人如虜[98]，或絕命於箠楚之下，或自賊[99]於迫切之求。又掠奪百姓，皆託之尊府[100]。遂令將軍結怨天下，吏人酸毒[101]，道路歎嗟。昔秦政煩苛，百姓土崩，陳勝奮臂一呼，天下鼎沸[102]，而面諛之臣，猶言安耳[103]。諱惡不悛，卒至亡滅。昔永和[104]之末，綱紀少弛[105]，頗失人望。四五歲耳[106]，而財空戶散，下有離心。馬免之徒乘敝而起，荊揚之間幾成大患[107]。幸賴順烈皇后初政清靜，內外同力，僅乃討定。今百姓戚戚[108]，困於永和[109]，內非仁愛之心可得容忍，外非守國之計所宜久安也。夫將相大臣，均體元首，共輿而馳，同舟而濟，輿傾舟覆，患實共之。豈可以去明即昧，履危自安，主孤時困，而莫之卹乎！宜時易宰守非其人者，減省第宅園池之費，拒絕郡國諸所奉送。內以自明，外解人惑，使挾姦之吏無所依託，司察之臣得盡耳目。憲度既張，遠邇清壹，則將軍身尊事顯，德耀[110]無窮。天道明察，無言不信，惟垂省覽。」冀不納，而縱放日滋，遂復賂遺左右，交通宦者，任其子弟、賓客以為州郡要職。穆又奏記極諫，冀終不悟。報書云：「如此，僕亦無一可邪？」穆言雖切，然亦不甚罪也。

11 永興元年[111]，河溢，漂害人庶數十萬戶，百姓荒饉[112]，流移道路。冀州[113]盜賊尤多，故擢穆為冀州刺史[114]。州人有宦者三人為中常侍[115]，並以檄[116]謁穆。穆疾之，辭不相見。冀部令長聞穆濟河，解印綬去者四十餘人。及到，奏劾諸郡，至有自殺者。以威略權宜，盡誅賊渠帥。舉劾權貴，或乃死獄中。有宦者趙忠[117]喪父，歸葬安平[118]，僭為璵璠、玉匣、偶人[119]。穆聞之，下郡案驗。吏畏其嚴明，遂發墓剖棺，陳尸出之，而收其家屬。帝聞大怒，徵穆詣廷尉[120]，輸作左校[121]。太學書生劉陶等數千人詣闕上書訟[122]穆曰：「伏見施[123]刑徒朱穆，處公憂國，拜州之日，志清姦惡。誠以常侍貴寵，父兄子弟布在州郡，競為虎狼，噬食小人，故穆張理天網[124]，補綴漏目，羅取殘禍，以塞天意。由是內官[125]咸共恚疾，謗讟煩興，讒隙仍作，極其刑謫[126]，輸作左校。天下有識，皆以穆同勤禹、稷而被共、鯀之戾[127]，若死者有知，則唐帝怒於崇山，重華忿於蒼墓矣[128]。當今中官近習[129]，竊持國柄[130]，手握王爵，口含天憲[131]，運賞則使餓隸富於季孫[132]，呼噏則令伊、顏化為桀、跖[133]。而穆獨亢然[134]不顧身害。非惡榮而好辱，惡生而好死也，徒感王綱之不攝[135]，懼天網之久失，故竭心懷憂，為上深計。臣願黥首繫趾[136]，代穆校作。」帝覽其奏，乃赦之。

12 穆居家數年，在朝諸公多有相推薦者，於是徵拜尚書。穆既深疾宦官，及在臺閣[137]，旦夕共事，志欲除之。乃上疏曰：「案漢故事，中常侍參選[138]士人。建武以後，乃悉用宦者。自延平[139]以來，浸益貴盛，假貂璫之飾，處常伯之任[140]，天朝[141]政事，一更其手，權傾海內，寵貴無極，子弟親戚，並荷榮任，故放濫驕溢，莫能禁禦。凶狡無行之徒，媚以求官；恃埶怙寵之輩，漁食百姓，窮破天下，空竭小人。愚臣以為可悉罷省，遵復往初，率由[142]舊章，更[143]選海內清淳之士，明達國體者，以補其處。即陛下可為堯舜之君，眾僚皆為稷契[144]之臣，兆庶黎萌[145]蒙被聖化矣。」帝不納。後穆因進見，口復陳曰：「臣聞漢家舊典，置侍中[146]、中常侍各一人，省[147]尚書事；黃門侍郎[148]一人，傳發[149]書奏。皆用姓族[150]。自和熹太后以女主稱制，不接公卿，乃以閹人為常侍[151]，小黃門通命兩宮[152]。自此以來，權傾人主，窮困天下。宜皆罷遣，博選耆儒宿德[153]，與參政事。」帝怒，不應。穆伏不肯起。左右傳出[154]，良久乃趨[155]而去。自此中官數因事稱詔詆毀之。

13 穆素剛，不得意，居無幾，憤懣發疽[156]。延熹六年[157]，卒，時年六十四。祿仕數十年，蔬食布衣，家無餘財。公卿共表穆立節[158]忠清，虔恭機密[159]，守死善道[160]，宜蒙旌寵[161]。策詔褒述[162]，追贈益州太守[163]。所著論、策、奏、教、書、詩、記、嘲，凡二十篇[164]。

14 穆前在冀州，所辟用皆清德長者[165]，多至公卿、州郡。子野[166]，少有名節[167]，仕至河南尹[168]。初，穆父卒，穆與諸儒考依古義，諡曰貞宣先生[169]。及穆卒，蔡邕復與門人共述其體行，諡為文忠先生[170]。

15 論曰：朱穆見比周[171]傷義，偏黨[172]毀俗，志抑朋游[173]之私，遂著絕交之論。蔡邕以為穆貞而孤，又作正交而廣其致焉[174]。蓋孔子稱「上交不諂，下交不黷」[175]，又曰「晏平仲善與人交[176]」，子夏之門人亦問交於子張[177]。故易明「斷金」之義[178]，詩載「讌朋」之謠[179]。若夫文會輔仁，直諒多聞之友，時濟其益[180]；紵衣傾蓋，彈冠結綬之夫，遂隆其好[181]。斯固交者之方[182]焉。至乃田、竇、衛、霍之游客[183]，廉頗、翟公之門賓[184]，進由埶合，退因衰異。又專諸、荊卿之感激[185]，侯生、豫子之投身[186]，情為恩使，命緣義輕。皆以利害移心，懷德成節，非夫交照[187]之本，未可語失得之原也。穆徒以友分[188]少全，因絕同志之求；黨俠[189]生敝，而忘得朋[190]之義。蔡氏貞孤之言，其為然也！古之善交者詳矣。漢興稱王陽、貢禹、陳遵、張竦[191]；中世有廉范、慶鴻[192]、陳重、雷義云[193]。

【章旨】以上為朱暉之孫〈朱穆傳〉。朱穆自步入仕途，一向清正廉明，忠於職守，朝廷也總是將他派往最棘手之地，他處劇戡亂得心應手。梁冀以元舅之身多所違法，穆奏記切諫。感世道之澆薄而作〈崇厚論〉，憤宦官之為禍，志除閹患，當時環境下，目的未能達到，只留下一世清名，故謚曰文忠。

【注釋】❶差　病癒。❷耽學　專注學問。❸銳意　用心專一。❹顛隊阬岸　顛，絆倒。隊，同「墜」。阬，同「坑」。从阜（左阝）从土義同。❺幾不知數馬足　幾，近乎。李賢注：「《前書》曰：石慶為太僕，上問車中幾馬？慶以策（馬鞭）數馬畢，舉手曰：『六馬。』言穆用心專愚更甚也。」慶數馬，穆數馬足，其義相同。❻精篤　專誠篤實。❼舉孝廉　李賢注引謝承《書》（謝承著《後漢書》）曰：「穆少有英才，學明《五經》。性矜嚴疾惡，不交非類。年二十為郡督郵，迎新太守，見穆曰：『君年少為督郵，因族埶？為有令德？』穆荅曰：『郡中瞻望明府謂如仲尼，非顏回不敢以迎孔子。』更問風俗人物。太守甚奇之，曰：『僕非仲尼，督郵可謂顏回也。』遂歷職股肱，舉孝廉」也。孝廉，西漢孝與廉為二科，《漢書・武帝紀》顏師古注：「孝謂善事公母者，廉謂請潔有廉隅者。」東漢則合為一科。郡每二十萬人舉孝廉一人，且為年四十歲以上者，經過考試合格方可。漢代得人才之盛，以孝廉為最。❽大將軍梁冀　大將軍位比三公，主征伐背叛。梁冀，順帝梁皇后之兄，為大將軍，位在三公上，專權跋扈，桓帝時被誅。❾資　具備。❿海內　國境之內；全國。古人認為我國疆土四周臨海，故稱海內。⓫謀主　出謀劃策的主要人物。⓬順烈太后臨朝　順烈太后，順帝梁皇后，立沖、質、桓三帝，以太后臨朝秉政。蔡邕《獨斷・下》：「后攝政，則后臨前殿朝群臣，后東面，少帝西面，群臣奏事，上書皆為兩通，一詣太后，一詣少帝。」太后臨朝是東漢外戚和宦官交相爭權的根源。⑬埶地　位置；地位。埶同「勢」。⑭奏記　向公府等長官書面陳述意見。⑮穆伏念明年二句　李賢注：「歷（曆）法，太歲在丁、壬，歲德在北宮，太歲在亥、卯、未，歲刑亦在北宮，故合於乾位也。」乾位即北方。丁亥為桓帝建和元年（西元一四七年），言明年丁亥，則朱穆此奏記為質帝本初元年，質帝崩、桓帝初即位之時所寫。⑯易經龍戰之會四句　會，災厄；厄困。《漢書・食貨志》：「〔王莽〕乃下詔曰：『予遭陽九之阨，百六之會。』」顏師古注：「此曆法應有災歲之期也。」李賢注：「《易・坤卦》上六象辭也。以爻居上六，故云其道窮也。王弼注云：『陰之為道，卑順不逆，乃全其美，盛而不已。固陽之地，陽所不堪，故戰于野。』」⑰鬱冒　鬱悶。⑱五位四候　《集解》引惠棟說：「五位，謂侯、大夫、卿、公、辟（君）也。四候，坎、離、震、兌也。」⑲此互相明也　謂天氣之連失正氣與卦象之其道窮，是互相證明的。⑳夫善道屬陽二句　《集解》引蘇輿說：「《繁露》（董仲舒《春秋繁露》）〈陽尊陰卑篇〉：『惡之屬盡為陰，善之屬盡為陽。陽為德，陰為刑。』」㉑不逮　比不上。逮，及；比得上。㉒試　驗。㉓少　稍稍。㉔申　李賢注：「申，重也。」㉕姑息　李賢注：「姑，且也。息，安也。小人之道，苟且取安也。《禮記》曰『君子之愛人也以德，細人之愛人也以姑息』也。」㉖斥　疏遠。㉗漸漬　浸潤；感化。㉘宜為皇帝句　師傅，太師和太傅。《續漢書・百官志》劉昭注引賈生（賈誼）：「天子不喻於先聖之德，不知君民之道，不見禮義之正，詩書無宗，學業不法（不遵家法），此太師之責也，古者齊太公（姜尚）職（主）之。天子不惠於庶民，不禮於大臣，不中於折獄（斷獄），無經（法）於百官，不哀於喪，不敬於祭，不戒於齊（齋字），不信於事，此太傅之責也，古者周公職之。」桓帝時年十五，穆故有此言。侍講，為皇帝講學。㉙敦禮　崇尚禮教。㉚參　參與；穿插。㉛倚南山坐平原　謂皇帝穩坐江山。南山，終南山，屬秦嶺山脈，在今陝西西安南。此亦可理解為泛指的山，靠著山，坐在平地上。㉜今年夏　袁宏《後漢紀》此下別為一篇，蓋即所謂「附以密記」。㉝月暈房星　月暈，月亮周圍的光圈，是月光經雲層中的冰晶折射所產生的光現象，古人以為不吉。房星，亦稱天駟，是二十八宿之一，東方蒼龍七星的第四宿，有星四顆。㉞戹　亦作「厄」。災難；窮困。㉟怨毒　怨恨。毒與怨同義。㊱議郎大夫　議郎，秩六百石，無常員，充顧問應對。常以公卿、大夫連舉，大夫蓋包括御史大夫、光祿大夫之類。㊲本以式序句　式，胡三省注《通鑑》：「式，用也。」序，按等級次第授官或依照功績予以獎勵。高行，高尚的品德。㊳九卿　太常、光祿勳、衛尉、太僕、廷尉、大鴻臚、宗正、大司農、少府。㊴种暠欒巴　种暠，字景伯，河南洛陽人。舉劾貪殘，在官以恩信感化，官至司徒。本書有傳。欒巴，字叔元，魏郡內黃（今河南內黃）人。性質直，歷桂陽、豫章等郡太守，所在有績。

本書有傳。㊵嚴鮪謀立清河王蒜　梁冀毒死質帝，李固等欲立清河王劉蒜，而冀立蠡吾侯劉志，是為桓帝。甘陵人劉文與魏郡人劉鮪（即嚴鮪）訛言清河王當統天下，欲共立劉蒜。事發覺，文、鮪被誅，劉蒜自殺。㊶又黃龍二見沛國　黃龍，古代傳說中動物名。讖緯家以為是帝王之瑞徵。見，同「現」。出現。沛國，都相縣。治所在今安徽宿縣西北。查〈桓帝紀〉和〈五行志〉，建和元年均無黃龍現之記載。㊷從事中郎　秩六百石，職參謀議。㊸高第　官吏的考績列為優等。㊹侍御史　秩六百石，員十五人，掌察舉非法，受群吏公卿奏事，有違失予以舉劾。㊺趙康叔盛　叔盛，趙康的字。一般言「趙康字叔盛」，此省去「字」字，將名、字連寫構成名詞短語。古人名與字意義相關，康與盛義近，叔是排行。㊻武當山　在湖北丹江口市南，為道教名山，古人常修行或避亂於此。㊼自來　來由；緣由。㊽故仲尼歎曰三句　李賢注：「《禮記》仲尼歎曰：『大道之行〔也〕，〔與〕三代之英，丘未之逮也，而有志焉。』」鄭玄注曰：「大道，謂三皇、五帝時也。」」穆約舉其文，「未逮」義當未及，「不與」謂不在其中，兩義相當。大道，正道；常理。指最高的治世原則，包括倫理綱常等。注中「志」，記，古文典籍，謂有文獻可查考。鄭玄原注作「大道，謂五帝時也」，不包括三皇。三代，夏商周，史稱三王，雖然王可通「皇」，三王究非三皇。㊾蓋　大略之詞，謂不確指。㊿夫道者三句　《孟子・公孫丑上》趙岐《章句》：「道謂陰陽，大道無形而生有形，舒之彌六合，卷之不盈握，包落（絡）天地，稟受群生者也。」道無處不在，故在彼猶在己。(51)負　慚愧。「負結于意」與上句「愧生於心」同義，變文以避複。(52)故率性而行句　李賢注：「率，循也。子思曰『天命之謂性，率性之謂道，修道之謂教』也。」子思語見《禮記・中庸》，〈中庸〉為孔子之孫孔伋（字子思）所作。(53)得其天性謂之德　李賢注：「天之所命之謂性，不失天性是謂德。」德者得也，故得天命而不失便是德。(54)德性失然後貴仁義　李賢注：「道德之性失，仁義之迹彰。」以下皆《老子》貴真樸貶仁義的觀點。(55)遷　離散。(56)故道德以仁義二句　李賢注引《老子》：「失道而後德，失德而後仁，失仁而後義，失義而後禮。夫禮者，忠信之薄而亂之首也。」薄，人心世道衰敗。賊，禍害。(57)夫中世之所敦二句　李賢注：「中世謂五帝時。」則上世謂三皇時，泛言遠古時代。敦，崇尚。薄，輕視；鄙薄。(58)故夫　故，是以。夫亦訓故，二字同義。(59)覆幬　李賢注：「幬亦覆。《左傳》曰：『如天之無不燾，如地之無不載。』『幬』與『燾』同。」(60)不敦厖則道數不遠　李賢注：「敦厖，厚大也。《左傳》曰：『人生敦厖。』」數猶理也。言人不敦厚，不能入道之精理也。(61)昔在仲尼不失舊於原壤　李賢注：「原壤，孔子之舊也。《禮記》曰：『原壤之母死，孔子助之沐椁。原壤登木而歌曰：「貍首之班然，執女手之卷然。」從者曰：「子未可以已乎？」夫子曰：「親者無失其為親，故者無失其為故。」』」所引為《禮記・檀弓下》文。舊，故交。沐椁，治棺材。木謂棺。貍貓之頭有斑點。班，通「斑」。女，汝字。卷即惓，拳拳之意。原壤母死

登棺而歌為非禮，但非大故，故孔子仍云親者故者不失其為親者故者。62楚嚴不忍章於絕纓　李賢注引《說苑》曰：「楚莊
王賜群臣酒，日暮燭滅，乃有人引美人之衣者。美人援絕其冠纓，告王趣火來上，視絕纓者。王曰：『賜人酒，使醉失禮，
柰何欲顯婦人之節而辱士乎？』乃命左右曰：『與寡人飲，不絕冠纓者不懽。』群臣百餘人皆絕去其冠纓，乃上火也。」漢
明帝名莊，避其諱，楚莊王改為楚嚴王。章，同「彰」。彰顯。援絕，拽斷。趣火，趕快拿火把來。懽，同「歡」。63老氏之
經曰四句　李賢注：「此《老子・德經》之詞也。顧歡注曰：『道德為厚，禮法為薄，清虛為實，聲色為華。去彼華薄，取
此厚實。』」《老子》傅奕本兩「居」字亦作「處」，馬王堆出土帛書《老子・德經》兩「處」字皆作「居」。居、處義同。64夫
時有薄二句　李賢注：「俗之凋薄，以厚御之；行〔之〕有失，以惠待之。即上孔子、楚莊是也。」65馬援　字文淵，扶風
茂陵（今陝西興平）人。仕於新莽、隗囂，後歸光武，為伏波將軍，征武陵蠻卒於軍中。本書有傳。66遠則聖賢履之上世
李賢注：「履，踐也。言敦厚之道，孔子、楚莊已踐履之。」67近則丙吉句　李賢注：宣帝時丙吉為丞相，不案吏，曰：『夫
以三公府案吏，吾竊陋之。』子孺為車騎將軍，匿名遠權，隱人過失。丙吉，字少卿，魯國（今山東曲阜）人。子孺，張安
世字，京兆杜陵（今陝西西安）人。《集解》引錢大昕曰：「王懋竑云：張安世不當獨稱字，乃章懷（李賢封章懷太子）所改
也，世改作『代』，而人名不合改，故稱其字。」68振　顯揚。69而尚相誹謗二句　誹謗，原意是把他人的缺失廣為宣揚，到
漢代時已變為無中生有的捏造。本書〈孔僖傳〉，孔僖云：「凡言誹謗者，謂實無此事而虛加誣之也。」是其義。臧否，評論
時勢或人物之好壞，是東漢中後期的一時風氣。臧，善。否，不善。70折　責難。71悠悠者皆是二句　李賢注：「悠悠，多
也。稱，舉也。」72既然　已經如此。73故田蚡句　李賢注：「田蚡，景帝王皇后同產弟，為太尉，親貴用事。韓安國為梁
王太傅，坐法失官，安國以五百金遺（贈送）蚡，蚡為言太后，即召以為北地都尉也。」74淳于以貴埶引方進之言　李賢注：
「翟方進，成帝時為丞相。淳于長，元后姊子，封定陵侯，以能謀議為九卿，用事。方進獨與長交，稱薦之也。」75夫以韓
翟二句　李賢注：「《前書》曰：『天子以韓安國為國器，拜御史大夫。』又曰：『翟方進智能有餘，天子甚重之。』」故言名
宰也。」76禽息史魚　李賢注引《韓詩外傳》：「禽息，秦大夫，薦百里奚不見納。繆公出，當車以頭擊闑（門橛），腦乃精
出，曰：『臣生無補於國，不如死也。』繆公感寤而用百里奚，秦以大化。」禮，大夫殯於正室，士於適室。《韓子》曰，史
魚，衛大夫。卒，委（放置）柩後寢。衛君弔而問之。曰：「不能進蘧伯玉，退彌子瑕。」以屍諫也。77谷風有棄予之歎
李賢注引《詩・小雅》曰：「習習谷風，維風及雨。將恐將懼，維予與汝。將安將樂，汝轉棄予。」78伐木有鳥鳴之悲矣
李賢注引《詩・小雅》曰：「伐木丁丁，鳥鳴嚶嚶。出自幽谷，遷于喬木。嚶其鳴矣，求其友聲」也。79孔聖　孔子尊稱。

漢武帝崇儒之後，孔子地位逐漸升高，平帝時封孔子後孔均為褒成侯，追諡孔子為褒成宣尼公。所以後漢時屢稱孔子為孔聖。(80)李老　老子，姓李名耳字伯陽。因其初生即毛白，故稱老子。此與姓合併稱李老。(81)美韓稜之抗正　稜，字伯師，潁川舞陽（今河南舞陽）人。和帝時，竇憲勢盛，稜抗正不阿，為時所稱。本書有傳。《集解》引惠棟說：「案上文未及稜事，必有缺失。稜集已亡，無從是正。」(82)不刊　不可磨滅。刊，削。(83)彼與草木二句　彼謂薄，此謂厚，皆承上文而言。《老子》：「高下之相傾」，謂相依而相存，與「俱朽」相反為義。(84)豈得同年而語二句　同年而語，相提並論。與下「並日而談」同義，變文以避複。(85)穆又著絕交論二句　矯時，匡正時弊。李賢注引《朱穆集》，述著〈絕交論〉之緣起。《穆集》載論，其略曰：「或曰：『子絕存問，不見客，亦不荅（答）也，何故？』曰：『古者，進退趨業，無私游之交，相見以公朝，享會以禮紀，否則朋徒受習而已。』曰：『人將疾（恨）子，如何？』曰：『寧受疾。』曰：『受疾可乎？』曰：『世之務交游也久矣，敦千乘（謂千乘之國）不忌于君，犯禮以追之，背公以從之。其愈者，則孺子之愛也；其甚者，則求蔽過竊譽，以贍其私。事替（衰敗）義退，公輕私重，居勞於聽也。或於道而求其私，贍矣。是故遂往不反，而莫敢止焉。是川瀆並決，而莫之敢塞；游豶蹂稼，而莫之禁也。《詩》云：「威儀棣棣，不可筭（算）也。」後生將復何述？而吾不才，焉能規此？實悼無行，子道多闕，臣事多尤（過失），思復白圭，重考古言，以補往過。時無孔堂，思兼則滯，匪有廢也，則亦焉興？是以敢受疾也，不亦可乎！』」〈文士傳〉曰：「世無絕交。」又〈與劉伯宗絕交書〉及詩曰：「昔我為豐令，足下不遭母憂乎？親解縗絰（喪服），來入豐寺（官署）。及我為持書御史，足下親來入臺（御史官署）。足下今為二千石，我下為郎，乃反因計吏以謁相與。足下豈丞尉之徒，我豈足下部（民），欲以此謁為榮寵乎？咄（呵叱）！劉伯宗於仁義道何其薄哉！」其詩曰：「北山有鴟，不絜其翼。飛不正向，寢不定息。飢則木攬（摟住），飽則泥伏。饕餮貪汙，臭腐是食。填腸滿嗉，嗜欲無極。長鳴呼鳳，謂鳳無德。鳳之所趣，與子異域。永從此訣，各自努力！」蓋因此而著論也。(86)嗟毒　歎恨。(87)釁　過失；罪惡。(88)古之明君六句　李賢注：「黃帝作巾机之法，孔甲有盤盂之誡。《太公陰謀》曰，武王衣之銘曰：『桑蠶苦，女工難，得新捐故後必寒。』鏡銘曰：『以鏡自照者見形容，以人自照者見吉凶。』觴銘曰：『樂極則悲，沉湎致非，社稷為危』也。」器物，鐘鼎盤盂之類。銘，刻畫。(89)故君有正道二句　李賢注引《說苑・君道篇》曰：「人君之道，清淨無為，務在博愛，趨在任賢，廣開耳目，以察萬方，不固溺於流俗，不拘繫於左右。」〈臣術篇〉曰「人臣之術，順從復命，無所敢專，義不苟合，位不苟尊，必有益於國，必有補於君」也。(90)申伯　李賢注：「申國之伯，周宣王之元舅。」《詩・崧高》言「不（丕）顯申伯，王之元舅，文武是憲」，言申伯既有文德，又有武功，足為法於天下。梁冀為和帝之舅，故穆以此況冀。(91)位為群公之首　梁冀為大將軍，位在三公之上。[92]一日行善二句　李賢注引《論語》曰：「一日克己復禮，天下歸仁焉。」[93]終朝　整日。[94]水蟲　水災和蝗蟲。[95]發調　徵調。[96]各言官無見財五句　《集解》引惠棟說：「袁宏《紀》載穆諫曰：『京師之費十倍于前，河內一郡嘗調縑素綺縠八萬餘匹，今乃十五萬匹，官無現錢，皆出于民，民多流亡，皆虛張戶口，戶口既少，而無貲（資）者多，當復割剝，公賦重斂。』」搒掠，拷打。搒，同「榜」。割剝，盤剝；搜刮。[97]猒　同「厭」。滿足。[98]虜　奴隸。[99]自賊　自殺。[100]尊府　《集解》引《通鑑》胡三省注：「尊府，指大將軍府。」言府而指人，亦猶明府謂郡守。[101]酸毒　痛恨。[102]陳勝奮臂一呼二句　陳勝，字涉，潁川郡陽城（今河南登封）人。苦於秦朝暴政，與吳廣首倡滅秦，所謂「奮臂大呼，天下響應」。鼎沸，如鼎中湯水之沸騰，言群起響應。[103]而面諛之臣二句　李賢注：「秦胡亥時，山東兵大起，叔孫通謂胡亥曰：『鼠竊狗偷，郡縣逐捕之，不足憂。』諸生曰：『何先生言之諛也！』」[104]永和　東漢順帝年號。[105]㢮　同，「弛」。懈怠。[106]四五歲耳　此有僅僅之義，謂才四五年。耳，而已的合音。[107]馬免之徒二句　李賢注：「質帝時，九江賊馬免稱『黃帝』，歷陽賊華孟稱『黑帝』，並九江都尉滕撫討斬之。九江、歷陽是荊、揚之間也。」[108]戚戚　憂懼。[109]困於永和　困難大於永和時。於，大；甚。[110]燿　同「耀」。從火從光義同。[111]永興元年　西元一五三年。永興，東漢桓帝年號。[112]荒饉　荒，收成不好；凶年。饉，蔬菜歉收，亦泛指饑荒。[113]冀州　全國十三州之一。州，又稱州部，冀州統九郡。治所在常山，（今河北元氏西北）。[114]刺史　州之最高長官，秩二千石，常於每年八月巡行所部郡國，錄囚徒，考殿最。中興後刺史逐漸成為州之常駐官員。[115]中常侍　秩千石，宦者，無定員，常侍於皇帝左右，從入內宮，贊導宮內眾事，顧問應對及供各種使役。[116]檄　曉諭的文書。[117]趙忠　以參與誅梁冀而遷中常侍，封侯，殘害忠良，聚斂無度。本書有傳。[118]安平　冀州屬郡。治所在信都（今河北冀縣治）。[119]僭為璵璠玉匣偶人　璵璠，杜預注《左傳》：「美石名，君所佩也。」玉匣，李賢注：「玉匣長尺，廣二寸半，衣死者自腰以下至足，連以金縷，天子之制也。」此注義亦見本書〈梁竦傳〉，本《漢儀注》。此云「長尺，廣二寸半」當為每片玉之長寬，若為玉匣則不能容人之下體。今考古發掘所見金縷玉衣，每片玉約長廣各一寸，四角以金絲連綴，積上千片始能容納人體。僅容下體之玉匣，今考古中尚未發現。偶人，以土木陶瓷等製成的人形物埋於死者墓中，以代替古代用生人殉葬。[120]廷尉　廷尉有獄，是關押欽犯之處。此云「詣廷尉」，即入廷尉獄。[121]輸作左校　李賢注：「左校，署名，屬將作，掌左工徒。」輸，服役。《文選．任昉．天監三年策秀才文》李周翰注：「輸，役也，言從役於左隊之中。」因為將作大匠所掌為修築宗廟宮室陵園之土木工程，役作於左校者實是體力勞作。[122]太學書生劉陶句　劉陶，字子奇，潁川潁陰（今河南許昌）人。屢上治國安民之策，被宦官誣陷，死獄中。本書有傳。訟，為人辯冤。[123]施　判罪。[124]天網　喻國家法律。[125]內官　中官，即中常侍。(126)譎　同「譎」。處罰。(127)皆以穆同勤句　禹勤勞治水。稷，后稷，周之先祖，始播種百穀。共，共工，堯時水官，為四凶之一，後被流放。鯀，禹父，治水無功，亦四凶之一，被流放。戾，罪行。(128)則唐帝怒二句　堯封於唐（今河北唐縣），故帝堯亦稱唐帝。《集解》引惠棟說：「《山海經》曰：狄山，帝堯葬于陽。酈元曰：狄山，一名崇山。」重華，舜名。《禮記・檀弓上》：「舜葬於蒼梧之野。」據《山海經》蒼梧有九嶷山，舜之所葬，在長沙零陵界中，今湖南寧遠境。(129)近習　李賢注引《禮記》鄭玄注：「近習，天子所親幸者。」(130)國柄　李賢注：「《周禮》以八柄詔王馭群臣，謂爵、祿、予、置、生、奪、廢、誅也。」此泛言國家權力。(131)天憲　《集解》引《通鑑》胡三省注：「天憲，王法也。謂刑戮出于其口也。」(132)運賞則使餓隸富於季孫　運賞，行賞。隸，《左傳・昭公七年》：「人有十等……輿臣隸、隸臣臺」，楊伯峻注：「隸則罪人，《周官》所謂『入於罪隸』，漢之城旦舂輸作。」季孫，季康子，名肥，魯國執政大臣。《論語・先進》：「季氏富於周公。」《公羊傳・定公八年》何休注：「時季氏邑宰，至于千乘，此可知季氏之富也。」(133)呼噏則令伊顏化為桀跖　呼噏，即呼吸，謂吐納。伊，伊尹，湯之賢相。顏，顏回，亦名顏淵，孔子學生，貧而好學。桀，夏桀，夏末代暴君。跖，盜跖，春秋末年大盜。(134)亢然　剛強。(135)攝　《通鑑》胡注：「攝，飭整也。」(136)黥首繫趾　李賢注：「黥首謂鑿額涅墨也。繫趾謂釱其足也。以鐵著足曰釱也。」(137)臺閣　本書〈仲長統傳〉李賢注：「臺閣，尚書也。」(138)參選　選拔。參、選同義。(139)延平　東漢殤帝年號。(140)假貂璫之飾二句　李賢注：「璫以金為之，當冠前，附以金蟬也。《漢官儀》曰：『中常侍，秦官也。漢興，或用士人，銀璫左貂。光武已後，專任宦者，右貂金璫。』常伯，侍中。」貂，以貂尾為飾。璫，附以蟬形的耳飾。常伯，原指君主左右管民事的大臣，後指稱皇帝的近臣，故侍中亦稱常伯。(141)天朝　對本朝敬稱。(142)率由　遵循；沿襲。(143)更　經歷；經過。(144)契　商朝始祖。(145)兆庶黎萌　兆庶與黎萌同義。兆、黎言其眾多，庶、萌謂平民。萌，又作「氓」、「甿」。多指農民。(146)侍中　秩比二千石，掌侍左右，贊導眾事，顧問應對。(147)省　覽。(148)黃門侍郎　秩六百石，掌侍從左右，給事中，關通中外。(149)傳發　傳送。(150)姓族　世代有聲望之家族。(151)常侍　皇帝的侍從近臣。侍中、中常侍皆可通稱為常侍。(152)小黃門通命兩宮　小黃門，秩六百石，宦者，掌侍左右，受尚書事上報內宮，關通中外及中宮（皇后宮）以下眾事。兩宮，太后宮與皇帝宮。因分居二宮，故云兩宮。(153)耆儒宿德　耆儒，德高的老儒。古稱六十歲曰耆。宿德，年高有德者。宿，年齡大。(154)傳出　李賢注：「傳聲令出。」(155)趨　古代一種禮節，碎步疾行表示敬意。(156)疽　皮膚局部腫脹發硬的毒瘡。(157)延熹六年　西元一六三年。延熹，東漢桓帝年號。(158)立節　樹立名節。(159)虔恭機密　虔恭，恭敬。機密，處於機要之地。(160)守死善道　守死，終其一生。善道，正道。(161)旌寵　表彰尊寵。(162)策詔褒述　策詔，將詔文寫在策（竹簡聯綴起來）上。褒述，敘述中予以嘉獎。163益州太守　全國十三州中有益州，益州中又有益州郡，此言贈益州郡之太守。《集解》引惠棟和沈欽韓分別據〈朱公叔鼎銘〉和袁宏《後漢紀》都認為作「益州刺史」為是。然蔡邕〈朱公叔碑〉作「益州太守朱君」，當以墓碑為準。164所著論策二句　皆文體名稱。論，議論文，用以闡明事理。策，亦議論文體，古代稱考試的問題（策問）和答題皆曰策。教，官府或長官的告諭。書，敘述國家典章制度（如《史記》八書）或陳述對政事的見解。記，以序事為主，兼及議論抒情和山川景物的描寫。嘲，設為主客，客以嘲戲誚傲出之，而主以正理嚴詞以答。如揚雄《解嘲》之類。165所辟用皆清德長者　辟，徵召；薦舉。清德，高潔的品德。長者，德高望重的人。166子野　李賢注：「野，字子遊。見荀爽薦文。」167名節　名譽與節操。168河南尹　西漢都長安，其三輔有京兆尹。東漢都雒陽，將河南郡改為河南尹。尹，正也，亦正、長之義。169謚曰貞宣先生　謚，是對死者一生言行而加的號。李賢注引〈謚法〉：「清白守節曰貞，善聞周達曰宣。」先生，年長有學問的人，本篇前文言穆父頡「修儒術」，故以此稱。170蔡邕復與門人二句　蔡邕，字伯喈，陳留郡圉縣（今河南杞縣）人。是東漢末最有學問的人，被王允所害。本書有傳。門人，弟子。江藩《漢學師承記．惠松崖》：「惠棟云：古人親受業者稱弟子，轉相授者稱門人。」體行，行事；事跡。謚為文忠先生，李賢注引袁山松《書》曰：「蔡邕議曰：『魯季文子，君子以為忠，而謚曰文子。又傳曰：「忠，文之實也。」忠以為實，文以彰之。』遂共謚穆。荀爽聞而非之。故張璠論曰：『夫謚者，上之所贈，非下之所造，故顏、閔至德，不聞有謚。朱、蔡各以衰世臧否不立，故私議之。』」《集解》引惠棟說謂張璠《漢紀》作「謚曰忠文」。據蔡邕議皆先忠而後文，當以「忠文」為是。171比周　李賢注引《左傳》：「頑嚚不友，是與比周。」杜預注云：「比，近也。周，密也。」李賢引《左傳》為文公十八年文。據僖公二十四年傳：「心不則德義之經為頑，口不道忠信之言曰嚚。」比周，拉幫引為同類。172偏黨　偏私。黨，同「伙」。朋黨。173朋游　同夥間交往。174蔡邕以為二句　貞而孤，貞正而無援。廣其致，闡發其深義。致，深奧微妙的道理。李賢注引蔡邕〈論略〉曰：「聞之前訓（古訓）曰：『君子以朋友講習，而正人無有淫朋。』是以古之交者，其義敦以正，其誓信以固。逮至周德始衰，〈頌〉聲既寢，〈伐木〉有『鳥鳴』之刺，〈谷風〉有『棄予』之怨，其所由來，政之缺也。自此已降，彌以陵遲，或闕其始終，或彊其比周。是以搢紳患其然，而論者諄諄如也。疾淺薄而攜貳（離心離德）者有之，惡朋黨而絕交游者有之。其論交也，曰富貴則人爭趣之，貧賤則人爭去之。是以君子慎人所以交己，審己所以交人，富貴則無暴（突然）集之客，貧賤則無棄舊之賓矣。故原其所以來，則知其所以去；見其所以始，則覩其所以終。彼貞士者，貧賤不待夫富貴，富貴不驕乎貧賤，故可貴也。蓋朋友之道，有義則合，無義則離。善則久要（約結）不忘平生之言，惡則忠告善誨之，否則止，無自辱焉。故君子不為可棄（遺棄）之行，不患人之遺己也。信有可歸之德，不病人之遠己也。不幸或然，則躬自厚（責己嚴）而薄責於人，怨其遠矣；求諸己而不求諸人，咎其稀矣。夫遠怨稀咎之機，咸在乎躬，莫之能改也。子夏之門人問交於子張，而二子各有聞乎夫子，然則以交誨也。商也寬，故告之以距人，師也褊（心地狹窄），故訓之以容眾，各從其行而矯之。至於仲尼之正教，則汎愛眾而親仁，故非善不喜，非仁不親，交游以方，會友以文，可無貶也。穀梁子亦曰：「心志既通，名譽不聞，友之罪也。」今將患其流而塞其源，病其末而刈其本，無乃未若擇其正而黜其邪，與其彼農皆黍而獨稷焉。夫黍亦神農之嘉穀，與稷並為粢盛（祭祀的供品）也，使交而可廢，則黍其愆矣。括二論而言之，則刺薄者博而洽，斷交者貞而孤。孤有羔羊之節，與其不獲已而矯時也，走將從夫孤焉。」175蓋孔子稱二句　《易．繫辭傳》引孔子語。黷，輕慢不敬。176晏平仲善與人交　《論語．公冶長》：「子曰：『晏平仲善與人交，久而敬之。』」晏平仲，名嬰，歷仕齊靈公、莊公、景公三世，稱為賢大夫。今傳《晏子春秋》一書，係後人偽託。177子夏之門人句　見《論語．子張》。178故易明斷金之義　《易．繫辭傳上》：「二人同心，其利斷金。」利，鋒利。179詩載讌朋之謠　李賢注：「《詩．伐木．序》：『讌朋友故舊也。』其詩曰：『伐木滸滸，釃酒有藇。』」讌，同「晏」。讌朋，朋友聚在一起吃酒。《毛詩序》：「自天子至於庶人，未有不須友以成者。親親以睦，友賢不棄，不遺故舊，則民德歸厚矣。」即重交友之義。謠，歌謠。古詩皆可歌。180若夫文會輔仁三句　李賢注引《論語．季氏》曰：「君子以文會友，以友輔仁。」又〈顏淵〉曰：「益者三友，友直、友諒（誠信）、友多聞，益矣。」濟，增加。181紵衣傾蓋三句　李賢注：「《左傳．襄公二十九年》曰，吳季札以縞帶（白生絲帶）贈子產，子產獻紵衣（苧麻布衣）焉。《孔叢子》曰：「孔子與程子相遇於塗，傾蓋而語。」傾蓋，謂駐車交蓋也。《前書》曰，王陽、貢禹相與為友，朱博與蕭育為友，時稱『蕭朱結綬，王貢彈冠』，言其趣舍同，相薦達。」隆，加深；增大。182方　道。183至乃田竇衛霍之游客　李賢注：「竇嬰，孝文皇后從兄子，封魏其侯，游士賓客爭歸之。武帝時為丞相。田蚡，景帝王皇后同產弟，為太尉。蚡以太后故親幸，數言事多效，士吏趨埶利者皆去嬰而歸蚡。衛青拜大將軍，青姊子霍去病為驃騎將軍，皆為大司馬。去病秩祿與大將軍等，自是後青日衰而去病益貴，青故人門下多去事去病，輒得官爵也。」184廉頗翟公之門賓　李賢注：「《史記》曰，廉頗趙人，封為信平君，假相國。長平之免歸也，故客盡去；及復用為將，客又至。廉頗曰：『客退矣。』客曰：『吁！君何見之晚也？夫以市道交，君有埶我即從君，無埶即去，此其理也，又何怨焉？』」下邽翟公為廷尉，賓客亦填門；及廢，門外可設爵（雀）羅。後復為廷尉，賓客欲往，翟公大署其門曰『一死一生，乃知交情。一貧一富，乃知交態。一貴一賤，交情乃見』也。」翟公，史失其名，事見《漢書．鄭當時傳》。185又專諸荊卿之感激　李賢注：「《史記》曰，專諸，堂邑人。吳公子光以嫡嗣未得立，請專諸刺吳王僚。

諸曰：「王僚可殺也，母老子弱，是其無如我何？」光乃置酒請王僚。酒酣，專諸置匕首魚炙之中，以刺王僚，立死。又曰，荊軻，衛人也。燕太子丹質於秦，秦王政遇之不善，丹怨亡歸，與軻交結，乃尊為上卿，故謂之荊卿。軻入秦，刺始皇不遂而死也。」186侯生豫子之投身　李賢注：「《史記》曰，侯嬴，魏隱士，為大梁夷門門者，魏公子無忌請為上客。秦圍邯鄲，嬴教公子竊兵符北救趙，乃自剄。又曰，豫讓，晉人。趙襄子滅智伯，讓曰：『士為知己者死。』乃變名姓，欲刺襄子，襄子令執之，遂伏劍而死。」187交照　知心之交。188友分　友情。分，情分。189黨俠　以俠義而結黨援。190得朋　李賢注：「《易·坤卦》：『西南得朋。』」得朋類而不營私，故吉。」191陳遵張竦　李賢注：「《前書》曰，陳遵字孟公，杜陵人也。張竦字伯松。竦博學通達，以廉儉自守，而遵放縱不拘。操行雖異，然相親友也。」192中世有廉范慶鴻　廉范，字叔度，為人慷慨好義，與洛陽慶鴻為刎頸交，時人稱曰：「前有管鮑，後有慶廉」。193陳重靁義云　二人同為豫章郡人。自幼交好為友，重被舉孝廉，重以讓義。後義被舉茂才（秀才），義以讓重。鄉里為之語曰：「膠漆自謂堅，不如雷與陳。」靁，古雷字。云，猶「焉」。語末助詞。

【語譯】朱穆，字公叔，年五歲便有孝順父母的稱號。父母有病，往往不吃不喝，父母病癒了才恢復正常。到了成年，專注於學問，專心講讀朗誦，有時思索太深沉了，不知道把衣帽丟失，被坎絆倒或跌入坑內。他父親常說他一心念書念傻了，近乎數不清馬有幾條腿。朱穆的研讀越發專一篤實。

2 朱穆起初被舉為孝廉。順帝末年，江淮一帶盜賊成群而起，州郡不能禁止。有人勸說大將軍梁冀：「朱公叔文武雙全，國內少有之士，如果讓他為主要策劃者，賊還不夠平哩。」梁冀平時也聽說過朱穆的名字，就徵召了他，使他主持軍務，很受梁冀親愛和信任。到桓帝即皇帝位，順烈太后臨朝攝政，朱穆認為梁冀位置親近而權重，希望他能夠盡力扶持王室，便推論災變和異常，上文書勸誡梁冀：「我思量明年是丁亥年，歲德歲刑匯合於北宮乾位，是《易經》所謂『龍戰』的災厄，其原文說：『龍戰於野，其道是末路。』這是說陽道將勝陰道將敗。今年九月天氣鬱悶，君臣五位與八封四候連連失其正氣，此與刑德在乾位互相印證了。一般說來，善道屬陽，惡道屬陰，如果修正身心保守住陽位，摧毀陰類，福善就跟著來了。我事事不如人，所愛好惟有學問，從老師傳授得來，往往有所應驗。希望將軍分點心察驗我的話，多多接納眾儒者，並且親近那些忠誠有正氣之人，拒絕那些苟且偷安的人，一心專注於朝廷，割斷私心，廣泛徵召賢德之人，遠離邪惡之人。人君不能不學習，應當用天地正道浸潤他的心田。應該為皇帝選擇並安置太師、太傅及為皇帝講學的人，尋求謹慎忠厚崇尚禮教的先生，將軍和他們一起入宮禁，參與獎勸講授，師事賢者效法古人，這就如同倚靠南山坐在平川那樣穩固，誰能把它推翻？今年夏天，月有光環而房星現，明年應當有小小的災困。應趕快殺掉為國人最怨恨的奸臣，用以遏止災禍。議郎、大夫之官位，本是用以按次第授與研習儒術品德高尚之士，現在為官的大多不是那樣的人；九卿重臣之中，也有背離其職位的，望將軍明辨。」朱穆還舉薦种暠、欒巴等人。恰巧第二年嚴鮪陰謀擁立清河王劉蒜為皇帝，又有兩條黃龍出現在沛國。梁冀不學無術，便認為朱穆「龍戰於野」的說法應驗了，於是就請种暠為從事中郎，薦欒巴為議郎，舉薦朱穆的考績是優等，授官侍御史。

3 當時同郡有個叫趙康字叔盛的人，隱居在武當山，清心寡欲不願做官，用經書和解經書的傳教授學徒。朱穆當時已經五十歲，竟然捧著書來學且自稱弟子。到趙康去世，如同對待老師一樣為他服喪。他那種尊重師德和才藝的作法，為當時人所欽佩。

4 朱穆常感到社會人情的浮薄，仰慕敦厚，便作〈崇厚論〉。其詞說：

5 「民俗之衰敗是有來由的。所以孔子感歎地說：『人間正道興行的時代，我沒有趕得上啊！』大概為此很傷感的。道啊，把宇宙間看作一體，在他人與在自己是一樣的。所以人的行動背離了道就心生慚愧，不是畏懼正義；做事違背了常理心中便糾結著愧疚，不是害怕禮法。所以遵循著人的天性去做就叫道，得到那種天性就叫德。人的本性泯沒以後才看重仁義，如此說來仁義的興起就是道德的離散，禮法的實行就是純樸的破敗。所以從道德的角度認為仁義是人心的敗壞，從純樸的角度認為禮法是禍害。那些被五帝時所崇尚的東西，已經被三皇時所鄙薄，何況比五帝時更不及的呢！

6 「是以天不高大覆蓋就不廣，地不深厚載物就不多，人不敦厚入道的精理便不深。從前孔子不因原壤失禮而拋棄故舊，楚莊王也不忍彰顯被扯斷冠帶的大臣。由此看來，聖賢的品德是很厚道的。老子的〈德經〉

說：『有志氣有擔當的男子漢應當持守道德，而不要實行仁義；要堅持清虛，不要崇尚聲色，所以去彼華薄，取此厚實。』時俗澆薄要施之以厚，行為有失策要以惠愛對待。是以包容別人錯誤的作法，是敦厚之道；補救別人過失的作法，是厚道的行為。從前，馬援很明瞭此中道理，可以做出敦德之事，他告誡他的姪輩說：『我希望你們聽到別人的錯誤就像聽到父母的名字，耳朵可以聽，嘴可不許說。』這話是非常重要的。遠的有古聖先賢行之於往古，近的有丙吉、張安世行之於漢朝，是以能夠揚美名於後世，流傳下永不磨滅的遺風，不也是一件美事嗎！

7 「可是時代風俗有不同，道德不敦厚，卻崇尚互相誹謗，叫做評論優劣。念念不忘別人的短處而責難人家的長處，貶低別人壞的方面卻連好的方面一併攻擊，這種事例多得很，哪能數得完呢！所有這一切，不僅背離了為君子的本質，還有危害自身連累家庭的災禍哩。可悲啊！這樣做的人不知道擔心何以到如此地步，是以禍害流行想挽救也來不及了。事已如此了，還有奇異的哩。人們都看見這種災禍卻不能自行改變，這是什麼原因呢？一味向前的人只顧向前而不計後患，榮光尊貴的人只是誇耀自己而不善待他人，聰明人不交往愚鈍的人，富人不肯救濟窮人，耿直的人孤單得不到關愛，賢良的人困厄得不到存問。以至於田蚡那樣尊貴顯赫的人還收受韓安國的賄金，淳于長以九卿之位而援引翟方進的話。即以韓安國、翟方進之品德，為漢朝廷有名的宰輔，如此尚不能振救一個貧苦的賢者，舉薦一個孤立無援的士人，更何況在他們地位以下的人呢！這就是禽息、史魚能夠獨擅名譽於前代，卻沒有人能繼其蹤於後世的緣故啊。是以時代敦樸風俗純美，即使是小人也能持守正道，利益不能引誘他；時代敗壞風俗澆薄，縱然是君子也得做壞事，正義也不能禁止他。為什麼呢？在前面的人已經過去不再回來，後面的人按著老習俗往前追趕，這樣一來，虛美浮華昌盛而忠誠信義衰敗，刻薄之行多而純厚之行少。這大概就是《詩．谷風》有『將恐將懼，維予與汝。將安將樂，汝轉棄予』的哀歎，〈伐木〉有『嚶其鳴矣，求其友聲』的悲傷吧！

8 「可歎啊！世間士人確乎親身效法孔聖人的崇高道德，讚美楚莊王的高尚操行，仰慕老子雅正的教導，思念馬援所尊崇的原則，鄙棄翟與淳于二宰輔的拋去法度，誇讚韓稜的抗直公正，推崇丙吉、張安世的大度，瞧不起流俗的相互誹謗，這樣便道德高尚而事功豐盛，名字顯揚且自身榮光，記下永存的美德，播揚不可磨滅的名聲。此後才知道德薄的人的缺失，而德厚的人則行有餘裕。德薄者與草木一同枯朽，德厚者與金石共存，此二者怎能相提並論啊？」

9 朱穆又著〈絕交論〉，也是匡正時弊之作。

10 梁冀驕橫暴虐不改，朝野歎恨，朱穆因曾為梁冀屬吏，擔心他過惡由小成大招來禍患，又以書面文字勸告他說：「古代英明的君主，一定要有以德義相輔助的大臣和規勸的官吏，下至所用器物，刻著成敗的警語，以防行為缺失。是以君主有君主應做的事，臣有臣職分內的事，按著這些警語去做，如同上朝升堂那樣嚴肅，違背了這些警語，就像入深壑那樣戰慄。現在尊敬的大將軍地位有申伯那樣的崇高，官居三公之上，一旦為善，天下之人便歸向仁義，一朝為惡，全國便覆滅。近來，官府與人民都窮匱，再加上水災、蝗蟲為害。京城各官署費用增加，朝廷下詔徵調有時達到以前的十倍。各官府都說沒有現成的錢物，都必須由民眾拿出來，對他們拷打搜刮，強迫他們足數交納。公家之賦稅已經很重，私人的聚斂更多，州牧郡守縣長及其屬吏，大多不是按德行選用的，貪婪聚斂永不滿足，待下民如奴隸，有的死於拷打之下，有的受不了逼迫的索求而自殺。還有這些對百姓的掠奪，都打著大將軍的旗號。於是使大將軍與天下人結怨，引起官吏和百姓痛恨，道路皆怨歎之聲。從前秦朝施政刻急，百姓離心，陳勝振臂一呼，天下紛紛響應，可是當面諂諛的大臣，還說天下太平哩！隱蔽罪惡而不知悔改，終於走到滅亡。以前永和末年，綱紀稍微鬆弛，很失百姓的盼望。只有四五年的時間，便財源枯竭民戶離散，百姓離心離德。馬免之輩乘民之凋敝而起事，荊揚二州之地幾乎釀成大患。幸虧順烈皇后才主政清簡無為，朝野同心協力，勉強平定。現在百姓憂懼，困苦大於永和年間，內無仁愛之心可得百姓容忍，外無守國之計使朝廷久安。將相大臣與皇帝一體，同車而奔，同舟而渡，車翻船覆，有禍共擔。怎麼可以拋棄光明而走向黑暗，站在危險之地而自以為平安，皇帝孤幼而時局維艱，卻不去救助呢！應及時撤換那些不能勝任宰守職務的人，減省宅院園池的費用，拒絕郡國一切進奉。內顯光明磊落，外解人之懷疑，使心懷奸詐的官吏沒有依靠，負責監察的官吏看到他想要看的。法度既能申張，遠近清淨純一，這樣一來，將軍身位尊崇而事跡顯豁，美德照耀萬代。蒼天看得最清楚，沒有一句話是不可信的，望將軍俯察。」梁冀不接受他的勸告，反而放縱一天比一天更厲害，竟然又賄賂贈送左右，交往宦官，任使其子弟、賓客做州郡顯要職位。朱穆又進書懇切勸告，梁冀終不覺悟。給朱穆回信說：「照你說的，我一無是處了嗎？」朱穆的話盡管說得激烈，梁冀倒也不責怪他。

11 桓帝永興元年，黃河發水患，沖毀民眾幾十萬戶，百姓饑饉，逃荒於路上。冀州境內盜賊最多，因而提拔朱穆為冀州刺史。本州人中有三個宦官是中常侍，都寫書信請見朱穆，他恨他們，謝絕不見。冀州所屬縣的令長聽說朱穆渡河北上，有四十多人解下印綬逃跑了。及至朱穆到任，上奏彈劾各郡，以致有的人自殺。穆以威武方略權量時宜，把盜賊首領都給除滅了。舉奏的權貴，有的便死在監獄裡。宦官中有個叫趙忠的，死了父親，要埋回老家安平國，使用超越本人身分的美玉、盛屍體的玉匣和明器偶人。朱穆聽說了，給郡裡發文查驗。官吏害怕朱穆認真過細，就掘墓打開棺材，把屍體擺在地上，而且把他的家屬也收押起來。皇帝聽說了，大為震怒，傳喚朱穆到廷尉獄，罰他到左校去服勞役。太學的在讀學生劉陶等幾千人到宮門口為朱穆辯冤說：「我等看見判作刑徒的朱穆，做事公道憂念國家，授官州牧那一天，便下決心清除奸邪，事實上因為常侍尊貴勢盛，他的父兄子弟分布在州郡，一個比一個狠毒，吞噬小民，是以朱穆彰顯國法，補綴遺漏條款，捕捉殘暴禍亂之人，用以滿足天意。因此宦官一起憎恨他，對他的誹謗滾滾而來，陷害一個接著一個興起，給他最嚴厲的刑罰，到左校服役。天下有識之士，都認為朱穆就像大禹和后稷那樣操勞，卻遭受共工和鯀那樣的罪行，如果死去的人有知覺的話，唐堯也會在他的葬地崇山發怒，虞舜也會在蒼梧的墓地忿恨哩！現在宦官這些親近皇帝的人，盜取國家權力，手裡拿著皇帝的爵命，口裡說出的便成為最高法律，行賞能使飢餓的罪隸比季孫氏還富有，出出氣就可以使伊尹、顏淵變成夏桀和盜跖。可是朱穆依然一身剛強不考慮對自己的危害。他並非厭惡光榮愛好受辱，討厭活著而願意死去，只是感到朝廷綱紀不整飭，擔心國法永久失去效力，才竭盡心力滿懷憂慮，為皇帝作深謀遠慮。我等情願面部刺字，足上帶鐐，代替朱穆到左校勞作。」皇帝看了他們的奏章，就赦免了朱穆。

12 朱穆在家裡閒住了好幾年，在朝的各大臣中有不少人推薦他的，於是又把他召來授為尚書。朱穆既然深為痛恨宦官，及至做了尚書，與宦官整天在一起共事，下決心要把他們除掉。就上書說：「案漢家舊典，中常侍是選拔讀書人充當。建武以後，才全用閹人。從延平年以後，逐漸尊貴而勢盛，憑藉貂尾金璫的飾物，居於常伯的地位，朝廷政事，完全通過他們的手去辦，權力壓倒國內，尊寵顯貴沒有極限，他們的子弟親戚，都擔承著顯職，從而放縱驕滿，誰也無法禁止。兇悍狡詐無道德之徒，諂媚以求得官，依仗勢力和寵愛之流魚肉百姓，使天下人窮苦破敗，小民家徒四壁。我認為可以全部去掉，回復到從前，遵循舊的章程，重新選拔國內清正純潔之人，通曉治國方略的人，用以補足缺處。這樣做，陛下可以做堯、舜那樣的明君，各位官僚都可以做后稷、殷契那樣的大臣，黎民百姓感受到聖朝的教化了。」皇帝不採納他的建議。後來朱穆藉進見之機，親口又陳說道：「我聽說漢家舊典，立侍中、中常侍各一人，省覽尚書的奏事；黃門侍郎一人，傳送文書奏章。這些人都任用世代有名望之家。自從和熹太后以女主臨朝代行皇帝職權，不與公卿見面，才以閹割之人為常侍，小黃門傳達命令於兩宮之間。從此以後，宦官之權壓倒皇帝，使天下窮困。應該把他們取消並遣散，廣選有知識道德高尚之士，參與國家政事。」皇帝發怒，不答應。朱穆伏在地上不肯起來，皇帝的近侍傳出聲音叫他離開，過了很久他才碎步疾行而去。從此以後這些內官多次藉故聲稱是詔書之意詆毀他。

13 朱穆一向剛強，心情不舒暢，過了不久，因憤悶毒瘡發作。延熹六年去世，終年六十四歲。為官幾十年，家常便飯，粗布衣裳，家無餘財。朝中大臣共同上表稱述朱穆立身忠正清廉，誠敬從事於國家機要之位，終生行正道，應該受到表彰和尊寵，於是下書面詔書予以嘉獎，追贈他為益州郡太守。穆所著論、策、奏、教、書、詩、記、嘲，共二十篇。

14 朱穆以前在冀州任內時，所薦舉任用的都是品德高潔德高望重的人，這些人後來有許多官至公卿和州郡牧守的。其子名野，年少時便有名譽和節操，官至河南尹。先前，穆父去世，穆與眾學者考據古義，為父諡曰貞宣先生。到穆去世，蔡邕又與其門人共同論列朱穆的事跡，諡為文忠先生。

15 史家評論說：朱穆認識到拉幫結派傷害正義，私利結夥敗壞風俗，下決心打擊朋黨的私交，便寫拒絕交友的論文。蔡邕認為朱穆貞正而無援，又作〈正交論〉而闡發其深義。孔子說「與上官交往不要諂媚，與下屬交往不要傲慢」，又說「晏嬰與人交往，越交人越敬重他」，子夏的弟子也向子張問交友之道。是以《易》指出同心能斷金的意義，《詩》登載聚宴朋友故舊的歌謠。至於以文會友、以友輔仁，要交正直、誠信、知識廣博的朋友，時時增加益處；以白絲帶和苧麻衣互贈，傾蓋交語，彈冠援仕，結綬薦達之人，終能加深其友誼。這本是交友者的正道啊。至於田蚡和竇嬰、衛青和霍去病的遊食之客，廉頗和翟公門下賓朋，來由於主人勢力大而結合，去因為主人勢衰而離分。還有專諸和荊軻對主人的感激，侯生和豫讓的獻身，情被恩所驅使，命因義而輕喪，都是因利害改變主意，念其恩德而促成死節，不是知心相交的本義，也說不上得失的本原。朱穆只是認為朋友情分很少能始終如一，從而拒絕同心人的相求；因為以俠義結夥而產生弊害，卻忘了得到朋友為吉的本義。蔡邕認為朱穆「貞而孤」的說法，應是對的呀！古時善於交往的人多了，漢朝建國之後人們稱贊王陽、貢禹，陳遵、張竦；近世有廉范、慶鴻，陳重、雷義的嘉話。

1 樂恢，字伯奇，京兆長陵人也❶。父親，為縣吏，得罪於令，收將殺之。恢年十一，常俯伏寺門，晝夜號泣。令聞而矜❷之，即解出親。

2 恢長好經學，事博士焦永❸。永為河東❹太守，恢隨之官❺，閉廬精誦，不交人物。後永以事被考❻，諸弟子皆以通關❼被繫，恢獨皦然❽不汙於法，遂篤志為名儒。性廉直介立❾，行不合己者，雖貴不與交。信陽侯陰就數致禮請恢，恢絕不答。

3 後仕本郡吏。太守坐法誅❿，故人莫敢往，恢獨奔喪行服⓫，坐以抵罪⓬。歸，復為功曹⑬，選舉不阿，請託無所容。同郡楊政⑭數眾毀恢，後舉政子為孝廉，由是鄉里歸之。辟司空牟融⑮府。會蜀郡太守第五倫代融為司空，恢以與倫同郡，不肯留，薦潁川杜安⑯而退。諸公多⑰其行，連辟之，遂皆不應。

4 後徵拜議郎。會車騎將軍竇憲出征匈奴，恢數上書諫爭，朝廷稱其忠⑱。入為尚書僕射。是時河南尹王調、洛陽令李阜與竇憲厚善⑲，縱舍自由⑳。恢劾奏調、阜，并及司隸校尉㉑。諸所刺舉，無所回避，貴戚惡之。憲弟夏陽侯瓌欲往候恢㉒，恢謝不與通。憲兄弟放縱，而忿其不附己。妻每諫恢曰：「昔人有容身㉓避害，何必以言取怨？」恢歎曰：「吾何忍素餐㉔立人之朝乎！」遂上疏諫曰：「臣聞百王之失，皆由權移於下。大臣持國，常以埶盛為咎。伏念先帝㉕，聖德未永，早棄萬國㉖。陛下富於春秋㉗，纂承㉘大業，諸舅不宜幹正㉙王室，以示天下之私。經曰：『天地乖互㉚，眾物夭傷；君臣失序，萬人受殃。』政失不救，其極不測。方今之宜，上以義自割，下以謙自引。四舅㉛可長保爵土之榮，皇太后永無慙負宗廟之憂，誠策之上者也。」書奏不省。時竇太后㉜臨朝，和帝未親萬機，恢以意不得行，乃稱疾乞骸骨。詔賜錢，太醫視疾。恢薦任城郭均、成陽高鳳㉝，而遂稱篤。拜騎都尉，上書辭謝曰：「仍受厚恩，無以報效。夫政在大夫，孔子所疾㉞；世卿持權，春秋以戒㉟。聖人懇惻，不虛言也。近世外戚富貴，必有驕溢之敗。今陛下思慕山陵㊱，未遑政事；諸舅寵盛，權行四方。若不能自損，誅罰必加。臣壽命垂盡，臨死竭愚，惟蒙留神。」詔聽上印綬，乃歸鄉里。竇憲因是風厲㊲州郡迫脅，恢遂飲藥死。弟子縗絰輓者㊳數百人，眾庶痛傷之。後竇氏誅㊴，帝始親事。恢門生何融等上書陳恢忠節，除子己為郎中㊵。

【章旨】以上為〈樂恢傳〉。樂恢一生廉直介立，幼年為父親伏泣免刑，為太守奔喪行服，避同郡之嫌不在第五倫手下為官，都是他這種性格的表現。他一生未至大官，僅至沒有實權的議郎，他不願「素餐立人之朝」，為國家計，他竭盡忠誠，仍不免被權臣迫害致死。

【注釋】❶樂恢字伯奇二句　《集解》引惠棟說：「《世系》云，親之先輩毅，趙封望諸君；毅孫臣叔，漢封華成君，子孫自趙徙長陵也。」漢初徙民實長陵事，詳第五倫傳注。❷矜　憐憫。❸事博士焦永　《集解》引惠棟說：「袁宏《紀》作焦貺。案〈鄭宏傳〉，宏師河東太守焦貺，坐楚王英事被收，袁《紀》稱貺嘗為博士，後為河東太守，則永當為貺也。」❹河東　郡名。治安邑（今山西夏縣北）。❺之官　到任所。❻考　審查。❼通關　李賢注：「為交通關涉也。」❽噭然　李賢注：「噭，明也，或從白作皦，音亦同。」❾廉直介立　廉，有稜角。廉直，剛直。介，特。特亦直義，古直、特同音。介立，特立直行。❿後仕本郡吏二句　李賢注：「《東觀記》：京兆尹張恂召恢署戶曹吏。」三輔與郡平級，故京兆尹地亦可稱郡，京兆尹官亦可稱太守。據下文，仕本郡為功曹。⓫行服　服喪。⓬抵罪　因犯罪而受到相應的處罰。《史記・高祖本紀》司馬貞《索隱》：「抵，當也，謂使各當其罪。」⓭功曹　郡守有功曹史，簡稱功曹，除掌人事外，還參與一郡的政務。⓮同郡楊政　政，字子行，京兆人。善說經，為人仗義。本書〈儒林傳〉有傳。袁宏《後漢紀》作「杜陵人楊正」，杜陵亦京兆尹屬縣，故此云「同郡楊政」。正、政古字通。⓯司空牟融　司空，三公之一，掌營建城邑、浚溝洫、修墳防等事。牟融，字子優，北海安丘（今山東安丘）人。歷任司隸校尉、大鴻臚、大司農、司空、太尉等職。本書有傳。⑯潁川杜安　潁川，郡名。治陽翟（今河南禹州）。杜安，李賢注：華嶠《書》曰：「安擢為宛令，以病去。章帝行過潁川，安上書，召拜御史，遷至巴郡太守。而恢在家，安與恢書通問，恢告吏口謝，且讓之曰：『為宛令不合志，病去可也。干人主以闚覦，非也。違平生操，故不報。』安亦節士也，年十三入太學，號奇童。洛陽令周紆自往候安，安謝不見。京師貴戚慕其行，或遺之書，安不發，悉壁藏之。及後捕案貴戚賓客，安開壁出書，印封如故。」⑰多　讚美。⑱恢數上書二句　李賢注：《東觀記》載恢所上書諫曰：「《春秋》之義，王者不理夷狄。得其地不可墾發，得其人無益於政，故明王之於夷狄，羈縻而已。孔子曰：『遠人不服，則修文德以來之。』以漢之盛，不務修舜、禹、周公之德，而無故興干戈，動兵革，以求無用之物，臣誠惑之！」⑲是時河南尹王調句　李賢注：「《決錄注》曰：『調字叔和，為河南尹。永和二年，坐買洛陽令同郡任稜竹田及上（上疏）罷城東漕渠免官。』」洛陽令，洛陽是東漢京城，亦是河南尹之首縣，故有令。⑳縱舍自由　放縱肆意。舍，同「捨」。捨亦放義。自由，在己。㉑并及司隸校尉　并，兼及。及，牽連。司隸校尉，亦省稱司隸，地相當於一州。秩比二千石，掌察舉百官以下及京師近郡犯法者。《集解》引惠棟說，謂時司隸校尉為司空蔡。㉒憲弟夏陽侯瓌欲往候恢　夏陽，縣名。治所在今陝西韓城南。瓌亦放縱無忌，大起第宅。候，往訪。㉓容身　保全自身，喻苟且偷安。㉔素餐　《校補》柳從辰引《論衡・量知篇》云：「素者，空也，空虛無德，飡（餐）人之祿，故曰素餐。」㉕先帝　前已去世的皇帝，此言章帝。㉖棄萬國　皇帝死去的委婉說法。㉗富於春秋　李賢注：「春秋謂年也。言年少，春秋尚多，故言富。」㉘纂承　繼承。㉙幹正　干預。㉚乖互違背；抵觸。此謂天地反常。㉛四舅　李賢注：「四舅謂竇憲，弟篤、景、瓌也。」㉜竇太后　章帝竇皇后，和帝即位尊為太后。㉝成陽高鳳　《集解》引錢大昕說：「案〈逸民傳〉，高鳳南陽葉人，此成陽恐是南陽之誤，或別有同姓名者。」據鳳傳，鳳一生不仕。㉞夫政在大夫二句　李賢注引《論語》：「孔子曰：天下有道，政不在大夫。」㉟世卿持權二句　李賢注：「春秋宣公十年曰：『齊崔氏出奔衛。』《公羊傳》曰：『崔氏者何？齊大夫。稱崔氏者何？貶。曷為貶？譏世卿也。』」《公羊傳・隱公三年》何休注：「世卿者，父死子繼也。」㊱山陵　皇帝墳墓。《水經注・渭水三》：「秦名天子冢曰山，漢曰陵，故通曰山陵矣。」此借指本朝先帝（章帝）。㊲風厲　慫恿。㊳縗絰輓者　縗絰，喪服。用麻布條披於胸前曰縗，紮於頭上或繫於腰間曰絰。即民間所謂之披麻戴孝。為服三年喪者用之，可見弟子對樂恢的敬重，與對君父齊等。輓，今作「挽」。在前牽引靈車，以示哀悼。㊴竇氏誅　在和帝永元四年（西元九二年）。㊵除子己為郎中　李賢注：「《三輔決錄注》曰：『己字伯文，為郎非其好也，去官。』」郎中，秩二百石，掌管門戶、車騎等事；內充侍衛，外從作戰。注謂為郎，郎有議郎、侍郎、中郎，其中亦有郎中。

【語　譯】樂恢，字伯奇，京兆長陵人。他的父親樂親，為縣中小吏，得罪了縣令，被收押準備殺掉。樂恢當時十一歲，總是趴在縣署門口，晝夜哭泣。縣令聽說了很可憐他，就釋放樂親出來。

2 樂恢至成年喜愛經學，從師於博士焦永。焦永為河東太守，樂恢跟隨他到任所。閉門精讀背誦，不和他人來往。後來焦永因犯事被追究，他的那些弟子們都因為有來往而被拘繫，只有樂恢一身乾淨沒有陷於法網之中，終於專心治學而成為名儒。樂恢性格剛直特立獨行，遇有自己看不上的人，即使是富貴之人也不與他來往。信陽侯陰就多次送禮請恢，恢斷然不予理睬。

3 後來樂恢在京兆尹做了郡中官吏。太守因為犯法被誅，故友親舊都不敢去太守家，只有樂恢前往弔唁和服喪，在那裡等待判罪。回郡之後仍為功曹，對待推舉人才不奉承權貴，任何請求照顧都不答應。同郡的楊政在公眾場合多次毀謗樂恢，後來推舉楊政的兒子為孝廉，從此家鄉的人民都歸服他。被徵聘到司空牟融官署為官，正在此時蜀郡太守第五倫代牟融為司空，樂恢認為與第五倫都是京兆人，不肯留下任職，便推薦潁川人杜安而後離開司空府。諸大臣讚美他的品行，接連徵聘他，最後都沒答應。

4 後來徵召樂恢授官議郎。正當車騎將軍竇憲出征匈奴，樂恢多次上書勸止，朝廷嘉獎他的忠誠。入閣為尚書僕射。此時河南尹王調、洛陽令李阜與竇憲親密友善，放縱恣肆，樂恢上奏彈劾王調和李阜，並牽連到司隸校尉。不論檢舉誰都毫不迴避，權貴外戚憎恨他。竇憲的弟弟夏陽侯竇瓌打算去拜訪樂恢，樂恢謝絕不與往來。竇憲兄弟放縱，又恨他不歸順自己。妻子往往勸告恢說：「前人有的得過且過以避害，何苦以言招來怨恨？」樂恢歎息道：「吾豈忍享受俸祿立於朝廷而無所作為呢！」於是上疏諫諍道：「我聽說古來王者之失敗，都是因為權力轉入大臣手裡。大臣持有國柄，常因勢力太大而為禍亂。想到先帝大德不長，早早扔下天下而去。陛下還年輕，繼承皇位，各位舅父不應該干預王家事務，而顯示天下為私人所有。經云：『天地錯位，萬物夭折損傷；君臣失其序位，萬民遭受禍殃。』政治失常不予救治，到了極點就會發生不測。現在最好的辦法是，在上的從大義著想要自行割捨，在下的要謙讓而自行引退。四位舅父可以長久保有爵位封國之榮華，皇太后也可避免愧對宗廟的憂慮，此確乎是計策之最好的啊。」諫書呈上不予理會。這時竇太后親臨朝廷主政，和帝尚未親手處理國事，樂恢認為自己的設想不能施行，便說有疾請求辭職。皇帝下詔賜給他錢，命太醫去診視病情。樂恢舉薦任城人郭均和成陽人高鳳，而後便說病情深沉。授與他騎都尉，上書謝絕道：「屢受厚恩，無可報效。國家政權在大夫手裡，這是孔子所痛恨的；世襲的卿相握持權力，《春秋經》對此提出警告。聖人之心懇切而憫痛，可不是說空話呀！近代外戚富貴，必然產生驕滿之敗。現今陛下思念先帝，沒有餘暇處理政事；各位皇舅受寵而勢大，權力伸展到四方，若不能自行遏抑，斬罰必然落在他們頭上。我的壽命將完了，臨死前竭盡我的愚見，希望受到皇帝的留意！」有詔允許他呈上印綬，便回到老家去。竇憲藉此機會慫恿州郡官逼迫他，樂恢最後喝毒藥而死。他的學生為他披麻戴孝挽引靈車示哀的有好幾百人，百姓為他悲痛憂傷。

5 以後竇氏家族被誅滅，和帝才親理國政，樂恢的門生何融等上疏陳述樂恢的忠誠節義，授樂恢的兒子樂己為郎中。

1 何敞，字文高，扶風平陵❶人也。其先家于汝陰❷。六世祖比干❸，學尚書於朝錯❹，武帝時為廷尉正❺，與張湯❻同時。湯持法深而比干務仁恕，數與湯爭，雖不能盡得，然所濟活者以千數。後遷丹陽都尉❼，因徙居平陵。敞父寵，建武中為千乘❽都尉，以病免，遂隱居不仕。

2 敞性公正。自以趣舍不合時務，每請召，常稱疾不應。元和中，辟太尉宋由❾

府，由待以殊禮。敞論議高，常引大體，多所匡正。司徒袁安⑩亦深敬重之。是時京師及四方累有奇異鳥獸草木，言事者以為祥瑞。敞通經傳，能為天官⑪，意甚惡之。乃言於二公曰：「夫瑞應依德而至，災異緣政而生。故鸜鵒來巢，昭公有乾侯之戹⑫；西狩獲麟，孔子有兩楹之殯⑬。海鳥避風，臧文祀之，君子譏焉⑭。今異鳥翔於殿屋，怪草生於庭際，不可不察。」由、安懼然不敢荅。居無何而肅宗崩。

3 時竇氏專政，外戚奢侈，賞賜過制，倉帑⑮為虛。敞奏記由曰：「敞聞事君之義，進思盡忠，退思補過。歷觀世主時臣，無不各欲為化，垂之無窮。然而平和之政萬無一者，蓋以聖主賢臣不能相遭故也。今國家秉聰明之弘道，明公履晏晏⑯之純德，君臣相合，天下翕然⑰，治平之化，有望於今。孔子曰：『如有用我者，三年有成。』⑱今明公視事，出入再朞⑲，宜當克己，以疇⑳四海之心。禮，一穀不升，則損服徹膳㉑。天下不足，若己使然。而比年水旱，人不收穫，涼州緣邊，家被凶害㉒，男子疲於戰陳，妻女勞於轉運，老幼孤寡，歎息相依。又中州內郡，公私屈竭。此實損膳節用之時。國恩覆載，賞賚過度，但聞臘賜㉓，自郎官以上，公卿王侯以下，至於空竭帑藏，損耗國資。尋㉔公家之用，皆百姓之力。明君賜賚㉕，宜有品制，忠臣受賞，亦應有度㉖。是以夏禹玄圭，周公束帛㉗。今明公位尊任重，責深負大，上當匡正綱紀，下當濟安元元，豈但空空㉘無違而已哉！宜先正己以率群下，還所得賜，因陳得失，奏王侯就國，除苑囿之禁，節省浮費，賑卹窮孤，則恩澤下暢，黎庶悅豫㉙，上天聰明㉚，必有立應。使百姓歌誦，史官紀德，豈但子文逃祿㉛，公儀退食之比㉜哉！」由不能用。

4 時齊殤王子都鄉侯暢奔弔國憂，上書未報㉝，侍中竇憲遂令人刺殺暢於城門屯衛之中㉞，而主名不立㉟。敞又說由曰：「劉暢宗室肺府㊱，茅土㊲藩臣，來弔大憂㊳，上書須㊴報，親㊵在武衛，致此殘酷。奉憲㊶之吏，莫適討捕㊷，蹤迹不顯，主名不立。敞備數股肱，職典賊曹㊸，故欲親至發所，以糾其變㊹，而二府以為故事三公不與賊盜㊺。昔陳平生於征戰之世，猶知宰相之分，云『外鎮四夷，內撫諸侯，使卿大夫各得其宜』㊻。今二府執事不深惟大義，惑於所聞，公縱姦慝，莫以為咎。惟明公運獨見之明，昭然勿疑，敞不勝所見，請獨奏案。」由乃許焉。二府聞敞行，皆遣主者㊼隨之，於是推舉㊽具得事實，京師稱其正。

5 以高第拜侍御史。時遂以竇憲為車騎將軍㊾，大發軍擊匈奴，而詔使者為憲弟篤、景並起邸第，興造勞役，百姓愁苦。敞上疏諫曰：「臣聞匈奴之為桀逆㊿

久矣。平城之圍，嫚書之恥[51]，此二辱者，臣子所為捐軀而必死。高祖、呂后忍怒還[52]忿，舍而不誅。伏惟皇太后秉文母[53]之操，陛下履晏晏之姿，匈奴無逆節[54]之罪，漢朝無可慚之恥，而盛春東作[55]，興動大役，元元怨恨，咸懷不悅。而猥復為衛尉篤、奉車都尉景繕修館第[56]，彌街絕里。臣雖斗筲之人[57]，誠竊懷怪，以為篤、景親近貴臣，當為百僚表儀。今眾軍在道，朝廷焦脣，百姓愁苦，縣官無用，而遽起大第，崇飾玩好，非所以垂令德，示無窮也。宜且罷工匠，專憂北邊，恤人之困。」書奏不省。

6 後拜為尚書，復上封事[58]曰：「夫忠臣憂世，犯主嚴顏，譏刺貴臣，至以殺身滅家而猶為之者，何邪？君臣義重，有不得已也。臣伏見往事，國之危亂，家之將凶，皆有所由，較然易知。昔鄭武姜之幸叔段[59]，衛莊公之寵州吁[60]，愛而不教，終至凶戾。由是觀之，愛子若此，猶飢而食之以毒，適所以害之也[61]。伏見大將軍憲，始遭大憂，公卿比奏，欲令典幹國事[62]。憲深執謙退，固辭盛位，懇懇勤勤，言之深至，天下聞之，莫不悅喜。今踰年無幾，大禮未終[63]，卒然中改，兄弟專朝。憲秉三軍之重，篤、景總宮衛之權，而虐用百姓，奢侈僭偪[64]，誅戮無罪，肆心自快。今者論議凶凶[65]，咸謂叔段、州吁復生於漢。臣觀公卿懷持兩端，不肯極言者，以為憲等若有匪懈[66]之志，則己受吉甫褒申伯之功[67]；如憲等陷於罪辜，則自取陳平、周勃順呂后之權[68]，終不以憲等吉凶為憂也。臣敞區區[69]，誠欲計策兩安，絕其緜緜，塞其涓涓[70]，上不欲今皇太后損文母之號，陛下有誓泉之譏[71]，下使憲等得長保其福祐。然臧獲[72]之謀，上安主父，下存主母，猶不免於嚴怒[73]。臣伏惟累祖蒙恩，至臣八世[74]。復以愚陋，旬年[75]之間，歷顯位，備機近。每念厚德，忽然忘生。雖知言必夷滅，而冒死自盡者，誠不忍目見其禍而懷默苟全。駙馬都尉[76]瓌，雖在弱冠[77]，有不隱之忠，比請退身，願抑家權。可與參謀，聽順其意，誠宗廟至計，竇氏之福。」

7 敞數切諫，言諸竇罪過，憲等深怨之。時濟南王康[78]尊貴驕甚，憲乃白出[79]敞為濟南太傅。敞至國，輔康以道義，數引法度諫正之，康敬禮焉。

8 歲餘，遷汝南[80]太守。敞疾文俗吏[81]以苛刻求當時名譽，故在職以寬和為政。立春日，常召督郵還府[82]，分遣儒術大吏案行[83]屬縣，顯孝悌有義行者。及舉冤獄，以春秋義斷之[84]。是以郡中無怨聲，百姓化其恩禮。其出居者，皆歸養其父母[85]，追行喪服，推財相讓者二百許人[86]。置立禮官，不任文吏。又修理鮦陽舊渠[87]，百姓賴其利，墾田增三萬餘頃。吏人共刻石，頌敞功德。

9 及竇氏敗，有司奏敞子與夏陽侯瓌厚善，坐免官。永元十二年[88]復徵，三遷五官中郎將[89]。常忿疾中常侍蔡倫[90]，倫深憾[91]之。元興元年[92]，敞以祠廟嚴肅，微疾不齋[93]。後鄧皇后上太傅禹冢[94]，敞起隨百官會。倫因奏敞詐病。坐抵罪。卒于家。

【章旨】以上為〈何敞傳〉。何敞初入仕於太尉宋由府，面對竇氏專權，敞極力勸導宋由正己率下，上匡綱紀，下濟黎元。宗室劉暢在屯衛中被殺，因懼於竇憲威勢，主名不立，敞自請考案，具得事實。為加強朝廷權力，上疏抑制竇憲，罷卻篤、景邸第工匠，被憲出為地方官。竇氏敗後，宦官又成為朝廷的大患，何敞反對宦官蔡倫，反被蔡倫加罪。

【注釋】❶扶風平陵　扶風，右扶風，治槐里（今陝西興平東南）。平陵，漢昭帝陵，遷民實陵邑以為縣，治所在咸陽西北。❷汝陰　汝南郡屬縣。治所在今安徽阜陽。❸六世祖比干　李賢注引《何氏家傳》：「六世祖父比干，字少卿，經明行修，兼通法律。為汝陰縣獄吏決曹掾，平活數千人。後為丹陽都尉，獄無冤囚，淮汝號曰『何公』。征和三年三月辛亥，天大陰雨，比干在家，日中夢貴客車騎滿門，覺以語妻。語未已，而門有老嫗可八十餘，頭白，求寄避雨，雨甚而衣履不霑漬。雨止，送至門，乃謂比干曰：『公有陰德，今天錫君策，以廣公之子孫。』因出懷中符策，狀如簡，長九寸，凡九百九十枚，以授比干，子孫佩印綬者當如此筭。比干年五十八，有六男，又生三子。本始元年，自汝陰徙平陵，代為名族。」❹朝錯　或作「晁錯」、「鼂錯」。潁川（今河南禹州）人，從伏生學《尚書》。景帝時為御史大夫，因削藩引起吳楚之亂，被殺。❺廷尉正　秩千石。❻張湯　京兆杜陵（今陝西西安）人。武帝時任廷尉、御史大夫等職。制定「告緡令」（獎勵告發逃避資產稅，打擊商人大賈的法令），撰有《越宮律》二十七篇。❼丹陽都尉　丹陽，郡名。治宛陵（今安徽宣城）。郡守，景帝時更名都尉，其職守與太守同。❽千乘　郡名。治千乘（今山東高青北）。❾太尉宋由　太尉，三公之一，掌四方兵事功課，歲盡即奏其殿最而行賞罰。國有大事，與二公共議之。在東漢，天有災異，太尉往往被罷官。宋由，字叔路，長安人，章帝元和三年為太尉，後竇憲敗，由以黨憲自殺。由，或作「繇」。音義同。❿袁安　字邵公，汝南郡汝陽（今河南商水縣）人。拜楚郡太守，歷司空、司徒，正色立朝，力抗竇憲。本書有傳。有〈司徒袁安碑〉存世。邵公，碑文作「召公」，召、邵古通。汝南郡作「汝」，汝陽縣作「女」，王先謙云，女汝乃方俗之音，字隨讀改。⓫天官　天文；天象。《史記・天官書》司馬貞《索隱》：「天文有五官。官者，星官也。星座有尊卑，若之官曹列位，故曰天官。」⓬故鸜鵒來巢二句　李賢注：「春秋昭公二十五年：『有鸜鵒（八哥鳥）來巢。』《左氏傳》魯大夫師已曰：『文、成之世，童謠有之曰：「鸜鵒之羽，公在外野，往饋之馬。鸜鵒跦跦（跳行），公在乾侯。」』季平子逐昭公，公遜于乾侯。杜預注：『乾侯在魏郡斥丘縣，晉境內邑也。』」乾侯，在今河北成安東南。⓭西狩獲麟二句　李賢注：「《公羊傳》曰：『西狩獲麟，有以告孔子者曰：「有麕（麟）而角者何？」孔子曰：「孰為來哉！孰為來哉！」反袂拭面，涕下沾袍，曰：「吾道窮矣！」』何氏注曰：『麟者，太平之符，聖人之類。時得麟而死，此亦天告夫子將沒之徵也。』《禮記・檀弓上》孔子謂子貢曰：『予疇昔夜夢坐奠於兩楹之間焉。殷人殯於兩楹之間，丘即殷人也，予殆將死也。』遂寢疾，七日而死。⓮海鳥避風三句　李賢注：「《國語・魯語》曰，海鳥爰居，止於魯東門之外三日，臧文仲使國人祭之。展禽譏焉，因曰：『今茲海其有風乎？廣川之鳥恆知避風。』是歲海多大風，冬煖。文仲聞之，曰：『吾過矣！』」⓯帑　庫藏。⓰晏晏　溫和貌。⓱翕然　安寧。⓲孔子曰三句　語出《論語・子路》。有成，做得很有成績。⓳出入再朞　出入，在朝廷內外。朞，一週年。⓴醻　同「酬」。㉑禮三句　李賢注：「《禮記・曲禮下》：『歲凶，年穀不登（收成），君膳不祭肺（謂不殺牲）。』損服，減損服御。」㉒涼州緣邊二句　涼州，全國十三州之一，轄十二郡。李賢注：「時西羌犯邊為害也。」㉓臘賜　臘日賞賜百官。南朝梁宗懍《荊楚歲時記》：「十二月八日為臘日。」㉔尋　探求；考索。㉕賜賚　賞賜。賚亦賜。㉖忠臣受賞二句　李賢注：臘賜大將軍、三公錢各二十萬，牛肉二百斤，粳米二百斛，特進、侯十五萬，卿十萬，校尉五萬，尚書三萬，侍中、將、大夫各二萬，千石、六百石各七千，虎賁、羽林郎二人共三千，以為祀門戶直。見《漢官儀》也。㉗是以夏禹玄圭二句　《尚書・禹貢》：「禹錫玄圭，告厥成功。」偽《孔傳》：「玄，天色，禹功盡加于四海，故堯賜禹玄圭以彰顯之。」玄圭，黑色玉器，用以賞賜建立特殊功勳的人，禹治水成功，故賜之。武王歿，成王繼位，年紀小，周公旦居攝，平三監，營洛邑，功勞巨大，將歸政成王，故《尚書・召誥》言召公取幣錫周公。孔穎達疏云：「其幣蓋玄纁束帛也。」帛五匹為一束。㉘空空　謹愨貌。㉙悅豫　快樂。悅、豫同義。㉚上天聰明　《尚書・皋陶謨》：「天聰明自我民聰明。」謂天之聰明以下民為耳目觀察，民以為善者，天賞之。㉛子文逃祿　李賢注：《國語・楚語》：「昔楚鬭子文三登令尹，無一日之積。成王聞子文朝不及夕也，於是乎每朝設脯一束（據〈楚語〉，七束徑改「一束」），糗一筐，以羞（進）子文。成王每出子文之祿，必逃，王止而後復。人謂子文曰：『人生求富，子逃之，何也？』對曰：『從政者，以庇人也。人多曠者而我取富焉，是勸（勞）人以自封（厚）也，死無日矣。我逃死，非逃富也。』」㉜公儀退食之比　李賢注：《史記・循吏列傳》：「公儀休相魯，食茹而美，拔園葵而棄之，見布好而逐出其家婦，燔其機，云『欲令農士女工安所讎其貨乎？』」（原文作「安得奪其貨」於義不通，據《史記》徑改『安所讎（售）其貨』）退食，《詩・羔羊》：「退食自公，委蛇委蛇。」鄭玄箋：「退食謂減膳。」因指官吏節儉奉公。比音庇。㉝時齊殤王子二句　李賢注：「時章帝崩也。殤王名石，齊武王縯之孫也。」《集解》引劉攽：「案殤者不成人之名，今王石立二十四年，不可以殤謚，蓋是煬字。」又引惠棟：「〈何敞傳〉作『煬王』」。常山國有都鄉縣。然錢大昕說：「東京封都鄉侯者甚多，都鄉者，近郭之鄉，班在鄉侯之上，非皆常山之都鄉也。」未報，未得復詔。㉞侍中竇憲句　李賢注：「暢得幸竇太后，故刺殺之。」㉟主名不立　主名，首犯姓名。不立，不能確定。㊱胏府　即胏腑。謂近親。㊲茅土　周代封王，取壇中封王方向的土，用茅草包住，到封國中立社，以為有土之臣，負有藩衛王室的義務。㊳大憂　即上文「國憂」。㊴須　等待。㊵親　身。㊶奉憲　執法。㊷莫適討捕　李賢注：「適音的。謂無指的討捕也。」指的，即對象；目標。㊸敞備數股肱二句　李賢注：「股肱謂手臂也。公府有賊曹，主知盜賊也。」㊹以糾其變　糾，督責。變，事變。㊺而二府以為句　李賢注：「敞在太尉府，二府謂司徒、司空。丙吉為丞相不案事，遂為故事，見〈馬防傳〉也。」㊻昔陳平生於征戰五句　李賢注：「陳平為左丞相，對文帝曰：『宰相者，佐天子理陰陽，順四時，下育萬物之宜，外鎮撫四夷、諸侯，內親附百姓，使卿大夫各得任其職焉。』」㊼主者　李賢注：「主者謂主知盜賊之曹也。」㊽推舉　推究劾舉。㊾車騎將軍　掌征伐背叛，位比三公。㊿桀逆　強暴叛逆。(51)平城之圍二句　李賢注：匈奴冒頓以精兵三十萬騎，圍高帝於白登七日。案：白登在平城（今山西大同東）東南十餘里。高后時，冒頓遺高后書曰：「陛下獨立，孤僨獨居，兩主不樂，無以自娛，願以所有，易其所無。」孤僨，冒頓自謂。(52)還　止息。(53)文母　李賢注：「文母，文王之妻大姒也。《詩》曰：『既有烈考，亦有文母』也。」引詩為〈周頌・雝〉文，二「有」字均作「右」，助也。(54)逆節　叛逆的行為。(55)盛春東作　盛春，春季中最為當令的時候。東作，春耕。李賢注：「歲起於東，人始就耕，故曰東作。」(56)而猥復為衛尉篤句　猥，雜濫。衛尉，中二千石，掌宮門衛士宮中徼循事。奉車都尉，秩比二千石，掌御乘輿車。(57)斗筲之人　謙辭。謂自己才識短淺。《論語・子路》鄭玄注：「筲，竹器，容斗二升。」(58)封事　密封奏事。大臣奏事，為防洩漏，以皂囊封緘，故稱封事。(59)昔鄭武姜之幸叔段　李賢注：「《左傳・隱公元年》，鄭武姜愛少子叔段，莊公立，武姜請以京封叔段，謂之京城大叔，後武姜引以襲鄭。」幸，愛。(60)衛莊公之寵州吁　李賢注：「《左傳・隱公三年》，衛莊公寵庶子州吁，州吁好兵，公不禁。大夫石碏諫曰：「臣聞愛子教之以義方，弗納於邪。」莊公不從。及卒，適（嫡）子桓公立，州吁乃殺桓公而篡其位。」61猶飢而食之二句　李賢注：「《史記》蘇秦曰：『飢人之所以飢而不食烏喙，為其愈充腹而與餓死同患也。』」食，拿食物給人吃。62公卿比奏二句　李賢注：「比，頻也。幹，主也。」主謂主管。63今踰年無幾二句　皇帝死，臣服三年之喪為二十五月，今僅踰年，故言大禮未終。64偪　同「逼」。迫脅。65凶凶　即洶洶；喧擾。66匪懈　不懈怠。《詩．烝民》：「夙夜匪解，以事一人。」一人，稱天子。此用其意。67則已受吉甫裦申伯之功　李賢注：「申伯，周宣王元舅也，有令德，故尹吉甫作頌以美之。其詩曰：『維嶽降神，生甫及申。申伯之德，柔惠且直。揉此萬邦，聞于四國。』」68則自取陳平句　李賢注：「呂后欲封呂祿、呂產為王，王陵諫不許，陳平、周勃順旨而封之。呂后崩，平、勃合謀，卒誅產、祿也。」69區區　小。謙稱自己微不足道。70絕其緜緜二句　李賢注引〈周金人銘〉曰：「涓涓不壅，終為江河；綿綿不絕，或成網羅」也。71誓泉之譏　李賢注引《左傳》：「鄭武姜引太叔段襲莊公，莊公寘（置）姜氏於城潁，誓之曰：『不及黃泉，無相見也。』」72臧獲　《方言》：「臧獲，奴婢賤稱也。」73上安主父三句　李賢注：《史記》曰：「蘇秦謂燕王曰：『客有遠為吏，其妻私人。其夫將來，私者憂之，妻曰：「勿憂，吾已為作藥酒待之矣。」居三日，其夫果至，妻使妾舉藥酒而進之。妾欲言酒之藥乎，則恐逐其主母也；欲勿言邪，則恐殺其主父。於是佯僵而棄酒。主父怒，笞之。故妾僵而覆酒，上存主父，下存主母，然猶不免於笞。』」嚴怒，盛怒。74臣伏惟累祖蒙恩二句　李賢注：「《東觀記》曰，何脩生成，為漢膠東相；成生果，為太中大夫；果生比干，為丹陽都尉；比干生壽，蜀郡太守；壽生顯，京輔都尉；顯生鄢，光祿大夫；鄢生寵，濟南都尉；寵生敞：八世也。」張森楷《校勘記》謂壽是廬江人，與比干居郡絕遠。而壽子不見名字，名顯者乃何武之弟，非壽子，是賢所列八世中或有可商。75旬年　一年。76駙馬都尉　秩比二千石，掌駙馬。《漢書．百官公卿表》顏師古注：「駙，副馬也，非正駕車皆為副馬。」77弱冠　《禮記．曲禮上》：「人生十年曰幼，學；二十曰弱，冠；三十曰壯，有室。」幼、弱、壯謂其體貌，學、冠、有室謂其社會行為，二者為兩事，後人遂將弱冠合為一詞代表人之二十歲。78濟南王康　光武帝少子。本書有傳。79出　自朝廷放為外官。80汝南　郡名。治平輿（今河南汝南東南）。81文俗吏　拘守禮法而安於習俗的官吏。82立春日二句　李賢注：「督郵主司察愆過，立春陽氣發生，故召歸。」司馬彪《續漢書．禮儀志》：「立春之日，下寬大書，曰：『制詔三公，方春東作，敬始慎微，動作從之，罪非殊死，且勿案驗，皆須麥秋，退貪殘，進柔良，下當用者，如故事。』」每郡有東、西、南、北、中五部督郵，故下云「分遣」。83案行　巡行。84及舉冤獄二句　以《春秋》斷獄始於董仲舒，以《春秋》書中判案作為標準來判定當下的獄訟。《漢書．藝文志》有《公羊董仲舒治獄》十六篇，又作《春秋決獄》二百三十二事。(85)其出居者二句　李賢注：「出居謂與父母別居者。其親先亡者自恨喪禮不足，追行喪制也。」(86)推財相讓者二百許人　李賢注引《東觀記》曰：「高譚等百八十五人推財相讓。」許，約數；左右。(87)鮦陽舊渠　鮦陽，汝南郡屬縣。治所在今安徽臨泉西北。因在鮦水之陽而得名。舊渠，《水經注·汝水》：「葛陂方數十里，陂水東出為鮦水，俗謂之三丈陂。」陂在今河南新蔡北七十里。(88)永元十二年　西元一〇〇年。永元，東漢和帝年號。(89)五官中郎將　《校補》引錢大昕說：「〈張酺傳〉作左中郎將。」(90)蔡倫　字敬仲，桂陽郡人。發明造紙法，監校東觀圖書，安帝時因誣陷宋貴人自殺。本書有傳。(91)慽　怨恨。(92)元興元年　西元一〇五年。元興，東漢和帝年號。(93)齋　祭祀之前清心寡欲，淨身潔食，以示莊敬。(94)後鄧皇后上太傅禹冢　鄧皇后，和帝皇后，諡和熹鄧皇后。立殤帝，太后臨朝，又定策立安帝，稱制終身，在位二十年。傳在〈皇后紀〉。禹，張禹，字伯達，趙國襄國（今河北邢臺）人。歷大司農、太尉、太傅等職。本書有傳。

【語　譯】何敞，字文高，右扶風平陵縣人。其先祖家本在汝陰。六世祖比干，從朝錯學《尚書》，武帝時為廷尉正之官，與張湯同時在朝為官。張湯執法嚴刻，而比干主於仁恕，多次與張湯爭論，盡管不能每一次都得到滿意的結果，就這樣所能存活的人也有幾千。以後徙官丹陽都尉，是以徙居平陵。何敞的父親叫何寵，光武帝建武年間做千乘郡都尉，因有病免官，便隱居不做官。

2 何敞秉性公正，自認為自己的旨趣不合社會潮流，每有徵召，常常說有病不應召。元和年間，受聘於太尉宋由官署，宋由以特別的禮節對待他。何敞議論高遠，常從大局著眼，多所糾正。司徒袁安也極為敬重他。當其時京師和四方屢次出現奇特的鳥獸草木，上報此事的人認為是徵兆。何敞精通經傳，能知天文，心中特別討厭這種說法。便對太尉、司空道：「那吉兆憑德美才來，災變因政壞而生。所以八哥鳥來做窩，魯昭公發生乾侯以困厄；狩獵者捉住了麒麟，孔子做夢坐奠於兩楹之間。海鳥避風，臧文仲使國人祭之，君子予以譏評。現在奇異的鳥盤旋在大殿之上，怪草生長在院邊，不能不察視清楚就亂說。」宋由、袁安戰戰兢兢不敢回答。過了沒多久肅宗就晏駕了。

3 是時竇氏專斷朝政，外戚奢侈，賞賜超過制度規定，倉庫因此而空虛。何敞呈文於宋由說：「我聽說為皇帝做事的本義，在朝想的是為君竭盡忠心，退朝想的是補正自己的過失。遍觀各代之君和當時大臣，沒有一個不想把國家治理好的，垂功於永遠，但是安和之政萬不出一的原因，大概是聖主與賢臣不能契合的緣故吧。現在朝廷持聰明之大道，明公您行溫和之美德，君臣遇合，天下安寧，安和之治，有望在今天實現。孔子說：『一旦有用我治理國家的，三年能做出很好的成績。』現在明公您任職治事，朝內朝外已經二年，按理說也該約束自己，以答天下之企盼。按禮經所言，糧食歉收，就該減損服裝和膳食。天下人衣食匱乏，就像是由於自己造成的。但是連年水災旱災，民無收成，涼州沿邊一帶，家家受到凶荒禍害，男子參加打仗而疲怠，婦女擔任運輸而勞苦，老人小孩孤男寡女，在愁苦中相依為命，還有中原內地郡縣，公家私人都窮盡，此確乎是減膳節用的時候。朝廷之恩無處不在，賞賜超過制度，聽說僅臘日賞賜一事，從郎官以上，公卿王侯以下，竟至掏空國家倉庫，浪費國家資財。考察公家所用，都是百姓的勞力換來的，英明的君主在賞賜時，應該有品級的規定，忠臣受賞也應有限度。所以堯賜大禹以玄圭，成王賜周公以束帛。現在明公您地位高職任重，責任厚負擔大，對上應當扶正綱紀，對下應該幫助安定黎民，怎能只是老實巴腳地聽話就算完了呢！應當首先端正自己從而為下屬作表率，歸還得到的賞賜，藉此陳述施政成敗，奏請王侯回自己的封國，除去苑囿的禁令，節省不必要的費用，救助窮困和孤弱，這樣一來便恩澤下通，黎民高興，上天聽得見看得見，必然立刻有應驗。使百姓歌頌功勞，史官記錄您的恩德，怎能僅僅如鬬子文逃俸祿、公儀休節儉奉公之類的呢！」宋由不能採納他的建議。

4 當時齊殤王之子都鄉侯劉暢為章帝之崩來弔喪，上書尚未得到回答，侍中竇憲便差人將劉暢刺殺於城門守衛之內，主犯卻定不下來。何敞又向宋由陳說道：「劉暢是宗室近親，受茅土之封的藩臣，來弔先帝之喪，上書等待復詔，身在武衛之內遭此殘酷之禍。執法之吏竟找不到討捕的對象，線索不明，主犯不確定。我充數在股肱之位，執掌賊曹，是以想親自到事發現場，以督責其事，可是司徒、司空二府認為按舊例三公不參與盜賊之事。從前陳平生活在征戰年代，尚且懂得宰相的職責，曾說『外鎮撫四夷，內撫定諸侯，使卿大夫各做稱職的事』。現在兩府的主管不深思大義，被聞聽所惑，公然放縱奸盜，不認為是罪過。只有明公您行用獨到之聰慧，明白不惑，我不能容忍這種情況，願單獨前去查辦。」兩府聽說何敞去查辦，也都派主管盜賊的官員隨行，於是推究查核完全查明真相，京師稱讚他清正。

5　何敞因考核成績優等授為侍御史。此時已經以竇憲為車騎將軍，大舉發兵攻打匈奴，卻詔令使者為竇憲的弟弟竇篤、竇景二人修建官邸房屋，興起勞役，百姓愁怨痛苦。何敞上疏諫諍說：「我聽說匈奴施行強暴叛逆很久了。包圍平城，寫信侮辱呂后，有這兩項侮辱，使臣下為之獻身抱必死之志，高祖和呂后忍怒止恨，寬恕了他們而不加誅。我想皇太后有文母的節操，陛下持溫和的姿態，匈奴沒有叛變的罪行，漢朝也沒有受愧的恥辱，而且現在正是春季當令時節農事耕作的好時候，動員眾多人來勞作，黎民怨恨，都心懷不滿。卻又為衛尉竇篤和奉車都尉竇景大肆修建館院，充塞街巷和里閭。我雖然是識見短淺之人，內心很不理解，認為竇篤、竇景是近親重臣，應當成為百官的表率。現在大軍在行進，朝廷心焦，百姓愁苦，國庫無可用之費，卻突然興建大宅，大其裝飾充以玩好，不是用以留下好的德行，作為永遠的典範。應當暫且停用工匠，一心考慮北方邊境的戰事，體恤百姓的苦難。」書疏呈上去了，皇帝卻不省察。

6　以後拜何敞為尚書，又呈密事說：「忠臣憂心社會，冒犯人主尊顏，譏刺貴幸大臣，以至於殺身滅家卻仍舊去做，為什麼呢？君臣大義至重，不能不這樣做啊！我看到過去的事情，國家的危機和混亂，家庭的禍殃，都是有原因的，彰明昭著容易知道。從前鄭莊公之母愛少子共叔段，衛莊公寵愛庶子州吁，愛而不教育他，結果導致兇殘暴戾。由此看來，像這樣地寵愛兒子，就像飢了就拿毒藥給他吃，恰恰因此害了他。我看到大將軍竇憲，先帝駕崩之始，公卿連連上奏，願意讓他主管國事。憲堅持退讓，一定辭去重位，那樣誠摯懇切，把話都說到家了，國人聽說，沒有不高興的。現在剛過年沒有多久，大喪之禮還未完，忽然半路改變，兄弟三人專斷朝政。憲握三軍之重威，竇篤、竇景總領守衛皇宮的大權，卻殘暴地使用百姓，奢侈過度，殺戮無罪之人，為所欲為以為樂。現在議論紛起，都說公叔段、衛州吁又出現在我漢朝。我觀察公卿大臣現在是腳踏兩條船，不肯把話說絕的原因，認為竇憲兄弟如果有一心為國的志向，自己就得到尹吉甫褒揚元舅申伯的功勞；如果竇氏兄弟墜入法網，自己就是採取陳平、周勃順從呂后的權變，始終不為竇憲等人是吉是凶而擔憂。我何敞微不足道，誠心誠意地願想兩全的辦法，防微杜漸，從小處著手，上不欲使皇太后有損文母的尊號，陛下受誓於黃泉的譏評，下使竇憲等永保他們的福祉。不過奴婢的計謀，盡管可以上安主父，下存主母，仍不免主人的盛怒。我想到幾代祖先受朝廷厚恩，至我八代，又因為我的笨拙，一年之間，一步一步擔任顯要官職，充當機密近臣，每每想起朝廷的厚德，立刻忘掉自己的生死。儘管知道說出來必然遭殺身之禍，卻要冒死盡忠的原因，的確不忍心親眼看到那場災禍而沉默偷生。駙馬都尉竇瓌，人雖年輕，有坦蕩的忠心，屢請引退，希望抑制家中權力。可以同他共同商量，滿足他的要求，真的是朝廷的最好辦法，也是竇家的福氣。

7 何敞多次深切諫諍，陳說竇家的罪過，竇憲等極為怨恨他。當時濟南王劉康尊貴而驕汰過甚，竇憲就向皇帝說把何敞外放為濟南國太傅。何敞到濟南國以後，以道義輔佐劉康，屢引國家法度勸諫劉康糾正其過失，劉康對何敞很尊敬。

8 過了一年多，何敞調任汝南太守。何敞痛恨拘於禮法安於習俗的官吏用苛法追求當代的名譽，是以在任上以寬和行政。立春那一天，經常把各督郵召回到官署，然後分派習儒術的大吏巡行所屬縣，表彰行孝悌有義舉的人。至於糾正冤獄，用《春秋》的義例裁決。這樣一來郡中沒有怨痛之聲，百姓被何敞的恩禮所感化。那些被分出去自立門戶的兒子，都回來供養他們的父母，其父母已亡者，補行喪制，推讓財產的有二百人左右。何敞設立宣教禮義的官員，不任用執法刻深的人為吏，又修理鮦陽舊渠，百姓得到灌溉的好處，增加墾田三萬多頃，吏民共同刻石頌揚何敞的功勞和美德。

9 及至竇家敗亡，有司奏言何敞之子與夏陽侯竇瓌交情厚，因此被免官。永元十二年，又被徵召，三次遷升至五官中郎將。經常痛恨中常侍蔡倫，蔡倫極為痛恨他。元興元年，何敞認為祭祀宗廟是嚴肅之事，因有小疾不便齋戒，便沒有參加。以後鄧太后上太傅張禹冢，何敞起床隨百官同往，蔡倫便奏稱何敞不祠廟是假裝有病，因此被判罪。死在家裡。

論曰：永元之際，天子幼弱，太后臨朝，竇氏憑盛戚之權，將有呂、霍之變❶。幸漢德❷未衰，大臣方忠，袁、任二公正色立朝❸，樂、何之徒抗議柱下❹，故能挾幼主之斷❺，勦❻姦回之偪。不然，國家危矣。夫竇氏之閒，唯何敞可以免，而特以子失交之故廢黜，不顯大位。惜乎，過矣哉！

贊曰：朱生受寄❼，誠不愆❽義。公叔辟梁❾，允納明刺❿。絕交面朋⓫，崇厚浮偽⓬。恢舉謗己⓭，敞非祥瑞⓮。永言國偪，甘心彊詖⓯。

【章旨】此章在「論」中，主要說明在太后臨朝，外戚勢盛情況下，由於幾位諍臣的努力朝廷才可延續。在「贊」中，把各位傳主的特點以簡明的韻語出之。

【注釋】❶將有呂霍之變　李賢注：「呂祿、呂產也。霍光之子禹。」霍禹欲斬丞相以下官吏，廢天子自立，事敗，霍禹腰斬。❷漢德　根據古老的五行說，有一種相生相克循環不息的氣運，當運時能主宰世界，如秦是水德，漢則是火德，以火克水。❸袁任二公正色立朝　袁，袁安。任，任隗，字仲和，南陽宛人。官至司空，大將軍竇憲秉權，朝臣莫不震懾，任隗獨與司徒袁安同心畢力鯁言直議，無所迴隱。本書有傳。❹樂何之徒抗議柱下　李賢注：「《漢官儀》曰：『侍御史，周官也，為柱下史，冠法冠。』案《禮圖》注云：『法冠，執法者服之。』樂恢為司隸，何敞為御史，並彈射糾察之官也。」《集解》引陳景雲說：「恢以尚書僕射劾奏司隸，未嘗為司隸也。注誤。」❺故能挾幼主之斷　《集解》引周壽昌說：「挾與夾同，謂夾輔也。〈劉陶傳〉『挾輔王室』，亦作挾。」❻勦　李賢注：「勦，絕也。」《集解》引沈欽韓說：「勦絕之勦從刀不從力，《說文》：『劋，从刀喿聲』，引〈夏書〉『天用劋絕其命』。『勦，勞也，从力巢聲』，引《春秋傳》『安用勦民』。」从刀从力形近義亦近，故刧又作「劫」，劚又作「𠢸」，段玉裁於剽又作「勡」時說：「是在許（慎）時固从力从刀並行，二形不必有是非矣。」❼受寄　受人囑託。❽愆　失掉；錯過。❾辟梁　受聘於梁冀府。❿允納明刺　允納，接受；採納。明刺，直言諷諫。謂梁冀採納朱穆之勸諫，請种暠為從事中郎，薦欒巴為議郎，舉穆高第，為侍御史。⓫面朋　李賢注：「楊雄《法言》曰：『朋而不心，面朋也；友而不心，面友也。』」⓬崇厚浮偽　李賢注：「浮偽者，勸之以崇厚也。」⓭恢舉謗己　謂楊政當眾毀謗恢，恢舉其子為孝廉。⓮敞非祥瑞　謂京師有奇異草木，言事者以為祥瑞，敞通經傳，能為天官，意甚惡之。⓯永言國偪二句　李賢注：「詖，佞諂也。竇憲兄弟奢僭上逼，恢、敞冒死切諫，是甘心於彊詖之人也。」永言，常言。長久談論。

【語　譯】史家評論說：永元之末，天子幼小，太后臨朝攝政，竇家憑藉近戚握權，將發生呂祿、霍禹那樣的政變。慶幸的是漢家氣運尚未衰盡，正當大臣忠心，袁安、任隗二公正身立於朝堂，樂恢、何敞等人忠於督察職守，故能扶佐幼主的裁斷，截斷姦邪的威逼。要不是這樣，國家就危險了。在竇氏握權的夾縫中，只有何敞能以免罪，只是以兒子失於交友的緣故被廢退，沒有能夠讓他在高官的地位施展才幹。可惜啊！太過分了！

史官評議說：朱暉先生受人之託，誠然不失大義。朱穆受聘於梁冀之門，梁冀能採納他的直言諷諫。朱穆主張與那些知面不知心的朋友絕交，對浮薄的人勸他們要崇尚敦厚。樂恢舉薦毀謗過自己的人，何敞批判祥瑞。樂恢與何敞常說重臣的僭逼，並甘心與諂佞的強人對抗。

【研　析】本篇記述了四個人——朱暉、朱穆、樂恢、何敞的事跡。四人都是熟讀經書的飽學之士，敘朱暉則曰「卒業於太學，進止必以禮，諸儒稱其高」；敘朱穆則曰「及壯耽學，銳意講誦，年五十奉書於趙康，稱弟子，其專德重道為當時所服」；敘樂恢則曰「長好學，事博士焦永，隨永之官，閉廬精誦，不交人物，篤志為名儒」；敘何敞則曰「敞通經傳，能為天官」。正因為他們以詩書禮義為立身之本，雖在君弱臣強，權臣當道之時，仍能克盡臣節，主持正義，嫉惡如仇，為時人所稱。漢立《五經》博士以教國子，相傳《六經》（後《樂經》失傳）皆孔子所刪定，並傳授給弟子，而記錄孔子言行的《論語》更成為古人修齊治平的教科書，甚至後世有以「半部《論語》治天下」的。在朱穆的〈崇厚論〉中，已尊稱孔子為「孔聖」，以後歷朝歷代對孔子均有追封和褒揚，各縣普遍立孔廟（又稱「文廟」），尊孔子為萬世師表。雖經二十世紀初年的新文化運動，「打倒孔家店」，批判「以一人之是非為是非」，以國家形式的祭孔不見了，但在三四十年代之交我上小學時，每在春季開學之日，仍在院中正面牆上貼著用大紅紙寫的「大成至聖先師孔夫子之神位」的牌位，其下放滿了供品，老師率領學子向孔子牌位行三鞠躬禮，禮義廉恥還是教導學生的準則。二十世紀下半葉，摒棄了孔子，樹立了新的「以一人之是非為是非」，到文化大革命達到登峰造極，不僅直呼「孔丘」其名，還辱罵他為「孔老二」，以「破四舊」為名，燒古書，破孔廟，打倒資產階級反動學術權威，還呼叫著「打翻在地，踏上一萬隻腳，叫他永世不得翻身」。後來又把孔子政治化為政敵的護身符，於是有「批儒評法」、「批林批孔」、「批林批孔批周公」等，孔子成為萬劫不復的罪人。要打倒的打倒了，要樹立的未樹立起來，於是亂象叢生，金錢至上，貧富懸殊，拐賣人口，殺人越貨，食品注毒，事故頻發，見死不救，不勝枚舉。各種挽救世道人心的方法都試過了，收效甚微，於是孔子又被請回人間。各地此起彼伏的祭孔大典，古裝古樂、古香古味；辦國學，讀經典，還嫌味道不足，竟至讓童稚身著漢服，手捧木牘，集體高誦「弟子規，聖人訓」；又把一座高九．五公尺，重十七噸的孔子雕像矗立在天安門廣場東側的國家博物館北門外廣場；建立「孔子世界和平獎」，還把「孔子學院」辦到世界許多國家，孔夫子享受到亙古未有的殊榮。我不知道那些極力提倡尊孔讀經的人是真的認為如此可以挽救世道人心，還是在作秀。歷史已經進入到二十一世紀的今天，中國已不是帝制時代的中國，世界更不是以往的世界，完全用孔子思想來糾時弊、度時艱是遠遠不夠的了。事實證明，唯有孫中山先生的思想才是現代中國的救世良方，他既吸取了包括孔子思想在內的中國歷代先進思想，又融合了世界的普世價值，從而綜合創立了他的治國理念三民主義——民族主義、民權主義、民生主義。三民主義在臺灣已取得明效大驗，也必能為中華民族創造出豐富而長遠的福祉。「是所至囑」的精義盡在於此！

（張文質注譯）

卷四十四

鄧張徐張胡列傳第三十四

【題　解】本卷為鄧彪、張禹、徐防、張敏、胡廣五人的合傳，他們均為躋身三公而無謇直之風的人物，幾乎與東漢章帝以下整個王朝相始終，故而放在一起加以載述。其中對鄧彪，以其官至太傅的簡要仕履為主，列示的是明哲保身型的大臣形象。對張禹，則大略記其在太尉和太傅任內諫幸江陵、奉詔入宮護持幼君、奏罷園囿馳獵、敦促鄧太后回宮的事跡，顯示的是避重就輕型的大臣形象。對徐防，主要介紹其在司空任內對經學導向問題的關注和提出的具體解決辦法，昭示的是避實就虛型的大臣形象。對張敏，詳記其在尚書任內反對訂立「輕侮法」的舉動，而徵拜司空後僅用「在位奉法而已」一筆帶過，揭示的是潔身自好型的大臣形象。對胡廣，敘寫其在三公和太傅任內五上五下而總體一帆風順的政治生涯，展示的是和事佬型的大臣形象與政壇不倒翁的特例。統而觀之，這五位傳主身居高位並參錄尚書事（張敏未獲此權力），卻在關涉國計民生的大政要務上無所作為，無所建樹，充其量補補紕漏，敲敲邊鼓，撿撿芝麻，和和稀泥而已，非僅空有其名，徒有其表，抑且無毀無譽，持祿固位。這表明東漢帝室乃至外戚集團都在最高層有意培植一股鄉愿式的政治制衡力量，藉以緩和化解矛盾，鞏固強化皇權，維繫國家機器的正常運轉，而鄧彪特別是胡廣者流，也恰恰適應這種政治需要，憑藉自身的清白柔和以及通曉政事的優勢扮演了甘做招牌、聊應故事的畸形角色而已。

1 鄧彪，字智伯，南陽新野❶人，太傅禹❷之宗也。父邯，中興初以功封鄳❸侯，仕至勃海❹太守。彪少勵志，修孝行。父卒，讓國於異母弟荊鳳，顯宗❺高其節，下詔許焉。

2 後仕州郡❻，辟公府❼，五遷桂陽❽太守。永平❾十七年，徵入為太僕❿。數年，喪後母，辭疾乞身，詔以光祿大夫⓫行服⓬。服竟，拜奉車都尉⓭，遷大司農⓮。數月，代鮑昱⓯為太尉⓰。彪在位清白，為百僚式。視事四年，以疾乞骸骨⓱。元和⓲元年，賜策罷，贈錢三十萬，在所以二千石奉⓳終其身。又詔太常⓴四時致宗廟之胙㉑，河南尹㉒遣丞㉓存問，常以八月旦㉔奉羊、酒。

3 和帝㉕即位，以彪為太傅，錄尚書事㉖，賜爵關內侯。永元㉗初，竇氏㉘專權驕縱，朝廷多有諫爭，而彪在位修身而已，不能有所匡正㉙。又嘗奏免御史中丞周紆㉚，紆前失竇氏旨，故頗以此致譏。然當時宗其禮讓。及竇氏誅，以老病上還樞機職㉛，詔賜養牛酒而許焉。五年春，薨于位，天子親臨弔臨。

【章旨】以上為〈鄧彪傳〉。記述鄧彪的籍貫、家世和在明帝、章帝、和帝時期擔任郡守、卿官特別是三公與太傅之職的履歷，先後所蒙受的朝廷殊遇，顯現出其在位清白、講求禮讓的從政信條和對朝政無所匡正的保官策略。

【注　釋】❶南陽新野　南陽，郡名。治今河南南陽。新野，縣名。治今河南新野。❷太傅禹　太傅，東漢級別最高的官稱。無常職，以開導皇帝為其任。品秩上公，帶有榮譽職銜的性質。禹，指鄧禹，為東漢的開國元勳。本書卷十六有傳。❸鄳　縣名。西漢置。治所在今河南羅山縣。❹勃海　郡名。治今河北南皮。❺顯宗　指東漢皇帝劉莊。卒諡孝明，廟號顯宗。❻州郡　州在這裡為監察區之稱，其至東漢末期則轉變成地方一級行政區。郡在這裡為地方一級行政區之稱，其下為縣。唐李賢注引《東觀漢記》：「彪與同郡宗武伯、翟敬伯、陳綏伯、張弟伯同志好，齊名，南陽號曰『五伯』。」❼公府　指三公府。東漢以太尉、司徒、司空為三公，下設具體機構和官屬，合稱三府。❽桂陽　郡名。治今湖南郴縣。❾永平　東漢明帝劉莊年號，西元五八—七五年。❿太僕　漢代九卿之一，掌管皇帝使用的車輛與馬匹。兼管邊區畜牧業或兵器製造等。⓫光祿大夫　光祿勳的屬官，秩比二千石，掌顧問應對，唯詔令所使。⓬行服　穿喪服守孝。⓭奉車都尉　武官之稱。秩比二千石。掌管皇帝車駕，亦奉命屯駐外地或領兵征伐。⓮大司農　漢代九卿之一，簡稱大農。主管中央財政。⓯鮑昱　東漢前期奉法守正的大臣。本書卷二十九有傳。⓰太尉　東漢三公之一，掌管全國軍政等事務。⓱乞骸骨　意為請求退休。⓲元和　東漢章帝劉炟年號，西元八四—八七年。⓳二千石奉　即每月祿米一百二十斛。二千石，為漢代品秩等級的重要組成部分之一。從中央九卿到地方郡守及諸侯國相基本上都屬於這一等級，又因祿米數量存在差異，遂細緻區分為中二千石、真二千石、比二千石三個層次。⓴太常　漢代九卿之一，掌管祭祀社稷、宗廟和朝會、喪葬諸禮儀以及皇帝的寢廟園陵等事宜。㉑宗廟之胙　指皇帝舉行宗廟祭祀所用過的生肉。本書〈志第九．祭祀下．宗廟〉南朝梁劉昭補注引《漢舊儀》：「宗廟三年大祫祭，每牢中分之，左辨上帝，右辨上后。俎餘委肉積於前數千斤，名曰堆俎。其夜半入行禮，平明上九卮，畢，群臣皆拜，因賜胙。」鄧彪已不參加祭祀仍然向他頒賜祭肉，屬於一種表示敬重的高規格的待遇。㉒河南尹　東漢京師地區的行政長官。其地位高於各郡郡守。㉓丞　一郡的副長官，協助郡守處理政務。㉔八月旦　八月初一那天。㉕和帝　東漢第四代皇帝。名肇，卒諡孝和。㉖錄尚書事　指大臣有權參與尚書臺機要事務的決定工作。東漢可錄尚書事者多為三公。㉗永元　東漢和帝劉肇年號，西元八九—一〇五年。㉘竇氏　指章帝竇皇后的家族成員竇憲等人。竇憲在和帝初期擔任大將軍，權傾朝野，且圖謀篡位。本書卷二十三：「竇氏父子兄弟，並居列位，充滿朝廷。叔父霸為城門校尉，霸弟褒將作大匠，褒弟嘉少府。其為侍中、將、大夫、郎吏十餘人。」㉙匡正　糾正。㉚御史中丞周紆　御史中丞，東漢中央監察機構御史臺的長官。品秩為千石。負責彈劾百官，審理案件，監臨朝儀。周紆，東漢著名的酷吏。本書卷七十七有傳。㉛樞機職　指錄尚書事而言。

【語譯】鄧彪，字智伯，是南陽郡新野縣人，屬於太傅鄧禹的宗族成員。他父親鄧邯，在東漢建立的過程中憑仗功勞被封為鄳侯，官職做到渤海太守。鄧彪從年輕時就激勵志氣，修明孝敬的品行。在父親去世以後，把封國讓給同父異母的弟弟鄧荊鳳，明帝認為他風節高尚，下達詔書同意了這一作法。

2 後來他在州郡任職，受到三公府的聘用，經過五次升遷，出任桂陽太守。明帝永平十七年，被調入朝廷，擔任太僕。幾年過後，後母去世，便以身患重病做理由請求返鄉，明帝下達詔書，讓他以光祿大夫的身分守喪盡孝。守喪期滿，委任他擔當奉車都尉，升為大司農。幾個月後，又代替鮑昱當太尉。鄧彪在位清廉，成為文武百官效仿的榜樣。主管政務共四年，因患重病請求退休。章帝元和元年，頒賜策書罷免其官職，贈給三十萬錢，在住地享受按二千石官的俸祿供養到去世的待遇。又下達詔書，命令太常在四季向他送上宗廟祭祀用過的生肉，河南尹要派遣副手前去慰問，每到八月初一那天，要給他送去羊和酒水。

3 和帝即位，把鄧彪任命為太傅，參與尚書臺機要事務，賜給關內侯的爵位。在和帝永元初期，竇氏把持大權，驕橫放縱，朝廷有許多人進行規諫，而鄧彪在位只是修養好自己的品德而已，對朝政沒有什麼匡正的地方。此外還上奏罷免過御史中丞周紆，可周紆在當時卻恰恰沒按竇氏的旨意行事，因而由這件事招來眾人對他的譏刺，但當時人也都推崇他以禮相讓的作風。到竇氏被殺後，他藉口年老多病交還了錄尚書事的職權，朝廷下達詔書，賜給他頤養天年的牛、酒並答應了他的交權請求。永元五年春季，他在太傅職位上去世，天子親自去弔唁。

1 張禹，字伯達，趙國襄國❶人也。

2 祖父況族姊為皇祖考❷夫人，數往來南頓❸，見光武❹。光武為大司馬❺，過邯鄲❻，況為郡吏，謁見光武。光武大喜，曰：「乃今得我大舅❼乎！」因與俱北，到高邑⑧，以為元氏令⑨。遷涿郡⑩太守。後為常山關⑪長。會赤眉⑫攻關城，況戰歿。父歆，初以報仇逃亡，後仕為淮陽相⑬，終於汲⑭令。

3 禹性篤厚節儉。父卒，汲吏人賻送⑮前後數百萬，悉無所受。又以田宅推與伯父，身自寄止⑯。

4 永平八年，舉孝廉⑰，稍遷；建初⑱中，拜揚州刺史⑲。當過江行部⑳，中土人皆以江有子胥之神㉑，難於濟涉。禹將度，吏固請不聽。禹厲言曰：「子胥如有靈，知吾志在理察枉訟㉒，豈危我哉？」遂鼓楫㉓而過。歷行郡邑，深幽之處莫不畢到，親錄囚徒㉔，多所明舉㉕。吏民希見使者，人懷喜悅，怨德美惡，莫不自歸焉。

5 元和二年，轉兗州㉖刺史，亦有清平稱。三年，遷下邳㉗相。徐縣㉘北界有蒲陽坡㉙，傍多良田，而堙廢莫修。禹為開水門㉚，通引灌溉，遂成孰田㉛數百頃。勸率吏民，假與種糧，親自勉勞，遂大收穀實。鄰郡貧者歸之千餘戶，室廬相屬，其下成市㉜。後歲至墾千餘頃，民用溫給。功曹史㉝戴閏，故太尉掾㉞也，權動郡內。有小譴，禹令自致徐獄，然後正其法。自長史㉟以下，莫不震肅。

6 永元六年，入為大司農，拜太尉，和帝甚禮之。十五年，南巡祠園廟㊱，禹以太尉兼衛尉[37]留守。聞車駕當進幸江陵[38]，以為不宜冒險遠，驛馬[39]上諫。詔報曰：「祠謁既訖，當南禮大江，會得君奏，臨漢[40]回輿而旋。」及行還，禹特蒙賞賜。

7 延平[41]元年，遷為太傅，錄尚書事。鄧太后[42]以殤帝[43]初育，欲令重臣居禁內[44]，乃詔禹舍宮中，給帷帳牀褥，太官[45]朝夕進食，五日一歸府。每朝見，特贊[46]，與三公[47]絕席[48]。禹上言：「方諒闇[49]密靜之時，不宜依常有事於苑囿[50]。其廣成、上林[51]空地，宜且以假[52]貧民。」太后從之。及安帝[53]即位，數上疾乞身。詔遣小黃門[54]問疾，賜牛一頭，酒十斛，勸令就第。其錢布、刀劍、衣物，前後累至。

8 永初[55]元年，以定策功封安鄉侯，食邑千二百戶，與太尉徐防、司空[56]尹勤同日俱封。其秋，以寇賊水雨策免防、勤，而禹不自安，上書乞骸骨，更拜太尉。四年，新野君[57]病，皇太后車駕幸其第。禹與司徒[58]夏勤[59]、司空張敏俱上表言：「新野君不安，車駕連日宿止，臣等誠竊惶懼。臣聞王者動設先置，止則交戟[60]，清道而後行，清室而後御[61]，離宮不宿，所以重宿衛也。陛下體烝烝[62]之至孝，親省方藥，恩情發中，久處單外，百官露止，議者所不安。宜且還宮，上為宗廟社稷，下為萬國子民。」比三上，固爭，乃還宮。後連歲災荒，府臧空虛，禹上疏求入三歲租稅63，以助郡國稟假64。詔許之。五年，以陰陽不和策免。七年，卒于家。使者弔祭。除小子曜為郎中65。長子盛嗣。

【章旨】以上為〈張禹傳〉。記述張禹的籍貫、家世和在明帝、章帝、和帝、殤帝、安帝時期擔任刺史、諸侯王國相、卿官特別是三公與太傅之職的履歷，先後所蒙受的朝廷殊遇，其間巡察荒僻郡縣、開發蒲陽坡、諫幸江陵、奉詔入宮護持幼君、奏罷園囿馳獵、敦促鄧太后回宮的六宗事跡。

【注釋】❶趙國襄國　趙國，封國名。治今河北邯鄲西南。襄國，縣名。治今河北邢臺。❷皇祖考　指劉秀的祖父劉回。劉回官任鉅鹿都尉。❸南頓　縣名。治今河南項城西南。❹光武　指東漢王朝的創建者劉秀。光武為其諡號。❺大司馬　原稱太尉，自漢武帝更名為大司馬。掌管軍政與征戰。〈光武帝紀上〉：「更始至洛陽，乃遣光武以破虜將軍行大司馬事。」❻邯鄲　縣名。治今河北邯鄲西南。❼大舅　古稱祖母的兄弟。❽高邑　縣名。治今河北柏鄉北。❾元氏令　元氏為縣名。治今河北元氏西北。令，縣令，為一縣長官。漢制，縣萬戶以上稱縣令，不滿萬戶稱縣長。❿涿郡　郡名。治今河北涿州。⓫常山關　常山，郡名。治所在元氏縣。關，縣名。治今河北欒城西北。⓬赤眉　新莽末期一支農民起義軍的稱號。其首領為山東琅邪人樊崇，主要活動於今山東、江蘇、安徽、河南諸省交界的地區，又西進攻入長安，後東歸，降於業已稱帝的銅馬軍統帥劉秀。為在作戰中與敵軍相區別，其部眾將眉毛染紅，故稱赤眉軍。⓭淮陽相　淮陽為東漢封國之一，治今河南淮陽。相，中央派往封國協助諸侯王治理其國的二千石官員，職如郡守。⓮汲　縣名。治今河南汲縣西南。⓯賻送　指他人贈送的助葬物品。布帛曰賻。⓰寄止　寄居；寄住。⓱孝廉　漢代選拔官吏的科目之一。得入此選者，往往躋身尚書郎的行列。⓲建初　東漢章帝劉炟年號，西元七六—八四年。⓳揚州刺史　揚州，為東漢所設十三州之一。治今安徽和縣。刺史，一州長官，至東漢漸由負責監察轉變為掌管所在州的軍政大權。⓴行部　巡視所轄區域，考核政績。㉑子胥之神　子胥指春秋時期吳國的忠正大臣伍子胥。《論衡．書虛篇》：「傳書言吳王夫差殺伍子胥，煮之於鑊，乃以鴟夷橐投之於江。子胥恚恨，驅水為濤，以溺殺人。今時會稽、丹徒大江錢唐、浙江，皆立子胥之廟。蓋欲慰其恨心，止其猛濤也。」東漢袁康《越絕書．德序外傳記》：「吳王（夫差）將殺子胥，使馮同徵之。胥見馮同，知為吳王來也。洩言曰：『王不親輔弼之臣，而親眾豕之言，是吾命短也。高置吾頭，必見越人入吳也，我王親為禽哉！捐我深江，則亦已矣。」胥死之後，吳王聞，以為妖言，甚咎子胥。王使人捐於大江口，勇士執之，乃有遺響，發憤馳騰，氣若奔馬，威淩萬物，歸神大海，彷彿之間，音兆常在，後世稱述，蓋子胥水僊也。」㉒枉訟　冤假錯案。㉓鼓楫　奮力划船之義。楫，船槳。㉔錄囚徒　向在押犯人訊察斷獄情況，平反冤案，糾正錯案，或督辦久繫未決案。均由上級長官乃至皇帝來親自進行。錄，審查甄別。㉕明舉　證據確鑿地判定無罪。㉖兗州　東漢所設十三州之一。治所在昌邑縣（今山東金鄉西北）。㉗下邳　封國名。治所在下邳縣（今江蘇睢寧西北）。㉘徐縣　縣名。治今江蘇泗洪南大徐臺子。㉙蒲陽坡　沼澤地名。輯本《東觀漢記・張禹傳》：蒲陽陂「水廣二十里，徑且百里，在道西，其東有田可萬頃。」坡，同「陂」。沼澤地。㉚水門　堤壩閘門。㉛孰田　熟田，可以耕種的田地。㉜市　集貿市場。㉝功曹史　郡設屬官，負責選署功勞業績。㉞掾　對官府中佐助官員的通稱。正職曰掾，副職曰屬。㉟長史　漢代中央和地方機構及軍事部門所設的事務官。㊱園廟　指光武帝劉秀營設的自其祖父以下的陵園廟宇。位於舂陵封國即南陽白水鄉，故址在今湖北棗陽東。詳參本書卷十四。㊲衛尉　漢代九卿之一，負責統率衛士守衛南北宮，多由皇帝親信或外戚擔任此職。㊳江陵　封國名。治今湖北江陵。㊴驛馬　指驛站騎馬傳遞公文的人員。㊵漢　指漢水。㊶延平　東漢殤帝劉隆年號，西元一〇六年。㊷鄧太后　指和帝皇后鄧綏。她先後冊立殤帝、安帝，然後臨朝聽政，掌握實權。本書卷十有傳。㊸殤帝　東漢第五代皇帝。名隆，卒諡孝殤。登基時僅出生百餘日，兩歲便死去。詳見本書卷四。㊹禁內　指帝王后妃的生活區。㊺太官　漢代負責皇宮日常飲食的官員。㊻特贊　意謂專門有人安排其參拜等禮儀。㊼三公　這裡為太尉、司徒、司空的合稱。三公作為最尊顯的三個宰輔重臣，古已有之，係指太師、太傅、太保或司徒、司馬、司空而言。漢武帝時，始以丞相、御史大夫、太尉為三公，其後罷太尉增設大司馬，改御史大夫之名為大司空，改丞相之名為大司徒，又改大司馬之名為太尉。三公在兩漢時期經歷了一個由官品不等到平級並立、由位尊職重到銜高權輕的過程，實質上都是對相權的分割與牽制。㊽絕席　不同席，即獨坐一席。㊾諒闇　居喪。用於帝王。㊿苑囿　養有禽獸而供帝王遊樂的園林。(51)廣成上林　均為東漢皇家園林的名稱。(52)假　租借之義。(53)安帝　東漢第六代皇帝。名祜，卒諡孝安。(54)小黃門　東漢由宦官擔任的官職。掌侍皇帝左右，接受尚書奏事。(55)永初　東漢安帝劉祜年號，西元一〇七—一一三年。(56)司空　東漢所設三公之一，掌管全國建築工程等事務。(57)新野君　指鄧太后的生母陰氏。本書卷十〈皇后紀・和熹鄧皇后〉：「永初元年，爵號太夫人為新野君，萬戶供湯沐邑。」(58)司徒　東漢所設三公之一，掌管全國民政等事務。(59)夏勤　人名。本書無傳。(60)交戟　有人衛護之義。顏師古《漢書注》：「交戟，謂宿衛者。」(61)御　住進之義。顏師古《漢書注》引應劭：「舊典，天子行幸所至，必遣室令先案行，清靜殿中，以虞非常。」62烝烝　深厚純美。63租稅　指本人封邑內的收入。64郡國稟假　郡國，漢代的一級地方行政區劃。郡統若干縣，形成一轄區，直接聽命於中央。國為皇子的封地，由中央派相去治理。稟假，俸祿的發放。65郎中　漢代郎官之一種，掌持戟值班，宿衛殿門，出充車騎。

【語譯】張禹，字伯達，是趙國襄國縣人。

2 他祖父張況的一個同族姐姐是光武帝的祖母，多次到南頓縣走動，見到過光武帝。光武帝擔任大司馬時，路過邯鄲縣，張況正在郡中當吏員，前來拜見光武帝。光武帝大喜，說道：「到現在找到我大舅了呀！」於是一同向北進發，抵達高邑縣，就請張況擔任元氏縣縣令。又升任涿郡太守。後來出任常山郡關縣縣長。正趕上赤眉軍前來攻打關縣縣城，張況在交戰中陣亡。張禹的父親張歆，當初因報仇殺人逃避追捕，後來擔任淮陽相，在汲縣縣令的職位上去世。

3 張禹天性忠實寬厚又節儉。在父親去世後，汲縣的官吏百姓前後贈送助葬物品多達數百萬錢，他分文都沒收受。又把田地宅院推讓給伯父，自己則寄居他處。

4 明帝永平八年，被保舉為孝廉，一步步得到升遷；到章帝建初年間，被任命為揚州刺史。按職責應過長江去巡視所轄郡縣，而中原人都認為江中有伍子胥的神靈，很難渡過去。張禹準備渡江，手下官吏堅決勸阻但得不到聽從。張禹厲聲說道：「伍子胥如果真有神靈，知道我志在審理冤假錯案，哪裡會危害我呢？」於是奮力划船安全渡過。他按次序視察郡邑，所有偏僻的地方全都走到了，親自審查甄別囚徒，證據確鑿地判定很多人無罪釋放。當地官吏百姓很少有機會見到朝廷派來的大員，人人心懷喜悅，無論是怨恨或感戴的人，也無論是好人或壞人，沒有不主動歸從的。

5 到章帝元和二年，轉任兗州刺史，也贏得清廉公正的名聲。三年過後，改任下邳國相。在徐縣北邊有一處叫蒲陽坡的沼澤地，旁邊原有許多良田，但長久積淤荒廢，無人修整。張禹在這裡開設堤壩閘門，引水灌溉，結果形成數百頃可耕種的田地。他勉勵引領吏民，借給他們種糧，親自進行督促慰勞，於是糧食獲得大豐收。鄰近各郡的貧苦百姓有一千多戶人家前來歸附，新建房屋連成一片，在下面形成了一個集貿市場。後來每年墾田都在一千頃以上，民眾生活有吃有穿有富餘。功曹史戴閏，是當過太尉掾的人，權勢傾動整個郡。他出現了小過錯，張禹命令他自動到徐縣監獄投案，然後依照法律對他進行了處罰。從長史以下各級官吏，沒有不震驚慴服的。

6 和帝永元六年，調入朝廷擔任大司農，又升任太尉，和帝十分尊敬他。永元十五年，和帝到南方巡視，祭祀章陵園廟，張禹以太尉兼衛尉的身分留守京師。他聽說天子車駕要向前奔赴江陵封國，認為不應進入險峻遙遠地帶，就派驛站騎馬傳遞公文的人員獻上規諫的意見。和帝下達詔書答覆說：「祭祀拜謁活動已經結束，正要南下對大江舉行祭禮，恰好接到您的奏章，便抵臨漢水掉轉車駕回京。」返回京師後，張禹受到特殊的賞賜。

7 殤帝延平元年，升任太傅，參與尚書臺機要事務。鄧太后鑑於殤帝剛剛生下來，想讓重臣住在皇宮裡面，就下達詔書，命令張禹搬進宮中，預備好帷帳床褥，由太官早晚提供食品，每隔五天回自己府第一次。每次朝見，都專門有人安排其參拜等禮儀，與三公不坐同一席位。張禹獻呈建議說：「眼下正值居喪禁止遊樂的時期，不應像往常一樣還在苑囿騎馬打獵，廣成苑、上林苑的空地，應當暫且租給貧民耕種。」鄧太后接受了這一建議。到安帝即位，多次稟報身體有病請求退休。安帝下達詔書，派遣小黃門探問病情，賜給一頭牛，十斛酒，勸說並讓他歸就府第。有關錢布、刀劍、衣物，前後送來多次。

8 安帝永初元年，憑藉擁立天子的功勞被封為安鄉侯，食邑一千二百戶，與太尉徐防、司空尹勤在同一天一起受封。當年秋季，因盜賊四起暴雨成災而將徐防、尹勤免職，張禹由此感到不安，就進呈奏疏，請求離職退休，結果改任太尉。永初四年，新野君生病，皇太后乘坐車輛到她住處去探望。張禹和司徒夏勤、司空張敏聯名進呈章表說：「新野君身體欠安，皇太后連續好幾天住在那裡，臣下我等人私下實在感到惶恐畏懼。臣下聽說帝王有所行動則要預先做好安排，停下來就要有人衛護，清理道路然後前行，清理屋室然後住進，離開宮殿不在外面過夜，這是為了安全啊。陛下體察深厚純美的至高孝道，親自過問醫方藥物，骨肉恩情發自內心，但長時間獨自一人待在外面，百官露宿等待，這是議論政事的人深感不安的。應該暫且回到宮中，上為宗廟社稷著想，下為萬國百姓考慮。」接連三次奏請，堅持諍諫，於是皇太后回到宮中。後來連年發生災荒，國庫儲備空虛，張禹進呈奏疏請求把本人封邑內的三年收入獻給朝廷，用來幫助郡國向官吏發放俸祿。朝廷下達詔書，批准了這一奏請。永初五年，因陰陽不和被免職。七年，在家中去世。朝廷派使者去弔唁祭奠。任命張禹的小兒子張曜為郎中。長子張盛承襲爵位。

1 徐防，字謁卿，沛國銍❶人也。祖父宣，為講學大夫❷，以易❸教授王莽❹。父憲，亦傳宣業。

2 防少習父祖學，永平中，舉孝廉，除為郎❺。防體貌矜嚴，占對❻可觀，顯宗異之，特補尚書郎❼。職典樞機，周密畏慎，奉事二帝❽，未嘗有過。和帝時，稍遷司隸校尉❾，出為魏郡❿太守。永元十年，遷少府⓫、大司農。防勤曉政事，所在有迹。十四年，拜司空。

3 防以五經⓬久遠，聖意⓭難明，宜為章句⓮，以悟後學。上疏曰：「臣聞詩⓯書⓰禮⓱樂⓲，定自孔子⓳；發明章句，始於子夏⓴。其後諸家分析㉑，各有異說。漢承亂秦㉒，經典廢絕，本文略存，或無章句。收拾缺遺，建立明經㉓，博徵儒術㉔，開置太學㉕。孔聖既遠，微旨㉖將絕，故立博士㉗十有四家㉘，設甲乙之科㉙，以勉勸學者，所以示人好惡，改敝就善者也。伏見太學試博士弟子㉚，皆以意說㉛，不修家法㉜，私相容隱，開生姦路。每有策試㉝，輒興諍訟㉞，論議紛錯，互相是非。孔子稱『述而不作㉟』，又曰『吾猶及史之闕文㊱』，疾史有所不知而不肯闕也。今不依章句，妄生穿鑿，以遵師為非義，意說為得理，輕侮道術，寖以成俗，誠非詔書實選㊲本意。改薄㊳從忠，三代㊴常道，專精務本，儒學所先。臣以為博士及甲乙策試，宜從其家章句，開五十難㊵以試之。解釋多者為上第㊶，引文明者為高說；若不依先師，義有相伐㊷，皆正以為非。五經各取上第六人，論語不宜射策㊸。雖所失或久，差可矯革。」詔書下公卿，皆從防言。

4 十六年，拜為司徒。延平元年，遷太尉，與太傅張禹參錄尚書事，數受賞賜，甚見優寵。安帝即位，以定策封龍鄉侯，食邑千一百戶。其年以災異㊹寇賊策免，就國。凡三公以災異策免，始自防也。防卒，子衡當嗣，讓封於其弟崇。數歲，不得已，乃出就爵云。

【章旨】以上為〈徐防傳〉。記述重點介紹了徐防對經學導向問題的關注和提出的具體解決辦法。

【注釋】❶沛國銍　沛國，東漢改沛郡所設置的封國。治今安徽濉溪縣西北。銍，縣名。治今安徽宿縣西南。❷講學大夫　專以一經講授經學的官員。此官由王莽所置，即《六經》祭酒各一人，分別稱作講《易》祭酒、講《書》祭酒等。其品秩為上卿。❸易　即《周易》，為儒家《五經》之首，實乃先秦占筮書。通常亦將後出的《易傳》包括在內。❹王莽　西漢末期的外戚權臣，代漢自立的新朝皇帝。詳參《漢書·王莽傳》。❺郎　對宮禁守衛者和皇帝侍從人員的統稱。包括郎中、中郎、侍郎（合稱三署郎）、議郎等。多從高官及富家子弟中選拔上來，無定員，常至千人，到東漢晚期則達兩千餘人。❻占對　口頭回答問題。❼尚書郎　尚書臺的屬官，負責處理曹務。始入尚書臺者稱守尚書郎中，滿一年稱尚書郎，三年稱侍郎。具體人選則多為孝廉中身懷才能者。❽二帝　指明帝與章帝。❾司隸校尉　簡稱司隸。漢代京師地區的監察官。秩比二千石，負責督察朝中百官和京師地區的非法活動。由統領一千二百人組成的一支武裝隊伍而得名。東漢十三州中，以京師七郡為司隸部，但其地位高於其他諸州，司隸權力亦遠非刺史可比。❿魏郡　郡名。治今河北臨漳西南鄴鎮。⓫少府　漢代九卿之一，掌管皇室財務和皇帝車輦、服飾、寶貨、珍膳等物。⓬五經　儒家經典《易》、《書》、《詩》、《儀禮》、《春秋》的合稱。⓭聖意　聖人的本意。⓮章句　以分章析句為特點的一種解說經書的方式。這裡指官方認可的權威性解釋而言。⓯詩　即《詩經》。為儒家《五經》之一，實乃現存最早的詩歌總集。凡三〇五篇，按〈風〉、〈雅〉、〈頌〉編排。風分十五〈國風〉；雅分〈小雅〉、〈大雅〉，合稱二〈雅〉；頌分〈周頌〉、〈魯頌〉、〈商頌〉，合稱三〈頌〉。⓰書　即《尚書》。為儒家《五經》之一，實乃現存最早的中國古代文告檔卷的彙編。其通行本則為《今文尚書》和偽《古文尚書》的混合體，而以《今文尚書》二十八篇可信度較高。⓱禮　指《儀禮》。為儒家《五經》之一，實乃現存較早的記載古代禮節儀式的職業手冊之類的專書。凡十七篇，按成人、成婚到社交活動，低級貴族到高級貴族，生者到死者的次序編排。其中〈喪服篇〉闡述的五服制度，為魏晉以後審案治罪確立了從輕從重的基本原則。⓲樂　本指《樂經》而言，但其書至遲到漢初便已失傳。⓳孔子　名丘，字仲尼。中國古代最偉大的思想家和教育家。其事跡主要見於《論語》及《史記．孔子世家》。⓴子夏　孔子弟子中最精通古典文獻的人。其事跡主要見於《論語》及《史記．仲尼弟子列傳》。傳載：「孔子既沒，子夏居西河教授，為魏文侯師。」㉑分析　將同一部經典分成各自的傳本而自成一派。《漢書．藝文志》：「昔仲尼沒而微言絕，七十子喪而大義乖，故《春秋》分為五，《詩》分為四，《易》有數家之傳。」其中《春秋》分為五，即指《左氏》、《公羊》、《穀梁》、《鄒氏》、《夾氏》傳。《詩》分為四，則指魯、齊、韓、毛四家《詩》。㉒秦　中國歷史上第一個專制主義中央集權的封建統一王朝。從秦始皇嬴政至秦二世胡亥共存在十五年。㉓明經　漢代選拔官吏的科目之一。㉔儒術　儒家的思想學說。㉕太學　設於京師的國家最高學府。西漢自武帝時始置太學，太學至東漢順帝時大為發展，建有二百四十房，一千八百五十室。質帝時，太學生達三萬人。㉖微旨　精微的義旨。㉗博士　官名。秩比六百石。負責在太學講授儒家經典，培養學生。朝廷遇有疑難之事詢問，則進行對答。《漢書．成帝紀》：「詔曰：『古之立太學，將以傳先王之業，流化於天下也。儒林之官，四海淵原，宜皆明於古今，溫故知新，通達國體，故謂之博士。』」㉘十有四家　指今文經學中的十四個具體分支。本書卷七十九〈儒林列傳〉：「光武中興，愛好經術，未及下車而先訪儒雅，採求闕文，補綴漏逸。於是立《五經》博士，各以家法教授。《易》有施、孟、梁丘、京氏，《尚書》歐陽、大小夏侯，《詩》齊、魯、韓、毛，《禮》大小戴，《春秋》嚴、顏，凡十四博士。太常差次總領焉。」㉙甲乙之科　指考試劃分出的等級。《漢書・儒林傳》：「歲課甲科四十人為郎中，乙科二十人為太子舍人，丙科四十人補文學掌故。」㉚博士弟子　又稱博士員弟子，為在太學聽博士授課的學生。㉛意說　本人自由發揮的某種說法。㉜家法　與師法相對而稱。師法，指某一學派創始人的說法。家法，指在師法基礎上有所補充、擴展和創新的說法。李賢凡三注「家法」，一曰「諸經為業，各自名家也。」二曰「儒生為《詩》者謂之詩家，《禮》者謂之禮家，故言各隨家法也。」三曰「儒有一家之學，故稱家法。」北宋劉攽則認為：「諸儒各謂其師說為家法。」㉝策試　又稱策問或對策。為漢代出現的一種考試方法。策題通常以政事、經義等提問，對答則按要求陳述本人的看法。策問具有徵詢政見與考察才識的雙重作用。㉞諍訟　打學術官司。㉟述而不作　語出《論語・述而》。述，傳述。作，創立。㊱吾猶及史之闕文　語出《論語・衛靈公》。闕文，指史書上遺漏的空白文字。㊲實選　意為選取真才實學。㊳薄　澆薄。《史記・高祖本紀》：「太史公曰：夏之政忠，忠之敝，小人以野，故殷人承之以敬。敬之敝，小人以鬼，故周人承之以文。文之敝，小人以僿，故救僿莫若以忠。三王之道若循環，終而復始。」裴駰《集解》引徐廣曰：「僿，一作『薄』。」㊴三代　謂夏商周。㊵難　究詰的問題。㊶上第　優秀的等級。㊷伐　彼此矛盾。㊸射策　漢代以經義為內容的一種考試方法。即主考人將若干試題寫在簡策上，覆置案頭，應試者拈取其一，然後依題作答。射策與對策不同。對策沒有自由選題權，問什麼，答什麼。射策則有自由選題權，選到什麼，答什麼。所謂射，即任意抽取考題之意。㊹災異　指上天以各種罕見的反常現象或嚴重的自然災害，對人間王朝政治黑暗發出的警告與譴責。輯本《東觀漢記・徐防傳》：「郡國被水災，比州湮沒，死者以千數，災異數降。西羌反叛，殺略人吏。京師淫雨，蟊賊傷稼穡。防比上書，自陳過咎，遂策免。」

【語譯】徐防，字謁卿，是沛國銍縣人。他祖父徐宣，曾任講學大夫，拿《易經》來向王莽講授。他父親徐憲，也傳習徐宣的學業。

2 徐防從年輕時就學習父親和祖父的《易》學，在明帝永平年間，被保舉為孝廉，任命為郎官。徐防外表莊重嚴肅，口頭回答問題富有啟發性，明帝認為他很奇特，特意將他補授為尚書郎。他掌管機要事務，周全細密，小心謹慎，奉事明帝和章帝，未曾出現過閃失。到和帝時，一步步升至司隸校尉，又離開朝廷出任魏郡太守。在永元十年，升任少府、大司農。徐防通曉並勤於政事，所任各職都取得政績。到十四年，被委任為司空。

3 徐防認為《五經》成書年代很久遠，聖人的本意難以明白，應該做出解釋，以便使後來的研習者受到啟發。於是進呈奏疏說：「臣下我聽說《詩》、《書》、《禮》、《樂》，是由孔子刪定而成的；通過解釋來闡明微言大義，是從子夏開始的。此後諸家自成一派，各有彼此不同的說法。大漢在亂秦之後建立，經典被廢棄斷絕，原文大致得以保存下來，但有些卻沒有正統的解說。因而搜集拾取殘缺遺佚的部分，建立明經的科目，廣泛徵求儒家的思想學說，創辦國家最高學府太學。聖人孔子已經距離遙遠，精微的義旨眼看要泯滅，因而設立十四家博士，訂立考試錄用的幾個等級，用來激勵研習經典的士子，目的在於向世人表明應該喜好什麼和厭棄什麼，改掉壞東西，歸向美好的方面。我私下發現，太學對博士弟子進行考試，都按本人自由發揮的某種說法出題判卷，不講求淵源有自的一家之學，彼此間都不明說而各自容忍，這樣會開啟並生發出奸邪的門路。只要舉行策試，就打起學術官司來，觀點五花八門，強調我對你錯。孔子早就聲明『只傳述，不創立』，又說『我還能看到史書上遺漏的空白文字』，這是憎惡史官有所不知卻不肯存疑不記呀。現今不依據正統的解說，主觀臆測地生出穿鑿附會的講法，把遵從師說當成不是本義所在，把胡亂臆斷當成獲取到義理真諦，輕視並歪曲儒家學說，逐漸形成了風氣，這絕對不是詔書中選取真才實學的本來意旨。把澆薄改換成忠誠，屬於夏商周三代的常規作法；專精一部經典而在根本上花大氣力，屬於儒學的頭等大事。臣下我以為博士和甲乙等級策試，應該依據某一家的正統解說，擬出五十個需要究詰辨明的問題來考他們。對所提問題解釋多的，歸入優秀的等級，援引原文明晰的，歸入高明說法的行列；如果不依據先師的成說，在義理上出現彼此矛盾的現象，都把答題者自以為是正確的，判定為錯誤的。《五經》分別錄取六名屬於優秀等級的，《論語》不應採用抽取考題的方式來進行。像以上這樣處理，盡管經學出現偏差已經時間很長了，這樣做或許可以矯正此弊。」和帝下達詔書，把這道奏疏交給公卿討論，結果全都贊同徐防的建議。

4 永元十六年，徐防被任命為司徒。殤帝延平元年，改任太尉，與太傅張禹共同參與尚書臺機要事務，多次受到賞賜，得到異乎尋常的優待和寵信。安帝即位，憑藉擁立天子的功勞被封為龍鄉侯。食邑一千二百戶。當年因災異發生、盜賊四起而被朝廷下達策書免去職務，前往封國。凡屬三公因災異發生而被免去職務的，是從徐防開始的。徐防去世後，長子徐衡應當承襲爵位，但他把封國讓給了弟弟徐崇。經過好幾年，沒辦法再這樣做，只得出來承受爵位。

張敏，字伯達，河間鄚❶人也。建初二年，舉孝廉，四遷，五年，為尚書❷。

建初中，有人侮辱人父者，而其子殺之，肅宗❸貰其死刑而降宥❹之，自後因以為比❺。是時遂定其議，以為輕侮法。敏駮議曰：「夫輕侮之法，先帝一切❻之恩，不有成科❼班❽之律令也。夫死生之決，宜從上下❾，猶天之四時，有生有殺。若開相容恕，著為定法者，則是故設姦萌❿，生長罪隙⓫。孔子曰：『民可使由之，不可使知之⓬。』春秋⓭之義，子不報讎，非子也。而法令不為之減者，以相殺之路不可開故也。今託義者得減，妄殺者有差，使執憲之吏得設巧詐，非所以導『在醜不爭⓮』之義。又輕侮之比，寖以繁滋，至有四五百科，轉相顧望，彌復增甚，難以垂之萬載。臣聞師言：『救文莫如質⓯。』故高帝⓰去煩苛之法，為三章之約⓱。建初詔書，有改於古者，可下三公、廷尉⓲蠲除其敝。」議寢不省。敏復上疏曰：「臣敏蒙恩，特見拔擢，愚心所不曉，迷意所不解，誠不敢苟隨眾議。臣伏見孔子垂經典，皋陶⑲造法律，原⑳其本意，皆欲禁民為非也。未曉輕侮之法將以何禁？必不能使不相輕侮，而更開相殺之路，執憲之吏復容其姦枉㉑。議者或曰：『平法㉒當先論生。』臣愚以為天地之性，唯人為貴㉓，殺人者死，三代通制。今欲趣生，反開殺路，一人不死，天下受敝。記㉔曰：『利一害百，人去城郭。』夫春生秋殺，天道之常。春一物枯即為災，秋一物華即為異。王者承天地，順四時，法聖人，從經律㉕。願陛下留意下民，考尋利害，廣令平議，天下幸甚。」和帝從之。

九年，拜司隸校尉。視事二歲，遷汝南㉖太守。清約不煩，用刑平正，有理能名。坐事免。延平元年，拜議郎㉗，再遷潁川㉘太守。永初元年，徵拜司空，在位奉法而已。視事三歲，以病乞身，不聽。六年春，行大射禮㉙，陪位頓仆，乃策罷之。因病篤，卒于家。

【章旨】以上為〈張敏傳〉。記述張敏的籍貫和在章帝、和帝、殤帝、安帝時期擔任尚書、郡守特別是三公之職的履歷，不過潔身自好，奉法而已。

【注釋】❶河閒鄚　河閒，封國名。治今河北獻縣東南。鄚，縣名。治今河北任丘東北。❷尚書　尚書臺所屬官員的一種官稱。尚書臺又稱中臺，是東漢時專設的一個協助皇帝處理政務的機構，下分六曹，每曹均設尚書一人，各掌其事。尚書意為執掌文書，秩低權重，為其特徵。❸肅宗　指東漢皇帝劉炟。卒謚孝章，廟號肅宗。❹降宥　減罪寬宥；從輕發落。❺比斷案成例。❻一切　謂權宜之計。顏師古《漢書注》：「一切者，權時之事，非經常也。猶如以刀切物，苟取整齊，不顧長短縱橫，故言一切。」❼成科　賦予法律效力的定罪判刑的條文規定。❽班　通「頒」。頒布。❾上下　意謂可上可下亦即可輕可重的尺度。《尚書·呂刑》：「上下比罪。上刑適輕，下服；下刑適重，上服。輕重諸罰有權。」❿姦萌　奸惡的根苗。⓫罪隙　犯罪的空間。⓬民可使由之二句　見於《論語·泰伯》。由，照著做。⓭春秋　儒家《五經》之一，實乃現存最早的中國古代編年史。由於漢代經學盛行，而《春秋公羊》學更影響巨大，故言及《春秋》，往往以傳代經，即稱說《春秋》如何如何，實際是引證《公羊》學的理論或具體觀點。《春秋·定公四年》：「冬十有一月庚午，蔡侯以吳子及楚人戰于伯莒，楚師敗績。」《公羊傳》：「父不受誅，子復讎可也。父受誅，子復讎，推刃之道也。」⓮在醜不爭　在眾不忿爭。《禮記·曲禮上》：「凡為人子之禮，冬溫而夏清，昏定而晨省。在醜夷不爭。」孔穎達疏：「醜，眾也。夷，猶儕也。皆等類之名。朋儕等輩，喜爭勝負，忘身及親，故宜誡之以不爭。」⓯救文莫如質　文，繁縟的禮法規定。質，質樸的原始狀態。董仲舒《春秋繁露·王道》：「齊頃公弔死視疾，孔父正色而立於朝，人莫過而致難乎其君。齊國佐不辱君命而尊齊侯。此《春秋》之救文以質也。救文以質，見天下諸侯所以失其國者，亦有焉。」⓰高帝　指西漢王朝創建者劉邦。高祖為其廟號。事詳《史記·高祖本紀》、《漢書·高帝紀》。⓱三章之約　謂殺人者死，傷人及盜抵罪。《史記·高祖本紀》載，劉邦西入咸陽，除秦苛法，「與父老約，法三章耳。」⓲廷尉　漢代九卿之一。掌管重大案件和全國各地疑難案件的審判。⓳皋陶　傳說中的舜帝的法官。《尚書》有〈皋陶謨〉。⓴原　推究；考察。㉑姦枉　奸詐不正。指舞文弄法之類。㉒平法　公正司法。㉓天地之性二句　分別見於偽《古文尚書·泰誓上》：「天地所生，惟人為貴。」《大戴禮記·易本命》：「故人十月而生，萬類人為貴也。」《孝經·聖治章》：「子曰：『天地之性人為貴。』」唐玄宗注：「貴其異於萬物也。」㉔記　漢代把解釋《五經》的書籍稱為記。㉕經律　通用的法律。㉖汝南　郡名。治今河南平輿北。㉗議郎　漢代郎官之一種，掌顧問應對，無常事，唯詔令所使。㉘潁川　郡名。治今河南禹州。㉙大射禮　由天子在祭祀之前主持的一種大規模的射箭比賽活動。此禮古已有之，東漢自明帝永平二年開始舉行。時間在農曆三月，地點在辟雍，上場者除皇帝外，主要是群臣和各地保舉的人才，若合格則有權陪同皇帝參加祭祀。李賢注：「天子將祭，擇士而祭，謂之大射。大射之禮，張三侯（箭靶子）虎侯、熊侯、豹侯，示服猛也。皆以其皮方制之，樂用《騶虞》九節。」

【語 譯】張敏，字伯達，是河間國鄚縣人。章帝建初二年，他被保舉為孝廉，經過四次升遷，到建初五年擔任尚書。在建初年間，有個侮辱別人父親的人，這位父親的兒子便把那個人殺死了，章帝赦免了這樣一個兇手的死刑而從輕予以發落，此後便成為類似案件的斷案成例。到和帝時，朝廷便要確定下最終的結論，形成一項「輕侮法」。張敏提出辯駁意見說：「輕侮這項法律，只是先帝施布恩惠的權宜之計，並沒形成確切的定罪判刑的條文規定而在國家法律中頒布。是生是死的判決，應該依從可輕可重的尺度，這就如同天所形成的四季，既有讓萬物生長的春夏季節，也有叫萬物死亡的秋冬季節。如果開啟容忍寬恕的通例並將它編制成固定的國家法律，那就純屬故意設布奸惡的根苗，敞開犯罪的空間。孔子早就說過：『對民眾只能叫他們照著去做，不能讓他們知道為什麼要這樣去做。』《春秋》的義理強調，當兒子的不替父親報仇，就不是他的兒子。然而法令不因此就減輕刑罰，原因是出於彼此仇殺這條路決不能敞開的緣故。如今假託道義的人獲得減罪，隨意殺人的人存在著懲辦上的差別，使執法的官吏得以巧立名目，鑽空子，這不是疏導人們『在同輩人中不忿爭』這一行為準則的辦法。再者按『輕侮』類推的條款，逐漸在增多，直至達到四五百條，輾轉比附，增益得越來越厲害，難以永遠垂示給後世。臣下我聽師長說：『補救繁縟的禮法規定的弊病，沒有比恢復質樸的原始狀態更為有效的了。』因而高帝廢除秦代煩瑣苛酷的法令，只是約法三章。建初年間的詔書，存在著改變古制的地方，可以責成三公、廷尉去除其中的弊端。」這一建議被擱置一邊，未加理會。張敏又進呈奏疏說：「臣下我張敏蒙受皇恩，與眾不同地得到提拔重用，對我笨腦瓜想不明白的問題，葫蘆心解不開的事情，怎麼也不敢隨意就跟從眾人的論調走。臣下我發現，孔子為後世垂示經典，皋陶制定法律，推究他們的本意，都是想禁止百姓幹壞事。我不曉得『輕侮法』將拿什麼去禁止？肯定不能讓人相互不再輕視侮辱對方，反而會敞開彼此仇殺的邪路，執法的官吏更會施展他們舞文弄法的那套伎倆。議論政事的人有的說：『公正司法應當首先考慮讓罪犯活命。』臣下我愚昧地認為，天地的本性，只把人當成最珍貴的生物。殺人應該處死，這是夏商周三代通用的法律制度。如今光想讓罪犯活命，反倒敞開了殺人的邪路，僅因一個人不被處死，卻叫天下人跟著遭殃。解釋《五經》的書籍說：『只對一個人有利而對眾人有害，人們就離開這座城邑。』

春季讓萬物出生，秋季叫萬物枯萎，這是皇天永不改變的定律。在春季卻有一種植物枯萎了，這就構成災禍，在秋季卻有一種植物開花了，這就構成怪異。稱王天下的人承奉天地，順應四時，效法聖人，遵從通用的法律。希望陛下留意平民百姓，考察究尋有利的方面和有害的地方，大範圍讓群臣公平穩妥地議定律條，天下人也就幸運到極點了。」和帝採納了張敏的建議。

和帝永元九年，張敏被委任為司隸校尉。履行職務二年，改任汝南太守。他施政清靜簡約不煩苛，動用刑罰公平恰當，贏得擅長治理的名聲。後來因事獲罪被免職。殤帝延平元年，又被起用為議郎，升任潁川太守。到安帝永初元年，調入朝廷當司空，在位奉行法度而已。主持政務共三年，因病請求離職退休，未能獲得批准。到永初六年春季，朝廷舉行大射禮，他在陪從的席位上摔倒在地，於是安帝下達策書，免去他的職務。隨後病情越來越沉重，在家中去世了。

1 胡廣，字伯始，南郡華容❶人也。六世祖剛，清高有志節。平帝❷時，大司徒馬宮❸辟之。值王莽居攝❹，剛解其衣冠，縣❺府門而去，遂亡命交阯❻，隱於屠肆❼之間。後莽敗，乃歸鄉里。父貢，交阯都尉❽。廣少孤貧，親執家苦。長大，隨輩入郡為散吏❾。太守法雄❿之子真⓫，從家來省其父。真頗知人。會歲終應舉，雄勑真助其求才。雄因大會諸吏，真自於牖⓬間密占察⓭之，乃指廣以白雄，遂察孝廉。既到京師，試以章奏，安帝以廣為天下第一。旬月拜尚書郎，五遷尚書僕射⓮。

2 順帝⑮欲立皇后，而貴人⑯有寵者四人，莫知所建，議欲探籌⑰，以神定選。廣與尚書郭虔、史敞上疏諫曰：「竊見詔書以立后事大，謙不自專，欲假之籌策，決疑靈神。篇籍⑱所記，祖宗典故⑲，未嘗有也。恃神任筮⑳，既不必當賢；就值其人，猶非德選。夫岐嶷㉑形於自然，俔天㉒必有異表。宜參良家㉓，簡求有德，德同以年，年鈞㉔以貌，稽之典經，斷之聖慮。政令猶汗㉕，往而不反。詔文一下，形之四方。臣職在拾遺㉖，憂深責重，是以焦心，冒昧陳聞。」帝從之，以梁貴人㉗良家子，定立為皇后。

3 時尚書令左雄㉘議改察舉㉙之制，限年四十以上，儒者試經學，文吏試章奏㉚。廣復與敞、虔上書駁之，曰：「臣聞君以兼覽博照為德，臣以獻可替否㉛為忠。書載稽疑，謀及卿士㉜；詩美先人，詢于芻蕘㉝。國有大政，必議之於前訓，諮之於故老，是以慮無失策，舉無過事。竊見尚書令左雄議郡舉孝廉，皆限年四十以上，諸生試章句，文吏試牋奏。明詔既許，復令臣等得與相參。竊惟王命之重，載在篇典，當今縣於日月，固於金石，遺則㉞百王，施之萬世。詩云：『天難諶斯，不易惟王。』㉟可不慎與！蓋選舉因才，無拘定制。六奇之策㊱，不出經學；鄭、阿之政㊲，非必章奏。甘、奇㊳顯用，年乖彊仕㊴；終、賈㊵揚聲，亦在弱冠㊶。

漢承周[42]、秦，兼覽殷、夏[43]，祖德師經，參雜霸軌[44]，聖主賢臣，世以致理，貢舉之制，莫或回革[45]。今以一臣之言，剗戾[46]舊章，便利未明，眾心不猒[47]。矯枉變常，政之所重，而不訪台司[48]，不謀卿士。若事下之後，議者剝異[49]，異之則朝失其便，同之則王言已行。臣愚以為可宣下百官，參其同異，然後覽擇勝否[50]，詳採厥衷。敢以瞽言[51]，冒干[52]天禁，惟陛下納焉。」帝不從。

4 時陳留郡[53]缺職，尚書史敞等薦廣。曰：「臣聞德以旌賢[54]，爵[55]以建事，『明試以功』，典謨[56]所美；『五服五章[57]』，天秩[58]所作。是以臣竭其忠，君豐其寵，舉不失德，下忘其死。竊見尚書僕射胡廣，體真履規，謙虛溫雅，博物洽聞，探賾[59]窮理，六經典奧，舊章憲式[60]，無所不覽。柔而不犯，文而有禮，忠貞之性，憂公如家。不矜其能，不伐[61]其勞，翼翼[62]周慎，行靡玷漏。密勿[63]夙夜，十有餘年，心不外顧，志不苟進。臣等竊以為廣在尚書，劬勞[64]日久，後母年老，既蒙簡照[65]，宜試職千里[66]，匡寧方國。陳留近郡，今太守任缺。廣才略深茂，堪能撥煩[67]，願以參選，紀綱頹俗，使束脩[68]守善，有所勸仰。」

5 廣典機事十年，出為濟陰[69]太守，以舉吏不實免。復為汝南太守，入拜大司農。漢安[70]元年，遷司徒。質帝[71]崩，代李固[72]為太尉，錄尚書事。以定策立桓帝[73]，封育陽安樂鄉侯。以病遜位。又拜司空，告老致仕[74]。尋以特進[75]徵拜太常，遷太尉，以日食[76]免。復為太常，拜太尉。延熹[77]二年，大將軍梁冀[78]誅，廣與司徒韓縯、司空孫朗坐不衛宮，皆減死一等[79]，奪爵土，免為庶人。後拜太中大夫[80]、太常。九年，復拜司徒。靈帝[81]立，與太傅陳蕃[82]參錄尚書事，復封故國。以病自乞。會蕃被誅，代為太傅，總錄[83]如故。

6 時年已八十，而心力克壯[84]。繼母在堂，朝夕瞻省，傍無几杖，言不稱老[85]。及母卒，居喪盡哀，率禮無愆。性溫柔謹素，常遜言恭色。達練事體，明解朝章。雖無謇直[86]之風，屢有補闕之益。故京師諺曰：「萬事不理問伯始[87]，天下中庸[88]有胡公。」及共李固定策，大議[89]不全，又與中常侍[90]丁肅婚姻，以此譏毀於時。

7 自在公台三十餘年，歷事六帝[91]，禮任甚優，每遜位辭病，及免退田里，未嘗滿歲，輒復升進。凡一履司空，再作司徒，三登太尉，又為太傅。其所辟命[92]，皆天下名士。與故吏陳蕃、李咸[93]並為三司。蕃等每朝會，輒稱疾避廣，時人榮之。年八十二，熹平[94]元年薨。使五官中郎將[95]持節[96]奉策贈太傅、安樂鄉侯印綬，給東園梓器[97]，謁者[98]護喪事，賜冢塋于原陵[99]，諡文恭侯，拜家一人為郎中。故吏自公、卿、大夫[100]、博士、議郎以下數百人，皆縗絰[101]殯位，自終及葬。漢興以來，人臣之盛，未嘗有也。

8 初，揚雄依虞箴[102]作十二州、二十五官箴[103]，其九箴亡闕，後涿郡崔駰[104]及子瑗[105]又臨邑侯劉騊駼[106]增補十六篇[107]，廣復繼作四篇，文甚典美。乃悉撰次首目[108]，為之解釋，名曰百官箴[109]，凡四十八篇。其餘所著詩、賦、銘、頌、箴、弔[110]及諸解詁[111]，凡二十二篇。熹平六年，靈帝思感舊德，乃圖畫廣及太尉黃瓊[112]於省內[113]，詔議郎蔡邕[114]為其頌[115]云。

【章　旨】以上為〈胡廣傳〉。記述胡廣的籍貫、家世和在安帝、順帝、沖帝、質帝、桓帝、靈帝時期擔任尚書僕射、郡守、卿官特別是「一履司空，再作司徒，三登太尉，又為太傅」的履歷，先後所蒙受的漢興以來未曾有的朝廷殊遇，其間規諫順帝抽籤選立皇后、阻撓察舉制度改革、五上五下、孝敬繼母、編注《百官箴》和其他著作的五宗事跡，以及與之相表裡的「溫柔謹素，遜言恭色」的處世方式和「達練事體，明解朝章」的為官特長，屬於政壇不倒翁的典型人物。

【注　釋】❶南郡華容　南郡，郡名。治今湖北江陵。華容，縣名。治今湖北監利北。❷平帝　指西漢皇帝劉衎。卒諡孝平。❸馬宮　西漢後期通曉儒學又持祿保位的大臣。《漢書》卷八十一有傳。❹居攝　代替幼主行使皇帝職權。❺縣　通「懸」。懸掛。❻交阯　郡名。治今越南北寧省仙游東。❼屠肆　屠宰和賣肉的場所。❽都尉　郡設武官。秩比二千石，協助郡守掌領武職甲卒，負責治安，防遏盜賊。❾散吏　沒有具體職務而供隨時驅遣的吏員。❿法雄　東漢中後期擅長政事的地方官。本書卷三十八有傳。⓫真　即法真，東漢後期的著名隱士。本書卷八十三有傳。⓬牖　窗口；窗戶。⓭占察　察看；察視。⓮尚書僕射　尚書臺的副長官。其品秩為六百石，掌管尚書事務。⓯順帝　指東漢第七代皇帝劉保。卒諡孝順。⓰貴人　東漢六宮的一種名號，地位僅次於皇后，佩金印紫綬。⓱探籌　猶言抽籤或抓鬮。⓲篇籍　泛指各類文字記述。⓳典故　典制和先例。⑳筮　算卦。㉑岐嶷　形容天生聰穎。《詩・生民》：「誕實匍匐，克岐克嶷。」《毛傳》：「岐，知意也。嶷，識也。」㉒俔天　指代皇后。《詩・大明》：「大邦有子，俔天之妹。」意謂大國有個女兒，如同皇天的妹妹。此女乃謂周文王迎娶的太姒，故後世遂以「俔天」指代皇后或公主。俔，如同；好比。㉓良家　世代清白的人家。㉔年鈞　年齡相同。《左傳・昭公二十六年》載王子朝之辭：「昔先王之命曰：『王后無適，則擇立長。年鈞以德，德鈞以卜。』」㉕政令猶汗　汗，人體所出的熱汗。《易・渙》九五爻辭：「渙汗其大號。」意謂國王的命令一旦頒發，就像人體出汗一樣不可收回。㉖拾遺　彌補朝政缺失。㉗梁貴人　指大將軍梁商的女兒梁妠，即順烈梁皇后。本書卷十〈皇后紀〉載：順帝「陽嘉元年春，有司奏立長秋宮，以乘氏侯商先帝外戚，《春秋》之義，娶先大國，梁小貴人宜配天祚，正位坤極。帝從之，乃於壽安殿立貴人為皇后。」㉘尚書令左雄　尚書令，尚書臺的長官。其品秩為千石，掌管選署和上傳下達尚書六曹文書眾事。左雄，東漢安帝和順帝時期明達政體的朝臣。本書卷六十一有傳。㉙察舉　漢代的一種選官制度。該制度根據不同的需要設立各種科目，指定有關官員擔任舉主，按要求向中央保送相應人才，經朝廷檢驗或考試合格後予以錄用或升遷。凡屬定期性的科目，稱為常科或歲舉，如孝廉；經皇帝臨時下詔命定的科目，稱為特科或詔舉，如賢良、文學、明經、有道、治劇、勇猛知兵法等。其被舉者包括兩類人，一為平民，二為現任的吏員。㉚章奏　兩種公文體裁。李賢注引《漢雜事》：「凡群臣之書，通于天子者四品：一曰章，二曰奏，三曰表，四曰駮議。章者需頭，稱『稽首上以聞』，謝恩陳事，詣闕通者也。奏者亦需頭，其京師官但言『稽首言』，下『稽首以聞』，其中有所請，若罪法劾案，公府送御史臺，卿校送謁者臺也。表者不需頭，上言『臣某言』，下言『誠惶誠恐，頓首頓首，死罪死罪』，左方下附曰『某官臣甲乙上』。」㉛獻可替否　謂對君主進諫，勸善規過。《左傳・昭公二十年》載晏子對答齊景公之語：「君所謂可而有否焉，臣獻其否以成其可；君所謂否而有可焉，臣獻其可以去其否。是以政平而不干，民無爭心。」㉜書載稽疑二句　見《尚書・洪範》：「七、稽疑。汝則有大疑，謀及乃心，謀及卿士，謀及庶人，謀及卜筮。」稽疑，考察可疑之事。㉝詩美先人二句　見《詩・板》：「先民有言，詢於芻蕘。」《毛傳》：「芻蕘，薪采者。」即割草打柴的人。㉞遺則　留下準則。㉟詩云三句　見《詩・大明》。鄭箋：「天之意難信矣，不可改易者，天子也。」諶，信。㊱六奇之策　指西漢開國元勳陳平為劉邦所出的六條奇計。《史記・陳丞相世家》：「凡六出奇計，輒益邑，凡六益封。奇計或頗祕，世莫能聞也。」㊲鄭阿之政　鄭，春秋時期的鄭國。阿，春秋時期齊國的阿邑（今山東陽穀東北）。政，謂子產和晏嬰的治理業績。詳見《左傳・襄公三十一年》、《晏子春秋・內篇・襍上第五》所述。㊳甘奇　甘，戰國時期秦國十二歲的策士甘羅。奇，戰國時期齊國十八歲的縣宰子奇。《史記・樗里子甘茂列傳》載其出使趙國，唾手得趙五城和燕國上谷十一城而被封為上卿的事跡。《藝文類聚・職官部・令長》引劉向《新序》：「昔子奇年十八，齊君使之治阿。既行矣，悔之，使使追之，未到阿及之，還之；已到，勿還也。使者及之而不還，君問其故，對曰：『臣見所以共載者，白首也。夫以老者之智，以少者決之，必能治阿矣。是以不還。』」[39]彊仕　指代四十歲。《禮記・曲禮上》：「四十曰強而仕。」[40]終賈　分別指西漢的終軍與賈誼。《漢書・終軍傳》：「南越與漢和親，迺遣軍使南越說其王，欲令入朝，比內諸侯。軍自請願受長纓，必羈南越王而致之闕下。軍遂往說越王，越王聽許，請舉國內屬。天子大說。軍死時年二十餘，故世謂之終童。」《史記・屈原賈生列傳》：「賈生年少，頗通諸子百家之書。文帝召以為博士。是時賈生年二十餘，最為少。每詔令議下，諸老先生不能言，賈生盡為之對，人人各如其意所欲出，諸生於是乃以為能不及也。」[41]弱冠　指代二十歲。《禮記・曲禮上》：「二十曰弱冠。」[42]周　中國歷史上繼商而起的第三個王朝。從周武王至周幽王共傳十二王，是為西周，歷時二百七十六年。[43]殷夏　殷為中國歷史上繼夏而起的第二個王朝。又稱商。從商湯至商紂王共傳十七世，三十一王，歷時六百年左右。夏為中國歷史上由禹建立的第一個王朝。從夏禹至夏桀共傳十四世，十七王，歷時近五百年左右。[44]霸軌　以刑罰治國。《漢書・元帝紀》：太子「嘗侍燕，從容言陛下持刑太深，宜用儒生。宣帝作色曰：『漢家自有制度，本以霸王道雜之，奈何純任德教用周政乎？』」[45]回革　更改。[46]剗戾　破壞。[47]猒　服氣。[48]台司　指尚書臺和三司即三公府。[49]剝異　反駁並提出不同的意見。剝，通「駁」。駁斥；反駁。[50]勝否　優勝與否。[51]瞽言　孔子所說的三愆之一，意為瞎說一氣。《論語・季氏》：「孔子曰：『侍於君子有三愆。言未及之而言，謂之躁；言及之而不言，謂之隱；未見顏色而言，謂之瞽。』」[52]冒干　冒犯。[53]陳留郡　郡名。治所陳留縣（今河南開封東南陳留城）。[54]旌賢　表彰賢人。《偽古文尚書・仲虺之誥》：「德懋懋官。」[55]爵　爵位。《國語・晉語八》：「夫爵以建事，祿以食爵，德以賦之，功庸以稱之。」韋昭注：「事，職事也。」[56]典謨　指《尚書》中的〈堯典〉和〈皋陶謨〉。〈堯典〉：「敷奏以言，明試以功，車服以庸。」[57]五服五章　五服指天子、諸侯、卿、大夫、士的五等禮服，五章，意謂借助禮服等級分別彰明他們的德行大小和地位高低。[58]天秩　上天排定的意思。秩，排定。《尚書・皋陶謨》：「天秩有禮，自我五禮有庸哉！同寅協恭和衷哉！天命有德，五服五章哉！」[59]探賾　探求幽深難明的事物。[60]憲式　法令。[61]伐　自我誇耀。[62]翼翼　恭敬謹慎的樣子。[63]密勿　勤勉努力。[64]劬勞　勞苦；勞累。[65]簡照　關心照顧。[66]千里　指一郡轄區。下文「方國」，與此同義。[67]撥煩　意謂能夠處理繁難事務。[68]束脩　十條乾肉，借指讀書人。《論語・述而》：「子曰：『自行束脩以上，吾未嘗無誨焉。』」孔穎達疏：「此是禮之薄者，其厚則有玉帛之屬。」[69]濟陰　郡名。治今山東定陶西北。[70]漢安　東漢順帝劉保年號，西元一四二—一四四年。[71]質帝　指東漢皇帝劉纘。其登基時年僅八歲，九歲便被權臣毒死，謚號孝質。[72]李固　東漢後期抑制外戚勢力的大臣。本書卷六十三有傳。[73]桓帝　東漢皇帝。名志，卒謚孝桓。[74]致仕　辭職退休。[75]特進　漢代的一種榮譽職銜。僅僅賜給朝廷敬重的人。[76]日食　月球運行到地球和太陽中間時，太陽光被月球遮擋住，不能射到地球上來，這種現象叫日蝕。日蝕分為日全蝕、日偏蝕、日環蝕，在古代都被視為最嚴重的天譴現象。[77]延熹　東漢桓帝劉志年號，西元一五八－一六七年。[78]大將軍梁冀　大將軍，原為漢代掌管領兵征伐之事的最高將領，後來變成文職的宰輔之官，又由榮譽稱號變成權勢極大的實職，多由外戚充任。梁冀，東漢一手援立沖帝、質帝、桓帝的外戚權臣。本書卷三十四有傳。[79]減死一等　按低於死罪進行懲辦的一種刑罰。[80]太中大夫　漢代大夫官之一種。秩比千石，掌論議。[81]靈帝　東漢皇帝。名宏，卒謚孝靈。[82]陳蕃　東漢後期謀誅宦官的清正大臣。本書卷六十六有傳。[83]總錄　總，總領百官。錄，錄尚書事。[84]克壯　健康強壯。李賢注引盛弘之《荊州記》：「菊水出穰縣。芳菊被涯，水極甘香。谷中皆飲此水，上壽百二十，七八十者猶以為夭。太尉胡廣所患風疾，休沐南歸，恆飲此水，後疾遂瘳，年八十二薨。」[85]言不稱老　平常講話從不給自己帶出一個老字字眼來。《禮記・曲禮上》：「夫為人子者，恆言不稱老。」[86]謇直　正直。[87]伯始　胡廣的表字。[88]中庸　中和而可常行的道德。《論語・雍也》：「子曰：『中庸之為德也，其至矣乎！民鮮久矣。』」魏何晏《集解》：「庸，常也。中和可常行之德。」[89]大議　指擇立皇位繼承人。胡廣屈從外戚梁冀的威權，放棄原來的主張而同意擁立蠡吾侯劉志嗣位，此即後來荒淫透頂的桓帝。[90]中常侍　東漢宦官的最高職務。秩比二千石，掌侍從左右，從入內宮，回答皇帝詢問，承奉差遣辦事等。[91]六帝　謂安帝、順帝、沖帝、質帝、桓帝、靈帝。[92]辟命　指聘用和委任的人。[93]李咸　人名。本書無傳。李賢注引謝承《書》：「咸字元卓，汝南西平人。孤特自立。家貧母老，常躬耕稼以奉養。學《魯詩》、《春秋公羊傳》、《三禮》。三府並辟，司徒胡廣舉茂才，除高密令，政多奇異，青州表其狀。建寧三年，自大鴻臚拜太尉。自在相位，約身率下，常食脫粟飯、醬菜而已。不與州郡交通。刺史、二千石牋記，非公事不發省。以老乞骸骨，見許，悉還所賜物，乘敝牛車，使子男御。晨發京師，百僚追送盈塗，不能得見。家舊貧狹，庇蔭草廬。」[94]熹平　東漢靈帝劉宏年號，西元一七二－一七八年。[95]五官中郎將　漢代九卿之一光祿勳的屬官，負責率部守衛宮殿，出充車騎。五官與左、右中郎將各有其署，合稱三署。[96]節　代表朝廷的一種禮儀用品。[97]東園梓器　皇室製作部門所打造的棺木。東園，為漢代九卿之一少府的下屬機構，負責棺木及陵墓用品的製造。本書〈志第六・禮儀下・大喪〉：「東園匠、考工令奏東園祕器，表裡洞赤，虡文畫日月、鳥龜、龍虎、連璧、偃月、牙檜。」[98]謁者　漢代九卿之一光祿勳的屬官。按其具體職掌又分幾種。據這裡所述，則為給事謁者，負責賓贊受事及上章報問和奉命弔唁等。[99]原陵　光武帝劉秀的陵墓。陵址在今河南洛陽東北的孟津，北臨黃河，南接邙山。(100)大夫　漢代文職散官和職事官的一種統稱。其品秩由六百石至二千石不等。(101)縗絰　披麻戴孝。將麻布條披在胸前為縗，紮在頭上和纏在腰間為絰。縗絰由臣為君、子為父、妻為夫服三年喪所使用。(102)虞箴　全稱《虞人之箴》。虞人，古代掌管田獵的官員。箴，告誡勸諫之義。自《虞箴》問世以後，箴便成為一種文體。《左傳・襄公四年》：「昔周辛甲之為太史也，命百官官箴王闕，於《虞人之箴》曰：『芒芒禹迹，畫為九州，經啟九道。民有寢廟，獸有茂草，各有攸處，德用不擾。在帝夷羿，冒于原獸，忘其國恤，而思其麀牡。武不可重，用不恢于夏家。獸臣司原，敢告僕夫。』」(103)十二州二十五官箴　《十二州箴》完整流傳至今，謂冀州、青州、兗州、徐州、揚州、荊州、豫州、益州、雍州、幽州、并州、交州。《二十五官箴》包括司空、九卿、博士、上林苑令等，迄今尚有二十一篇可見其全文或殘文。(104)崔駰　東漢深受章帝賞識的文學家。本書卷五十二有傳。(105)瑗　崔瑗。為崔駰次子，東漢名重一時的文學家。本書卷五十二有傳。(106)劉騊駼　東漢具有才學的宗室成員。詳見本書卷十四。(107)四篇　今存一篇，即《太平御覽》卷二四一所引胡廣〈邊都尉箴〉：「巍巍上聖，光被八埏，矧惟內外，罔不來賓。季末陵遲，王澤壅隔，戎狄作難，鬼方騷逖。桓桓猛將，是攘是闢。殷宗周宣，用顯其績。大漢龍興，念存治平，蕩蕩率土，來同門屏。守撫其民，出典其戎，五才並用，文武程功。」(108)首目　篇目。(109)百官箴　原書已佚。《太平御覽》卷五八八引胡廣〈百官箴敘〉：「箴諫之興，所由尚矣。聖君求之於下，忠臣納之於上。故〈虞書〉曰：『予違汝弼，汝無面從，退有後言』。墨子著書，稱《夏箴》之辭。」(110)銘頌箴弔　均為文體名。(111)解詁　指《漢官解詁》。此書今有《漢官六種》輯本行世。本書志二十四〈百官一〉南朝梁劉昭補注：「案胡廣注隆此篇，其論之注曰：『述作之功，獨不易矣。既感斯言，顧見故新汲令王文山《小學》為《漢官篇》，略道公卿內外之職，旁及四夷，博物條暢，多所發明，足以知舊制儀品。蓋法有成易，而道有因革，是以聊集所宜，為作詁解，各隨其下，綴續後事，令世施行，庶明厥旨，廣前後憤盈之念，增助來哲多聞之覽焉。』」(112)黃瓊　東漢後期抑制外戚勢力的大臣。本書卷六十一有傳。(113)省內　指皇宮之內公卿朝臣辦公的地方。省內又稱省中，其與禁中或禁內有時不做區分，即均謂皇宮禁地。皇宮禁地本稱禁中，東漢蔡邕《獨斷・上》：漢天子「所居曰禁中，後曰省中。」「禁中者，門戶有禁，非侍御者不得入，故曰禁中。孝元皇后父、大司馬、陽平侯名禁，當時避之，故曰省中。今宜改，後遂無言之者。」顏師古《漢書注》解「省中」：「省，察也，言入此中，皆當察視，不可妄也。」其取義既如此，李善《文選注》又引曹操《魏武集》：「荀欣等曰：『漢制，王所居曰禁中，諸公所居曰省中。』」可證省中、禁中復有區分。禁中或禁內乃為皇帝的生活區，而此處既說「圖畫」，則省內或省中係指宮內朝臣辦公處而言。(114)蔡邕　東漢後期的文學家與藝術家。本書卷六十有傳。(115)頌　李賢注引謝承《書》：「巖巖山嶽，配天作輔。降神有周，生申及甫。允茲漢室，誕育二后。曰胡曰黃（黃瓊），方軌齊武。惟道之淵，惟德之藪。股肱元首，代作心膂。天之烝人，有則有類。我胡我黃，鍾厥純懿。巍巍特進，仍踐其位。赫赫三事，七佩其紱。弈弈四牡，沃若六轡。袞職龍章，其文有蔚。參曜乾台，窮寵極貴。功加八荒，群生以遂。超哉邈乎，莫與為二。」

【語譯】胡廣，字伯始，是南郡華容縣人。他的六世祖胡剛，為人清高而且具有志氣和節操。西漢平帝時，大司徒馬宮特意聘用他。等到王莽代替幼主行使皇帝職權，胡剛便脫掉官服，摘下官帽，懸掛在司徒府的大門上離去了，接著逃避追捕，到了交阯郡，隱藏在屠宰和賣肉的場所當中。後來王莽敗亡，他便回到故鄉。胡廣的父親胡貢，是交阯郡都尉。胡廣從小就成為孤兒，家裡很窮，親身承擔起家庭的沉重負擔。長大以後，跟隨同輩人到郡裡充當專供驅遣的吏員。南郡太守法雄的兒子法真從家鄉來探望自己的父親。法真很會識別人。正趕上年終郡裡要向朝廷保送人才，法雄就讓法真幫助他尋求合適的人選。法雄隨後把所有吏員召集到一起，法真獨自一人在窗口祕密察看，於是指定胡廣並報告給法雄，胡廣隨即被保舉為孝廉。抵達京師以後，朝廷用撰寫章奏來考試被保舉的人，安帝把胡廣定為天下第一名。不到一個月，就被任命為尚書郎，經過五次升遷，出任尚書僕射。

2 順帝準備冊立皇后，可貴人受寵愛的就有四個人，不知該冊立哪個好，經過商議想用抽籤的方式來進行，由神靈確定選立的對象。胡廣與尚書郭虔、史敞進呈奏疏勸諫說：「私下見詔書因為冊立皇后的事體重大，所以謙虛而不獨自決定，想借助名簽，由神靈對疑難問題做出決斷。這在各類文字記述和列祖列宗的典制與先例中，都從來沒有過。依仗神靈聽從筮術，所定不見得就是賢慧的人選；即使那個人選確實合適，仍然不是按品德來選立的。聰穎是自然形成的，皇后必定生有與眾不同的形貌。應該考慮家族世世代代都清白的因素，選取具有品德的女子。她們品德如果相同，就按年齡大小擇取；年齡要是相同，就按容貌如何選定，考察經典，依照聖人的思慮做決斷。頒布政令如同人體出汗，一散發就收不回來了。詔文一頒布，天下各地都會看見。臣下我等的職責在於彌補朝政的缺失，憂慮深遠又責任重大，因此心焦如焚，冒昧地向陛下特作陳奏。」順帝聽從了他們的意見，鑑於梁貴人是世代清白人家的女子，就把她定立為皇后。

3 這時尚書令左雄提議改進國家的察舉制度，限定年齡在四十歲以上，民間儒士要測試經學，在職文吏要測試章奏。胡廣又與史敞、郭虔進呈奏疏反駁該項提議，說道：「臣下我等聽說，君主把廣泛徵詢天下的意見作為美德，臣僚把進獻諫言、勸善規過作為忠誠的表現。《尚書》中記載：考察可疑之事，要同卿士謀議；《詩》中讚美：先民常向割草打柴的人徵求意見。國家遇有重大政事，必定尋找前賢的訓誨來予以討論，向經驗豐富的老臣進行諮詢，因此考慮起來沒有不周全的地方，付諸實施沒有錯誤的行動。私下見到尚書令左雄提議各郡保舉孝廉，把年齡一律限定在四十歲以上，各個儒生都要測試經典解說，在職文吏都要測試表章奏疏。陛下已經下達詔書表示同意，又命臣下我等可以參議。私下想來，天子的命令十分重要，全都記錄在史冊典籍當中，應當使它像太陽和月亮那樣高高懸照，比銅器石碑還要堅固，給後世帝王留下法則，施行到千秋萬代。《詩》上說：『皇天的意向難以相信，只有天子是不可改變的。』能不謹慎從事嗎？大致說來，選舉人才應以才能為準，不被固定的制度所拘束。陳平的六出奇計，不是出自經學；子產在鄭國、晏嬰在阿邑取得的政績，並非必定需要章奏。甘羅、子奇得到重用，二人的年齡同《禮記》強調的四十歲完全不同；終軍、賈誼名聲遠揚，也是在二十歲的時候。大漢承襲周代、秦朝，參酌殷商、夏代，把仁德作為始祖，把經典作為師長，同時參取夾雜著刑罰那套措施，從聖明的君主到賢良的大臣，一代又一代實現了天下大治，對貢舉制度，沒有做過更改的。如今只憑一位朝臣的提議，就破壞原有的典章，便利之處還不明朗，眾人心中不服氣。矯正扭曲的事體，改變通常的規制，屬於朝政所重視的大事，但卻不向尚書臺和三公府做訪詢，不與卿士謀議。如果此事交給下面執行以後，議論政事的人加以反駁並提出不同的意見，意見不同則朝廷會喪失它的便利之處，意見相同則君主的命令已經提前發布。臣下我等愚昧地認為，應把此事交給百官集體討論，參照贊同和反對的意見，然後考察擇定優勝與否，審慎地做出最為合適的決定。臣下我等放大膽子，胡言亂語，冒犯皇帝的威嚴，只希望陛下採納它。」順帝拒不聽從這一建議。

4 這時陳留郡太守的職位空缺，尚書史敞等人推薦胡廣去出任。他們說道：「臣下我等聽說，恩德是用來表彰賢能的，爵位是用來激勵卓有建樹的人的。『依照功績來做明晰的考核』，屬於〈堯典〉、〈皋陶謨〉讚揚的措施；『天子、諸侯、卿、大夫、士的五等禮服，分別代表他們的德行大小和地位高低』，屬於上天排定的品級。因而大臣竭盡忠誠，君主對他們就加深寵信的程度，提拔重用不遺漏品德高尚的人，下面就會獻出自己的生命。臣下我等發現尚書僕射胡廣，體悟真誠的內涵，一切按規矩辦事，謙虛溫和雅正，知識豐富，見聞廣博，探求幽深難明的事物，窮盡世上的道理，對意旨純正深奧的《六經》，已有的典章法令，全都觀覽研核。性情柔和而不可加以非禮，舉止文雅而有禮節，忠貞的秉性，以致為國家憂慮如同為自家憂慮一個樣。不顯示自己的才能，不自誇本人的功勞，小心翼翼，周密慎重，行為沒有任何汙點和疏漏。日夜勤勉努力，十多年來，心思不往其他方面想，志意不設法往上爬。臣下我等認為，胡廣在尚書臺供職，已經勞苦很長時間了，繼母也年紀很老了，既已蒙受到陛下的關心照顧，就應在一郡郡守上考驗他履行職責到底怎麼樣，能把這個轄區安定下來。陳留是靠近京師的一個郡，如今太守職位空缺。胡廣才幹謀略深遠宏大，完全可以處理繁難事務，希望把他列入選任的範圍以內，整頓頹敗的風氣，使讀書人恪守美好的行為準則，有所激勵和效仿。」

5　胡廣負責機要事務十年，離開朝廷去當濟陰太守，因保舉吏員不真實而被免職。又出任汝南太守，調入朝廷擔任大司農。順帝漢安元年，升任司徒。質帝死後，又代替李固當太尉，參與尚書臺機要事務。因參加謀議擁立桓帝，被封為育陽安樂鄉侯。因病而從職位上退下來。又被委任為司空，以年老為由，辭職退休。不久又用特進的名義對他徵召，任命為太常，升任太尉，因日蝕被免職。又出任太常，授職太尉。桓帝延熹二年，大將軍梁冀遭到誅殺，胡廣與司徒韓縯、司空孫朗因不衛護皇宮獲罪，都按低於死罪進行懲辦，撤銷爵位和封邑，免官成為平民百姓。後來又被任命為太中大夫、太常。延熹九年，又被委任為司徒。靈帝即位，又與太傅陳蕃一起參與尚書臺機要事務，重新把原來的封邑封給他。他以有病為由主動請求退休。正趕上陳蕃被誅殺，又代替他擔任太傅，像從前那樣總領百官，參與尚書臺機要事務。

6　這時胡廣已經八十歲了，但心力仍然健康強壯。繼母在堂，他朝夕去探望，身邊不設几杖，講話從不敢說自己年老。到繼母去世時，他服喪守孝，極盡哀悼之情，完全按禮儀辦事，沒出現任何過失。他性情溫厚柔和，謹慎樸實，總是言詞謙遜，表情恭敬。對事體熟悉又很會處理，對朝廷典章了解掌握得十分通透。雖然不具備正直規諫的風範，卻常有彌補朝政缺失的益處。因此京師編有順口溜說：「萬事不理問伯始，天下中庸有胡公。」到和李固謀劃皇位繼承人時，在擁立誰當新君的問題上未能堅持正義，又與中常侍丁肅結成姻親關係，由這兩點受到當時人的譏刺貶抑。

7 胡廣在三公府和尚書臺供職三十多年，前後事奉過六位皇帝，受到的禮遇和任用都特別優厚，每次因病辭職退位，以及被免官退居故里，未滿一年，便又得到升遷。合計當過一次司空，兩次司徒，三次太尉，又就任太傅。他所聘用和委任的人，都是天下的名士。他與老部下陳蕃、李咸同時擔任三公。陳蕃等人每次朝會，都聲稱有病來不了，故意避開胡廣，當時人對這種舉動都大加讚賞。胡廣到八十二歲時，在靈帝熹平元年去世。朝廷派遣五官中郎將攜帶儀節，奉持策書，贈給他太傅、安樂鄉侯的印綬，賜給東園製造的彩繪棺木，由謁者護理喪事，在光武帝的原陵賜給陪葬的墓地，諡號為文恭侯，任命他家中的一個人當郎中官。老部下從三公、九卿到大夫、博士、議郎以下多達數百人，都在靈位和棺柩旁披麻戴孝，由亡故那天一直堅持到下葬。從漢朝建立以來，身為大臣享受如此隆盛的禮遇，是未曾有過先例的。

8 當初，西漢揚雄模仿《虞箴》創作了《十二州箴》、《二十五官箴》，其中有九箴亡佚殘缺，後來涿郡的崔駰及其兒子崔瑗和臨邑侯劉騊駼先後增補了十六篇，胡廣又續作四篇，文辭特別典雅優美。於是他編定全部的目錄，並作訓解，命名為《百官箴》，總共四十八篇。其餘由他撰寫的詩、賦、銘、頌、箴、弔以及《漢官解詁》等著作，合計二十二篇。到熹平六年，靈帝追思感念前代德高望重的大臣，便在皇宮中公卿朝臣辦公的地方繪製了胡廣和太尉黃瓊的畫像，下達詔書讓議郎蔡邕為他們撰寫頌文。

論曰：爵任之於人重矣，全喪之於生大矣。懷祿以圖存者，仕子❶之恆情；審能而就列者，出身❷之常體。夫紆於物❸則非己，直於志則犯俗，辭其艱則乖義，徇其節❹則失身。統之，方軌❺易因，險塗難御。故昔人明慎於所受之分❻，遲遲❼於岐路之間也。如令志行無牽於物，臨生不先其存，後世何貶焉？古人以宴安❽為戒，豈數公之謂乎？

贊曰：鄧、張作傳，無咎無譽。敏正疑律，防議章句。胡公庸庸❾，飾情恭貌。朝章雖理，據正或橈❿。

【章　旨】作者范曄在評論中著眼於仕途面臨的客觀情況，倡導志行脫俗和捨生忘死，從而把本卷合傳的五位傳主一律歸入晏安自保者的行列。贊語則點明鄧彪、張禹無咎無譽的輔政敗筆，肯定張敏否決「輕侮法」、徐防關注經學的閃光點，指摘胡廣經不起正道檢驗的圓滑作法。

【注　釋】❶仕子　仕進的人。❷出身　從政為官。❸紆於物　迫於壓力屈從外界事物。❹徇其節　為保全節操而犧牲生命。徇，通「殉」。❺方軌　平坦的道路。❻分　謂上天註定的官運。❼遲遲　疑慮不前的樣子。❽宴安　安樂自逸。《左傳・閔公元年》載齊國管仲之言：「宴安酖毒，不可懷也。」❾庸庸　平庸；凡庸。❿橈　彎曲；歪斜。

【語　譯】史家評論說：爵位和官職對世人來說顯得太重要了，保全壽齡和喪失軀體對生命來說顯得太重大了。取得祿位進而希望長命百歲，這是仕進者的常情；掂量自己的才能再去就任具體的職位，這是從政為官的常規。迫於壓力而屈從外界事物，那就否定了自己；完全按本人的志向去行事，那就觸犯了官場習氣。對艱難的任務設法推掉，那就違背了道義；為保全節操那就犧牲性命。總起來講，平坦的大道容易遵行，艱險的路途很難前進。因此古人對自身所蒙受的上天註定的官運了解得清清楚楚，又謹慎對待，在岔路口疑慮而不行進。如果讓志向和行為擺脫外物的牽制，面對生命如何而不把活命放在首位，後世又能貶斥他什麼呢？古人把安樂自逸作為戒條，難道不正是針對東漢這幾位大臣講的嗎？

史官評議說：鄧彪、張禹擔任太傅，沒招來指責也沒贏得讚譽。張敏矯正模棱兩可的律條，徐防倡議對經典做出官方認可的權威解釋。胡公庸庸碌碌，掩飾真實的心態，裝出恭順的外表。朝廷典章盡管得到梳理，但根據正道加以驗證，也就顯出其曲枉行徑了。

【研　析】范曄把鄧彪、張禹、徐防、張敏、胡廣這五名曾任三公乃至太傅之職並且參錄尚書事的人物合為一傳，顯然是把目光鎖定在他們俱不稱職而持祿保位上的。然而為什麼此等宰輔重臣得以衍生並一脈相承、擴展開來呢？就東漢王朝看，早自光武帝就已經「雖置三公，事歸臺閣」了（本書卷四十九〈仲長統傳〉）。到安帝時期，則「今之三公，雖當其名而無其實。選舉誅賞，一由尚書。尚書見任，重於三公，陵遲以來，其漸久矣」（本書卷四十六〈陳忠傳〉）。但延續到桓帝當政，太尉楊秉一旦亮出「漢世故事，三公之職，無所不統」的旗號，畢竟「尚書不能詰」（本書卷五十四）。況且三公得以參錄尚書事，便意味著對尚書臺決策權的某種程度的掌控。因而三公即使變成了等因奉此的執行者，也未完全喪失其舉足輕重的作用，何況在御前會議、宰輔會議、百官會議中更有發言權呢！鑑於三公在中央行政體制中的法定地位和在處理國家事務中所發揮的無法替代的作用，東漢王朝盡管大力限制、削弱三公的權力，但絕對丟不掉這塊招牌，更需要借用或利用這塊招牌，以使國家機器有效地運轉起來，維繫下去。接踵而至的是，選取何等人就任三公？據本書所述，不外乎三類：對大政要務正直敢言者；庸庸碌碌者；趨炎附勢者。第一類和第三類固然處於截然對立的狀態，而且第三類又為數寥寥，關鍵在第二類，其代表即為本傳所記五人。他們或為三公之一，或遍歷三公之職且參錄尚書事，而鄧彪供職於章帝、和帝兩朝，張禹、徐防供職於和帝、安帝兩朝，張敏供職於安帝一朝，胡廣供職於順帝至靈帝五朝。這與東漢的治世、衰世、亂世是基本同步的。在治世，鄧彪始則「在位清白，為百僚式」；繼則「在位修身而已，不能有所匡正」，受人崇敬的僅為「禮讓」。這等於說，你在那裡明哲保身，我要拿你作為點綴品來替皇朝撐門面。在衰世，隨著帝室、外戚集團、朝臣隊伍、宦官勢力之間的矛盾加劇，張敏「在位奉法而已」，依然守持著鄧彪的衣缽；張禹和徐防輔政，則只撿芝麻，不抱西瓜，然而「凡三公以災異策免，始自防也」，張禹也步其後塵，「以陰陽不和策免」。這表明，即使太后臨朝，外戚擅權，也要把這類「周密畏慎」的三公當成朝政窳敗的替罪羊來擺布的。更滑稽的是，二人均有「定策功」，實即按照外戚集團的既定方案對擁立小皇帝投上一張不投也得投的贊成票而已。由此可見，他們又被當成宮廷鬥爭的遮羞布來拋出的。在亂世，胡廣居然五上五下，時起時落，享年八十二歲，陪葬光武帝原陵。「漢興以來，人臣之盛，未嘗有也。」然而在其「屢有補闕之益」的背後，不過是只拍蒼蠅，不打老虎罷了；在「萬事不理問伯始，天下中庸有胡公」這一順口溜的深處，恰恰隱藏著和事佬、糊弄局兒的底牌。雖然骨子裡的東西在此不在彼，可他「每遜位辭病，及免退田里，未嘗滿歲，輒復升進」，正說明東漢王朝越是病入膏肓，就越需要胡廣這種「柔而不犯，文而有禮」的三公無關痛癢地來補點兒窟窿，填些裂縫，做個調停，扮演好政治粘合劑的角色，履行好維繫皇朝生命線的職能。只要國不亡，你就官不丟。像胡廣這個政壇不倒翁歸根結底就是這樣給搖出來的。（蘇文珠注譯）

◎新譯爾雅讀本

陳建初等／注譯

《爾雅》是中國第一部按義類編排的綜合性辭書，全書共收一四四八個詞條，包含四千三百多個被釋詞。所釋詞條包羅萬象，內容豐富。由於它廣泛採輯了《詩》、《書》、《易》、《禮》、諸子百家經典著作中的古詞古義，分門別類加以解釋，成為士人研讀經典、進身入仕的津梁，自古以來即受到格外的重視，到唐代已成為「十三經」之一。在古代文化、歷史、社會、動植物學等方面的研究，有重要的參考價值。

◎新譯顏氏家訓

李振興、黃沛榮等／注譯

家訓是指父母或祖輩對子孫的一些訓示教導，內容包括待人處世的原則和道德教育等，是我中華民族特有的優良傳統。歷代家訓名著甚多，《顏氏家訓》則是歷史上第一部體系龐大、內容豐富的家訓。作者為南北朝時期北齊的文學家顏之推，他因為身處亂世，見聞既多，感慨亦多，乃就所悟所得，撰成《顏氏家訓》以教家人。其書從居家教子到個人修養規範，內涵廣博，問世後即在民間普遍流傳，影響深遠。

◎新譯曾文正公家書

湯孝純／注譯　李振興／校閱

曾國藩所寫的家書以其篇幅之豐、內容之廣、啟人之深、影響之鉅，自古至今可說無人能出其右。收錄於《曾國藩全集》中的家書，內容極為廣泛，本書為切合更多讀者的需求，精選其中有關治學、修身、齊家三個部分的篇章加以注譯評析。曾國藩闡述讀書之道、克己之學、家庭教育之重要，以及他待人處世的圭臬，對於今日之為人兒女、為人弟妹、為人兄長、為人父母者，都有借鑑和啟迪的作用。

◎新譯三字經

黃

《三字經》是宋代以來最通行的童蒙教材，它兼具識字、勵學以及教導節、國學通論、各種基本知識與語文訓練等多重功能。今日閱讀《三字經》、學好處之外，最重要的是能幫助孩童建立正確的人生觀，瞭解待人接物的方法，因在每句正文之後都附有「說明」一項，對該句內涵作更深入的發揮，解釋更是句酌，務求詳盡，同時附有白話翻譯，孩童若能逐句對看，還可培養閱讀古書的能力。

◎新譯幼學瓊林

馬自毅／注譯　陳滿銘／校閱

《幼學瓊林》是中國歷代啟蒙讀物中的佼佼者，在近代新式教育興起以前，它一直是家喻戶曉、使用最廣的教育用書之一。因為它內容周遍，舉凡天文、地理、歷史、政治、社會生活各個層面的知識，皆有涉及，因此自編定後便風行全國，歷久不衰，於讀者增進文史知識，了解古代文化，有一定的助益。本書對正文詳為校勘，各種典故和生難詞語注譯詳明，幫助今人掃除閱讀障礙，是部您不容錯過的經典好書。

◎新譯增廣賢文·千字文

馬自毅／注譯　李清筠／校閱

在古代兒童教育書籍中，《增廣賢文》及《千字文》是影響較大的兩本。前者於明清時期廣泛流傳，家喻戶曉，內容通俗易懂，言簡意賅，從不同角度闡發為人處世、修身齊家之道。後者於南朝梁武帝時即已編定，影響、流傳至今。內容雖僅千字，但全部都是常用字，是兒童學字的好教材。其中有大量詞句直接源自典籍，不僅可以舉一反三，擴大知識面，還可以由此入門，進入中國文化的宏偉殿堂。

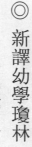